JN245708

判例にみる
損害賠償額算定の実務

第3版 升田 純 著

発行 ⬡ 民事法研究会

第 3 版刊行にあたって

　本書の改訂版を刊行することになった。これは、本書の「第 2 版刊行にあたって」にも記載したところであるが、本書が読者の皆さんに好意的に受け取っていただいた賜にほかならない。

　本書は、平成22年 9 月、『風評損害・経済的損害の法理と実務』の続編として執筆し、公にすることができたものであり、その経緯は、その「はしがき」に詳しく記載し、紹介したとおりである。

　その後、平成23年12月、当初の予想を超えて読者の皆さんに利用していただいたようであり、新たに14件の裁判例を追加し、「第 2 版」として公にしたものであるが、その経緯は、前記の「第 2 版刊行にあたって」に詳しく記載し、紹介したところである。

　本改訂版は、「第 2 版」の後における判例・裁判例の内容、動向を踏まえ、「第 2 版」のうち、「第 4 章　株価の下落をめぐる損害賠償額の認定・算定」の部分を削除するとともに（なお、この分野の重要性がないという理由ではなく、この分野における議論の展開、判例・裁判例の蓄積等の事情や本書の紙数の制約を考慮し、本改訂版においては割愛することとしたものである）、新たに30件の裁判例を追加し、分析して紹介するものである。

　本書の「第 2 版」の後には、平成30年 5 月、損害賠償額の認定・算定に関する書籍として、『判例にみる慰謝料算定の実務』を執筆し、本書の続編として公にしたところであり、これで三姉妹編として紹介したものである。

　本改訂版は、元々筆者がさまざまな事情から多くの裁判例を読み、情報を蓄積していたところに、前記の『判例にみる慰謝料算定の実務』の執筆にあたって収集していた裁判例の蓄積を踏まえ、前記のとおり30件の新たな裁判例を追加して紹介するものであるが、裁判例の分析・紹介の基本的な視点は、「はしがき」「第 2 版刊行にあたって」において紹介したとおりである。

　損害賠償額の認定・算定は、訴訟の当事者双方にとって重要な関心事である一方、その法律上の規定、理論、考え方が抽象的であるため、その立証、

認定・算定が相当に不明確、不透明であるのが実情である。個々の事案の内容、立証の内容等を前提とし、損害賠償額の認定・算定に関する法理に基づき合理的で、公平、適正な判断が行われることが望まれるが、多数の裁判例を概観していると、さまざまな疑問、問題点を指摘せざるを得ないものが少なくない。また、損害賠償額の認定・算定は、実際には、前記法律の規定、法理、立証の内容等によって判断されるだけでなく、因果関係（事実的因果関係、相当因果関係）の考え方・認定・範囲や注意義務、その違反等の責任原因の考え方・認定・範囲にも大きく影響を受けているものであり、後者を拡大することによって損害の概念や損害賠償額を拡大する裁判例の傾向も見られる。このような裁判例の傾向について法律上の根拠、合理的・相当な根拠があるのか、恣意的な認定・判断がされていないのか等の問題、疑問も生じている。

　本改訂版についても、従前の本書の初版、第 2 版と同様に、あるいは『風評損害・経済的損害の法理と実務』『判例にみる慰謝料算定の実務』とともに、読者の皆さんの実務に参考になれば、幸いである。

　最後に、本改訂版の刊行にあたっては、従前同様、民事法研究会の田口信義社長と編集部の南伸太郎氏にお世話になったことを記して感謝申し上げる次第である。

　　平成31年 2 月

升　田　　純

第 2 版刊行にあたって

　本書の執筆の経緯は、「はしがき」に記載したとおりであるが、本書が出版された前後、筆者はたまたま体調がよくなかったため、本書は筆者にとって特に思い出の深いものであった。本書は、その後、当初の予想を超えて、読者の皆さんに好意的に受け取っていただいたようであり、今回、14件の新たな裁判例を追加して改訂版を出版することにしたものである。

　本書の出版の後、1年が経過し、その間、日本の社会にはさまざまな出来事が発生したが、その中で忘れることができないのは、平成23年3月11日に発生した東日本大震災である。東日本大震災においては、津波・火災等による甚大な被害だけでなく、これに伴って福島第一原子力発電所において発生した原子力発電所事故も極めて深刻な被害を生じさせ、現在も被害の発生が進行中である。日本人の一人として、また、地球上に住む一人として、津波、原子力発電所事故のような巨大な事故については、十分な調査・研究等を的確に実施し、今後の予防にしっかりとした対策を立ててもらいたいが、このような思いを抱くのは筆者一人ではないであろう。

　ところで、前記の原子力発電所の事故においては、被災地に被害が発生しただけでなく、南東北地方、北関東地方、さらに首都圏を含む東日本等の地域にさまざまな被害・悪影響が発生し、原子力損害の賠償等をめぐる深刻で複雑な問題が発生している。今回発生した原子力損害の賠償については、原子力損害賠償紛争審査会が中間指針を公表し、和解のあっせん等が行われているが、一挙に損害賠償額の認定・算定をめぐる諸問題が、法律実務家だけでなく、行政担当者、被災地の住民、事業者、全国の企業にとっても重要な問題として浮き彫りにされている。

　損害賠償額の認定・算定の法理とその運用は、損害賠償請求事件において重要な問題であり、合理的で明確な法理が形成され、適正で公平な損害賠償額が認定・算定されることが望まれ、期待されているにもかかわらず、訴訟の現場等の法律実務の現場においてはそのような期待に応えるだけの法理も、

3

判断も十分にはみられない。多数の裁判例を概観すると、個々の事案の内容、立証の内容等を捨象しても、裁判例の現状がその期待に応えているとはいえないであろう。

　第 2 版も、できるだけ多くの類型の損害賠償額が問題になった裁判例を取り上げることによって、損害賠償額の認定・算定に関する合理的で明確な法理が形成され、適正で公平な損害賠償額が認定・算定されるために、一つのささやかな参考情報を提供しようとするものである。本書がさらに読者の皆さんの実務の参考になれば、幸いである。

　最後になったが、第 2 版の刊行にあたってもまた、民事法研究会の田口信義社長と編集部の南伸太郎氏にお世話になったことを記して感謝申し上げる次第である。

　　平成23年12月

升　田　　純

はしがき

　本書は、損害賠償額の認定・算定の実務の実情を裁判例を通して明らかにし、紹介しようと試みたものである。本書は、すでに民事法研究会から出版し、公にしている『風評損害・経済的損害の法理と実務』の続編であり、姉妹編として位置づけているものである。

　訴訟実務・法律実務においては、膨大な数の損害賠償請求事件が提起され、交渉・訴訟等を経て一定の解決が図られているが、その解決にあたって意外と悩まされるのが損害賠償額の認定・算定の仕方、あり方、判断基準である。損害賠償請求事件のうち、交通事故等の人身事故については、長年の裁判例、自賠責保険・任意保険等の実務の積み重ねによって相当程度に算定の仕方、基準等が明確になっているが、ほかの類型の事件では依然として明確で合理的な判断基準がみられないのが実情である。

　損害賠償請求事件の解決が適正かつ公平になされるためには、その責任原因が証明されることを前提として、損害賠償額が適正かつ公平に認定・算定されるべきであることは当然である。損害賠償請求事件を適正かつ公平に解決するという目標を達成するためには、個々の事案ごとに適切な主張・証明がなされるべきであることは当然であるとしても、より合理的・説得的で、より妥当な損害賠償額の認定・算定の仕方、あり方を一つひとつ模索しながら明確にしていくほかないと考えられる。

　損害賠償額の認定・算定をめぐる従来の議論は、交通事故等による人身損害の分野は別として、民事訴訟法（平成8年法律第109号）の改正の審議が行われた時期に一時期、同法248条の規定をめぐる議論が行われたことが記憶にある程度であり、認定・算定の仕方、あり方、さらに立証の仕方については十分な議論が行われてきたとはいいがたい。損害賠償額の認定・算定をめぐる議論を行うためには、多数の裁判例を対象として検討・分析し、事実認定上、損害賠償額の算定等に関する一定の法理を抽出することが必要であり、重要であるが、少なくとも訴訟実務・法律実務の観点から実用的な研究はみ

られない。もちろん裁判例のみを対象とする検討、分析、研究は、裁判例の文言、字面、論理を対象とするものであり、実際に立証に供された証拠をも対象とするものではないため、資料として不十分であるとの批判も予想されるが、不足する部分を意識しながらも、実用的な研究として十分な意義は認められよう。

　損害賠償額の認定・算定については、訴訟実務・法律実務では従来裁判官の自由心証に委ねられていることもあって、建設的な議論が行われてこなかったのかも知れないが、諦めることはないのである。裁判官の自由心証主義は、文字どおりの自由裁量を認めるものではなく、裁判官の判断が賢明にされることを期待して認められているものであり、論理則・経験則に従うべきことは当然であるし、合理的で説得的な判断がされることも当然である。裁判官の判断が賢明にされないおそれは常にあるものであるから、実用的な観点から裁判例を題材とした検討、分析、研究を行うことによって、論理則・経験則、判断の合理性・説得性をより確実に確保できるような判断基準を模索し、形成することは常に意義があるものである。

　本書は、前掲書と同様に、このような認識の下で、損害賠償額の認定・算定の実務の参考になると思われる裁判例を、いくつかの区分に従って類型別に取り上げ、分析し、紹介したものである。前掲書は、幸い、多くの読者の方々に利用していただいているようであるが、本書も、前掲書とともに少しでも実務の参考になれば、喜びも一入である。

　なお、本書の出版に漕ぎ着けることができたのは、民事法研究会の田口信義社長と編集部の南伸太郎氏に負うところ大であり、この場をお借りして感謝申し上げる。

　平成22年9月

升　田　　　純

本書の利用の仕方

1 本書の構成

　本書は、「第 1 章　事業活動における損害額の認定・算定」「第 2 章　加害行為に基づく損害額の認定・算定」「第 3 章　権利・法益侵害に基づく損害額の認定・算定」の 3 章で構成されており、「損害額」「事件の概要」「主張の要旨」「判決の概要」によって裁判例の概要を理解し、「損害額認定の考え方」を分析・検証し、損害の主張・立証、損害額の認定・算定の実務上の留意点を詳しく解説しています。

2 凡 例

- ・民集　　　　　最高裁判所民事判例集
- ・行集　　　　　行政事件裁判例集
- ・判時　　　　　判例時報
- ・判タ　　　　　判例タイムズ
- ・交通民集　　　交通事故民事裁判例集
- ・労判　　　　　労働判例
- ・金判　　　　　金融・商事判例
- ・金法　　　　　金融法務事情
- ・判自　　　　　判例地方自治
- ・ジュリ　　　　ジュリスト
- ・リマークス　　私法判例リマークス
- ・セレクト　　　証券取引被害判例セレクト
- ・裁判所 HP　　最高裁判所ホームページ 〈http://www.courts.go.jp/〉

『判例にみる損害賠償額算定の実務〔第3版〕』

目　　次

序　章　概　　説

1　はじめに……………………………………………………………… 1

2　損害賠償額の立証・算定…………………………………………… 2

3　訴訟実務への指針…………………………………………………… 2

(1)　因果関係の立証 ………………………………………………… 3

(2)　損害賠償額の立証 ……………………………………………… 4

第1章　事業活動における損害額の認定・算定

1　不動産・建設関係事業者の責任(1)──事業者間の損害…… 6

1・1　購入した土地の中に多量のコンクリート塊等の産業廃棄物が
あったことによる売主の瑕疵担保責任〔東京地判平成10・10・
5判タ1044号133頁〕………………………………………………… 6

1・2　ホテルの給湯用配管設備の施工業者の温水流出事故に関する
損害賠償責任〔名古屋地判平成12・12・15判タ1113号197頁〕…… 9

1・3　店舗用建物の仲介業者の賃貸借契約締結上の説明義務違反に
関する損害賠償責任〔東京地判平成13・3・6判タ1129号166頁〕…15

1・4　ビルの一部の賃貸借においてほかの賃借人の飲食店の営業に

よる悪臭のために売上げが減少したことに関する賃貸人の債務
不履行責任〔東京地判平成15・1・27判タ1129号153頁〕…………19

1・5　土地売買における排水管等の埋設に関する売主の瑕疵担保責
任に基づく損害賠償責任〔東京地判平成16・10・28判時1897号
22頁〕………………………………………………………………22

1・6　企業間の大規模な土地の売買契約において土壌汚染等が発見
されたことに関する売主の瑕疵担保責任に基づく損害賠償責任
〔東京地判平成20・7・8判時2025号54頁〕……………………26

1・7　マンションの耐震偽装に関する設計監理受託者の損害賠償責
任〔札幌地判平成21・10・29判時2064号83頁〕………………31

1・8　建物の建築工事の請負において杭工事の下請業者、孫請業者
による打設した杭の瑕疵に係る元請業者に対する瑕疵担保責任、
不法行為責任〔松江地判平成28・3・31判時2347号99頁〕…………34

2　不動産・建設関係事業者の責任⑵
　　──事業者・個人間の損害……………………………………………38

2・1　中古住宅に多数のコウモリが棲息したことによる売主の瑕疵
担保責任〔神戸地判平成11・7・30判時1715号64頁〕………………38

2・2　「全戸南向き」と宣伝して販売されたマンションが全戸南向
きでなかったことに関するマンション分譲業者の信義則上の義
務違反による損害賠償責任〔京都地判平成12・3・24判タ1098
号184頁〕…………………………………………………………41

2・3　マンションの南側に2階建ての建物が建築されたことに関す
る販売業者らの説明義務違反による損害賠償責任〔東京地判平
成13・11・8判時1797号79頁〕…………………………………44

2・4　宅地建物取引業者の環境に関する説明義務違反による損害賠
償責任〔千葉地判平成14・1・10判時1807号118頁〕………………48

2・5　新築の建物に重大な瑕疵があり、建て替えざるを得なかった

ことによる請負人の損害賠償責任〔最三小判平成14・9・24判時1801号77頁〕……………………………………………51

2・6　新築マンションの浸水事故による売主の損害賠償責任〔東京地判平成15・4・10判時1870号57頁〕…………………………53

2・7　マンションの売買契約において行政推奨水準を超えるホルムアルデヒド濃度の建物に関する売主の瑕疵担保責任に基づく損害賠償責任〔東京地判平成17・12・5 判時1914号107頁〕…………58

2・8　マンションの値下げ販売に関する公社の信義則上の義務違反による損害賠償責任〔大阪高判平成19・4・13判時1986号45頁〕…60

2・9　新築の建物の瑕疵に関する設計監理者の不法行為による損害賠償責任〔東京地判平成20・1・25判タ1268号220頁〕……………63

2・10　隣人の脅迫的言辞のため事実上建物建築が制限されたことによる土地の瑕疵担保責任に基づく損害賠償責任〔東京高判平成20・5・29判時2033号15頁〕………………………………………67

2・11　高齢者用住宅の入居者である高齢者の生活の安心という期待が侵害されたことに関する賃貸業者の緊急対応サービス契約上の損害賠償責任〔大阪高判平成20・7・9 判時2025号27頁〕………71

2・12　建売住宅の売買における補修不能な瑕疵に係る販売業者、その代表取締役、仲介業者の代表取締役の損害賠償責任〔大阪高判平成25・3・27判時2286号50頁〕…………………………………75

2・13　土地の売買にあたって土地上の建物で20数年前の自殺を説明しなかった宅地建物取引業者の不法行為責任〔高松高判平成26・6・19判時2236号101頁〕……………………………………81

2・14　マンションの建築工事に伴う隣接建物の不同沈下・変形に関する請負人、注文者の共同不法行為責任〔京都地判平成26・9・17判時2249号72頁〕………………………………………………86

3　金融関係業者の責任(1)――銀行の責任……………………91

3・1 昭和63年税制改正後の相続税対策に基づく不動産取引融資の
際の説明義務違反に関する銀行の損害賠償責任〔東京高判平成
17・3・31金判1216号 6 頁〕……………………………………91

3・2 大規模遊園複合施設のテナントの業績悪化に関する賃貸人で
ある信託銀行の契約締結上の告知・説明義務違反による損害賠
償責任〔大阪地判平成20・3・18判時2015号73頁〕………………97

3・3 銀行の適合性の原則違反、説明義務違反に基づく損害賠償責
任〔大阪地判平成22・8・26判時2106号69頁〕……………………103

3・4 銀行の店舗出入口に敷設された足拭きマット上で転倒した顧
客に対する銀行の不法行為責任〔東京高判平成26・3・13判時
2225号70頁〕……………………………………………………………106

3・5 銀行の誤送金によって株式の信用取引の強制決済が行われた
ことによる銀行の顧客に対する債務不履行責任〔東京高判平成
28・9・14判時2323号101頁〕…………………………………………111

4 金融関係業者の責任⑵──金融商品の取引業者の責任…117

4・1 社債発行会社の倒産による元本欠損のおそれについての重要
事項の説明義務違反に関する証券会社の損害賠償責任〔東京地
判平成15・4・9 判時1846号76頁〕…………………………………117

4・2 証券会社従業員の勧誘による投資取引の損失について適合性
原則の違反、説明義務違反に基づく証券会社の損害賠償責任
〔大阪高判平成20・6・3 金判1300号45頁〕………………………120

4・3 経営破綻した上場会社の社債を購入した顧客に対する説明義
務違反による証券会社の損害賠償責任〔大阪高判平成20・11・
20判時2041号50頁〕……………………………………………………125

4・4 クーポンスワップ取引を勧誘した証券会社の追加担保、解除
清算金等に関する説明義務違反による不法行為責任〔東京地判
平成28・4・15判時2323号110頁〕……………………………………128

5　貸金業者の責任 ……………………………………………………… 132

5・1　原因関係上の債権が消滅したにもかかわらず、小切手を取り
立てに回し、銀行取引停止処分にさせて事実上会社を倒産させ
た小切手所持人の不法行為に基づく損害賠償責任〔東京地判平
成13・10・26金法1653号66頁〕……………………………………… 132

5・2　貸金業者が貸付債権を被保全権利として債務者の預金債権の
仮差押えをしたことに関する損害賠償責任〔秋田地判平成15・
3・6金判1171号28頁〕………………………………………………… 136

6　信販業者の責任 ……………………………………………………… 139

6・1　債務者の父親に対する督促書面の送付による信販会社の不法
行為に基づく損害賠償責任〔札幌地判平成11・3・24判タ1056
号224頁〕 ……………………………………………………………… 139

7　保険業者の責任 ……………………………………………………… 142

7・1　実質的に破綻状態にある保険会社の財務状態に関する認識を
是正すべき注意義務違反に基づく損害賠償責任〔東京地判平成
15・1・17判時1823号82頁、金判1173号43頁〕…………………… 142

7・2　保険共同募集契約の解消の際に業務受託者に対して暴言・暴
力的行為により説得をしたことに関する生命保険会社の損害賠
償責任〔大阪高判平成18・5・17判タ1237号277頁〕……………… 145

8　M&A の関係事業者の責任 ………………………………………… 150

8・1　株式譲渡による企業買収基本合意書の破棄に関する一方当事
者の信義則上の配慮義務違反による損害賠償責任〔東京地判平
成17・7・20判時1922号140頁〕…………………………………… 150

8・2　企業買収における不当な資産計上に関する表明保証違反によ

る損害賠償責任〔東京地判平成18・1・17判時1920号136頁〕…… 156

8・3　譲渡人の虚偽の説明による営業譲渡契約上の不法行為に基づ
く損害賠償責任〔東京地判平成17・5・30判時1923号53頁〕…… 159

8・4　株式譲渡契約における譲渡人の表明保証違反による損害賠償
責任〔東京地判平成24・1・27判時2156号71頁〕………………… 161

8・5　株式譲渡を内容とする契約における譲渡人の表明保証条項違
反による損害賠償責任〔東京地判平成27・6・22判時2275号68
頁〕……………………………………………………………………… 166

8・6　事業譲渡契約における譲渡人の不法行為等に基づく損害賠償
責任〔知財高判平成29・6・15判時2355号62頁〕………………… 173

9　国際取引の関係事業者の責任………………………………… 177

9・1　国際取引において文書を偽造する等して提起した不当訴訟に
よる損害賠償責任〔東京高判平成12・2・15判タ1086号235頁〕
……………………………………………………………………… 177

9・2　並行輸入されたブランド商品が偽造品であったことに関する
輸入業者の調査確認義務違反による損害賠償責任〔東京地判平
成15・9・19判時1860号80頁〕……………………………………… 182

10　食品業者の責任 …………………………………………………… 186

10・1　ファーストフード業者が肉まん供給業務委託契約の更新を拒
絶したことに関する食品業者に対する債務不履行による損害賠
償責任〔大阪地判平成17・9・16判時1920号96頁〕……………… 186

10・2　健康食品の継続的供給取引契約の解約についての発注義務違
反に関する損害賠償責任〔東京地判平成20・9・18判時2042号
20頁〕…………………………………………………………………… 190

10・3　生菌等によって汚染された粉末バルク加工業者の請負契約上
の担保責任に基づく損害賠償責任〔福岡地判平成21・12・25判

時2101号93頁〕 ·· 193

10・4　地域指定の食品の継続的売買において指定外の食品を販売し

た業者の損害賠償責任〔東京地判平成25・1・22判時2202号45

頁〕 ·· 196

11　フランチャイズ事業者の責任 ··· 200

11・1　コンビニエンスストア加盟店の経営破綻につきフランチャイ

ザーの情報提供等に関する説明義務違反による損害賠償責任

〔千葉地判平成13・7・5判時1778号98頁〕 ······························· 200

11・2　加工食品の取引中止に関する信義則上の配慮義務違反による

損害賠償責任〔東京地判平成19・11・26判時2009号106頁〕 ······· 203

12　研究開発事業者の責任 ·· 209

12・1　擬似運転装置の共同開発に関する契約締結上の過失責任〔東

京地判平成10・12・21判タ1045号194頁〕 ································ 209

12・2　コンピュータプログラムの製作業者のプログラム瑕疵に関す

る損害賠償責任〔東京地判平成14・4・22判タ1127号161頁〕 ····· 213

13　販売業者の責任 ··· 217

13・1　パルボウィルスに感染した犬を販売した者の他の犬に感染し

たことによる債務不履行責任〔横浜地川崎支判平成13・10・15

判時1784号115頁〕 ·· 217

13・2　中古オートバイ売主のオートバイの焼失に関する瑕疵担保責

任〔東京地判平成15・1・28判時1829号90頁〕 ························· 219

13・3　カタログ通信販売において誤った商品説明をしたことに関す

る製造・販売業者の契約締結上の過失責任〔東京地判平成19・

10・29判時2002号116頁〕 ·· 221

13・4　不当な預金債権の差押えによる債務者の信用毀損・信用失墜

に関する損害賠償責任〔東京地判平成20・5・28判時2023号109
頁〕 ……………………………………………………………………… 225

13・5　専門納入業者の防衛装備品の価格水増しに関する信義則上の
義務違反に基づく損害賠償責任〔東京地判平成21・12・2 判時
2076号71頁、判タ1325号157頁〕 ………………………………… 230

13・6　不動産の購入予定者の売買契約の締結拒否に係る損害賠償責
任〔東京地判平成20・11・10判時2055号79頁〕 ………………… 236

13・7　新車の売買における販売業者の損害賠償責任〔富山地判平成
27・7・8 判時2315号83頁〕 ………………………………………… 240

13・8　工業製品の継続的売買において販売業者の取引拒否に係る損
害賠償責任〔東京地判平成27・2・6 判時2272号71頁〕 ………… 243

14　旅行業者の責任 ……………………………………………………… 247

14・1　主催旅行を実施した旅行業者の説明義務違反による損害賠償
責任〔東京地判平成16・1・28判タ1172号207頁〕 ……………… 247

14・2　韓国人俳優を起用したキャンペーンが中止になったことにつ
いての韓国の旅行会社の債務不履行等、日本の主催旅行会社の
信義則上の義務違反に関する損害賠償責任〔東京地判平成20・
3・3 判タ1282号181頁〕 …………………………………………… 250

15　ホテル事業者の責任 ………………………………………………… 256

15・1　労働組合のホテル施設使用許可仮処分確定後にホテル経営側
が施設使用を拒否したことに関する損害賠償責任〔東京高判平
成22・11・25判時2107号116頁〕 ………………………………… 256

16　放送事業者の責任 …………………………………………………… 260

16・1　テレビ番組の制作会社の取材対象者に対する期待侵害による
損害賠償責任〔東京地判平成16・3・24判時1902号71頁、判タ

1181号263頁〕……………………………………………………………… 260

17　国・地方自治体の責任………………………………………………… 267

17·1　町が委託炊飯契約を解消させたことに関する損害賠償責任
〔東京高判平成11・7・28判時1693号73頁〕……………………… 267

17·2　地方自治体の公共工事の見直しによる契約締結上の過失責任
〔仙台地判平成15・12・15判タ1167号202頁〕………………… 271

17·3　地方自治体の土砂搬入契約における信義則上の義務違反に関
する損害賠償責任〔広島高判平成16・11・19判時1891号63頁〕
……………………………………………………………………………… 276

17·4　職員が架空のリース契約を利用して売買代金を業者から騙し
取ったことに関する地方自治体の使用者責任に基づく損害賠償
責任〔大阪地判平成20・4・21判タ1287号202頁〕………………… 282

17·5　地方自治体の事業契約に協力して土地買収を行い、首長の交
代により事業が中止されたことに係る地方自治体の損害賠償責
任〔宮崎地判平成24・12・25判時2176号72頁〕………………… 285

17·6　遺族厚生年金の受給の相談を受けた社会保険事務所の職員が
説明を誤り、年金受給権の一部が時効消滅したことに係る国の
損害賠償責任〔東京地判平成28・9・30判時2328号77頁〕……… 290

17·7　固定資産税等の滞納処分として差し押さえられた土地上に公
売広告前に公売予定地の看板を設置した地方自治体の損害賠償
責任〔熊本地玉名支判平成28・9・28判時2341号120頁〕……… 294

18　指定確認検査機関の責任……………………………………………… 297

18·1　指定確認検査機関の建築確認検査業務委託契約上の善管注意
義務違反に基づく損害賠償責任〔東京地判平成21・5・27判時
2047号128頁〕………………………………………………………… 297

19　保育施設の責任 ……………………………………………………… 302

19·1　認可外保育施設における乳児の死亡事故に関する施設の運営
　　者、譲受人等の損害賠償責任〔大阪高判平成27・11・25判時
　　2297号58頁〕……………………………………………………… 302

20　介護施設の責任 ……………………………………………………… 306

20·1　介護施設の利用者の誤嚥による死亡事故に関する施設の運営
　　事業者の安全配慮義務違反に基づく損害賠償責任〔大阪高判平
　　成25・5・22判タ1395号160頁〕……………………………… 306

20·2　介護施設の利用者の転倒事故に関する施設の運営事業者の安
　　全配慮義務違反に基づく損害賠償責任〔大阪地判平成29・2・2
　　判時2346号92頁〕………………………………………………… 310

21　プロスポーツの主催者の責任 …………………………………… 315

21·1　プロ野球を観戦中の観客がファウルボールで負傷した事故に
　　関する試合の主催者の損害賠償責任〔札幌高判平成28・5・20
　　判時2314号40頁〕………………………………………………… 315

22　取締役等の役員の責任 ……………………………………………… 320

22·1　MBO を計画し、失敗した取締役等の損害賠償責任（株主代
　　表訴訟）〔大阪高判平成27・10・29判時2285号117頁〕………… 320

22·2　取引先にした融資を承認し、実行させた銀行の取締役の損害
　　賠償責任〔東京高判平成28・10・19金判1509号32頁〕………… 327

22·3　有価証券報告書の虚偽記載等による課徴金に係る取締役の損
　　害賠償責任〔東京地判平成28・3・28判時2327号86頁〕………… 330

23　専門家の責任⑴──弁護士の責任 ……………………………… 336

23・1　多重債務者の債務整理に関する弁護士の受任契約上の債務不履行責任〔東京地判平成16・7・9判時1878号103頁〕……………336

23・2　1　弁護士の委任契約上の債務不履行責任　2　依頼者の無断撮影による不法行為責任〔東京地判平成17・3・23判時1912号30頁〕……………………………………………………………338

23・3　不動産の売主の依頼による所有権移転登記手続の申請に関する本人確認情報を提供した弁護士の損害賠償責任〔東京地判平成28・11・29判時2343号78頁〕…………………………………341

24　専門家の責任⑵──司法書士の責任………………346

24・1　事務員の説明義務違反に関する司法書士の使用者責任に基づく損害賠償責任〔東京地判平成14・5・20判タ1123号168頁〕……346

24・2　司法書士の善管注意義務違反に関する損害賠償責任〔東京地判平成20・11・27判時2057号107頁〕…………………………350

24・3　労働組合の組合員を排除する目的で会社の代表者とともに会社分割の申請手続を行った司法書士の損害賠償責任〔大阪高判平成27・12・11判時2300号44頁〕…………………………353

25　専門家の責任⑶──行政書士の責任………………358

25・1　不正に戸籍謄本を取得した行政書士・調査会社のプライバシー侵害、名誉・信用毀損による損害賠償責任〔東京地判平成17・2・25判タ1195号183頁〕………………………………358

26　専門家の責任⑷──税理士の責任………………361

26・1　税理士の相続税申告に関する委任契約上の債務不履行責任に基づく損害賠償責任〔東京高判平成7・6・19判タ904号140頁〕…………………………………………………………………361

26・2　税理士の依頼者に対する助言・指導義務違反に基づく損害賠

償責任〔大阪地判平成 9・5・20判時1633号113頁〕……………… 365

　26・3　弁護士法23条の 2 の照会に応じて依頼者の確定申告書等の写
　　　　しを提供した税理士の損害賠償責任〔大阪高判平成26・8・28
　　　　判時2243号35頁〕…………………………………………………… 368

27　専門家の責任(5)──建築士の責任………………………………… 372

　27・1　建築士の名義貸しに関する不法行為に基づく損害賠償責任
　　　　〔大阪高判平成13・11・7 判タ1104号216頁〕………………… 372

28　専門家の責任(6)──不動産鑑定士の責任 ……………………… 376

　28・1　不動産鑑定士の過大鑑定による抵当証券の購入者に対する損
　　　　害賠償責任〔大阪地判平成16・9・15判時1874号82頁〕………… 376

29　専門家の責任(7)──医師の責任 ………………………………… 380

　29・1　健康食品の効用について誤った記事を掲載した医師の不法行
　　　　為責任に基づく損害賠償責任〔名古屋地判平成19・11・30判時
　　　　2001号691頁、判タ1281号237頁〕……………………………… 380

　29・2　脂肪吸引手術に関する医師の損害賠償責任〔東京地判平成
　　　　24・9・20判時2169号37頁〕……………………………………… 384

30　専門家の責任(8)──歯科医師の責任 …………………………… 388

　30・1　審美的治療に関する歯科医師の損害賠償責任〔東京地判平成
　　　　28・4・28判時2319号49頁〕……………………………………… 388

　30・2　歯のインプラント治療において人工歯根を過度に埋設したこ
　　　　とに関する歯科医師の損害賠償責任〔東京地判平成28・9・8
　　　　判時2330号49頁〕………………………………………………… 391

31　専門家の責任(9)──獣医師の責任……………………………… 396

31・1 獣医師のペット治療契約上の治療義務・説明義務違反に関する損害賠償責任〔名古屋高金沢支判平成17・5・30判タ1217号294頁〕 …………………………………………………… 396

32 専門家の責任(10)──カウンセラーの責任 ……………………… 399

32・1 夫婦間の紛争に助言したカウンセラーの親権侵害に関する損害賠償責任〔名古屋地判平成14・11・29判タ1134号243頁〕……… 399

第2章　加害行為に基づく損害額の認定・算定

1 善管注意義務・忠実義務違反 ……………………………………… 401

1・1 禁治産の後見人の不動産の廉価売却に関する善管注意義務・忠実義務違反に基づく損害賠償責任〔東京地判平成11・1・25判時1701号85頁〕 ………………………………………… 401

1・2 迂回融資に関する会社の取締役の善管注意義務・忠実義務違反に基づく損害賠償責任〔東京高判平成16・12・21判時1907号139頁〕 ……………………………………………………… 405

2 安全配慮義務違反 ………………………………………………… 413

2・1 地方自治体の職場における受動喫煙による安全配慮義務違反に基づく損害賠償責任〔東京地判平成16・7・12判時1884号81頁〕 ……………………………………………………… 413

2・2 うつ病による自殺に関する雇用契約上の安全配慮義務違反に基づく損害賠償責任〔長崎地判平成16・9・27判時1888号147頁〕 ……………………………………………………… 416

3　債務不履行責任 ……………………………………………………… 420

　3·1　ゴルフ会員の不平等な取扱いに関するゴルフ場経営会社の会
　　　　員契約の債務不履行責任〔大津地判平成13・9・26金判1132号
　　　　43頁〕………………………………………………………… 420

　3·2　従業員の雇用契約上の債務不履行による損害賠償責任〔東京
　　　　地判平成15・10・29判タ1146号247頁〕………………… 422

　3·3　スポーツクラブにおけるキャッシュカードの盗難事故による
　　　　クラブの経営会社の債務不履行に基づく損害賠償責任〔東京地
　　　　八王子支判平成17・5・19金判1220号10頁〕…………… 425

　3·4　販売代理店の継続的契約の途中解約に関する債務不履行に基
　　　　づく損害賠償責任〔東京地判平成22・7・30判時2118号45頁、
　　　　金判1352号59頁〕…………………………………………… 428

4　不法行為責任 …………………………………………………………… 432

　4·1　従業員が抵当建物を無断で取り壊したことに関する建設業者
　　　　の使用者責任〔東京地判平成11・2・12判タ1025号236頁〕……… 432

　4·2　社会福祉法人の代表理事の請負工事代金を水増しする等して
　　　　過大な補助金を交付させたことによる不法行為責任〔山形地判
　　　　平成14・3・26判時1801号103頁〕………………………… 437

　4·3　破綻間際に破綻を回避するために行われた出資の募集に関す
　　　　る信用組合・理事の不法行為責任〔東京地判平成16・7・2判
　　　　時1868号75頁〕……………………………………………… 440

　4·4　支払停止に陥った破産会社の幹部が資産を隠匿したことに関
　　　　する不法行為責任〔東京地判平成16・9・29判時1911号124頁〕
　　　　……………………………………………………………………… 444

　4·5　国立大学教授の大学院生に対するセクシャルハラスメントに
　　　　関する損害賠償責任〔東京地判平成17・4・7判タ1181号244

頁〕 ·· 447

4・6　オンラインゲームシステム等の信用を害した会社の従業員の
不法行為に基づく損害賠償責任〔東京地判平成19・10・23判時
2008号109頁〕 ··· 450

5　その他の義務・責任 ··· 453

5・1　賃借人の失火を原因とする建物の焼失に伴う賃貸人の使用借
権喪失に関する損害賠償責任〔最三小判平成6・10・11判時
1525号63頁〕 ·· 453

5・2　社員研修の実施委託契約の委託者が研修日程の変更を告知し
なかったことによる契約締結上の過失責任〔横浜地判平成13・
1・26判タ1106号122頁〕 ··· 456

5・3　愛犬を嚙み殺した加害犬の飼主の動物占有者責任に基づく損
害賠償責任〔名古屋地判平成18・3・15判時1935号109頁〕 ········ 459

第3章　権利・法益侵害に基づく損害額の認定・算定

1　法的行為による侵害 ··· 463

1・1　訴訟の不当提起による不法行為に基づく損害賠償責任〔東京
地判平成11・5・27判タ1034号182頁〕 ································· 463

1・2　違法な処分禁止の仮処分中の地価下落に関する損害賠償責任
〔大阪高判平成11・6・25判タ1019号159頁〕 ························ 466

1・3　不動産競売手続停止仮処分の執行による不法行為に基づく損
害賠償責任〔東京高判平成11・8・18金法1610号96頁〕 ············ 469

1・4　違法な債権回収に関する損害賠償責任〔大阪高判平成11・

10・26判タ1031号200頁〕………………………………………… 472

　1・5　不動産競売手続において不動産の所有権を取得した買主が引
　　　　渡命令を受けることなく建物内の残留動産を廃棄したことによ
　　　　る不法行為責任〔東京地判平成14・4・22判時1801号97頁〕…… 474

　1・6　請負契約における不当な仮処分申立てに関する損害賠償責任
　　　　〔東京地判平成15・7・31判タ1150号207頁〕………………… 477

　1・7　弁護士に対する違法な懲戒申立てに関する申立人の損害賠償
　　　　責任〔東京地判平成17・2・22判タ1183号249頁〕…………… 483

2　競争法上の侵害 ……………………………………………………… 486

　2・1　会社の取締役による従業員等の引抜きに関する損害賠償責任
　　　　〔東京高判平成16・6・24判時1875号139頁〕………………… 486

　2・2　業界シェア第1位企業が第2位企業の従業員を大量に引き抜
　　　　き、差別的で有利な取引条件を提示して顧客を奪取した不法行
　　　　為に関する損害賠償責任〔東京地判平成20・12・10判タ1288号
　　　　112頁〕………………………………………………………………… 490

3　生活権侵害 …………………………………………………………… 494

　3・1　肥料製造工場の悪臭の発生による養鶏業者に対する損害賠償
　　　　責任〔山口地岩国支判平成13・3・8判タ1123号182頁〕………… 494

　3・2　高層マンションの建築業者の近隣住民に対するビル風害の損
　　　　害賠償責任〔大阪地判平成13・11・30判時1802号95頁〕………… 499

　3・3　工場による井戸水汚染の損害賠償責任〔福島地郡山支判平成
　　　　14・4・18判時1804号94頁〕……………………………………… 502

　3・4　電車の騒音・振動による鉄道事業者の不法行為に基づく損害
　　　　賠償責任〔東京高判平成14・6・4判時1794号48頁〕…………… 506

　3・5　大学の校舎の建築工事により飲料水メーカーが利用していた
　　　　井戸水汚染の損害賠償責任〔大津地判平成16・8・9判時1882

号92頁〕 ……………………………………………………… 508

4　情報侵害 ……………………………………………………… 512

4・1　名前、電話番号等を無断でパソコン通信に公開したことによ
るプライバシー侵害の損害賠償責任〔神戸地判平成11・6・23
判時1700号99頁〕 ………………………………………… 512

4・2　警察官が交通事故事件の被害者の供述調書を偽造したことに
関する人格権の侵害による損害賠償責任〔千葉地判平成13・
2・14判タ1121号214頁〕 ………………………………… 516

4・3　インターネットの電子掲示板上の名誉毀損による損害賠償責
任〔東京地判平成14・6・26判タ1110号92頁〕 ………… 519

5　迷惑行為 ……………………………………………………… 522

5・1　ストーカーの損害賠償責任〔大阪地判平成12・12・22判タ
1115号194頁〕 …………………………………………… 522

5・2　野良猫に餌を与えた住民の損害賠償責任〔神戸地判平成15・
6・11判時1829号112頁〕 ………………………………… 524

5・3　アパート内の騒音による損害賠償責任〔東京地判平成21・
10・29判時2057号114頁〕 ……………………………… 527

6　その他の権利侵害 …………………………………………… 531

6・1　破産申立て直前の会社の所有する機械を搬出したことに関す
る損害賠償責任〔東京地判平成13・7・10金法1632号47頁〕……… 531

6・2　元従業員・労働組合の会社等に対する街宣活動・営業妨害に
よる損害賠償責任〔東京地判平成16・11・29判時1883号128頁〕
………………………………………………………………… 536

6・3　内部告発による雇用上の不利益取扱いに関する損害賠償責任
〔富山地判平成17・2・23判時1889号16頁〕 …………… 540

6·4　特許権の質権侵害に関する特許庁の担当職員の過誤による国の損害賠償責任〔最三小判平成18・1・24判時1926号65頁〕……545

6·5　採石権侵害に関する損害賠償責任〔最三小判平成20・6・10判時2042号 5 頁〕………………………………………………552

6·6　女優のパブリシティ権についての財産的損害に関する損害賠償責任〔東京地判平成20・12・24判タ1298号204頁〕……………555

・判例索引………………………………………………………………562
・著者紹介………………………………………………………………571

序章　概　説

1　はじめに

　本書は、損害賠償額の算定をめぐる裁判例を、いくつかの区分に従って類型を取り上げて紹介し、損害賠償額の算定に関する考え方、あり方を検討したものである。筆者は、すでに経済的損害をめぐる裁判例をまとめた書籍（『風評損害・経済的損害の法理と実務〔第 2 版〕』（2012、民事法研究会））を公にしているが、本書は、同書と同様な関心の下、訴訟実務・法律実務において議論になりがちな類型の損害を取り上げ、いくつかの類型に従って裁判例を分析し、紹介したものである。なお、本書の後に、『判例にみる慰謝料算定の実務』（2018、民事法研究会）を公にしており、これら三つの書籍によって損害賠償額の算定をめぐる主要な分野を検討したことになる。

　訴訟実務・法律実務においては、多数の損害賠償責任をめぐる事件の相談を受け、受任することがあるが、これは事件全体の中でも最も多い類型の事件ではないかと推測される。損害賠償責任が問題になる事件の相談・訴訟においては、相談等の依頼者は、自分が抱える事件・紛争について事件の相手方が責任を負うことは当然であり、いったい、いくらの賠償額を得ることができるかに関心が傾きがちである。相談等を受ける者としては、責任の成否・立証に相当な負担があり、その次に損害賠償額の立証・算定の問題があるとの認識をもちがちであるが、損害賠償額の問題についても立証の仕方、算定の仕方、損害賠償の範囲の立証の仕方、損害賠償額の算定の予測は容易ではないし、事案によっては相当に困難である。

　なお、損害賠償額の立証が困難である場合には、民事訴訟法248条の規定を適用することを前提とする主張・立証が考えられるが、同条の適用を主張することについては、損害賠償額の立証が困難であることを自ら認めるに等

しいこと、同条を適用した場合における損害賠償額の算定は低額にとどめられる可能性が相当にあること等の問題があり、相当に躊躇せざるを得ない（裁判例によっては、同条所定の要件が証明されていないとか、要件にあてはまるとはいえない場合であっても、同条の適用を認めるものもあり、別の問題が生じている）。

2　損害賠償額の立証・算定

　損害賠償額の立証・算定については、法律上、特段の規定が設けられていることがあるが（たとえば、特許法（昭和34年法律第121号）102条・105条の 3、著作権法（昭和45年法律第48号）114条・114条の 5、不正競争防止法（平成 5 年法律第47号） 5 条・9 条、金融商品取引法（昭和23年法律第25号）19条・21条の 2 等）、これらの規定がない場合には、因果関係の範囲の立証・認定を含め、民法415条・416条・709条・710条・711条等の一般的な規定に従って立証、認定、算定がされるほかないものである。民法のこれらの規定は、その規定の性質上、抽象的なものであり、個々の事案ごとに適切で公平な損害賠償額の立証・算定が求められるが、訴訟実務においては、人身事故による損害賠償事件等の一部の事件を除き、損害賠償額の立証の基準、算定の基準も明確ではなく、その予測も相当に困難であるのが実情である（訴訟実務においては、経験豊富な裁判官の賢明な認定・判断が望まれているが、残念ながら、そのような認定・判断に恵まれることは多いとはいえない）。

　損害賠償額の訴訟実務における現状は、交通事故等の人身損害を除くと、ほかの類型の損害については、明確で合理的な基準が形成されていないため、言いっ放し、立証しっ放しの実務、どんぶり勘定の認定・算定の実務が相当に広くみられる。

3　訴訟実務への指針

　本書で紹介する裁判例は、そのすべてがそれぞれの類型の損害について代表的な事案であるとはいえないが、実際上、損害賠償額の認定・算定にあた

って参考になりそうなものを選択したものである（なお、紹介した裁判例を先例として使用するにあたっては、その裁判例が上級審において取消し・破棄されている可能性もあるから、留意されたい）。参考といっても、その内容に賛成することができるものだけでなく、議論を呼ぶもの、賛成しがたいものも参考になるものとして紹介している。これらの裁判例は、その賛否を問わず、参考にしながら、個々の事案につき損害賠償額の主張の仕方、立証の仕方を検討することができるし、損害賠償額の認定・算定にあたって参照することができるものである。

　損害賠償額の認定・算定の実務をより明確に紹介するためには、たとえば、特定の事業者ごとに特定の類型の加害行為を基準とする等して裁判例を分類することが望ましいが、本書では、その紙数の制限に照らし、そのような大規模な試みは採用していない。本書において取り上げた裁判例は、訴訟実務・法律実務の利用の便宜を図る観点から、事業者の事業の種類（第1章）、加害行為の種類（第2章）、損害の種類（第3章）を基本的な基準としつつ、前記の観点から参考になりそうな裁判例を取り上げたものである。

⑴　因果関係の立証

　損害賠償額の認定・算定の問題は、訴訟実務・法律実務においては、前記のとおり、言いっ放し、立証しっ放し、どんぶり勘定の手法が相当に蔓延しているといわざるを得ないが、もっと合理的・説得的な実務をめざす必要がある。損害賠償事件の実務においては、損害賠償責任が問われた者の加害行為（作為・不作為）と損害賠償責任を追及する者の損害（不利益・損失）の発生との間に因果関係が認められることを前提として、損害額を認定し、算定することが必要であり、かつ、足りるものであるから、加害行為から損害の発生に至る過程を検討し、分析することが重要である（損害賠償をめぐる紛争の当事者は、これを主張・立証し、あるいは反論・反証することになる）。

　主張・立証された加害行為から損害の発生に至るまでには、さまざまな出来事や事情、第三者の行為、損害を受けた者の行為が関与することがあるが、損害賠償額の認定・算定にあたっては、これらの介在する諸事情の関与の可

能性・程度、加害行為との関連性、損害発生との関連性を十分に検討し、分析することが重要である。加害行為が直接の原因になって損害が発生することもあるが、加害行為から直接には損害が発生せず（前記の諸事情がさまざまな可能性で関与することになる）、加害行為が間接的な原因となって損害が発生することが少なくない。理論的にも、裁判例上も、加害行為が損害発生との間に間接的な原因になる場合であっても、因果関係は否定されないとされているが、このことは、間接的な原因であるときは、常に因果関係が認められるべきであるとか、あるいは通常因果関係が認められるべきであるということにはならない。加害行為が間接的な原因となって損害が発生した場合には、介在する諸事情によっては因果関係が否定されたり、損害賠償の範囲が限定されたりすることはしばしばありうることである。訴訟実務・法律実務においては、加害行為が損害発生の間接的な原因である場合であっても、介在する諸事情の検討・立証を十分に行うことなく、損害賠償額の主張・立証がされたり、算定がされたりする事例を見聞することがあるが、不合理であり、誤った損害賠償額の認定・算定であることは明白である。

(2)　損害賠償額の立証

　訴訟において損害賠償請求権が認められるためには、損害賠償額の認定・算定、その前提となる因果関係の存在（この因果関係としては、事実上の因果関係（事実的因果関係）、相当因果関係、あるいは法的因果関係の存在）の証明が必要であることはいうまでもない。ところが、訴訟実務において証明されたかどうかの判断は、裁判官の裁量によるところが少なくないため、裁判官がどの程度の確からしさの心証を得ているかが明確ではないことが多々あるし、裁判例の文言・説示のうえでも明確でないことが少なくない。訴訟実務における証明は、主張された事実につき高度の蓋然性が証明されることが必要であるが（判断者にとって、通常人が疑いを差し挟むことがないほどに真実であるとの確信を得ることであると説明されている）、そのような立証がされているか、あるいはこの基準によって判断されているかが問われることが少なくない。

　また、実際に裁判例を読んでも、一方で大雑把な判断をしている裁判例を

見かけることがあるし、他方で細かな事実関係についての証明を求めて結局
証明が十分でないなどの判断を示す裁判例を見かけることもある。あるいは
裁判例によっては、一方で特定の事実の存在は否定できない等の論理を積み
上げた判断を示したり、他方で説得的な立証をしても特定の事実の存在を直
ちに認めることはできないなどの論理を多用する判断を示したりするものも
ある。損害賠償額の証明は、個々の事案の内容、主張された損害の種類・内
容、立証に供された証拠の種類・内容等の事情によって個性的であることは
いうまでもないが、裁判官ごとの判断姿勢、経験・能力によって相当に影響
されていることも事実である。

　訴訟実務・法律実務においては、因果関係の存在の主張・立証を含め、損
害賠償額の主張・立証はさまざまな工夫が必要な分野であることは疑いがな
い。本書で試みた裁判例の検討・分析などの結果も利用しつつ、個々の事案
の内容、利用できる証拠の種類・内容を考慮し、裁判官の暫定的な心証を打
診しながら、裁判官に対する説得的で合理的な主張・立証を常に心がけるこ
とが重要であろう。

第1章　事業活動における損害額の認定・算定

1　不動産・建設関係事業者の責任(1)──事業者間の損害

1・1 購入した土地の中に多量のコンクリート塊等の産業廃棄物があったことによる売主の瑕疵担保責任

〔判　例〕　東京地判平成10・10・5判タ1044号133頁
〔損害額〕　産業廃棄物の搬出・処分費用248万4000円

【事件の概要】

　X株式会社は、平成8年3月、A株式会社の仲介により、自動車修理工場の建設を目的とし、Y株式会社から同社の所有する雑種地を代金1億7226万1500円で購入した。Xは、間もなく土地のボーリング調査を実施したが、地中に障害物は発見されなかった。Xは、平成8年6月、B株式会社に建物の建築工事を請け負わせ、BがC株式会社に杭工事等を下請けし、施工させたところ、多量のコンクリート塊等の産業廃棄物が埋まっていることが判明した。Xは、廃棄物を搬出・処分し、費用を負担した。Xは、Yに対し、瑕疵担保責任に基づき搬出・処分の費用につき損害賠償を請求したものである。

●**主張の要旨**●

　本件で問題になった損害は、地中に埋まっていた産業廃棄物の搬出・処分費用（248万4000円）である。

●**判決の概要**●

　本判決は、地中にボーリング調査でも発見されなかった産業廃棄物があり、これが隠れた瑕疵にあたるとし、搬出・処分費用が損害になるとし、請求を認容した。

判決文

一　原告と被告との間で本件売買契約が締結されたこと、本件売買契約が商人間の売買であることは、当事者間に争いがない。

二　右争いのない事実と〈証拠略〉によれば、次の事実が認められ、右認定に反する乙7号証の記載及び証人Dの証言は、前掲各証拠に照らし、たやすく信用できないし、他に右認定を左右する証拠はない。

　1～4　〈略〉

　5　Cは、Bに対し、本件建物の建築工事に必要な費用〈証拠略〉とは別にかかった費用として、別紙記載の合計248万4000円を請求し〈証拠略〉、Bは、原告に対し、右と同額の支払を請求した〈証拠略〉。

　　原告は、同年10月21日、Bに対し、右金額を支払った〈証拠略〉。

二　(ママ)　右事実関係の下で判断する。

　1　請求原因について

　　右認定事実によれば、ことに、原告は、自動車修理工場を建設する目的で本件売買契約を締結し、被告も、右目的を知っていたこと、コンクリート塊等の産業廃棄物は本件土地の地中に埋まっていてボーリング調査でも発見されず、杭工事に着手して初めて発見されたこと、Cは、着手していた杭工事や根伐工事等を中断して右廃棄物を除去せざるを得なかったことに照らせば、本件土地には隠れた瑕疵があったと認められる。そして、原告は、別紙記載の費用を支出したことにより同額の損害を被ったといえるから、請求原因事実が認められる。〈略〉

　2　原告の悪意について　〈略〉

　3　瑕疵通知義務について　〈略〉

●損害額認定の考え方●

　本件は、土地の売買において地中にコンクリート塊等の産業廃棄物が埋まっていたため、買主が売主に対して搬出・処分費用につき瑕疵担保責任に基づき損害賠償を請求した事案である。

　本判決は、売買された土地の地中に産業廃棄物が埋まっていたことが隠れた瑕疵にあたるとし、産業廃棄物の搬出・処分費用が損害にあたるとしたものであり、事例判断を提供するものである。

ホテルの給湯用配管設備の施工業者の温水流出事故に関する損害賠償責任

〔判　例〕　名古屋地判平成12・12・15判タ1113号197頁
〔損害額〕　建物・設備に生じた損害等6545万7783円

【事件の概要】

　ホテルの経営を業とするA株式会社は、建設業を営むB株式会社との間でホテルの建設請負契約を締結し、Bは、ホテルの建設工事を施工した。Y株式会社は、Bからこの建設工事のうち給湯用配管設備工事を下請けし、施工した。Bは、ホテルを完成し、Aは、ホテルを営業したが、ホテルの建物・備品等につき、A、ホテルの地下1階で店舗を経営するCは、損害保険会社Xらとの間で損害保険契約を締結していたところ、ホテルの建設工事の完成から約5年7カ月経過した後、給湯用配管設備のパイプの接合部が抜け、大量の温水等が流出し、ホテルが水浸しになる等の事故が発生した。A、Cは、Xらから保険金を受領したため、XらがYに対して、本件事故の原因は、パイプとエルボ（継ぎ手）を接続する際、接合部に接着剤を塗布しなかったことにあると主張し、保険代位により、9216万6472円の損害賠償を請求したものである。

●主張の要旨●

　本件で問題になった損害は、公表された判決文には主張部分が省略されているが、①ホテルの部屋・設備の補修費用、取替費用、②什器備品の損害、③絵画の損害、④事務用品の損害、⑤店舗内の損害である。

●判決の概要●

　本判決は、本件事故が本件パイプが、耐用年数を大幅に下回る期間で抜けたものであり、本件パイプの接合部に接着剤が塗布されなかったことによって生じたものであり、Yに施工上の過失があったとし、損害額の算定にあた

っては、保険鑑定人の作成に係る鑑定書を基準にし、多くの主張を採用し、一部の主張を排斥し、結局、6545万7783円の損害を認め、請求を一部認容した。

判決文

　〈証拠略〉によると、本件事故によって、Ａは、後記１ないし３記載のとおり、合計4898万1124円の損害を、Ｃは、後記４記載のとおり、合計1297万6659円の損害をそれぞれ被ったことが認められる。

　したがって、Ａ及びＣは、それぞれ、被告に対し、不法行為に基づき、右各金額の損害賠償請求権を取得した。

１　本件建物の損害額（Ａの損害）　　　　　　　小計2936万4312円
- (1)　仮設工事　　　　　　　　　　　　　　　　　　42万円
- (2)　地下１階店舗　　　　　　　　　　　　　　　12万5000円
- (3)　１階フロント　　　　　　　　　　　　　　　４万5500円
- (4)　１階事務室　　　　　　　　　　　　　　　　52万6195円
- (5)　１階会議室　　　　　　　　　　　　　　　　36万9680円
- (6)　１階廊下　　　　　　　　　　　　　　　　　64万4605円
- (7)　１階トイレ　　　　　　　　　　　　　　　　７万円
- (8)　１階ホール　　　　　　　　　　　　　　　380万7400円
- (9)　２階廊下　　　　　　　　　　　　　　　　　99万9580円
- (10)　２階客室（８室）　　　　　　　　　　　225万8155円
- (11)　３階廊下　　　　　　　　　　　　　　　　95万3150円

　　被告は、本件事故は本件建物３階の床から下に影響を与えたに過ぎないから、３階の壁面や天井には損害は発生していないと主張し、たしかに、〈証拠略〉によると、３階は床から高さ１センチメートル程度が浸水したに過ぎないことが認められる。

　　しかしながら、〈証拠略〉によると、平成７年６月17日、２階のみならず３階の天井クロスも張り替えられた事実が認められるところ、〈証拠略〉によると、本件事故により発生した水蒸気によって、３階の壁面や天井に染みが生じたり、これらが異臭を発していたことが認められ、また、ホテル営業という本件建物の用途からすれば、床、壁面及び天井の外観の素材や色彩の統一性ないし調和が要求される点をも考慮する必要があり、これらの理由によって、前記のとおり、３階の天井クロスが張り替えられたものと推認される。

　　そうすると、３階廊下については、本件事故によって、その壁面や天井にも損害が発生したと認めるのが相当である。

　　この点に関する被告の主張は採用できない。

⑿　3階客室（9室）　　　　　　　　　　　　　　　　218万8918円

　原告は、3階客室（9室）の損害は合計262万6200円であると主張し、〈証拠略〉には、3階客室（9室）の損害として、天井30万6000円、壁面113万9200円、床カーペット47万7000円、ヘッドボード38万4000円、荷揚げ・降ろし32万円で合計262万6200円との記載がある。

　このうち、3階客室の床、壁面や天井の損害については、⑾に記載したのと同様の理由により、これを認めることができる。

　しかしながら、前記のとおり、本件事故は本件建物3階の床から下に影響を与えたものであって、3階は床から高さ1センチメートル程度が浸水したに過ぎないから、3階客室内に設置されていたヘッドボードに損害が発生したとは考え難い。〈証拠略〉によると、〈証拠略〉最終丁の添付写真は3階客室内の状況を撮影したものであることが認められるが、右三葉の写真（特に左）には汚損を示す印が記載されていないから、3階客室内のヘッドボードが汚損した事実を認めることはできない。また、ヘッドボードが、本件事故により発生した水蒸気によって、染みを生じたり、異臭を発したとも考え難い。

　そうすると、3階客室（9室）の損害のうち、ヘッドボード38万4000円及び荷揚げ・降ろし32万円のうち右に付随する部分は、これを損害と認めることはできない。

　したがって、3階客室（9室）の損害は、天井30万6000円、壁面113万9200円、床カーペット47万7000円及び荷揚げ・降ろし32万円を金額比により按分した26万6718円（円未満四捨五入）の合計218万8918円と認めるのが相当である。

　320,000 ×（306,000 ＋ 1,139,200 ＋ 477,000）÷（306,000 ＋ 1,139,200 ＋ 477,000＋384,000）＝266,717.5

⒀　電気設備（9室。3、2、1階）　　　　　　　　745万6200円

　原告は、電気設備（9室。3、2、1階）の損害は合計1383万円であると主張し、〈証拠略〉には、電気設備（9室。3、2、1階）の損害として、幹線動力設備（電工費・雑材共）265万2000円、電灯コンセント設備708万2000円（同）、非常放送設備（同）112万4000円、自動火災報知器設備（同）297万2000円で合計1383万円との記載があり、〈証拠略〉及び右の「電工費・雑材共」との記載によると、電灯コンセント設備の損害額708万2000円はコンセントの部品代のみならず電灯コンセント設備の電気工事費用や雑材等一切を含むものであることが認められる。

　しかしながら、〈証拠略〉によると、電灯コンセント設備の損害額708万2000円が本件建物全体の設備を更新した金額である可能性を否定できない。

　そうすると、本件建物は地下1階付9階建であり、〈証拠略〉によると、1階当たり概ね9室あることが認められるが、本件事故によって、1階ないし

　3階のうちの9室の電灯コンセント設備に損害が発生したのであるから、原告が主張する損害額708万2000円のうち、本件事故と因果関係のある損害はその10分の1である70万8200円と認めるのが相当である。

　したがって、電気設備（9室。3、2、1階）の損害は合計745万6200円と認められる。

⑭　空調換気設備　　　　　　　　　　　　　　　　　52万8220円

　原告は、空調換気設備の損害は合計968万4800円であると主張し、〈証拠略〉には、空調換気設備の損害として、ファンコイルユニット（客室・フロント23台）182万1000円、ヒートポンプ（5セット）368万8000円、天井換気ファン31万7800円、施工費385万8000円で合計968万4800円との記載がある。

　しかしながら、〈証拠略〉によると、右損害の認定は保険鑑定人DがBの口頭報告を聴取したことに基づくものに過ぎないところ、Bが十分な調査をしたか否か明らかでない上、〈証拠略〉によると、平成7年7月3日、4日の時点において、ファンコイルユニット（23台）及びヒートポンプエアコン（1階の1台及び地下1階の2台）に異常がなかったこと、ヒートポンプエアコン5セットはいずれも本件事故以前に設置されたものであるが、平成11年1月27日の時点においても使用され正常に作動していたことが認められる。

　そうすると、空調換気設備の損害のうち、ファンコイルユニット（客室・フロント23台）182万1000円、ヒートポンプ（5セット）368万8000円及び施工費385万8000円のうち右に付随する部分は、これを損害と認めることはできない。なお、〈証拠略〉によると、本件事故発生後、空調設備の部品交換や点検修理が実施されたことが認められるが、部品交換や点検修理は本件事故発生以前にも実施されており、事故発生後に実施された部品交換が通常の保守・メンテナンス作業の範囲を超えるものとは認められないから、これをもって、本件事故と因果関係のある損害と認めることはできない。

　したがって、空調換気設備の損害は、天井換気ファン31万7800円及び施工費385万8000円を金額比により按分した21万420円（円未満四捨五入）の合計52万8220円と認めるのが相当である。

　$3,858,000 \times 317,800 \div (1,821,000 + 3,688,000 + 317,800) = 210,419.5$

⑮　床（大理石）　　　　　　　　　　　　　　　　　3万5928円

⑯　6月15日当初クリーニング　　　　　　　　　　　35万円

⑰　ホールエレベーター修理　　　　　　　　　　　　72万9000円

⑱　エアコン　　　　　　　　　　　　　　　　　　　0円

　原告は、エアコンの損害は84万5000円であると主張し、〈証拠略〉には、ダイキン（エアコン）3台84万5000円との記載がある。

　しかしながら、〈証拠略〉によると、エアコンは、前記⑭記載のファンコイルユニット（客室・フロント23台）又はヒートポンプ（5セット）に含まれている可能性があり（〈証拠略〉には、エアコンの損害の内訳概要として「ホ

ール通路側設置であり」との記載があるから、ここにいうエアコンとは1階ホールに設置されたものと解されるところ、〈証拠略〉によると、1階の空調換気設備は合計8台であったことが認められ、他方、1階には、〈証拠略〉によると、ヒートポンプエアコン3台が、〈証拠略〉によると、ファンコイルユニット5台がそれぞれ設置されていたことが認められるから、このほかに1階にエアコンが設置されていたと認めることはできない。)、かつ、これらに損害が発生したと認めることができないのは前記⒁記載のとおりである。

　　したがって、エアコンの損害は、これを認めることはできない。

⑲　電話交換機取替　　　　　　　　　　　　　409万7000円

⑳　パントリー照明取替　　　　　　　　　　　5万9990円

㉑　諸経費　　　　　　　　　　　　　　　　　0円

　　原告は、諸経費の損害334万5735円を主張し、〈証拠略〉にはその旨の記載があるが、その内容が明らかではなく、ほかにこれを損害と認めるに足りる証拠はない。

　　したがって、諸経費の損害は、これを認めることはできない。

㉒　消費税相当額（⑴ないし㉑の合計2566万4521円の3パーセント。円未満四捨五入）　　　　　　　　　　　　　　　　　76万9936円

㉓　減価償却（5パーセント。円未満四捨五入）　▲132万1723円

㉔　取片付費用　　　　　　　　　　　　　　　425万1578円

　　原告は、取片付費用の損害は448万3700円であると主張し、〈証拠略〉には、取片付費用の損害として、1階フロント1万3000円、1階事務室24万9200円、1階会議室19万6500円、1階廊下27万5000円、2階廊下62万円、2階客室（8室）114万円、3階廊下58万5000円、3階客室（9室）121万5000円、電気設備（9室。3、2、1階）（推定）20万円、空調換気設備（推定）96万円との記載がある。

　　しかしながら、前記のとおり、3階客室（9室）、電気設備（9室。3、2、1階）及び空調換気設備の各損害については、その一部を認めることができず、したがって、取片付費用もこれに応じて減少すると解される。そこで、右各損害に付随する取片付費用を、右各損害が認められる金額の比率に応じて算出すると、3階客室（9室）101万2693円（円未満四捨五入）、電気設備（9室。3、2、1階）10万7826円（同）、空調換気設備5万2359円（同）となる。

　　1,215,000×2,188,918÷2,626,200＝1,012,693.3

　　200,000×7,456,200÷13,830,000＝107,826.4

　　960,000×528,220÷9,684,800＝52,359.4

したがって、取片付費用の損害は合計425万1578円と認めるのが相当である。

2　什器備品及び絵画の損害額（同）　　　　　　小計1824万6812円〈略〉

3　事務用品の損害額（同）　　　　　　　　　　小計137万円〈略〉

4　地下1階の店舗内の損害額（Cの損害）　　　　小計1297万6659円〈略〉

●損害額認定の考え方●

　本件は、ホテルの建設工事の施工に不備があり、ホテルの完成後約5年7カ月を経て、浸水事故が発生し、ホテルが建物・設備に補修工事を施工する等し、損害を被ったことから、損害保険会社が保険金を支払い、損害保険会社が不備のあった設備工事の施工業者に対して損害賠償を請求した事案である。本件は、ホテルという営業上の建物・設備の工事の不備がホテルの開業後に問題になったものであるという特徴があるが、損害論としては、主として建物・設備の補修工事費用が問題になったものである。

　本判決は、前記のとおり、設備工事の施工業者の施工上の過失を認め、不法行為を肯定したうえ、前記の損害については、主として損害保険会社の提出に係る保険鑑定人の作成した鑑定書を基準として判断し、その一部を排斥したものの、その多くの意見を採用し、損害額を算定したものである。

　本件のホテルのような営業上の建物が浸水事故に遭うと、その被害の程度によっては、多数の項目の損害が問題になり（損害の発生、損害の程度、因果関係の有無、補修の必要性・相当性等）、その損害額の認定・算定が困難な争点になることが通常である。このような損害額の認定・算定は、個々の事案ごとに、被害を受けた者の立証、加害者の反証を考慮して判断するほかないが、本判決は、ホテルの浸水事故による損害額の算定事例として参考になるものである。

　ホテルの浸水事故が問題になった裁判例としては、東京地判平成4・4・23判タ795号204頁（ホテルの宿泊客による浸水事故）がある。

店舗用建物の仲介業者の賃貸借契約締結上の説明義務違反に関する損害賠償責任

〔判　例〕　東京地判平成13・3・6判タ1129号166頁

〔損害額〕　仲介手数料、保証金、改装費用394万871円（過失相殺前）

【事件の概要】

　Aは、平成7年2月、B株式会社からC株式会社の所有に係る土地を賃貸期間を1年6カ月として一時使用の目的で賃借し、借地上に建物を建築した。Xは、平成7年7月、宅地建物取引業者であるY₁株式会社（代表取締役はY₂）の仲介により、Aから使用目的を店舗とし、賃貸期間を2年間として本件建物を賃借した。賃貸借にあたり、Aは、土地の所有者から一時使用賃貸借契約書に基づき土地を賃借していること、建物の賃貸期間は2年間とするが、希望があれば継続に応じること、Aと土地所有者間にトラブルが生じたときはAがすべてを処理することなどを内容とする念書をX、Y₁に宛てて提出した。AとXは、本件賃貸借契約を2年間更新した。Cは、平成10年3月、Xに本件建物から退去することを要請し、同年10月、X、Aらに対して訴訟を提起し、平成11年1月、Xが平成11年3月限り本件建物を明け渡す、AらがXに和解金として1300万円を支払うなどの内容の訴訟上の和解が成立した。Xは、Y₁に対して、建物の敷地の賃貸借が一時使用の目的であることの説明義務違反を主張し、債務不履行に基づき損害賠償を請求したのに対し、Y₁、Y₂がXに対して反訴として不当訴訟の提起を主張し、不法行為に基づき損害賠償を請求したものである。

●主張の要旨●

　本件で問題になった損害は、①仲介手数料（41万2000円）、②保証金・礼金（506万円）、③店舗改装費用（920万8200円）、④借家権価格（1360万円）、⑤営

業補償（560万円）である（なお、これらの損害から和解金1300万円を控除している）。

●判決の概要●

　本判決は、Y_1 が一時使用賃貸借契約の意味を X に理解させることを怠り、その結果、X が更新可能な通常の賃貸借契約であると誤信し、本件賃貸借契約を締結したとし、説明義務違反の債務不履行を肯定し、損害として通常の賃貸借契約であれば受けられたであろう立退料相当額（1920万円）、保証金（2割償却した後の240万円）、仲介手数料（41万2000円）を基準とすべきであるとし、A が X に賠償すべき損害は2201万2000円であり、このうち仲介業者である Y が賠償すべき損害は仲介手数料・保証金・改装費用（920万8200円）から約58％を償却した残存価値（386万9444円）であるとしたうえ、2201万2000円と1300万円との比率（59％）を乗じた金額であるとし、394万871円と算定し、過失相殺を3割認め、請求を認容した。

判決文

1　争点1〈被告 Y_1 に、媒介契約の本旨に反する調査義務違反ないし説明義務違反があったか否か。〉について〈略〉
2　争点2〈別件和解を考慮した場合、なお、原告 X に損害が残存しているか否か。〉について
(1)　そこで、次に、原告 X の別件和解後の残存損害について検討する。
(2)　訴外 A と被告 Y_1 との競合する債務不履行により、原告 X は損害を被ったものであるが、その全損害は、訴外 A との関係では、立ち退きを強いられたことで、通常の賃貸借契約であれば受けられたであろう立退料相当額、保証金及び仲介手数料を基準として算定すべきである。

　　　〈証拠略〉によれば、立退料は合計1920万円である（この中に減価償却をした改装費用が含まれる。なお、上記調査報告書（甲29）及び意見書（甲43）の信用性を疑わせるに足りる証拠はない。）。

　　　また、前提事実記載のとおり、返還を受けられるべき保証金額は、契約終了時に2割の償却を行うから240万円であり、仲介手数料は前記認定のとおり、41万2000円である。

　　　以上により、論理的には、訴外 A が原告に賠償すべき損害は2201万2000円であった。

(3) ところで、原告 X₁ が予備的に主張するとおり、このうち、仲介人が賠償すべき損害は、原告 X₁ が、十分説明を受けたならば負担しなかったであろう金額であって、その内訳は、仲介手数料41万2000円、保証金240万円（営業を3年半行っているので、保証金の償却分を考慮する。）及び改装費用である。このうち、改装費用920万8200円については、その改装設備を原告 X₁ が平成7年9月の開店から平成11年3月の明渡しまで約3年半にわたり使用したものであるから、その減価償却を考慮すべきである。原告 X₁ の税務申告（甲35）によれば、原告 X₁ は内装設備について6年の耐用年数で減価償却を行っていることから、これにならい、3年半（約58パーセント）を償却した残存価値である386万7444円と推認するのが相当である。

　以上によれば、被告 Y₁ の債務不履行に基づき原告 X に発生した損害は667万9444円である。

(4) 以上を前提に、被告 Y₁ が賠償すべき賠償額について検討するに、原告 X は、別件和解で訴外 A らから1300万円の和解金を取得している。論理的には、本来、原告 X は、訴外 A に対し、2201万2000円の損害を請求できたにもかかわらず、同人との和解により、1300万円の和解金しか取得しなかったという点は、和解の効力が被告 Y₁ に及ぶものではないことは当然としても、損害の公平な分担という観点から、重複する損害について訴外 A とともに賠償責任を負担する被告 Y₁ の責任の範囲を定める上で、原告 X 側の事情として考慮すべきである。したがって、被告 Y₁ の固有の賠償範囲は、上記667万9444円に、原告が訴外 A に請求できた2201万2000円と和解金額1300万円との比率（59パーセント）を乗じた金額をもって相当とすべきであり、その金額は、394万0871円となる。

(5) さらに、原告 X は、過失相殺を否定するものの、重要事項説明書に土地一時賃貸借契約書が添付され、本件念書の冒頭にも、訴外 A の本件土地の賃貸借が一時使用賃貸借であることが明記されていたことを考慮すると、原告 X としても上記の点を被告 Y₁ 担当者に確認するなどすれば、比較的容易に、本件賃貸借契約が土地の一時使用賃貸借契約の存続する限度でしか存続しないことに気付いたものと推認できる。この観点から原告 X の過失は3割と認めるのが相当である。

(6) したがって、被告 Y₁ が原告 X に賠償すべき賠償額は、275万8609円となる（算式　394万0871円×（1−0.3））。

　なお、被告 Y₁ は、本件賃貸借契約が、無断修繕を理由に、平成10年6月17日、訴外 A により解除されたと主張して、損害の発生を争ってもいる。しかし、前記認定のとおり、訴外 A は、原告 X の店舗が改装された後の開店レセプションに出席するも、改装について何ら異議を述べていないことからして、上記解除は理由がないと認めざるを得ず、被告 Y₁ の上記主張は採用の限りではない。

3　争点3〈原告 X と、被告 Y_1 との間に、平成7年7月7日、被告 Y_1 が本件媒介に関して、2年の契約期間経過後は仲介業者とし一切責任を負わない旨の免責合意が成立したか否か。〉について〈略〉

4　争点4〈原告 X の本件本訴は不当訴訟にあたるか否か。仮に該当するとした場合、被告 Y_1 に生じた損害額〉について〈略〉

5　争点5〈原告 X の反訴原告 Y_2 に対する不法行為の有無。仮に不法行為があった場合に、反訴原告 Y_2 に生じた損害額〉について〈略〉

●損害額認定の考え方●

　本件は、一時使用目的の借地上の建物につき賃貸借契約が締結され、その3年半余の後、建物の賃借人が土地の所有者の退去要請によって建物を明け渡さざるを得なかったため、賃借人が仲介業者に対して説明義務違反を主張し、債務不履行に基づき損害賠償を請求した事案である（賃借人は、別件の訴訟において訴訟上の和解をし、賃貸人から和解金を受領した）。本件では、建物の賃貸借契約の締結にあたって敷地が一時使用賃貸借契約であることが明示されていたものであり、説明義務違反の債務不履行の成否も興味を引く問題であるが（債務不履行を否定する判断もあながち不合理とはいえないようである）、賃貸借の目的が店舗であり、損害賠償の範囲も重要な問題になったものである。

　本判決は、一時使用賃貸借契約の意味を理解させることを怠った説明義務違反を認めたうえ、前記の仲介手数料・保証金・改装費用の損害を認め、損害賠償額を算定したものであり、店舗用建物の使用収益に関する損害賠償事例として参考になるものである。

ビルの一部の賃貸借においてほかの賃借人の飲食店の営業による悪臭のために売上げが減少したことに関する賃貸人の債務不履行責任

〔判　例〕　東京地判平成15・1・27判タ1129号153頁
〔損害額〕　悪臭の発生と相当因果関係にある損害80万円

【事件の概要】

　Xは、平成10年12月、Y有限会社からビルの1階部分を賃借し、婦人服販売店を経営していた。Yは、平成12年5月、本件ビルの地下1階部分を小料理店を経営するAに賃貸し、Aが小料理店を営業していたが、魚のにおい等が発生した。Yは、Xが賃料の不払いがあったため、賃貸借契約を解除し、建物の明渡しを請求する訴訟を提起し、平成14年7月、XとYは、建物部分の明渡し等を内容とする訴訟上の和解をした。Xは、建物部分を明け渡した後、Aの悪臭によって売上げが減少したと主張し、Yに対して債務不履行に基づき逸失利益の損害賠償を請求したものである（Yは、未払い賃料債権等との相殺も主張した）。

●主張の要旨●

　本件で問題になった損害は、建物部分の明渡しまでの間の逸失利益（235万円）である。

●判決の概要●

　本判決は、小料理店の営業による魚の生臭いにおい、煮魚・焼き魚のにおいの発生、これによる婦人服販売業への影響を認めたうえ、賃貸人の使用収益させる義務違反による債務不履行を認め、悪臭の発生と相当因果関係にある損害として80万円を認め、Yの有する債権との相殺による損害賠償請求権

が消滅するとし、結局、請求を棄却した。

判決文

1　争点(1)（被告は、悪臭について債務不履行責任を負担するか）〈略〉

2　争点(2)（損害）

　　原告は、原告の売上げの減少による損害を被ったとして、平成12年4月までは、1か月220万円ないし230万円であった売上げが、悪臭発生後、1か月180万円ないし190万円となり、景気の動向を踏まえても、少なくとも1か月10万円の損害を被ったと主張する。

　　そこでこの点につき検討すると、本件記録中には、〈証拠略〉以外に、これを証すべき客観的証拠はなく、原告主張の損害全額を認めることは到底できないというべきである。

　　しかしながら、〈証拠略〉を総合して判断すると、原告が、店舗の環境の悪化によって、顧客の購買意欲の減退などの被害を受けたことは認められ、平成12年5月ころから同14年7月15日までの間において、○○からの悪臭の発生と相当因果関係にある原告の損害は、80万円と認めるのが相当である（なお、被告は、本件和解は、本件契約が平成13年12月15日をもって合意解約されたことを前提に構成されているとして、合意解約後においては、賃貸人の債務不履行は問題とならないと主張するが、原告と被告は、別件訴訟において、本件損害賠償請求訴訟の係属を念頭におき、原告が本件貸室を使用する期間における悪臭にかかる損害賠償問題の解決は、別途、本件訴訟によることとしたものであり〈証拠略〉、解約日について、本件和解調書〈証拠略〉のように構成しても、原告の損害賠償請求について消長を来さないこととしたというべきであり、被告の主張は当たらない。）。

3　争点(3)（被告による相殺の可否）〈略〉

●損害額認定の考え方●

　　本件は、ビルの一部の賃貸借において賃借人がほかの賃借人の営業によって売上げが減少したため、賃貸人に対して債務不履行に基づき損害賠償を請求した事案である。本件では、まず、賃貸人が賃借人同士のトラブルにつきどのような義務を負うかという興味深い問題を提起するものであるが、その義務違反が認められる場合、賃借人が事業者であるときは、営業上の逸失利益の損害が認められるかが問題になったものである。

　本判決は、賃貸人の賃借人に対する使用収益させる義務を前提とし、ほか
の賃借人の迷惑行為もこの義務違反にあたるとしたうえ、一定の範囲で逸失
利益の損害を認めたものであり、興味深い事案の事例判断として参考になる
ものである。複数の賃借人が競合する賃貸建物については、建物の管理のほ
か、賃貸管理が重要であるが、本判決は、小料理店において魚の悪臭が発生
したこと（悪臭による損害賠償責任が問題になった裁判例については本書498頁参
照）、被害を受けた賃借人が婦人服販売店であることに事案の特殊性があり、
この特殊な事案を前提とし、賃貸人の債務不履行を認めたものと解すべきで
あり、本判決の判断をほかの事案に一般化するには慎重な検討が必要である。

1・5　土地売買における排水管等の埋設に関する売主の瑕疵担保責任に基づく損害賠償責任

〔判　例〕　東京地判平成16・10・28判時1897号22頁
〔損害額〕　転売の解約違約金100万円、火災保険料51万9000円

【事件の概要】

　不動産の売買等を業とする X 株式会社は、平成14年 2 月11日、分譲目的で Y から土地建物を代金7200万円で購入し、手付金200万円を支払った（建物は取り壊す予定であった）。X は、平成14年 3 月 3 日、本件土地の一区画を A に建築条件付で売却した。X は、Y との合意に従って、平成14年 6 月 7 日、残代金を支払い、Y は、本件土地建物を引き渡した。X は、本件土地内に隣接する土地の所有者 B との共有共用の排水管・浄化槽等が存在することが判明し、A との間で、手付金倍返しとして100万円を支払うことで合意解約した。B は、X の排水管の撤去の要請を拒否した。X は、Y に対し、瑕疵担保責任、信義則上の告知義務違反を主張し、土地分譲代金の下落分、解約違約金、本件建物に付した火災保険の保険料等の損害賠償を請求したものである。

●主張の要旨●

　本件で問題になった損害は、①本件土地の分譲代金の下落分（2810万円）、②転売の解約違約金（50万円）、③火災保険料（ 1 万9000円）、④銀行の金利負担分（220万7629円）、⑤本件土地の固定資産税等（18万4200円）である。

●判決の概要●

　本判決は、本件排水管等の存在が隠れた瑕疵にあたるとし、本件不動産を現状有姿のまま売り渡す旨の特約については、Y に悪意があったとし、瑕疵担保責任を認め、転売の解約違約金、火災保険料につき損害であると認め、

本件土地の分譲代金の下落分、銀行の金利負担分、本件土地の固定資産税等が損害にあたることを否定し、請求を認容した。

判決文

ア　本件土地の分譲代金の下落分について

　　これは、本件不動産に瑕疵がなかったならば得られたであろう利益（履行利益）を失ったことによる損害である。したがって、被告は、原告に対し、この点に関し、民法570条に基づく瑕疵担保責任を負わないものと解される。

イ　A邸解約違約金

　　1(9)において認定したとおり、原告は本件排水管等の存在により予定どおりの分譲ができなくなったと判断し、50万円の手付金を倍返ししてAとの契約を合意解除したことが認められる。これは、本件不動産に瑕疵があることを知ったならば被ることがなかったであろう損害（信頼利益）であり、民法416条2項にいう特別事情による損害に当たると解される。そして、先に検討したとおり、被告は、本件浄化槽が共有共用であること及び原告が本件土地を分譲する予定であること等を知っていたことが認められるところ、分譲目的で土地を購入した不動産業者が瑕疵の存在によって予定通り分譲することができなくなったため転売契約を合意解除し、それに伴って手付金を倍返しすることは通常予見することができると解されるか、同条2項にいう予見可能性があったものということができる。したがって、被告は、原告に対し、この点に関し、民法570条に基づく瑕疵担保責任を負わなければならないと解される。

ウ　本件建物の火災保険料

　　1(7)、(11)及び(13)において認定したとおり、原告は当初の予定では平成14年6月7日に本件不動産の引渡しを受けた後速やかに本件建物を取り壊して本件土地の造成を行うはずであったが本件排水管等の存在のため本件建物を取り壊すことができなくなったこと、その後予定どおりの分譲ができないと判断して本件売買契約を解除したこと、平成14年7月29日及び平成15年1月28日に本件建物について火災保険を付して保険料合計1万9000円を支払ったこと、最終的に本件売買契約解除の意思表示を撤回したことが認められる。この点、確かに、原告は、上記各支払時点においては本件売買契約を解除していたのであるから、あえて本件建物に火災保険を付して保険料を支払う必要はなかったとも考えられる。しかしながら、一方で、原告は、解除の意思表示をした直後、被告からそれを争う旨の内容証明郵便を受領し、本件訴訟においても同様に解除の効力を争われ、その法律的地位は、不安定なものであったといわざるを得ない。そして、そもそも本件排水管等の存在の問題がなければ、原告は、当初の予定に従い本件不動産の引渡後速やかに本件建物を取り壊すことができたのであって、

本来であれば上記保険料を支払わずに済んだはずである。結局のところ、これらの事実を総合すると、上記保険料は、本件不動産に瑕疵があることを知ったならば被ることがなかったであろう損害（信頼利益）に当たると解するのが相当であり（なお、平成15年1月28日時点では本件排水管等は撤去され原告もその事実を認識していたことが認められるが、その時点においてもやはり原告の上記のような不安定な地位は解消されていなかったのであるから、原告に本件建物を取り壊すことを期待することは困難というべきであり、上記保険料を支払ったことはやむを得なかったものと認められる。したがって、上記時点において支払った保険料も信頼利益による損害に当たると解される。）、民法416条2項にいう特別事情による損害に当たると解される。そして、損害の公平な分担という損害賠償における基本理念に照らすとき、本件において、被告は本件浄化槽が共有共用であること及び原告が本件建物を取り壊した後本件土地を造成して分譲する予定であること等を知っていたこと並びに本件建物に要する火災保険料は高額とは考えられず、実際に原告が支出した額も高額ではなかったこと等を考慮するならば、不動産業者が瑕疵の存在のため当該建物の所有権について不安定な地位に置かれた場合当該建物に火災保険を付して保険料を支払うことも同条2項にいう予見可能性の範囲内にあるものと解するのが相当である。したがって、被告は、原告に対し、この点に関し、民法570条に基づく瑕疵担保責任を負わなければならないと解される。

エ　銀行金利負担分

　1⑺において認定したとおり、原告は本件借入れに基づき平成14年6月7日から平成15年5月30日まで毎月利息として合計220万7629円を支払ったことが認められる。一方で、1⑺、⑼及び⑽において認定したとおり、原告は平成14年6月7日から1年以内に本件土地を転売する予定で本件売買契約を締結し、当初から本件借入れをすることを予定し、それに合わせて弁済期を1年後としたこと、そして、途中一旦本件売買契約を解除する旨の意思表示をしたものの最終的に上記意思表示を撤回し、本件借入れによる資金を当てて本件不動産の所有権を取得したことが認められる。結局のところ、これらの事実を総合すると、上記銀行金利の負担は、本件不動産に瑕疵があることを知ったならば被ることがなかったであろう損害に当たるということはできないと解される。よって、被告は、原告に対し、この点に関し、民法570条に基づく瑕疵担保責任を負わないものと解される。

オ　本件土地の固定資産税及び都市計画税

　1⑭において認定したとおり、原告は平成15年4月28日本件土地の平成15年度分の固定資産税等18万4200円を支払ったことが認められる。この点、原告は、上記支払時点においては本件売買契約を解除していたのであるから上記税金を支払う必要がなかったとも考えられるが、それらは平成15年1月1日時点での所有者に課税されるものであること及び上記ウにおいて検討したとおり原告は

当時法律的に不安定な地位に置かれていたことを考慮するならば、原告がそれらを支払ったことはやむを得なかったものと解することが一応可能である。しかしながら、一方で、1(7)、(9)及び(15)において認定したとおり、原告は平成14年6月7日から1年以内に本件土地を転売する予定で本件売買契約を締結したこと、すなわち、原告としては当初から本件土地を1年程度は所有する考えであったことが認められる。とするならば、原告は、本件排水管等の存在の問題がなくとも平成15年1月1日時点における本件土地の所有者として上記固定資産税等を支払ったものといえ、最終的に解除の意思表示を撤回して本件土地の所有権を取得したことを合わせ考慮するならば、上記固定資産税等の負担が本件不動産に瑕疵があることを知ったならば被ることがなかったであろう損害に当たるということはできないと解される。よって、被告は、原告に対し、この点に関し、民法570条に基づく瑕疵担保責任を負わないものと解される。

●損害額認定の考え方●

　本件は、土地・建物の売買契約において、買主が売主に対して、排水管等につき隠れた瑕疵であると主張し、瑕疵担保責任に基づき損害賠償を請求した事案である。本件では、買主が不動産業者であり、売買に係る土地の分譲転売を予定していたことから、損害賠償の範囲が問題になったものである。

　本判決は、隠れた瑕疵を認め、瑕疵担保責任を肯定し、損害賠償の範囲として、信頼利益に限られるとしたうえ、転売の解約違約金、火災保険料が損害にあたるとし、本件土地の分譲代金の下落分、銀行の金利負担分、本件土地の固定資産税等が損害にあたらないとしたものである。本判決が瑕疵担保責任に基づく損害賠償の範囲について、信頼利益に限り、履行利益を含まないとした判断は、理論的に典型的な見解であるが、信頼利益の範囲として、転売の解約違約金を含むものとした判断には疑問が残る。

企業間の大規模な土地の売買契約において土壌汚染等が発見されたことに関する売主の瑕疵担保責任に基づく損害賠償責任

〔判　例〕　東京地判平成20・7・8判時2025号54頁

〔損害額〕　汚染土壌等の調査・対策費用および埋設物の対策費用5億6970万5850円、弁護士費用2000万円

【事件の概要】

　A株式会社は、昭和44年、土地上に建物を建築し、工場として使用していた。Aは、Y株式会社と合併し、本件土地はYが所有し、建物は事業所として使用されていた。Yは、事業所の統廃合を計画し、平成10年10月以降、本件土地の売却を検討し、隣接地を所有するX株式会社との間で売買交渉を開始した。Xは、本件土地の土壌汚染を検討するため、Yに使用した薬品に関する問い合わせをし、その回答を得たうえ、平成11年11月、専門業者に土壌汚染調査を依頼したが、環境基準を上回る汚染は発見されなかった。Xは、さらに、平成12年3月、専門業者にボーリング調査を依頼したが、土壌汚染は発見されなかった。XとYは、平成12年7月、本件土地、土地上の建物につき売買代金10億8854万7661円、瑕疵担保責任の追及期間を引渡し時から5年間とする特約で売買契約を締結し、Yは本件土地等を引き渡し、Xは代金を支払った。Xは、平成16年4月、本件土地上に研究棟を建築しようとし、地下水の水質測定したところ、砒素が環境基準を超えて検出され、さらに調査を実施したところ、PCB汚染等が発見された。Xは、Yに対して瑕疵担保責任、土壌汚染等につき説明義務違反があったと主張し、債務不履行に基づき損害賠償を請求したものである。

●主張の要旨●

　本件で問題になった損害は（２度にわたって土壌汚染・埋設物が発見されている）、①汚染土壌等の調査・対策費用（５億6512万5750円）、②埋設物の対策費用（458万100円）、③弁護士費用（5000万円）である。

●判決の概要●

　本判決は、環境基準を超過した汚染土壌が土地の瑕疵にあたるとし、瑕疵担保責任を肯定し、汚染土壌等の調査・対策費用、埋設物の対策費用の支出を認め、損害賠償額として認め、弁護士費用として2000万円の損害を認め、債務不履行を否定し、請求を認容した。

判決文

2　瑕疵担保責任について
　⑴　瑕疵該当性について〈略〉
　⑵　損害（調査及び対策費用）について
　　本件では、原告が請求原因⑵カの５億6970万5850円を支出したことは当事者間に争いがない。
　　被告は、その費用が不当に過大である旨主張するので、以下、検討する。
　ア　瑕疵と関係のない調査費用について
　　被告は、平成16年埋設物及び汚染土壌の調査（請求原因⑵カ㋐ a）のうち、構内土壌調査追加工事（(a)）、本件建物周辺土壌調査（(b)）及び本件建物下土壌調査（(c)）は、いずれも本件土地の瑕疵の存否を確認するための調査であって、そのような調査は、本来、本件土地の瑕疵の存否にかかわらず、買主である原告が自ら費用を負担して行うべきものであるから、その費用を被告に負担させることはできない旨主張する。しかし、〈証拠略〉によれば、上記各調査は、いずれも平成16年埋設物及び汚染土壌の対策工事に向けられたものであって、同埋設物及び汚染土壌が存在したからこそこれを余儀なくされたものと認められる。したがって、被告の上記主張は採用することができない。
　イ　実益のない調査費用について
　　被告は、上記(c)の本件建物下土壌調査は、当該調査によっても、何らの埋設物及び汚染土壌も発見されなかったのであるから、そのような意味のない調査費用を被告に負担させることはできない旨主張する。しかし、当該調査によって何らの埋設物及び汚染土壌も発見されなかったからこそ、その部分についての対策工事が不要であるとの判断を下すことができたの

であるから、当該調査は十分に意味のあるものといえる。したがって、被告の上記主張は採用することができない。

　また、被告は、上記(b)の本件建物周辺土壌調査及び上記(c)の本件建物下土壌調査のうち、農薬類に関する分析調査については、既に実施されていた表層土壌調査において農薬類が検出されておらずそれ以上の調査をする必要はなかったのであるから、そのような必要のない調査費用を被告に負担させることはできない旨主張する。しかし、表層土壌調査において発見されなかった農薬類が深度調査によって発見されることは十分にありうるから、上記の農薬類に関する分析調査は必要のないものとはいえない。したがって、被告の上記主張は採用することができない。

　また、被告は、上記平成16年埋設物及び汚染土壌の調査（請求原因(2)カ(ア) a）のうち(d)の廃棄物埋設範囲特定調査は、当該調査によっても、本件土地の埋設物及び汚染土壌の処理範囲を確定できなかったのであるから、そのような意味のない調査費用を被告に負担させることはできない旨主張する。しかし、〈証拠略〉によれば、上記調査は、平成16年埋設物及び汚染土壌の処理範囲を確定するために行われ、現にその処理範囲の確定に従って平成16年埋設物及び汚染土壌の対策工事が実施されたものと認められるから、上記調査は十分に意味がある。したがって、被告の上記主張は採用することができない。

ウ　新研究棟の建設を急いだことによる費用の増加について

　被告は、原告が、平成16年埋設物及び汚染土壌に関する調査方法として、当初から詳細な調査を行う異例な方法を採用したとして、これによって増加した調査費用を被告に負担させることはできない旨、また、原告が、新研究棟の建設を急ぎ、本件埋設物及び汚染土壌の対策工事を突貫工事の方法で実施したとして、これによって増加した対策費用を被告に負担させることはできない旨、各主張する。

　しかし、〈証拠略〉によれば、原告の採用した調査方法（10メートルメッシュによる調査）が被告の主張する調査方法（30メートルメッシュによる調査）に比して明らかに不合理であるとはいえない。証人Ｂの証言によれば、原告は、費用が高額になっても正確に測定できる調査方法を採用したことが窺われるが、既に廃棄物や汚染土壌が存在することが判明している土地について、おおまかな調査によるのではなく、10メートルメッシュで５深度のサンプルを別々に測定するという、より正確な調査方法を採用したことが、不相当、不合理であるとはいえない。また、〈証拠略〉に照らして、上記対策工事が不相当に高額の費用を要した方法であったと認めることもできない。

　したがって、被告の上記主張は採用することができない。

エ　相見積もりをとらなかったことによる費用の増加について

　　　被告は、原告が本件埋設物及び汚染土壌の対策工事を○○建設に発注した際にその相見積もりをとらなかったことから、本来あるべき競争原理が働かず、○○建設の見積もり額が過大なものになった旨主張する。しかし、証人Ｃの証言によれば、○○建設では各工事項目の単価が予め定まっていることが認められるから、原告が相見積もりをとらなかったからといって当然に○○建設による見積もり額が過大になるとはいえない。

　　　したがって、被告の上記主張は採用することができない。

　オ　建設残土処理費用の控除について

　　　被告は、原告が本件埋設物及び汚染土壌の対策工事によって新研究棟建設の際の建設残土処理費用を免れたとして、その処理費用相当額を原告主張の損害額から控除すべきである旨主張する。しかし、〈証拠略〉によれば、原告は、本件埋設物及び汚染土壌の対策工事の際、掘削した箇所の埋戻しを行ったことが認められるから、新研究棟建設の際の建設残土処理費用を免れたとは認められない。したがって、被告の上記主張は採用することができない。

　カ　まとめ

　　　以上によれば、原告が支出した上記5億6970万5850円は、その額が不当に過大であるとはいえない。

⑶　損害（弁護士費用）について

　　　原告は、本件土地の瑕疵（本件埋設物及び汚染土壌の存在）を知らなかったために、原告訴訟代理人に本件訴訟の提起及び追行を委任することを余儀なくされたのであるから、瑕疵担保責任に基づき、被告に対し、相当額の弁護士費用の賠償を請求できると解するのが相当である。そして、本件における審理の経過、審理の内容及び難易度、その他一切の事情を考慮すれば、被告が賠償すべき弁護士費用の額は、2000万円をもって相当と認める。

⑷　消滅時効について〈略〉

⑸　まとめ

　　　以上によれば、原告の瑕疵担保責任に基づく請求は、5億8970万5850円及びこれに対する平成18年5月11日から支払済みまで年6分の割合による遅延損害金の支払を求める限度で理由がある。

2　説明義務違反について〔ママ〕

　　　原告は、説明義務違反の債務不履行責任に基づき、上記瑕疵担保責任に基づく損害賠償請求と同様の損害賠償請求（調査及び対策費用5億6970万5850円、弁護士費用5000万円）に加えて、①新研究棟の建設計画の遅延、②本件埋設物及び汚染土壌の公表及び住民説明会等に関する費用の支出、③原告の社会的信用の失墜による損害として、2000万円の損害賠償を請求している。

　　　しかし、①については、本件において、新研究棟の建設が不当に遅延した事実を認めるに足りる証拠はなく、また、建設計画の遅延によって原告が被った

損害の具体的内容も明らかでない。また、②については、本件埋設物及び汚染土壌の公表及び住民説明会等に関する費用の具体的金額及びその内訳等が明らかでなく、また、〈証拠略〉が提出されているものの、その内容には具体性がなく、容易にこれを信用することはできない。また、③については、本件埋設物及び汚染土壌の発生原因が原告でないことは一般に周知されているのであるから（〈証拠略〉）、原告の社会的信用が失墜した事実は認められない。したがって、原告主張の上記①ないし③の損害は、いずれもその発生を認めることができない。

　また、弁護士費用の賠償額として2000万円が相当であることは、説明義務違反の債務不履行責任に基づく損害賠償請求の場合も、上記瑕疵担保責任に基づく損害賠償請求の場合と同様である。

　そうすると、説明義務違反の債務不履行責任に基づく損害賠償請求は、原告主張の説明義務違反の有無を検討するまでもなく、上記瑕疵担保責任に基づく損害賠償請求が認められる範囲を超えてはこれを認めることができない。

●損害額認定の考え方●

　本件は、大規模な企業間において土壌汚染調査等を経て土地等の売買がされたところ（買主にとっては、隣接地の売買）、数年を経て、土壌汚染・埋設物が発見されたため、買主が売主に対して瑕疵担保責任等に基づき調査・対策費用等の損害賠償を請求した事案である。本件は、事前の土壌汚染調査、隣接地の売買という事情に照らし、隠れた瑕疵の有無が主要な争点になったものであるが、瑕疵担保責任が認められる場合における損害賠償の範囲、損害賠償額の算定も問題になったものである。特に本件では、土地の売買代金に照らして多額の調査・対策費用の損害が問題になっているところに特徴がある。

　本判決は、瑕疵担保責任を肯定したうえ、買主の主張に係る調査・対策費用を全額損害として認め、これが不当に高額であるとはいえない等とし、弁護士費用として2000万円の損害を認めたものであり、事例判断を提供するものの、不当に高額であるとの印象は否定できないものである。なお、隠れた瑕疵の有無の判断についても議論があろう。

マンションの耐震偽装に関する設計管理受託者の損害賠償責任

〔判　例〕　札幌地判平成21・10・29判時2064号83頁

〔損害額〕　マンションの解体費用、購入者への支払額（土地の価格を控除したもの）7億4160万円

【事件の概要】

　不動産業者であるX株式会社は、マンションの建築を計画し、平成14年6月、設計事務所であるY株式会社と建物の設計監理委託契約を締結した。Yは、構造計算および構造計算書の作成を二級建築士Aに委託した。Aは、構造計算を偽装した構造計算書を作成し、交付した。Yは、耐震基準を満たさない設計図書をXに交付し、Xは、この設計図書に基づきマンションを建築し、分譲販売した。その後、平成18年、構造計算書に偽装が発覚した。Xは、マンションの購入者らとの間で売買契約を合意解約したり、訴訟上の和解をすることによって合計8億2000万円を支払った。Xは、Yに対し、債務不履行、不法行為に基づき解体費用、売買代金等の損害賠償を請求したものである。

●主張の要旨●

　本件で問題になった損害は、①マンションの解体費用3790万円、②売買代金等から底地の価格を差し引いた額（購入者への支払額）7億3700万円である。

●判決の概要●

　本判決は、Aが履行補助者であったとし、Yの債務不履行を認め、耐震基準を満たさない建物は分譲マンション、賃貸マンションとしての商品価値はほとんどないとし、Xの主張に係る損害全額を認め、請求を認容した。

判決文

第1　被告の責任について

1　請求原因1、2、4(2)及び5の事実は当事者間に争いがない。

2　したがって、被告の履行補助者であったAは、故意に、建築基準法に違反する構造計算を行い、その結果、被告は、債務の本旨に反する設計行為をしたものとして、民法415条により、その設計行為によって生じた後記損害を賠償する責任を負う。

第2　原告の損害について

1　争いのない事実、〈証拠略〉によれば、以下の事実が認められる。

(1)　耐震基準上、本件物件では地上の各階につき保有水平耐力指標（保有水平耐力 Qu（kN）／必要保有水平耐力 Qun（kN））が1.0以上となることが必要とされている。これに対し、本件物件の保有水平耐力指標は次のとおりである。〈図表略〉

(2)　○○○○建築士の耐震強度偽装問題により、耐震強度に対する社会的関心が高まった。こうした中、本件物件が耐震基準を満たしていないことが判明し、一部住民は売主である原告に対して瑕疵担保責任に基づき売買契約を解除して損害賠償を請求する訴訟を提起した。

(3)　原告は、株式会社○○○○○に本件物件の補修案作成を委託した。補修案は、外部にブレース（建物の制震のための構造物）を組む等の方法により地上の各階の保有水平耐力指標を1.0以上にするものであったが、工事は数か月かかり、住民の一部退去を必要とした。また、補修案は、窓からの視界をブレースが阻害し、建物の外観も著しく変更されるものであった。

(4)　原告は、建物内部に耐震壁を設置する補強方法も検討したが、同方法による場合、部屋の壁厚が倍になったり、窓などの開口部が狭くなったりするうえ、風呂やトイレなど水廻りの位置変更を要する部屋も出てくる。

(5)　すべての区分所有権を買い戻して本件物件に補修工事を行った上で再分譲や賃貸をする場合には、補修工事を行った理由が耐震性を回復するためであることを説明しなければならず、分譲マンションないし賃貸マンションとしての商品価値はほとんどなく、補修費用及び未売却部分の維持管理費用の回収は容易でない。

(6)　原告は、28戸の区分所有権の売買契約の合意解除及び瑕疵担保責任による解除により、区分所有権の買戻し費用等として、合計8億2000万円以上を住民らに支払った。

(7)　本件物件の土地の価値は、路線価に対して1億1630万円である。

(8)　本件物件の解体費用としては、3790万円の支出が見込まれる。

2　以上の事実によると、本件物件の保有水平耐力は地上の全ての階で不足して

おり、耐震強度に対する意識が全国的に高まる中、住民らが本件物件に住み続けることに大きな不安を覚えたであろうことは想像に難くない。このような住民らが、建物の外観や住民の居住空間に大きな変更を加える補修案を受け容れるとは到底考えられず、実際にもほぼ全員の住民が解除による解決に応じているのであるから、Ａの行為と原告が区分所有権売買契約の解除に応じざるを得なかったこととの間には、相当因果関係があると認めることができる。

3　解除によって原告が取得した建物について、前述のような補修を施した上で再分譲や賃貸をするとしても、費用の回収すら容易でない以上、本件物件は実質的に無価値となったということができる。

　そうすると、解除により原告は住民らに合計約8億2000万円以上を支払い、約1億1630万円相当の土地と商品価値のない建物を取得し、建物解体費用として3790万円の支出が見込まれているのであるから、被告の設計行為により、原告には7億4160万円を下らない損害が生じたということができる。

●損害額認定の考え方●

　本件は、マンションの設計監理を受託した設計事務所が構造計算を建築士に依頼したところ、構造計算が偽装され、マンションの建築・分譲業者が購入者に売買代金を返還する等し、設計事務所に対して損害賠償を請求した事案である。本件のきっかけは、社会的に大きな話題になった耐震構造計算の偽装事件であるが、本件では、偽装の構造計算に基づき建築されたマンションの建築・分譲業者の被った損害の範囲、損害賠償額が問題になったわけである。

　本判決は、設計監理を受託した設計事務所の債務不履行を認めたうえ、マンションの解体費用、購入者への支払額（土地の価格を控除したもの）を損害とし、損害賠償額を算定したものである。本判決は、分譲したマンションを解体せざるを得なかった場合の損害賠償額を算定した事例として参考になるものである。

　耐震偽装をめぐる裁判例としては、①前橋地判平成20・10・10金判1308号17頁、②奈良地判平成20・10・29判時2032号116頁、③名古屋地判平成21・2・24判時2042号33頁がある。

1・8 建物の建築工事の請負において杭工事の下請業者、孫請業者による打設した杭の瑕疵に係る元請業者に対する瑕疵担保責任、不法行為責任

〔判　例〕　松江地判平成28・3・31判時2347号99頁

〔損害額〕　是正工事費用4億6101万9174円、是正工事に関連する人件費等450万1310円、将来の測量経費等の費用84万3242円、弁護士費用4663万6373円

【事件の概要】

　X特別共同企業体は、平成21年12月、A市から幼保園の建築工事を請け負い、平成22年3月、本件建築工事のうち、杭打工事（本件杭工事）につきY₁株式会社との間で下請契約を締結した。Y₁は、本件杭工事の現場管理につきY₂株式会社との間で再下請契約（孫請契約）を締結した。Y₁らが本件杭工事を施工する等し、Xが本件建築工事を完了したが、平成23年3月以降、幼保園の建物部分に不同沈下の現象が確認された。Xは、Aの要求に応じ、不同沈下の是正工事を施工した。Xは、本件杭工事において、杭が建設地の地盤に到達していない瑕疵がある等と主張し、Y₁に対して瑕疵担保責任、Y₂に対して現場管理の過失に係る不法行為責任に基づき是正工事費用（4億6101万9174円）、是正工事に関連する人件費等（450万1310円）、将来の測量経費等の費用（84万3242円）、弁護士費用（4663万6373円）の損害賠償を請求したものである。

●主張の要旨●

　本件で問題になった損害は、①是正工事費用（4億6101万9174円）、②是正工事に関連する人件費等（450万1310円）、③将来の測量経費等の費用（84万

3242円）、④弁護士費用（4663万6373円）である。

●判決の概要●

本判決は、杭が現実の支持層に到達していなければ建物が傾く危険が生じることになるから、Y₁が打設した杭が現実の支持層に到達していることが本件杭工事の最も重要かつ基本的な性状であることは社会通念に照らして明らかであるとし、本件では杭が現実の支持層まで根入れされていない等とし、本件杭工事に瑕疵があるとし、Y₁の瑕疵担保責任を肯定し、Y₂の過失については試験杭の1本が現実の支持層に到達していない可能性を疑うべき事情があった等とし、Y₂の不法行為責任を肯定し、Xの主張に係る損害を認め、請求を認容した。

判決文

七　争点⑹（原告の損害）について

以上のとおりであるから、被告Y₁は瑕疵担保責任（民法634条2項）に基づき、被告Y₂は不法行為（民法709条）に基づき、杭の現実の支持層未到達の瑕疵による損害の賠償責任があると認められるところ、原告に生じた損害は以下のとおりであると認められる。

⑴　ア　本件是正工事の実施費用　4億6101万9174円

本件是正工事は、本件幼保園の建物部分の不同沈下に対応するためになされたものであるところ、かかる不同沈下が、本件杭工事における瑕疵、すなわち、相当数の杭の現実の支持層未到達によって生じたものであることは、瑕疵調査ボーリング結果や本件是正工事の内容及び結果（前記前提事実⑾及び⑿）からすれば、容易に推認できる。

原告は、本件幼保園の建物部分の不同沈下に対応するため、本件是正工事を実施せざるを得なくなったものであり、同工事の実施費用として、別紙損害額一覧《略》記載のとおり、合計4億6101万9174円を負担したことが認められる。

そして、本件是正工事の実施費用は、他の工法と比較しても相当な範囲のものであると認められる。この点、本件是正工事については実際には現実の支持層に到達している杭も含めて是正工事が実施されている部分があるものの、原告は事前に行い得る限りの地盤調査を行って把握できる限りにおいて杭の支持層未到達の有無を判断した上で本件是正工事を実施していると認められるのであり、それ以上に厳密に支持層到達杭・

未到達杭を選別した上で是正工事の内容・範囲を決定することは、現実的に極めて困難であったというべきである。したがって、本件是正工事に要した費用については、その全体について、相当因果関係を有する損害と認められるというべきである。

イ　本件是正工事に関連する人件費等　450万1310円

また、原告は、本件是正工事に関連する人件費等の経費について、〈証拠略〉記載のとおり、合計450万1310円を負担したと認めることができ、これらは杭の支持層未到達がなければ負担する必要がなく、また、相当な範囲のものであるといえるから、本件と相当因果関係を有する損害であると認められる。

ウ　将来負担することが確実な費用　84万3242円

原告は、将来、測量経費及び調査費用として84万3242円を負担することが確実となっているから、これらについても損害と認められる。

エ　弁護士費用　4663万6372円

本件事案の内容、難易の程度、認容額等を考慮すると、本件と相当因果関係を有する弁護士費用は、上記アないしウの損害額の約一割に相当する4663万6372円と認めるのが相当である。

オ　合計

5億1300万0098円

(2)　なお、被告らは、本件建物の不同沈下は、原告側の不適切な地盤調査により誤った設計図書が被告らに提供されたことが最大の原因であり、本件是正工事による損害は第一次的にＡ市側が負担すべきものであると主張するところ、この点が過失相殺の問題となり得ることはともかく（後記八）、被告らの瑕疵担保責任又は不法行為責任との関係において、原告が現に負担することとなった本件是正工事の実施費用が損害に当たらないとする理由とはなり得ないというべきである。

●損害額認定の考え方●

本件は、建物の建築工事の注文を受けた建設業者が杭打工事を下請けし、下請業者が現場管理を孫請けし、工事が施工され、建物が完成したものの、建物が不同沈下し、建設業者が注文者の要求に応じて是正工事を施工したため、建設業者が下請業者、孫請業者に対して損害賠償を請求した事案である。建物の杭工事については、一時期、神奈川県でマンションの建築工事において、杭が地盤に到達していないこと、杭工事のデータが偽装されていたこと等が判明し（当時、すでにマンションは完成され、分譲されていた）、社会的な

問題として取り上げられ、注目されたところであるが、本件は、地方自治体の発注に係る幼保園の建物の建築工事における杭工事の瑕疵が問題になり、杭工事を施工した下請業者、孫請業者の損害賠償責任の有無のほか、損害賠償の範囲・額が争点になったものである。

　本判決は、杭が地盤の支持層に到達していることが杭工事の最も重要かつ基本的な性状であることは社会通念に照らして明らがあるとしたうえ、本件では杭が支持層に到達していない瑕疵を認め、下請業者の瑕疵担保責任を肯定したうえ、現場管理を行った孫請業者の試験杭のデータの評価を誤ったことについて過失を認め、不法行為責任を肯定したものであり、事例判断として参考になるものである。また、本判決は、このような認定、判断に続き、損害について元請業者の主張に係る損害全額である是正工事費用（4億6101万9174円）、是正工事に関連する人件費等（450万1310円）、将来の測量経費等の費用（84万3242円）、弁護士費用（4663万6373円）を認定したものであり、損害額の算定事例を提供するものである。本判決が認定した損害の大半は注文者の要求に応じて実施した是正工事の施工に関係する費用相当額であるが、将来の費用負担、弁護士費用の算定については議論が残るところがある。

2　不動産・建設関係事業者の責任(2)　──事業者・個人間の損害

2・1　中古住宅に多数のコウモリが棲息したことによる売主の瑕疵担保責任

〔判　例〕　神戸地判平成11・7・30判時1715号64頁
〔損害額〕　補修費用・駆除費用113万4000円、弁護士費用各10万円、5万円

【事件の概要】

　Y_1 は、土地建物を所有していたが、平成9年9月、仲介業者である Y_2 株式会社に仲介を委任した。X_1、X_2 夫婦は、仲介業者である Y_3 株式会社から本件土地建物を紹介され、仲介を委任した。X_1 らは、Y_3 の仲介により、平成10年6月、Y_1 との間で本件土地建物の売買契約を締結し（X_1 が持分10分の9、X_2 が持分10分の1取得した）、代金を支払った。X_1 らは、平成10年8月、本件建物に入居したが、1階リビングルームでコウモリがいるのを発見し、害虫駆除業者に依頼して調査したところ、屋根裏にコウモリが多数棲息していることが判明した。X_1 らは、Y_1 に対して瑕疵担保、債務不履行に基づき、Y_2 に対して不法行為に基づき、Y_3 に対して債務不履行に基づき損害賠償を請求したものである。

●主張の要旨●

　本件で問題になった損害は、①補修費用・駆除費用（113万4000円）、②慰謝料（100万円）、③弁護士費用（30万円、15万円）である。

●判決の概要●

　本判決は、住宅に生物が棲息したからといって当然に起居に支障を来すわ

けではないが、本件では売買価格に見合う清潔さや快適さを備えたものとはいえないとし、隠れた瑕疵を認め、Y₁ の瑕疵担保責任を肯定し、補修費用・駆除費用として113万4000円を認め、慰謝料を否定し、弁護士費用を認め（X₁ につき10万円、X₂ につき5万円）、請求を認容した（Y₂、Y₃ に対する請求は棄却した）。

判決文

1　債務不履行責任について〈略〉
2　瑕疵担保責任について〈略〉
　㈠〜㈣〈略〉
　㈤　被告 Y₁ の賠償すべき損害について
　　(1)　補修費用・駆除費用について
　　　　前記認定したとおり、原告らは、○○○○○に依頼して、蝙蝠の糞尿で汚損した天井ボード、断熱材等を取り替え、蝙蝠を駆除するために蝙蝠の侵入経路と思料される本件建物軒下通風溝を塞ぎ、その代わりの新たな通風口6か所を設置したものである。そして、それに要した費用合計113万4000円は原告らが右瑕疵を知らなかったことにより通常生ずべき損害とは直ちにはいえないとしても、先にみたとおり、被告 Y₁ は、本件売買契約当時、蝙蝠が相当数本件建物に棲息していることを知っていたのであるから、蝙蝠の駆除や糞害による建物の補修を要する場合があることは予見できたといえ、右駆除や補修の費用についても損害賠償責任を負うというべきである。なお、別の業者の見積額は、必ずしも本件建物の天井裏等を見てのものではないし、その行う作業内容・程度も明らかでなく、原告らがした右補修等に不必要な部分があったことを推認させるものではない。
　　　　そして、弁論の全趣旨によれば、原告らは、右費用をその本件建物に対する持分割合に応じて負担したものと認められるから、原告 X₁ は、102万0600円、同 X₂ は、11万3400円の各損害賠償請求権を有する。
　　(2)　慰藉料について
　　　　前記認定したところによれば、原告らは、従前の住居をその虫害のために引っ越すことにし、本件建物は、そのような害がないものと信じてみずから居住するために購入したものであり、本件瑕疵により一時的にせよ本件建物から退避を余儀なくされたのであるから、相当の精神的苦痛を受けたであろうことは想像に難くないが、他方、原告らは、本件瑕疵により本件建物そのものを失い、あるいは、全く居住できなくなった訳ではなく、○○○○○によって蝙蝠は駆除され汚損部分の補修もされているのである

から、以上の他になお金銭をもって償われるべき精神的苦痛が原告らにあったとは認め難い。

したがって、慰藉料の賠償を求める部分は理由がない。

(3)　弁護士費用について

前記認定したところによれば、被告 Y_1 において、本件売買契約時には、原告らの引っ越しの動機や本件建物購入目的は知っており、また、本件建物に相当数の蝙蝠が棲息していることも知っていながら、これを何ら告げることなく、却って「ムカデやゴキブリは見たことがない。」などとしてあたかもそれに類する生物は本件建物に棲息していないかのように述べてこれを原告らに売却したものである。被告 Y_1 において、蝙蝠の棲息状態が建物の瑕疵にあたるほどであることを知っていたとまではいえないとしても、かかる被告 Y_1 の行為は不法行為にも匹敵するといわざるを得ない。すると、瑕疵担保責任に基づく損害賠償請求において弁護士費用の賠償を当然に求めることができる訳ではないが、右のような被告 Y_1 の瑕疵担保責任の内実、本件事案の内容、損害額その他弁論の全趣旨を総合考慮すると、原告らの弁護士費用のうち、原告 X_1 について10万円、同 X_2 について5万円を、被告 Y_1 は、賠償すべき義務があるというべきである。〈略〉

●損害額認定の考え方●

本件は、土地建物（住宅）の売買が行われたところ、建物内にコウモリが棲息していたため、買主が売主・仲介業者に対して損害賠償を請求した事案である。住宅に多数のコウモリが棲息していたことが瑕疵にあたるか、隠れた瑕疵にあたるかなど興味深い問題があるが、損害賠償の範囲、損害賠償額の算定も興味深い問題である（本書では、主として売主の瑕疵担保責任を取り上げている）。

本判決は、隠れた瑕疵を認め、補修費用・駆除費用が損害であるとし、弁護士費用の損害を認め、慰謝料を否定したものである。本判決が補修費用・駆除費用が損害であるとし、損害額を算定し、慰謝料を否定したことは、事例判断として参考になるものである。なお、本判決が瑕疵担保責任に基づき損害賠償について、弁護士費用を損害として認めた判断には疑問が残るものである。

「全戸南向き」と宣伝して販売されたマンションが全戸南向きでなかったことに関するマンション分譲業者の信義則上の義務違反による損害賠償責任

〔判　例〕　京都地判平成12・3・24判タ1098号184頁
〔損害額〕　慰謝料120万円、弁護士費用15万円

【事件の概要】

　Y株式会社は、マンションの建築・分譲を計画し、パンフレットで「全戸南面・採光の良い明るいリビングダイニング」などと記載し、同旨の新聞広告、折込チラシを配って宣伝した。Xら（合計16名）は、マンションが完成する前に、Yから専有部分を購入したが、実際に完成したマンションは相当に西に向いていた。Xらは、Yに対し、説明義務違反等を主張し、債務不履行、不法行為に基づき価値減少損害、光熱費増加損害、慰謝料・弁護士費用の損害賠償を請求したものである。

●主張の要旨●

　本件で問題になった損害は、①マンションの価値減少損害、②光熱費増加損害、③慰謝料、④弁護士費用である。

●判決の概要●

　本判決は、「全戸南向き」と宣伝して販売したことは不正確な表示・説明であり、売買契約に付随する信義則上の義務違反が認められるとし（債務不履行を認めた）、基本的に各戸120万円の慰謝料を認め（マンションの価値減少損害、光熱費増加損害は、証拠上、具体的な損害が認められないとした）、弁護士費用の損害を認め、請求を認容した。

判決文

1　売却時の価格減少分、光熱費増加分及び日照減少分の各損害

　　原告らは、本件マンションが南向きであると信頼してこれを購入したのに、実際には真南から62度11分西方向に向いていたのであるから、これによって、日照が減少し、光熱費が増加したものと認められる（証人 A、原告 X_4、同 X_{14}、同 X_2、同 X_{13}、弁論の全趣旨）が、証拠上、その具体的な損害額を認めることができないので、結局、財産的な損害賠償の対象となる損害としては認められないというほかない（もっとも、右日照の減少、光熱費の増加の点は慰謝料において考慮する。）。

　　なお、原告らが本件マンションの向きについて誤信していたとしても、原告らは、転売目的で本件マンションを購入したものではなく、また、本件マンションが真南を向いていることを前提として原告らの購入時の売買代金の額が決められたのかどうかは明らかでないので、被告会社の債務不履行によって売却時の価格が減少したと認めることはできない。

2　慰謝料

　　原告らは、被告会社の債務不履行により、予想していたより西に向いた本件マンションを購入することになり、それによって夏季には強烈な西日を受けて室内の温度が上昇したり眩しかったりし、また冬季には日光の入る時間が短いため室内が寒く、窓や壁面の結露がひどいといった精神的苦痛を被ったことが認められる（証人 A、原告 X_4、同 X_{14}、同 X_2、同 X_{13}、弁論の全趣旨）ので、右事実のほか、前記原告ら主張の損害を認めなかったことや、本件マンションの売買代金額その他の諸事情を考慮（なお、原告 X_{13} のマンション 2 戸のうち H タイプのものは、リビングダイニング側のバルコニーは予想より南に向いたことになるが、洋室側のバルコニーは予想より西に向いたことになるので、この点をも考慮）すると、原告らの慰謝料の額は、次のとおりに定めるのが相当である。

X_1	120万円
X_2	120万円
X_3	120万円
X_4	120万円
X_5 及び X_6	各60万円
X_7	120万円
X_8 及び X_9	各60万円
X_{10} 及び X_{11}	各60万円
X_{12}	120万円
X_{13}	120万円（406号）

同	40万円（408号）
X_{14}	120万円
X_{15}	120万円
X_{16}	120万円

●損害額認定の考え方●

　本件は、マンションの分譲販売にあたって、分譲販売業者の宣伝と実際が異なっていたため、購入者らが説明義務違反等による損害賠償を請求した事案である。本件では、まず、マンションの販売等にあたって利用されるパンフレット等による宣伝につき説明義務違反が認められるかが問題になったものであるが、その義務違反が認められた場合における損害の範囲、特にマンションの価格に関する損害をどのように取り扱うかが問題になったものである。

　本判決は、売買契約上の信義則上の義務違反（債務不履行）を認めたものであるが、この判断は、事例として参考になるものである。

　本判決は、売買契約の信義則上の義務違反による損害として、マンションの価値減少損害、光熱費増加損害は、証拠上、具体的な損害が認められないとして否定し、慰謝料・弁護士費用を認めたものである。本判決のこのような考え方は、財産的な損害をも含めて慰謝料額を算定したものと評価することができるものであり、訴訟実務上みられる一つの事例判断として参考になる。

2·3　マンションの南側に2階建ての建物が建築されたことに関する販売業者らの説明義務違反による損害賠償責任

〔判　　例〕　東京地判平成13・11・8判時1797号79頁

〔損害額〕　マンションの減価分等1965万4583円、慰謝料300万円、弁護士費用226万円

【事件の概要】

　Y₁協同組合は、Y₂株式会社を販売代理としてマンションを分譲販売した。X₁、X₂ら（合計5名）は、平成8年12月から平成9年3月にかけて、Y₂の従業員の説明を受け、本件マンションの1階、2階の専有部分を購入した。本件マンションの南側の土地は、Y₁の所有であり、土地上に平屋建ての建物が建っていた。その後、南側の土地がY₃に売却され、Y₃は、旧建物を取り壊し、平成10年12月、2階建ての建物を建築し、Aに売却した。X₁らは、日照・通風の被害が生じたなどと主張し、Y₁、Y₂に対し、建物の建築につき説明義務に違反したこと、Y₃に対し、日照・通風の被害が生じる建物の建築をしたことによる共同不法行為に基づき専有部分の価格の下落等の損害の損害賠償を請求したものである。

●主張の要旨●

　本件で問題になった損害は、①日照被害等によるマンションの価格下落分、②慰謝料、③弁護士費用である。

●判決の概要●

　本判決は、販売業者がマンションの南側の土地上に原状以上の高い建物は建たないとの虚偽の説明をしたことを認め、建築業者が日照・通風・眺望等に重大な障害が生じることを容易に知って回避することができたとし、全体

として一個の行為とみることができるとして共同不法行為を認めたうえ、売買契約の結果負担した金額（借入金利息を含む）から取得した物件の価格を損益相殺した金額、日照侵害・生活権侵害の慰謝料、弁護士費用が相当因果関係のある損害であるとし、各購入者ごとに損害額を算定し（たとえば、X₁ついては、価格下落による損害として1512万円、慰謝料として300万円、弁護士費用として226万円を認めた）、請求を認容した。

判決文

(一) 原告らは、各原告の損害について、各原告が本件マンションの売買契約の結果出捐もしくは負担した金額（借入金利息を含む）から取得した物件の価格を損益相殺した金額及び本件建物建築による日照権・生活権侵害の精神的苦痛の慰謝料並び弁護士費用であると主張するところ、これらは被告らの共同不法行為と相当因果関係のある損害と認めるのが相当である。以下、各原告について判断する。

(二) 原告 X₁

ア　売買による負担金から物件の価格を損益相殺した金額・1512万円

〈証拠略〉によれば、横浜リハウス株式会社横浜店に依頼して、本件マンション107号室の時価を評価したところ、築年数を増価要因とし、眺望・景観、分譲・建設会社の知名度等を減価要因として、平成11年7月11日付きで2425万円と査定したことが認められ、それに反する証拠はない。そして、前記証拠によれば、査定はいわゆる中古マンションの価格の査定であることが認められるので、中古マンションであること自体による価格の減価があることを考慮すると、本件マンション107号室が新築マンションとして、かつ、本件建物による障害がある状態で販売された場合の価格は、上記価格に15％を上乗せした2788万円（1万円未満切り捨て）と解するのが相当である。

他方、原告 X₁ が本件マンション107号室の購入代金として支払った金額は4300万円である。

そうすると、売買による負担金から物件の価格を損益相殺した金額は、1512万円である。

イ　借入金利息・453万4583円

(ア)　〈証拠略〉によれば、原告 X₁ は、①住宅金融公庫から、平成9年9月26日、平成9年10月1日から420か月間、毎月1日元金均等払い、利息年3.1パーセントの約定で940万円を借り入れたが、この借入れによる支払利息は平成9年10月1日から平成11年4月1日まで合計金43万1994円であること、②住宅金融公庫から、平成9年9月26日、平成9年10月1日から420か月間、

毎月 1 日元金均等払い、利息年3.6パーセントの約定で640万円を借り入れたが、この借入れによる支払利息は平成 9 年10月 1 日から平成11年 4 月 1 日まで合計金34万1562円であること、③財団法人社会保険福祉協会から、平成 9 年11月10日、平成 9 年12月15日から418か月間、毎月15日元金均等払い、利息年3.21パーセントの約定で800万円を借り入れたが、この借入れによる支払利息は合計453万2603円であること、④財団法人社会保険福祉協会から、平成 9 年11月10日、平成 9 年12月15日から418か月間、毎月15日元金均等払い、利息年3.4パーセントの約定で770万円を借り入れたが、この借入れによる支払利息は合計462万0862円であること、⑤駿河銀行横浜駅前支店から、平成 9 年 8 月26日、つなぎ融資として3150万円（利率年2.625％）を借り入れたが、この借入れによる支払利息は平成 9 年 8 月26日から平成 9 年11月10日まで合計金12万3301円であること、⑥日本航空株式会社から平成 9 年 2 月25日、元金均等20年返済方式、利率年 3 パーセントの約定で1000万円を借り入れたが、この借入れによる支払利息は平成 9 年 3 月から平成11年 4 月まで合計金61万7182円であり、平成11年 5 月以降平成29年 2 月返済までの支払利息の合計は254万5744円であること、①ないし⑥の支払利息の合計は1259万6066円であることが、それぞれ認められる。

(イ)　前記認定の事実によれば、原告 X_1 は本件マンション107号室の購入のために自己資金150万円をあてたほか、合計4150万円の借入れをしたことが認められるところ、前記㈠認定の事実によれば、本件マンション107号室の購入時の価格は2788万円であるから、原告 X_1 は2638万円を借入れるだけで十分であったということができ、そうするとこれを超えて借入れた1512万円の借入れに伴う支払利息について、損害を受けたものというべきである。

　　そして、1512万円の借入金合計額4150万円に対する割合は約36％であるところ、支払利息合計1259万6066円の36％は453万4583円（ 1 円未満切り捨て）である。

ウ　慰謝料・300万円

　　如上認定した事実及び本件に顕れた一切の事情を考慮すると、原告 X_1 の受けた精神的損害を慰謝するための慰謝料は300万円と認めるのが相当である。

エ　弁護士費用・226万円

　　前記アないしウを合計すると原告 X_1 の損害は2265万4583円となるところ、本件で被告らに請求することができる弁護士費用の額は226万円と解するのが相当である。

オ　合計

　　以上を合計すると、2491万4583円となる。

●損害額認定の考え方●

　本件は、マンションの1階、2階部分の専有部分を購入した者らが、マンションの南側に従来存在した平屋建ての建物が取り壊され、2階建ての新建物が建築されたため、販売業者、新建物の建築業者らに対して損害賠償を請求した事案である。本件では、南側土地の使用に関する説明義務違反、日照・通風被害の違法性等が問題になったほか、価格下落、借入金利息、慰謝料、弁護士費用の損害の認定・算定が問題になったものである。

　本判決は、販売業者、建築業者らの共同不法行為を認めたうえ、価格下落、借入金利息、慰謝料、弁護士費用の損害を認めたものであるが、共同不法行為を認めた事実関係の認定・判断にも疑問があるだけでなく、根拠の乏しい高額な価格下落、借入金利息の損害を認めた判断、根拠のない慰謝料を認めた判断には重大な疑問があるものである。不動産取引において虚偽の説明が許されないことはいうまでもないが、従来からセールストークとの境界が不明確であり、違法な説明の基準を明確にすることが必要である。また、損害額の算定にあたっては、その前提となる価格下落に関係する事実関係が証明されることが必要であるし、本件のような事案につき慰謝料を認めるには相当に慎重な判断が必要である。

2・4 宅地建物取引業者の環境に関する説明義務違反による損害賠償責任

〔判　例〕　千葉地判平成14・1・10判時1807号118頁
〔損害額〕　改築費用300万円

【事件の概要】

　Xは、小児喘息の持病をもつ子がいたため、不動産仲介業者であるY₁株式会社に依頼し、環境によい住居を探していた。Xは、平成10年12月、Y₁の仲介により、Y₂株式会社から代金2750万円で土地建物を購入した。本件建物の南東側は、約4メートルの水路に接し、その向こうには竹、雑木が繁茂する小高い丘が続いていたが、公園の計画があり、擁壁の建築が予定されていた。平成11年4月頃から、本件建物の南東約4メートルの位置に高さ約5メートルの擁壁が建築されたが、日照には影響はない。Xは、Y₁に対し、債務不履行に基づき、Y₂に対し、瑕疵担保、債務不履行に基づき建物の環境侵害等の損害賠償を請求したものである。

●主張の要旨●

　本件で問題になった損害は、①本件建物の環境侵害（1000万円）、②本件建物の改造費用（700万8750円）の損害である。

●判決の概要●

　本判決は、本件不動産の周辺環境に何らかの影響を及ぼすような事情については特に慎重に調査し、情報提供をすべきであったとしたうえ、本件擁壁の設置につき調査に至らなかったことが仲介契約上の調査義務、説明義務に違反するとし、Y₁の債務不履行を認め（Y₂の責任は否定した）、損害については、Xの主張を排斥したものの、民事訴訟法248条により、改築費用として300万円と認め、Y₁に対する請求を一部認容し、Y₂に対する請求を棄却

した。

判決文

　原告は、本件不動産の購入により、本件売買時点での良好な環境を取得できる
ものと考えていたところ、現在、その環境は失われ、本件不動産から約4メート
ルの距離をおいて、高さ約5メートルの鉄筋コンクリート製の本件擁壁を目の当
たりにしている。Y_1 の債務不履行がなかったとしても、早晩前記周辺環境は失わ
れてしまったはずであるから、周辺環境の悪化それ自体は債務不履行との因果関
係を欠くことになる。しかし、前記債務不履行がなければ、原告は本件不動産を
購入していなかった可能性が高く、原告は、その全面的な原状回復を求める代わ
りに、当初期待した環境を若干でも回復すべく本件建物を改築する費用700万8750
円をもって損害であると主張していると考えられ、この費用の支出は、前記債務
不履行がなければ生じなかったはずのものであるから、この意味において、債務
不履行と前記改築費用の支出との間には因果関係を認めることができるというべ
きである。

　しかし、その主張額が直ちに前記債務不履行と相当因果関係の範囲にあるとは
断定できず、その立証も困難であるから、前記認定の諸事情を考慮し、口頭弁論
の全趣旨及び証拠調べの結果に基づき、原告の損害額を300万円とするのが相当で
ある（民事訴訟法248条）。

●損害額認定の考え方●

　本件は、良好な環境にある土地建物（自宅）を求め、不動産仲介業者の仲
介により、土地建物を購入した者が、購入後間もなく建物の南東側約4メー
トルの位置に高さ約5メートルの擁壁が設置されたため、不動産仲介業者ら
に対して説明義務違反（調査義務違反を含む）による債務不履行等に基づき
損害賠償を請求し、損害賠償額の種類・範囲が問題になった事案である。

　不動産仲介業者が不動産取引の仲介をした場合、顧客に対して重要な事項
について説明義務を負い、事情によっては説明義務違反が認められることは、
従来から多数の裁判例が明らかにしているところである。本件のような不動
産の環境状況についても、事案によっては説明義務が認められることがある
が（なお、不動産仲介業者は、調査義務をも負うことがあるが、調査義務と説明
義務の範囲は同じではない）、本件では、問題の擁壁と不動産との間の距離、

擁壁による影響を考慮すると、不動産仲介業者の調査義務を肯定することには疑問があろう。

　本判決は、不動産仲介業者の調査義務違反による債務不履行を認めたうえ、損害については、顧客の主張する損害を否定したものの、民事訴訟法248条を適用し、建物の改築費用としてざくっと300万円の損害賠償額を認めたものである。本判決が顧客の主張を排斥した判断は事例として参考になるが、本判決が民事訴訟法248条の適用を認めた判断については、その要件を満たすものとはいいがたく（適用する合理的な理由の説示もない）、重大な疑問が残るものである。もっとも、訴訟実務においては、本判決のような判断がされるおそれがあることに留意しておくことが重要である。

2・5 新築の建物に重大な瑕疵があり、建て替えざるを得なかったことによる請負人の損害賠償責任

〔判　例〕　最三小判平成14・9・24判時1801号77頁
〔損害額〕　建替え費用等2328万円余、弁護士費用230万円

【事件の概要】

　Xは、建築業を営むY株式会社に、3世帯用の木造ステンレス鋼版葺2階建て建物の建築工事を代金4352万2000円で注文した。Yは、建築工事を施工し、本件建物を建築し、Xに引き渡したが、全体にわたって多数の欠陥があることが判明した。また、本件建物の主要な構造部分には安全性・耐久性に重大な影響を及ぼす欠陥があり、地震・台風を契機として倒壊するおそれがあることも判明した。Xは、Yに対し、瑕疵担保責任等に基づき建物の建替え費用等の損害賠償を請求した。

　控訴審判決（東京高判平成14・1・23判例集未登載）は、本件建物の瑕疵を認め、建替え費用（3444万円）、建替えに伴う引越し費用、建替え工事中の代替住居の借賃等の合計3830万2560円の損害を認め、本件建物の居住によってXが受けた利益を600万円と認め、これと未払残代金等（4346万円余）を控除し、弁護士費用230万円の損害を認め、請求を認容すべきものとしたため、Yが上告受理を申し立てたものである。

●**主張の要旨**●

　本件で問題になった損害は、①建替え費用、②建替えに伴う引越し費用、③建替え工事中の代替住居の借賃等である。

●**判決の概要**●

　本判決は、建築請負の目的物である建物に重大な瑕疵があるためこれを建て替えざるを得ない場合には、注文者は請負人に対し、建物の建替えに要す

る費用相当額を損害として賠償を求めることができるとし、上告を棄却した。

判決文

　請負契約の目的物が建物その他土地の工作物である場合に、目的物の瑕疵により契約の目的を達成することができないからといって契約の解除を認めるときは、何らかの利用価値があっても請負人は土地からその工作物を除去しなければならず、請負人にとって過酷で、かつ、社会経済的な損失も大きいことから、民法635条は、そのただし書において、建物その他土地の工作物を目的とする請負契約については目的物の瑕疵によって契約を解除することができないとした。しかし、請負人が建築した建物に重大な瑕疵があって建て替えるほかはない場合に、当該建物を収去することは社会経済的に大きな損失をもたらすものではなく、また、そのような建物を建て替えてこれに要する費用を請負人に負担させることは、契約の履行責任に応じた損害賠償責任を負担させるものであって、請負人にとって過酷であるともいえないのであるから、建て替えに要する費用相当額の損害賠償請求をすることを認めても、同条ただし書の規定の趣旨に反するものとはいえない。したがって、建築請負の仕事の目的物である建物に重大な瑕疵があるためにこれを建て替えざるを得ない場合には、注文者は、請負人に対し、建物の建て替えに要する費用相当額を損害としてその賠償を請求することができるというべきである。

●損害額認定の考え方●

　本件は、建物の建築請負において建物に重大な瑕疵があったため、注文者が請負人に対して建替え費用等の損害賠償を請求した上告審の事案である。本件では、建替え費用の損害賠償が認められると、民法635条ただし書の趣旨に反することになるのではないかという問題が提起されたわけである。

　本判決は、建物に重大な瑕疵があるためこれを建て替えざるを得ない場合には、建物の建替えに要する費用相当額が損害として認められるとしたものであり、理論的にも、事例としても重要な先例を提供するものである。また、本判決は、建替え費用、建替えに伴う引越し費用、建替え工事中の代替住居の借賃等の損害を認め、建物の居住によって注文者が受けた利益を控除した控訴審の判断を正当としたものであり、この意味でも重要な事例判断ということができる。

新築マンションの浸水事故による売主の損害賠償責任

〔判　例〕　東京地判平成15・4・10判時1870号57頁
〔損害額〕　原状回復費用、購入に要した費用、修補に要した費用、慰謝料、訴訟に要した費用（調査鑑定費用、雑損、弁護士費用）5149万6円、5438万7393円

【事件の概要】

　ニッケル等の金属の製造・販売を業とする Y₁ 株式会社は、マンションの建築・販売を計画し、Y₂ 株式会社に設計・管理を依頼し、A 株式会社にマンションの建築を請け負わせ、マンションを建築した。Y₁ はマンションの完成前にマンションの分譲を開始し、平成 6 年10月、X₁、X₂ は、それぞれ本件マンションの 1 階部分を購入した。X₁、X₂ は、平成 7 年12月までに購入に係る建物部分の引渡しを受けた。X₁ らは、平成12年、基礎杭の長さが短い、浸水被害が生じた等とし、各売買契約を瑕疵担保責任により解除したと主張し、Y₁、Y₂ に対して、Y₁ については、債務不履行、瑕疵担保、不法行為に基づき、Y₂ については、不法行為に基づき損害賠償を請求したものである。

●主張の要旨●

　本件で問題になった損害は、①売買代金、②建物の購入に関する費用、③建物の修補に関する費用、④慰謝料、本件訴訟に関する費用としての、⑤調査鑑定費用、⑥雑損、⑦弁護士費用である（なお、具体的な金額は、一覧表が省略されているため、明らかではない。もっとも、X₁ の請求金額は5700万3827円、X₂ の請求金額は5995万247円である）。

●判決の概要●

　本判決は、Y₁ につき、浸水被害があったことを認め、浸水対策のなかっ

たことが瑕疵にあたるとし、売買契約の解除を認め、瑕疵担保責任、説明義務違反の債務不履行責任、不法行為責任を肯定し、売買代金、建物の購入に関する費用、建物の修補に関する費用、慰謝料、本件訴訟に関する費用としての、調査鑑定費用、雑損、弁護士費用の各損害を認め、Y_1 に対する請求を認容し、Y_2 に対する請求を棄却した。

判決文

(1)　本件売買代金

　　原告らは、本件売買契約の解除に基づく原状回復費用として、売買代金相当額である原告 X_1 においては4210万円を、原告 X_2 においては4310万円をそれぞれ被告 Y_1 に対して請求することができる。

(2)　本件各室の購入に関する費用

　ア　原告らは、本件各室を購入する際、原告 X_1（105号室）においては、別紙損害目録1(2)①ないし⑩の支出（合計341万5510円）、原告 X_2（108号室）においては、同目録2(2)①ないし⑭、⑯の支出（合計559万8084円）をしたが、これらは、いずれも、原告らにおいて、本件各室に瑕疵がなく、その購入後、本件各室に居住し続けることができるものと考えて支出した費用であることが明らかであるから、本件瑕疵との間に相当因果関係があるといわなければならない。

　イ　原告らは、本件各室の取得に関する必要として、さらに、原告 X_1 においては、上記損害目録1(2)⑪の、原告 X_2 においては、同目録2(2)⑮、⑰の引越費用も掲げるところ、原告らが本件各室を購入したことに伴い、本件各室に入居するための引越費用（入居費用）は、アと同様に、本件各室に瑕疵がなく、その購入後、本件各室に居住し続けることができると考えて支出した費用ということができるので、本件瑕疵との間に相当因果関係があるということができる。

　　しかし、本件各室から転居するための引越費用（転居費用）は、要するに、本件売買契約を解除したため、買主である原告らが売主である被告 Y_1 に対して負担することになった原状回復義務の履行のために転居を余儀なくされた結果によるものであるから、この転居費用は、当該義務履行の費用として、その義務者である原告らにおいて本来負担すべきものであって、本件瑕疵との間に相当因果関係がある損害ということはできない。

　　そうすると、原告 X_1 においては、その賠償を求める引越費用が転居費用にとどまるため、これが全部否定され、原告 X_2 においては、入居費用及び転居費用の賠償を求めているため、そのうち、入居費用に限って認められるとい

うことになるが、原告 X_1 においても、入居費用を支出していることは否定できないところ、本件訴訟において、転居費用の賠償しか求めないのは、その賠償が否定された場合においてもなお、入居費用の賠償は求めないという趣旨ではなく、入居費用と転居費用とを比較した場合に、転居費用が高額であったため、その賠償を求めることで足りると判断した結果ではないかと推測されるところである。そうすると、同原告の転居費用の賠償請求のうちには、仮にその請求が認められない場合には、入居費用の賠償請求も含まれていると解するのが相当であるところ、〈証拠略〉によれば、原告 X_1 の転居費用はその主張する21万6000円であると認められるので、その購入前の同原告の住所地とも考えると、そのほぼ2分の1の10万円程度の入居費用を支出していると認められる。

　ウ　したがって、本件各室の購入に関する費用のうち、本件瑕疵との間に相当因果関係がある損害として認めることができるのは、原告 X_1 においては、351万5510円、原告 X_2 においては、571万2897円ということになる。

(3)　本件各室の修補に関する費用

　ア　原告らは、平成11年7月21日の本件各室の床下浸水による本件各室の修補のために、概算、原告 X_1（105号室）においては、別紙損害目録1(3)①ないし⑩の費用、原告 X_2（108号室）においては、同目録2(3)①ないし⑥の費用を支出した。

　イ　これらは、被告 Y_1 において、本件マンションの浸水事故の発生を防ぐ必要があったのに、その対策として、上記認定の玄関に防潮板を設置した程度の対応しかしていなかったという被告 Y_1 自らの既に説示した過失も加わったために、本件各室に浸水被害が発生したものであるから、基本的には、そのような被告 Y_1 において、瑕疵担保責任の範囲で、これを賠償する責任を負うものというべきである。

　　　もっとも、原告らが本件各室の修補に関する費用として主張する項目には、本件瑕疵との間に相当因果関係が認められない別紙損害目録1(3)⑩の清掃手伝いのお礼代が存するので、これを損害と認めることができないし、また、同目録1(3)、2(3)のその余の損害については、本件瑕疵との間に相当因果関係が認められるのは、その購入価格ではなく、被害当時の時価ないし購入を早期にしなければならなかったことによる損害に限られるべきものである。

　ウ　そこで、上記見地から、平成11年7月21日の浸水事故によって使用できなくなったという原告ら主張の物品の性質、その予想される時価を斟酌して、その損害を算定すると、原告らが支出した費用のうち、本件瑕疵との間に相当因果関係にあるのは、原告 X_1 については、70万円、原告 X_2 については、40万円と認めるのが相当である。

(4)　慰謝料

　　原告らは、その購入した本件各室に浸水被害対策が不十分であったという本

件瑕疵がある結果、本件浸水被害を受け、本来であれば必要のない浸水対策に負われ、かつ、瑕疵ある建物を転売することも困難であったため、本件各室に居住し続けたが、最終的には、本件売買契約を解除して、生活の本拠とした本件各室を失うという事態に至ったことなどによって、精神的に多大の打撃を受けたことが窺われる。

　そして、被告 Y₁ において、既に認定したとおり、本件マンションに本件瑕疵があることを知りながら、〈証拠略〉によれば、原告らに対し、本件売買契約の締結前後に、本件瑕疵を知らせていなかったことが認められ、そのような被告 Y₁ の対応は、原告らに対する説明義務違反の債務不履行ないし不法行為をも構成するものであったといわざるを得ない。

　このような場合には、瑕疵担保責任に基づく損害賠償においても、慰謝料の支払を求めることができるというべきであるが、本件瑕疵の内容、これに対する上記した被告 Y₁ の対応、本件売買契約の解除が認められて原状回復として売買代金相当額の返還を受けられること、その他、本件に顕れた諸般の事情を総合考慮すると、原告らの受けた精神的損害に対する慰謝料としては、各100万円をもって相当と認める。

(5)　本件訴訟に関する費用

　原告らは、本件訴訟に関する費用の賠償も求めるところ、瑕疵担保責任に基づく損害賠償において、慰謝料と同様、その範囲に訴訟の提起・遂行の費用が当然に含まれるものであるか否かはともかくとして、上記説示した本件においては、相当因果関係の範囲内で、原告らが本件訴訟の提起・追行のために支出した金銭については、被告 Y₁ にこれを賠償する義務があるというべきである。

　ア　調査鑑定費用

　　原告らは、本件マンションの出水及び杭工調査のために各26万2500円、合計52万5000円を支出したが、上記認定のとおり、本件マンションの基礎杭には、原告らの主張する瑕疵の存在を認めるに足りる証拠がないことを考慮すると、これに関する費用を除いた、各13万1250円を本件瑕疵との間に相当因果関係がある損害と認めるのが相当である。

　イ　雑損

　　原告らは、本件訴訟に至るまでの経費として、建築確認書のコピー代、その他、関係書類の取寄費用として、合計8万6493円を支出し、これらは、原告らにつき、それぞれ2分の1、各4万3246円を本件瑕疵との間に相当因果関係がある損害と認めるのが相当である。

　ウ　弁護士費用

　　本件訴訟の難易度、審理の経過及び認容額等諸般の事情を考慮すると、被告 Y₁ に賠償を求め得る弁護士費用に係る損害としては、各400万円と認めるのが相当である。

●損害額認定の考え方●

　本件は、分譲マンションの瑕疵が主張され、マンションの施主・販売業者・設計業者の損害賠償責任が問題になった事案である。

　本判決は、マンションの設計業者の責任を否定したが、施主・販売業者の瑕疵担保責任、債務不履行責任、不法行為責任に基づく損害賠償責任を肯定し、その損害賠償の範囲を広く認めたことに特徴があるものである（なお、このような責任を肯定した判断には、議論の余地があろう）。

　前記の①の損害については、本判決は、売買契約の解除を認めたものであり、その前提でこれを肯定したものであるが、事例として参考になる。

　②の損害については、本判決は、X₁らが購入した建物部分に居住し続けることを前提として支出したものであるとし、損害であることを肯定したものであるが、この判断も事例として参考になる。

　③の損害については、本判決は、一部の修補費用につき因果関係を認め、損害であることを肯定したものであるが、この判断も事例として参考になる。

　④の損害については、本判決は、X₁、X₂それぞれに100万円の慰謝料を認めているが、疑問のある判断である。

　⑤の損害については、本判決は、マンションの出水の調査鑑定の範囲で因果関係を認め、一部の損害を認めたものであるが、事例として参考になる。

　⑥の損害については、本判決は、建築確認書のコピー代、関係書類の取寄代を損害として認めたものであるが、些細な項目であるものの、事例として参考になる。

　⑦の損害については、本判決は、弁護士費用をそれぞれ400万円認めたものであるが、本件の責任の実質に照らすと、疑問が残るところである。

マンションの売買契約において行政推奨水準を超えるホルムアルデヒド濃度の建物に関する売主の瑕疵担保責任に基づく損害賠償責任

2・7

〔判　例〕　東京地判平成17・12・5判時1914号107頁
〔損害額〕　売買代金5631万1760円

【事件の概要】

　Y株式会社は、マンションを分譲したが、分譲にあたり、新聞折込チラシ・パンフレットに化学物質につき環境物質対策基準を遵守している旨を記載していた。X_1、X_2は、平成14年7月、Yからマンションの専有部分を代金4350万円で購入した。X_1らは、入居直後、保健所に依頼し、室内空気環境調査を実施したが、濃度の高いホルムアルデヒド濃度を測定したため、家財道具を搬出し、消費者契約法4条に基づく取消し、瑕疵担保に基づく解除をした。X_1らは、Yに対して売買代金につき不当利得の返還、瑕疵担保、債務不履行、不法行為に基づき売買代金等の損害賠償を請求したものである。

●主張の要旨●

　本件で問題になった損害は、マンションの売買契約の解除を前提とする売買代金等である。

●判決の概要●

　本判決は、本件建物が環境物質対策基準に適合し、行政で推奨されていた水準であることが前提とされていたとし、本件建物が本来備えるべき品質に適合しない瑕疵を認め、売買契約の解除の効力を認め、売買代金等の瑕疵がないものと信頼したことによる損害を認め（債務不履行、不法行為は否定し

た）、請求を認容した。

判決文

1　瑕疵担保責任の成否
　(1)　瑕疵の有無〈略〉
　(2)　損害額
　　　損害額については、別紙認定損害額に記載の証拠に基づき同別紙記載のとおりの金額が、本件売買契約に瑕疵がないものと信頼したことによる損害と認められる。
　　　なお、別紙支払一覧表記載の項目のうち、「5 ― 3　平成15年6月～平成17年9月分（管理費）」及び「5 ― 4　平成15年6月～平成17年9月分（修繕積立金）」のうちいずれも平成16年1月以降の支払分並びに「6 ― 2　平成15年8月15日梱包作業代金」については、その支払を裏付ける証拠がないから、これを認めることはできない。
　(3)　小括〈略〉
2　債務不履行に基づく損害賠償請求について〈略〉
3　不法行為に基づく損害賠償請求について〈略〉

●損害額認定の考え方●

　本件は、マンションの専有部分の売買において買主がホルムアルデヒドの高い濃度を理由に瑕疵担保等に基づき売主に対して損害賠償を請求した事案である。本件では、ホルムアルデヒドの放散の原因、ホルムアルデヒドの濃度、瑕疵の判断基準、瑕疵の有無等の重要な問題があるが、損害賠償の範囲、損害額の算定も軽視できない問題である。

　本判決は、マンションの販売の宣伝広告の内容を考慮し、ホルムアルデヒドの濃度による瑕疵の判断基準を設定し、瑕疵を認め、売買契約の解除を肯定し、信頼利益の損害を認めたものである。本判決の損害賠償の判断は、売買契約の解除を肯定したうえで売買代金等の支出された費用につき損害を認めたものであり、事例判断として参考になるものである。

2·8 マンションの値下げ販売に関する公社の信義則上の義務違反による損害賠償責任

〔判　例〕　大阪高判平成19・4・13判時1986号45頁
〔損害額〕　精神的損害 1 戸あたり100万円

【事件の概要】

　Y住宅供給公社は、平成11年1月、総戸数203戸のマンションを建築し、1坪平均154万円で分譲を開始した。Xら（合計82名）は、平成11年3月から平成12年3月までの間、譲渡の対価の支払いが完了するまではYの承諾を受けずに第三者に譲渡することができない旨の特約で、Yからマンションの専有部分を購入した。その後、70戸のマンションが売れ残ったため、Yは、平成14年11月以降、マンションの値下げ販売を開始し、平成15年5月までに62戸を1坪平均83万円の単価で販売した。Xらは、Yに対し、値下げ販売がXらの購入したマンションの資産価値を著しく低下させるなどと主張し、債務不履行、不法行為に基づき経済的損害、精神的損害等の一部として1戸あたり800万円の損害賠償を請求したものである。

　第1審判決（神戸地判平成17・11・24判例集未登載）は、債務不履行、不法行為を否定し、請求を棄却したため、Xらが控訴したものである。

●主張の要旨●

　本件で問題になった損害は、①値下げ販売による経済的損害（マンションの市場価格の下落）、②精神的損害である。

●判決の概要●

　本判決は、値下げ販売は既購入者らに損害を被らせるおそれがあるから、信義則上、この事態を避けるために、適正な譲渡価格を設定して販売を実施すべき義務があるとしたうえ、本件では、市場価格の下限から10％以上下回

る価格で販売したこと、当初の分譲予定価格から49.6％値下げして販売したこと等の事情から、信義則上の義務違反があったとし、損害につき、１戸あたりの精神的苦痛に対する慰謝料として100万円を認め（経済的損害については、現時点の価格が将来も継続するとはいえないとし、その主張を排斥した）、第１審判決を変更し、請求を認容した。

判決文

(1)　経済的損害

　　マンションを含む商品の価格は、市場における需要と供給の動向によって決定されるから、本件マンションの住戸の価格が、本件値下販売によって、一時的に値下がりしたとしても、これが将来にわたって続くものとはいい難い。

　　したがって、上記不法行為により控訴人らが主張する経済的損害が発生したものとは直ちに認めることができない。

(2)　精神的損害

　　本件マンションの既購入者である控訴人らは、本件不法行為により、少なくとも、一時的には、その購入した住戸の価格を本来の市場価格以下に低下させられ、多大な精神的苦痛を被ったものと推認することができる。したがって、本件不法行為の内容、程度、被控訴人は、本件値下販売を行う際、前記「被控訴人の価格決定の合理性について」において説示したとおり、控訴人らに対し、客観性、合理性を欠く資料に基づいて値下販売の必要性を説明した上、一戸当たり50万円の協力金の支払も、全住戸の八割の同意という実現困難な条件を付して提案をしたものであって、その交渉態度は必ずしも誠実なものであったとはいい難いこと、その他本件記録に現れた一切の事情を総合考慮すると、控訴人らの精神的苦痛に対する慰謝料は、その所有ないし共有する住戸の床面積の多寡にかかわらず、一戸当たり100万円が相当と認められる。

(3)　弁護士費用〈略〉

●損害額認定の考え方●

　本件は、マンションの建築・販売業者（住宅供給公社）がマンションを建築後、分譲販売をしたところ、多数の専有部分が売れ残ったため、分譲開始の３年半後、当初の予定価格から約50％値下げして販売したため、値下げ前に購入した者らが業者に対して損害賠償を請求した控訴審の事案である。不動産価格の変動、マンション需要の変動、経済情勢等の事情によってマンシ

ョンの市況が変化することはいうまでもないが、分譲開始後、売れ残ったマンションの値下げ販売を実施することはしばしば見かけるところである。マンションが値下げ販売されると、すでに購入したマンションの価格が一層下落するだけでなく、既存の購入者に著しい不公平感を抱かせることは否定できない。本件では、損害額が争点になっているだけでなく、その前提であるマンションの建築・販売業者の損害賠償責任の成否、注意義務の有無・内容が重要な争点になっており、第1審判決はこの責任を否定しているところである。一般的には、マンションの建築・販売業者は、特段の事情のない限り、販売にあたってその当時の受給状況、経済情勢等の事情を考慮して販売価格・販売時期を自由に判断することができるというべきであるが、前記の不公平感は容易には払拭されないであろう。

本判決は、信義則上、この事態を避けるために、適正な譲渡価格を設定して販売を実施すべき義務があるとしたうえ、本件での義務違反を認め、経済的損害を否定し、慰謝料を認めたものである。

本判決が提示した信義則上の義務は、一般的にマンションの建築・販売業者に認められるべき義務であるかどうかは疑問が残るところであるが、本件の事情の下で限定して認めることは必ずしも不合理ではなく、この意味では、本判決が提示した理論の射程距離は狭いものである。

本判決は、前記の適正な譲渡価格を設定して販売を実施すべき義務違反による損害について、経済的損害を否定し、精神的損害（慰謝料）を肯定したものであるが、この判断は事例的な意義をもつものである。

従来の裁判例は、損害賠償責任につき否定的なものが多く、①東京地判平成12・8・30判時1721号92頁、②福岡地判平成13・1・29判時1743号112頁、③東京地判平成13・3・22判時1773号82頁等がある。損害賠償責任を肯定したものとしては、④東京地判平成15・2・3判時1813号43頁、⑤最一小判平成16・11・18民集58巻8号2225頁、判時1883号62頁がある。

2・9 新築の建物の瑕疵に関する設計監理者の不法行為による損害賠償責任

〔判　例〕　東京地判平成20・1・25判タ1268号220頁
〔損害額〕　補修工事費用1537万4937円（損益相殺前）、仮住居への転
　　　　　居費用等116万円、調査費用等100万円、慰謝料100万円

【事件の概要】

　Xと母Aは、自宅を新築しようとし、平成8年2月、設計監理を業とするY株式会社との間で、設計監理報酬307万9700円として設計監理業務契約を締結した。Yは、設計図等を作成し、Xらは、平成8年4月、B株式会社との間で、建物の建築請負契約を締結し、Bが施工をし、建物を完成し、Xらに引き渡した。Xらは、Yに設計監理報酬として307万9700円を支払った。本件建物については、Xが10分の3、Aが10分の7の持分を有していた。Aは、平成15年3月、死亡し、Xは、5分の1の割合で相続した。本件建物には漏水等の不具合が生じた。Xは、Y、Bに対し、債務不履行、不法行為に基づき不具合の補修工事費用等につき損害賠償を請求したものである（XとBとの間では、Bが100万円を支払う旨の調停が成立した）。

●主張の要旨●

　本件で問題になった損害は、①補修工事費用、②引越し費用、③工事期間中の賃料、④礼金・手数料、⑤調査費用、⑥慰謝料である。

●判決の概要●

　本判決は、債務不履行に基づく損害賠償請求権は消滅時効により消滅したとしたが、サッシュ廻り等からの漏水、蟻被害等の瑕疵の多くが設計瑕疵または監理瑕疵にあたり、そのうち構造的欠陥の瑕疵等により生じた損害につき不法行為を認め、補修工事費用、仮住居に関する損害、調査費用等に関す

る損害、慰謝料の損害を認め、X の持分の範囲で請求を認容した（補修工事費用については、新築同様になることの損益相殺をした）。

判決文

(1)　争点 3（債務不履行責任に基づく損害賠償請求権の除斥期間）及び争点 4（債務不履行責任に基づく損害賠償請求権の消滅時効）について〈略〉
(2)　争点 1（設計及び監理の瑕疵）について〈略〉
(3)　争点 2（損害額及び過失相殺）について
　　ア　補修工事費用
　　　　〈証拠略〉によれば、被告の不法行為により生じた瑕疵の補修費用は以下のとおりであると認められる。
　　　(ア)～(セ)　〈略〉
　　　(ソ)　仮設工事費用
　　　　　以上の補修工事を行うにあたり要する仮設工事費用は、13万円と認めるのが相当である。
　　　(タ)　現場経費
　　　　　以上の補修工事を行うにあたり要する現場経費は、上記の補修工事費用の合計の約15パーセントである183万0350円と認めるのが相当である。
　　　(チ)　一般管理費
　　　　　以上の補修工事を行うにあたり要する一般管理費は、上記の補修工事費用の合計の約 5 パーセントである61万0117円と認めるのが相当である。
　　　(ツ)　以上の工事費総計1464万2797円に消費税を加えると1537万4937円（ 1 円未満四捨五入）となる。
　　イ　仮住居に関する損害
　　　　上記(3)ア認定の補修工事の内容に弁論の全趣旨を総合すれば、この補修工事を行うにあたって、原告が本件建物に居住し続けることは不可能であり、2 ヶ月間の仮住居への転居が必要となるものと認めるのが相当である。
　　　　そして、〈証拠略〉によれば、小田急電鉄小田原線成城学園前駅から徒歩 7 分の場所（本件建物とほぼ同条件の場所）に所在する平成 2 年10月築造の 3 LDK の一戸建て物件の賃借料は、月30万円であり、敷金及び礼金として各 2 か月分要することが認められるから、原告が仮住居を賃借した場合の賃料は、原告主張の月15万円、礼金等として賃料 2 ヶ月分を下らないこと、引越費用として片道28万円、往復56万円を要することが認められる。
　　　　以上によれば、工事期間中の引越費用及び賃料として、116万円（賃料 2 か月分で30万円、礼金等として30万円、引越費用として56万円）を要することが認められ、これは被告の不法行為と相当因果関係がある損害というべきで

ある。

ウ　調査費等に関する損害

　(ア)　前記1(7)で認定した事実に〈証拠略〉を総合すれば、以下の事実が認められる。〈略〉

　(イ)　以上の事実を前提に判断するに、本件の一切の事情を考慮すれば、原告がCに対し支払った上記認定の調査費用等合計140万2300円のうち、100万円の限度で、被告の不法行為と相当因果関係がある損害であると認める。

　　　上記認定の原告がDに対し支払った工事費等については、前記認定の被告の不法行為にかかる瑕疵との関係が判然とせず、相当因果関係がある損害と認めるに足りない。

　　　また、原告がEに対し支払った調査費については、〈証拠略〉によっても、原告が罹患したアレルギー性気管支炎が、前記認定の被告の不法行為にかかる瑕疵により生じたものであるか否かは不明といわざるを得ないから、相当因果関係がある損害とまで認めるに足りない。

　(ウ)　よって、調査費等として100万円について、被告の不法行為と相当因果関係がある損害と認める。

エ　慰謝料

　　被告の不法行為の内容、程度、原告に生じた損害の程度、その他の諸事情を考慮すると、原告は、前記財産的損害が填補補されることによっても回復できない程度の精神的苦痛を受けたものと認められ、その慰謝料は100万円と認めるのが相当である。

オ　過失相殺〈略〉

(4)　争点5（損益相殺）について

　　被告は、原告が本件建物に居住していたことによる居住利益相当額を損害額から控除すべきである旨主張するが、原告の請求は、建替費用を請求するものではないから、被告の主張は前提を欠き理由がない。

　　ただし、上記認定の補修工事を行うことにより、本件建物は引渡後約11年が経過しているにもかかわらず、補修部分が新築同様となることからすれば、原告及びAは、この点に関し利得を得ることになるというべきであるから、前記認定した瑕疵の補修費用相当額から上記利得相当分を控除するのが相当である。そして、同利得分については、前記認定の補修費用相当額の合計1537万4937円を、通常の木造建物の存立期間である30年で除したうえで、本件建物の経過年数である11年を乗じた額である563万7477円（1円未満四捨五入）と認めるのが相当である。

(5)　争点6（不法行為責任に基づく損害賠償請求権の消滅時効）について〈略〉

●損害額認定の考え方●

　本件は、建物の建築の設計・監理を設計・監理業者に依頼し、建築業者に建物の建築請負を依頼し、建物が建築されたものの、多数の瑕疵があったため、注文者が設計・監理業者、建築請負業者に対して損害賠償を請求した事案である（建築請負業者との間では調停が成立した）。建物が新築された場合、建物に瑕疵があると、注文者と建築請負業者との間で紛争が生じる事例は少なくないが、本件は、設計・監理業者との間の紛争であるところに特徴がある。

　本判決は、建築された建物の瑕疵の多くが設計・監理の瑕疵によるものであると認め、瑕疵につき補修工事が必要であるとしたうえ、補修工事費用、仮住居に関する損害、調査費用等に関する損害、慰謝料の損害を認めたものである。本判決は、新築された建物に生じた瑕疵が設計・監理の瑕疵にあたるとしたこと、設計・監理業者の不法行為による損害賠償の範囲として慰謝料を認めるなど比較的広く損害を認めたことに特徴がある。また、補修工事費用の損害については、本判決は、この工事によって建物が新築同様になることを損益相殺し、具体的に算定しているが、議論のあるところであり、参考になる事例判断である。

隣人の脅迫的言辞のため事実上建物建築が制限されたことによる土地の瑕疵担保責任に基づく損害賠償責任

〔判　例〕　東京高判平成20・5・29判時2033号15頁
〔損害額〕　売買土地の減価率15％相当額775万5000円

【事件の概要】

　X_1、X_2 は、平成17年3月、自宅を建築する目的で、Y_1、Y_2 から土地を代金5170万円で購入した。本件土地の私道を挟んで向かい側に A が土地・建物を所有していたが、X_1 らが建築確認を受け、建物を建築しようとしたところ、本件土地の一部に建物を建築しないよう申入れを受けた。A は、警察情報によると暴力団関係者であり、申入れも脅迫的であった。X_1 らは、平成18年3月、瑕疵を理由に本件売買契約を解除する等した。X_1 らは、Y_1 らに対し、瑕疵担保、債務不履行に基づき損害賠償を請求したものである。

　第1審判決（東京地判平成19・12・25判時2033号18頁）は、瑕疵を認めたが、契約の目的を達することができないとはいえないとし、解除の効力を否定し、価額の30％の減価を認め、請求を認容したため、Y_1 らが控訴したものである。

●**主張の要旨**●

　本件で問題になった損害は、宅地の売買において隣人の脅迫的言辞により建物の建築が制限されたことによる損害（宅地の減価）である。

●**判決の概要**●

　本判決は、売買の対象になった土地の心理的な瑕疵を認め、設計変更によって建物の建築が可能であること等を考慮し、土地の減価は15％が相当であるとし、第1審判決を変更し、請求を認容した。

判決文

> ※　判時2033号15頁掲載の東京高判平成20・5・29の判決文中の「二　訂正
> 箇所」を「参考　原審判決」（同号18頁以下）に織り込んだものである。
> なお、訂正箇所についてはゴシック体で表記することとする。

2　争点(1)（本件売買土地には、本件売買契約締結当時、本件敷地部分における
建物の建築を脅迫的言辞でもって妨害する者が本件隣地に居住していること、
という隠れた瑕疵があったか。）について〈略〉

3　争点(2)（被告らが本件売買契約締結に際して本件敷地部分における建物の建
築を脅迫的言辞をもって妨害する者が本件隣地に居住していることを説明しな
かったことは、不動産の売主としての説明義務違反に当たるか。）について
〈略〉

4　争点(3)（原告らに生じた損害）について

(1)　原告らは、本件瑕疵によって原告らに生じた損害の額として、本件売買土
地の代金額のほか、本件売買土地の所有権移転登記手続費用、公租公課、建
築予定の建物の設計費用、別紙諸費用一覧表記載の諸費用の相当額を請求し
ている。

(2)　しかし、本件瑕疵が本件売買契約を締結した目的の達成を不能ならしめる
ものではなく、したがって、本件売買契約の解除が認められないことは、前
記説示のとおりであるところ、本件売買土地の所有権移転登記手続費用、公
租公課、建築予定の建物の設計費用、別紙諸費用一覧表記載の諸費用は、有
効な本件売買土地の取得及び利用に要する費用として、原告らが負担すべき
ものである。また、仮に、本件瑕疵の存在を前提として本件売買契約の代金
額が定められていたとしても、本件売買土地の所有権移転登記手続費用、公
租公課、建築予定の建物の設計費用、別紙諸費用一覧表記載の諸費用の額に
変化はないと考えられる。したがって、これらの費用の支出をもって本件瑕
疵によって生じた損害ということはできない。

(3)　そうすると、原告ら主張の損害のうち本件瑕疵によって生じたと認められ
るのは、本件売買土地の代金のうち本件瑕疵の存在を前提とした本件売買土
地の価格相当額を超える部分の支出に限られるというべきである。

　　原告ら提出の不動産鑑定士による不動産鑑定評価書〈証拠略〉において、
本件瑕疵が存在しないとした場合における本件売買土地の本件売買契約締結
時の価格は5080万円とされていることからすると、本件売買契約の代金額
5170万円は、本件瑕疵が存在しないとした場合には、本件売買土地の本件売
買契約締結時の市場価格を反映した妥当なものであったということができる。

　　原告ら提出の不動産鑑定士による意見書〈証拠略〉には、本件瑕疵の存在
を前提にした場合における本件売買土地の価格は、それが存在しないとした

場合の価格から40％を減じた額とみるのが相当であるとする部分がある。そして、〈証拠略〉によれば、上記意見書を作成した不動産鑑定士は、本件敷地部分に共同住宅を建築してこれを賃貸するとした場合の本件売買不動産の価格（収益価格）を時価の約30％減、不動産競売市場において売却困難物件として売却するとした場合の本件売買不動産の価格を時価の約50％又はそれ以上の減と見積もるなどした上、Aによる脅迫的言辞を弄しての本件敷地部分における建物の建築の妨害が今後も変わることなく続く状況下で本件売買不動産を売りに出した場合の売却困難性等の市場性も考慮して、本件瑕疵の存在による減価率を40％と決定したことが認められる。

　しかし、**上記意見書は、本件売買土地に建物を建築することが事実上不可能であることを前提としているが、上記認定によれば、Aは、Aの居住建物に影がかかるような建物を本件敷地部分に建築することを妨害しているにすぎないのであり、Aによる建築禁止要求部分を除いた部分を利用して建物を建築することは妨害を受けることなく可能であることが考慮されていない。** また、上記のようなAによる妨害行為は、刑事上又は民事上の手続によって、ある程度抑止又は排除することが可能であると考えられる（そもそも、本件瑕疵は、専ら、Aによる妨害行為に由来するのであり、原告らとしては、本来、原告らに対する瑕疵担保責任の追及だけでなく、刑事上又は民事上の手続によるAの妨害行為の抑止、排除によって本件瑕疵を除去し、本件売買土地の減価による損害の回復を図るべきものであるといえる。）。また、上記意見書が本件瑕疵の存在による減価率の決定に当たって競売市場での売却を想定した理由も明らかでない。

　そして、一般に、土地や建物の不動産の売買においては、本件におけるようなAによる脅迫的言辞を弄しての地上建物の建築妨害は論外としても、ある程度の迷惑行為を行う住民が近隣に居住していることは、必ずしも珍しいことではないと考えられ、不動産の買主はそのような迷惑行為を行う住民が近隣に居住するリスクも考慮し、近隣の住民や環境についての調査をした上で、購入するのが通常であり、そのようなリスクは、不動産の価格相場形成の一因として織り込み済みのものであるということができる。

　したがって、上記意見書が本件瑕疵の存在による本件売買土地の減価率を40％としたのは、いささか減価率を過大に見積もった嫌いがあるというべきところ、前記の諸事情に加え、**本件売買契約の代金額を基準とすると本件敷地部分（84.82平方メートル、約25.65坪）中に占めるAによる建築禁止要求部分の面積（約3坪）に対応する金額は約600万円（51,700,000÷25.65×3＝6,046,783.…）となることにかんがみると、本件瑕疵の存在による本件売買土地の減価率は、15％と認めるのが相当である。**

　そうすると、原告らは、本件瑕疵の存在によって、本件売買契約の代金額5170万円の**1割5分**相当額である**775万5000円**の損害を被ったものというべき

であり、本件売買土地の共同の売主である被告らは、原告らに対して、連帯してその損害の賠償をする義務を負うものというべきである（なお、〈証拠略〉によれば、本件売買契約には、それに基づく被告らの債務は連帯債務とする旨の約定があることが認められる。）。

　なお、瑕疵担保責任に基づく損害賠償債務は期限の定めのない債務であるから、催告によって遅滞に陥るものというべきところ、前記認定の事実によれば、原告らは、被告らに対して、平成18年3月28日までに本件瑕疵の存在に基づく損害賠償債務を履行するように催告したことになるから、被告らはその翌日である同月29日以降遅滞の責めを負うことになる。

●損害額認定の考え方●

　本件は、宅地を購入し、建物を建築しようとしたところ、隣人が脅迫的な言辞によって建物の建築に反対したため、買主が売主に対して損害賠償を請求した控訴審の事案である。本件では、隣人の言動という瑕疵の有無が重要で興味深い問題であるが、仮に瑕疵が認められるとした場合、どの範囲の損害が認められるかが問題になったものである。本件では、買主が売買契約を瑕疵等を理由として解除しているため、解除の効力が認められる場合には、売買代金相当額の損害が認められる可能性があるが、第1審判決、本判決とも解除の効力を否定している。

　本判決は、土地の瑕疵を認めたうえ、土地の減価分が損害になるとし、土地の価額の15％の減価が相当であるとしたものである。本判決は、土地の瑕疵担保に基づく損害賠償において、土地の減価が損害にあたるとし、減価分を算定した事例判断として参考になるものである。

2・11 高齢者用住宅の入居者である高齢者の生活の安心という期待が侵害されたことに関する賃貸業者の緊急対応サービス契約上の損害賠償責任

〔判　例〕　大阪高判平成20・7・9判時2025号27頁
〔損害額〕　慰謝料10万円、弁護士費用 2 万円

【事件の概要】

　A（昭和 2 年生まれ）は、平成18年 4 月、B 市の高齢者向け優良賃貸住宅の認定を受けている Y 公社の賃貸住宅を賃借し、居住していた。本件賃貸借契約に伴って、A は、Y、C 株式会社との間で、高齢者向け優良賃貸住宅の緊急時対応サービス等の利用契約を締結した。C は、D 株式会社にパッシブセンサーによる生活異常監視サービスを E 株式会社に再委託していた。E のコントロールセンターでは、平成19年 6 月 3 日午前 2 時頃、A の本件住宅内で室内センサーが12時間反応していないことを感知したため、E の職員 F が本件住宅に急行し、呼び鈴を鳴らしても応答がなかったことから、鍵を使用して立入りを試みたが、鍵が違っていた。コントロールセンターの職員 G は、緊急時連絡先とされていた X（A の息子）に連絡し、鍵を持って急行するように依頼し、X は、同日午前 3 時頃、本件住宅の鍵を開けて立ち入ったところ、A が本件住宅内で死亡しているのが発見された。X は、Y に対して、緊急時対応契約に違反したと主張し、債務不履行、不法行為に基づき損害賠償を請求したものである。

　第 1 審判決（京都地判平成20・2・28判時2025号33頁）は、Y の債務不履行を認め、慰謝料10万円、弁護士費用 2 万円を認め、Y 固有の慰謝料を否定し、請求を一部認容したため、X が控訴し、Y が附帯控訴したもの

> である。

●主張の要旨●

本件で問題になった損害は、慰謝料（300万円）である。

●判決の概要●

本判決は、緊急対応サービス契約上、合鍵を用いた立入りないしこれと同等の方法による安全確認義務があったところ、正しい鍵の保管を怠っていた過失が認められるとし、Yの債務不履行を認め（Yの不法行為は否定した）、Aの死亡との因果関係を否定し、期待される対応がされず、入居者の生活の安心が侵害されたことを認め、慰謝料として10万円、弁護士費用として2万円を認め、控訴・附帯控訴を棄却した。

判決文

1　本件事故は本件緊急対応サービス契約の債務不履行となるか否か。〈略〉
2　不法行為による損害賠償請求について〈略〉
3　損害について
(1)　まず、前提事実(4)によれば、亡Aは、パッシブセンサーにより生活異常が感知された平成19年6月3日午前2時ころより約14時間前である同月2日午前11時ころに死亡したと認められるから、被控訴人の上記債務不履行と亡Aの死亡との間に因果関係があるということはできない。
(2)　次に、本件緊急対応サービス契約によって亡Aに保障されている利益は、現実に、入居者が救助されることまでが保障されているものではないとしても、通報やガス警報器等による警報やパッシブセンサーによる監視により、24時間体制で緊急事態を察知し、電話や合鍵の保管等といった契約の範囲内での方法を駆使して、可能な限り、最善の対応を受けること、加えて、そのような約束をすることで、一人住まいの高齢入居者でも、自分の身に何かがあったときには、少なくとも上記方法の範囲で予定されている対応を受けることができ、家族に無用な心配や迷惑をかけなくともよいという安心感をもって生活できることにある。

そうすると、被控訴人は、同契約の不履行が入居者の生命身体に対する結果と因果関係がある場合のみならず、契約上期待され得る対応がなされず、上記のとおりの入居者の生活の安心が侵害された場合にも、それ自体によって生じた損害を賠償する責任を負うというべきである。

　そして、その不履行があった場合の損害は、本件緊急対応サービスを受けることが、高齢者が家族の者に頼らなくても安心して生活をすることができるという、生活の質に関わるものであることからすれば、単にそれまで支払ってきた対価相当の経済的損害がてん補されることのみで回復されるものではなく、安全安心な生活を送れていなかったこと及び実際にその期待を裏切られたことによる精神的苦痛に対する損害の賠償がなされるべきである。

　本件の場合、亡Ａが、契約当初から、緊急時には立入りによるサービスまで受けられると信じ、その対価を支払って生活をしていたことにつき、対価を超える精神的損害が観念できるのみならず、さらに、平成19年6月2日、密室状態の本件住宅において、亡Ａが虚血性心疾患の緊急事態に陥って以降は、契約当事者としては、パッシブセンサーや通報システムにより、遅くとも異常事態発生から12時間程度の後には、控訴人等周囲の者に迷惑をかけることなく円滑な対処がなされることを当然に期待し得る状態であったのに、合鍵がないためにそれが円滑になされ得なかったのであるから、上記の正当な期待を裏切られたことによる精神的苦痛に対する慰謝料請求権が、亡Ａの上記契約上の地位を相続したと認められる控訴人について、発生しているといえる（亡Ａ生存中は、保管されているべきはずの鍵が保管されていなかったというものであり、急を要する事態が発生するまではそのことは明らかとはなっておらず、具体的な損害の形で現実化していないから、本件の場合において、亡Ａ自身に発生する精神的損害はないというべきである。）。

　そして、本件での精神的苦痛は、本件緊急対応サービス契約の趣旨、本件緊急対応サービスのサービス料の額、被控訴人の上記1(2)の過失の内容・程度に、実際には、パッシブセンサーの異常検知から約1時間後に亡Ａが発見されたこと等一切の事情を考慮すれば、10万円とするのが相当である（なお、上記債務は、期限の定めのない債務であるから、前提事実(6)のとおり控訴人が慰謝料の支払を請求した平成19年7月23日の経過により遅滞に陥る。）。

　控訴人は、本件住宅に駆けつけるまでの間、亡Ａの死亡時間を知る由もないのであるから、正しい鍵が保管されていれば母は助かったはずと信じてより重大な精神的苦痛に苛まれていたことを慰謝料額に反映させるべきである旨主張するが、上記認定説示のとおり、被控訴人は控訴人との関係で本件緊急対応サービス契約自体から発生する義務を負っているわけではなく、亡Ａとの関係で生じていた義務が亡Ａの死亡後当該処置の終了するまでは控訴人との関係で承継されていたものとみるにすぎないから、上記事由を本件の損害と位置づけることはできない。

(3)　弁護士費用〈略〉

●損害額認定の考え方●

　本件は、高齢者用住宅を賃借し、賃貸借契約に付随して緊急対応サービス契約が締結されていたところ、高齢者が緊急対応サービスの必要な状態に陥り、サービスの提供業者がその事態を把握し、合鍵を持って住宅に赴いたものの、合鍵が間違っており、住宅に立ち入ることが遅れたため（高齢者は住宅内で死亡しているのが発見された）、契約上の連絡先になっていた高齢者の相続人が賃貸人に対して損害賠償を請求した控訴審の事案である。本件では、住宅に居住していた高齢者の死亡と賃貸人・サービス提供業者の行為との間の因果関係は認められないものであり、実損が生じたこともうかがえないため、損害の発生、損害賠償額の算定が問題になり得るものである。

　本判決は、契約上、正しい合鍵の保管を怠っていた過失を認め、債務不履行を肯定したうえ、高齢者の死亡との因果関係を否定し、入居者である高齢者の生活の安心という期待が侵害されたことを認め、慰謝料として10万円、弁護士費用として 2 万円を認めたものである。本判決が本件の債務不履行と入居者の死亡との間の因果関係を否定したことは、本件の事情の下では合理的な判断であるということができる。他方、本判決が入居者の生活の安心の侵害が損害であるとした判断は、相当抽象的な利益の侵害が問題になっているものであり、また、期待の侵害という利益の侵害が問題になっているものであって、議論が予想されるものであるし、高齢社会の進行に伴って本件と同種のサービス利用が増加しているところであり、今後とも話題になる判断であるということができる。

2·12　建売住宅の売買における補修不能な瑕疵に係る販売業者、その代表取締役、仲介業者の代表取締役の損害賠償責任

〔判　例〕　大阪高判平成25・3・27判時2286号50頁

〔損害額〕　建替え費用1484万4111円、賃借費用60万円、転居費用40万
円、調査費用37万1700円、弁護士費用170万円

【事件の概要】

　Xは、不動産業を営むY₁株式会社（代表取締役は、Y₂）の仲介業者であるA株式会社（代表取締役は、Y₃）の仲介により、平成9年1月、Y₁から土地と土地上の建物（Y₁が建築予定）を購入したが、当時、建物はまだ建築されていなかった。Y₁は、その後、建物の建築工事を施工し、平成9年4月、建物を完成し、Xに引き渡した。本件建物には天井、基礎、外壁等に多数の瑕疵があった。Xは、本件建物には修補不能な施工上の瑕疵がある等と主張し、Y₁に対して瑕疵担保責任、債務不履行責任、不法行為責任、Y₂、Y₃に対して商法266条ノ3、不法行為責任、Aに対して不法行為責任に基づき建替え費用（1484万4111円）、賃借費用（60万円）、転居費用（40万円）、慰謝料（100万円）、調査費用（37万1700円）、弁護士費用（170万円）につき損害賠償を請求したものである（XとAは、和解金50万円を支払う等の内容の和解をした）。

　第1審判決（大津地判平成23・6・30判時2286号65頁）は、建物の瑕疵を認め、Y₁の瑕疵担保責任を肯定し、Y₁に対する請求を一部認容し、Y₂、Y₃の故意または過失を否定し、Y₂、Y₃に対する請求を棄却したため、X、Y₁が控訴したものである。

●主張の要旨●

　本件で問題になった損害は、①建替え費用（1484万4111円）、②賃借費用

（60万円）、③転居費用（40万円）、④慰謝料（100万円）、⑤調査費用（37万1700円）、⑥弁護士費用（170万円）である。

●判決の概要●

　本判決は、Y₁が建物の建築の工事施工者、工事監理者であり、べた基礎に瑕疵があり、当該瑕疵は建築基準法等の法令に反する基本的な安全性を損なう瑕疵であり、建物の建替えを要するほどの重大な瑕疵であり、これを放置すればいずれ居住者等の生命、身体、財産に対する危険が現実化する場合にあたる等とし、Y₁の不法行為責任を肯定し、Y₂、Y₃の重大な過失による不法行為責任も肯定し、損害につき慰謝料の主張を排斥したが、その余の損害を認め（和解金50万円を控除した）、原判決を変更し、請求を認容した。

判決文

5　争点(4)（損害額）について
(1)　以下のとおり、本件建物の瑕疵補修方法としては、結局、べた基礎の瑕疵の補修のために本件建物の取毀し・建替えを要することになるので、以下の認定による損害額は、(11)の遅延損害金起算日を除き、一審被告会社の瑕疵担保責任及び不法行為責任並びに一審被告Y₂及び一審被告Y₃の取締役責任及び不法行為責任に共通のものとなる。
(2)　建替え費用　1484万4111円
　ア　〈証拠略〉及び弁論の全趣旨によれば、本件建物のべた基礎の瑕疵を補修するには、本件建物のべた基礎の瑕疵を補修するには、本件建物を取り壊して、本件土地上に新たに建物を建築する必要があり、それに要する費用は上記金額であると認められる。
　イ　一審被告らが基礎の補修方法として主張するあと施工アンカーを用いる工法によって、本件建物の基礎が通常有すべき安全性を確保することができるか検討する。
　　(ア)　建築基準法施行令は、建築物の基礎は建築物に作用する荷重及び外力を安全に地盤に伝えるものでなければならないと定め（38条1項）、また、建築物に作用する荷重及び外力を建物の自重等の長期に生じる力と地震等による短期に生じる力とに分けている（82条以下）。本訴において争われているのは、あと施工アンカーを用いた工法によって長期荷重に対する安全性を確保できるか否かである。この点について、B陳述書及び同人と一級建築士C及び同D作成の意見書（以下「乙42意見書」という。）

は、あと施工アンカーを用いた工法によって長期荷重に対する安全性を確保できる根拠及びあと施工アンカーを用いた工法によっては長期荷重に対する安全性を確保できない旨の原告の主張に対する反論として四点を指摘するので、これにつき検討する。

(イ)　B陳述書及び乙42意見書は、1点目の根拠として、建築学会指針を挙げ、同指針に「本指針では、適用範囲を機器類およびその支持構造物の定着部ならびに耐震補強用としての後打ち耐震壁等の定着部に用いるアンカーボルトの設計に限定している。しかしながら、本指針に示すアンカー工法のうちには、一般の構造部材の定着部に適用可能なものも含まれており、また、本指針で採用した設計思想はアンカー工法の種別によらず一般的に適用できる性格のものであるから、設計者が対象とする定着部の応力状態および採用するアンカー工法の力学的特性を解析あるいは実験により十分把握することができれば、本指針の適用範囲をこえた応用も可能であろう」との記述があることをあと施工アンカーによる安全性確保の根拠として引用している。しかし、上記の記述からわかることは、建築学会指針は、アンカー工法を用いることを、機器類とその支持構造物及び耐震補強用としての設計に限定して認めていること、それ以外の場合にアンカー方法を用いることは、建築学会指針の対象範囲外であること、指針の対象範囲外の目的にもアンカー工法の適用可能性はあるが、それは力学的特性を解析や実験により十分把握することができればという将来的な条件を付した上での可能性を指摘しているにすぎないことであり、建築学会指針をもって、基礎の長期荷重に対する安全性を高めるためにあと施工アンカーを用いることが有効適切である旨述べるものと評価することは相当ではない。

(ウ)　B陳述書及び乙42意見書は、2点目の根拠として、国交省指針が、あと施工アンカーの長期荷重に対する安全性を認めていないのは、同指針が鉄筋コンクリート造又は鉄筋鉄骨コンクリート造の建築物における耐震補強工事についての指針であるからであり、木造建築である本件建物の基礎の補強とは関係がない旨指摘する。確かに、〈証拠略〉によれば、国交省指針は、既存の鉄筋コンクリート造及び鉄骨鉄筋コンクリート造の建築物を対象として行われる耐震補強工事に関する指針であることが認められ、この限りにおいては、B陳述書及び乙42意見書の指摘は当を得たものといえる。しかし、このことは、鉄筋コンクリート造及び鉄筋鉄骨コンクリート造の建築物の耐震補強工事以外の用途について、あと施工アンカーの長期荷重に対する安全性が認められていることを意味するものではない。かえって、〈証拠略〉によれば、あと施工アンカーを長期荷重を負担するような補強に用いることを適用除外としたのは、コンクリートの乾燥収縮及びクリープや長期のコンクリートのひび割れ強度

の劣化など、あと施工アンカーの引張り及びせん断抵抗機構の経年劣化に対する設計法が存在しないためであるとされており、このような理由によってあと施工アンカーが長期荷重に対する方策として除かれている以上は、木造家屋においても長期荷重に対する方策としては妥当しないことは明らかであって、国土交通大臣は、国交省指針に定められた適用範囲内（長期荷重に対する方策としては除かれている。）で使用することを条件にして、あと施工アンカーに関する許容応力度等を指定をしていると認められる。したがって、国交省指針は、長期荷重に関する方策としては、あと施工アンカーの安全性を確認していないというべきである。

(エ)　B陳述書及び乙42意見書は、3点目の根拠として、耐震診断と補強方法が、長期荷重を受ける基礎の補強にあと施工アンカーを用いることを提案していると指摘する。確かに〈証拠略〉によれば上記書籍が基礎の耐震補強の方法としてあと施工アンカーを用いた工法を紹介していることが認められ、補強の対象となる部位に長期荷重を受ける部位が含まれていることが認められるが、そのことをもって、当該補強が長期荷重に対する安全性を高めることを目的としており、長期荷重に対する安全性が確認されていることになるとまで認めることはできない。上記書籍の初版発行は昭和60年であり改訂版の発行は平成17年7月のことであるところ、その後平成18年5月に出された国交省指針においてすら、あと施工アンカーの長期荷重に対する安全性について言及していないことからも、上記書籍の記載をもって、あと施工アンカーの長期荷重に対する安全性が確認されているものと解することは相当でないと判断される。

(オ)　乙42意見書は、4点目の根拠として、技術基準解説書が、木造建築物等の増改築時における基礎の補強について、鉄筋コンクリートの増し打ちによる補強を認めているとする。

〈証拠略〉によれば、一審被告らが指摘する部分は、法令等が改正されたことにより、建築当時は適法に建築されていたが、その後の法改正によって新しい法の規定に適合しないことになった既存建築物について、その補強方法として鉄筋コンクリートの増し打ちによる補強方法を行うものとしていることが認められる。しかしながら、これは、建築当初は法に適合していた建物であることを根拠として、建替えによる多額の費用負担を避けるために、一定の補強を求めることで法適合とする旨の、いわば、政策的手段を認めたものにすぎず、あと施工アンカーの長期荷重に対する安全性を確認したものであるとみることはできないというべきである。まして、本件建物のように、建築当時から不適法であった建物の補修方法として、あと施工アンカーによる方法が妥当であるとは認められない。

(カ)　以上を要するに、B陳述書及び乙42意見書は、あと施工アンカーを用

いた工法の安全性を積極的に基礎付けるものではない。また、〈証拠略〉
及び弁論の全趣旨によれば、あと施工アンカーの長期荷重に対する安全
性は現在に至るまで正式に認められていないこと、その理由としては、
あと施工アンカーについて経年劣化（接着剤の結果による接着力の低下
等を含む。）の問題があり、これについての実験や実証データがないこと
であることが認められる。

　　したがって、あと施工アンカーを用いた工法が本件建物の基礎の瑕疵
修補のための相当な方法であると認めることはできない。

(3)　建物賃借費用　60万円

〈証拠略〉及び弁論の全趣旨によれば、一審原告は妻及び子と本件建物で生
活しており、本件建物の取壊し及び新築工事の期間中に一審原告及びその家
族が本件建物と同等の建物を賃借するのに必要な費用は60万円であることが
認められる。

(4)　転居費用　40万円

〈証拠略〉及び弁論の全趣旨によれば、一審原告及びその家族が賃貸住宅に
転居し、その後、本件土地上に新築された建物に再度転居するのに必要な費
用は合計40万円であることが認められる。

(5)　慰謝料　0円

一審原告は慰謝料を請求する。しかし、本件建物に瑕疵が存在することに
よる損害は、その経済的損害の塡補によって塡補されるべきものであり、一
審原告の主張によっても、経済的損害の他に慰謝料を認めるべき理由がある
とすることはできない。

(6)　調査費用　37万1700円

当裁判所に顕著である一審被告らの応訴態度及び弁論の全趣旨によれば、
一審原告が本訴において主張している損害賠償請求権の実現のためには、建
築の専門家に調査を依頼することが必要であり、その費用は、本件建物の瑕
疵により一審原告に生じた損害であると認められる。〈証拠略〉並びに弁論の
全趣旨によれば、一級建築士Eの本件建物の調査のため一審原告が支払った
費用は合計37万1700円であったことが認められる。

(7)　損害額合計　1621万5811円

(8)　損害塡補後の損害額　1571万5811円

前提事実記載のF社からの和解金の支払により、一審原告の損害のうち50
万円が塡補されたと認められる。

(9)　弁護士費用　160万円

本件事案の内容に鑑みて、弁護士費用につき160万円を相当因果関係にある
損害であると認める。

(10)　最終損害額　1731万5811円

(11)　遅延損害金起算日　〈略〉

●損害額認定の考え方●

　本件は、土地付建売住宅の売買において、建物に重大な瑕疵があったことから、買主が販売業者、売主側の仲介業者のほか、業者の各代表取締役に対して損害賠償を請求した控訴審の事案である。本件は、住宅とその敷地の売買において販売業者、その仲介業者の責任の成否のほか、各業者の各代表取締役の損害賠償責任の成否が問題になり、損害として建替え費用相当額等の損害が問題になったところに大きな特徴がある。なお、第1審判決は、建物の瑕疵を認め、販売業者の瑕疵担保責任を肯定したものの、代表取締役らの責任は否定したものである。

　本判決は、建物の瑕疵は建築基準法等の法令に反する基本的な安全性を損なう瑕疵であり、建物の建替えを要する程の重大な瑕疵であるとしたうえ、販売業者の不法行為責任を肯定し、さらに販売業者、仲介業者の各代表取締役の不法行為責任を肯定した事例判断として参考になるものである。また、本判決は、損害について、建物の建替えが必要なほどの損害であるとし、慰謝料を除く、買主の主張に係る損害を全部認めたものであり（建替え費用（1484万4111円）、賃借費用（60万円）、転居費用（40万円）、調査費用（37万1700円）、弁護士費用（170万円））、この判断も事例判断として参考になるものである。

2·13 土地の売買にあたって土地上の建物で20数年前の自殺を説明しなかった宅地建物取引業者の不法行為責任

〔判　例〕　高松高判平成26・6・19判時2236号101頁
〔損害額〕　慰謝料各75万円

【事件の概要】

　不動産業を営む Y 株式会社は、関連会社である A 株式会社を介して、B から土地を購入し、C に転売していたところ、X は、平成20年12月、Y の仲介により、C から本件土地を購入し、X_1 と X_2 の夫婦は、X_1 が持分10分の 4、X_2 が持分10分の 6 で所有権移転登記を経由したが、本件土地上にあった建物において昭和61年 1 月に所有者の内縁の妻が実の息子に殺害され、昭和63年 3 月に所有者の娘が自殺したことが判明したことから（建物はその後取り壊された）、X_1、X_2 が Y に対して事故物件であることを知りながら説明をしなかった等と主張し、不法行為に基づき財産的損害（土地の減額分、仲介手数料、登記手続費用、境界確認等費用、不動産取得税、銀行借入金利であり、X_1 につき460万132円、X_2 につき690万197円）、慰謝料（X_1 につき200万円、X_2 につき300万円）、弁護士費用（X_1 につき66万円、X_2 につき99万円）の損害賠償を請求したものである。

　第 1 審判決（松山地判平成25・11・7 判時2236号105頁）は、Y の担当者は、売買契約の締結当時、本件土地上で自殺があった事実を認識していたとはいえないとしたものの、代金決済の数日前に同業の者との会話によって事故物件であるとの疑いを抱いたとし、20年以上も前に本件土地上の建物で自殺があったことを認識したと認め、説明義務違反による不法行為を肯定し、財産的損害に係る主張を排斥し、慰謝料として各75万円、弁護士費用として各10万円の損害を認め、請求を一部認容したため、

　　X_1 らが控訴し、Y が附帯控訴したものである。

●主張の要旨●

　本件で問題になった損害は、①財産的損害（土地の減額分、仲介手数料、登記手続費用、境界確認等費用、不動産取得税、銀行借入金利であり、X_1 につき460万132円、X_2 につき690万197円）、②慰謝料（X_1 につき200万円、X_2 につき300万円）、③弁護士費用（X_1 につき66万円、X_2 につき99万円）である。

●判決の概要●

　本判決は、マイホーム建築目的で土地の取得を希望する者が、従前の建物内での自殺の事実が近隣の住民の記憶に残っている状況下において、他の物件があるにもかかわらず、あえて本件土地を選択して取得を希望することは考えにくい等とし、説明義務違反を認め、損害の算定につき第1審判決と同様に解し、控訴、附帯控訴を棄却した。

判決文

〔控訴審判決〕

6　不法行為その3と相当因果関係のある損害について

　(1)　控訴人らは、債務不履行解除、売買契約の錯誤無効等の主張、白紙撤回の合意等を行い、手付金275万円の返還を受け、その他の不要な支出を免れたことは明らかであり、本件土地の取得に要した支出額と本件土地の現在価額との差額が損害となる、仮に、手付金放棄による解除となった場合でも、控訴人らの負担は275万円にとどまったものである旨主張する。しかし、本件売買契約では売主の瑕疵担保責任は排除されている上に、本件売買契約に動機の錯誤があったとしてもその動機が表示されているか等の問題点があるから、控訴人らが本件売買契約締結後決済前に本件土地が事故物件であることを知り、本件売買契約の解消を望んだとしても、本件売買契約が解消された高度の蓋然性があるとはいえない。また、控訴人らは手付金放棄による解除もできた旨主張するが、手付金放棄による解除の期限は平成21年1月19日となっており、被控訴人の担当者が本件土地がいわゆる訳あり物件であるかもしれないとの疑いを抱いたのがそれよりも後のこと（平成21年1月30日の代金決済の数日前）であることに照らせば、被控訴人が速やかに調査を行い、その結果を控訴人らに報告していたとしても手付金放棄による解除は当然にはで

きなかったものといわざるを得ない。そうすると、不法行為その三と相当因果関係がある損害は、本来であれば本件売買契約が締結されたことを前提にしつつも、代金決済や引渡手続を完了しない状態で、本件売買契約の効力に関し、売主と交渉等をすることが可能であったのに、説明義務が履行されなかったために、代金決済や引渡手続を完了した状態で売主との交渉等を余儀なくされたことによる損害にとどまるのであって、具体的には、このような状態に置かれざるを得なかったことに対する慰謝料であると考えるのが相当である。すなわち、控訴人らが主張する損害のうち、本件土地の取得に要した支出額と本件土地の現在価額との差額（あるいはこれから手付金を控除した額）は、不法行為その3と相当因果関係がある損害とは認められない。

(2)　控訴人らは、原判決は、控訴人らの慰謝料を各75万円（150万円）とするが、控訴人らが被った苦痛は極めて甚大であって、上記金額は著しく低廉にすぎる旨主張する。しかし、不法行為その3は、本件売買契約締結後の説明義務違反に基づくものであるから、事故物件である本件土地を対象とする本件売買契約を締結したことによって生じた精神的苦痛は不法行為その3と相当因果関係のある損害には含まれない。控訴人らが指摘する事情（本件土地の購入を余儀なくされたことで一戸建てのマイホームの夢が絶たれたこと、平成25年3月まで仮住まいを余儀なくされたこと、本件土地を売却することもできず新しく購入した分譲マンションのローンを含め二重ローンを負担していること等）はいずれも不法行為その三と相当因果関係のある損害には含まれない。そして、不法行為その3による損害は、交渉上の不利益を甘受することを余儀なくされたという不定型なものであるところ、この損害を金銭的に評価するに当たって、仲介手数料（45万円）との均衡も勘案し、控訴人の慰謝料額を各75万円（合計150万円）とした原判決の認定は是認し得る。

〔第1審判決〕

(2)　損害について

ア　原告らは、財産的支出に関する損害として、本件土地の取得に要した支出額と、本件土地の現在価額との差額（1150万0329円）を請求する。

しかしながら、上記認定の不法行為その3で問題となっているのは、本件土地上で過去に自殺事故があったらしいとの事実を、代金決済や引渡手続が完了してしまう前に原告 X_1 に説明すべきであったとの説明義務であり、不法行為その3は、本件売買契約締結後に発生した不法行為である。そして、このような行為が不法行為とされるのは、本件土地上で過去に自殺があったとの事実が、締結してしまった売買契約につき、その効力を解除等によって争うか否かの判断に重要な影響を及ぼす事実でもあるといえるからである（上記(1)ア）。したがって、不法行為その3と相当因果関係がある損害は、説明義務が履行されていれば代金決済や引渡手続を了しない状態で、本件売買契約の効力に関し、売主側と交渉等をすることが可能であっ

たのに、説明義務が履行されなかったが故にこれをすることができず、その結果、代金決済や引渡手続を了してしまった状態で売主側との交渉等をせざるを得なかったことによる損害であり、具体的には、このような状態に置かれざるを得なかったことに対する慰謝料であると考えられる。

　よって、原告ら主張の損害のうち、本件土地の取得に要した支出額と、本件土地の現在価額との差額は、上記認定の不法行為その3と相当因果関係がある損害であるとはいえない。

イ　そこで、被告が原告らに対して賠償すべき慰謝料について検討するに、原告らは、本件土地上に一戸建てマイホームを建築し、これを原告ら家族の永続的な生活の場とするために本件土地の取得を決意したものであるところ、〈証拠略〉及び弁論の全趣旨によれば、原告らは、本件代金決済日（平成21年1月30日）より前に、本件土地上で過去に自殺事故があったらしいとの説明を受けていれば、本件代金決済をせず、所有権移転登記を受けなかったこと、そして、これらを了しない状態でCと交渉等をすることにより、白紙撤回の合意を取り付けたり、手付金放棄による解除をなし得た可能性があったこと、しかしながら、被告からこのような説明がなかったことから、本件代金決済をし、所有権移転登記を受けてしまい、その結果、白紙撤回の合意を取り付けることは困難となった上、手付金放棄による解除も事実上なし得ないものとなったことが認められる。かかる事情に加え、原告らが、不法行為その3を行った被告に対し、仲介手数料として45万円を支払っていることのほか〈証拠略〉、本件売買の内容、性質等諸般の事情を斟酌すれば、被告が原告らに賠償すべき慰謝料の額は、各75万円（合計150万円）と認めるのが相当である。

ウ　原告らが原告ら訴訟代理人に本件訴訟の遂行等を委任したことは当裁判所に顕著であるところ、本件事案の内容、経緯、認容額など諸般の事情を考慮すると、被告が負担すべき弁護士費用の額は、原告ら各10万円（合計20万円）と認めるのが相当である。

エ　以上より、被告が原告らに対して賠償すべき不法行為その3に基づく損害は、原告ら各85万円（合計170万円）となる。

●損害額認定の考え方●

　本件は、土地の所有者の仲介業者の仲介により、自宅の建築を目的として土地の売買が行われたところ、20年以上も前に土地上にあった建物で自殺が行われたことが判明し、土地の買主らが仲介業者に対して説明義務違反による不法行為に基づき損害賠償を請求した控訴審の事案である。本件は、自宅

の建築目的で土地の売買が行われたこと、20年以上前に本件土地上にあった建物で居住者が自殺したこと、建物は自殺の約1年後に取り壊されたこと、土地はその後二度売買されていたこと、仲介業者の担当者が売買契約の締結当時は自殺の事実を認識していなかったこと、当該担当者が売買契約の代金決済の時までに自殺の事実を疑ったこと、仲介業者の説明義務違反による不法行為責任の成否のほか、損害の範囲・額が争点になったことに特徴がある。

　本判決は、基本的には第1審判決と同様に、仲介業者の説明義務違反を認め、第1審判決と同様な損害を算定したことに特徴がある。本判決の仲介業者の説明義務、同義務違反を認めた判断については、自殺が20年以上も前のことであること、自殺の約1年後には建物が取り壊されたこと等の事情を考慮すると、重大な疑問が残るところであり、議論を呼ぶ内容である。なお、民法の不法行為の損害賠償請求権については、長期の消滅時効（除斥期間）が20年間であることに照らしても、20年以上も前の事件情報を瑕疵と認めることには疑問が残るし、事件の内容等の事情によるが、せいぜい5年、あるいは10年程度を上限にして事件に関する心理的な瑕疵を判断する法理を採用すべきである。

　また、損害の範囲・額に関する本判決の判断は、財産的損害を排斥したことは合理的な判断であるが、慰謝料を認めるべき根拠、75万円の慰謝料額を認めるべき根拠も明確ではないものの、その旨の事例判断を提供するものである。

2・14 マンションの建築工事に伴う隣接建物の不同沈下・変形に関する請負人、注文者の共同不法行為責任

〔判　例〕　京都地判平成26・9・17判時2249号72頁

〔損害額〕　建物の修復工事費用180万6000円の2分の1ずつ、休業損害260万198円、弁護士費用44万円

【事件の概要】

　X$_1$、X$_2$は、住宅密集地において建物を所有し（持分2分の1ずつ共有）、X$_3$会社は、同建物で呉服店を経営していた。Y$_1$株式会社は、平成18年2月、前記建物に隣接する土地を購入し、12階建てのマンションの建築工事を計画し、土地上の既存建物の解体工事、建築工事をY$_2$株式会社に注文した。X$_1$らは、従来、隣接する土地におけるマンションの建築工事による所有建物の不同沈下等の被害を経験していたことから、平成18年5月、Y$_2$との間で、マンション建築工事に関し、X$_1$ら建物の不同沈下、変形の発生を防止し、発生した損傷を補修すること等を合意した。Y$_2$は、平成18年11月、12月、既存建物の基礎を撤去した。X$_1$ら、Y$_1$らは、平成18年12月、X$_1$らの建物の聚楽壁に損傷を与え、その損傷が一見して判明する場合、Y$_1$が損傷箇所が存する部屋すべての聚楽壁を修復し、その費用はY$_2$の負担とすること等の合意をした。Y$_2$は、土地の掘削工事前と後の二度、A株式会社に依頼し、Aは、X$_1$らの建物の調査を実施し、それぞれ不同沈下、変形があることを報告した。Y$_2$は、平成20年2月、マンション建築工事を完成した。X$_1$らは、土地掘削工事により建物が不同沈下、変形が生じた等と主張し、Y$_1$、Y$_2$に対して共同不法行為に基づき建物の不同沈下・変形の修復工事費用、休業損害、調査費用、瓦屋根の修復工事費用、弁護士費用合計額2億74万6116円につき損害賠償を請求したものである。

●主張の要旨●

　本件で問題になった損害は、① X_1・X_2 の建物の不同沈下・変形の修復工事費用（9554万3388円。消費税込み）、② X_3 の休業損害（7130万9466円）、③ X_3 の調査費用（55万6500円）、④ X_3 の瓦屋根の修復工事費用（260万円）、⑤ 弁護士費用（1680万円）であるが、X_1 らの損害に関する主張は、これらの合計額 2 億74万6116円が X_1 ら全員の損害として主張されている。

●判決の概要●

　本判決は、Y_2 が土地掘削工事で採用した工法が軟弱な地盤を垂直に複数回、相当範囲にわたり露出させる工法であり、Y_2 が注入した薬液が地表に漏出し、地盤硬化措置が奏功したとはいえない等とし、Y_1 が住宅密集地域における狭小地上の中高層住宅の建築につき十分な知識を有していたものであり、Y_2 に対して隣接建物に何らかの損傷が生じるのを防止するよう適切な指示を与え、かつ、Y_2 がとろうとしている防止措置につき説明を受け、検討し、損傷防止に十分なものであることを確認したうえ、マンション建築工事につき注文または指図すべきであったのに、これを怠った過失があるとし、共同不法行為責任を肯定し、損害については、従前不同沈下、変形が生じていたこと等を考慮し、掘削工事の寄与率が 2 割であるとし、X_1、X_2 の建物の修復工事費用（180万6000円の 2 分の 1 ずつ）、X_3 の休業損害（260万198円）、弁護士費用（X_1 につき 9 万円、X_2 につき 9 万円、X_3 につき26万円）を認め、調査費用、瓦屋根の修復工事費用に関する X_1 らの主張を排斥し、請求を認容した。

判決文

5　争点(4)（原告らに生じた損害）について
　(1)　損害額
　　　ア　本件建物の不同沈下及び変形の修復工事　180万6000円
　　　　(ア)　本件土地の地盤硬化
　　　　　　本件建物の現在の不同沈下及び変形は、隣接する本件マンション土地及び本件南側土地の掘削によって、背後地盤に発生する鉛直方向の圧縮

等の変形が原因と認められるところ（前記 2 ）、現在、掘削面の露出は解消されているから、本件地盤を強化する必要は認められない。

　(イ)　本件建物（中庭及び東庭を含む）の補修

a　京町家修復の専門業者と認められる宮崎木材工業株式会社による「○○地盤沈下修繕工事」（基礎補強及びレベル調整、大工手間［土台・柱・壁下地・天井・鴨居調整及び一部取外し再取付け］、左官手間［既存壁土再利用、不足分は新規補充］等）の見積額903万円が、必要かつ十分と認められる。

b　原告らは、本件建物の軸組のみを残した半解体修理として、合計9263万3868円を主張する。しかし、これは、現在の建築関係法令による規制を回避するため半解体を選択したもので、全解体を前提とした、本件建物の修復を超え、改良をも含むものであるから、本件建物の現在の不同沈下及び変形の修復として、必要とは認められない。

　　他方、被告らは、本件建物の本件マンション土地掘削工事後の変形に対する修理として26万6700円を主張する。しかし、これは、前記認定の本件建物の現在の不同沈下及び変形の修復として、十分とは認められない。

　(ウ)　よって、被告らの不法行為との因果関係がある損害は180万6000円（＝903万円×寄与度 2 割［前記 2 (3)］）と認められる。

イ　修復工事期間中の休業損害　260万1989円

　(ア)　前記ア(イ)の工事期間は、その内容を考慮して、 1 か月間と認めるのが相当である。

　　そして、原告会社の平成17年 7 月 1 日ないし平成20年 6 月30日及び平成22年 7 月 1 日ないし平成25年 6 月30日の売上総利益の平均は、月1300万9948円（＝［ 1 億4735万0643円＋ 1 億8021万5266円＋ 1 億8129万3600円＋ 1 億3860万9989円＋ 1 億4336万9432円＋ 1 億4587万7378円］÷ 6 年÷12月）であったところ、原告会社が呉服京染の販売等を業とする者であることも考慮すれば、休業損害は、上記売上総利益月平均額1300万9948円と認めるのが相当である。

　(イ)　よって、被告らの不法行為との因果関係がある損害は260万1989円（＝約1300万9948円×寄与度 2 割［前記 2 (3)］）と認められる。

ウ　調査費用

　　原告らは、被告 Y_2 が依頼した株式会社 A の調査（別紙 5 の 1 ・ 2 ）が信用できなかったため、原告会社において、株式会社 B に対し、本件建物の不陸調査及び内部調査を依頼して55万6500円の支払を余儀なくされたと主張する。

　　しかし、調査費用は、被告らに対する補償を求めるための費用であって、後記(2)のとおり認める弁護士費用の外、独立した損害と認めることはできない。

エ　本件建物の瓦屋根の修復工事

　原告会社は、本件建物の瓦屋根全部を、260万円で修復したところ、原告らは、本件マンション建築工事による落下物等によって汚損及び破損した部分もあると主張する。

　しかし、被告 Y_2 は、その直前、ナットを本件建物上に落下させ、本件建物の瓦1枚を破損したため、被告 Y_2 の費用負担で、本件建物の瓦6枚を補修したことも考慮すれば（前記第2・1(3)キ）、本件建物の瓦屋根の上記修復工事と、被告らの共同不法行為（前記3及び4）との因果関係を認めることはできない。

(2)　損害の帰属及び弁護士費用

　ア　原告 X_1

　本件建物を持分2分の1の割合で共有する原告 X_1 の損害は、被告らの不法行為との因果関係のある本件建物の不同沈下及び変形の修復工事180万6000円（前記(1)ア）の2分の1である90万3000円と認める。

　また、本件事案の内容及び前記損害額等の諸般の事情を総合考慮すると、被告らの不法行為との因果関係のある原告 X_1 の弁護士費用は、9万円と認める。

　イ　原告 X_2

　本件建物を持分2分の1の割合で共有する原告 X_2 の損害は、被告らの不法行為との因果関係のある本件建物の不同沈下及び変形の修復工事180万6000円（前記(1)ア）の2分の1である90万3000円と認める。

　また、本件事案の内容及び前記損害額等の諸般の事情を総合考慮すると、被告らの不法行為との因果関係のある原告 X_2 の弁護士費用は、9万円と認める。

　ウ　原告会社

　本件建物で呉服店を営業する原告会社の損害は、被告らの不法行為との因果関係のある休業損害である260万1989円（前記(1)イ）と認める。

　また、本件事案の内容及び前記損害額等の諸般の事情を総合考慮すると、被告らの不法行為との因果関係のある原告会社の弁護士費用は、26万円と認める。

●損害額認定の考え方●

　本件は、住宅密集地において12階建てのマンションの建築が計画され、隣接する土地上の建物を所有し、会社が建物で呉服店を経営していたところ、従前の別のマンション建築工事で不同沈下、変形が生じる等していたことから、注文者、請負人と建物の所有者らとの間で工事施工に関する合意を経て、

マンションの建築工事が施工されたものの、掘削工事によって建物の不同沈下、変形が生じたため、建物の所有者ら、会社が注文者、請負人に対して損害賠償を請求した事案である。本件では、請負人、注文者の不法行為責任の成否、損害の範囲・額が争点になったものである。建物が密集する地域において中高層の建物を建築する場合には、隣接する土地、土地上の建物に沈下、傾斜、ひび割れ、地盤の流出等のさまざまな損害が発生するおそれがあり、土地の掘削等の工事の施工にあたって、工法の選択・施工等を慎重に検討し、実施することが多いが、相当数の紛争が生じているようである。このような紛争につき訴訟が提起され、裁判例として公表されている事例も法律雑誌等で見かけるところである。本件では、マンション建築工事の隣接する土地、建物においては、過去にも別の工事によって不同沈下、変形の経験があったことから、工事の注文者、請負人との工事に関する合意を成立させ、請負人らも工事の前後に不同沈下等に関する調査を実施する等し、相当に慎重な対応をしているところに特徴がある。

　本判決は、請負人の掘削工事の工法の選択、施工の過失を認め、注文者の業務を踏まえ、住宅密集地域における狭小地上の中高層住宅の建築につき十分な知識を有していたとし、請負人に対する注文または指図上の過失を認め、共同不法行為責任を肯定したものであり、特に注文者の責任（民法716条）を肯定した事例判断として参考になるものである。

　損害については、本判決は、損傷した建物が本件のマンション建築工事の前に不同沈下、変形があったこと等の事情を考慮し、本件の掘削工事による寄与率を2割とし、所有者ら建物の修復工事費用（180万6000円の2分の1ずつ）、会社の休業損害（260万198円）、弁護士費用を認め、調査費用、瓦屋根の修復工事費用を否定したものであり、その旨の事例判断を提供するものであるが、寄与率を2割とした判断は特段の明確な根拠はないこと、修復工事期間中の呉服店の休業損害を認めた判断は事例判断として参考になることに留意したい。

3 金融関係業者の責任⑴ ──銀行の責任

3・1 昭和63年税制改正後の相続税対策に基づく不動産取引融資の際の説明義務違反に関する銀行の損害賠償責任

〔判　例〕　東京高判平成17・3・31金判1216号 6 頁
〔損害額〕　カードローン契約の支払利息額、不動産の購入価額と売却
　　　　　　価額の差額、不動産購入に要した諸費用、自宅不動産の売
　　　　　　却価格13億1213万2640円（過失相殺前）

─【事件の概要】─

　銀行業を営む Y 株式会社の従業員 A らは、B に相続税対策として不動産の相続税の課税価格が相続税評価額によることを利用し、融資を受け、不動産を購入することを勧誘し、平成 2 年 3 月、Y は、B に10億円を融資し、カードローン契約を締結し、B の委託を受けた C 株式会社は、Y と B の債務につき連帯保証をした（租税特別措置法の改正（昭和63年法律第109号による改正）により、同法69条の 4 によって、相続開始前 3 年以内に取得した不動産の相続税の課税価格に算入すべき価額は取得価額として政令で定めるものの金額とされた。なお、同条は平成 7 年12月31日廃止）。B は、この融資を利用し、 9 億5000万円で不動産を購入した。B は、平成 3 年 8 月、死亡し、妻 X₁、子 X₂、X₃ が相続した。X₁ は、平成 4 年12月、X₂、X₃ の債務を免責的に引き受け、X₂、X₃ は、C に X₁ の債務につき連帯保証をした。C は、平成13年11月、Y に X₁ の前記債務を代位弁済した。C は、サービサーである Z 株式会社に求償権の回収を委託した。X₁ らは、本件不動産を 1 億7000万円で売却した（なお、この際、

自宅不動産も売却し、債務に充当した）。X_1 は、Y に対して不法行為に基づき相続税法制の説明義務違反を主張し、債務不履行、不法行為に基づき損害賠償を請求したのに対し、Z が反訴として X_1 に対して求償債務の履行、X_2、X_3 に対して保証債務の履行を請求したものである。

　第1審判決（東京地判平成15・11・28判例集未登載）が本訴請求を棄却し、反訴請求を認容したため、X_1 らが控訴したものである。

●主張の要旨●

　本件で問題になった損害額は、①カードローン契約の支払利息額（5億3412万1760円）、②不動産の購入価額と売却価額の差額（7億8000万円）、③不動産購入に要した諸費用（4361万960円）、④自宅不動産の売却価格（1億3800万円）である。

●判決の概要●

　本判決は、Y の従業員が勧誘した相続税対策は不動産価格が下落すればその程度によっては著しい損失が生じかねない危険性を有していたところ、相続税法制の改正によって B が不動産取得後3年以内に死亡すれば相続税対策として効果がないことを説明すべき信義則上の義務があり、この義務に違反したことを認め、カードローンの支払利息全額、不動産の差額、不動産購入の諸費用、売却価格の X_1 の各相続分につき損害を認め、過失相殺を3割認め、X_1 の控訴に基づき第1審判決を変更し、X_1 の本訴請求を認容し、X_2、X_3 の控訴を棄却した。

判決文

1　本件税制改正及び本件の事実関係〈略〉
2　詐欺の成否（争点(1)）について〈略〉
3　錯誤（争点(2)）について〈略〉
4　追認（争点(3)）について〈略〉
5　反訴請求について〈略〉
6　説明義務違反（争点(4)）について〈略〉

7　説明義務違反による損害（争点(5)）について

(1)　控訴人 X₁ が本訴で主張する損害は、①平成13年５月２日までの支払済み利息相当額５億3412万1760円、②本件不動産の価格下落相当額の損害（購入価格９億5000万円と売却価格１億7000万円の差額）７億8000万円、③本件不動産の購入に要した諸費用4361万0960円、④自宅不動産を売却してＣに対する債務を弁済したことによる売却価格相当額の損害１億3800万円、以上の合計14億9573万2720円であり、その一部請求として11億8333万0267円の支払を求めるものである。

(2)①　Ｂ及び控訴人 X₁ は、本件各消費貸借契約、本件第１カードローン契約及び本件第２カードローン契約につき、被控訴人銀行に対し、平成13年５月２日までに利息として５億3412万1760円を支払った〈証拠略〉。Ａ及びＡ′らの説明義務違反がなければ、本件各消費貸借契約、本件第１カードローン契約及び本件第２カードローン契約はされなかったものと認められるから、上記支払利息は、上記説明義務違反と相当因果関係のある損害と認める。

　　　上記損害の内、Ｂの生前に支払われた分は、Ｂに生じた損害であるが、控訴人 X₁ は本件各消費貸借契約、本件第１及び第２保証委託契約に基づくＢの債務につき法定相続分である２分の１について承継し、上記各債務のその余の部分については免責的に債務を引受けたものであり（１(2)コ）、本件において、当初共同原告となった控訴人 X₂、同 X₃ は、控訴人 X₁ がＢの生前に支払われた利息についても損害として請求することに何ら異議を述べていないこと（弁論の全趣旨）、他の相続人である娘二人は、Ｂの遺産を取得せず、相続債務も負担しない内容の遺産分割協議を成立させており（１(2)コ）、実質的には相続を放棄したものと解されるから、上記損害の内、Ｂの生前に支払われた分についての損害賠償請求権は、控訴人 X₁ が全て相続により取得したものと認めるのが相当である。したがって、上記損害は全て控訴人 X₁ に帰属するものである。

②　本件不動産の購入価額が９億5000万円であり、平成14年７月12日に控訴人らが本件不動産を１億7000万円で売却したことは前記認定のとおりであり（１(2)キ、セ）、その差損は７億8000万円となる。

　　　もっとも、Ｂの遺産の分割においては、本件不動産について、控訴人 X₂ と同 X₃ が、本件不動産の内原判決別紙物件目録３の土地の各共有持分100分の24、同目録７の建物の共有持分各100分の50を取得し、その余の物件及び持分は控訴人 X₁ が取得する旨の協議が成立したのである（１(2)コ）。前記遺産分割において、被控訴人銀行からの借入金債務の内10000分の8062を控訴人 X₁ が負担し、10000分の969ずつを控訴人 X₂、同 X₃ が負担するとの合意が成立したのは、本件不動産中控訴人 X₁ が取得した分の価額の割合が80.62パーセント相当であると相続人間で認識されていたものと推認される

こと、控訴人 X_2 の依頼で平成13年7月5日付けで不動産鑑定士○○○の作成した鑑定書〈証拠略〉中の鑑定評価額の内訳に示された土地建物の単価によって、控訴人 X_1 が取得した分の価額の割合を試算すると80.36パーセントとなることによれば、前記本件不動産の購入価額及び売却価額の8割が控訴人 X_1 の取得した分とみるのが相当であるから、前記売買差損の内、6億2400万円が控訴人 X_1 の取得した分の差損と認めるのが相当である。

③　太郎が、本件不動産の購入に関し、売買代金のほか、仲介手数料1900万円、登記手数料955万4800円、登記費用308万6480円、不動産取得税526万1300円、保険料665万6800円、フリーローン保証料5万1500円の合計4361万0880円の諸費用を支出したことは前記認定のとおりである（1(2)ク）。これら B に生じた費用は同人に生じた損害と認められるところ、これは、上記①と同じ理由で、控訴人 X_1 が相続により取得したものと認めるのが相当である。

④　控訴人 X_1 及び控訴人 X_2 が、平成14年7月18日、自宅不動産を1億3800万円で売却し、その売却代金を C の求償金債務の一部弁済に充てたことは前記認定のとおりである（1(2)セ）。

　　もっとも、売却当時の自宅不動産の内控訴人 X_1 が所有していたのは、原判決別紙物件目録9の土地の共有持分1000分の971、同目録11の区分所有権であった〈証拠略〉。控訴人 X_2 の所有していた同目録10の区分所有権の専有部分の面積と上記同目録11の区分所有権の専有部分の面積の合計に対する控訴人 X_1 の同目録11の区分所有権の専有部分の面積の比率が約3割であること、控訴人 X_1 の同目録9の土地の共有持分割合を考え合わせると、自宅不動産の売却代金の内控訴人 X_1 の所有部分のかかる部分はその8割の1億1040万円と認めるのが相当である。

　　この金額も前記不法行為による損害と認めるのが相当である。

⑤　上記①ないし④の合計は13億1213万2640円となる。

(3)　上記の損害は、いずれも上記被控訴人銀行の従業員の過失による不法行為と相当因果関係のある損害と認めることができる。

　　被控訴人銀行は、控訴人 X_2 は、相続税対策をしなければ自宅不動産を失いかねない状態にあったから、本件税制改正を知っていたとしても融資を受けて不動産を購入したであろうから、説明義務違反と損害との間に因果関係はない旨主張する。

　　しかし、控訴人 X_2 が本件税制改正を知っていれば、10億円という巨額の融資を受ける本件各消費貸借契約、本件不動産売買契約等の各契約を B に締結させなかったと認められることは上記のとおりである。B 及び控訴人 X_2 が本件税制改正を知りながら、なおも融資を受けて不動産を購入する方法での相続税対策を実行したとは認められない。したがって、被控訴人銀行の上記主張は理由がない。

　　また、前記４に認定判断したとおり、控訴人らが本件各消費貸借契約の追
　認に当たる行為をしているが、そのことをもって、被控訴人銀行の不法行為
　責任が免責されたり、上記損害の因果関係が中断されるものではない。
8　過失相殺（争点(6)）について検討する。
　　上記各契約は、Ｂの相続税対策としてされたものであるが、相続税対策をと
　るについては、Ｂ及び控訴人 X_2 が相当な注意を払うべきものであり、別途に税
　理士に相談するなどしていれば、本件税制改正を知り得たと考えられること、
　上記損害のうち②の本件不動産の価格下落による損害６億2400万円は、相続開
　始後速やかに本件不動産を売却処分していれば回避し得た部分があること、他
　方、本件不動産にはＣのために抵当権が設定されており、本件不動産の売却処
　分には、Ｃ及び被控訴人銀行の協力が必要であるところ、相続開始当時、既に
　本件不動産は貸付元本に見合う価格で売却することが困難で、これを売却する
　ことのみにより本件各消費貸借契約等による債務を処理することができなかっ
　たものと推認され、Ｃ及び被控訴人銀行の協力が得られるか否か明確でなかっ
　たこと、控訴人らとしては、自宅不動産の売却処分の必要性が現実化すること
　を考えて時期を失したのもやむを得ないことと考えられることなどの諸般の事
　情を考慮して、過失相殺をするのが相当であり、その割合は３割と認めるのが
　相当である。
　　上記損害額合計13億1213万2640円に0.7を乗じた額は９億1849万2848円となる。
　　なお、上記②の損害が損害として確定したのは、本件不動産を売却した平成
　14年７月12日であり、上記④の損害が確定的に生じたのは自宅不動産を売却し
　た同月18日であるから、②の損害額６億2400万円について過失相殺をした後の
　４億3680万円相当分については、平成14年７月12日から、④の損害額１億1040
　万円について過失相殺をした後の7728万円相当分については、同月18日から、
　それぞれ履行遅滞にあるものというべきであり、また、①、③の合計５億7773
　万2640円について過失相殺した後の４億0441万2848円については、損害の発生
　時以後で控訴人 X_1 の請求した平成13年11月７日当時既に履行遅滞の状態にあっ
　たものである。したがって、上記金額についてそれぞれの日から支払済みまで
　年５分の割合による遅延損害金を支払うべきものである。
9　本訴請求について〈略〉

●損害額認定の考え方●

　本件は、本書の課題に関連して問題になったのは、銀行の従業員の勧誘に
より、相続税対策として融資を受け、不動産を購入したところ、その前提と
なる相続税法制が改正されており、不動産取得後３年以内に死亡すると、不
動産価格が下落すれば相続税対策の効果が生じなかったところ、実際に３年

以内に死亡し、不動産価格が急激に下落したため、融資を受けた者の相続人が銀行に対して損害賠償を請求した控訴審の事件である。本件では、主として銀行の説明義務違反による損害賠償責任の成否が問題になったものであるが、その損害賠償の範囲、損害賠償額の算定も問題になったわけである。

　本判決は、銀行の相続税対策につき説明義務違反を肯定したうえ、カードローン契約の支払利息額、不動産の購入価額と売却価額の差額、不動産購入に要した諸費用、自宅不動産の売却価格の各損害の主張をいずれも認めたものである。本判決は、相続税対策に関する銀行の説明義務違反を認めたことも事例として参考になるが、損害論としても、因果関係を広く認めた事例であり、しかも高額な損害賠償額を算定した事例として参考になるものである。

大規模遊園複合施設のテナントの業績悪化に関する賃貸人である信託銀行の契約締結上の告知・説明義務違反による損害賠償責任

〔判　例〕　大阪地判平成20・3・18判時2015号73頁

〔損害額〕　内装工事代金・什器備品代 3 億5812万6592円、その他開業費用1820万1901円、累積赤字 1 億45万403円（それぞれ過失相殺前）

【事件の概要】

　Y₁市は、市電車庫跡地の所有者であり、平成 3 年 3 月、本件土地の運用を目的とする土地信託契約を信託銀行業を営む Y₂ 株式会社、A 株式会社、B 株式会社、C 株式会社との間で締結した。A らは、その後の社会情勢の変化に対応するため、平成 6 年12月、土地信託契約の変更契約を締結し、A らは、本件土地上に建物（都市型立体遊園複合施設）を建築し、建物の運営管理のために D 株式会社を設立し、D がテナントの募集、運営管理を行った。E 有限会社は、平成 9 年 7 月、Y₂ との間で、本件建物の一部（ 1 箇所）につき使用目的飲食店舗、賃貸期間10年間、賃料月額歩合賃料等の内容の賃貸借契約を締結した。E は、平成12年 6 月、解散決議をし、X 株式会社の営業全部を譲渡した。A らが経営破綻する等したため、Y₁ と Y₂ らは、平成16年 3 月、本件土地信託契約を合意解除し、Y₁ が賃貸人の地位を承継した。信託銀行業を営む Y₃ 株式会社は、A、B を合併し、Y₂ は、C を合併した。本件施設は、開業初年度である平成 9 年度は多数の来場者で活況を呈したが、来場者が激減し、赤字経営が続き、累積赤字が増加した。Y₁ は、平成17年 5 月、X に対して本件店舗の明渡しを求める調停を申し立てたが、その後

申立てを取り下げる等した。X は、Y$_1$ らに対して、賃貸借契約の締結の際、本件施設は成算の見込みがなかったのにその旨の告知を怠った等と主張し、不法行為、債務不履行に基づき当初投下費用、累積赤字等の損害につき損害賠償を請求したものである。

●主張の要旨●

本件で問題になった損害は、①当初投下費用（内装工事代金・什器備品代、その他開業に要した費用）、②累積赤字等である。

●判決の概要●

本判決は、本件施設の目的、性質、構造、運営実態、当事者の能力の格差等に照らせば、受託銀行らには、出店希望者に対し、本件事業の計画、実績など受託銀行らが有する情報であって、出店者の収支予測に重大な影響を与えるものを十分に説明・告知し、出店希望者が出店の可否の判断を誤ることのないように配慮すべき信義則上の義務があるところ、説明・告知がされなかったとし、内装工事代金・什器備品代、その他の開業に要した費用、累積赤字につきそれぞれ一部の損害を認め、過失相殺を 7 割認め、請求を認容した。

判決文

1　認定事実〈略〉
2　被告 Y$_2$ 及び同 Y$_3$ の責任の有無（争点(1)）について〈略〉
3　被告 Y$_1$ の責任の有無（争点(2)）について〈略〉
4　損害の発生及びその額（争点(3)）について
　(1)　本件においては、E は、受託銀行らが本件施設の警備費や収入状況等本件施設への出退店の判断に関わる重要な事項を説明しなかったことにより、本件施設の収支予測の判断を誤って本件各店舗を賃借して、当初投下費用を支出し、その後も上記事項を知らないまま営業を継続した結果、累積赤字が発生したといえる。
　(2)　当初投下費用について
　　ア　内装工事代金・什器備品代について
　　　(ア)　〈証拠略〉によれば、E は、本件各店舗の内装工事代金や什器備品代と

して、少なくとも総額 3 億5812万6592円を支出していたことが認められる。

⑷　なお、○○○○○株式会社に対する1268万6258円（別紙「内装工事代金等」の No.7）及び有限会社○○○○○に対する76万0536円（同 No.14）の各支出については、請求書や領収書に案件名や明細等本件各店舗の内装工事又は什器備品との関連性を窺わせるような記載がなく、他にこれを認めるに足りる的確な証拠もないから、本件の損害として認めることはできない。

⑺　また、被告 Y₃ は、上記支出と対価関係に立つ設備造作、器具備品等の資産が E に獲得されているから、上記支出は損害たりえないとか、組織変更の際に、償却資産として減価償却されているので、原告の損害として請求する根拠がないなどと主張するが、減価償却は税法上の処理の問題にすぎないばかりか、受託銀行らの説明義務違反がなければ、原告は本件各店舗を出店せず、そのための内装工事代金や什器備品代も出捐せずに済んだのであって、それによって多大の利益を獲得できたなどという特別の事情がない限り、これと引き換えに設備造作、器具備品等の資産を獲得したか否かや、その後減価償却されたか否かにより原告の損害額は影響を受けないというべきである。

㈡　したがって、被告らの不法行為により E が被った内装工事代金・什器備品代に関する損害は、3 億5812万6592円であると認められる。

イ　その他開業に要した費用について
　　〈証拠略〉によれば、E が本件施設における開業に要したその他の費用は、D テナント総合保険料（56万7280円）、内監費（1156万5372円）、建設協力金（406万9249円）、開業協力金（200万円）の総額1820万1901円であると認められる。

ウ　したがって、X₁ 商店が被った当初投下費用に関する損害は、上記ア及びイの合計 3 億7632万8493円であると認められる。

⑶　累積赤字について

ア　〈証拠略〉によれば、本件施設が開業してから遊戯施設の更新等はほとんど行われず、平成10年ころからテナントの撤退が始まって、平成12年 6 月ころには十数店舗が撤退し、同年 7 月ころには特に本件施設 4 階で営業している店舗は本件 4 階店舗のみとなったばかりか、E 自身も平成11年ころから収支が赤字となっており、その原因は本件施設に客が来ないからであると認識していたこと、E が今まで出店した店舗の中で赤字になった店舗は 1 軒もなかったこと、本件 2 階店舗への出店にはさらに敷金450万円や内装費の負担が必要であったこと、原告は、平成15年 2 月 7 日、大阪地方裁判所に対し、運営管理会社が本件施設の遊戯設備の運営時間を短縮したことに対し、「営業日・営業時間の変更禁止、施設への出入り・営業に対する

妨害排除を求める仮処分」の申立てを行ったが、その申立書には、本件事業が「失敗例の一つの典型」である旨明示されていること、そのころには、原告は、受託銀行らと被告 Y_1 市との間で、本件土地信託契約に関する民事調停が行われていることを知っていたこと、原告は、平成15年5月8日付けで、被告 Y_1 市の市長に対し、事業運営の責任や補償問題を提起していること、これに対しては、被告 Y_1 市からは、受託銀行らと折衝されるべきであるとの回答がなされたこと、その当時（平成15年6月末）においては、開業当初33店舗あった飲食店が24店舗退店し、9店舗が残っているのみで、同様に、36店舗あった物販店もわずか10店舗を残すのみとなっていたこと、原告が本件5階店舗賃貸借契約を維持したのは、積極的に事業を継続するためではなく、被告らとの間の補償交渉を有利に進めるためであって、原告において、納得できる金額の補償金をもらえば翌日にでも退店する意向を有していたことが認められる。

イ　このように、原告においては、遊戯施設の更新等がほとんど行われず、周囲の店舗が次々と撤退していく状況の中で、自らの店舗も赤字が継続し、その原因が本件施設の収支の赤字にあることを認識していたのであるから、赤字の増大を回避するために他の選択肢も存したにもかかわらず、敢えて、補償交渉を有利に進めるために営業を継続したことが窺えることから、遅くとも平成15年7月1日より後の累積赤字については、原告の自己責任といえるから、受託銀行らの行為との間の相当因果関係が認められない。

ウ　したがって、受託銀行らの行為と因果関係のある損害として認められる原告の累積赤字の範囲は平成9年7月18日から平成15年6月30日までに限られ、〈証拠略〉によれば、当該期間の累積赤字の合計額は1億45万0403円であることが認められる。

5　Eから原告への損害賠償請求権の承継の有無（争点(4)）について　〈略〉

6　消滅時効の成否（争点(5)）について　〈略〉

7　過失相殺

(1)　〈証拠略〉によれば、Eは、昭和47年に○○○○○に出店して以来、6店舗以上もテーマパークに出店した経験があったこと、過去に出店したテーマパークの運営会社が転換社債の返済ができず、上記テーマパークが売却されたため、退店を余儀なくされた経験があったこと、本件各賃貸借契約の締結前に、本件4階店舗及び本件5階店舗が本件施設の開業間近に至っても埋まっていなかったにもかかわらず、本件施設の運営管理会社や賃貸人である受託銀行らに対し、本件施設の運営計画や入場者の予測、売上げの見込み等について、何らの調査や問い合わせもせず、むしろ、賃料の減額を期待して敢えて本件施設の開業日の前日まで待ってから本件各賃貸借契約を締結したことが窺われることや、開業前に本件施設を訪れた際、警備員の人数が多いことに奇異な感じを持ったのに、その費用や必要性に関して何ら調査をしなかっ

　たこと、原告は、本件各賃貸借契約の締結に際し、採算に関する具体的なシ
　ミュレーションなど行うことなく、主に経験や勘に頼って本件各店舗への出
　店を決めたことが認められる。
(2)　本来、テナントの出店の可否については、賃借人の経営判断に基づきなさ
　れるもので、その結果については、自己責任であるのが原則であるところ、
　本件においては、賃貸借契約の締結に際して、賃貸側に説明・告知義務違反
　という不法行為が存するという特殊事情が存在するとしても、前記4(2)及び
　(3)で述べた損害の発生について、Eにおいて、上記(1)のとおり、相当程度の
　調査不足や経営判断の甘さがあったことは否定できないことから、その賠償
　義務の範囲を決定するに際しては、過失相殺をすることが相当であるところ、
　上記の自己責任の原則を前提とした上で、以上のような事情に鑑みれば、原
　告の過失割合は、7割とすることが相当である。
(3)　したがって、被告らにおいて賠償すべき原告の損害は、初期投下費用につ
　いては合計3億7632万8493円の3割である1億1289万8547円となり、累積赤
　字については1億0045万0403円の3割である3013万5120円となる。

●損害額認定の考え方●

　本件は、大規模な遊園複合施設に店舗を出店したところ、来場者が激減し、
赤字経営をして損失を被ったため、出店者が施設の賃貸人である信託銀行ら
に対して損害賠償を請求した事案であり、大規模な遊園複合施設のテナント
の業績悪化につき賃貸人の告知・説明義務の有無、告知・説明義務違反の成
否という興味深い問題を提示したものであるとともに、この義務違反による
損害賠償の範囲、損害賠償額の算定が争点になったものである。本件では、
テナントは賃貸借契約を締結し、実際に数年間店舗の営業を行っているもの
であり、契約締結上の過失が問題になる典型的な事件ではないが、契約締結
の段階における信義則上の義務違反を問題とするものであり、契約締結上の
過失の類型の事件として取り上げることもできる。

　本判決は、出店の収支予測に関する重大な影響を与える情報の告知・説明
義務を認め、本件で告知・説明義務違反を肯定したものであるが、本判決の
この判断は、賃貸借契約における賃貸人の賃借人に対する義務に関する理論
としては注目されるとともに、議論を呼ぶ判断である。遊園複合施設等の施

設に店舗を出店するか否かの経営判断は、基本的には事業者の自己判断・自己責任に基づくものであり、将来の収支も業績も自己の営業努力等によるところが大きいものであり、店舗の賃貸借契約の締結にあたって賃貸人が本件で問題になったような信義則上の義務を負うことは、特段の事情が認められる場合に限られるものである（この特段の事情も相当の厳格に認定・判断すべきであろう）。今後、本判決のこの理論をめぐる議論が予想されるところであり、その行く末は賃貸借契約の実務に重大な影響が生じることは否定できない。

　また、本判決は、このような告知・説明義務違反を前提とし、内装工事代金・什器備品代として 3 億5812万6592円、その他の開業に要した費用として1820万1901円、累積赤字として平成 9 年 7 月18日（開業日）から平成15年 6 月30日までの 1 億45万403円の損害を認めたものである。本判決がこのような多額の損害賠償額を認めたことは、一応事例判断を提供するものであるが、前記の告知・説明義務違反が広範な義務違反であることを反映したものであるところ、さらに議論が必要な判断であり、相当因果関係の範囲の判断等につき違和感が残ることは否定できない（本判決は、このような違和感を 7 割という高率の過失相殺で調整していると考えているのであろう）。

銀行の適合性の原則違反、説明義務違反に基づく損害賠償責任

〔判　例〕　大阪地判平成22・8・26判時2106号69頁
〔損害額〕　投資信託の購入代金と投資信託の時価の差額348万85円

【事件の概要】

　X（当時、79歳）は、銀行業を営むY株式会社の従業員の勧誘により、A株式会社を委託者、B株式会社を受託者とする日経平均ノックイン型の投資信託を4回にわたってYを代理人として購入した。Xは、一部の分配金を受領し、一部償還されたが、日経平均株価がワンタッチ水準を下回り、元本割れが発生し、損失を被った（投資信託を解約していない）。Xは、Yに対して主位的に売買契約の不成立、錯誤無効を主張し、不当利得の返還、予備的に適合性の原則違反、説明義務違反、断定的判断の提供等を主張し、不法行為に基づき損害賠償を請求したものである。

●主張の要旨●

　本件で問題になった損害は、投資信託の購入代金と投資信託の時価の差額である。

●判決の概要●

　本判決は、投資信託の受益証券の売買契約の成立を認め、錯誤を否定して主位的請求を棄却したが、本件投資信託が元本保証を重視する投資家には適さない商品であり、Xには投資経験がほとんどなかったこと等から適合性の原則違反、説明義務違反を認め、未解約であるものの、投資信託の購入代金と口頭弁論終結時の時価の差額が損害であるとし（348万85円）、過失相殺を2割認め、予備的請求を認容した。

判決文

1　認定事実〈略〉
2　預金払戻請求権の存否（争点1）について〈略〉
3　勧誘行為の違法性の有無（争点2）について〈略〉
4　損害の発生及び賠償すべき金額（争点3）について
(1)　主位的請求について

　　原告が主位的に請求する不法行為による損害としての弁護士費用は、預金払戻請求権の存在を前提とした主張と解されるところ、原告の預金払戻請求権の存在が認められないのであるから、同弁護士費用を損害として認めることはできない。

(2)　予備的請求について

　　本件投資信託1から3は、未解約であり、償還もされていないため、口頭弁論終結時の時価と購入価額の差額をもって、損失とするべきである。

　　本件各売買契約によって、原告が保有する本件投資信託1から3の口頭弁論終結時の時価の総額である1195万1500円及び、本件投資信託4についての償還金456万8415円の合計額と、購入代金2000万円との差額である348万0085円の損失が生じている。

　　他方、原告が受領した、本件投資信託1から3の分配金合計90万5400円は、本件各売買により原告の得た利益に当たるから、上記利益額は損失額から控除すべきである。

　　したがって、本件各売買契約による損害は、257万4685円である。

(3)〜(5)〈略〉

●損害額認定の考え方●

　本件は、銀行が高齢者に投資信託を販売したところ、元本割れし、損失を被ったため、高齢者が銀行に対して不法行為に基づき損害賠償等を請求した事案である。

　本判決は、銀行の適合性の原則違反、説明義務違反を認めたうえ、投資信託が未解約であるところ、投資信託の購入価格と口頭弁論終結時の時価の差額が損害である等としたものである。近年、金融機関が個人らに対して投資商品を販売することが活発になり、また、投資信託が比較的リスクの少ない投資商品であることから、活発に取引がされているが、投資信託の元本割れ

の事態が発生することが少なくないうえ、金融機関が販売したことから紛争に至る事例も見られるようになっている。本件もこのような事例の一つであり、投資家が非常に高齢であることが特徴である。本判決は、銀行の適合性の原則違反、説明義務違反を認めた事例として参考になるが、損害については、未解約の段階で購入金額と時価の差額を損害と認めた判断は、最二小判平成12・3・17金法1589号45頁、金判1099号12頁に照らして、疑問がある。

3・4 銀行の店舗出入口に敷設された足拭きマット上で転倒した顧客に対する銀行の不法行為責任

〔判　例〕　東京高判平成26・3・13判時2225号70頁

〔損害額〕　治療費・通院交通費（損害保険金により補填）、休業損害60万円、慰謝料80万円（それぞれ過失相殺前）

【事件の概要】

X（当時、55歳）は、銀行業を営む Y 株式会社の預金者であった。X は、平成21年 8 月、Y の A 支店内に設置された ATM を利用した後、ATM コーナーの出入口に向かった。出入口の床には、足拭き用のマットが敷設され、その裏面が水に濡れた状態であった。X は、マットの上に足を乗せたところ、マットがずれ、バランスを崩し、マットとともに滑り込むような体勢となり、転倒した（転倒の経緯・態様は争点になっている）。X は、頭部が出入口のガラスドアに当て、頸椎捻挫、腰部打撲等の傷害を受けた。X は、Y に対して、負傷のほか、後遺障害等を主張し、安全配慮義務違反による不法行為に基づき治療費、通院交通費、休業損害、後遺障害による逸失利益、後遺障害慰謝料、弁護士費用合計6490万9898円の損害につき損害賠償を請求したものである。

第 1 審判決（東京地判平成25・9・24判時2225号75頁）は、X の主張のように本件事故が発生したとする証拠がない等とし、本件事故はもっぱら X の不注意で発生したと認め、不法行為を否定し、請求を棄却したため、X が控訴したものである。

●主張の要旨●

本件で問題になった損害は、治療費（101万2124円）、通院交通費（14万8130円）、休業損害（2126万8956円）、後遺障害による逸失利益（2978万688円）、

後遺障害慰謝料（690万円）、弁護士費用（580万円）であったが、控訴審においてその主張を変更し、治療費（101万2124円）、通院交通費（14万8130円）、傷害慰謝料（150万円）、休業損害（974万8742円）、後遺障害による逸失利益（1033万6380円）、後遺障害慰謝料（290万円）、弁護士費用（250万円）である。

●判決の概要●

　本判決は、事故当時、出入口付近にあったマットは、裏面がやや湿潤し、波打った状態にあったことから、マット裏面全体と床面との間には部分的に滑り抵抗係数の低い部分が存在し、マット表面の斜め上方から力が加わることによって斜め上方からの力が働き、その一部が床面との摩擦抵抗を失って横に移動し、Ｘが身体のバランスを崩して転倒したと認め、マットを床面上に滑りやすい状態で敷設していた注意義務違反が認められるとし、損害として治療費・通院交通費を認めたものの、損害保険金により補塡されたとし、休業損害として60万円、慰謝料として80万円を認め、４割の過失相殺をし、原判決を取り消し、請求を認容した。

判決文

⑵　傷害及び後遺障害について

　　〈証拠略〉及び弁論の全趣旨によれば、控訴人は、本件事故当日、国立国際医療センター救急部に搬送され、医師の診察を受けた際、左側頭部の圧痛及び手掌のしびれを訴え、軽症頭部外傷との診断を受け、控訴人の強い希望により頭部及び頸椎のCT検査が実施されたが異常所見はなかったこと、翌８月17日、同センター脳神経外科を受診し、左顔面及び左上下肢の感覚異常を訴え、以後継続受診してCT、MRA検査を受けたが異常所見はなかったこと、同月19日からは並行して慶應義塾大学病院脳神経外科を受診し、MRI検査による異常所見もないことから、同病院神経内科を紹介され、同年９月２日から同科においても診察を受けたが、神経学的検査、脳波検査、脳血流シンチ検査、再度のMRI検査によっても、左側頭葉及び左高位前頭葉の軽度血流低下並びに前交通動脈瘤の拡大及び形状変化（これらはいずれも左顔面や左上下肢の感覚異常を惹起するものではない。）のほかに異常所見はなかったこと、同年11月12日のMRI検査では頸椎及び頸髄に明らかな異常所見はなく、同月27日には中心性頸髄損傷は否定的との診断を得たことがそれぞれ認められる。なお、控訴人は、同年10月16日から東京女子医科大学病院にも通院しているが、平成22年３月10日よ

り前の診察内容を記載した証拠はない。

　もっとも、慶應義塾大学病院整形外科の平成21年10月22日付け紹介・診療情報提供書には左母指 CM 関節症の記載があり〈証拠略〉、同年10月 9 日施行の MR 検査では腰椎 L 2 ないし 5 の各椎間で椎間板の変性、膨隆、両側椎間孔がやや狭小との指摘があり〈証拠略〉、平成22年 2 月 8 日付け東京女子医科大学病院の診療情報提供書〈証拠略〉には腰椎 L 3、4 変性あり、前方骨棘、変形性腰椎症の所見があるが、母指 CM 関節症や変形性腰椎症は主に加齢（さらに CM 関節症については指の使いすぎ）による病変とされていること、腰椎椎間板の変性や骨棘の形成については、本件事故発生の日（平成21年 8 月16日）と上記診断が得られた日の間隔が短いことに照らせば、本件事故により生じた器質的変性とは考えにくく、他に本件事故との間に因果関係が存在することを認めるに足りる証拠もない。

　そうすると、本件事故により控訴人の受けた傷害は、本件事故直後に控訴人が圧痛を訴えた左側頭部及びしびれ感を訴えた手掌部並びに転倒時に本件床面に打ちつけたと推認される腰部の各打撲に限られるというべきであり、後遺障害に関する控訴人の主張は採用できない。

(3)　損害について

ア　治療費及び通院交通費

　控訴人は、本件事故により受けた傷害及び後遺障害の治療費として101万2124円（平成22年 2 月25日から同年 8 月12日までに支払を受けた損害保険金合計32万6632円を控除した残額）、通院交通費として14万8130円（同じく受給済みの損害保険金28万8000円を控除した残額）の支出を余儀なくされたと主張する。しかしながら、前判示のとおり、本件事故により控訴人が受けた傷害は左側頭部、腰部及び手掌部の各打撲にとどまるものと認められ、その治療のために必要な期間が 3 か月を超えることはないというべきである。

　そして、被控訴人の請求する治療費及び通院交通費のうち本件事故後 3 か月分の通院治療に要した額は、治療費18万7430円、通院交通費は 4 万8080円であり、控訴人は、これを超える額の損害保険金を受給したことを自認しているのであるから、損害の費目のうち治療費と通院交通費は既に補塡されているとみるべきある。

イ　休業損害

　〈証拠略〉及び弁論の全趣旨によれば、控訴人は、本件事故後 3 か月の間に合計27日の通院治療を余儀なくされ、そのうち 3 日は複数の医療機関を受診したこと、メガコンサルタンツの役員は控訴人のみであること、メガコンサルタンツの営業利益は、平成20年 9 月 1 日から平成21年 8 月31日までの事業年度（第23期）には286万4604円であったのが、同年 9 月 1 日から平成22年 8 月31日までの事業年度（第24期）においてはマイナス474万8741円に減少し、これに伴い、同社が控訴人に支払った役員報酬は、第23期の720万円から第24

期の480万円に減額されたことがそれぞれ認められる。そして、メガコンサルタンツの営業利益が上記のとおり変動したことについては、本件事故による控訴人の受傷及びその治療のために頻繁に通院したことが多分に影響したと認められ、その他同社の減収の要因となった事実を認めるに足りる証拠はない。

　そうすると、本件事故により控訴人に生じた休業損害の額は、本件事故前後の役員報酬額の差額（年額240万円）の4分の1に相当する60万円であると認められる。

　この点に関し、控訴人は、メガコンサルタンツは実質的に個人事業と同視できるから、控訴人の休業損害は、役員報酬の額に固定経費及び経常利益の額を加えて算定すべきであると主張し、その陳述書には、自宅兼事務所で資料の整理等に大学生のアルバイト数名とパートタイマーが勤務しているだけで、他に社員はいないとの供述記載がある〈証拠略〉。しかしながら、証拠〈証拠略〉によれば、本件事故当時、メガコンサルタンツには控訴人のほかに12名の従事者が雇用されていたほか、上記控訴人の供述と異なり、アルバイトはいなかったとされており、その他メガコンサルタンツの営業の実態について認定するに足りる証拠はないので、上記控訴人の主張を直ちに採用することはできない。

ウ　慰謝料

　前判示のとおり、本件事故により控訴人の受けた傷害の治療のために必要な期間は3か月と認められ、その間通院を余儀なくされたことにより控訴人に生じた精神的苦痛を慰謝するために相当な額は80万円であると認める。

エ　以上のほか、損害に関する控訴人の主張は全て理由がない。

●損害額認定の考え方●

　本件は、銀行の顧客がATMの出入口付近にあったマット上に足を乗せたことから、転倒し、負傷したため、顧客が銀行に対して安全配慮義務違反に係る不法行為に基づく損害賠償を請求した控訴審の事案である。本件においては、顧客の主張に係る転倒事故の経緯・態様に関する証拠が主として顧客の供述であり、マットの実際上の滑りやすさの程度、原因等に関する客観的な証拠が乏しかったことの事情があったため、事故に関する事実認定、銀行の安全配慮義務違反の成否、損害の範囲・額が主要な争点になったものである。第1審判決は、前記のとおり、顧客の事故の経緯・態様に関する主張を排斥し、もっぱら不注意によって事故が発生したと認定し、銀行の責任を

否定している。

　本判決は、第 1 審判決と異なり、顧客の供述等を基にマット裏面全体と床面との間には部分的に滑り抵抗係数の低い部分が存在し、マット表面の斜め上方から力が加わることによって斜め上方からの力が働き、床面との摩擦抵抗を失ったと認定し、出入口の安全確保に関して滑りやすい状態でマットが設置されていたとしたこと、銀行の不法行為責任を肯定したこと、損害として休業損害として60万円、慰謝料として80万円を認めたこと、 4 割の過失相殺をしたことに特徴がある。

　店舗、スポーツ施設、娯楽施設等の多数の人の出入りが予定されている建物、施設等の出入口、廊下等における転倒事故が時々発生し、事案によっては訴訟に至り、裁判例として法律雑誌等に公表される事例がある。本件は、銀行の出入口付近に敷設されたマット上で顧客が滑ったと主張された事件であるが、本判決と第 1 審判決で結論が分かれたところに大きな特徴があり、両方の判決を比較対照して読んでみると、第 1 審判決には相当の説得力がある反面、本判決には具体的な原因、事故の経緯を認定しているものの、いささか抽象的な内容であり、科学・技術的な裏づけに乏しいところに疑問が残る。

　本判決は、銀行の顧客がマット上で滑ったことを認定し、銀行の不法行為を肯定したうえ、損害として休業損害として60万円、慰謝料として80万円を認め、 4 割の過失相殺をし、損害に関する多くの顧客の主張を排斥した事例判断を提供するものである。

3·5 銀行の誤送金によって株式の信用取引の強制決済が行われたことによる銀行の顧客に対する債務不履行責任

〔判　例〕　東京高判平成28・9・14判時2323号101頁
〔損害額〕　逸失利益162万円

【事件の概要】

　Xは、証券業を営むA株式会社との間で、株式の信用取引を行っていた。Xの信用取引は、平成24年8月28日の終値によって計算された信用維持率が約定による信用維持率を割り、269万1869円の追加証拠金が発生した。Xは、同月30日中にAの指定する銀行預金口座（本件指定口座）に追加証拠金を入金しなければ、Aによって本件信用取引が強制決済され、建玉を失う状況にあった。Xは、同日、取引のある銀行業を営むY株式会社のB支店に赴き、現金270万円を自己の普通預金口座に入金し、Yの従業員に本件指定口座に振り込み、送金することを依頼した。Yの従業員は、誤って、本件指定口座ではなく、口座番号の異なる別の口座に振込通知をし、同日中に本件指定口座への送金手続をとらなかった。Aは、同月31日、Aが追加証拠金相当額を本件指定口座に入金しなかったことから、Xの建玉を強制決済にし、これによる決済損益が812万2943円のマイナスとして確定した。Xは、Yに対して、誤送金に係る送金契約上の債務不履行責任に基づき損害賠償を請求したものである。

　第1審判決（東京地判平成28・1・26判時2313号55頁）は、Yの従業員に建玉の喪失に関する予見可能性があったとし、債務不履行と建玉の喪失との間の相当因果関係を認め、強制決済によって確定した損益マイナス812万2943円が損害であると認め、請求を認容したため、Yが控訴したものである。

●主張の要旨●

　本件で問題になった損害は、主位的に、保有建玉の数量に強制決済がされた日の単価を乗じた額と想定決済日における単価を乗じた額の差額（957万7300円）であり、予備的に、強制決済によって確定した損益マイナス812万2943円である。

●判決の概要●

　本判決は、建玉の喪失は、送金契約の別の当事者である証券会社との信用取引の約定によって生じたものであり、債務不履行上の通常損害ということはできず、銀行からの送金が追加証拠金として証券会社の指定銀行預金口座に入金することを目的とし、同日中に入金されない場合に証券会社に強制決済されるという事情が特別事情にあたるとし、本件では特別事情が認められるしたうえ、強制決済によって建玉を喪失した場合の損害算定は、特定の投資家が決済したであろう時期を個別に立証することはその性質上著しく困難であるとし、民事訴訟法248条を適用し、損失額812万円余の約2割である162万円であると算定し、原判決を変更し、請求を認容した。

判決文

(3)　以上の認定によれば、少なくとも本件強制決済がなされた時期の後の株価の動向と強制決済時の株価を単純に比較すれば、本件強制決済後も建玉を維持することにより、C社、D社、E社、F社、G社及びH社に係る各買玉については損失を回復し、または損失を上回る利益を得ることが可能であったと認められる。他方、C社及びI社に係る売玉については、損失を回復する可能性があったとは認められない（かえって、損失が拡大した可能性すらある。）。これらの点と、被控訴人が、本件追証を入金してまで、本件建玉に発生した損失を回復しようとしていたこと、本件建玉の買玉の中には1年以上保有しているものもあり、また、その多くは少なくとも2～3か月は保有しているものであって被控訴人の投資性向は、必ずしも短期の売買を繰り返すことによって利ざやを稼ぐというものであったとは断定できないことを併せ考慮すると、本件強制決済がなされず、被控訴人が本件建玉を保有していれば、その金額は別にしても一定の利益を得ることができた蓋然性はあると認めるのが相当である。

(4)　次に、上記の検討を前提に、被控訴人が本件強制決済に起因する逸失利益の

金額を幾らと評価すべきかという点を検討する。

ア　この点につき、被控訴人は、本件建玉を保有し続け、買玉、売玉について それぞれ有利な時期に決済することにより、利益を得ていたはずである旨主 張し、銘柄ごとに、その想定される決済によって被控訴人が得ることができ た金額と本件強制決済がされた日に被控訴人が得た金額とを比較してその差 額の合計である957万7300円が逸失利益であると主張する。しかしながら、そ の主張に係る具体的な決済の時期についての客観的裏付けはない。上記主張 は、結局、建玉の決済が被控訴人のその時々の判断に係るものであることを 捨象して、後視的にみて、最も有利な時期に被控訴人が決済の決断をするこ とができたとの仮定の上に成り立つものであるところ、神ならぬ被控訴人が そのような最良の選択を常にできたとの前提に立つことはできない。したが って、上記主張は、採用できない。

イ　次に、被控訴人は、本件強制決済がなければ、本件建玉を保有し続けるこ とによって、本件強制決済において確定した損失相当額の回復を果たし得た 蓋然性があると主張し、被控訴人の逸失利益は、上記損失相当額である812万 2943円であると主張する。確かに、被控訴人が本件建玉を保有し続けること によって、一定の利益を獲得して損失を回復した可能性があることは、上記 (3)において説示したところである。しかしながら、上記主張は、被控訴人が 損失の回復を果たすまで、その目的に沿った最良の選択をすることを前提と している点で上記アの主張と同様の問題点があるといわざるを得ない。また、 上記(3)のとおり、本件建玉の中には、その後の株価の動向を振り返れば損失 を回復して利益をえることができた銘柄がある一方で、客観的にみて損失の 回復は望めず、かえって損失が拡大した可能性があるものもある。そうする と、本件建玉を保有しながら適時の決済を順次行うことによって損失を回復 することは容易ではなかったと認められるのであり、損失の回復を確実にす ることができたとの前提に立つ上記主張は、採用できない。

ウ　さらに、被控訴人は、控訴人の債務不履行によって財産を喪失した場合に おける被害回復は、当該財産を喪失しなかったとすれば保有できたはずの利 益（保有利益）を賠償することが基本とされるべきであると主張し、本件に おいて控訴人の債務不履行がなければ、被控訴人は本件信用取引を継続し、 その建玉を保有し続けることができたはずであるから、この場合の保有利益 は、その後、現在まで保有し続けてきた場合の現在価格、すなわち事実審の 口頭弁論終結時の価格を基準にすべきであるとも主張する。しかし、被控訴 人は、投機目的で本件建玉を保有していたのであるから、被控訴人が事実審 の口頭弁論終結時まで本件建玉を保有し続けたはずであるとの前提を認める ことはできない。被控訴人の上記主張は前提を欠くものであって採用できな い。

(5)　以上のとおり、被控訴人の逸失利益の金額についての主張は、いずれも採用

できない。そこで、翻って考えるに、株式の信用取引において投資家がする保有建玉を決済するか否かの判断は、時々刻々と変化する投資銘柄の株価を前提として、自らのポートフォリオや資産状況等を踏まえた一定の不確実性をもってする個々人の判断であるから、強制決済がされなかった場合を仮定し、特定の投資家が決済したであろう時期を個別に立証することは、その性質上、著しく困難であるというほかないものである。そうすると、本件強制決済による本件建玉の喪失に起因する被控訴人の損害の額の認定については、民事訴訟法（平成 8 年法律第109号）第248条に規定する「損害が生じたことが認められる場合において、損害の性質上その額を立証することが極めて困難であるとき」に該当するものとして、当裁判所において、口頭弁論の全趣旨及び証拠調べの結果に基づき、相当な損害額を認定すべきものというべきである。そして、上記認定に当たっては、以下のような点が考慮されるべきである。

ア　被控訴人は、投機目的で本件建玉を保有していたのであり、長期保有を前提に建玉を建てたとはいえないこと

イ　本件強制決済後に再開された被控訴人の信用取引において短期の売買がされていること

ウ　一方、本件建玉の買玉の中には 1 年以上保有しているものもあり、また、その多くは少なくとも 2 ～ 3 か月は保有しているものであって被控訴人の投資性向は、必ずしも短期の売買を繰り返すことによって利ざやを稼ぐというものであったとは断定できないこと

エ　被控訴人は、本件強制決済を回避するために本件追証を入金してまで本件建玉を維持しようとしていたのであり、その目的は、本件建玉に生じた損失の回復にあったのであるから、これに沿う決済の方針を有していたと推認できること

オ　しかしながら、どの時期まで待って、どの程度の損失回復をもって各建玉を決済するかについては、今後の市場の動向についての被控訴人自身の判断に係っていたのであり、係る仮定の事実について、一定の法則的な認定をすることは困難であること

カ　本件強制決済の時期の直後から株価が上昇に転じたのは、C 社及び G 社のみであり、G 社に係る建玉においても買建値に到達するまでには 2 ～ 3 か月を要していること

キ　被控訴人による建玉の保有期間が短い C 社、D 社、E 社の各買玉のうち C 社を除いては、株価が上昇に転じたのは、いずれも平成24年末から平成25年初頭にかけての時期であり、被控訴人がそれまで各買玉を維持していたか、いわゆる損切りをして資金を他に投入したかについては認定が困難なこと

ク　F 社の株価が被控訴人の買建値にまで回復したのは、わずかな期間に限られており、この期間に被控訴人が建玉を決済し得たか否かについて認定をすることは極めて困難であること

　ケ　Ｃ社及びＩ社に係る売玉については、決済損益金の合計額が－500万円に至
　　っており、全決済損益金の約61％に及ぶところ、損失を回復する可能性があ
　　ったとは認められず、かえって、損失が拡大した可能性すらあること
　コ　買玉の中で決済損益金のマイナス額が多いＨ社に係る買玉については、損
　　失を回復するためには相当長期間の保有を要したことになり、被控訴人がそ
　　のような投資行動に出た蓋然性が高いということは困難であるが、平成25年
　　３月ころまで保有することによってある程度の損失の回復をした可能性は認
　　められること
　サ　市場全体の動向をみても、平成24年８月から11月にかけての日経平均株価
　　は、8000円台の後半から9000円台の前半の間を推移していたのであり、その
　　後、同年12月の総選挙で政権交代がなされたことに伴い、金融緩和への期待
　　感から日経平均株価が騰勢に転じたのであって（公知の事実）、本件強制決済
　　のころからこのような市場の動向を被控訴人が予測できたかは疑問があるこ
　　と
(6)　上記の諸事情を勘案した上で、民事訴訟法248条の規定に基づき、本件強制決
　　済に起因する逸失利益の額を認定するに、被控訴人が、本件強制決済を回避し
　　て本件建玉を維持していた場合に回復し得たと認定できるのは、上記損失額812
　　万4943円の約２割である162万円と認めるのが相当である。

●損害額認定の考え方●

　本件は、証券会社と信用取引を行っていた顧客が証券会社から追加証拠金
の送金を求められ、銀行において証券会社の指定口座への送金を依頼したも
のの、銀行の従業員が誤って別の口座に送金したことから、建玉が強制決済
されたため、顧客が銀行に対して送金契約上の債務不履行に基づき損害賠償
を請求した控訴審の事案である。本件では、主として損害の範囲、損害額の
算定が争点になったものであるが、顧客の主張による損害の内容は、主位的
に、保有建玉の数量に強制決済がされた日の単価を乗じた額と想定決済日に
おける単価を乗じた額の差額（957万7300円）であり、予備的に、強制決済に
よって確定した損益マイナス812万2943円であるというものであり、必ずし
も明確なものではない。

　本判決は、顧客の主張に係る損害が民法416条１項の通常損害にあたらず、
同条２項の特別損害にあたるとし、特別事情は、銀行からの送金が追加証拠

金として証券会社の指定銀行預金口座に入金することを目的とし、同日中に入金されない場合に証券会社に強制決済されるという事情であるとしたこと、本件では特別事情が認められるとしたこと、損害額の算定については、強制決済によって建玉を喪失した場合の損害算定は、特定の投資家が決済したであろう時期を個別に立証することはその性質上著しく困難であるとしたこと、民事訴訟法248条の適用を肯定したこと、顧客の損害は損失額812万円余の約2割である162万円であると算定したことに特徴があり、強制決済によって建玉を喪失した場合における逸失利益である損害の算定事例として参考になるものである。

4　金融関係業者の責任⑵ ——金融商品の取引業者の責任

4・1　社債発行会社の倒産による元本欠損のお それについての重要事項の説明義務違反 に関する証券会社の損害賠償責任

〔判　例〕　東京地判平成15・4・9 判時1846号76頁
〔損害額〕　出捐した買付け価額970万2266円（過失相殺前）

【事件の概要】

　X は、平成10年9月、証券業を営む Y 株式会社の A 支店に証券総合 サービス口座を開設した。X は、Y の従業員 B から説明を受け、平成 13年5月、C 株式会社の発行に係る無担保社債を購入した。その後、C 発行の社債の価格が下落し、平成13年9月、C が民事再生手続開始の 申立てをし、民事再生手続開始決定がされた。X は、B が元本欠損が生 じるおそれがあることを説明しなかったと主張し、Y に対して金融商品 の販売等に関する法律（平成12年法律第101号。以下、「金融商品販売法」 という）4条等に基づき社債の買付代金相当額の損害につき損害賠償を 請求したものである。

●**主張の要旨**●

　本件で問題になった損害は、社債の買付代金相当額（970万2266円）である。

●**判決の概要**●

　本判決は、社債を初めて購入する者に対して元本欠損のおそれがあること を説明したとはいいがたいとし、証券会社の重要事項の説明義務違反を認め、 社債買付代金相当額の損害を認めたうえ、過失相殺を7割認め、請求を一部

認容した。

判決文

3　争点(2)〈上記重要事項の説明がされなかったことと本件損害との間に因果関係があるか（法5条1項、2項による因果関係の推定が破られるか。)。〉について

　　被告は、原告が法3条1項2号の重要事項の説明を受けなくとも社債につき元本欠損が生ずるおそれのあることを認識しており、被告の上記説明義務違反と本件損害との間に、因果関係がないと主張する。

　　しかし、原告は、①本件買付けに至るまで株式の保有経験を有するのみで、それも、自ら行ったものでなく、もとより社債の投資経験がなかったこと、②原告も、本人尋問において、本件社債買付け当時、証券会社の取り扱う商品は何らかのリスクがあり、また、安全な商品は金利が高くないとの認識を有していたと認めている（原告本人）が、漠然とリスクを言うのみであることからすると、原告において、社債が発行主体の倒産等により元本欠損のおそれがあることを認識していたとまでは認められない。

　　したがって、被告が法3条1項2号の重要事項の説明をしなかったことと本件損害との間に因果関係がないとはいえない。

　　そして、原告の被った損害は、Cについて未だ更生計画案の提出されていない本件口頭弁論終結時においては、本件社債による回収見込額も判明していない以上、原告において出捐した買付け価額970万2266円であると認められる。

4　争点(3)〈本件損害賠償請求権について過失相殺が適用されるか。適用があるとすれば、その過失割合はいくらか。〉について

(1)　原告は、前記のとおり、法に基づく損害賠償請求権については、顧客の過失による過失相殺を認めると、同条項が損害額を推定して顧客の保護を図った趣旨を没却するから、過失相殺の適用はないと主張する。しかし、法は、民法の特則として、金融商品販売業者等の説明義務違反による損害賠償責任を規定したにすぎず、法6条によれば、特に限定なく民法の適用が予定されており、過失相殺（民法722条2項）を含め民法の一般規定の適用を排除していないこと、金融商品販売法に基づく損害賠償請求権についても、原告側に過失が認められる場合には、その損害額を過失割合に応じて減額し、損害の衡平な分担を求めるのが相当であることに鑑みれば、過失相殺の適用があると解すべきである。

(2)　本件において、Bは、前記のとおり、Cが倒産しないとの見通しの下、原告に対し、本件社債につき銀行の定期預金と同様、元本保証の商品であると述べている。他方、原告にも、本件買付けにおいて、次の過失を指摘することができる。すなわち、①金融商品に対する投資は、本来的には顧客の自己

判断と責任において行うべきものであり、原告も漠然としたものであるとはいえ、そのリスクを認識していたと認められる（上記3の認定）こと、②原告は、商品の仕組みや内容について十分把握しないまま、Bの説明を受けて、安易に、それも多額の商品を購入していることが認められ（上記認定1(3)ウ、同(5)）、本件社債の購入についても、Bの説明を受けて社債の内容及び仕組みを理解していないにもかかわらず、Bに対し確認しないまま、本件社債につき元本が保証されると安易に誤信したこと、B原告は、メモをとったり録音をとったりする一方で、後日それを見直したり、聞き直したりもしていないこと（原告本人）のほか、上記Bの勧誘態様及び内容等を総合的に勘案すれば、原告の過失は7割が相当というべきである。

　したがって、原告が被告に対し請求しうる損害額は、本件損害額の3割である291万0667円である。

●損害額認定の考え方●

　本件は、証券会社の従業員の説明を受け、社債を購入した顧客が、社債の発行会社が倒産したため、証券会社に対して金融商品販売法4条に基づき損害賠償を請求した事案であり、社債の発行会社の倒産によって発生した損失につき因果関係の存否、損害額の算定が問題になったものである。社債の価格の変動は、発行会社の経営状態を反映して生じるものであるが、倒産という事態は特別の事情にあたるものであり、このような事態の発生を説明すべき義務を負うか、説明義務違反と損失との因果関係が認められるか、どのような要件の下でどの範囲の損害発生が認められるかが問題になる。本件では、顧客の投資金額全額の損害が問題になっているものである（通常損害にあたるか、特別損害にあたるかも議論の対象になろう）。

　本判決は、証券会社につき金融商品販売法4条所定の説明義務違反を認め、元本欠損のおそれについての重要事項の説明義務違反と社債買付代金相当額との間の因果関係を認め、この代金相当額の損害を認めたものであり、事例判断を提供するものである（もっとも、顧客の過失相殺を7割も認めている）。本判決は、顧客の投資金額全額が損害として認めたものであるが、このような損害額は特別の事情による損害として位置づけることが検討に値する。

4·2 証券会社従業員の勧誘による投資取引の損失について適合性原則の違反、説明義務違反に基づく証券会社の損害賠償責任

〔判　例〕　大阪高判平成20・6・3金判1300号45頁

〔損害額〕　投資取引による損失4138万8997円（過失相殺前）、弁護士費用250万円

【事件の概要】

　歯科医師Xは、勤務医として稼働していたが、平成9年、実母Aが病気で倒れ、開業医である実兄Bの自宅・診療所に転居し、Aの看護等を行っていた。Bは、株式等の証券取引を行っており、証券業を営むY株式会社の支店にX名義の口座を開設し、証券取引も行っていた。Xは、Bの養子となる養子縁組をした。Aは、平成11年4月、死亡し、Xが多額の遺産を相続した。Xは、Yの口座における株式等につき相続手続を行ったところ、Yの従業員Cから盛んに証券取引の勧誘を受けるようになった。Xは、平成11年11月から平成12年8月までの間、Cの勧誘によって、多種の投資信託を中心にして総額2億5770万円の証券取引を行い、4282万8997円の損失が発生した。Xは、Yに対して適合性原則の違反、説明義務違反等を主張し、不法行為、債務不履行に基づき損害賠償を請求したものである。

　第1審判決（大阪地判平成19・7・26セレクト30巻217頁）は、適合性原則違反を否定したが、説明義務違反を肯定し、過失相殺を3割認め、請求を一部認容したため、Xが控訴したものである。

●主張の要旨●

　本件で問題になった損害は、①一連の投資取引によって生じた損失（4282万8997円）、②弁護士費用である。

●判決の概要●

　本判決は、本件投資商品のしくみが複雑で理解が容易とはいえない等とし、適合性原則の違反を認めるとともに、説明義務違反を認め、不法行為を肯定し、取引による損失を損害と認めたうえ、一部の利金（144万円）を控除し、過失相殺を4割認め、弁護士費用を250万円認め、第1審判決を変更し、請求を一部認容した。

判決文

2　適合性原則違反について

(1)　証券会社は、顧客の知識、経験及び財産の状況に照らして不適当と認められる勧誘を行って投資者の保護に欠けることとならないように業務を営まなければならず、証券会社の担当者が、顧客の意向と実情に反して、明らかに過大な危険を伴う取引を積極的に勧誘するなど、適合性の原則から著しく逸脱した証券等投資商品の取引の勧誘をしてこれを行わせたときは、当該行為は不法行為法上も違法となる。顧客の適合性を判断するにあたっては、当該投資商品の取引類型における一般的抽象的なリスクのみを考慮するのではなく、具体的な商品特性を踏まえて、これとの相関関係において、顧客の投資経験、証券等投資商品の取引の知識、投資意向、財産状態等の諸要素を総合的に考慮する必要がある。

(2)　上記認定によれば、次の点を指摘することができる。

　ア　本件投資商品（6投資信託とスウェーデン輸出信用銀行債）は、いずれもその仕組みが複雑で、理解が容易とはいえない投資商品である。

　　　本件投資商品のうち、6投資信託は組入が予定ないし許容されている株式の累計に照らし、株価変動リスクが大きく、公社債投資信託（MMF）や国内一部上場会社の株式と比較して、また他の投資信託と比較しても、いずれも相対的にハイリスクな投資商品であり、各商品の特性やリスクをよく知った上で、リスクをとっても相当な利益を得ることをねらう積極的な投資意向に適合する投資商品である。

　　　また、日経平均ノックイン債であるスウェーデン輸出信用銀行債は、得られる可能性のある利益は利金（手数料等は控除される。）の限度であるのに、利金程度にとどまらない損失を受ける可能性があり（一定の限度はある。）、しかも中途で売却することができないといった制約を負っている。購入すべきかどうかを決定するに際しては、その仕組みをよく知り、経済状況、株式市況の動向に関心を払い、1年先の株式市況の動向を予測した上で、中途で売却できないというリスクをとりつつなお購入すべきか否か

を判断しなければならず、主体的積極的な投資判断を要する投資商品であり、リスク性の高い投資商品である。

イ　原告は、Bの資産を相続して、約3億2000万円の資産を有していたが、自身はもともと投資には関心がなく、Bの生前においては取引経験はなかった。また、積極的な投資意向もなかった。

　　原告は、昭和13年生まれの女性であり、Bの死後は実母と二人暮らしであった。上記資産は、原告が実母と生活していくにあたり、十分すぎるものである。手持ち資産を積極的に運用して増やしていこうとの動機付けはなかった。

　　原告は歯科医師の免許を有しているが、経済や投資商品についてはもともと関心が低く、特段の知識を有していたとか、積極的に理解に努めていた形跡もない。

　　原被告間の取引の中には、原告が自ら選択して行ったものもある。しかしながら、時期はいずれも本件投資商品の取引が既に行われた後の平成13年7月23日以降で、購入価格は100万円前後にすぎず、原告が本件投資商品の取引について、積極的な投資意向を有していたことを示すものではない。

ウ　Cは、原告がBの遺産を相続したことを知った後の平成11年秋ころから原告に対し本件投資商品の購入を含む証券取引の積極的な勧誘を始め、平成11年12月5日の丸紅の社債の購入から、平成12年8月のファンドR＆Rの購入に至るまでの間に、原告は資産約3億2000万円のうち、2億5770万円がCの勧誘による取引に費やされ、うち約2億1630万円が本件投資商品に投じられている。

(3)　以上の点を総合的に考慮すれば、Cの原告に対する一連の本件投資商品の勧誘は、これまで投資経験がなかったのに億単位の額を相続し、投資についての知識を持たず積極的な投資意向もない原告に対し、原告の投資経験に注意を払わず、原告の投資意向を確認しないまま、原告の意向と実情に反し、堅実な株式投資から転じて、明らかに過大な危険を伴う商品のみの取引に、そして額においても一個人の投資目論見には到底及ばない桁に達する取引へと積極的に誘導したものであり、適合性の原則から著しく逸脱した証券取引勧誘に該当するといわざるを得ない。

　　原告が歯科医師の免許を有することだけで適合性を肯定する根拠となるものではなく、原告が相続により約3億2000万円の資産を有していたことについても、原告の投資経験に注意を払わず、投資意向を確認しないまま、原告の意向と実情に反して本件投資商品の取引を勧誘することを正当化するものではない。

　　したがって、Cによる本件投資商品の勧誘行為は全体として原告に対する適合性原則違反の不法行為を構成する。

3　説明義務違反について

(1)　証券会社は、一般投資家を取引に勧誘することによって利益を得ているところ、一般投資家と証券会社との間には、知識、経験、情報収集能力、分析能力等に格段の差が存することを考慮すれば、証券会社は、信義則上、一般投資家である顧客を証券取引に勧誘するにあたり、投資の適否について的確に判断し、自己責任で取引を行うために必要な情報である当該投資商品の仕組みや危険性等について、当該顧客がそれらを具体的に理解することができる程度の説明を当該顧客の投資経験、知識、理解力等に応じて行う義務を負うというべきである。この点は、原判決が説示するとおりである。

(2)　前記のとおり、本件投資商品は、その特質、仕組みを理解することが容易なものではなく、相対的に高いリスクをはらむ投資商品である。また、原告は、Cからの勧誘までは投資経験がなく、被告との取引について積極的な投資意向を有していなかった。

　それにもかかわらず、原告は本件投資商品の購入について、Cの勧誘直後にほぼ即決に近い形で取引することを承諾し、しかも、購入原資に、Bから相続したいずれも一部上場有名企業の比較的安定した株式の売却代金、預金、公社債信託など安定した資産を躊躇なく充てるなどして、約2億1630万円を本件投資商品に投じたものである。

　こうした事実は、原告が各種投資商品の中での本件投資商品の位置付けを理解しないままであり、本件投資商品の仕組みやリスクについてほとんど理解していなかったこと、原告がその代金に充てるために処分した上記資産との間でのリスクの区別ができていなかったことを示すものである。

　上記1で認定したとおり、本件投資商品の取引の前に、Cが原告に対し説明文書を交付し、これに基づいて本件投資商品の仕組みやリスクを、原告にわかるように説明したことを認めるに足りる証拠はない。むしろ、Cが原告の投資経験に注意を払わず、投資意向を確認していないこと（Cも自認している。）に照らせば、そもそもCは、原告に対して本件投資商品の仕組みやリスクについて原告が理解できていたかについて関心が低く、原告が理解できるように説明を尽くそうとの意識をほとんど持ち合わせていなかったと認めることができる。

　Cの原告に対する説明義務違反は明らかであり、この点についても、Cの勧誘行為は不法行為を構成する。

4　責任のまとめ

　以上によれば、本件投資商品の取引について、Cの使用者である被告は原告に対し、不法行為の損害賠償責任を負う（民法709条、715条）。

5　過失相殺について

　以上のとおり、Cによる本件投資商品の取引の勧誘行為は、適合性原則違反と説明義務違反の不法行為を構成するところ、投資経験のない原告に対し、投資意向をよく確認せず、理解の程度に意を用いることなく勧誘を繰り返したC

の違法性は大きい。

　他方、Cは、原告に無断で取引をしたものではない。原告においても、Cの勧誘に軽々に従わず、商品の仕組みや内容についてCに対し納得できるまで説明を求め、あるいは取引を拒否することは可能であった。投資商品の取引は本来自己の責任と判断に基づいて行うべきところ、本件投資商品の取引の経過、本件投資商品の購入金額の大きさに照らせば、当時の原告の置かれた状況を考慮しても、原告が被告会社のブランド力を盲信し軽々に本件投資商品の取引を承諾したことは、軽率である。

　こうした点を含め、本件に顕れた一切の事情を総合考慮すれば、原告の過失割合を4割として過失相殺するのが相当である。

6　被告が賠償すべき損害額について

　本件投資商品の取引による原告の損害は、合計4282万8997円の損失から、スウェーデン輸出信用銀行債で得た利金144万円を控除した4138万8997円であると認められる。

　被告は原告に対し、過失相殺により、その6割に相当する2483万3398円について、賠償義務を負う。

7　弁護士費用

　原告が本件訴訟追行のために要した弁護士費用については、事案の内容及び経緯など諸般の事情に照らし、250万円をもって相当因果関係のある損害と認めるのが相当である。

●損害額認定の考え方●

　本件は、歯科医師が証券会社の従業員の勧誘によって比較的短期間に多額の取引を多数回行い、損失を被ったため、証券会社に対して損害賠償を請求した控訴審の事案である。本件では、適合性原則の違反、説明義務違反が主張されており、第1審判決は、適合性原則の違反を否定し、説明義務違反を肯定したものであるが、責任原因、過失相殺の割合の判断も興味深い問題になっている。

　本判決は、適合性の原則、説明義務違反をともに肯定し、一連の取引による損失を損害と認め、一部の取引で得た利金を損益相殺とし、損害賠償額を算定したものであり、証券取引における損害賠償額に関する事例判断を提供するものである。

4・3　経営破綻した上場会社の社債を購入した顧客に対する説明義務違反による証券会社の損害賠償責任

〔判　例〕　大阪高判平成20・11・20判時2041号50頁
〔損害額〕　再生計画による弁済額を控除した社債額から利金を損益相殺により控除した額889万4757円等（過失相殺前）

【事件の概要】

　Ｘらは（合計13名）、証券業を営むＹ₁株式会社、Ｙ₂株式会社、Ｙ₃株式会社、Ｙ₄株式会社の従業員の勧誘により、Ａ株式会社の発行した社債を購入した。その後、Ａが会社更生手続開始の申立てをし、倒産したが、Ａの更生計画が認可され、一部の弁済を受けた。Ｘらは、Ｙ₁に対し、説明義務違反が組織的に行われたなどと主張し、不法行為に基づき社債額の損害賠償を請求したものである。

　第１審判決（大阪地判平成19・6・20セレクト32巻159頁）は、説明義務違反を否定し、請求を棄却したため、Ｘらが控訴し、従前の主張を撤回し、使用者責任を主張し、債務不履行に基づき損害賠償請求を追加したものである。

●主張の要旨●

　本件で問題になった損害は、社債の発行会社の倒産による社債額（更生計画によって弁済された額を控除）である。

●判決の概要●

　本判決は、特段の事情のない限り、社債のしくみおよびそのしくみに内在する抽象的信用リスクの説明義務を負わず、個々の社債の発行体である企業の経営状況等に関する重要な情報について、証券会社は一般投資家に対してその年齢、職業、知識、投資経験、投資傾向等の属性に応じて提供し、説明

すべき義務があるとし、投資経験がなかった等の 3 名の X らにつき説明義務違反を認め、5 割ないし 6 割の過失相殺を認め、第 1 審判決を変更し、請求を認容し、ほかの X らに対する説明義務違反を否定し、請求を棄却した。

判決文

4　被控訴人 Y₁ において賠償すべき損害額について

(1)　控訴人 X₁ について

　ア　原判決別紙 3 の「原告らの損害一覧表」のとおり、同控訴人は、本件取引により900万4767円の損害を被ったところ、被控訴人 Y₁ 主張の利金13万7500円のうち11万0010円を同控訴人が受け取っていることは当事者間に争いがないから、これを損益相殺として損害から控除すると889万4757円となる。

　　なお、損益相殺の対象となるべき控訴人の受けた利益に係る税は、本来控訴人が負担すべきものであるから、税引後の受取額を損益相殺とすべきであるとする同控訴人の主張は採用できないが、〈証拠略〉によっても、同被控訴人主張の税引前の受取額を確定することはできず、ほかには、同被控訴人の主張額を認めるに足りる証拠はない。

　イ　過失相殺

　　同控訴人の年齢、職歴及び投資経験からすると、社債の一般的仕組みや抽象的リスクについて理解する能力を有していたのであるから、第 5 回債の購入という投資判断をするに当たり、B 社員に対して、その具体的信用リスクについてその説明を求めることは可能であって、そうであれば、B 社員あるいは同社員が所属する被控訴人 Y₁ ○○支店からその情報の提供を受けることができ、これを検討して第 5 回債の購入という投資判断に至らなかった可能性も指摘できるのであり、上記投資判断には同控訴人の落ち度も働いていることは否定できないところ、B 社員による上記説明義務違反の内容及び程度をも斟酌すると、同控訴人の過失は 5 割とするのが相当である。

　　したがって、同被控訴人が賠償すべき損害額は444万7378円（889万4757円×0.5、円未満切り捨て、以下同じ）となる。

　ウ　弁護士費用

　　同被控訴人が負担すべき損害としての弁護士費用は、上記損害の約 1 割に当たる45万円とするのが相当である。

　エ　合計

　　以上によると、被控訴人 Y₁ は控訴人 X₁ に対し、民法715条に基づく損害賠償として、489万7378円及びこれに対する不法行為後である平成13年 2 月

21日から支払済みまで民法所定の年5分の割合による遅延損害金を支払うべきである。

⑵　控訴人 X_2 について〈略〉

⑶　控訴人 X_3 について〈略〉

5　控訴人らは、被控訴人らの使用者責任とは別に、選択的に債務不履行責任を主張するところ、被控訴人らに控訴人ら主張にかかる信義則上の義務あるいは付随義務として一般投資家に対する配慮義務を負っているとしても、結局、その配慮義務の実質的内容は、被控訴人らの従業員が一般投資家である顧客に対し、その属性に応じて負担するべき情報提供義務及び説明義務に収斂されるものというべきであり、これを超えて証券会社である被控訴人らが抽象的に想定される一般投資家に対して、控訴人ら主張の配慮義務等の債務を措定することは困難であるというほかない。したがって、被控訴人らの使用者責任の有無に関する上記のとおりの判示とは別に、その使用者責任が認められない控訴人らについて、被控訴人らの債務不履行責任を求める請求は理由がない。

●損害額認定の考え方●

　本件は、証券会社の従業員の勧誘により顧客が社債を購入したところ、社債の発行会社につき会社更生手続が開始されたため、顧客が証券会社に対して損害賠償を請求した控訴審の事案である。本件では、社債の勧誘にあたって証券会社が社債の発行会社の経営状況等につき説明義務を負うか、説明義務違反が認められるかが問題になったが、これが肯定された場合における損害の範囲も問題になったものである。

　本判決は、一部の顧客に対する説明義務違反を認め、社債額（弁済額を控除）から利金を損益相殺により控除し、損害額を認めたものであり、事例判断を提供するものである。本判決は、社債取引の事案で通常みられる損害が問題になったものであり、この意味で参考になるものである。

4・4　クーポンスワップ取引を勧誘した証券会社の追加担保、解除清算金等に関する説明義務違反による不法行為責任

〔判　例〕　東京地判平成28・4・15判時2323号110頁

〔損害額〕　取引上の損失額1億5847万6158円（過失相殺前）、弁護士費用633万9047円

【事件の概要】

　X株式会社は、機械の製作、販売を業とする資本金1000万円の会社であり、平成18年9月、証券業を営むY株式会社の従業員から勧誘され、デリバティブ取引等の基本契約、債務の履行を担保する担保取引契約を締結した。Xは、Yとの間で、平成18年9月、ノックアウト・レバレッジ型のクーポンスワップ取引に関する契約（本件第一契約）を締結し、本件第一契約は、平成19年6月、米ドル円直物為替相場に係るノックアウト条項により、終了した（利益を計上した）。Xは、Yとの間で、平成19年6月、ウインドウノックアウト・レバレッジ型のクーポンスワップ取引に関する契約（本件第二契約）を締結したが、Xは、平成23年12月、受払債務の履行を停止する旨を通知したことから、Yは、平成24年1月、本件第二契約を期限前解除し、解除清算金等、担保として預託されていた国債、現金を解除清算金等に充当する旨を通知した。Xは、Yに対して契約が無効であるとか（公序良俗違反、信義則違反、錯誤）、勧誘が違法であるとか（適合性原則違反、説明義務違反）主張し、取引上の損失（1億5847万6185円）、弁護士費用（1584万7618円）につき不当利得の返還または不法行為に基づく損害賠償を請求したものである。

●主張の要旨●

　本件で問題になった損害は、取引上の損失（1億5847万6185円）、弁護士費

用（1584万7618円）である。

●**判決の概要**●

　本判決は、適合性の原則違反を否定し、説明義務違反については、Yの従業員が本件第二契約のスワップ取引に係る部分の仕組み、一般的なリスク等につきある程度丁寧な説明したとしたものの、追加担保および解除清算金等に関する説明は、契約期間が10年間であり、その間原則として解約ができないこと、Xの事業規模に比して高額の追加担保が発生することにより運転資金を拘束され、スワップ取引を継続できなくなった場合には解除清算金等の支払義務が発生することから、抽象的な説明では足りず、追加担保や解除清算金等が為替相場の変動に応じて具体的にどの程度必要になるか理解できるように説明する義務を負っているとしたうえ、本件第二契約を勧誘するにあたって1000万円単位の義務が発生し、解除清算金等の金額を具体的に想起させることの説明義務違反があったとし、説明義務違反に係る不法行為を肯定し、損害につき取引上の損失である１億5847万6185円の損害を認め、過失相殺を６割認め、弁護士費用として633万9047円の損害を認め、請求を認容した。

判決文

7　争点6について
　(1)　原告に生じた損害の有無及びその額

　　　上記２(6)のとおり、原告は、本件各取引により、１億5847万6185円の損失を被ったと認めることができる。

　　　被告は、本件第二取引から生じた損失について、原告が自己の口座に米ドルを振り込まれた時点においてこれを日本円に転換したと仮定した価額と、原告の支払った日本円貨額との差額を損失額として算出しているところ、上記損失は、現実に原告に発生した損失とはいえないと主張する。しかし、上記第２の２(4)イのとおり、本件第二取引が、ノックアウト条項の定める条件を満たさない限り、３か月に１回、合計40回にわたり、原告と被告が日本円と米ドルを受払することを内容とする取引であること、上記５(4)のとおり、原告にとって米ドルの需要がなく、本件第二取引が単純な投資行為であったと認められることからすると、本件第二取引においては、原告が長期間にわ

たって米ドルを保有することが予定されていたとはいえないから、受払日に損益が確定したとみるのが相当である。よって、被告の主張は採用することができない。

(2)　相当因果関係の有無

　　上記6のとおり、原告は、追加担保、解約清算金及び解除清算金に係るリスク、算定方法等について具体的な説明を受けることなく本件第二契約を締結したところ、〈証拠略〉及び原告の財産状態（上記二(1)）によれば、原告がこれらの説明を受けていれば、本件各契約を締結することはなかったものと認められる。また、原告は、上記2(5)エのとおり、原告の事業規模に比して高額な追加担保が発生したことによって高額の運転資金を長期間拘束され、その後も追加担保のリスクにおびやかされつつ、スワップ取引により毎回400万円を超える損害を被る状態が続いたため、本件第二取引を継続することができないと判断して、スワップ取引の履行を停止し、その結果、解除清算金相当額を含む上記(1)の損害を被ったといえるから、被告の説明義務違反と上記の損害との間に相当因果関係を認めることができる。

　　被告は、原告はスワップ取引の履行を停止したため、解除損害金が発生したのであって、追加担保を差入れなかったために解除損害金が発生したとはいえないから、追加担保に関する説明義務違反と原告に生じたとされる損害との間には相当因果関係がないと主張するが、上記のとおり、原告がスワップ取引の履行を停止した理由は、高額の追加担保が発生して、高額の運転資金を長期間拘束されたこと等にあるといえるから、本件期限前解除の理由が受払債務の不履行であることは結論を左右しない。よって、被告の主張は採用することができない。

(3)　過失相殺について　〈略〉

(4)　弁護士費用　〈略〉

(5)　小括　〈略〉

●損害額認定の考え方●

　本件は、顧客である会社が証券業者の従業員の勧誘によりクーポンスワップ取引を二度行い、二度目の取引によって損失を被ったことから、適合性の原則違反、説明義務違反等を主張し、損害賠償等を請求した事案である。本件では、証券業者の責任の成否のほか、損害の有無、損害額の算定が争点になったものである。

　本判決は、証券業者の従業員によるスワップ取引に係る部分のしくみ、一般的なリスク等につきある程度丁寧な説明したこと、追加担保および解除清

算金等に関する説明は、抽象的な説明では足りないとしたこと、契約期間が10年間であり、その間原則として解約ができず、顧客の事業規模に比して高額の追加担保が発生することにより運転資金を拘束され、スワップ取引を継続できなくなった場合には解除清算金等の支払義務が発生することから、追加担保や解除清算金等が為替相場の変動に応じて具体的にどの程度必要になるか理解できるように説明する義務を負うとしたこと、証券業者の従業員によりこの説明が十分でないとし、説明義務違反を認めたこと、顧客の過失相殺を6割認めたこと、損害につき取引上の損失である1億5847万6185円、弁護士費用として633万9047円の損害を認めたことに特徴がある。本判決は、スワップ取引における証券業者の追加担保、解除清算金の説明義務違反による不法行為責任を肯定し、損害賠償額を算定した事例判断を提供するものである。

5　貸金業者の責任

5・1 原因関係上の債権が消滅したにもかかわらず、小切手を取立てに回し、銀行取引停止処分にさせて事実上会社を倒産させた小切手所持人の不法行為に基づく損害賠償責任

〔判　例〕　東京地判平成13・10・26金法1653号66頁
〔損害額〕　無形の損害400万円、弁護士費用60万円

【事件の概要】

　Ｘ株式会社は、平成9年10月から平成10年2月にかけて、貸金業者であるＹ株式会社から合計1000万円を借り受け、その支払いのため小切手10枚を振り出し、Ｙに交付した。Ｘの代表者Ａ、Ｂ株式会社、その代表者Ｃ、Ｄは、Ｘの債務につき連帯保証をした。Ｘは、2枚の小切手を決済したが、3枚目の小切手の資金繰りをつけることができず、小切手不渡りを出した。Ｙは、Ｂ、Ｃらと弁済の交渉をし、50万円の弁済を受け、Ｂとの間で、Ｂが700万円の借用証書等を発行し、ＹがＢの保証債務はすべて終了したことなどを内容とし、754万余円の領収書を交付した。Ｙは、保管中の小切手をＢに返還することを約したが、返還しないまま、Ｘの振出しに係る100万円の小切手を支払場所に呈示し、小切手不渡りを出し、銀行取引停止処分を受け、事実上倒産した。Ｘは、Ｙに対し、小切手を取立てに回したことが不法行為にあたると主張し、損害賠償を請求したものである。

●主張の要旨●

本件で問題になった損害は、①3年間の営業損害、②財産的損害、③無形の損害である。

●判決の概要●

本判決は、小切手債権の行使につき不法行為を認め、営業損害、財産的損害の主張を排斥したが、無形の損害として400万円を認め、請求を認容した。

判決文

(1)　争点(1)（B株式会社の代位弁済による原告の被告に対する債務消滅の有無）及び(2)（B株式会社と被告との間の免責的債務引受契約の成否）について〈略〉

(2)　争点(3)（原告の損害）について

　ア　付加価値を基準とする営業損害について

　　　原告は、損益計算書上の税引前当期利益に人件費を加算した付加価値を基準として、本件不渡事故が起こらなければ、原告が少なくとも営業を続けられたであろう3年間分の付加価値が原告の営業損害であり、損害額であると主張し、〈証拠略〉中には、これに沿う部分が存する。

　　　しかしながら、そもそも付加価値という概念は、企業が自己の営業活動によって、新たに作り出した価値一般を指すものと解されるところ、これは当該企業の社会的価値を評価する基準とはなり得るとしても、不法行為により企業が倒産させられたことによって、企業そのものが受けた損害を評価する基準として採用するのは相当でないものと考えられる。

　　　のみならず、原告がその根拠として使用した平成8年10月1日から平成9年9月30日までの原告の損益計算書〈証拠略〉には、負債がゼロと記載されているところ、〈証拠略〉によれば、本件不渡事故の時点で、原告の債務は概算で4792万円（F所有の不動産の担保提供分として3000万円、B株式会社等に対する債務として1092万円、平成10年3月分と4月分の未払い賃金として合計700万円）は存在していたことが認められるから、その約8か月前の負債がゼロであるとは考え難く、損益計算書の記載自体の信用性が極めて疑われる。

　　　また、前記前提となる事実によれば、原告は本件不渡事故の前に既に第1回目の不渡りを出しており、その後は、代表者Aが資金繰りに奔走しながら本件不渡りを回避できなかったのであるから、原告が本件不渡事故がなかったならば、今後3年間も営業を継続できたものと推認することはできず、これを認めるに足りる証拠もない。そうすると、原告主張の損害は、その基礎数値が全く不正確であるといわざるを得ない。

　　　したがって、原告の付加価値を基準とする営業損害の主張は、到底採用す

ることができない。

イ　財産的損害について

　そこで、原告の被った財産的損害について検討するに、前記争いのない事実等及び前提となる事実によれば、原告は本件不渡事故の前に既に第1回目の小切手不渡りを出しており、その後は、代表者Aが資金繰りに奔走している状況が認められるうえ、従業員給与の支払にも窮し、多額の地方税の滞納があった状況であり〈証拠略〉、また、本件不渡事故の際も、100万円の小切手債務請求に対して全く資金を用意できなかったのであるから、本件不渡事故がなくとも早晩倒産する蓋然性が大であったことが認められる。

　したがって、本件不渡事故により原告に財産的損害が生じたことを認めることはできない。

ウ　無形の損害

　㋐　しかしながら、法人は、名誉毀損ないし信用毀損に基づいて、無形の損害の賠償を請求することができると解されるところ（最高裁判所昭和39年1月28日第一小法廷判決参照）、被告は、その時点においては、原告が未だ銀行取引停止処分を受ける原因が存しないのに、原因関係上の権利を喪失した、債権としての実体を有しない小切手を行使して、原告に銀行取引停止処分を受けさせ、もって、本件不渡事故により、原告の信用を著しく毀損したことが認められる。

　　したがって、原告は、被告に対し、信用毀損に基づいて、無形の損害の賠償を請求することができると解するのが相当である。

　㋑　そして、〈証拠略〉によれば、原告は、本件不渡事故により、銀行取引停止処分を受けたことが原因で、産業廃棄物処理業等の業務を実質的に行うことができなくなったこと、取引先であるGから、工事中であったH県庁舎I工事事務所の現場への入場を停止されたこと、平成7年度から下請二次業者として取引を続行していたJから取引関係を断たれたこと、原告がK県L市で計画していた焼却炉設置についても、工事途中で本件不渡事故が起こったために工事が中止され、原告が相手方に支払った一部金900万円が無駄になったことが認められる。

　㋒　以上の事情を総合勘案すれば、本件不渡事故によって原告が被った無形の損害は、金400万円と認めるのが相当である。

エ　弁護士費用

　原告が原告訴訟代理人に本件訴訟の提起、追行を委任したことは明らかであるところ、本件事案の性質、審理の経過及び認容額等に鑑みると、本件不法行為と相当因果関係のある弁護士費用は、金60万円と認めるのが相当である。

●損害額認定の考え方●

　本件は、小切手債権の原因関係が消滅したにもかかわらず、小切手の所持人（債権者）が小切手を取立てに回し、小切手不渡りになり、小切手の振出人（債務者）が事実上倒産したため、債務者が債権者に対して損害賠償を請求した事案である。債権者が有する債権を濫用して行使した場合には、債権者は債務者に対して不法行為に基づく損害賠償責任を負うものであるが、本件は、形式的には小切手債権が存在する外観があるものの、その原因関係が存在していない場合において、債権の行使が不法行為にあたるかが問題になり、その不法行為による損害賠償額の範囲、損害賠償額の算定が問題になったものである。

　本判決は、小切手債権の行使が不法行為にあたるとしたが、事例判断として参考になる。

　本判決は、この不法行為によって小切手不渡りを出し、事実上倒産したことを前提とし、無形の損害として400万円を認め、営業損害、財産的損害を排斥したものであるが、参考になる事例判断である。もっとも、事案によっては、本件で主張された営業損害、財産的損害が認められる可能性があるところ、本判決の認めた無形の損害は、営業損害等の事情も考慮していると評価することができるものである。本判決のような諸事情を加味した無形の損害の認定・算定の仕方は、従来の裁判例においても見られるものである。

5・2 貸金業者が貸付債権を被保全権利として債務者の預金債権の仮差押えをしたことに関する損害賠償責任

〔判　例〕　秋田地判平成15・3・6金判1171号28頁
〔損害額〕　無形の損害25万円

【事件の概要】

　X_1合名会社、その代表社員のX_2は、平成10年1月、貸金業を営むY株式会社との間で融資取引を開始した。X_1は、平成11年6月、Yから300万円を借り受けた。X_1らは、平成13年6月、A弁護士に利息制限法（昭和29年法律第100号）による債務整理を依頼し、Aは、Yに受任通知をしたが、Yは、Aの債務整理の介入を理由に期限の利益の喪失を主張した。X_1らは、Yに対して債務不存在の確認、貸金の返済に関する言動による不法行為に基づき損害賠償を請求したところ、Yは、その直後、別の裁判所に貸金の返済を請求する訴訟を提起するとともに、X_1の取引銀行であるB銀行、C銀行の各預金債権の仮差押えを申し立て、決定を得たが、X_1が仮差押解放金を供託し、仮差押えの執行取消決定を得た。その後、X_1らとYとの間では、前記訴訟につき和解が成立した。X_1らは、Yに対して、仮差押えの必要がなかったと主張し、不法行為に基づき損害賠償を請求したものである。

●主張の要旨●

　本件で問題になった損害は、① X_1合名会社について、銀行から期限の利益喪失を通告される等の無形の損害500万円、②代表者X_2について、精神的苦痛に対する慰謝料150万円である。

●判決の概要●

　本判決は、本件仮差押えの時点ではX_1が約定どおりに弁済を続けており、

将来的にも支払い困難な状況にはなかったものであり、将来債権である被保全権利の保全の必要性がなく、本件仮差押えは弁護士から債務整理の受任通知がされたことを契機にされたものである等とし、本件仮差押えの申立てに相当の理由がなかったとして不法行為を認め、X_1 につき無形の損害として25万円を認め（X_2 の損害の発生は否定した）、X_1 の請求を認容し、X_2 の請求を棄却した。

判決文

1　本件仮差押えの被保全権利である本件貸金契約に基づく債権は、期限の利益を喪失していたか否か。〈略〉
2　本件仮差押えの申立ては違法か否か。〈略〉
3　原告らの損害について
（1）　原告会社の損害について

　　〈証拠略〉及び弁論の全趣旨によると、本件仮差押決定正本は、平成13年11月6日、第三債務者であるB銀行及びC銀行にいずれも送達されたこと、これに対し、B銀行は、同月9日付陳述書により当座預金3万4602円、普通預金1万1029円、定期預金50万円があると報告した上、期限の利益を喪失した債務者に対しては反対債権があるため相殺予定である旨を陳述したこと、C銀行は、同月15日付陳述書により当座預金1万9153円、普通預金1万5909円、定期預金75万円、別段預金300万円があると報告した上、反対債権を有するので将来相殺することがあり、その場合は弁済しない旨を陳述したこと、本件仮差押えにより、原告会社は、これらの銀行から預金残高の払戻しの一時中止を通知され、同月21日に仮差押解放金の供託により両行から通常の取引を再開されるまでの間、金融機関等に対する対応を余儀なくされたこと、原告会社は、仮に差し押えられた預金又は供託された仮差押解放金について、本件仮差押えが取り下げられるまで運用することができなかったことなどが認められる。そして、かかる事実に照らすと、本件仮差押えにより原告会社の受けた損害は25万円と認めるのが相当である。

　　なお、被告は、原告会社が保全異議を申し立てなかったことにより、損害が拡大することを容認したと主張するが、保全異議を申し立てるか訴訟を提起するかは債務者の判断によるから、上記主張を採用することはできず、その他、原告会社が損害の拡大を容認したと認めるに足りる証拠もない。

（2）　原告 X_2 の損害について　〈略〉

●損害額認定の考え方●

　本件は、貸金業者から融資を受けていた債務者が弁護士に利息制限法による債務整理を依頼し、債務不存在の確認等を請求する訴訟を提起したところ、銀行の預金債権を仮差押えされたため、債務者、その代表者が仮差押えが不法行為にあたると主張し、損害賠償を請求した事案である。仮差押えは、金銭の支払いを目的とする債権について、強制執行をすることができなくなるおそれがあるとき、または強制執行をするのに著しい困難を生ずるおそれがあるときに発することができるとされているものであり（民事保全法20条1項）、金銭債権を保全するために利用すべきものである。権利を有する者であっても、その目的・方法によっては権利の濫用にあたり、不法行為が認められる可能性があることは、判例上従来から形成されてきた法理であり、仮差押えもその例外ではない。

　仮差押えは、簡便な手続で発令される権利行使の一つの手段であるが、その効果は事実上極めて強力である。取引において仮差押えが期限の利益喪失事由として定められていることが多く、この意味でも取引上極めて深刻な不利益を受けることがある。なお、仮差押えは、不動産、動産、債権等の債務者の財産に対して申し立てることができるが、そのうち、事業者が債務者である場合、銀行の預金債権を対象として仮差押えをすることは、深刻な事態を招くおそれがある。

　本判決は、仮差押えの申立てが相当でなかったとし、債権者の不法行為を認め、合名会社である債務者の無形の損害を認め、25万円と算定したものである。本判決は、会社の無形の損害の算定事例を提供するものであるが、銀行の預金債権に対する仮差押えが不法行為にあたるとした事例における無形の損害としてはいささか低額にすぎるものと考えられる。

6　信販業者の責任

 **6・1** 債務者の父親に対する督促書面の送付による信販会社の不法行為に基づく損害賠償責任

〔判　例〕　札幌地判平成11・3・24判タ1056号224頁
〔損害額〕　慰謝料1人あたり50万円

【事件の概要】

　X₁は、独身の女性であるが、平成8年10月、宝石の販売等を業とするA株式会社の店舗で、信販業を営むY株式会社とクレジット契約を締結し、ダイヤネックレスを買戻し特約により代金103万円で購入した。Aは、平成9年1月、破産宣告を受け、X₁は、Aから買戻し特約の履行を受けることができなくなった。X₁は、弁護士に依頼し、Yに販売契約の解除、詐欺による取消しを理由として分割払いの拒絶の通知をし、Yへの支払いを停止した。X₂は、X₁の父であるが、Yは、X₂に対して、実際には保証人ではないのに、2度、保証人として支払いを督促する書面を送付した。Yの債権管理のシステムにはX₂がX₁の保証人として登録されていたが、その後、入力を抹消した。X₁、X₂は、Yに対し、法的責任のない者に対して執拗な債務の弁済を強要したなどと主張し、不法行為に基づき慰謝料の損害賠償を請求したものである。

●主張の要旨●

　本件で問題になった損害は、不当な督促による慰謝料（50万円）である。

●**判決の概要**●

　本判決は、保証人でない者に対する督促書面の送付が不法行為にあたるとし、精神的苦痛に対する慰謝料として各50万円の請求を認容した。

判決文

三　原告らに対する慰謝料について

　1　〈証拠略〉によれば、1回目の督促書面の送付により、原告 X₁ が A からクレジットで商品を購入していたことが父である原告 X₂ の知るところとなり、原告 X₁ は、これによって自分が置かれている状況を説明しなければならなくなって、親に無用な心配をかけることになったこと、他方、原告 X₂ は、離れて暮らしている原告 X₁ が月額1万3000円程度の支払ができないほど生活に困っているのかと心配し、また、なぜ自分に督促がくるのかと不安な気持にもなったこと、原告 X₁ が弁護士に委任して被告との対応をしているはずなのに、2回目の督促書面が送付されて、原告らは不安な気持をますます強くしたことが認められる。

　2　原告らがこのような精神的苦痛を受けたことは、親子の情愛として、あるいは、A の商法とその破産に伴う被害の発生が社会問題化していた当時の状況において（〈証拠略〉）、よく理解できるところである。

　　これに被告の過失内容も考慮すると、この精神的苦痛に対しては、それぞれ50万円の慰謝料を認めるのが相当である。

●損害額認定の考え方●

　本件は、信販会社が保証人でない者を債権管理システムに保証人として登録していたため、主たる債務者が弁護士に依頼し、債務の弁済を停止していたところ、保証人として登録していた者に支払督促の書面を送付したことから、信販会社に対して慰謝料の損害賠償を請求した事案である。本件は、信販会社の債権管理上の過誤の事件である。

　本判決は、保証人として登録された者、主たる債務者につき不法行為を肯定し、それぞれに慰謝料を認めたものである。本判決が保証人として登録された者の慰謝料を50万円と認めた判断は、一つの事例判断を提供するものであるが、やや高額であるとの印象は否定できない。他方、本判決が主たる債

務者にも慰謝料として50万円を認めた判断については、議論が残ろう。

7　保険業者の責任

 **7・1**　実質的に破綻状態にある保険会社の財務状態に関する認識を是正すべき注意義務違反に基づく損害賠償責任

〔判　例〕　東京地判平成15・1・17判時1823号82頁、金判1173号43頁
〔損害額〕　拠出金相当額293億2000万円（過失相殺前）

【事件の概要】

　生命保険業を営む X 株式会社は、損害保険業を営む Y 相互会社と業務および資本提携に関する覚書を締結し、その協議を行った。X は、Y から会計資料の提供を受け、調査を行っていたところ、Y から Y の経営の健全性には全く問題がない旨の覚書を取り交わしたことから（情報の正確性の保証を受けるものではない旨の X の誓約書が差し入れられていた）、平成11年 3 月、Y の基金につき300億円を拠出した。Y は、平成12年 5 月、経営破綻をし、金融監督庁により業務の一部停止、保険管理人による業務・財産管理を命じられた。X は、Y が虚偽の会計情報を提供する等したと主張し、不法行為に基づき拠出金相当額の損害賠償を請求したのに対し（なお、X も、平成12年10月、経営破綻し、更生手続が開始されている）、Y が反訴として利益配当金の支払を請求したものである。

●主張の要旨●

　本件で問題になった損害は、拠出金相当額（300億円から配当額 6 億8000万円を控除した293億2000万円）である。

●判決の概要●

　本判決は、Ｙが実質的に経営破綻状態に陥っていたのであり、ソルベンシー・マージン比率等が行政当局の示す基準以上で経営の健全性には全く問題がないと公言する等していたことから、Ｘにおいて形成された財務状態に関する認識を是正すべき注意義務に違反した等とし（なお、前記の誓約書の免責特約は本件に適用されないとした）、拠出金相当額の損害を認め、過失相殺として４割を認める等し、結局、163億6263万137円の損害を認め、本訴請求を認容し、反訴請求を棄却した。

判決文

1　争点(1)（不法行為の成否）について

　(1)～(3)〈略〉

　(4)　ところで、前記前提事実及び前記(1)の認定事実によれば、被告は、本件基金拠出前の業務及び資本の提携交渉の際、原告に対し、本件資料一を交付することにより、直近の決算期である平成10年3月期における被告のソルベンシー・マージン比率を259.3パーセント、資本の額を64億8100万円であると公表するとともに、上記ソルベンシー・マージン比率は健全性の基準として行政当局の示す基準以上であり、経営の健全性については全く問題ないと考えている旨公言し、さらに、本件資料二を交付することにより、上記資本の額の公表値を追認した上、基金募集後の平成11年3月期における資本の額につき351億円となる計画である旨を告げていたものであり（以下、被告のこれらの行為を「先行行為」という。）、これらによって原告に被告の財務状態に関し上記内容の認識が形成されたものと認められる。ところが、同月5日の本件基金拠出当時における被告の現実の財務状態は、ソルベンシー・マージン比率が200パーセントを大きく下回り、資本の額はマイナスであって、被告は本件基金拠出を受けてもなお実質的破綻状態であったのであるから（前記(3)）、被告としては、本件基金拠出に際して、原告に対し、従前の公表値及び計画と大幅に乖離した上記財務状態を告知し、自己の先行行為によって形成された原告の認識を是正すべき注意義務があったというべきである。

　　しかるに、被告が、本件基金拠出に際して、原告に対し、上記のような財務状態の告知をしなかったこと（以下「本件行為」という。）は当事者間に争いがない。

　(5)　前記(1)の認定事実によれば、原告は、本件基金拠出の社内での検討に当たって、被告の先行行為により提出された情報を前提としていたというのであ

り、本件行為の結果、そのような原告の認識が是正されなかったものである。そして、営利企業であれば、保険会社の財務状態が前記(3)のような状態であることを知っていれば、当該会社に対し300億円もの基金拠出を実施するとはおよそ考え難いといえる。

　したがって、原告は、被告による本件行為の結果、被告のソルベンシー・マージン比率、資本の額等の財務内容につき、被告が公表していたとおり問題ないと誤信して本件基金拠出をしたと認められ、被告の本件行為と本件基金拠出との間には相当因果関係があるというべきである。

　そして、原告は、本件基金拠出を受けてもなお実質的破綻状態であった被告に対し、300億円の本件基金拠出をしたのであるから、300億円の損害を被ったものとみられ、以上によれば、本件行為と上記損害との間には相当因果関係があるということができる。

●損害額認定の考え方●

　本件は、経営が悪化した保険会社が他の保険会社から300億円の基金の拠出を得たところ、交渉当時、実質的な破綻状態にあったにもかかわらず、財務状態を告知しなかったため、拠出した会社が不法行為に基づき拠出金相当額の損害賠償を請求した事案である。本件は、経営が悪化した会社が財務状態を開示して資金の支援を受けたが、財務状態を適切に開示していなかったため、支援した会社に損害が生じた類型の事件である。本件と同様な類型の事件は、企業の買収、合併、営業譲渡等においても生じるものである。

　本判決は、保険会社が実質的に破綻状態にあったにもかかわらず、ソルベンシー・マージン比率等が行政当局の示す基準以上で経営の健全性には全く問題がないと公言する等していたことから、支援する保険会社において形成された財務状態に関する認識を是正すべき注意義務に違反し、拠出金相当額の損害を認めたものであり、損害額の算定につき参考事例を提供するものである。

保険共同募集契約の解消の際に業務受託者に対して暴言・暴力的行為により説得をしたことに関する生命保険会社の損害賠償責任

7・2

〔判　例〕　大阪高判平成18・5・17判タ1237号277頁
〔損害額〕　慰謝料20万円

【事件の概要】

　Xは、平成13年4月、生命保険業を営む米国のY₁会社との間で、生命保険の媒介、保険料の収受、領収書の発行等を内容とするマーケティングサポート契約（業務委託契約）を締結し、Y₁の保険募集代理店Aと共同募集契約を締結した。Xは、業務を遂行し、手数料を受け取っていたところ、顧客との対応の不具合等を理由に、Y₁は、平成16年2月、本件契約を解約した。Xは、その前、Y₁の従業員Y₂、Y₃から威圧的な言動によって本件契約の解約を求められた。Xは、Y₁らに対して暴言・暴力的行為、不当な解約を主張し、慰謝料200万円につき損害賠償を請求したものである。

　第1審判決（大阪地判平成17・11・25判例集未登載）は、暴言・暴力的行為と評価できる程度の行為をしたとは認められないとし、請求を棄却したため、Xが控訴したものである。

●主張の要旨●

　本件で問題になった損害は、慰謝料である。

●判決の概要●

　本判決は、Y₂、Y₃（いずれも男性）が、本件契約の解消のために、X（女性）に対して、応接室で執拗に3時間にわたり、机を何度も叩くような態度

であり、暴言・暴力的行為が認められるとし、契約の解消を説得する方法として相当性を欠き、不法行為にあたるとし（本件契約の解約自体は有効であるとした）、慰謝料として各20万円を認め、第1審判決を変更し、請求を認容した。

判決文

1　事実経過　〈略〉

2　争点①（被控訴人 Y_2 及び Y_3 による暴言や暴力的行為の存否）について

　(1)　上記認定の事実によれば、被控訴人 Y_2 及び同 Y_3 は、A から、控訴人との共同募集契約関係の解消の申し出を受け、A との間で、上記契約関係の継続について交渉したが、A から控訴人と共同募集契約関係を継続することはできないとの回答を得たので、平成15年6月16日に被控訴人 Y_2 及び同 Y_3 は、控訴人に対し、A が控訴人との共同募集契約関係を解消したい意向であること、上記契約関係の解消を考えて欲しいことを告げるとともに、同月18日に返事を聞かせて欲しいと告げたこと、被控訴人 Y_2 及び同 Y_3 は、同日、控訴人に対し、A との共同募集契約関係の解消について返事を求めたところ、控訴人は、これを明確に拒否し、A との共同募集契約関係を解消する意思のないことを伝えるとともに、どうしても A が上記契約関係を解消するというのであれば、被控訴人 Y_1 の方で A とは別の代理店を紹介してほしい旨求めたが、被控訴人 Y_2 及び同 Y_3 は、上記認定のようなことを脅迫的と感じられる口調でるる述べて、それは困難である旨回答し、執拗に控訴人に対し、A との共同募集契約関係の解消に同意することを求め、ついには辞職願いと思われる書面を机上に出してそれに署名することを求めたこと、このような被控訴人 Y_2 及び同 Y_3 による控訴人に対する A との共同募集契約関係の解消に同意することを求める言動は執拗に約3時間にわたって継続して行われ、その間、被控訴人 Y_2 及び同 Y_3 は、控訴人に対し、感情的になって、強い口調で、かつ、時には怒りを顔面に現すような表情で、テーブルを何回もどんどん叩くような態様で行うことがあり、ついには、被控訴人 Y_2 は、控訴人から提出された報告書が不完全なものであったこともあって、その報告書をテーブルの上に力をこめて払いのけるように置いたため、床に落ちるということもあったこと、控訴人と被控訴人 Y_2 及び同 Y_3 との面談は、被控訴人 Y_1 の応接室の一室でほかの者を入れることなく行われたことが認められる。

　(2)　上記認定の事実によれば、被控訴人 Y_2 及び同 Y_3 は、平成15年6月16日以降、控訴人に対し、A との共同募集契約関係の解消に同意するように求めていたことは認められるが、A としては、真実、控訴人との間の共同募集契約関係を解消すべき正当な理由があるのであれば共同募集契約の定めに従って

解約の申し出をすればよいのであるし（甲2・10項）、そうであるとすれば、被控訴人 Y_2 及び同 Y_3 としても控訴人に対し、無理矢理に上記契約関係の解消に同意させる必要は全く認められないというべきである。加えて、被控訴人 Y_1 としても、A の申入れが正当なものであって、控訴人との MS 契約を維持することが困難であるとすれば、現に行っているように同契約の約定に従って同契約を解約すればすむことである。しかるに、被控訴人 Y_2 及び同 Y_3 が同月18日に上記契約関係の解消を求めて行った上記認定にかかる行為は、執拗に約3時間にわたって、女性である控訴人に対し、男性である被控訴人 Y_2 及び同 Y_3 によって、ほかには誰もいない被控訴人 Y_1 の密室とも言いうる応接間で行われたものであり、その際の言動は、威圧的と感じられるもので、感情を高ぶらせ、そのことが顔面に現れ、あるいは強い口調で、あるいは机をどんどんと何回も叩くような態様で継続して行われ、ついには控訴人から提出された報告書を床に落ちるような強さで払いのけるような行為をしたというものであり、これらの行為によって控訴人は、極めて強い恐怖心を感じるとともに、強いショックを受けたものであって、これが被控訴人 Y_1 という企業の従業員で、コンプライアンスに関して厳しく遵守することを求められているという（被控訴人 Y_2 本人調書7頁以下）被控訴人 Y_2 及び同 Y_3 によって行われたことに照らしても、被控訴人 Y_2 及び同 Y_3 の上記認定の行為は、暴言あるいは暴力的行為と評価しても間違いのないものであり、A との共同募集契約関係の解消を説得する方法としても、相当性を欠き、違法な不法行為を構成するものというべきである。このことは、後記3に判示のとおり、控訴人の勤務成績等が必ずしも良好でなく、控訴人との MS 契約の解約が違法でないということを考慮しても、上記判断を左右するには至らない。

(3)　被控訴人らは、被控訴人 Y_2 及び同 Y_3 が暴言や暴力的行為をしていないと主張し、被控訴人 Y_2 がこれに沿う供述をしているが、被控訴人 Y_2 は、控訴人との面談の際、感情的になったことそれ自体は認めているし（被控訴人 Y_2 本人調書7頁）、また、控訴人が提出した報告書をテーブルの上に力を込めて置いたことが不適切な行為であったことについても認めており（同14頁）、さらには、上記認定のとおり、被控訴人 Y_2 は、平成15年6月18日の控訴人との面談後、B 支社長に対し、控訴人との面談において不適切な、行き過ぎた行為があったことを報告しているのであり（仮に、強く説得したくらいであれば、何も不適切、行き過ぎた行為があったなどと報告する必要は毫も存しないというべきである。）、さらに、同月23日に控訴人から同月18日のやり取りについて、録音していたと伝えられるや、被控訴人 Y_2 及び同 Y_3 は、態度を軟化させているばかりか、控訴人に対し、謝罪していること、B 支社長が、被控訴人 Y_2 及び同 Y_3 から、控訴人に対し、行き過ぎた対応をしたことの説明を受けたとの趣旨の発言をしていることなどの諸事情に照らせば、上記のとおりの事実は認定することができるものの、被控訴人 Y_2 の上記供述は採用

できるものではないし、ほかに被控訴人らの上記主張を認めるに足りる証拠はない。

　　よって、被控訴人らの主張は理由がない。

　　なお、被控訴人らは、本件訴訟以前に行われた民事調停において、被控訴人 Y₁ から暴言の具体的内容を明らかにするよう求められても明らかにしなかったことを考慮すれば、控訴人が被控訴人 Y₂ 及び同 Y₃ の暴言を捏造しようとしたことがうかがわれると主張するが、上記 1 ⒀認定の事実関係からすると、民事調停において、被控訴人ら主張のような事実関係があったとしても、被控訴人ら主張のような「捏造」の事実を認定するには至らない。

3　争点②（被控訴人 Y₁ による MS 契約解約の違法性及び責任原因の存否）

(1)　控訴人は、被控訴人 Y₁ には控訴人を MS から不当に排除する意図で、客観的合理的な解約理由がなかったにもかかわらず、被控訴人 Y₂ 及び同 Y₃ に控訴人を辞職に追い込ませて MS 契約を解約した旨主張する。

　　しかし、争いのない事実等及び前記認定の事実によれば、控訴人は、募集業務開始当初から業績が向上しないまま推移し、営業活動の報告・連絡・相談も懈怠するなど勤務態度も良くなかったところ、さらに顧客に誤った説明をして顧客に損失を生じさせかねない事態になったのに、真摯に反省する態度を見せず、A との関係が極めて悪化する事態になり、平成15年 5 月30日に事態収拾のための方策を検討するため B 支社長らと面談をした際も方策を決めて実行していく姿勢までは見せず、かえって同日 C に提出した報告書もその用途をおよそ充たし得ないもの、といった反抗的な態度を見せ、A から被控訴人 Y₁ へ控訴人との共同募集契約関係を解消したい意向が伝えられ、同年 6 月16日に被控訴人 Y₂ や同 Y₃ から報告書の提出を求められても、同月18日に提出した報告書は必要事項が抜けるといった勤務態度であったことから、結局 A との共同募集関係は事実上終了し、それに伴い被控訴人 Y₁ は、MS 契約書33条 1 項に基づき控訴人との MS 契約を解約した事実が認められるところ、そうであるとすると、被控訴人 Y₁ の行った上記 MS 契約の解約は、合理的な根拠に基づいており、控訴人が主張するような、不当に控訴人を排除する目的を有していたとは到底認められない。

　　よって、被控訴人 Y₁ による控訴人との MS 契約の解約は有効ということができる。

(2)　以上のとおり、被控訴人 Y₁ による控訴人との MS 契約の解約が不法行為を構成するものとは認められない。しかしながら、前記のとおり、被控訴人 Y₂ 及び同 Y₃ の行為は、違法なものであり不法行為を構成するものであるから、被控訴人 Y₂ 及び同 Y₃ は、民法709条により控訴人に対して損害賠償責任を負うものというべきであり、被控訴人 Y₂ 及び同 Y₃ の上記不法行為は、被控訴人 Y₁ の業務執行としてなされたものであるから、被控訴人 Y₁ は、民法715条により、使用者責任を負うというべきである。

4　争点③（損害額）

　　上記 2 認定の事実によれば、控訴人は、被控訴人 Y_2 及び同 Y_3 の前記不法行為により、精神的苦痛を被ったというべきであるところ、これを慰謝するに足りる慰謝料の額は、被控訴人 Y_2 及び同 Y_3 の行動態様、控訴人の態度等諸般の事情を総合勘案すると、20万円をもって相当であるというべきである。

●損害額認定の考え方●

　本件は、業務を受託する継続的契約を締結し、事業を行っていた者が契約の相手方である生命保険会社の従業員らによって解約を迫られたため、不法行為に基づき損害賠償を請求した控訴審の事案である（第 1 審判決は、不法行為を否定した）。本件のような契約をめぐるトラブルにおいて、トラブルを解決するために威圧的な言動がされることはないではなく、問題は、どのような態様・程度の言動がどのような基準によって違法になるかであり、本件の主要な争点はこの意味での不法行為の成否である。仮に、威圧的な言動が違法であるとしても、どのような基準で、どの程度の損害賠償が認められるかは実務上重要な問題である。

　本判決は、契約の解消を説得する方法として相当性を欠くとし、生命保険会社の従業員らの不法行為を認めたうえ、生命保険会社の使用者責任を認め、損害賠償額については、慰謝料として20万円を認めたものである。本判決が慰謝料20万円を認めた判断は事例判断を提供するものであるが、本件の問題になった言動の態様、経緯を考慮すると、やや低すぎるとの印象は否定できない。

8　M&A の関係事業者の責任

8・1　株式譲渡による企業買収基本合意書の破棄に関する一方当事者の信義則上の配慮義務違反による損害賠償責任

〔判　例〕　東京地判平成17・7・20判時1922号140頁
〔損害額〕　株式の経済的価値の保全措置を実行する機会を失ったことによる損害5000万円

【事件の概要】

　X_1 株式会社、X_2 投資組合、X_3 投資組合は、投資ファンドであったが、X_1 は、平成10年11月、A 株式会社につき会社更生手続開始決定がされた際、更生管財人に就任し、平成11年4月、A につき更生計画が認可され、X_1 の代表者 B が A の代表取締役に就任した。X_1 らは、平成11年7月、A の経営改善のため、A に出資し、株式を取得した。A は、平成13年3月、C 銀行、D 銀行から融資を受け、増資をし、更生債権等の弁済にあて、更生手続が終結した。Y 株式会社は、増資の一部を引き受けたところ、平成13年9月、X_1 ら、A、Y との間で、X_1 らが保有する株式を Y に譲渡し、A の経営権を Y に譲渡すること等を内容とする基本合意書を取り交わした。Y は、平成13年11月、合意の前提として A がリファイナンスを受けることが定められていたところ、E 銀行が新たな融資を拒絶したことを理由に、合意を撤回することを X_1 らに通知した。A は、財務状況につき C から融資の際のコベナンツ違反を指摘され、期限の利益喪失のおそれが生じたため、F 株式会社に増資を依頼し、F が X_1 らの保有する株式の無償消却を条件としたため、X_1

らは、やむを得ずこれに応じた。平成14年10月、X₁らは合意を解除した。X₁らは、Yに対して、第1次的に株式譲渡契約の予約つき契約締結義務違反、第2次的に合意における資金繰りを含め適切な経営を行う義務違反、第3次的に信義則上の義務違反に基づき損害賠償を請求したものである。

●主張の要旨●

本件で問題になった損害は、契約締結上の過失責任に基づく第3次請求については、株式の価値相当額であり、① X₁につき427万5000円、② X₂につき9億2625万円、③ X₃につき285万円である。

●判決の概要●

本判決は、予約の成立を否定し、Yが適切な経営を行う義務を否定し、第1次請求、第2次請求を棄却したが、株式譲渡契約の成否の鍵を握る重要事項の一つであったリファイナンスの問題につき融資の見込みに関する根拠のある見解を示し、見込みが変化したときは、時機を逸することなくその情報を伝える等の義務を負うところ、Yがリファイナンスの交渉が難航している状況において当初の情報の修正または変更を速やかに行わなかったことが信義則上の配慮義務に違反するとし、X₁らが保有株式の経済的価値を保全する措置を実行する機会を失い、株式の下落が生じたことにより生じた経済的損害を認め、X₁ら全体につき5000万円であるとしたうえ、保有株式割合に従ってX₁らの損害を算定し、第3次請求を認容した。

判決文

2　争点(1)〈原告らと被告は、本件株式譲渡につき、株式譲渡予約契約を締結したか。（第1次的請求）〉について〈略〉

3　争点(2)〈被告は、本件基本合意書第7条に基づく資金繰りを適切に行う義務に違反したか。（第2次的請求）〉について〈略〉

4　争点(3)〈被告は、原告らに対して、株式譲渡契約が成立するとの期待及び信頼を抱かせる言動をとり、その結果原告らは株式譲渡契約が成立すると期待し

たことから、被告が本件基本合意を撤回したことが信義則上の義務に反すると
いえるか。（第 3 次的請求）〉について〈略〉

5　争点(4)〈原告らの被った損害額〉について

(1)　第 3 次的請求に関する原告らの損害について、1 の認定事実及び前提事実
に基づき検討する。

　ア　原告らは、被告から、平成13年 9 月末ころまでに被告による対応は困難
である旨告げられた場合には、A のコベナンツ違反を回避するため、同年
11月14日までに第三者との間で、合理的な価格で本件株式の譲渡契約を締
結していたはずであるところ、被告が上記の信義則上の配慮義務に違反す
ることにより本件株式が無価値になったとして、平成13年 9 月末時点にお
ける本件株式の株価である一株142.5円に655万株を乗じた 9 億3337万5000
円が原告らの損害であるとするほか、本件株式の無償償却の際の会計士報
酬もまた損害である旨主張する。

　　前示のとおり、E は被告のメインバンクであり、同銀行とのリファイナ
ンス交渉はもっぱら被告しか行うことができなかったところ、本件基本合
意書を取り交わした同年 9 月19日ころ、被告としては、原告らに対し、E
から融資を受けられるという断定的な回答ではなく、同銀行からの融資可
能性が高くはない旨、A から本件消費貸借契約の返済日の猶予承認を得る
ためには、被告による保証が必要であったのだから、被告にはその意思が
ない旨伝えるべきであったのであり、原告らは、被告から、同年 9 月19日
ころに適切な情報を提供されていれば、本件基本合意を締結した後であっ
ても、A の財務状況を建て直し、株式価格の下落化に歯止めを掛けて、原
告らの保有している本件株式の経済的価値を保全するために、本件株式の
新たな譲渡先や融資可能な金融機関等を可及的速やかに探し出す行動をと
ったであろうことは、弁論の全趣旨により、十分に認定できるところであ
る。

　　しかし、そうであるからといって、原告らが、被告から、同月末ころま
でに被告による対応は困難である旨告げられた場合、A のコベナンツ違反
を回避するため、同年11月14日までに第三者との間で、合理的な価格で本
件株式の譲渡契約を締結していたはずであると認めるに足りる証拠はない。

　　また、本件株式を無償償却することになった経緯は、A への第三者割当
増資に応じた F が、無償消却を同増資に応じる条件としたため、原告らは
A の当時の財務状況等を勘案し、その条件を受け入れ、原告らの保有する
本件株式をすべて A に譲渡し、A が無償償却したというものである。当時
の A の経営状況が厳しいものであったとしても、他の増資引受候補先の中
から F を選択したのは、あくまで原告らであるし、上記条件を受け入れた
ことは、結局原告ら自らの経営判断というほかないから、このような事情
に照らせば、被告の上記配慮義務違反と本件株式の無償償却との間には相

当因果関係があるということができない。

　　　そして、本件株式の無償償却自体が被告の上記配慮義務違反との間に相当因果関係を認めることができないから、無償償却に関する会計士費用についても、同様に相当因果関係を認めることができない。

　　　したがって、原告らの上記主張をいずれも採用することはできない。
　イ　原告らは、本件訴訟における本件株式の鑑定評価のために支出した会計士報酬が損害に含まれる旨主張するが、これは本件訴訟になってから本件株式の価格を算出して証拠とするために支出した費用であることが明らかであり、被告の上記配慮義務違反に直接起因して支出したものでないことは自明であるから、被告の上記配慮義務違反との間には相当因果関係があるということはできない。

　　　よって、原告らの上記主張を採用することはできない。
　ウ　原告らの信用毀損について検討すると、確かに、本件株式譲渡が成功しなかったことについて、原告らの信用に影響するところはあるかもしれないが、このような事態は、ビジネスが不成功に終わった際には少なからず生じるものであり、被告が原告らの信用を毀損する意図で本件基本合意を撤回したなどという特段の事情があったとはうかがえないから、被告の上記配慮義務違反と原告ら主張の損害との間に相当因果関係があるということはできない。

　　　したがって、原告らの上記主張を採用することはできない。
(2)ア　原告らの主張は、要するに、被告の信義則上の上記配慮義務違反によって、第三者との交渉等を行う機会がないままコベナンツ違反に陥り、本件株式の価格減少により損害を被ったとの趣旨と解することができるところ、前示のとおり、被告には、上記信義則上の配慮義務違反が認められるのであるから、それと相当因果関係にある損害について以下検討する。
　イ　前示のとおり、原告らは、被告から、平成13年9月19日ころに適切な情報を提供されていれば、本件基本合意を締結した後であっても、Aの財務状況を建て直し、株式価格の下落化に歯止めを掛けて、原告らの保有している本件株式の経済的価値を保全するために、本件株式の新たな譲渡先や融資可能な金融機関等を可及的速やかに探し出す行動をとったであろうということができる。

　　　ところが、被告が同日にEから融資を受けられる旨断定的な回答をしたことで、原告らをして、近い将来に株式譲渡契約が成立するであろうとの誤解に基づいた期待を抱かせたことにより、同年9月19日から同年10月25日ころ（その後被告の翻意を求めて交渉を行うのに必要な相当期間を含む。以下同じ）に至るまでの間、原告らにおいて、上記の保全措置を検討したり、同措置を実行する機会を失わせ、それによって本件株式の価格を下落させ、結果的に原告らは、平成14年5月17日に本件株式を無償償却した上

で、F に本件株式の第三者割当増資を引受けてもらうことで、A の倒産を回避するという対応を選択したことが認められる。

　そうすると、原告らが被告に対して賠償を求めることができる損害とは、被告が原告らをして、平成13年 9 月19日から同年10月25日ころまで、上記保全措置を検討し、同措置を実行する機会を失わせたことにより、A の財務状況の一層の悪化を招き、本件株式の価格を下落させたことによる原告らの経済的損害というべきである。

ウ　そこで、損害額について検討すると、前示のとおり、原告らは、被告から適切な情報の提供を受けていれば、本件株式の経済的価値を保全するための行動をとったであろうことは十分に認められるところ、原告らは、A に対して総額約 6 億5500万円の出資を行い、本件株式を、X_1 が650万株、X_2 が 3 万株、X_3 が 2 万株取得し、原告らと被告とは、本件基本合意書において、本件株式の価格を一株275円とすることに合意したこと、平成13年春以降の IT 業界は、未曾有の市況悪化の状況にあり、A も例外ではなく、同年 9 月期の中間決算は約 4 億円の赤字となることが必至であったこと、A は、同年11月14日にコベナンツ違反に陥ったこと、本件株式の一株当たりの A の純資産額は、同年 3 月31日現在で148.70円であったものが〈証拠略〉、同年 9 月30日現在で98.3円となり〈証拠略〉、平成14年 3 月31日現在で55.18円に下落したこと〈証拠略〉、原告らが保有していた本件株式を無償償却しなければならなくなったのは、同年10月25日以降の原告らの選択によるものであったことなどのほか、本件基本合意の締結前後の事情や同月25日以降の原告らの対応等の背景事情を総合的に勘案した上で、被告が、原告らをして、同年 9 月19日から同年10月25日ころに至るまで、上記の保全措置を検討し、同措置を実行する機会を失わせたことにより、A の財務状況の一層の悪化を招き、本件株式の価格を下落させたことによる原告らの経済的損害の合計金額を算定すれば、5000万円とするのが相当である。そして、各原告の具体的損害額としては、各原告が保有していた本件株式数に応じて決するのが公平であるから、X_1 については4961万8320円、X_2 については22万9008円、X_3 については15万2672円が損害というべきである。

エ　さらに、原告らは、原告らが支出した弁護士費用についても損害である旨主張するが、原告らの上記損害賠償請求は、信義則上の配慮義務違反に基づくものであり、上記の配慮義務は、契約法上のものであって、その違反は債務不履行と同様に考えられるところ、本件における弁護士費用は、上記配慮義務違反との間に相当因果関係がある損害ということはできない。

　よって、この点に関する原告らの上記主張は採用することができない。

6　以上の次第であるから、本件請求のうち、原告らの第 1 次的請求及び第 2 次的請求については、いずれも理由がないから棄却することとし、第 3 次的請求については、X_1 にあっては4961万8320円の支払を求める限度で、X_2 にあっては

22万9008円の支払を求める限度で、X_3 にあっては15万2672円の支払を求める限度でそれぞれ理由があるから、それらの限度で認容し、原告らのその余の第3次的請求はいずれも理由がないから棄却することとし、訴訟費用に関する仮執行の宣言については、相当でないから却下することとして、主文のとおり判決する。

●損害額認定の考え方●

　本件は、会社更生手続中の会社に投資をした投資ファンドが株式譲渡の交渉をし、基本合意を締結したが、更生手続が終結したものの、合意の前提が実行されず、会社が資金難に陥り、投資ファンドが保有株式の無償消却に迫られたため、交渉の相手方に対して株式価値相当額等の損害賠償を請求した事案である。本件は、交渉の内容・経過等の事案の内容も興味深いが、損害論としても重要な問題を提起しているものである。

　本判決は、第1次請求、第2次請求を棄却したものの、第3次請求について、経営難に陥り、株式の無償消却に至ったことにつき信義則上の配慮義務違反を肯定したうえ、株式の経済的価値の保全措置を実行する機会を失ったことによる損害を認め、5000万円の損害賠償額を算定したものである。本判決の損害に関する判断については、責任論に比較すると、大雑把な判断であるという印象は否定することができず、特に損害賠償額の算定は「どんぶり勘定」と評価せざるを得ないが、損害に関する判断の枠組みは理論的に参考になるものである。

 8・2　企業買収における不当な資産計上に関する表明保証違反による損害賠償責任

〔判　例〕　東京地判平成18・1・17判時1920号136頁

〔損害額〕　不当な資産計上額2億7538万5023円、債権処理のためのシステムの委託費用168万円、会計事務所費用122万8500円、弁護士費用2700万円

【事件の概要】

　消費者金融を業とするA株式会社は、平成14年11月、同年4月1日から平成15年3月31日までの決算期における赤字決算を回避するため、元本の弁済に充当していた和解債権についての弁済金を利息に充当し、元本の貸倒引当金の計上をしなかった。X株式会社は、Aの株主であるY₁株式会社、Y₂株式会社、Y₃（A、Y₂の代表者）から株式を購入する方法による企業買収をすることを検討し、B会計事務所に委任して2度にわたりAにつきデューディリジェンスを実施したが、前記和解債権処理については何の言及もなかった。XとY₁らは、平成14年12月、Aの全株式につき同年10月31日時点の貸借対照表に基づくAの財務状況に基づいて算出された1株あたりの価額で買い受ける、貸出債権に関する記録が正確に反映され、デューディリジェンスにおいて開示されるべき資料が開示されたこと等を表明・保証し、この事項に違反したときは損害を補填する旨の株式譲渡契約を締結した。その後、前記の和解債権処理がされ、不当な資産計上があったことが判明した。Xは、Y₁らに対し、和解債権処理が本件表明保証に違反していると主張し、本件表明保証責任の履行として不当に資産計上された利息充当額等の損害賠償を請求したものである。

●**主張の要旨**●

本件で問題になった損害は、①不当な資産計上額（2億7538万5023円）、②債権処理のためのシステムの委託費用（168万円）、③会計事務所の費用（122万8500円）、④弁護士費用（2700万円）である。

●**判決の概要**●

本判決は、不当な資産計上がされ、本件表明保証に違反したことを認め、Xに悪意または重大な過失があったことを否定したうえ、不当な資産計上額として2億7538万5023円、債権処理のためのシステムの委託費用として168万円、会計事務所の費用として122万8500円、弁護士費用として2700万円の損害を認め、請求を認容した。

判決文

2　争点1〈本件和解債権処理及びこれに関する資料を開示していないことが、本件表明保証に違反しているか否か〉について〈略〉

3　争点2〈原告が、本件株式譲渡契約を締結した際に本件和解債権処理について悪意であったか否か〉について〈略〉

4　争点3〈原告が本件株式譲渡契約を締結した際に本件和解債権処理を知らなかったことについて重大な過失が存在した場合に、被告らの本件表明保証責任は免責されるか否か、これが肯定された場合、原告に上記重大な過失が認められるか否か〉について〈略〉

5　争点4〈本件和解債権処理により原告に損害が発生したか否か及びその額は幾らか〉について

前記のとおり、本件株式譲渡契約において、Aの株式の譲渡価格は、平成15年10月31日時点の貸借対照表に基づくAの財務状況により算出された1株当たり1165円とすることが明記されており、Aの簿価純資産額を基準としたものであるところ、同日時点における簿価純資産額は、本件和解債権処理によって、本来減少すべき元本が貸借対照表上不当に資産計上されており、上記3で認定したとおり、その額は2億7538万5023円であるから、株式の譲渡価格は、2億7538万5023円だけ不正に水増しされたものというべきである。したがって、被告らは、本件表明保証責任に基づき、原告に対し同額を補償する義務を負う。この点についての被告らの主張は採用することができない。〈証拠略〉によれば、原告が本件和解債権処理に気付いた後、これをあるべき処理に戻すためのシステムの修正を外部会社に委託し、その費用として168万円を支出したことが認め

られる。

　また、原告は、本件訴訟を追行するために、BやCの担当者に意見書や陳述書の作成及び証言を依頼し、平成17年7月31日までの費用として122万8500円（消費税相当額込み）を請求されていることが認められ、これは、本件表明保証した事項に違反したことに関連して発生した合理的な範囲内の費用ということができるから、本件表明保証責任に基づき、被告らが負担すべきものというべきである。同様に、原告が被告らの本件表明保証責任を追及するための合理的な範囲内の弁護士費用も被告らが負担すべきものというべきであるが、本件訴訟を追行するために合理的な弁護士費用は、2700万円と認めるのが相当である。

　よって、被告らは、原告に対し、本件表明保証責任に基づき、連帯して、これらの合計である3億0529万3523円及びこれに対する請求の日であることが明らかな本件訴状送達の日の翌日である平成16年4月22日から支払済みまで商事法定利率年6分の割合による遅延損害金を支払うべき義務を負う（原告は、本件株式譲渡契約締結の日の翌日を遅延損害金の起算点として主張しているが、上記主張は理由がないというべきである。）。

●損害額認定の考え方●

　本件は、株式会社の全株式を株主から購入する方法で企業買収がされたところ、不当な資産計上がされていたため、買主が売主に対して契約上の表明保証違反による損害賠償を請求した事案である。近年は、日本の経済社会は国際化の時代を迎えるとともに、業種の再編成が行われる等し、さまざまな形態の企業買収が活発化しているところであり、企業買収にあたっては、本件で問題になったような表明保証条項が一般的に利用されている。表明保証条項の表明・保証の対象になる事項は多様であるが、その条項に違反した場合における損害賠償責任、損害賠償額が問題になった事件は、公表された裁判例をみる限り、ほとんどないといってよい。本件は、株式の売買による企業買収の事例であるが、この意味で珍しい事件であり、表明・保証責任の成否についても重要な事例を提供するものである。

　本判決は、不当な資産計上が表明保証に違反すると認めたうえ、不当な資産計上額、債権処理のためのシステムの委託費用、会計事務所の費用、弁護士費用の損害を認めたものであり、重要な事例判断を提供するものである。

8·3 譲渡人の虚偽の説明による営業譲渡契約上の不法行為に基づく損害賠償責任

〔判　例〕　東京地判平成17・5・30判時1923号53頁
〔損害額〕　営業譲渡代金2162万5832円

【事件の概要】

　Y_1株式会社は、Y_2が日本国内でDNA鑑定を受託し、米国法人Aに取り次ぐことを業とする会社として設立された。Bは、Y_2とY_1の営業譲渡の交渉をし、営業譲渡を受けるために、X株式会社を設立していた。Y_2とBは、本件営業譲渡の交渉を行い、Xは、平成12年10月、Y_1のDNA鑑定検査の取次業務全部、商標権、営業権、資産等を譲り受けるとともに、Y_3株式会社と特許権等の使用権につきライセンス契約を締結したところ、実際に権利等が存在し、履行されたのがY_1の取次業務全部、Y_1の資産のみであった。Xは、Y_1らに対して、主位的に不法行為に基づき営業譲渡代金、営業損失につき損害賠償を、予備的に営業譲渡契約の錯誤無効を主張し、不当利得の返還を請求したものである。

●主張の要旨●

　本件で問題になった損害は、営業譲渡代金、営業損失である。

●判決の概要●

　本判決は、譲渡する資産につき虚偽の説明があったとし、不法行為を認め、営業譲渡代金のうち譲渡を受けられなかった損害として2162万5832円を認め（営業損失の主張は相当因果関係がないとして否定した）、請求を認容した。

判決文

一　本件の営業譲渡に関する事実経過　〈略〉
二　被告らの不法行為について（争点(1)）　〈略〉

三　原告の損害について（争点(2)）

(1)　営業譲渡の対価の支払

　　原告は、Y_1 及び Y_2 と本件営業譲渡契約を締結したことに基づき、営業譲渡の対価として、2899万円を支払った。被告 Y_3 による虚偽の説明がなければ本件営業譲渡契約は締結されず、この金額も支払われることがなかったものである。

　　他方、原告は、本件営業譲渡契約によって、Y_2 の事務所の敷金、事務用什器備品などの資産を譲り受けており、その価値は736万4168円である。このほかには、原告が譲り受けたもので価値を認めるべきものはない。

　　したがって、原告の被った損害は、2899万円から736万4168円を控除した2162万5832円と認めることができる。

(2)　営業により生じた損失

　　原告は、さらに、本件の各契約を締結して原告が営業したことにより生じた損失も損害であると主張する。

　　しかし、原告に生じた営業上の損失は、様々な営業上の要因から発生するものであって、必ずしも被告らの不法行為から発生するものとは限らないから、相当因果関係のある損害とは認めることができない。

●損害額認定の考え方●

　本件は、営業譲渡契約、ライセンス契約が締結され、事業全部と資産の譲渡が履行されたものの、ライセンス契約の内容が履行されなかったため、譲受人が譲渡人らに対して損害賠償等を請求した事案である。本件は、営業譲渡に係る不法行為の損害額が問題になった特徴のある事件である。

　本判決は、営業譲渡につき譲渡人の虚偽の説明による不法行為を認めたうえ、営業譲渡代金に係る損害額を認めたものであり、事例を提供するものである。もっとも、本判決は、営業譲渡による営業上の逸失利益の損害に関する主張を簡単に排斥したものであるが、事案によっては認められる可能性はあろう。

8・4 株式譲渡契約における譲渡人の表明保証違反による損害賠償責任

〔判　例〕　東京地判平成24・1・27判時2156号71頁

〔損害額〕　不良在庫1241万5734円、不備な設備の工事費用261万8330円、弁護士費用150万円

【事件の概要】

　Yは、障子、襖の製造、販売等を業とするA株式会社の代表取締役であり、全株式を保有し、平成17年春頃、コンサルタントを業とするB株式会社にAの売却を依頼していた。不動産管理等を業とするX株式会社は、Aの買収に興味をもち、同年11月、Xは、Y、Aと株式譲渡に関する基本合意を締結した。XとYは、同年12月、Aおよび関連会社であるC株式会社の株式につき、Aの譲渡代金2億6700万円、Cの譲渡代金5950万円として譲渡契約を締結した（資産負債一覧表に記載されたものを除き、企業会計の基準に従って財務諸表に反映することが要求される性質の資産または義務で悪影響を及ぼすものを負担していないこと、資産が良好に整備され、良好な稼働状況にあること、ビジネスシステムが買収後も機能し、事業継続を不可能にする事由が存在しないこと等を表明し、保証する条項、違反した場合には、Xが被る損害を補填する責任を負う旨の条項が含まれていた）。Xは、その後、Yに対し、売買代金の減額を求め、4000万円減額された。Aは、従前、D株式会社から商品を受注していたところ、平成17年6月、DからE株式会社を通して取引をするよう申入れを受け、従前の受注単価より低い価格で受注を受けることになり、Eとの6カ月間の取引により従前と比較して1780万円余の損失を被る等した。XはYに対して、表明保証条項違反による逸失利益、受注に関連する実損、不良在庫、不備な設備の工事費用、弁護士費用合計1億8938万9398円の損害賠償を請求したものである。

●主張の要旨●

　本件で問題になった損害は、商品の受注に係る逸失利益（8333万3333円）、受注に関連する実損（1780万1582円）、不良在庫（1241万5734円）、不備な設備の工事費用（261万8330円）、弁護士費用（1072万410円）である。

●判決の概要●

　本判決は、業務の状況に関する表明保証条項違反を否定したものの、在庫の状況に関する表明保証条項違反、設備の状況に関する表明保証条項違反を肯定し、損害につき不良在庫として1241万5734円円、不備な設備の工事費用として261万8330円、弁護士費用として150万円を認め、請求を認容した。

判決文

2　争点(2)（在庫の状況に関する表明保証（本件株式譲渡契約3条5項3号及び同4号）違反）について

　〈証拠略〉によれば、Ｆが、本件株式譲渡契約締結後、Ａで棚卸しを実施した結果、平成19年2月末時点で、本件株式譲渡契約締結前から存在するＡの在庫品のうち、襖材522万8517円相当分及び障子材718万7217円相当分について、在庫数が全く変動しないか、多くても29個の変動にとどまったこと、上記在庫品は、Ｇがサンプル作成や特注に対応するために取り寄せた加工済みのものであったこと、再加工して販売するためのコストが仕入代金より高くなること、Ｆが約半年にわたって売込みをしても販売先が現れなかったことが認められる。これらの事実を総合すると、上記在庫品は、特殊な加工が施されたものであったために、再加工して販売することも、そのままの状態で販売することも困難で、商品価値のない不良在庫品であると認められる。

　これに対し、被告は、上記在庫品は劣化せず、転用可能な在庫であると主張する。しかし、上記在庫品が劣化しないものであったとしても、転用又は販売可能でなければ商品価値のないことに変わりはないし、現実に平成19年2月時点においても転用できなかったことからすれば、転用可能との被告の主張は採用できない。

　したがって、上記在庫品は商品価値のないものであるといえるが、被告は、原告に対してこの事実を開示していなかったから、本件株式譲渡契約中、Ａに悪影響を及ぼす資産がなく（3条5項2号）、同社の事業活動に必要な資産は全て良好に整備され、かつ良好な稼働状況にある（同項4号）との表明保証に違反したと認められる。

3　争点(3)（設備の状況に関する表明保証（本件株式譲渡契約3条5項4号）違

反の成否）について

　〈証拠略〉によれば、A は、平成19年1月29日ころ、東京消防庁福生消防署の立入検査を受け、その結果、消防署から、A 所有の工場について、消防法違反（自動火災報知感知器の未警戒又は脱落）、火災予防条例違反（誘導灯未設置等）、建築基準法違反（面積区画未設置）の事実を指摘され、平面図の提出、二方面避難の検討、警戒区域図の修正等の指導を受け、同年2月5日までに改修状況及び改修計画の報告を求められたことが認められる。

　上記消防署が指摘した事実に照らせば、これらの違反は工場設置当時からあったことが推認され、これらの事実が本件株式譲渡契約締結後に生じたものであることを伺わせる証拠はないから、本件株式譲渡契約締結当時、A 所有の工場に、消防法、火災予防条例及び建築基準法に違反する不備があったと認めることができる。

　よって、上記事実は、本件株式譲渡契約中、A の事業活動に必要な資産は全て良好に整備されている（3条5項4号）との表明保証に違反したと認められる。

4　争点(4)（本件譲渡代金の減額合意による免責の成否）について

　被告は、原告と被告が、本件各株式譲渡契約の各譲渡代金合計額から4000万円分を減額することに合意したことで、被告の表明保証責任も含めて、本件株式譲渡契約における譲渡代金の問題はすべて解決されたのであるから、原告が被告に対して本件株式譲渡契約に基づく損害賠償を請求することはできないと主張する。

　原告と被告が、譲渡代金の3回目の支払日である平成18年1月23日の前に、本件各株式譲渡契約の各譲渡代金合計額から4000万円分を減額することに合意したのは、前記第2の1(4)のとおりである。

　しかし、原告が被告に対し、本件各株式譲渡契約の各譲渡代金合計額を減額するよう申入れる際に、被告に対して提出した「A・C の買取価格の評価」と題する書面〈証拠略〉には、土地の評価額の低下、実体のない数字が帳簿に記載されていること及び退職年金の積立不足額等を指摘して、各譲渡代金合計額の減額を申し入れる旨記載されているのみで、本件訴訟において表明保証違反が問題となっている D からの受注価格、商品価値のない在庫品及び A が所有する工場の設備の不備を指摘して各譲渡代金合計額の減額を申し入れる記載はない。したがって、原告と被告が、上記減額合意によって、被告の表明保証責任も含めて、本件株式譲渡契約における譲渡代金の問題をすべて解決したとまでは認められないから、原告の被告に対する損害賠償請求を妨げる事由にはならない。

　よって、被告の主張は採用できない。

5　争点(5)（損害額）について

(1)　在庫の状況に関する表明保証違反による損害

　前記2のとおり、A の在庫品のうち、襖材522万8517円及び障子材718万

7217円相当分が、不良在庫品であるから、原告は、被告の表明保証違反によって、不良在庫品の存在を考慮していない譲渡代金を支払い、上記合計額1241万5734円の損害を被ったと認められる。

(2)　設備の状況に関する表明保証違反による損害

　　Ａは、消防署から、同社所有の工場につき、消防署から、自動火災報知設備等の不備があることを指摘され、別紙工事目録の各「請負業者」欄記載の業者に対し、各「工事内容」欄記載のとおりの工事又は業務を委託し、各「工事費」欄記載の工事費等を支払った〈証拠略〉。したがって、原告は、被告の表明保証違反によって、本件各譲渡契約締結当時は予定していなかった工事費等上記不備の存在を考慮していない譲渡代金を支払い、上記工事費の合計261万8330円の支出を余儀なくされ、同額の損害を被ったと認められる。

(3)　弁護士費用

　　本件株式譲渡契約5条1項によれば、被告は、原告に対し、同契約3条において表明し保証した事項が真実又は正確でなかったことが判明した場合、弁護士費用も含めた原告の損害を賠償する責任を有するところ、原告は、本件訴訟の提起及び追行をその訴訟代理人に委任したことは本件記録上明らかであり、本件事案の概要、上記請求認容額等本件に現れた諸般の事情を考慮すると、原告の損害として合理的な弁護士費用は、150万円と認めるのが相当である。

(5)　以上によれば、原告の損害額は、合計1653万4064円になる。

●損害額認定の考え方●

　本件は、株式の譲渡契約において表明保証条項（判決によって、業務の状況に関する表明保証、在庫の状況に関する表明保証、設備の状況に関する表明保証として要約されている）があったところ、譲受人が譲渡人に対して表明保証条項違反に基づく損害賠償を請求した事案である。本件では、譲受人による3項目の表明保証条項違反の有無、損害の範囲、額が争点になったものである。

　本判決は、業務の状況に関する表明保証条項違反を否定したこと、在庫の状況に関する表明保証条項違反、設備の状況に関する表明保証条項違反を肯定したこと、損害賠償の範囲につき後者の2項目の表明保証条項違反の範囲で認めたこと、金額の多い受注に関する逸失利益、実損に関する損害の主張を排斥したこと、後者の各表明保証条項違反による損害として、不良在庫

（1241万5734円）、不備な設備の工事費用（261万8330円）、弁護士費用（150万円）を認めたことに特徴がある。本判決は、株式譲渡契約における表明保証条項違反を肯定し、その損害の範囲・額を算定した事例判断として参考になるものである。

8·5 株式譲渡を内容とする契約における譲渡人の表明保証条項違反による損害賠償責任

〔判　例〕　東京地判平成27・6・22判時2275号68頁

〔損害額〕　改修工事費用7130万9700円、装置改造費・薬液費・人件費6233万円、改修工事に係る人件費524万800円、弁護士費用1388万円

【事件の概要】

　X株式会社は、半導体の開発、設計、製造、販売等を業とする会社であるが、平成21年4月、Y株式会社との間で、Yの全額出資子会社であるA株式会社の全株式を二度に分けて譲渡する契約を締結した。Aは、半導体工場を経営する等していた。本件契約には、Y、Aらが現在行っている事業を行うために必要な行政当局の許認可、免許等がすべて適法に取得されており、かつ、有効であること、Y、Aは契約書記載のY、Aが所有するとされている不動産につき完全な所有権を有しており、その現状における使用を第三者により妨げられないこと、工場等の本件不動産には新会社の営業の継続に重大な影響を及ぼす欠陥、瑕疵、その他の不具合は存在しないこと、Yの表明保証違反が発生または判明した場合、これに起因してXに生じた損害をXに補償すること（第三者からの請求の結果生じたものか否かを問わない。合理的な弁護士費用を含み、これに限定されない）等の表明保証条項があった。Xは、本件契約に基づき代金合計78億6612万6255円をYに支払った。Xは、平成22年5月頃、本件工場に消防法に違反した状態があることが発覚したことから、消防当局の指導の下、危険物の回収、排出等のために改修工事を行うこととし、平成23年2月から平成24年7月にかけて改修工事を実施し、施工業者に合計3億4万9890円を支払った。Xは、平成25年9月、本件工

場を閉鎖した。X は、Y に対して表明保証条項違反を主張し、同条項違反に基づき改修工事費用、設備エンジニア等人件費、弁護士費用合計 3 億4446万7079円の損害賠償を請求したものである。

●主張の要旨●

本件で問題になった損害は、改修工事費用合計 3 億 4 万9890円、設備エンジニア等人件費1310万2000円、弁護士費用3131万5189円である。

●判決の概要●

本判決は、本件工場には消防法違反があり、市長の許可を取得していない状態であり、半導体事業を行うために必要な行政当局の許認可、免許等が適法に取得されておらず、本件不動産の一部である本件工場に営業の継続に重大な影響を及ぼす欠陥、瑕疵等があったものであり、表明保証条項に違反していたとし、同条項の違反に起因して X に発生した損害を補償する義務は、本件工場の消防法違反状態を解消するために X が要する費用であり、保証内容の実現に必要な限度にとどまるとし、損害につき、改修工事費用（7130万9700円）、装置改造費・薬液費・人件費（ 1 年間分の6233万円）、改修工事に係る人件費（524万800円）、弁護士費用（1388万円）の合計 1 億5276万500円の損害を認め、請求を認容した。

判決文

2　争点 2 （原告の実施した本件システム化以外の工事の価格が適正であるか否か）について

(1)　〈証拠略〉及び弁論の全趣旨によれば、本件システム化以外の工事について、次の事実が認められる。

　　ア　別紙① No.2 （シンナー集中供給化工事）記載の危険物倉庫設計費〈証拠略〉、同別紙 No.4 （少量危険物貯蔵所新設工事）記載のクリーンルーム内少量危険物貯倉庫新設工事〈証拠略〉、同別紙 No.6 （自動消火システムその他）記載のシンナー自動消火設備11（CD 及び CVD ダンパー）〈証拠略〉及びシンナー自動消火設備18（有機排気図面）〈証拠略〉に係る工事について、原告は、各施工者がこれまでに B 工場での施工実績を有しており、

B 工場の構造、設備状況に関する知見を有していたこと、安房郡市消防本部により速やかに工事を進めるよう指導があり、短納期対応が可能かつ他業者が見積もれば高額・長工期が明らかであること等を理由として、特命発注を行った。

イ　別紙①No.4（少量危険物貯蔵所新設工事）記載の日本フリーザー製防爆冷蔵庫〈証拠略〉に係る工事及び同別紙 No.6（自動消火システムその他）記載の SOG 装置 IPA 配管の交換工事〈証拠略〉について、原告は競争入札を行った。

ウ　別紙①No.6（自動消火システムその他）記載のシンナー自動消火設備10（CD 及び CVD）〈証拠略〉、シンナー自動消火設備13（炉漏水検知）〈証拠略〉、シンナー自動消火設備15（ノベラス漏水検知）〈証拠略〉、シンナー自動消火設備19（消火器）〈証拠略〉、シンナー自動消火設備20（防火ダンパー）〈証拠略〉及び東邦製洗浄装置 IPA 用消火システム修理〈証拠略〉に係る工事について、原告は、装置メーカー指定の仕様であり、品質を確保する必要があること、他業者が見積もった場合、高額、長工期が明らかであること等の理由から、特命発注を行った。

エ　別紙①No.6（自動消火システムその他）記載のシンナー自動消火設備14（DS コーターデベ漏水検知）〈証拠略〉、シンナー自動消火設備17（変性エタノール漏水検知）〈証拠略〉及びシンナー自動消火設備21（TEL コーターデベ漏水検知）〈証拠略〉に係る工事について、原告は、安房郡市消防本部より館山デバイスの C 工場と同様の仕様とするよう指導があったこと、各施工者が C 工場での施工実績を有し、C 工場とほぼ同様の工事であったため、短納期対応が可能であったこと、他業者が見積もった場合、高額、長工期が明らかであったこと等を理由として、特命発注を行った。

オ　原告の購買担当者は、特命発注の場合においても、見積書の内容を吟味し、個別項目あるいは工事金額全体に対して複数回の値引き交渉を行い、いずれも相当程度の値引きがされていた〈証拠略〉。なお、別紙①No.4（少量危険物貯蔵所新設工事）記載のクリーンルーム内少量危険物貯倉庫新設工事については、受注した高砂熱学工業の当初の見積価格は1945万円であったが、4回目の減額により1700万円（消費税抜き）で合意された〈証拠略〉。

カ　別紙①No.4（少量危険物貯蔵所新設工事）記載のクリーンルーム内少量危険物貯倉庫新設工事の価格査定の妥当性について、原告が D に検討を依頼したところ、日建設計の作成した見積内容検討報告書〈証拠略〉においては、上記倉庫新設工事は、資材単価や施工費（労務費他）が通常の小規模工事に比べ高額であるものの、施工者である高砂熱学工業に対するヒアリングの結果、平成23年の東北沖地震直後という社会的混乱時期での工事であることや、クリーンルームとして稼働中の区域での工事で、通常の工

事とは異なる環境下での施工が要求されたことから、ある程度の高額単価はやむを得ないなどとして、最終的に274万4048円の出精値引きがされていることからも、最終価格である1700万円（消費税抜き）は妥当であると判断されている。

(2)　本件システム化以外工事は、半導体工場（B工場）を稼働しながらの工事で、クリーンルームの清浄度を維持しながら工事をする必要がある難易度が高いものであるところ〈証拠略〉、上記(1)の各事実によれば、原告が特命で選定した業者の多くは、原告のB工場やC工場での工事の実績のある者であり、工事の完成度や迅速性を考慮すれば、特命発注を採用するという判断は合理的なものであったといえる。また、それ以外の特命発注も、既存製造設備の仕様に依存して特定の業者に発注せざるを得なかったものであることや、特命で選定した業者についても、いずれも見積もりの内容を吟味して減額を要請し、見積額の減額がされていることに鑑みれば、本件システム化以外の工事の価格は相当性を有すると認められる（別紙① No.4（少量危険物貯蔵所新設工事）記載のクリーンルーム内少量危険物貯倉庫新設工事の価格についても、上記(1)ア・オ・カの事実によれば、その工事価格1700万円（消費税抜き）は相当性を有すると認められる。）。

(3)　被告は、本件システム化以外の工事についてはより低額での工事が可能であったと主張し、山下PMC報告書〈証拠略〉やその作成に関与した証人Eの証言（陳述書〈証拠略〉の記載を含む。）はこれに沿うものである。

　　しかし、山下PMC報告書〈証拠略〉は、月刊建物物価、季刊建築コスト情報等の刊行物記載の価格との比較を中心に査定が可能な部分について価格査定を行うものであるところ、上記刊行物の掲載価格については、「大口需要家渡し価格」として、大量受注する場合の価格を前提としていることから〈証拠略〉、それが本件のような単発での施工発注についてどの程度妥当するか疑問があるところ、本件改修工事の施工者（ただし、別紙① No.4（少量危険物貯蔵所新設工事）記載のクリーンルーム内少量危険物貯倉庫新設工事の施工者である高砂熱学工業を除く。）に対し、ヒアリングをした結果をまとめた原告作成の平成25年9月30日付け「業者ヒアリングに関する報告書」〈証拠略〉によっても、ヒアリングを受けた業者は、山下PMC報告書が用いている単価は公共工事を前提とするものであり、そのまま適用されないとか、当該工事の具体的事情に基づき山下PMC報告書の評価に疑問を呈していることが認められる。

　　また、被告は、本件では、是正に向けた改修がないと判断されて使用停止命令が出される可能性は極めて低かったから、原告が主張するような切迫した状況ではなかった旨主張するところ、確かに、本件において消防法違反を理由に使用停止命令がされる可能性は現実には高くなかったと考えられるが〈証拠略〉、実際に法令に違反した状態で工場を稼働させている原告としては、

可能な限り早期に消防法違反の状態を解消したいと考えることはやむを得ないといえる。

　以上に加え、上記(1)オのとおり、原告は、特命発注においても値引き交渉を行い、現に相当程度の値引きが実現していること、上記(1)イのとおり、競争入札が可能な工事については競争入札を行っていることなどからすれば、上記(1)記載の特命発注が不合理であったとはいえず、本件システム化以外の工事に係る価格が不当に高額であるとする山下PMC報告書、証人Eの証言は採用できない。したがって、本件システム化以外の工事についてはより低額での工事が可能であった旨の被告の主張も採用できない。

(4)　以上によれば、被告が、原告に対し、本件表明保証条項に基づき補償すべき本件システム化以外の工事に係る費用は、別紙①「改修工事費用内訳（人件費以外）」No.2記載の工事のうち「危険物倉庫設計費」に係る工事費52万5000円、同No.4記載の工事（少量危険物貯蔵所新設工事）費合計1874万2500円及び同No.6記載の工事（自動消火システムその他）費合計5204万2200円、以上合計7130万9700円（消費税込み）であると認められる。

3　争点3（本件システム化工事が表明保証の範囲に含まれない場合において、被告が負担すべきコスト等の金額）について

　上記1のとおり、本件システム化工事に係る費用については、本件表明保証の対象範囲に含まれないところ、仮に手運び供給による方法を採用した場合に原告が追加で負担することになるコストについては、消防法違反状態の解消に必要不可欠な費用であると認められることから、表明保証の範囲に含まれると解すべきである。

　そして、手運び供給による方法を採用した場合に原告に生じるコストは、まず、追加建設が必要である少量危険物貯蔵所の設置費用については、上記2のとおり、原告が主張する1785万円（消費税込み）が相当であると認められる（面積は8.6平方メートルで十分である旨の被告の主張が採用できないことは、上記1(3)イのとおりである。）。

　一方、上記2のとおり、装置改造費、薬液費及び人件費については、原告の主張をそのまま採用することはできないものの、装置改造は必要であり、また、薬液費及び人件費の増加も生じることは認められるところ〈証拠略〉、直接これらの費用を算定できる証拠等もないことから、被告が仮にこれらの費用を要するとして仮定的に試算した額である装置改造費3189万2000円、薬液費1年当たり374万4000円（システム化した場合と比較した場合の増加する差額）、人件費1年当たり884万4000円（システム化した場合と比較した場合の増加する差額）の限度で、表明保証の範囲に含まれると認めるのが相当である。そうすると、手運び供給による方法を採用した場合に原告に生じるコストは、初年度が6233万円（少量危険物貯蔵庫の設置費用1785万円、装置改造費3189万2000円、薬液増加分374万4000円及び人件費増加分884万4000円の合計）、次年度以降が1年

当たり1258万8000円（薬液費増加分374万40000円及び人件費増加分884万4000円の合計）となる。

　また、補償すべき期間については、手運び供給による方法を採用した場合にC工場の消防法違反の状態が解消される始期は実際には明らかではないものの、より大規模な工事を要すると考えられる本件改修工事の完成後のシンナー供給ユニットの納入期日が平成24年7月末であったことから〈証拠略〉、そのころには製造が開始されたと考えられること、C工場が実際には平成25年9月末に閉鎖していること（基礎的事実(5)）などを総合すると、1年分である合計6233万円（上記の初年度のコスト）について、被告は、本件表明保証条項に基づき補償をすべき義務を負うものと認めるのが相当である。

4　争点4（本件改修工事に関わった原告の設備エンジニア等の人件費、弁護士費用が表明保証の範囲に含まれるか否か）について

(1)　原告は、本件改修工事に関わった原告の設備エンジニア等の人件費として、別紙②「改修工事に要した人件費」の総合計のとおり、1310万2000円を要したと主張するところ、この人件費の具体的内容は、C工場における危険物対応工事に従事した原告の設備エンジニアリング部、前工程技術課、設備課等の従業員の時間当たり単価（対象期間の給与、賞与、法定福利費、厚生費、退職給付費用の合計額を対象期間の時間数にて割返して算定したもの）に対応工事従事時間を乗じた額を集計したものである〈証拠略〉。原告は、本件システム化工事に代えて手運び供給による方法を採用した場合でも、その具体的対応のために本件で実際にかかった人件費と同等の人件費が必要になることは変わりがない旨主張するが、上記1のとおり、本件改修工事のうちシステム化工事については表明保証の範囲に含まれるとは認められないところ、システム化工事をしないで手運び供給による方法を採用した場合の工事について、上記と同等の人件費が生じるものとは考えがたく、また、これを認めるに足りる証拠はない。

　　もっとも、手運び供給による方法を採用した場合の工事についても、原告の上記主張のような人件費が相当額かかることは明らかであるが、これを直接算定するに足りる資料はないところ、原告の主張する本件改修工事費用総額3億0004万9890円（消費税込み）に対する被告の補償すべき手運び供給を採用した場合の工事費用の合計額1億2105万1700円（消費税込み）（上記2(4)の本件システム化以外工事費用の合計額7130万9700円（消費税込み）、上記3の追加で設置する少量危険物貯蔵所の設置費用1785万円（消費税込み）及びCDのボトルを小型化するための装置改造費3189万2000円（消費税込み）の合計額）の占める割合が約40パーセントであることに鑑み、本件表明保証の範囲に含まれる手運び供給の方法を採用した場合の工事に係る人件費は、原告が主張する本件改修工事に係る人件費1310万2000円の40パーセントに相当する524万0800円の限度で、表明保証の範囲に含まれるものと認めるのが相当

である。

(2)　また、被告は、本件紛争が生じた根本的な原因は、原告が被告に事前に工事内容や金額を連絡して意見を求めるなどしなかった原告の杜撰な対応に起因するとして、弁護士費用は表明保証の範囲に含まれない旨主張する。

　　しかし、原告ないし旭化成東光 PD が、平成24年1月11日まで、被告に本件改修工事の内容等を伝えなかったという事情を考慮しても、表明保証の範囲や本件システム化以外の工事金額の妥当性等が争われた本件訴訟の内容や経過等に鑑みれば、原告による弁護士費用の支出は、本件表明保証違反に起因して原告に生じた損害というべきであり、また、その合理的な金額は、被告が補償すべき合計額1億3888万0500円（上記2(4)の7130万9700円、上記3の6233万円、上記(1)の524万0800円の合計）の約1割に相当する1388万円と認めるのが相当である。

　　したがって、被告が原告に対して補償すべき額は、合計1億5276万0500円となる。

●損害額認定の考え方●

　本件は、半導体工場を経営する子会社の全株式を保有する親会社と半導体の開発、設計、製造、販売等を業とする会社が子会社の全株式の譲渡、表明保証条項を含む事業譲渡契約を締結した後、同条項違反が発覚し、譲受人が改修工事の施工等を余儀なくされたことから、譲渡人に対して同条項に基づき補償（損害賠償）を請求した事案である。本件では、表明保証条項違反の有無、同条項の補償の範囲、損害の範囲・額が争点になったものである。

　本判決は、譲渡人の表明保証条項違反を認め、補償の範囲を違反状態を解消するために譲受人が要する費用であり、保証内容の実現に必要な限度にとどまるとし、具体的に補償（損害賠償）の額として改修工事費用（7130万9700円）、装置改造費・薬液費・人件費（1年間分の6233万円）、改修工事に係る人件費（524万800円）、弁護士費用（1388万円）の合計1億5276万500円を認めたものであり、表明保証条項違反による具体的な損害の範囲・額を明らかにした事例判断として参考になるものである。

8·6　事業譲渡契約における譲渡人の不法行為等に基づく損害賠償責任

〔判　例〕　知財高判平成29・6・15判時2355号62頁
〔損害額〕　逸失利益178万7400円（民事訴訟法248条の適用）、弁護士費用18万円

【事件の概要】

　X株式会社は、ウェブサイトを利用して婦人用中古衣類の売買事業を営んでいたY株式会社から事業譲渡を受けた。Yは、譲渡契約の締結の前後、Yのウェブサイトのドメインを取得し、譲渡した事業と同様な商品を売買する事業を開始した。Xは、Yに対して会社法21条3項違反等を主張し、同条項に基づき事業の差止め、不法行為に基づき逸失利益801万円余の損害賠償を請求したものである。

　第1審判決（東京地判平成28・11・11判時2355号69頁）は、Yが不正競争の目的をもって譲渡した事業と同一の事業を行ったと認め、差止請求を認容したものの、損害の発生が認められないとし、損害賠償請求を棄却したため、Yが控訴し、Xが附帯控訴したものである。

●**主張の要旨**●

　本件で問題になった損害は、逸失利益（595万8089円。12カ月間の逸失利益）、弁護士費用（60万円）である。

●**判決の概要**●

　本判決は、原判決と同様に、Yが譲渡した事業と同一の事業を行ったものと認め、差止請求を認容すべきであるとしたうえ、Yの営業によるXの売上げの大幅な減少等を認め、相当因果関係のある期間を12カ月とし、譲渡契約の前後の月額平均粗利の差額から平均販売管理費を控除し、売上げの減少にはXの商品知識、経験の乏しさ等の相当程度影響もあるとし、民事訴訟

法248条により、前記算定の額の約3割に相当する損害があったとし、逸失利益として178万7400円、弁護士費用として18万円の損害を認め、Yの控訴を棄却し、Xの附帯控訴に基づき原判決を変更し、損害賠償請求を一部認容した。

判決文

6　争点(2)イ（損害発生の有無及びその額）について

　前記判示のとおり、控訴人は、会社法21条3項の規定に違反し、不正の競争の目的をもって、被控訴人に対して譲渡した事業と同一の事業を行ったものであるから、その結果、被控訴人に損害が生じた場合には、民法709条に基づき、その損害を賠償すべき義務を負うこととなる。

　そして、〈証拠略〉によると、①控訴人は、本件譲渡契約の締結の前に控訴人サイトのドメインを取得し、本件譲渡契約の締結と前後して控訴人サイトにおいて、本件サイトと同様にロリータファッション及びガーリーファッションの商品の売買を目的とする営業を開始したこと、②本件サイトと控訴人サイトの取扱商品は相当程度共通していること、③被控訴人が営業を休止している間に控訴人代表者が自認しているだけでも100名程度の顧客にメールを送付して、運営主体の変更を告知することなく、控訴人サイトの開設を告知したこと、④その結果、本件サイトと控訴人サイトは姉妹ショップであると誤認する顧客が実際に出現していること、⑤本件サイトの売上実績は、被控訴人が本件サイトの事業を開始した直後から大幅に減少していることの各事実が認められる。

　以上の控訴人サイトの開始時期、控訴人サイトと本件サイトの取扱商品の共通性の程度、控訴人による直接的な顧客誘引行為の存在、本件サイトに係る営業開始後の売上実績の低下の状況等の事情に照らすと、控訴人の違法行為の結果、本件サイトの顧客の一部が失われ、その結果、被控訴人に損害が発生したものと認めるのが相当である。また、控訴人の不法行為と相当因果関係のある期間は、被控訴人がロリータファッションの買取りを中止した時期が平成27年6月頃であること〈証拠略〉等を考慮し、12か月間であると認めるのが相当である。

　損害額について、被控訴人は、平成25年3月から平成26年2月までの本件サイトの粗利の月額平均は86万2605円であり、本件サイトの平成26年8月から同年12月までの粗利の月額平均は17万1230円であるから、本件譲渡契約の前後の月額平均粗利の差額69万1375円から平成26年8月から同年12月までの販売管理費の月額平均19万4867円を控除した額（49万6508円）の12か月分に相当する595万8098円が得べかりし利益の合計額であると主張するところ、〈証拠略〉によると、被控訴人の主張するとおり、本件譲渡契約の前後の月額平均粗利の差額か

ら平成26年8月から同年12月までの月平均販売管理費19万4867円を控除した額は49万6508円であると認められる。

　しかし、〈証拠略〉及び弁論の全趣旨によると、①本件サイトと同様にロリータファッション又はガーリーファッションの商品をウェブサイト上で販売しているサイトは多数存在し、顧客の中には、複数のサイトにアクセスし、そのデザインや値段を対比しながら商品を購入する者が少なくなく、②そのため、本件のような婦人用中古衣類の販売を行う上では、デザインの流行や顧客の嗜好の変化などを敏感に察知し、商品のデザインや価格設定などを常時見直すとともに、顧客の要望に応じて迅速・適切に対応するなどの営業努力・手腕が販売実績を大きく左右し、③同時に、ブログ、ツイッターなどを利用するほか、在庫商品の販売ルートを可能な限り多様化することも必要であると認められる。

　これを本件についてみると、〈証拠略〉及び弁論の全趣旨によると、①被控訴人は、本件譲渡契約より以前にロリータファッションやガーリーファッションなどの商品を取り扱ったことがなく、この分野に関する商品知識やウェブサイト上での古着売買に関する経験に乏しかったこと、②被控訴人は、本件ウェブページのデザインの変更をせず、ブログやツイッターを利用することもしなかったこと、③被控訴人は、ヤフーオークションの利用による在庫商品の販売も行わなかったことが認められる。そうすると、本件譲渡契約後の本件サイトの販売実績が同契約締結前より低下したことについては、こうした被控訴人の商品知識、経験、広告手段、販売方法等も相当程度影響したものというべきである。

　以上のとおり、本件においては、控訴人が競業行為を行った結果、本件サイトの顧客の一部が失われ、被控訴人に損害が発生したと認めることができるが、本件譲渡契約前後の利益額の違いをそのまま損害と認めることはできず、そうすると、事案の性質上、損害額の立証は極めて困難であるということができるから、民訴法248条により、口頭弁論の全趣旨及び証拠調べの結果に基づき、損害額を認定することが相当である。

　前記認定のとおり、本件サイトに係る本件譲渡契約前の売上げの粗利の月額平均と同契約後の粗利の月額平均との差額から販売管理費の月額平均額を控除した額（49万6508円）の12か月分に相当する金額は595万8096円と認められるものの、本件譲渡契約後の本件サイトの販売実績が同契約締結前より低下したことについては、被控訴人の商品知識、経験、広告手段、販売方法等も相当程度影響したと考えられることを斟酌すると、控訴人の違法行為による逸失利益相当額は、その約3割に相当する178万7400円と認めるのが相当である。

　これに加えて、控訴人の違法行為と相当因果関係のある弁護士費用は18万円であると認めるのが相当である。

●損害額認定の考え方●

　本件は、事業譲渡契約が締結されたところ、譲渡人が譲渡に係る事業と同一の事業を行ったため、譲受人が譲渡人に対して、会社法21条3項、不法行為等に基づき差止請求をするとともに、損害賠償を請求した控訴審の事案である（第1審判決は、差止請求を認容したが、損害賠償請求については、損害の発生が認められないとし、請求を棄却した）。本件では、損害の発生の有無、額が争点になったものである。

　本判決は、譲受人につき逸失利益の損害の発生を認め、民事訴訟法248条を適用し、譲渡人の違法な行為により12カ月間の逸失利益との相当因果関係を認め、逸失利益として178万7400円、弁護士費用として18万円の損害を認めたものであり、民事訴訟法248条の適用により逸失利益の額を算定した判断事例を提供するものである。

9 国際取引の関係事業者の責任

 9・1 国際取引において文書を偽造する等して提起した不当訴訟による損害賠償責任

〔判　例〕　東京高判平成12・2・15判タ1086号235頁

〔損害額〕　逸失利益450万円、応訴のための弁護士費用1088万8500円、
　　　　　　翻訳料21万3675円

【事件の概要】

　ロシア法人Xは、水産業を営み、Aが代表者であった。Aは、平成6年、Xの子会社Bを設立した。Y₁株式会社（代表者は、Y₂）は、Y₂らが設立したシンガポール法人Cから所有船舶（D号）の管理を委ねられていた。Aは、平成7年、Y₂にD号の傭船を依頼し、BとCとの間で傭船契約が締結された。Bが傭船料を支払わなかったため、Cらが繰り返してその支払いを請求した。Aらは、平成8年7月頃、Cとの間で、BがD号で生産・加工された紅鮭で傭船料の一部を代物弁済する旨の合意をした。Bは、平成8年9月、Y₁にその旨を書面で確認した。Bは、代物弁済とすることを約束した紅鮭の一部をEに宛てて輸出をしようとしたため、Y₁らがロシアの捜査当局に事情を訴え、Aが荷受人を変更する指示を出し、Y₁がこれらの紅鮭を受領することができた。Aは、その後、残りの紅鮭につきXとY₁との間の売買契約書を署名を偽造して作成し、これに基づき、紅鮭をY₁に宛てて輸出する等した。Xは、紅鮭を引き渡したが、売買契約は代金支払いの意思がないにもかかわらず締結したものであるなどと主張し、主位的にY₁に対し不法行為に基づき損害賠償、二次的にY₁に対し売買代金の支払い、三

次的に不当利得として売買代金の返還を請求したのに対し、Y_1 らが X に対し、反訴として、不当訴訟を主張し、損害賠償を請求したものである。

　　第 1 審判決（東京地判平成11・6・2判例集未登載）は、本訴請求を棄却するとともに、X が契約書の偽造を知っていたと認めるに足りる証拠はないとし、反訴請求を棄却したため、双方が控訴したものである。

●主張の要旨●

　本件で問題になった損害は、Y_1 につき、①訴訟対応のための逸失利益、②弁護士費用、③翻訳料、Y_2 につき、④慰謝料である。

●判決の概要●

　本判決は、X が紅鮭を正当に受領していたことを承知していたのに売買契約書を偽造し、罰金を免れるために全く根拠のないことを知りながらあえて本訴を提起したと認め、不法行為を肯定し、逸失利益（450万円）、翻訳料、弁護士費用を認め、X、Y_2 の控訴を棄却し、Y_1 の控訴に基づき第 1 審判決を変更し、Y_1 の反訴請求を認容した。

判決文

㈠　第一審原告による本件訴訟提起の違法性〈略〉

㈡　第一審被告 Y_1 の損害

　(1)　逸失利益　450万円

　　　第一審被告 Y_1 は、逸失利益1489万2300円の損害を受けたと主張する。

　　　〈証拠略〉によれば、次の事実が認められる。第一審被告 Y_1 は、平成 9 年 2 月21日、第一審原告から、本件紅鮭の売買代金支払を求める内容証明を受領した。そこで、第一審被告 Y_1 は、同月24日から、社長の第一審被告 Y_2、取締役の F 及び顧問の G の 3 名により対応策の検討を始めた。第一審被告 Y_1 は、平成 9 年 4 月16日、本件訴訟の訴状の送達を受けたので、弁護士に訴訟委任した。そして、右 3 名は、打ち合わせを繰り返しながら、事実関係の調査、翻訳、第一審原告の主張に対する認否・反論の作成、裁判所に提出する証拠の収集等を行い、それらのために多大の時間を消費したほか、弁護士との打ち合わせにも時間を取られた。第一審被告 Y_1 が平成 9 年 2 月24日から平

成11年1月13日までの間に本件訴訟の応訴準備のために要した時間は、第一審被告 Y_2 が349時間、Fが395時間、Gが312時間で、その合計は1056時間である。この応訴準備は、通常業務もあるため、弁護士との打ち合わせを除けば、そのほとんどが3名の都合がつきやすい勤務時間終了後に残業して行われた。各人の1時間当たりの役員報酬又は給与の1.3倍（時間外労働であることを考慮したもの）にそれぞれの応訴準備に要した時間を乗ずると、その合計金額は1487万2300円となる。

この事実によれば、第一審被告 Y_1 が応訴準備に要した時間は、2年間で延べ1056時間という長時間に及ぶものである。これは、一日7時間労働とすると、150日分である。しかも、社長や取締役という幹部がこれだけの時間を割かざるを得なかったのである。本件訴訟提起がなければ、第一審被告 Y_1 は、これらの時間を本来の業務に充てることができ、そうすれば、多大な事業利益を得ることができたものと推認される。

しかし他方で、本件訴訟提起がなければ右の1056時間（その多くが残業である。）の全てを勤務に充てるとは考えにくい。また、労働時間に対応する給与相当額の利益を得ることができるとの保証はない。そして、弁護士との打ち合わせは勤務時間内に行われた。以上の3点をも考慮に入れて総合判断すると、第一審被告 Y_1 が本件訴訟提起を受けたことによる逸失利益は、その主張額の約3分の1に相当する450万円と認めるのが相当である。

第一審原告は、応訴活動は本来業務に含まれるものであり、また、時間外賃金は払われていないから、損害がない旨主張する。しかし、通常の業務活動に伴うトラブル処理は会社の業務に含まれるといえるが、本件訴訟は、前記㈠で認定したとおり、第一審原告が全く根拠がないことを知りながらあえて提起したものである。第一審被告 Y_1 にとっては、全くのいいがかりにすぎない。したがって、第一審被告 Y_1 にとって、本件訴訟への対応が通常の業務の一環であるとは認められない。また、時間外賃金を払っていなくても、第一審被告 Y_1 は、右のように長時間の応訴準備を要する本件訴訟の提起を受けなければ、その分、相当額の利益を得ることができたものと認められる。なお、第一審被告 Y_2 も本件訴訟の当事者とされているが、これは、第一審被告 Y_1 の社長として第一審原告との種々の取引、交渉の中心人物であったからであり、また、第一審被告 Y_2 が応訴準備に当たったのも第一審被告 Y_1 の社長としての立場からである。そして、第一審被告 Y_2 が応訴準備に要した時間を社長としての本来の仕事に充てることができれば、第一審被告 Y_1 に相当額の利益をもたらしたであろうことは、いうまでもない。

(2) 弁護士費用 1088万8500円

〈証拠略〉によれば、第一審被告 Y_1 は、その訴訟代理人弁護士らに対し、第一審の着手金、成功報酬及び控訴審の着手金として合計773万8500円（消費税を含む。）を支払ったことが認められ、また、〈証拠略〉によれば、第一審

被告 Y_1 が支払うべき控訴審の弁護士成功報酬は315万円と認めるのが相当である。これらの弁護士費用1088万8500円は、第一審原告が違法に本件訴訟を提起したことにより、第一審被告 Y_1 に生じた損害であると認められる。

　第一審原告は、本件訴訟の判決は確定していないから第一審の報酬請求権は発生しておらず、また、第一審の成功報酬と控訴審の成功報酬を二重に請求することはできない旨主張する。しかし、第一審被告 Y_1 が弁護士に第一審の訴訟委任をし、勝訴判決を得た以上、その判決が確定していなくても、弁護士との委任契約に基づき成功報酬を支払う義務がある。現に第一審被告 Y_1 は、請求を受けて第一審の成功報酬を支払済みである。また、控訴審の成功報酬支払義務があることは、本判決が基本的に第一審被告 Y_1 の勝訴であることから明らかである（なお、その支払義務の履行期が到来するのは本判決言渡時である。）。第一審の訴訟委任を受けた弁護士が控訴審についても受任した場合であっても、それぞれの審級について、別個に訴訟委任の委任契約を結ぶのであるから、各審級毎に成功報酬を請求することができる。第一審被告 Y_1 が現に支払った、又は支払義務を負う消費税が損害に当たらないとの理由はない。なお、第一審被告 Y_1 が当審で新たに請求した弁護士費用は、第一審原告が控訴したことにより生じたもの又は原判決後に確定したものであるから、当審でこれらを請求することが時機に後れたものと認めることはできない。

(3)　翻訳料　21万3675円

　〈証拠略〉によれば、第一審被告 Y_1 は、本件訴訟提起を受けたため、翻訳料21万3675円を支払ったことが認められる。

(4)　合計　1560万2175円

　以上によれば、第一審原告が第一審被告 Y_1 に対して賠償義務を負う損害額は、1560万2175円である。なお、このうち、614万2175円（弁護士費用592万8500円と翻訳料21万3675円）は、当審で新たに請求されたものである。

㈢　第一審被告 Y_2 の慰謝料請求〈略〉

●損害額認定の考え方●

　本件は、事案の内容はやや複雑であるが、本書に関連する範囲では、企業に対する不当訴訟による損害賠償が請求された控訴審の事案である。本件では、訴訟の追行にあたり証拠（ロシア語によるものが含まれていた）の翻訳料、営業上の逸失利益が損害賠償として認められるかが問題になったところに特徴がある。なお、取引の国際化の拡大が顕著に進行しているところであり、日本国内の裁判所における訴訟であっても、英語等の外国語による証拠が含

まれていることは珍しくないところ、その翻訳のために相当の費用が必要になることがあるが、不当訴訟の場合であっても、ほかの類型の不法行為の場合であっても、翻訳料が損害賠償の範囲に含まれるかが問題になる事件は今後増加するものと予想される。

　本判決は、売買契約書を偽造する等して訴訟が提起されたことを認め、不法行為を認めたうえ、逸失利益、弁護士費用、翻訳料の損害賠償を認めたものであり、事例として参考になるものである。

　訴訟の提起が不法行為にあたるかについては、最三小判昭和63・1・26民集42巻1号1頁が重要な先例になっており、この判例以後は、この判例に従って不法行為の成否が判断され、多数の裁判例が公表されている。不当訴訟の提起によって、被告とされた者は訴訟追行のためにさまざまな不利益、損失を被ることがあり、不当訴訟の提起につき不法行為に基づき損害賠償を請求する場合には、不当訴訟の追行のために要した弁護士費用（不当訴訟を理由に損害賠償を請求する訴訟の追行のための弁護士費用とは別にこの弁護士費用が損害になり得る）、営業上の支障が生じたときは、その逸失利益等を主張・立証することによって損害の塡補を図ることができる。

9・2 並行輸入されたブランド商品が偽造品であったことに関する輸入業者の調査確認義務違反による損害賠償責任

〔判　例〕　東京地判平成15・9・19判時1860号80頁
〔損害額〕　返金による損害、回収業務に関する損害、信用毀損による
　　　　　　損害6406万3977円（過失相殺前）

【事件の概要】

　通信販売等を業とするX株式会社は、Aテレビ局の企画する番組の中で通信販売をしていた。Xは、平成13年12月、Y株式会社から通信販売用のブランド商品であるB製のバッグ等を購入し、平成14年2月、3月、テレビを通じて通信販売した。その後、Yから購入したブランド商品が偽造品であることが判明し、Xは、商品の回収を余儀なくされた。XはYに対して債務不履行に基づき返金した代金相当額、商品回収事務の委任経費、信用毀損等の損害賠償を請求したものである。

●**主張の要旨**●

　本件で問題になった損害は、①返金による損害（774万3600円）、②商品券の交付による損害（335万8000円）、③回収業務に関する損害（2632万377円）、④信用毀損による損害（3000万円）である。

●**判決の概要**●

　本判決は、本件ブランド品は並行輸入品であり、偽造品である可能性が少なくないから、真正品として転売する者は、商品の流通経路を調査確認し、形状等を点検するなどして商品が偽造品でないことを確認する義務があるとし、本件では調査確認を尽くさなかったとし、債務不履行を認め、商品返品による損害、商品の回収による損害、信用毀損による損害（3000万円）を認め（顧客に対する商品券の交付による損害は否定した。また、過失相殺を5割認

めた）、請求を認容した。

判決文

1 争点1 〈本件債務不履行についての帰責事由の有無〉について〈略〉
2 争点2 〈本件債務不履行による損害の有無・範囲〉について
 (1) 商品返品による損害について
  ア 返金及び商品券交付による損害
   〈証拠略〉によれば、原告は、顧客からB・コンパクトバック134個を回収し、その際、顧客に対し合計670万円（同バック1個当たり5万円）の返金をするとともに、訪問して回収した際に合計134万円分（1件当たり1万円分）の商品券を交付したこと、B・ミニバック314個を回収し、その際、顧客に対し合計753万6000円（同バック1個当たり2万4000円）の返金をするとともに、合計110万円分（1件当たり5000円分）の商品券を交付したこと、B・ポーチ454個を回収し、その際、顧客に対し合計771万8000円（1個当たり1万7000円）の返金をするとともに、合計91万8000円分（1件当たり3000円分）の商品券を交付したことが認められる。
   原告と顧客との関係においては、原告は、顧客に対して真正品を引き渡す義務を負っていたのであるから、顧客に対して偽造品を引渡したとしても、それは債務の本旨に従った履行とはならず、原告は、なお真正品を調達した上でこれを顧客に給付する義務を負っていたものであるが、真正品の調達が困難であるなどの事情がある場合に、顧客の了承を得た上で、真正品の交付に代えて真正品の代金相当額を交付することも、債務不履行であることが明らかな偽品の交付という行為をした販売者の行為としては取引通念上相当であると認められる。そうすると、原告が、本件商品の回収に際し真正品の代金相当額を交付したことによって被った損害合計2195万4000円から、原告の販売価格合計1421万0400円を控除した774万3600円は、通常損害と解すべきであり、被告が賠償すべき損害と認められる。他方、商品券を交付したことによる損害合計335万8000円は、取引通念からしても過剰な賠償の給付といわざるを得ないから、偽造品である本件商品の交付との間に相当因果関係はないというべきであり、被告の賠償すべき損害とみることはできない。
  イ 本件商品の回収に関する損害
   〈証拠略〉によれば、原告は株式会社○○○○○に対して本件商品に関する顧客からの問い合わせ、回収・返品方法の案内等の業務を委託し、761万0187円を支払ったこと、○○○○○株式会社に対して本件商品について顧客からの回収・返金等の業務を委託し、返品商品着払送料として51万4490円、ミニバック及びポーチの回収業務費用として1779万5700円を支払った

こと、株式会社○○○○○に対して顧客へ送付する文書の印刷費用として40万円を支払ったことが認められ、これらの本件商品の回収に関する損害合計2632万0377円は、誠実かつ円滑に返品ないし返金業務を遂行するために必要な費用として通常生ずべき損害とみるのが相当であるから、偽造品である本件商品の交付と相当因果関係のある損害というべきである。

(2)　信用毀損による損害について

　〈証拠略〉によれば、原告が顧客に対し販売した本件商品が偽造品であったこと、そのため、原告が本件商品を回収したことが全国紙の新聞等で報道されたことが認められる。したがって、被告が原告に対して偽造品を販売したことに起因して、原告に対する社会的信用が低下したことは明らかであるというべきである。そして、上記新聞記事の内容、記事の大きさなどを総合的に考慮すると、信用毀損による原告の損害額は、3000万円と認めるのが相当である。

(3)　まとめ

　以上によれば、原告は、被告の債務不履行により、本件商品の真正品代金相当額を支払ったことによる774万3600円、本件商品の回収に要した費用2632万0377円、信用毀損による損害3000万円の合計6406万3977円の損害を被ったことになる。

3　争点 3 〈過失相殺による損害賠償額の減額〉について

　前記のとおり、被告には原告に対して偽造品である本件商品を販売したことにつき帰責性が認められる一方、本件においては、原告が本件商品を顧客に販売するに際し、原告が本件商品の真贋について十分な調査を行ったと認めるに足りる事実もうかがわれない。前記に認定説示したとおりの本件商品の特殊性に照らせば、自ら売主となって第三者に販売するに当たっては、原告においても被告に要求されるのと同様の調査義務が求められるというべきであり、原告が、自己に課せられた調査義務を尽くして本件商品が偽造品ではないかという点につき疑念を抱き、本件商品の販売を中止していれば、原告が主張する損害は発生しなかったのであるから、軽率に本件商品を真正品と信じた原告にも、それにより発生ないし拡大した損害について帰責事由があると認めざるを得ない。そうすると、損害の公平な分担の見地から損害賠償額の算定に当たり原告の過失を斟酌すべきであり、本件における諸般の事情を考慮すると、その過失の割合は 5 割と定めるのが相当である。

　したがって、被告が賠償すべき損害額は、原告が被った損害合計6406万3977円の 5 割に当たる3203万1988円となる。

●損害額認定の考え方●

本件は、テレビを利用した通信販売を行っていた事業者がブランド商品と

して商品を購入し、通信販売したところ、偽造品であることが判明し、商品の回収等を余儀なくされたため、商品を販売した事業者に債務不履行に基づき損害賠償を請求した事案であり、損害として商品の代金の返還、回収業務、信用毀損による損害等が問題になったものである。商品の製造・輸入・販売等にあたって、商品のブランド・生産地・品質等を偽る事例が次々と発覚してきたが、このような事例において商品の流通経路に関与する者がどのような内容の損害賠償責任を負うかが重要な問題になって登場する。本件は、テレビを利用した通信販売においてブランド商品の偽造品が発覚したため、このような問題が生じた事件である。

　本判決は、ブランド商品として商品を販売した業者の債務不履行を認めたうえ、損害については、前記の②の損害を否定したものの、①、③、④の損害全部を認めたものである。本判決は、商品の回収を余儀なくされた場合における損害賠償の範囲・算定の仕方について重要な事例判断を示したものとして参考になる。もっとも、本判決は、過失相殺を5割認め、損害賠償額を調整していることも忘れてはならない。

10　食品業者の責任

ファーストフード業者が肉まん供給業務委託契約の更新を拒絶したことに関する食品業者に対する債務不履行による損害賠償責任

〔判　例〕　大阪地判平成17・9・16判時1920号96頁
〔損害額〕　受領を拒否された肉まんの代金、1年間の肉まん製造による逸失利益、中国における製造業者に対する賠償金1億7633万7545円

【事件の概要】

　食料品等の輸入等を業とするX株式会社は、平成12年8月頃、ファーストフード店舗を経営するY株式会社の要求する品質等を満たす肉まんの製造・販売のため、基本的な合意を締結し、試作品を製造等し、平成12年12月、発注期間を平成13年1月から同年12月とし（自動更新特約がある）、月産200万個を目処とする等の内容の供給業務委託契約を締結した。Yは、平成13年10月、同年12月末をもって供給業務委託契約を解約する旨を通知した。XはYに対して、解約には正当な事由が必要であるところ、正当な事由がなく、無効である等と主張し、債務不履行に基づき逸失利益等の損害賠償を請求したものである。

●主張の要旨●

　本件で問題になった損害は、①受領を拒否された肉まんの代金（2424万

円）、②１年間の肉まん製造による粗利益（２億8800万円）、③中国における
製造業者に対する賠償金（6770万5545円）である。

●判決の概要●

　本判決は、解約申入れ（更新拒絶）には正当な事由が必要であり、本件で
は正当な事由がなかった等とし、債務不履行を認め、１年間の取引を期待す
ることができた等とし、営業上の逸失利益等の損害を認め、請求を認容した。

判決文

1　認定事実〈略〉
2　争点(1)（本件肉まん契約の更新拒絶に「正当な事由」が必要か否か）につい
　て
　(1)　本件肉まん契約について〈略〉
　(2)　本件解約通知の意味〈略〉
　(3)　解約申入れ（更新拒絶）について「正当な事由」の必要性〈略〉
3　争点(2)（「正当な事由」が必要である場合、本件における「正当な事由」の有
　無）について
　(1)　本件肉まん契約の不法性、不当性について〈略〉
　(2)　製造供給の遅滞について〈略〉
　(3)　以上から、本件肉まん契約の解約に「正当な事由」が必要でないとはいえ
　　ず、また、解約に「正当な事由」があったとも認められない。
4　争点(4)（本件肉まん契約が継続していると認められる場合の被告の義務違反
　行為及び損害）について
　(1)　以上のように、被告による本件肉まん契約の解約に「正当な事由」は認め
　　られないから、平成13年12月以降本件肉まん契約を解約する旨通知し、MD
　　大肉まんの受領を拒否したことは、本件肉まん契約の債務不履行に当たる。
　　　したがって、被告は、原告が被告の債務不履行により被った損害を賠償す
　　る義務がある。
　(2)　肉まん代金など
　　　前記認定した事実経過などに照らせば、原告は、MD大肉まんの供給が可
　　能になってから、少なくとも１年間の取引を期待する立場にあったというべ
　　きである。
　　　この点、平成12年12月、AのBに対する申出により、原告のMD大肉まん
　　製造供給量は、全量の３分の１となったこと、平成13年４月ないし９月まで
　　の○○○○○及び○○○○○によるMD大肉まん納入量は月平均288万5000個
　　であったこと（〈証拠略〉）に照らせば、原告が、供給可能になった平成13年

10月31日から1年間に発注を受け得た個数は月平均約96万1600個、年間で1153万9200個であったと認められる。また、前記のように、原告は被告に対し平成13年10月31日から同年12月末日まで、1個当たり50.5円でMD大肉まんを納入し、平成14年1月1日ないし9日に製造した48万個については受領を拒否された。なお、〈証拠略〉によれば、MD大肉まん1個当たりの粗利は約10円であると認められる。以上から、①平成14年1月に受領を拒否された48万個の代金2424万円と、②原告が平成13年10月31日から1年間に納入し得たMD大肉まんの個数から、平成13年12月に納入済みの262万個と、平成14年1月に受領拒否された48万個を差し引いた843万9200個分の粗利8439万2000円の合計1億0863万2000円は、原告が被告の債務不履行により被った損害であると認められる。

(3)　大連○○食品に対する賠償金

　ア　機械代金について

　　既に認定したように、大連上場においては、被告の指示により（旧）皮ミキサー機械を設置したが、その後の量産体制に耐え得るだけの性能がなかったために、皇宮のCの立会いのもとにMD大肉まんの皮ミキサー機械（新型）を導入し、その費用45万元を原告において負担した（〈証拠略〉）。これは、MD大肉まん増産のための費用であり、被告の債務不履行と相当因果関係にある損害と認める。

　イ　試作費用などについて

　　原告及び関連会社の○○○○○は、被告の上記債務不履行により大連工場においてMD大肉まん製造の中止を余儀なくされ、大連○○食品から平成15年2月10日に原告主張の試作費用等合計370万元の損害賠償請求を受けている（〈証拠略〉）。

　ウ　専用段ボールなどについて

　　原告及び○○○○○は、被告の上記債務不履行により大連○○食品が用意した被告専用の段ボール箱などが転用できないとしてその損害36万3703元を負担せざるを得なくなっている（〈証拠略〉）。

　エ　以上を合計すると、451万3703元となる。1元を15円で換算すると、6770万5545円となる。

(4)　以上合計金額は、1億7633万7545円となる。

5　争点(5)（本件ポテト契約の合意解除に際し代替商品の発注を停止条件としたか否か）について〈略〉

●損害額認定の考え方●

本件は、中国で製造する肉まんの継続的な供給契約を締結したところ、購

入業者が契約の解約（更新拒絶）をし、商品の受領を拒否したため、販売業者が購入業者に対して損害賠償を請求した事案であり、損害として製造済みの商品の代金、1年間の逸失利益（粗利益）、中国の事業者に対する賠償金が問題になったものである。本件では、相当高額な損害賠償が問題になった事件であるが、損害賠償額のほかに、解約（更新拒絶）に正当な事由が必要か、正当な事由があるか等が重要な争点になったものである。

本判決は、本件の供給契約の更新拒絶につき正当な事由が必要であり、本件では正当な事由が認められないとし、購入業者の債務不履行を認めたうえ、平成13年10月から1年間の取引を期待することができたとし、この間の逸失利益（粗利益）1億863万2000円の損害を認め、中国の事業者に対する賠償金6770万5545円の損害を認めたものである。

本判決については、まず、更新拒絶に正当な事由が必要であるか、正当な事由が認められるかに議論がある。仮に、購入業者の更新拒絶が違法であるとの前提に立った場合の損害賠償の範囲については、本判決の1年間の取引が期待できるとの判断があいまいであり、また、逸失利益の算定の仕方がやや杜撰であるとの印象は否定できないものであり、本判決を引用して利用する場合には注意が必要であろう。中国の事業者に対する賠償金が損害にあたるとする本判決の判断は、賠償金が現実に支払われているものではないうえ、この事業者の設備投資の内容・経緯、損害賠償をする合理性、証明の有無等の認定・判断が杜撰であるとの疑問が残るものである。

10・2 健康食品の継続的供給取引契約の解約についての発注義務違反に関する損害賠償責任

〔判　例〕　東京地判平成20・9・18判時2042号20頁
〔損害額〕　取引停止日から契約期間満了日まで（1カ月3日間）の逸失利益6659万7883円

【事件の概要】

　X株式会社は、医薬品等の製造・販売を業とするA株式会社の連結子会社であり、平成4年4月、Aとの間で、健康食品の継続的供給取引契約を締結し、健康食品の供給を受け、販売していた。Xは、平成15年3月、B株式会社、Y株式会社との間で、XがBに健康食品を供給し、YはXがBに出荷した商品を確認し、その代金をBと連帯して支払う、契約期間を1年間とするなどの内容の契約を締結し、健康食品を提供していた。Yは、Xに契約の見直しを提案し、交渉が行われたが、Yは、平成18年1月、発注先をBからほかに変更する旨を通知した。Bは、平成18年2月、Xに取引が終了したことなどを通知した。XはYに対して、Yとの間で実質的に供給契約が成立している等と主張し、発注義務違反による債務不履行を主張し、逸失利益等14億円余の損害賠償を請求したものである。

●主張の要旨●

　本件で問題になった損害は、①平成18年2月から契約期間の満了日である同年3月までの逸失利益、②契約更新を前提とする平成19年3月までの逸失利益、③XがAに対して債務不履行によって負う損害賠償額である。

●判決の概要●

　本判決は、取引の経過を詳細に認定し、YがAを介してXから健康食品

を継続的に買い受ける契約が成立したとしたうえ、健康食品の発注義務を認め、供給契約の解約については、やむを得ないと認められる特段の事情が認められず、無効であり、更新拒絶については、合理的理由があったとし、取引停止の日から契約期間満了日までの債務不履行を認め（契約の残存期間である1カ月3日間の逸失利益（純益）の損害賠償額を認めたが、前記②、③の主張を排斥した）、請求を認容した。

判決文

1 争点(1)ア（被告の原告に対する本件商品の発注義務の有無）について〈略〉
2 争点(1)イ（原被告間の供給契約の解約及び更新拒絶の成否）について〈略〉
3 争点(2)ア（Bの原告に対する本件商品の発注義務の有無）〈略〉
4 争点(3)（原告の損害）について

　前記2のとおり、被告には、平成18年2月1日から3月3日までの1か月と3日分の発注義務の債務不履行が認められることとなる。

　そして、前記1(1)ナのとおり、被告の平成16年9月から平成17年8月までの売上は381億6000万円であり、平成17年9月から平成18年8月までの売上は383億円であって、その額に大差はないことから、被告の平成18年2月1日から3月3日までの間の需要について、平成16年度を基礎に算出することについては合理性があるというべきである。

　そして、前記のとおり、平成16年度における原告のAからの仕入額を差し引いた粗利益額は7億6862万6907円であり、弁論の全趣旨によれば、原告の経費は、原告の担当者3名分の労務費、旅費、NPフェスタ協賛のための物品費用の合計4119万8645円と認められるから、これらを差し引くと、純利益は、7億2742万8262円となる。

　したがって、平成18年2月1日から3月3日までの発注義務の懈怠による原告の逸失利益は、以下のとおり6659万7883円と推認するのが相当であるから、同額分の損害が原告に生じたと認められる。

　727,428,262 × 1／12 ＋727,428,262 × 3／365＝66,597,883

　これに対し、被告は、物流に要する費用も控除されるべきであると主張するが、本件商品は、○○○○○から被告の物流センターへ直接納品されており、納入に要する費用は○○○○○の負担であること、原告は倉庫料に関する負担をしていないことから、同経費の存在を認めることはできない。

　また、原告は、原告がAに対し債務不履行に基づく損害賠償責任を負うから、Aの損害も原告の損害として加算されるべきであると主張するが、原告とAとの契約は、原告が被告に本件商品を納入することを前提としており、原告が本

件取引を停止された[^ママ]について原告の帰責性を認めることはできない以上、原告のAに対する債務不履行の事実を認めることはできず、Aから損害賠償請求を請求される蓋然性を認めることはできないから、同社の損害を原告の損害と認めることはできない。

●損害額認定の考え方●

　本件は、三者間契約を締結し、健康食品を継続的に供給していたところ（供給業者もその親会社から商品の供給を受けていた）、契約期間の満了前に商品の注文をしなくなったため（契約の解約がされたことになる）、供給業者が注文者から商品の供給を受けていた業者に対して債務不履行に基づき損害賠償を請求した事案であるが、損害として、契約期間の満了までの逸失利益、契約更新を前提として1年間の逸失利益、供給業者の供給元に対する損害賠償が主張されたものである。

　本判決は、契約の解約についてはやむを得ない事由がないとし、無効であるとし、更新拒絶については合理的理由があったとし、有効であるとしたうえ、契約の解約に伴う損害賠償として1カ月余の逸失利益を認め、契約更新を前提とする逸失利益を否定し、供給元に対する関係では債務不履行が認められず、損害賠償請求の蓋然性を否定したものである。

　本判決が、契約期間満了までの逸失利益を肯定し、契約更新を前提とする逸失利益を否定した判断は、その算定の方法を含め事例判断として参考になるものである。また、供給元に対する損害賠償に関する損害を否定した本判決の判断は、否定事例を提供するものである。

生菌等によって汚染された粉末バルク加工業者の請負契約上の担保責任に基づく損害賠償責任

〔判　例〕　福岡地判平成21・12・25判時2101号93頁
〔損害額〕　転売による逸失利益424万6872円（逸失利益の4割相当額）

【事件の概要】

　菓子・健康食品等の製造・販売を業とするX株式会社は、Y農業協同組合との間で、健康食品の原料であるプラセンタ（SPF豚の胎盤）の加工を委託する請負契約を締結し、Yにプラセンタを液状バルクで提供し、Yが加工した後、納品していた（Xは、納品された粉末バルクを転売していた）。Xが提供していた液状バルクは、検査では生菌等によって汚染されていなかったが、Xに納品された粉末バルクが検査で生菌、大腸菌、真菌によって汚染されていることが判明した。Xは、食品衛生法6条によって健康食品として販売することができなかった等と主張し、Yに対して担保責任に基づき転売による逸失利益につき損害賠償を請求したものである。

●**主張の要旨**●

　本件で問題になった損害は、転売による逸失利益である。

●**判決の概要**●

　本判決は、本件契約が健康食品を前提とすることを認め、粉末バルクが生菌等によって汚染されている可能性があるとして、食品衛生法6条により販売できないことは瑕疵にあたるとし、民法634条2項前段の損害賠償責任を認めたうえ、合格品が4割程度でも容認されていた等とし、転売による逸失利益の4割に相当する損害を認め、請求を認容した。

判決文

1　争点(1)〈被告の民法634条 2 項前段に基づく損害賠償責任の有無〉について〈略〉

2　続いて、争点(3)〈本件委託契約における凍結乾燥加工における瑕疵が注文者の供した材料の性質又は注文者の与えた指示により生じたものとして、被告は民法636条により免責されるか。〉について検討する。〈略〉

3　争点(4)〈担保責任の除斥期間〉について〈略〉

4　争点(2)〈損害〉について

　〈証拠略〉によれば、原告は本件製品を、関連会社の A に、kg 単価17万円で納品し、さらに A は一化粧箱当たり4124円で B 商事に納品していたことが認められる。原告と A は同一人が代表者であるなど関連のある会社であることは認められるが、原告が商品を卸していることを否定するに足る事情は認められない。

　そうすると、上記事実によれば、7 月、8 月納品分である、合計59.48kg について販売できず、1061万7180円の利益を得ることができなかったといえる。

　しかしながら、平成17年 4 月納品分の粉末バルクについて試料サンプル14個のうち生菌数、大腸菌・大腸菌群、真菌の検査において合格品とされたのは 6 サンプル（42％）にとどまる。他方、豚の胎盤の仕入価格は kg 単価120円、加工料は15万円であることに照らすと、4 割の合格品が納品されれば、十分利益を上げることは可能であるといえるところ、平成18年の原告から被告宛の書面で同月納品分について良品と結果として評価しているものであり、上記 2 で述べた点を考慮すると、合格品が 4 割程度でも原告は容認していたといえる。

　そうすると、1061万7180円の 4 割である424万6872円が得べかりし利益として原告の損害となる。

●損害額認定の考え方●

　本件は、健康食品の原料につき加工が委託され、液状バルクによって原料が提供され、加工業者が乾燥加工し、粉末バルクによって納品していたところ、一部の粉末バルクが生菌等によって汚染されたことが判明し、加工の委託者が受託者である加工業者に対して請負契約上の担保責任に基づき損害賠償を請求した事案である。本件では、損害論としては、加工原料の転売による逸失利益が問題になったものである。

　本判決は、納品された加工原料が食品衛生法 6 条により販売できないもの

であるとし、瑕疵を認め、転売による逸失利益を認めたものの、取引の実情を考慮し、その4割が損害であるとしたものである。この判決は、転売を前提とした健康食品の加工原料の瑕疵につき転売による逸失利益を損害と認めた事例として参考になるが、前記のとおり、4割に限定した判断には議論があろう。

10・4 地域指定の食品の継続的売買において指定外の食品を販売した業者の損害賠償責任

〔判　例〕　東京地判平成25・1・22判時2202号45頁
〔損害額〕　商品の回収等費用6905万1573円

【事件の概要】

　X株式会社は、わかめ製品を中心とする食品類の製造、販売を業とする会社であり、加工・製造に係る商品のほぼすべてを親会社であるA株式会社に販売してきた。Y₁株式会社（代表取締役は、Y₂）は、わかめその他の海草の販売を業とする会社であるが、平成7年11月、Xとの間で、海草を継続的に販売する基本契約を締結した。XとY₁は、平成21年2月、平成21年度産の鳴門産わかめの販売を行う合意をし、Xは、代金合計4億7634万円余を支払った。XとY₁は、平成22年2月、平成22年度産の鳴門産わかめの販売を行う合意をし、Xは、代金合計1億278万6075円を支払った。Aは、Xの製造に係るわかめ商品を購入し、販売していたところ、平成22年6月、使用されていたわかめが中国産であるとの問合せを受け、Xが検査機関に依頼し、同位体分析検査する等したところ、中国産である可能性が高い旨の判定がされた。Aは、全国紙に謝罪と商品の回収を内容とする社告を掲載し、回収を実施し、回収、保有に係る商品を廃棄処分した。XとAは、平成22年7月、回収に起因するいっさいの損害につきXが負担する旨の合意をし、同年8月、Xは、Y₁に対して基本契約、各個別契約を解除した。Xは、Y₁に対して平成21年度の取引分につき商品の回収等費用の債務不履行に基づく損害賠償、平成22年度の取引分につき売買代金の返還を、Y₂に対して会社法429条1項に基づく損害賠償を請求したものである。

●**主張の要旨**●

　本件で問題になった損害は、商品の回収等費用（3億8134万9653円）であるが、ほかに契約の解除による既払金1億278万9109円の返還も問題になったものである。

●**判決の概要**●

　本判決は、本件わかめにつき行われた同位体分析検査によってなると産わかめでないとする判定結果は信用することができ、一部の製品を除き、Y_1が販売した製品が鳴門産わかめではないと推認し、Yの債務不履行を認め、平成22年度取引については、一部の製品の代金を除いた支払済みの代金1億61万4150円の返還義務を肯定し、平成21年度取引については、商品の回収等費用として3億8134万9653円の支出が認められるところ、一部の製品につき商法526条2項後段による制限を受けるものであるとし、この部分の取引を除外し、6905万1573円の損害を算定し、Y_2の任務懈怠を否定し、Y_1に対する請求を認容し、Y_2に対する請求を棄却した。

判決文

(4)　原告の損害及び過失相殺について

　　ア(ア)　前記のとおり、原告及びAは、平成21年度取引における被告会社の債務不履行により、被告会社の納めた製品を使用した商品等の回収等を余儀なくされ、前記1(1)オ(オ)のとおり合計3億8134万9653円を支出したことが認められる。そして、当該支出の内容からすれば、当該支出は、ロット番号J9D7501の製品に係るものとみるべき部分を除き、全て上記債務不履行と相当因果関係を有するものと認めるのが相当である。

　　　　この点について、被告会社は、前記のとおり、前記第2・3(3)ア(エ)a(a)vからviiの回収対象商品の廃棄費用等に係る損害（合計2億8200万7275円）については、上記債務不履行との間に因果関係が認められない旨主張するが、当該主張は、上記説示に照らし、採用することができない。

　　(イ)　ところで、前記(3)エに説示したとおり、原告は、前記(ア)の損害合計3億8134万9653円のうち、平成22年1月16日以降に納品された製品に係る部分についてのみ、被告会社に対してその賠償を請求することができるものと認められるところ、本件証拠上、当該部分の額を正確に知ることは困難であるというほかないが、前記認定事実により、平成21年度取引における取

197

引量が合計69万7680キログラムであり、そのうち同日以降に納品された製品の量が12万6330キログラムであること及びロット番号J9D7501の製品が同日より前に納品されたものであることが認められることなどからすれば、当該部分の額については、3億8134万9653円の69万7680分の12万6330に相当する6905万1573円と認めるのが相当であるものと解する。

イ　被告会社は、原告の損害額の算定に当たっては8割以上の過失相殺がされるべきである旨を主張するが、前記認定の平成22年度取引の状況を含む本件取引の経緯等に照らしても、原告について、直ちに前記の平成22年度取引に係る原告の損害の発生又はその拡大等に過失があったものと評価すべき事情までは認め難いものというべきであり、被告会社の上記主張は採用することができない。

(5)　以上の次第で、被告会社は、原告に対し、平成21年度取引に係る債務不履行による損害賠償として、6905万1573円及びこれに対する平成23年1月7日から支払済みまで商事法定利率年6分の割合による遅延損害金の支払義務を負うものと認めることができる。

●損害額認定の考え方●

本件は、特定の地域産のわかめの継続的な売買が行われたところ、指定された地域のわかめでない製品が販売されたことから、購入業者の親会社で販売先であった業者が商品を回収、処分する等したため、わかめの購入業者が販売業者に対して一部年度の取引につき支払済みの代金の返還、他の年度の取引につき商品の回収等費用の債務不履行に基づく損害賠償を請求した事案である。本件では、債務不履行の有無、商法526条2項所定の制限の成否のほか、損害の範囲・額が争点になったものである。

本判決は、特定の地域産のわかめであることを前提とする継続的な売買契約において、指定外の地域のわかめが販売されたことにつき販売業者の債務不履行を肯定したこと、一部年度の取引につき契約の解除による支払済みの代金の返還義務を肯定したこと、他の年度の取引につき一部の取引において商法526条2項の不通知による制限を認めたこと、他の取引につき損害として商品の回収等費用の6905万1573円の損害を認めたことに特徴がある。本判決の債務不履行を肯定した判断は、特定の地域産の海産物の売買における地

域外の製品が提供された事案につき債務不履行を肯定したものとして参考になるものである。本判決の損害に関する判断は、商法526条2項の適用を認め、損害の範囲を一部限定した事例判断としても、商品の回収等費用としての損害額を算定した事例判断としても参考になるものである。

11　フランチャイズ事業者の責任

コンビニエンスストア加盟店の経営破綻につきフランチャイザーの情報提供等に関する説明義務違反による損害賠償責任

〔判　　例〕　千葉地判平成13・7・5判時1778号98頁
〔損害額〕　保証金、契約金、名義使用料、出資金、開店準備金等、各
　　　　　　2870万円、500万円、3391万6538円（過失相殺前）

【事件の概要】

　X_1 は、平成6年8月、コンビニエンスストアのフランチャイズ事業を営む Y 株式会社との間で、Y の従業員から売上高・収支等につき説明を受け、コンビニエンスストアの開業のためにフランチャイズ契約を締結し、保証金、契約金、名義使用料、出資金を支払った。X_2 は、平成6年8月、Y と同様なフランチャイズ契約を締結し、X_3、X_4 が連帯保証をした。X_5 は、平成4年5月、Y と同様なフランチャイズ契約を締結し、X_6、X_7 が連帯保証をした。X_1、X_2、X_5 はそれぞれ店舗を開店し、コンビニエンスストア業を営んだが、経営は低迷した。X_1 らは、Y の経営指導等に不満をもち、経営が悪化し、X_1 らは、平成8年2月から3月にかけて、各契約を詐欺を理由に取り消し、それぞれ店舗を閉鎖した。X_1、X_2、X_5 は、Y に対し、正確な情報・資料の開示義務違反、危険の告知義務違反、契約内容の説明義務違反、指導義務違反を主張し、不法行為、債務不履行に基づき損害賠償を請求したのに対し（甲事件）、Y が X_1 らに対し、債務不履行を理由に各契約を解除したと主張し、清算金、違約金の支払いを請求したものである（乙事件）。

●**主張の要旨**●

　本件で問題になった損害は、X_1につき保証金、契約金、名義使用料、出資金、開店準備金の損害、X_2につき保証金、契約金、名義使用料、出資金、開店準備金、慰謝料の損害、X_5につき保証金、契約金、名義使用料、出資金、開店準備金、改装工事費の損害である。

●**判決の概要**●

　本判決は、棚卸しロス、見切り・処分等の経費が増加し、収入が減少するおそれが十分にあり、それが容易に予想できたから、Yの担当者は収入が減少する危険が高かったことにつき説明する義務があり、この説明をせず、フランチャイジーはこの危険を知らされずにコンビニ店を始め、売上げが減少し、収支がとれなくなり、店舗を閉鎖せざるを得なくなったものであり、説明義務違反があった等とし、保証金、契約金、名義使用料、出資金、開店準備金等の損害を認め（X_1の過失を7割、X_2の過失を5割、X_5の過失を8割認め、過失相殺した）、甲事件におけるX_1らの請求を認容し、違約金の請求が公序良俗に反する等とし、乙事件におけるX_1ないしX_4に対する請求を棄却し、X_5ないしX_7に対する清算金の支払請求を認容した。

判決文

1　原告X_1について

　原告X_1が被告Yに対して、本件フランチャイズ契約一の締結に際し、保証金として2370万円、契約金として150万円、名義使用料として150万円、出資金として150万円を出捐したことは、前記第二の一3㈠のとおりであり、〈証拠略〉によれば、さらに、開店準備金として50万円を出捐したことが認められるから、右合計2870万円を損害と認めるのが相当である。

2　原告X_2について

　原告X_2が被告Yに対して、本件フランチャイズ契約二の締結に際し、契約金として150万円、名義使用料として150万円、出資金として150万円を出捐したことは、前記第二の一3㈡のとおりであり、〈証拠略〉によれば、さらに、開店準備金として50万円出捐したことを認められるから、右合計500万円を損害と認めるのが相当である。

　慰謝料請求については、本件は取引行為に伴う相手方の違法行為によって損

害を被った事案であって、原告 X_2 自身も本件契約によって利益を得ようと積極的に関わったこと等、本件の事実関係に照らしてみれば、認めることはできない。

3　原告 X_5 について

　原告 X_5 が被告 Y に対して、本件フランチャイズ契約三の締結に際し、契約金として150万円、名義使用料として150万円、出資金として150万円を出捐したことは、前記第二の一3(三)のとおりであり、弁論の全趣旨によれば、さらに、開店準備金として50万円出捐したことが認められ、さらに開店のための改装工事費として少なくとも2891万6538円支出したことが認められるから、右合計3391万6538円を損害と認めるのが相当である。

●損害額認定の考え方●

　本件は、本書に関連する範囲で紹介すると、コンビニエンスストアのフランチャイズ契約を締結し、コンビニ店を開店した者が、事業を始めたものの、売上げの減少、収支の悪化によりコンビニ店の閉鎖を余儀なくされたため、フランチャイザーに対して説明義務違反等を主張し、損害賠償を請求した集団訴訟の事案である。本件では、フランチャイザーのフランチャイジーに対する契約締結時における説明義務違反の内容、説明義務違反の有無が重要な問題であるが、それとともに説明義務違反が認められる場合の損害賠償の範囲、損害賠償額の算定もこれに劣らず重要な問題である。

　本判決は、フランチャイザーの義務違反を認め、各フランチャイジーごとに契約締結時に交付した保証金、契約金、名義使用料、出資金、開店準備金等の損害を認めたものである。フランチャイズにおけるフランチャイザーとフランチャイジーとの間の紛争は、さまざまな内容・態様のものがあるが、契約締結時における説明義務違反、情報提供義務違反、保護義務違反等のフランチャイザーの注意義務違反が問われる紛争は少なくなく、事案によってはフランチャイザーの注意義務違反が認められることがある。フランチャイズにおいては事業上の損失が問題になるため、積極損害、消極損害（逸失利益）とも経済的な損害が問題になるのが通常である。本件では、フランチャイジーの被った損害の範囲として積極損害が問題になったものであり、本判決は、これを肯定した事例として参考になる。

11・2　加工食品の取引中止に関する信義則上の配慮義務違反による損害賠償責任

〔判　例〕　東京地判平成19・11・26判時2009号106頁
〔損害額〕　営業上の逸失利益400万円

【事件の概要】

　X株式会社は、食料品の輸入等を業としていたところ、平成13年8月、飲食店のフランチャイズ業、経営指導等を行うY株式会社との間で、XがYから注文を受けた商品（加工食品）を中国における食品加工工場で製造させ、輸入し、Yが購入する売買契約を締結した。売買契約は、発注の都度、商品の内容、数量、価格、製造工場、引渡方法、Xが商品価格の5%を輸入口銭料として取得すること等が定められたが、取引の期間、対象商品、数量等は定められなかった。Xは、Yの注文に応じて、おおむね毎月注文を受け、中国のA工場、B工場等において商品を製造させ、Yに商品を販売する取引を継続していた。Yは、平成16年8月、本件取引を打ち切り、Yが開発した商品をA工場、B工場に直接注文して取引を行うようになった。XはYに対し、猶予期間を置くことなく取引を中止したことが債務不履行、信義則上の義務違反にあたると主張し、損害賠償を請求したものである。

●**主張の要旨**●

　本件で問題になった損害は、3年間の営業上の逸失利益である。

●**判決の概要**●

　本判決は、本件取引を中止するにあたってXに生じる損害が最小限になるよう配慮すべき信義則上の義務があり、特段の事情のない限り、事前に取引終了の予定を告知し、取引の終了までに一定の猶予期間を設けるなどの対応をすべきであったとし、本件では4カ月程度の猶予期間を置くべきであっ

たとし、信義則上の配慮義務違反を認め、請求を認容した（1カ月100万円の4カ月分の逸失利益等を認めた）。

判決文

(1)　争点1（被告が原告の取引先であった本件中国工場と直接取引を開始したことが原告に対する不法行為となるか。）について〈略〉

(2)　争点2（被告が原告との間の本件取引を打ち切ったことが債務不履行に該当するか。）について

　ア　争点2(1)（原告と被告との間に継続的取引契約が成立しているか。）について

　　　原告は、本件取引が、口頭又は黙示の合意により継続的取引契約として成立したものとして、被告が、平成16年9月、何ら予告期間を設けずに原告に対する発注を打ち切ったことが債務不履行に該当すると主張する（第4の2(1)ア）。

　　　しかしながら、認定事実(1)キ（前提事実(2)イ）によれば、原告と被告との間の本件取引においては、取引の期間や対象商品及びその数量等についてはあらかじめ定められておらず、注文の内容及び注文時期等はすべて被告にゆだねられていたものであり、被告が発注の都度、商品の内容とその数量及び価格、製造工場並びに被告への引渡方法等が記載された契約書が作成されたものであることが認められる。

　　　加えて、認定事実(3)アによれば、被告が当初から継続的取引契約をするについては商品及びその数量並びに取引期間等を明示した契約書を作成することが認められること、また、原告代表者は、商品販売の関係上被告において商品が不要になった場合でも、被告は原告に発注しなくてはならないのかという趣旨の質問に対して、「需要がないにもかかわらずむりやり買ってくださいということは、申し上げるつもりありません。」と述べ、原告としても被告が定期的継続的に一定量の商品を確実に購入するとまで想定して本件取引を開始したものとはうかがわれないことなども併せ考えると、本件取引は、個別の売買契約が反復継続して行われたものと認めるのが相当であり、原告の主張するような基本契約としての継続的取引契約が成立しているものとは認めることができない。

　　　したがって、継続的取引契約が成立したことを前提とする原告の主張は、その点においては理由がない。

　イ　争点2(2)（被告が原告との間の本件取引を打ち切ったことについて、債務不履行ないし信義則上の義務違反が認められるか。）について

　　　上記アで説示したとおり、本件取引は当初から一定の内容を備えた継続的

取引契約として成立したものとは認められないが、原告は、その取引実態を踏まえて一定の保護に値するものであるとして債務不履行ないし信義則上の義務違反を主張するものと解されるので、以下、この点について判断する。

㋐　上記のとおり、本件取引は継続的取引契約が成立しているとまでは認められないが、認定事実(1)キによれば、平成13年8月から平成16年9月までの間の本件取引の内容は、〈証拠略〉のとおり約3年にわたるものであり、被告からの注文には多寡があるものの、本件取引開始後、取引に適用される一定の口銭料率を合意した上、原告は被告からおおむね毎月注文を受けていたことが認められる。

　　また、認定事実によれば、本件取引において、原告は、被告からの発注に対応することができるようにするため、商品の製造委託先として当初予定された○○に加え、本件中国工場などの中国の食品加工工場を新たに開拓し、指導・支援するなどして、通常の製造委託ないし商品の輸入売買を超えた協力をしていること（認定事実(1)エ、オ）、原告は直接の本件取引以外の被告の様々な要求についてもこれに応じていること（同(1)カ）などからすると、原告と被告との間には個別の取引を超えた信頼関係が形成されていたものと認められる。

㋑　また、被告は、原告の被告との取引に対する依存度が相当程度大きいものであることを認識していたところ（同(1)キ）、平成16年3月には被告が口銭料率を従前の5パーセントから3パーセントに変更することを原告に承知させたこと（同(1)ク）が認められ、〈証拠略〉によれば、その後の同年4月以降も相当多額の取引がされていることが認められる。このような経緯からすると、本件取引には取引期間についての合意はないものの、上記被告の行為によって、原告に対し、今後も相当期間にわたって本件取引が継続することについての合理的な期待を抱かせたものと認めることができる。

㋒　さらに、認定事実の経緯に照らすと、本件取引の終了はもっぱら被告側のみの事情に係るものであって、被告が自ら本件中国工場と直接取引をするためのものであると認められる。そして、被告が本件中国工場と直接取引をすることが直ちに違法とはいえないとしても、被告の上記直接取引によって、原告が本件取引から排除される結果となるものであることが明らかであり、予告なしに本件取引を終了することによって、原告の上記㋑の期待を奪い、原告に想定していない不利益を生じさせることは、被告においても容易に認識し得たものというべきである。

㋓　以上のような本件取引に係る諸事情からすれば、原告と被告との間において原告の主張するような継続的取引契約が成立していないとしても、原告には本件取引がなお相当期間継続することについての合理的期待が生じていたものと認められ、被告においても原告の被告に対する依存度や上記期待を認識していたものというべきであるから、被告には、本件取引を中

止するに当たって、原告に生ずる被害を最小限となるように配慮すべき取引当事者としての信義則上の義務があるものというべきであり、特段の事情のない限り、事前に取引終了の予定を告知し、取引を終了するまでに一定の猶予期間を設けるなどの対応をすべきであったというべきである。

㈡　そこで検討してみると、認定事実に照らしてみれば、被告は、原告の口銭料の引き下げをした直後の平成16年4月2日には、自ら開拓した△△△△冷凍場との間で契約を締結し（認定事実(1)ケ）、また、そのころには豚肉の新たな製造方法の開発をし、同年7月初旬までには原告との取引を打ち切ることを決定した上、原告が開拓した新盛に対して直接取引を打診する（同(1)コ）などの行動に出ていることからすれば、被告において原告との取引を打ち切ることは少なくとも上記同年7月初旬より前から検討され、進められてきたことがうかがわれる。

そうすると、被告は、本件取引が打切りとなる可能性があることについては遅くとも平成16年7月初旬より前には原告に告知することができたものと認められ、同時に、本件取引の終了に至るまでの猶予期間や手順等を原告に提示し、あるいは原告との協議をするなどの対応をすることができたものと認められ、被告において、このような対応を困難とする特段の事情があることは、証拠上、認めることができない。

それにもかかわらず、被告が、原告に対し、本件取引の全部打切りを告げたのは同年8月27日に至ってのことであり、かつ、猶予期間を置く配慮もしなかったものであることからすれば、本件取引を終了させるに際して信義則上すべき配慮を怠ったものと認めるのが相当である。そして、本件取引の経緯に照らせば、被告が本件取引の全部打切り告知するに際して、同年9月から12月までの4か月間程度の猶予期間を置くべき義務があったというべきである。

以上によれば、被告には、本件取引を打ち切るについて、原告に対し、信義則上の配慮義務があると認められるところ、本件における被告の対応はその義務に反したものと認められる。

ウ　争点2(3)（原告の損害額）について

そこで、上記4か月間に生じた原告の損害について検討する。

〈証拠略〉によれば、平成13年9月から平成16年10月（38か月間）の売買代金合計額は18億6976万2207円（税抜・円未満切捨）であるから、1か月の平均売買代金額は4920万4268円となるところ、本件取引打ち切り時の口銭料率は3パーセントであるから、これによれば1か月の平均利益は143万3135円となることが認められる。

もっとも、本件取引の状況に照らすと、毎月の取引額には相当程度の差があること、前記のとおり、原告には発注済みの取引を処理することによる収益もあること、上記算定の平均利益の額は売上総利益（粗利）であると認め

られるから通常の営業活動に要する費用等を考慮する必要があると認められ
ることなどの事情を総合考慮すると、上記4か月間については、1か月100万
円の限度で原告の損害として認めるのが相当である。

　　　したがって、被告が本件取引を終了させるについて事前に告知すべき義務
を怠ったことにより原告に賠償すべき損害は400万円と認められる。

　エ　まとめ

　　　以上によれば、争点2に係る原告の主張は上記説示の限度で認められる。

　　　よって、原告の第2請求は、400万円及びこれに対する遅延損害金の支払を
求める限度では理由があるが、その余は理由がない。

(3)　争点3（被告が原告に発注した商品をAから直接受領したことは、原告に対
する債務不履行又は不法行為となるか。）について〈略〉

●損害額認定の考え方●

　本件は、外国の工場で製造した商品を継続的に売買する契約を締結したと
ころ、購入業者が取引を打ち切り、自ら外国の工場に商品を直接に注文し始
めたため、供給業者が購入業者に対して損害賠償を請求した事案である。本
件の契約は、継続的契約・継続的取引に分類され、これを前提として議論さ
れることがあるが、継続的契約を認めるとしても、契約の内容は、個々の事
案ごとにまちまちであり（本件では、継続的契約の成否も争点になっている）、
まず、契約の内容を明確にして議論をすることが重要である。本件の契約は、
購入業者の発注に従って外国の工場で製造した商品を日本に輸入し、供給業
者が商品を購入業者に販売するものであるが、商品の製造・販売は、購入業
者の発注が必要であること、取引の期間、対象商品、数量等が定められてい
なかったこと等の特徴のあるものである（なお、本件では、購入業者は、単に
取引を打ち切っただけでなく、従来取引関係のあった外国の工場に直接商品の製
造を注文し始めたところにも特徴がある）。

　本判決は、取引の中止にあたって契約の当事者に生じる損害が最小限にな
るよう信義則上の配慮義務を認め、事前に取引終了の予定を告知し、取引の
終了までに一定の猶予期間を設けるなどの対応をすべきであったとしたうえ、
本件では4カ月程度の猶予期間を置くべきであったとし、配慮義務違反を認

めたものである。本判決の提示する法理は、継続的取引においては契約当事者にとって相当に広範な内容の配慮義務を認めるものであり、なお議論が必要である。

　本判決は、信義則上の配慮義務違反による損害賠償額について、4カ月分の逸失利益を認め、400万円と算定したものであり、事例判断を提供するものであるが、その判断基準・算定根拠は明確ではない。

　事業者間の継続的契約・継続的取引が一方的に解約・中止等される事例は多数みられるところであり、その理由、動機、経過、背景事情はさまざまであるが、従来の裁判例によると、解約等した事業者がほかの事業者に対して損害賠償責任を負う可能性がある。従来の裁判例によると、解約等した事業者が負うべき損害賠償責任の根拠・要件は、個々の事案ごとに違いがみられるが、賠償されるべき損害額として営業上の逸失利益が含まれ得るものであり、実際に逸失利益の損害を認めた裁判例は少なくない。具体的にどの程度の逸失利益の損害が認められるかは、個々の事案における事業者の事業の種類、契約の内容、契約の履行状況、契約の期間、解約等の理由等の事情によって異なり得るが、裁判例ごとの判断の違いも軽視できないところである。本判決は、このような状況において、営業上の逸失利益として4カ月間の逸失利益を認めた事例判断を提供するものである。

12　研究開発事業者の責任

 擬似運転装置の共同開発に関する契約締結上の過失責任

〔判　例〕　東京地判平成10・12・21判タ1045号194頁
〔損害額〕　開発に要した直接費用2845万4154円、間接費用・附帯人件
　　　　　　費1473万1210円

【事件の概要】

　鉄道車体の車体改造等を業とするX株式会社と業務用アミューズメ
ント機器の製造販売を業とするY株式会社は、平成6年3月頃、自動
車教習所における運転免許取得のための教習用の運転シュミレーターの
共同開発を合意し、秘密保持契約を締結する等した。Xは、Yとの間で、
平成6年8月、共同開発に関する協定を締結し、協定に基づき開発作業
が行われた。Xら以外にも、A株式会社、B株式会社らも同様な開発を
行っており、Aは、すでに開発した商品を販売していた。Xは協定に
基づき担当分野の作業を完了したものの、Yの担当分野の開発が遅れ、
製品が完成せず、共同開発契約の締結に至らなかった。Xは、Yに対し、
主位的に協定の不履行を主張し、予備的に契約締結上の過失を主張して
損害賠償を請求したものである。

●主張の要旨●

　本件で問題になった損害は、①開発に要した直接費用（2845万4154円）、②
開発に要した間接費用・附帯人件費（1610万1147円）、③逸失利益（2億400万
円）である。

●判決の概要●

　本判決は、Yが契約の成立につき信頼を与えながら、これを裏切ったものである等とし、契約締結上の過失を肯定し（損害について、開発に要した材料費、外注費、諸経費、労務費の直接費用、附帯人件費等の開発に要した間接費用等として合計4318万5364円を認めたが、逸失利益については、開発商品が何台販売可能であったかを相当程度の合理性をもって推測することが困難であるとし、この主張を排斥した）、請求を認容した。

判決文

一・二　〈略〉

三　本件において、本協定書に基づく「本契約」が締結されるに至らなかったことは、当事者間に争いがない。その意味では、運転シミュレータの共同開発契約は、結局のところ当事者間に成立しなかったと言える。

　　しかしながら、右事実によれば、原被告間には遅くとも平成6年3月31日以降本協定が原告により解除されるまでの平成7年9月5日までの間、前叙のような交渉が行われ、右共同開発契約の締結をめざして、同年5月1日には秘密保持契約が、同年8月12日には本協定がそれぞれ締結され、本協定書に基づき、同年9月には、同年12月の販売を前提とした営業活動が、同年11月15日には販売価額の交渉が行われ、原告は、平成7年1月には、ほぼ本協定書により原告の担当とされた分野の開発を完了したこと、被告も、秘密保持契約締結の翌日である5月2日には警察庁の仕様について説明を受け、6月29日には先発商品であるAの製品を実際に見学した上で、前記のような開発完了のタイムリミットを設けた本協定書に調印したこと、本件共同開発の目的は、既に先行商品が販売されていることから、品質性能においてこれを上回り、価格はこれよりも安い商品を開発するという点で明確であり、だからこそ、被告も、品質面において優位を保つために、平成6年3月31日の時点で、原告に対し、テクスチャーマッピングの採用を申し入れたこと、しかるに、被告は、開発完了期限である12月27日に至り、ソフトウエアの開発が遅れている旨を書面で詫び、平成7年4月28日の時点においても警察庁の仕様を満足するハードウエアを開発することができず、ついには同年6月12日、ハードウエアの選定ミスがあったことを認め、原告に対して開発の中止を申入れたことが明らかであり、以上のような本件の事実経過にかんがみれば、被告は、原告に対し、本契約が成立するであろうという信頼を与えておきながら、結局これを裏切ったと言わざるを得ない。そうだとすると、被告は、信義則に基づき、原告が本契約の成立を信用して投下した開発費用を賠償する責任がある。

四　そこで、損害について判断する。

1　〈証拠略〉によれば、原告は、運転シミュレータの開発費用として次のとおり合計4318万5364円を支出したことが認められる。

　（一）　開発に要した直接費用　　　　　　　　　　　　合計2845万4154円

　　（1）　材料費　　　　　　　　　　　　　　　　　　　1778万6494円

　　（2）　外注費　　　　　　　　　　　　　　　　　　　357万4223円

　　（3）　諸経費　　　　　　　　　　　　　　　　　　　197万8192円

　　（4）　労務費　　　　　　　　　　　　　　　　　　　511万5245円

　　　　（自工部に所属している現業員の給与総額を総労働時間で除したものに、右現業員が本件開発に従事した総労働時間を乗じたもの）

　（二）　開発に要した間接費用等　　　　　　　　　　　合計1473万1210円

　　　　附帯人件費（現業員の賞与、退職金引当金、福利厚生費など）及び間接費用（管理者の人件費など）であり、本件開発に関わった原告の自工部及び電子開発室のそれぞれにおける、本件開発関係の直接原価を総原価総額で除したものに、附帯人件費及び間接費用の総額を乗じたものの合計である。

2　ところで、原告は、右開発費用の外に、被告が本協定書どおり開発を完了したとすれば得られたであろう販売による利益を主張するが、本件では、結局のところ、商品の仕入値を確定することができない上、後発商品というハンディを負っていることを考慮すると、開発商品が何台販売可能であったかを相当程度の合理性をもって推測することが困難であるから、本件では右損害の賠償を認めない。

●損害額認定の考え方●

　本件は、商品の共同開発にあたって協定を締結し、開発を行っていたものの、商品が完成せず、共同開発契約の締結に至らなかったため、一方の当事者が他方の当事者に対して契約締結上の過失に基づき損害賠償を請求した事案である。本件も契約締結上の過失責任が問題になった事案の一つであるが、締結が予定されていた契約が共同開発契約であること、開発にかかる商品が自動車運転のシュミレーション装置であること、開発はすでに実施され、途中で頓挫したことに特徴がある。

　本判決は、契約締結上の過失責任を認め、開発に要した材料費、外注費、諸経費、労務費の直接費用、附帯人件費等の開発に要した間接費用等として

合計4318万5364円を認めたのに対し、逸失利益については、開発商品が何台販売可能であったかを相当程度の合理性をもって推測することが困難であるとし、この主張を排斥したものであり、事例判断として参考になるものである。従来、逸失利益の認定・算定にあたって、その利益の前提となる事実関係の証明が必要であるところ、事実関係の証明が疑わしい裁判例がみられたものであり、本判決はこの分野でも事例を提供するものである。

12・2　コンピュータプログラムの製作業者のプログラム瑕疵に関する損害賠償責任

〔判　例〕　東京地判平成14・4・22判タ1127号161頁
〔損害額〕　事務局の人件費、テストに要した費用、通信費用581万913
円

【事件の概要】

　コンピュータのシステム開発を業とするX株式会社は、平成7年7月、石材の加工・販売を業とするY株式会社から、Yの販売管理・製造・会計・給与等をコンピュータ処理することができるシステムの開発業務を請け負い、請負基本契約を締結した。XとYは、平成7年9月、基本契約に基づき請負契約を締結した。Xは、各システムを開発し、プログラムをYに納入し、Yは検収をしたが、さまざまな不具合が発生し、X、Yの担当者が協議をし、機能の見直し等を行った。Xは、各プログラムの補修をする等し、納品し、Yは検収し、稼働させる等したが、不具合が生じ、新システムの継続使用を断念し、旧システムに戻した。Xは、Yに対して請負契約に基づき残代金の支払いを請求したところ、Yが反訴によりプログラムに瑕疵があったと主張し、債務不履行に基づき損害賠償を請求したものである。

●主張の要旨●

　本件で問題になった損害は、反訴における①事務局の人件費（6311万58円）、②テストに要した費用（41万913円）、③コンサルティング費用（4620万3628円）、④通信費用（1123万5677円）、⑤スペース費用（27万4877円）である。

●判決の概要●

　本判決は、本件プログラムには稼働後処理速度の不具合がみられ、これは販売管理システムの重大な瑕疵にあたる等とし、Xの本訴請求を棄却し、事

務局の人件費、テストに要した費用、通信費用の一部が損害にあたるとし、
反訴請求を認容した（コンサルティング費用、スペース費用の主張を排斥した）。

判決文

a　事務局の人件費について

　　〈証拠略〉によれば、被告は、A らを本件システム開発における被告事務局と
して編成し、被告事務局は、本件システム開発に当たって、被告の業務内容に
関する説明、移行用データの作成、成果物の検収等の役割を果たしていたこと
が認められ、本件システム開発に当たって、原告に対する被告の連絡役として、
被告事務局は不可欠の存在であったと認められる〈証拠略〉。しかし、原告と被
告との間で、本件請負契約締結に当たって、被告が事務局を編成することが予
定されていたとは認められないから、A らが本件システム開発に従事したこと
により発生した損害は、本件のようなシステム開発によって生じる通常の人件
費であると解するのが相当である。また、〈証拠略〉によれば、C 及び B につい
ては、本件システム開発に関連した業務の他に、通常の業務を並行して行って
おり、本件システム開発に関連した業務に要した時間は、通常業務の4分の1
ほどにすぎないことが認められる。そして、本件では、今まで詳述したとおり、
被告の業務改善の確定が遅れたことが納期遅延の原因であることに照らすと、
本件システム開発に要した期間のすべてを基準として損害額を算定するのは妥
当ではない。

　　以上本件に顕れた諸事情に照らすと、被告が主張する事務局の人件費に関す
る損害のうち、300万円は本件システム開発における債務不履行と相当因果関係
のある損害と認めるのが相当であるが、その余は相当因果関係のある損害と認
めるに足りる証拠はないというべきである。

b　テストに要した費用

　　弁論の全趣旨によれば、本件システム開発において、被告は、原告が納入し
た本件システムをテストする役割を担っていたことが認められる。そうだとす
ると、被告の担当者がテストをすることによる費用41万0913円は、本件システ
ム開発における債務不履行と相当因果関係があると認めるのが相当であり、こ
の点の原告の主張は理由がある。

c　コンサルティング費用

　　〈証拠略〉によれば、被告は、E との間で、本件システム開発の導入に当たり、
コンサルティング契約を締結し、E は、当該契約に基づき、本件システム開発
に関与していることが認められる。しかし、本件全証拠を検討するも、本件の
ようなシステム開発に当たって、注文者が監査法人のコンサルティング及びシ
ステムの導入支援を受けることが一般的であると認めるに足りる証拠は存在せ

ず、このような被告の都合により発生した費用まで、原告の負担とするのは、公平の見地に照らして相当とはいえない。よって、この点に関する被告の主張は理由がない。

d　通信費用

前記2⑵イ⒤bで認定したとおり、本件システムには、通信費用が旧システムと比べて高いとの瑕疵があることが認められ、被告の主張する通信費用の中には本件システム開発における債務不履行によって増大した部分が含まれていると認められる（弁論の全趣旨）。しかし、本件全証拠を検討するも、被告が主張する通信費用がすべて本件システムの瑕疵により生じたものと認めるに足りる証拠はない。被告の主張する通信費用は、損害の性質上、その額を立証することが極めて困難であるというべきである。当裁判所は、本件で顕れている諸事実を踏まえ、民訴法248条を適用し、本件本稼働（平成8年10月）から、被告が旧システムの使用を再開する前月（同10年9月）までの2年間、被告は1か月当たり10万円の損害を被ったものとし、被告が被った通信費用に関する損害は240万円と認定した。

e　スペース費用

被告は、本件システム開発に用いた被告本社建物のスペースの減価償却額相当分が、原告の過失と因果関係のある損害に当たると主張するが、本件全証拠を検討するも、当該損害と原告の注意義務違反との間に相当因果関係は認められない。よって、この点に関する被告の主張は理由がない。

f　以上の検討結果によれば、原告は、被告に対し、本件システム開発に関する債務不履行に基づき、581万0913円の損害賠償義務を負っていると認めるのが相当である。

●損害額認定の考え方●

本件は、企業の全社的なコンピュータシステムの開発を依頼し、開発会社がプログラムを開発し、納入したが、不具合が生じ、稼働を断念したため、企業が開発会社に対して債務不履行に基づく損害賠償を請求した事案である。コンピュータシステム、プログラムの開発は、依頼者・請負業者の相互の協力、請負業者の開発能力が重要な影響を与えるものであるが、本件では、開発の過程でもさまざまな不具合が生じていたようであり、一度稼働させたものの、不具合が生じ、稼働を断念したものである。本件のようなコンピュータシステムの開発、プログラムの開発の請負契約については、軽微な不具合等は修理しつつ改善していくものであるため、瑕疵の有無、債務不履行責任

の成否、瑕疵担保責任の成否が重要な争点になることが多い。

　本判決は、販売管理システムに重大な瑕疵があるとし、請負業者の債務不履行を認め、事務局の人件費、テストに要した費用、通信費用の一部が損害にあたるとし、コンサルティング費用、スペース費用との因果関係を否定したものである。本件のようにシステムの不具合が生じた場合、依頼者は、不具合の改善・回復のためにさまざまな費用を負担せざるを得ないが、そのような費用のうち、どの範囲の費用が損害賠償額として認められるかは困難な問題であるところ、本判決は、前記の範囲で損害を認め、損害賠償額を算定したものであり、事例判断として参考になる。

13　販売業者の責任

13・1　パルボウィルスに感染した犬を販売した者の他の犬に感染したことによる債務不履行責任

〔判　例〕　横浜地川崎支判平成13・10・15判時1784号115頁

〔損害額〕　感染した犬の代金、消毒代、治療・入院費、犬の汚物によって廃棄した布団等代、廃棄した犬舎代、廃棄したペットヒーター代、葬式代94万8720円

【事件の概要】

　ペットの販売等を業とする X 有限会社は、平成11年 3 月 8 日、ペットの販売業者 Y から、シーズー 1 匹、マルチーズ 1 匹を買い受けた。X は、その後間もない同月15日、マルチーズがパルボウィルスに感染して死亡し、シーズーもパルボウィルスが発症し、X の保管中の他の犬（5 匹）も発症して死亡したり、動物病院に入院し治療を受ける等したため、売買契約を解除した。X は、Y に対し、解除による売買代金の返還、債務不履行、不法行為に基づき損害賠償を請求したものである。

●主張の要旨●

　本件で問題になった損害は、①感染した犬の代金、②消毒代、③治療・入院費、④犬の汚物によって廃棄した布団代・洋服代、⑤廃棄した犬舎代、⑥廃棄したペットヒーター代、⑦葬式代、⑧慰謝料である。

●判決の概要●

　本判決は、X が Y から引渡しを受ける前に感染していたことを認め、転

売という売買の目的を達成することが不能になったとし、履行不能による契約の解除を認め、不法行為を否定したものの、債務不履行責任を肯定し、感染した犬の代金、消毒代、治療・入院費、犬の汚物によって廃棄した布団代・洋服代、廃棄した犬舎代、廃棄したペットヒーター代、葬式代の損害を認め、慰謝料、弁護士費用の損害を否定し、請求を認容した。

判決文

2　争点(2)（原告の拡大損害の相当因果関係の有無）について〈略〉

(1)〜(3)〈略〉

(4)　証拠によると、原告に次のとおりの拡大損害が発生したことが認められ、前記のパルボの伝播力から考えると、十分な予見可能性があったと認められる。

ア	感染した犬の代金	59万5600円
イ	消毒代	3万9800円
ウ	犬5匹の治療、入院代	21万0720円
エ	犬の汚物によって廃棄したふとん代、洋服代	3万円
オ	廃棄した犬舎（4個）代金	2万8000円
カ	廃棄したペットヒーター（8台）代	2万9600円
キ	葬式（5匹）代	1万5000円
ク	以上合計	94万8720円

(5)〈略〉

●損害額認定の考え方●

本件は、ペットの販売業者が転売を目的としてペットを購入したところ、ウィルスに汚染されていたことから、購入に係るペット、保管中のペットが死亡する等したため、販売業者が売買代金の返還、損害賠償を請求した事案である。本件では、購入したペットのウィルス汚染の時点、売買契約の解除の効力、債務不履行の成否、不法行為の成否が問題になるとともに、損害賠償の範囲も問題になったものである。

本判決は、履行不能を認め、解除の効力を肯定するとともに（売買代金の返還請求を認容した）、債務不履行を認め（不法行為は否定した）、拡大損害の損害を認めたものであるが、損害の算定事例として参考になるものである。

中古オートバイ売主のオートバイの焼失に関する瑕疵担保責任に基づく損害賠償責任

〔判　例〕　東京地判平成15・1・28判時1829号90頁
〔損害額〕　売買代金101万5000円

【事件の概要】

　Xは、平成13年3月、中古オートバイの販売業者であるY有限会社から代金101万5000円で中古オートバイを購入した。Xは、平成13年4月、本件オートバイの引渡しを受けた。Xは、その翌日、本件オートバイを運転し、走行中、本件オートバイから火災が発生し、ほとんど全焼した。本件火災については東京消防庁の調査が行われ、バックファイヤー、プラグコード、燃料パイプ部分からの燃料漏れ、タンクキャップ部分からの燃料漏れの可能性があるが、確固たる原因の判断はできないというものであった。Xは、Yに対し、瑕疵担保に基づき売買代金相当額の損害賠償を請求したものである。

●主張の要旨●

　本件では、主として隠れた瑕疵の有無が問題になっているが、瑕疵担保責任に基づく損害賠償額として売買代金相当額も問題になった（訴訟の提起前に修理を前提とした示談の提案がされている）。

●判決の概要●

　本判決は、消防における調査にもかかわらず、独自の認定・推定によって、プラグキャップの劣化により亀裂が生じたか、または緩みが生じていたとし、本件オートバイの隠れた瑕疵を認め、売買代金相当額の損害を認め、請求を認容した。

判決文

七　そして、前提事実のとおり、原告は、本件オートバイを金101万5000円で購入し、その引渡し日の翌日に本件火災が発生し、ほぼ全焼の状態となっており、かかる事実に照らせば、原告は、本件火災により同額の損害を蒙ったものと認められる。なお、〈証拠略〉によれば、本訴提起前に本件オートバイの修理費が80万円であることを前提に被告が一定の提案をしたことが認められるが、これは、確かな見積り等によるものとも認められず、また、本件オートバイの焼損状態に照らせば、原告がこれを全損としてその賠償を求めることには何ら問題はないというべきであるから、この点は上記認定を左右するものではないと認められる。

●損害額認定の考え方●

　本件は、中古オートバイの購入者が、購入後間もなく運転中、オートバイから出火し、ほぼ全焼したため、販売業者に対して瑕疵担保に基づき売買代金相当額の損害賠償を請求した事案であり、損害賠償の観点からは、修理代相当額、時価の損害賠償が問題になったものである。動産の全損についてどのような判断基準で、どのように損害額を算定するかは、実務上必ずしも容易ではない。なお、本件では、瑕疵担保を理由に売買契約を解除し、売買代金の返還を請求することによっても、その目的を達することができる。

　本判決は、中古オートバイの購入後間もなく火災事故が発生したものであることを考慮し、売買代金額の損害額を認めたものであり、事例として参考になるものである。

カタログ通信販売において誤った商品説明をしたことに関する製造・販売業者の契約締結上の過失責任

〔判　例〕　東京地判平成19・10・29判時2002号116頁
〔損害額〕　顧客からの返品に伴う返金、代替品の提供費用、交換にかかる費用、保安部品・代替品の出荷費用、顧客対応費用、逸失利益594万4497円（過失相殺前）

【事件の概要】

　カタログ通信販売等を業とするX株式会社は、平成15年1月、自転車の開発販売を業とするY株式会社との間で、商品販売契約を締結し、A株式会社が開発したバッテリーで駆動するモーターを搭載した電動ハイブリッド自転車をYから供給を受け、自転車として販売していた。その後、本件自転車は、道路交通法上、自転車ではなく、原動機付自転車にあたるとの疑いが生じ、平成17年4月、警察庁によって本件自転車が原動機付自転車にあたると正式に判断され、公道を走行するためには運転免許等が必要であることが判明したことから、Xは、購入者に対する返品等の事後処理をせざるを得なくなった。XはYに対し、基本契約上の品質上の欠陥、商品の間違いにあたると主張し、債務不履行に基づき返品費用、代替品費用、逸失利益等の損害賠償を請求したものである。

●主張の要旨●

　本件で問題になった損害は、①顧客からの返品に伴う返金、②代替品の提供費用、③交換にかかる費用、④保安部品・代替品の出荷費用、⑤顧客対応費用、⑥逸失利益、⑦交換・返品手数料、⑧電話対応費用、⑨本件相談クレーム対応費用である。

●判決の概要●

　本判決は、誤った商品説明をしたことにつき契約締結上の過失を認め、顧客からの返品に伴う返金、代替品の提供費用、交換にかかる費用、保安部品・代替品の出荷費用、顧客対応費用、逸失利益（返品された自転車にかかる逸失利益として190万7900円）を損害として認め、過失相殺を認めたが、交換・返品手数料、電話対応費用、本件相談クレーム対応費用に関する主張は排斥し、請求を認容した。

判決文

1　争点1（被告が原告に対し、本件商品を道交法上自転車に該当するものであるとして販売した行為は、基本契約10条が定める「品質上の欠陥」または「商品間違い」に該当するか。）について〈略〉
2　争点2（被告は、原告に対し、基本契約締結時に、本件商品が電動アシスト自転車とは異なることを説明したか。）について〈略〉
3　争点3（被告には、本件商品を原告に販売したことについて、帰責性または過失が存在するか。）について〈略〉
4　争点4（原告の損害）について
　　〈証拠略〉によれば、原告は、被告の債務不履行により下記のとおり合計594万4497円の損害を被ったことが認められる。
　㈠　顧客からの返品に伴う返金　　　　293万9977円
　㈡　代替品の提供費用　　　　　　　　69万5704円
　　　自走機能を有さない電動アシスト付自転車の希望をした顧客12名に対して、代替商品を調達した費用合計69万3604円、送料2100円。原告は、被告が途中で態度を変え、原告が代替品の提供費用を半額負担しなければ代替品を提供しないと通告したため、被告以外の業者から代替品を調達したものであり、単価が他の電動アシスト付自転車と比較して著しく高価であるとは認めがたいから、調達価格は相当と認められる。
　㈢　交換にかかる費用　　　　　　　　合計33万6340円
　　⑴　引き取り費用　　　　　　　　　31万2400円
　　　　商品を顧客から引き取るために宅配便を利用した費用。
　　⑵　保安部品・代替品の出荷費用　　2万3940円
　　　　本件商品を原動機付自転車として使用することを希望した顧客38名に対して保安部品等を出荷するために要した費用。
　㈣　顧客対応費用　　　　　　　　　　合計6万4576円
　　　原告が、顧客からの返品等の要求を処理するために要した書留郵便料、印

刷費用等として、手紙費用158円、封筒788円、伝票打ち出し費用630円、送料（宅配便）6万3000円の合計6万4576円である。

㈤　逸失利益　　　　　　　　　　　合計190万7900円

　　原告が、本件商品の返品を受け代金を返還したために、得べかりし利益を喪失したもの。

　⑴　商品番号16601　　　　　　　計52万2000円
　　　顧客単価　　　　　　　　　　10万6800円
　　　仕入れ値　　　　　　　　　　7万2000円
　　　返品台数　　　　　　　　　　15台
　⑵　商品番号16619　　　　　　　計63万6000円
　　　顧客単価　　　　　　　　　　7万9800円
　　　仕入れ値　　　　　　　　　　4万8000円
　　　返品台数　　　　　　　　　　20台
　⑶　商品番号16560　　　　　　　計65万4500円
　　　顧客単価　　　　　　　　　　10万6800円
　　　仕入れ値　　　　　　　　　　6万8300円
　　　返品台数　　　　　　　　　　17台
　⑷　商品番号16664　　　　　　　計9万5400円
　　　顧客単価　　　　　　　　　　7万9800円
　　　仕入れ値　　　　　　　　　　4万8000円
　　　返品台数　　　　　　　　　　3台

㈥　原告が主張する交換・返品手数料6万8355円、電話対応費用1万9950円、本件相談クレーム対応費用1575円については、被告従業員の誰が担当したのか、何件に対応したのか、何時間要したか、人件費の単価がいくらか不明であり、損害の立証がない。また、保管費用（2ヶ月分）7万875円についても、どれだけのスペースを要したか、単価がいくらか、どこに保管したかが不明であり、損害の立証がない。

㈦　被告は、返品した顧客に対する返金額を減価償却した額にすべきであると主張するが、顧客は、本件商品を自転車と説明されて購入したのに実際には道交法上原動機付自転車に該当したわけであるから、売買契約には意思表示の瑕疵があり取消原因が存することに照らすと、売買代金額全額を返還した原告の措置は相当である。

5　争点5（過失相殺の要否）について〈略〉

●損害額認定の考え方●

本件は、自転車として製造・供給する契約が締結され、販売されたところ、

道路交通法（昭和35年法律第105号）上、自転車に該当しないと判断され、商品の回収を余儀なくされたため、購入業者が供給業者に対して損害賠償を請求した事案である。商品を製造・供給・販売するにあたっては、法令を遵守する等が必要であり、契約上もその旨が明記されることがある。供給された商品が法令に違反する場合には、法令に違反した状態で商品を販売することができないのは、取引上当然のことである。本件は、このような状況に派生して発生した事件である。

　本判決は、商品の供給業者が法令上自転車にあたらないのに、自転車として供給したことが誤った商品説明をした契約締結上の過失責任にあたるとしたものであり、契約締結上の過失責任を肯定した事例判断として参考になる。

　本判決は、この判断を前提として、販売した商品の返品等に伴う諸費用として、前記の顧客からの返品に伴う返金、代替品の提供費用、交換にかかる費用、保安部品・代替品の出荷費用、顧客対応費用、逸失利益（返品された自転車にかかる逸失利益として190万7900円）を損害として認めたものであるが、同種の事案に参考になる判断である。

　現在、事業者は、商品の欠陥・不具合等によって販売した商品の回収を迫られることがあるが、商品の欠陥等の作出に責任を負う事業者に対して損害賠償、求償を請求する事態がある。このような場合、どのような事項について、どの範囲で損害賠償額が認められるかは、相当に細かな問題であるが、実務上重要な問題である。本判決は、このような問題につき参考になる事例を提供するものである。

13・4　不当な預金債権の差押えによる債務者の信用毀損・信用失墜に関する損害賠償責任

〔判　例〕　東京地判平成20・5・28判時2023号109頁
〔損害額〕　信用毀損・信用失墜の損害50万円

【事件の概要】

　百貨店を経営するY株式会社は、不動産業者であるX株式会社に対して売買代金の支払いを請求する訴訟を提起し、平成18年10月、70万5008円の支払いを命ずる勝訴判決を得て判決が確定した。Yは、平成18年10月、Xに対して書面で確定判決の債権につき支払いを求め、同年11月、Xの銀行預金口座から自動引落しによって決済された。他方、Yは、平成18年11月、代理人弁護士名義の書面でXに対して確定判決の債権につき弁護士名義の預金口座に振り込み支払うよう催告し、平成19年1月、確定判決を債務名義として、Xの取引銀行である6銀行の各銀行預金につき債権差押命令の申立てをし、各預金が差し押さえられた。Yは、その後、Xの抗議を受け、差押えの申立てを取り下げた。Xは、信用毀損を主張し、Yに対して不法行為に基づき損害賠償を請求したものである。

●主張の要旨●

　本件で問題になった損害は、信用毀損による損害（1億円）である。

●判決の概要●

　本判決は、違法不当な強制執行であることを認め、Yの関係銀行に対する連絡、XがYの催告に対して連絡しなかったこと等の事情から信用毀損ないし信用失墜の損害として50万円を認め、請求を一部認容した。

判決文

1　争点１（被告の不法行為の成否、すなわち本件差押えが被告の故意又は過失に基づくものか否か）について〈略〉

2　争点２（原告の損害額）について

⑴　前記前提事実〈証拠略〉を総合すると、次の事実が認められる。

　ア　原告は、平成19年１月11日、本件差押えの第三債務者で、その差押えの対象となった原告名義の銀行預金のある各銀行各支店から電話による問合せを受けたので、取引銀行である株式会社三井住友銀行渋谷法人営業第一部の担当者であるＡに電話で事情を問い合わせたところ、Ａは、東京地方裁判所から債権差押命令の送達を受けたとのことであったので、取りあえず当該債権差押命令をファックス送信するようＡに依頼した。

　イ　原告は、Ａから債権差押命令のファクス送信を受け、原告が被告から別件訴訟の判決で支払を命じられた70万5008円の売買代金について、既に平成18年１月６日に原告名義の東京都民銀行渋谷支店の普通預金口座から自動引落しにより決済され、全額支払済みであるにもかかわらず、被告がその代金債権を回収するため原告名義の銀行預金に対して債権差押えの申立てをし、その債権差押命令が原告の各取引銀行の各支店に送達されたものであることを知った。

　ウ　そこで、原告は、被告に電話し、応対した東京外商第一部担当者であるＢに対し、事情を説明した上で、直ちに債権差押命令の取下げ手続を取るとともに、被告において各取引銀行に対し電話で差押手続が間違いであり、直ちに裁判所に対し取下げ手続を行う旨連絡するよう要請した。

　エ　被告は、同日、原告から既に支払済みであるとの指摘を受け、直ちに本件差押えの申立ての取下げの手続をした上、本件差押えの第三債務者である各銀行各支店に対して電話で、本件差押えの申立ては、原告が被告に対し支払済みであるにもかかわらず、これを確認しないまま誤って行ったものであることを説明し、迷惑をかけたことの謝罪をした。

　　また、被告は、原告から被告取締役による各銀行への謝罪要請がされたため、同月15日、被告取締役東京店長Ｃ及び東京外商第一部副部長Ｄが、各銀行の支店に対し、「弊社におきまして　株式会社三英堂商事様の弊社あて入金状況を確認いたしました所、すでに完済されている事実を確認いたしました。（中略）弊社入金状況の確認ミスから、株式会社三英堂商事様並びに御行に対し、多大なご迷惑をおかけいたしましたこと深謝する次第でございます。」と記載された同取締役名義の謝罪文書〈証拠略〉を持参し、謝罪と事情説明を行った。

　　さらに、同月17日、被告東京外商第一部部長Ｅ、同副部長Ｄ及びＣが原

告を訪問して、前記取締役東京店長名義の謝罪文書〈証拠略〉を持参し、謝罪したほか、原告に対し、同月23日付けで、「このたびは弊社の入金確認の不手際により東京地方裁判所へ債権差押の申立てを行い、御社にご迷惑をおかけしましたことここに改めて深くお詫び申しあげます。御社からのご入金と、弊社代理人からご送付申しあげました督促通知が相前後したとはいえ、弊社入金確認のミスによるものであり、御社ならびに上村社長様はじめ社員の皆様方へ多大なご迷惑、ご心痛をおかけしましたことここに深謝する次第でございます。今後この様な不手際を起こさぬよう努めてまいる所存でございますので、なにとぞご容赦賜りますようお願い申しあげます。本来ならば拝眉のうえお詫び申しあげるべきところでございますが、書面の送付をご要望でございましたので、書中をもって重ねてお詫び申しあげる次第でございます。」と記載された被告東京外商一部部長 E 名義の謝罪文書〈証拠略〉を送付した。

(2) 以上のとおりであるところ、原告は、被告の本件不法行為による原告の信用毀損により原告が被った有形、無形の損害額は 1 億円を下らず、具体的な損害として、今回被告が自動引落しによる決済をした東京都民銀行渋谷支店から、約束手形融資及び証書貸付に関し、被告が預金差押えを実行した平成19年 1 月10日から僅か 2 週間後の同月25日に総額 1 億3702万円（約束手形融資 1 億1700万円、証書貸付2002万円）の一括繰上げ即日返済の通告を受け、これに応じざるを得ない事態となったほか、各取引銀行が事業計画資金、季節資金、運転資金等の長期・短期の融資案件について、これまでは様々な形で対応してくれたが、被告の本件不法行為により、原告の相談に応じることさえ拒否するようになり、やむなく、これまで全く取引のなかった高利のノンバンクに融資の相談をせざるを得なくなったし、さらに、新規事業所の立上げについて、土地、建物所有のオーナーとそれぞれの事業案件に係る資金調達計画についても同様の影響が波及しており、資金調達合計額が 6 億2125万5000円に及ぶ、○○寮改修計画ほか 5 件の事業計画内容や融資額を各取引銀行に申入れていたが、現在銀行との協議がすべて凍結されているとか、○○の事業計画（借入申入額8188万3000円）について、各取引銀行に申入れをし、借入れを要請したが、被告の本件不法行為により、前記の事業計画と同様、銀行との協議がすべて凍結されてしまっているとか、被告の本件不法行為以前の各取引銀行からの運転資金融資が凍結されてしまった結果、新規に中央三井信託銀行新宿西口支店から運転資金として、平成19年 8 月31日、金3000万円を返済期限平成21年 8 月31日、金利年6.125パーセントという高金利で借りざるを得なくなったなどと縷々主張し、〈証拠略〉の記述中にはこれに沿う供述部分ないし記述部分がある。

しかしながら、前記認定のとおり、被告は、平成19年 1 月11日、直ちに本件差押えの申立ての取下げの手続をした上、本件差押えの第三債務者である

　各銀行に対して電話で、本件差押えの申立ては、原告が被告に対し支払済みであるにもかかわらず、これを確認しないまま誤って行ったものであることを説明し、迷惑をかけたことの謝罪をしたほか、同月15日には、被告取締役東京店長及び被告担当者が、各銀行の支店に対し、被告において、原告の被告への入金状況を確認したところ、すでに完済されている事実を確認し、被告の入金状況の確認ミスから、原告及び各銀行に多大な迷惑をかけたことについて深謝する旨の同取締役名義の謝罪文書〈証拠略〉を持参し、謝罪しているのであって、原告の各取引銀行としても、被告の入金確認ミスという過誤によって本件差押えの申立てがされたものであり、原告の経営状態の悪化や信用不安等から本件差押えの申立てがなされたものではないことを理解し認識したものと考えられるから、被告の本件不法行為による原告の信用毀損の結果、原告が主張するような損害が生じたものとまでは認めることができず、上記原告代表者本人の供述部分及び同人の陳述書の記述部分は、いずれも措信し難く、原告の上記主張は採用することができず、他にこれを認めるに足りる証拠はない。

　　もっとも、本件差押えの申立てによって原告の各取引銀行の預金に対して差押えという強制執行がなされたのであるから、原告に一時的にせよ、被告の謝罪等によっては回復し得ない信用毀損ないし信用失墜が生じたことは否定し難いというべきところ、前記認定のとおり、原告は、被告から代理人弁護士名義で、平成18年11月8日到達の内容証明郵便をもって別件訴訟の判決が確定したとして、70万5008円を書面到達後10日以内に代理人弁護士名義の銀行預金口座に振り込み支払うよう催告した通知を受けたのであるから、原告において、被告あるいは代理人弁護士に対し、内容証明郵便で支払を催告された70万5008円は自動引落しによる決済により既に支払済みである旨の連絡をしてさえいれば、そもそも被告から本件差押えの申立てをされるような事態には至らなかったはずであるのに、そのような連絡をしなかったこと等の事情を考慮すると、被告の本件不法行為により原告の被った信用毀損ないし信用失墜に対する損害額は、50万円と認めるのが相当である。

三　争点3（過失相殺等の適否）について〈略〉

●損害額認定の考え方●

　本件は、売買代金の債権者が勝訴判決を得て確定した後、債務者から任意の弁済を受けながら、代理人弁護士名義で別に支払いを催告し、催告に応じなかったとし、債務者の取引銀行の預金債権を差し押さえたため、債務者が債権者に対して損害賠償を請求した事案である。本件の債務者は、事業会社

であり、取引銀行の預金債権につき差押えがされると、取引関係にある多く
の契約上、期限の利益の喪失、取引停止等の事態に陥ることがあるものであ
り、仮に差押えの申立て、執行が違法なものであった場合には、深刻な経済
的な損害を受けるおそれがあったものである（本件の債権者も、著名な百貨店
を経営する事業会社であり、このような影響があることは認識していたはずであ
る）。

　本判決は、銀行の預金債権の差押えが違法不当な強制執行であるとし、百
貨店の経営会社の不法行為を認めたが、損害については、Xの主張する被害
の内容を否定し、信用毀損ないし信用失墜として50万円の損害を認めたもの
である。本判決は、本件の不法行為の内容に照らすと、損害額を極めて制限
したものであり、疑問が残るものである。なお、本判決が損害額の認定・算
定にあたって百貨店の経営会社の関係銀行に対する連絡を考慮していること
は相当な判断であるが、影響は差押えに関係した銀行のみにとどまらないこ
とに留意すべきである。また、本判決が債務者が百貨店経営会社の催告に対
して連絡しなかったことを考慮したことは、実質的には損害回避義務を認め
るものであり、この観点から十分な議論が必要であるが、仮にこの義務違反
を考慮しても、前記の50万円の損害額の算定は低額にすぎるというべきであ
る。

13・5　専門納入業者の防衛装備品の価格水増しに関する信義則上の義務違反に基づく損害賠償責任

〔判　例〕　東京地判平成21・12・2 判時2076号71頁、判タ1325号157頁
〔損害額〕　真正予定価格と実際の契約金額の差額 8 億203万7243円

【事件の概要】

　X 株式会社は、航空機、船舶、輸送関連機器の輸入・販売等を業とし、国（防衛庁、防衛省）との間で継続的に防衛装備品の売買契約を締結し、装備品を納入していた。X は、装備品の売買契約を締結するにあたり、海外の製造業者のクォーテーション（見積書）を改ざんし、工場出荷価格を水増しして記載したものを防衛省に提出し、防衛省はこれを誤信して、これに基づき予定価格を算定し、代金交渉を行っていた。X は、Y に対し、売買代金の支払いを請求したことから、Y が X の水増しに係る不法行為に基づく損害賠償請求権による相殺を主張したものである。

●主張の要旨●

　本件で問題になった損害は、相殺における損害賠償請求権の水増しがなければ成立したであろう契約金額と実際の契約金額の差額である。

●判決の概要●

　本判決は、契約の相手方は防衛省に提出する見積資料等に合理的な根拠を有する資料に基づく適正妥当な数値を記載すべき信義則上の義務を負っていたところ、装備品の売買契約を締結するにあたり工場出荷価格を水増しして資料等を提出したものであり、防衛省に対する不法行為が認められるとしたうえ、真正予定価格と実際の契約金額の差額に相当する損害が各契約ごとに 4 億3776万1140円、6167万2000円、 3 億260万4103円の損害が認められるとし、相殺の抗弁を認め、請求を棄却した。

判決文

1 争点1（原告の不法行為の成否）について〈略〉
2 争点2（被告の損害額）について
(1) 原告は虚偽の工場出荷価格を記載した偽造の海外製造業者のクォーテーションを添付した見積資料を防衛省に提出し、そのため、防衛省は、これに水増しして記載された工場出荷価格の数値を基に予定価格（以下「本件原予定価格」という。）を算定した上で、それ以下の価格で原告との間で本件各契約を締結したことは前示のとおりである。原告の上記不法行為がなければ、防衛省は真正な見積書に記載された工場出荷価格を前提に算定した予定価格（以下「本件真正予定価格」という。）以下の値段で当該製品を購入することができた。そうすると、原告の上記不法行為によって被告の被った損害とは、原告の不法行為が存在しなければ成立したであろう契約金額と本件各契約の代金額との差額である。そして、予定価格は契約金額の上限となるものであるから、本件真正予定価格は成立し得る契約金額の上限であり、これと実際の契約金額との差額は被告の損害の下限であって、少なくともこれが被告の損害ということができる。

ところで、被告は、海外製造業者作成のクォーテーションに記載された真正な工場出荷価格を基に、一般的な予定価格の算定方法に依拠して本件真正予定価格を算定したと主張するが、予定価格の具体的な算定方法は秘密事項であるとしてこれを明らかにしない。予定価格の算定方法が原告のみならずすべての業者との契約に適用されるものであることを考慮すると、防衛省が調達物品等の調達を適正かつ公正に実施する責務を果たすために、予定価格の具体的な算定方法を非開示の情報とすることには合理的な理由が認められる。そうすると、本件真正予定価格が適正に算定されたものかどうかを確認するために、予定価格の具体的な算定方法に実際の数値を当てはめて直接検証する方法はとれないけれども、本件真正予定価格の算定方法が一般的な予定価格の算定方法に依拠したものと認められるのであれば、この算定方法を用いて算定された本件真正予定価格も合理的なものということができる。
(2) そこで、本件真正予定価格の算定方法が一般的な予定価格の算定方法に依拠したものかどうかについて検討する。
ア 防衛省装備施設本部は、特別に第12部会を設置し、そこで本件各契約における真正なクォーテーション等に記載された真正な工場出荷価格に基づき本件真正予定価格を算定することとした。

その予定価格の算定は、予定価格訓令等に基づいて、本件原予定価格の算定方法と同様の方法によるものとした。ただし、日本までの輸送費は、当該目的物の重量及び距離によって算出した予定額とするところ、支払時

においては輸送費（外貨建て）の予定額又は実績額のいずれか低い方を採用するものとされているけれども、契約時に上限が定められ、実績額が契約金額に反映されないこともあることから、この上限を超えた場合であっても実績額を採用するなどして、本件真正予定価格が実際の予定価格よりも低くなることがないように配慮して算定することとした。

また、請負契約……における予定価格の算定方法は、売買契約における予定価格の算定方法と基本的に同じである。すなわち、予定価格訓令における調達物品等とは、装備品等のほか、装備品等に係る役務をいうとされ（同訓令二条一号）、装備品等とこれに係る役務とを区別せず、調達物品等についての予定価格の算定方法を定めていることから、防衛省は、前記「前提事実」記載の方法で予定価格を算定するのを原則としている。ただし、装備品等の調達（売買契約）とこれに係る役務（請負契約）とでは、その内容の違いに応じて異なる扱いをすべき事項があることから、装備品等の調達の予定価格に係る算定方法は、①品代を海外製造業者等の修理見込価格に置き換える、②海上保険料及び倉庫保管料については、基本的には品代に連動するものであるため、同一物品の直近購入価格における品代（本体価格）に修理代を加えた金額を基準として用いる、③検査料は、修理部分のみの検査であることから、修理代を基準に算定する、として上記原則をこの限度で修正している。

イ　以下においては、本件各契約における契約価格（支払価格）と本件真正予定価格に占める輸送費、諸費用の各割合の観点から、本件真正予定価格の算定方法が一般的な算定方法に依拠したものかどうかを検討する。

本件各契約一の契約価格（支払価格）及び本件真正予定価格をそれぞれ構成する工場出荷価格、輸送費、諸費用額の各金額と各割合は、……記載のとおりである。このうち、日本までの輸送費については、本件真正予定価格では、原告に不利にならないように、実績額が予定額を超えた場合には実績額を一律に採用したため、……においては、本件真正予定価格における輸送費の方が支払額よりも高くなっているが、それ以外は支払価格における輸送費と同額になっている。諸費用については、品代（工場出荷価格と輸送費を合算したもの）とは連動せず、重量や輸送距離に応じて計算される要素（陸揚げ通関料や国内輸送費など）があるため、本件真正予定価格において品代が安くなっても、諸費用は必ずしも安くならず、品代に占める割合が増加するものもあるが、各割合はおおむね近似したものになっている。なお、……の各割合は、他の契約よりも比較的大きな相違が認められるが、これは、品代が比較的低価格であり、かつ、真正な見積書を前提に算定した品代が契約価格ないし支払価格における品代と比べて大幅に安くなっているため、品代の価格帯に応じた輸入手数料を計算する際に、各品代の属する価格帯が異なり、そのために適用される輸入手数料率が異

なったことによるものである。

　本件各契約二の契約価格（支払価格）及び本件真正予定価格をそれぞれ構成する各工場出荷価格、輸送費、諸費用の各金額と各割合は、……記載のとおりである。このうち、日本までの輸送費については、本件真正予定価格では、原告に不利にならないように、実績額が予定額を超えた場合には実績額を一律に採用したため、……では、本件真正予定価格における輸送費の方が支払額よりも高くなっているが、それ以外は支払価格における輸送費と同額となっている。また、諸費用については、品代とは連動せず、重量や輸送距離に応じて計算される要素があるため、本件真正予定価格において品代が安くなっても、諸費用は必ずしも安くならず品代に占める割合が増加しているものの、各割合はおおむね近似したものとなっている。

　本件各契約三の契約価格（支払価格）及び本件真正予定価格をそれぞれ構成する各工場出荷価格、輸送費、諸費用の各金額と各割合は、……記載のとおりである。このうち、日本までの輸送費については、本件真正予定価格では、原告に不利にならないように、実績額が予定額を超えた場合には実績額を一律に採用したため、……では、本件真正予定価格における輸送費の方が支払額よりも高くなっているが、それ以外は支払価格における輸送費と同額となっている。また、諸費用については、品代とは連動せず、重量や輸送距離に応じて計算される要素があるため、本件真正予定価格において品代が安くなっても、諸費用は必ずしも安くならず品代に占める割合が増加しているものの、各割合はおおむね近似したものとなっている（……などは諸費用の割合が比較的大きく増加しているが、いずれも真正な見積資料等を前提とした品代が大幅に安くなっていることによるものである）。なお、……の諸費用は、更正後金額における方が当初契約金額及び支払価格におけるそれよりも高くなっているが、これは、諸費用の計算に際し、原告に不利にならないように計算したためである。

　以上のとおり、本件各契約における支払価格を構成する品代及び諸経費額の各割合と、本件真正予定価を構成する品代及び諸費用額の各割合とはおおむね近似している。そうすると、本件真正予定価格は、この点からみても、一般的な予定価格の算定方法に依拠して算定されたものと考えられる。しかも、本件各契約について、諸費用の占める割合は、支払価格におけるものよりも本件真正予定価格におけるものの方が同じか高くなっており、この点からみても、本件真正予定価格における諸費用の算定において諸費用を過小に評価していないことが認められる。

(3)　上記(1)、(2)で検討したとおり、本件真正予定価格の算定方法は一般的な予定価格の算定方法に依拠したものと認められるから、合理的である。したがって、上記算定方法により算定された本件真正予定価格の額（……までの「真正な資料に基づき確定した金額」欄記載の各金額）もまた合理性を有する

というべきである。そうすると、被告の損害は以下のとおりとなる。

ア　本件各契約一について、本件真正予定価格と契約価格（支払額）との差額は、……までの「過払元本額」欄記載のとおり合計4億3776万1140円であるから、少なくともこれが第一事件における原告の不法行為によって被告の被った損害である。

　　また、本件各契約一に関する原告の損害賠償債務は……「左記金額支払年月日」欄記載の支払日に遅滞に陥っており、原告は被告に対し、各損害賠償額に対する本件各契約一の代金支払日の翌日から相殺日である平成20年2月28日まで民法所定の年五分の割合による遅延損害金（……「発生延滞金」欄記載のとおり合計1億1206万2833円）の支払義務を負う。

　　被告の損害の総計は、5億4982万3973円である。

イ　本件各契約二について、本件真正予定価格と契約価格（支払額）との差額は、……までの「過払元本額」欄記載のとおり合計6167万2000円であるから、少なくともこれが第二事件における原告の不法行為によって被告の被った損害である。

　　また、本件各契約二に関する原告の損害賠償債務は……「左記金額支払年月日」欄記載の支払日に遅滞に陥っており、原告は被告に対し、各損害賠償額に対する本件契約二の代金支払日の翌日から平成20年9月12日（部分払債務（受働債権）の弁済期は、支払請求書を受理した平成20年8月18日から30日後の同年9月16日であるが、被告は同月12日に意思表示が原告に到達することを想定して、同日までの延滞金額を算定したもの）まで民法所定の年五分の割合による遅延損害金（……「発生延滞金」欄記載のとおり合計1712万4355円）の支払義務を負う。

　　被告の損害の総計は、7879万6355円である。

ウ　本件各契約三について、本件真正予定価格と契約価格（支払額）との差額は、……「過払元本額（税抜）」欄記載のとおり合計3億0260万4103円であるから、少なくともこれが第三事件における原告の不法行為によって被告の被った損害である。

　　また、本件各契約三に関する原告の損害賠償債務は……「左記金額支払年月日」欄記載の支払日に遅滞に陥っており、原告は被告に対し、各損害賠償金に対する本件各契約三の代金支払日の翌日から相殺日である平成20年11月20日まで民法所定の年5分の割合による遅延損害金（……「延滞金」欄記載のとおり合計7269万7057円）の支払義務を負う。

　　被告の損害の総計は、3億7530万1160円である。

●損害額認定の考え方●

本件は、海外から輸入した防衛装備品を防衛省に納入していた事業者が国

に対して売買代金の支払いを請求したのに対し、国が事業者が海外の製造業者の装備品の価格を水増しし、資料を改ざんする等の不法行為があったとし、損害賠償請求権による相殺を主張した事案である。本件では、防衛装備品の価格の水増しによる損害額の算定が問題になった興味深い事件である。

　本判決は、防衛装備品の売主が見積資料等に合理的な根拠を有する資料に基づく適正妥当な数値を記載すべき信義則上の義務を認め、義務違反を肯定し、真正予定価格と実際の契約金額の差額が損害にあたるとし、具体的に損害額を算定したものである。本判決は、本来あるべき契約金額と実際の水増しされた契約金額の差額が損害であるとし、具体的に損害額を算定したものであり、重要な事例判断として、同種の事案にも参考になるものである。

13·6 不動産の購入予定者の売買契約の締結拒否に係る損害賠償責任

〔判　例〕　東京地判平成20・11・10判時2055号79頁
〔損害額〕　遮断工事費用448万7970円、駐車場解約に伴う収入減47万
4192円

【事件の概要】

　宅地建物取引業を営む Y 株式会社は、平成19年4月、宅地建物取引業を営む X 株式会社の所有不動産（土地、建物）につき隣接する株式会社 A が所有する土地と一体使用することを条件として、本件不動産、隣接不動産の取得を企図し、そのとりまとめを X に依頼し、買付証明書を交付した。X と Y は、売買交渉を行い、売買代金3億9500万円、違約金として売買代金の2割等を内容とする契約書案を取り交わす等した。Y は、平成19年8月、不動産市況の悪化を理由に売買契約を中止する旨を X に申し入れた。その間、X は、本件土地上の排水管の移設、駐車場の契約の解約等を行った。X は、Y に対して売買契約の成立を主張し、一次的に違約金7900万円の支払い、契約の準備段階における信義則上の注意義務違反（契約締結上の過失責任）を主張し、債務不履行、不法行為に基づき二次的に逸失利益による損害の一部7900万円の損害賠償、三次的に信頼利益851万4658円の損害賠償を請求したものである。

●主張の要旨●

　本件で問題になった損害は、二次的請求につき違約金相当額（7900万円）、三次的請求につき信頼利益の損害（851万4658円）である。なお、信頼利益の損害の内容は、①遮断工事費用（449万4658円）、②駐車場解約に伴う収入減の賃料相当額（75万円）、③本件不動産購入資金の借入金利（50万円）、④排水管の移設等の工事に係る人件費（27万円）である。

●判決の概要●

　本判決は、売買契約の成立を否定し、一次的請求を棄却し、Xが売買契約が確実に締結されると期待したことは合理的な理由があった等とし、Yの契約締結上の過失責任を肯定し、損害として逸失利益は相当因果関係が認められないとし、二次的請求を棄却し、三次的請求については信頼利益の損害が認められるとし、具体的には遮断工事費用（448万7970円）、駐車場解約に伴う収入減（47万4192円）の損害を認め、三次的請求を認容した。

判決文

イ　三次的請求について
　(ア)　遮断工事費用について
　　　〈証拠略〉によれば、原告は、遮断工事費用として、448万7970円を支出したことが認められる。

　　　前記一(1)の認定事実によれば、遮断工事は、本件売買契約の交渉の過程で出された本件排水管に関する問題の解決のために、被告の了承を得て、原告が実施した工事であり、本件売買契約の成立に向けた準備行為といえる。したがって、遮断工事費用は、被告の契約締結上の過失と相当因果関係のある損害というべきである。

　　　この点、被告は、遮断工事は、本件土地の利用価値を向上させる工事であり、圧送ポンプの発注及び設置を残すのみでほぼ終了しており、原告の利益になっていると主張する。しかし、早々に本件土地の購入者が現れるかは不明であって、仮に購入者が現れたとしても、遮断工事の続行を当然に求めるとは言い切れないことを考慮すれば、施工済みの部分をどの程度活用できるか疑問であると言わざるを得ず、被告の上記主張は採用することができない。

　　　なお、原告は、対象物件所有者からの同意書の取得に係る費用も遮断工事費用にかかる損害として主張する。しかし、同意書には、原告が第三者に本件土地を譲渡した場合及び対象物件所有者が当該所有物件を第三者に譲渡した場合も、同意書の内容が引き継がれる旨が記載されており、原告代表取締役自身、他の買主に本件不動産を売却する場合も、対象物件所有者から同意書を取り付けると陳述していることから、同意書の取得は、原告の利益になるものと考えられ、その取得に係る費用は、被告の契約締結上の過失と相当因果関係のある損害とは認められない。この点についての原告の前記主張は理由がない。
　(イ)　駐車場解約に伴う収入減について
　　　〈証拠略〉によれば、原告は、株式会社Aを賃借人として、本件土地の一部

を一時使用駐車場用地として、賃料1か月12万5000円、期間平成18年10月23日から平成19年4月22日まで、契約更新期間半年間と定めて賃貸する旨の賃貸借契約を締結したこと、原告及び株式会社Aは、原告の申入れにより同賃貸借契約を平成19年5月25日付けで解除することを合意したことが認められる。

　　前記一(1)の認定事実によれば、同合意解除は、原告が、本件売買契約の交渉の過程で、問題となった売買代金の支払時期等の解決のために行った事項であり、本件売買契約成立の準備行為といえる。そして、原告は、被告から平成19年8月20日に本件売買契約の中止の通知を受けて、同年9月18日、被告に対し本件売買契約を解除する旨の意思表示を行っていること（前記第二の二の前提事実(3)、(5)）に照らせば、同日以降、原告は本件土地を自由に利用し得る状態であったと認められる。

　　したがって、株式会社Aとの間の賃貸借契約の合意解除の翌日である同年5月26日から、原告が本件売買契約の解除の意思表示をした同年9月18日までの賃料相当額47万4192円〔算式12万5000円÷31×6（2万4193円）＋12万5000×3か月（37万5000円）＋12万5000円÷30×18（7万4999円）〕は、被告の契約締結上の過失と相当因果関係のある損害と認められ、これを超える部分については理由がない。

(ウ)　本件不動産購入資金の借入金利について

　　原告は本件不動産の購入資金として借入れた2億円に対する利息分を損害として主張するが、原告が本件不動産を購入したのは平成18年6月8日であるから、原告主張の利息の発生原因である2億円の借入は、原告が被告との間で本件売買契約に関する交渉を始める以前に行われていたものである。したがって、原告主張の利息分は、本件売買契約の成立如何に関わらず原告が本来支払うべき債務であると解すべきであって、特に被告との契約交渉がなければ、確実に他の買主に売却して購入資金を返済し、金利の支払を免れたという特段の事情を認めるに足りる証拠もないので、被告の契約締結上の過失と相当因果関係のある損害とは認められない。

(エ)　対象物件所有者からの同意書取得及び遮断工事に係る人件費について

　　前記(ア)のとおり、同意書の取得に係る費用は、被告の契約締結上の過失と相当因果関係のある損害とは認められないから、同意書取得にかかる人件費の主張は理由がない。

　　また、遮断工事に係る人件費として一日1万円の社員出張費の損害を主張するが、これを裏付ける的確な証拠はない。原告の従業員の労働に対する対価は、本件売買契約の成否如何に関わらず、原告が負担すべきものであり、これを被告の契約締結上の過失と相当因果関係のある損害と認めるべき特段の事情は窺えない。

(オ)　三次的請求のまとめ

　以上によると被告の契約締結上の過失と相当因果関係のある損害の額は、合計496万2162円となる。

　原告は、商事法定利率年6分の割合による遅延損害金の支払を求めるが、本件における被告の契約締結上の過失責任は不法行為責任と解するのが相当であるから、その利率は民法所定の年5分となる。

●損害額認定の考え方●

　本件は、不動産業者間で不動産の売買に関する交渉がされ、契約書案が取り交わされる等したが、購入予定者が契約の締結を拒否したことから、売却予定者が購入予定者に対して損害賠償請求等、三次にわたる請求をした事案である。

　本判決は、売買契約の成立を否定したこと、不動産の売却予定者が売買契約が確実に締結されると期待したことは合理的な理由があったとし、購入予定者は、契約準備段階における信義則上の注意義務として、この期待を侵害しないよう誠実に契約の成立に努める義務があったとしたこと、本件では不動産市況の悪化が契約の中止につき信義則上やむを得ないと認めることは相当でないとし、購入予定者の契約締結上の過失責任を肯定したこと、損害につき契約締結上の過失責任に基づく損害として逸失利益は相当因果関係が認められないとしたこと、損害につき信頼利益の損害を認め、遮断工事費用として448万7970円、駐車場解約に伴う収入減として47万4192円を認めたこと（借入金利、人件費に関するXの主張を排斥した）に特徴がある。本判決は、不動産の売買契約の締結交渉が行われ、売却予定者が土地上の排水管の移設、駐車場の契約の解約等を行っていた状況において、購入予定者が不動産市況の悪化を理由に契約の締結を拒否したことにつき契約締結上の過失責任を肯定し、信頼利益の損害を認めた事例判断として参考になるものである。

13・7　新車の売買における販売業者の損害賠償責任

〔判　例〕　富山地判平成27・7・8 判時2315号83頁
〔損害額〕　新車の錆による減価損害 5 万円

【事件の概要】

　X は、平成26年 6 月、自動車の販売業者である Y 株式会社から、代金215万円で普通乗用自動車を購入した。Y は、自動車検査、登録を経たうえで、X に本件新車を引き渡した。X は、同年 7 月、本件新車を点検したところ、ディスクブレーキローター、マフラー等に多数の錆を発見した。X は、Y に対して瑕疵担保責任に基づき損害賠償を請求したものである。

　第 1 審判決（富山簡判平成27・1・29判時2315号86頁）は、錆が生じていたとしても、直ちに通常有すべき品質を欠いていたとはいえず、足回り等の部分の錆の発生は、構造上、性質上やむを得ないし、多少の錆の発生は性能的に何ら問題がない等とし、瑕疵の存在を否定し、請求を棄却したため、X が控訴したものである。

●主張の要旨●

　本件で問題になった損害は、新車の車両代金と査定額の差額（減価に係る損害。68万2448円）。

●判決の概要●

　本判決は、およそ錆の発生を防止することは不可能であり、新車に錆が生じていたことをもって直ちに瑕疵があるとはいえないとし、Y が取り扱う自動車のメーカーのウェブサイトの「品質への取り組み」の記載において錆のない自動車を提供することが必要である等の旨が発信されいるとし、錆が生じていないことが売買契約において予定されていた車両の品質であるとして

瑕疵を認め、Ｙの瑕疵担保責任を肯定し、損害につき民事訴訟法248条により車両の減価として５万円の損害を認め、原判決を変更し、請求を認容した。

2　争点(2)（損害の発生及び額）について

　　本件各錆が生じたことにより、一定程度は本件新車に腐食が生じたと認められることから本件各錆による車両の減価という損害が生じたと認められる。控訴人は、本件各錆による車両の減価は本件新車の車両代金201万3448円と査定額133万1000円との差額68万2448円であり、同金額が本件各錆による損害である旨主張し、上記査定額を証明する証拠方法として査定証を提出するが、上記査定額が売却を目的とした評価額（換金相当額）であること、同査定は本件新車が既に自動車登録を経ていることを前提とするものであることに照らせば、上記証拠は控訴人が主張する損害額を認めるのに足りないといわざるを得ない。本件各錆による損害の立証はその性質上その額を立証することが極めて困難であるから、民事訴訟法248条により、上記本件各錆の状態、その他一切の事情を斟酌して、損害を５万円と認めるのが相当である。

●損害額認定の考え方●

　本件は、自動車の販売業者から新車を購入したところ、多数の錆が見つかったため、買主が販売業者に対して瑕疵担保責任に基づき損害賠償を請求した控訴審の事案である（第１審判決は、瑕疵の存在を否定した）。本件で問題になった車両の減価に係る損害である。

　本判決は、販売業者が取り扱う自動車のメーカー（製造業者）のウェブサイトの記載を根拠に、錆の存在が瑕疵にあたるとし、販売業者の瑕疵担保責任を肯定したこと、損害につき民事訴訟法248条を適用し、新車の減価による損害を５万円と算定したことに特徴がある。新車であっても、錆が存在することは、取引通念に照らして明らかであり、これが直ちに瑕疵にあたるということはできないが、錆の量・位置・状態によっては法的な責任が生じることは否定できない。本判決が自動車のメーカーのウェブサイトの記載を根拠としていることには議論が必要であろう。本判決が錆の存在による車両の減価について民事訴訟法248条を適用して５万円と算定したことは、事例

判断を提供するものである。なお、自動車の価格評価については、中古車市場等において相当な情報が得られることは、他の商品と大きく異なるところである。

13・8 工業製品の継続的売買において販売業者の取引拒否に係る損害賠償責任

〔判　例〕　東京地判平成27・2・6判時2272号71頁
〔損害額〕　逸失利益1000万円

【事件の概要】

　合成樹脂、プラスチック製品の加工等を業とするX株式会社とY株式会社は、平成21年9月、取引基本契約書を取り交わし、Yが毎月1回発注をし、Xが加工する配線カバー部品等を継続的にYに売却する取引を継続して行っていた。Yは、平成25年2月、従来よりもXに対する発注量を大幅に減らし、Xは、同年3月に契約を解除し、取引の継続を拒否した。Xは、Yに対して納品済みの製品の未払代金の支払い、発注義務違反による債務不履行に基づき損害賠償を請求したのに対し（甲事件）、Yが取引の継続拒否に係る債務不履行に基づく損害賠償債権による相殺を主張し、反訴として残額につき損害賠償を請求するとともに、YがXの代表取締役Zに対してY所有の金型を廃棄したことに係る債務不履行、不法行為に基づき損害賠償を請求したものである（乙事件）。

●主張の要旨●

　本件で問題になった損害は、甲事件については、Xの主張に係る損害は、逸失利益（1258万6621円）、取引のためにXが購入した機械類の購入代金（115万4265円）であり、乙事件の反訴については、工場等の賃貸借等（455万4343円）、光熱費等（21万3172円）、備品設置費用（171万1500円）、機械購入費用（185万457円）、求人広告費用（34万5450円）、人件費等（3037万5690円）、レンタカー代等（140万9089円）、出張費用等（20万7265円）、逸失利益（160万円）である。

●判決の概要●

　本判決は、発注義務違反の主張については、Xの納品が遅れがちであったこと等から、Yが発注量を大幅に減少させたことには合理的な理由があるとし、排斥し、未払いの代金債権を認め、取引継続の拒否の主張については、取引の継続期間、取引の当事者にとっての重要性、取引の規模等の事情を考慮して、当事者が相当な予告期間をおくことなく取引の継続を拒否することは、特段の事情のない限り許容されないとし、本件では発注量の減少を理由に取引継続を拒否したものであり、発注量の減少に合理的な理由があるから特段の事情があるとはいえないとし、Xの債務不履行責任を認め、逸失利益の損害が発生したことは否定できないとし、民事訴訟法248条の趣旨に照らし、1000万円の損害を認め、金型の廃棄に係る損害につき、民事訴訟法248条の趣旨に照らし、150万円の損害を認める等し、相殺の抗弁については、Xの有する代金債権と相殺し（Yの損害賠償請求権は、相殺によって全部消滅した）、Xの本訴請求を認容し、Yの反訴請求を棄却し、Yの乙事件における請求を認容した。

判決文

3　争点(2)（甲事件原告の一方的解除による債務不履行の有無及び損害）について

　(1)　甲事件原告の債務不履行の有無についての判断

　　ア　甲事件原告は、平成25年3月1日、甲事件被告に対し、本件取引を同月末日をもって停止する旨の通知をしたものであるところ（前記1(1)ク）、上記通知の後、甲事件原告が本件取引の下請業者であるプラス化成において使用中の金型を回収しようとする行動をとっていること（前記1(1)ケ）も考え合わせると、上記の通知は、甲事件原告の本件基本契約に基づく受注を拒絶し、本件取引を終了させる旨の意思を表明したものと認められるから、甲事件原告の上記通知は、本件基本契約及び当時未納であった別紙3の製品に係る本件個別契約を解除する旨の意思表示に当たるということができる。

　　イ　本件取引は、甲事件原告と甲事件被告との間で長期にわたって継続的に行われていた取引であり、甲事件被告にとっては、オーム電機等の取引先

の取引の前提として必要な取引であること、本件取引の金額も月額1200万円ないし1400万円程度に及んでいたことからすれば、本件取引が一方当事者によって相当な予告期間を置かれることなく停止されることは、相手方当事者に予期せぬ損害を及ぼすおそれがあるものと認められる。そうすると、一方当事者が一方的に本件基本契約を契約期間内に解除して本件取引の継続を拒絶することは、特段の事情のない限り許容されないというべきであり、本件基本契約の債務不履行に当たるというのが相当である。

ウ　そこで、甲事件原告による上記の解除が許容されると解すべき特段の事情があるか否かについて検討する。

前記1(1)クの認定事実によれば、甲事件原告は、平成25年2月における甲事件被告からの発注の数量及び金額が従来よりも大幅に減少したことを理由として、上記(1)の通知をしたものと認められる。

しかしながら、前記2で判示したとおり、本件取引において常態化していた納期遅れの主たる原因は甲事件原告にあり、甲事件被告が平成25年2月にモール等の製品を従来どおり発注しなかったことによって発注額を減少させたことには合理的な理由があると認められることからすると、甲事件原告が本件基本契約及び本件個別契約を解除したことについては、平成25年2月の発注の数量及び金額の減少したことをもって、これを許容すべき特段の事情があるとはいえず、他に上記特段の事情は見当たらない。

エ　以上によれば、甲事件原告は、甲事件被告に対し、本件基本契約については上記債務不履行に基づき、本件個別契約については本件契約書6条2項（前記2(2)ア）に基づき、本件取引が停止したことによって甲事件被告に生じた損害を賠償する義務があるというのが相当である。

(2)　甲事件被告の損害についての判断

前記1(1)サの認定事実によれば、甲事件被告は、甲事件原告の前記(1)の通知により、急きょプラス化成等から直接製品の納品を受け、従来本件取引において甲事件原告が行っていた加工を自ら行うための対応をとることが必要となったことが認められる。このことにより、甲事件被告において、相当額の費用の支出を強いられ、得られるべき利益を喪失した損害が生じたことは否定し難いが、甲事件原告の前記(1)アの通知後も、平成25年3月中は発注済みの製品の一部について相当数量の納品が行われていたこと（前記第2の2(3)イ）、本件取引における納期遅れ自体は従来から生じていたことからすると、甲事件被告が甲事件被告の主張する損害の全てが甲事件原告の債務不履行との間に相当因果関係のある損害に当たるということはできない。これらの事情を総合して甲事件被告の損害を立証することは極めて困難であるから、民事訴訟法248条の趣旨に照らし、弁論の全趣旨及び証拠調べの結果を踏まえ、甲事件原告の前記債務不履行との間に相当因果関係のある損害額は、1000万円の限度で認めるのが相当である。

(3)　小括〈略〉

●損害額認定の考え方●

　本件は、配線カバー等の製品につき基本契約を締結し、継続的に売買していた事業者間において、事案はやや複雑であるが、本書のテーマに限定して紹介すると、買主が発注量を減らし、売主が契約を解除し、取引の継続を拒否したため、売主が買主に対して発注義務違反による損害賠償、買主が売主に対して取引継続の拒否による損害賠償（相殺の抗弁、損害賠償）を請求した事案である。

　本判決は、発注義務違反については、売主の納品が遅れがちであったこと等の事情から、買主が発注量を減少させたことには合理的な理由があるとし、主張を排斥したこと、取引継続の拒否については、取引の継続期間、取引の当事者にとっての重要性、取引の規模等の事情を考慮して、当事者が相当な予告期間を置くことなく取引の継続を拒否することは、特段の事情のない限り許容されないとしたこと、本件では特段の事情がないとしたこと、売主の債務不履行による損害として逸失利益を認め、民事訴訟法248条の趣旨に照らし、1000万円の損害を算定したことに特徴がある。本判決は、継続的な売買における買主の発注義務違反に係る債務不履行責任を否定し、売主の取引継続の拒否（契約の解除）に係る債務不履行責任を肯定した事例判断として参考になるとともに、後者の損害（逸失利益）の額につき民事訴訟法248条の趣旨に照らして算定した事例判断を提供するものである。なお、本判決の説示する民事訴訟法248条の趣旨に照らすことの意味が問題になるところ、同条を適用するとの論理ではなく、強いていえば、同条の類推適用の論理によるものということができるが、その類推適用の可否、当否に疑問が残る。

14　旅行業者の責任

主催旅行を実施した旅行業者の説明義務違反による損害賠償責任

〔判　例〕　東京地判平成16・1・28判タ1172号207頁
〔損害額〕　慰謝料1人あたり5万円

【事件の概要】

　旅行業を営むY株式会社は、「西トルキスタン・大シルクロード」と称する主催旅行を企画し、旅行客を募集したところ、Xらが応募し、旅行契約を締結した。旅行の出発の4日前である平成13年9月11日に米国で多発テロが発生し、アフガニスタン情勢の悪化を懸念する報道がされたことから、Yに対して旅行の安全が問い合わせられる等したが、Yが安全であると判断し、旅行が予定どおり催行された。Yは、旅行の7日目、旅行先の一つであるトルクメニスタン共和国内に外務省の海外危険情報が発出されたことから、同国内の観光を懸念し、旅行を途中で中止した。Xらは、旅行の出発に際し、旅行約款に基づく取消料の負担のない解除ができる旨の説明を怠ったことを主張し、Yに対して債務不履行または不法行為に基づき旅行代金相当額、慰謝料の損害賠償を請求したものである。

●主張の要旨●

　本件で問題になった損害は、①旅行代金相当額（各57万3000円）、②慰謝料である。

●判決の概要●

　本判決は、遅くとも旅行の出発時において、取消料なしの解除ができることを説明すべき義務違反があったとし、Ｙの義務違反がなければ旅行に参加せず、または継続しなかったとまでは認めがたいとし、旅行代金相当額の損害を認めなかったものの、慰謝料として各5万円の損害を認め、請求を一部認容した。

判決文

(1)　原告らは、被告の前記義務違反がなければ、原告らは本件旅行に参加せず又は旅行を継続しなかったのであり、これにより支払済みの旅行代金相当額（57万3000円）の財産的損害を受けたと主張する。

　　しかし、原告らは、前記のとおり、実際には本件旅行に参加して、平成13年9月25日（11日目）までは予定どおり旅行を継続したのであり、その内容においても、特段の支障があった事情は窺われず、かえって、カザフスタン共和国内にとどまって観光を継続したいとの意見もあったこと、本件旅行を中止すべきではなかったとまで主張する部分があることを考慮すると、被告の各義務違反がなければ旅行に参加せず又は継続しなかったとまでは認め難く、上記旅行代金相当額を損害として主張することはできないというべきである。

(2)　しかしながら、被告の前記3(2)の説明義務違反は、その対象事実が取消料の負担なしの解除ができることについてであり、海外危険情報の発出により本件旅行が中止されるおそれがあるかどうか、ひいては原告らの生命及び身体の安全に関する事項を含んでおり、原告らにおいて、本件旅行契約を解除するかどうかの選択判断に影響を及ぼすものと認められ、その損害は、上記選択判断の機会を失わせた不利益であると評価できるから、これに対する慰謝料として、損害額の算定を行うのが相当である。

　　そして、既に説示した被告の各義務違反の内容及び程度、本件旅行の中止の理由及びこれに至る経緯等、原告らの受けた不利益等の本件事案における一切の事情を考慮すると、その慰謝料額は、原告1人当たり5万円が相当である。

●損害額認定の考え方●

　本件は、旅行業者が企画した主催旅行に参加した旅行客が旅行先の安全懸念のため旅行が途中で中止されたため、旅行業者に対して損害賠償を請求した事案である。本件では、①旅行代金相当額、②慰謝料の損害が問題になっ

たものである。

　本判決は、本件旅行が米国における同時多発テロの発生の後間もなく行われたものであり、旅行先の安全等の懸念があった状況の下で行われたものの、途中で中止されたものであることから、旅行業者の前記内容の説明義務違反を肯定したものである。本判決は、このような説明義務違反による損害として、旅行代金相当額の損害を否定したものであるが、旅行客が旅行をしたという利益を受けたものの、旅行の全過程が実施されたものでないことに照らすと、その一部の損害を肯定すべき根拠があるものであって、損害の認定として疑問が残るものである。なお、本判決が認めた説明義務違反の場合には、その義務違反と相当因果関係にある損害の範囲、損害額の算定は慎重に検討することが必要である。

　また、本判決は、本件の一切の事情を考慮し、慰謝料として各旅行客ごとに5万円を認めたものであるが、事例判断として参考になるものの、その損害額の算定根拠が明らかではないこと、慰謝料の額につき旅行客の側からの主張がないことが特徴のあるものである。

　旅行業者が主催した旅行が日程どおりに実施されないことは少なくないが、そのような事案では、旅行業者の債務不履行等の責任の成否、損害額の算定が重要な争点になるところ、近年の旅行業者の損害賠償責任をめぐる裁判例としては、①神戸地判平成5・1・22判タ839号236頁、②東京高判平成5・3・30判タ863号216頁、③大阪地判平成6・5・30判タ898号239頁、④東京地判平成7・10・27判タ915号148頁、⑤京都地判平成11・6・10判時1703号154頁、判タ1006号298頁、⑥名古屋地判平成11・9・22判タ1079号240頁、⑦福岡高判平成13・1・30判タ1121号197頁、⑧大阪高判平成13・2・7判タ1069号237頁がある。

14・2 韓国人俳優を起用したキャンペーンが中止になったことについての韓国の旅行会社の債務不履行等、日本の主催旅行会社の信義則上の義務違反に関する損害賠償責任

〔判　例〕　東京地判平成20・3・3判タ1282号181頁

〔損害額〕　支払済みの版権使用料等、キャンペーンのための広告媒体に要した費用、お詫び広告等の作成関係費用、キャンペーンの中止に伴う返品、お詫びポスター貼りに要した人件費、信用毀損の損害合計1億834万4686円（過失相殺前）、弁護士費用（上記損害額から過失相殺後の損害額の1割相当額）

【事件の概要】

　　紳士服の販売等を業とするX株式会社は、平成17年10月初め頃から秋冬季のキャンペーンを予定し、顧客の中から抽選で一定の者をイベントが付加された旅行に招待する企画を計画し、旅行業を営むY₂株式会社等に企画立案を依頼した。Y₂は、韓国人の俳優Aを広告媒体として採用し、韓国旅行に招待し、Aのファンイベントを開催する企画を提案し、交渉の結果、韓国に本店のあるY₁株式会社がAの承諾を得る自信があるということから、Y₁を紹介し、顧客の中から1000名を招待し、1000名を優待するなどの内容の企画が採用された。XとY₁は、平成17年10月、Aの版権（パブリシティ権）の使用、ファンイベントの開催に関する契約を締結し、Aの承諾を得る旨のファックスをXに送信した。Xは、Y₁に版権使用料2500万円、ファンイベントのギャランティ500万円を支払った。Xは、その後間もなく、Aの氏名・肖像を使用したキ

ャンペーンを開始したが、Y₁がキャンペーン情報の流出に抗議をし、来日したAは、キャンペーン広告を見て不興を感じ、承諾をしなかった。Xは、Y₁に対して契約の解除による3000万円の損害賠償、Y₁、Y₂に対して債務不履行、不法行為、契約締結上の過失に基づき損害合計11億4083万6971円の内金2億円の損害賠償を請求し、Y₁が反訴としてAの承諾を得るまでは肖像等を使用しない旨の合意違反による6440万3772円の損害賠償を請求したものである。

●主張の要旨●

本件で問題になった損害（Xの主張に係る損害である）は、①支払済みの版権使用料等（3000万円）、②キャンペーンのための広告媒体に要した費用（10億9710万9896円）、③キャンペーンの中止に伴う返品（58万5761円）、④お詫びポスター貼りに要した人件費（298万5074円）、⑤トラブル対応に要した従業員の交通・宿泊費（15万6240円）、⑥信用毀損の損害（2000万円）、⑦弁護士費用（2000万円）である。

●判決の概要●

本判決は、Y₁はAの承諾を得ることができなかった等とし、債務不履行、担保責任を認め、Y₂との間には契約が成立していないとしたものの、XとY₁との間の意見調整を行うべき信義則上の義務違反（不法行為）を認め、損害につき、支払済みの版権使用料等、キャンペーンのための広告媒体に要した費用、お詫び広告等の作成関係費用、キャンペーンの中止に伴う返品、お詫びポスター貼りに要した人件費、信用毀損の損害（100万円）を損害として認め、トラブル対応に要した従業員の交通・宿泊費につき相当因果関係を否定し、過失相殺をし、弁護士費用の損害を認め、Y₁、Y₂に対する請求を認容した。

判決文

2　争点(1)（本件変更合意の成否）について〈略〉

3　争点(2)（本件契約が心裡留保又は虚偽表示によって一部無効となるか、また、原告は本件契約締結時において、被告 Y_1 が版権使用許諾権を有していないことを知っていたか）について〈略〉

4　争点(3)（被告 Y_1 による本件契約の解除の有効性）について〈略〉

5　小括（被告 Y_1 の本件契約に基づく責任）〈略〉

6　争点(4)（原告と被告 Y_2 は、本件委託契約を締結したか）について〈略〉

7　争点(5)（被告 Y_2 は本件契約に基づく損害賠償責任を負うか）について〈略〉

8　争点(6)（被告 Y_2 は不法行為責任を負うか）について〈略〉

9　争点(7)（被告らは共同不法行為責任を負うか）について〈略〉

10　争点(8)（本訴請求における原告の損害額等）について

(1)　前記争いのない事実等及び前記認定に加え、〈証拠略〉によれば、被告 Y_1 の債務不履行及び被告 Y_2 の前記不法行為と相当因果関係が認められる原告の損害は、以下のとおりである。

　　ア　本件キャンペーンの広告媒体に要した費用〈省略〉

　　イ　お詫び広告等の作成関係費用〈省略〉

　　ウ　本件キャンペーンの中止に伴う返品〈省略〉

　　エ　お詫びポスター貼り等に要した人件費〈省略〉

　　オ　信用毀損による無形的損害　100万円

　　　原告が、大々的に本件キャンペーンを広告した後にこれを中止し、お詫びのための広告を行ったり、返品に応じることを余儀なくされたことからすれば、原告に対する顧客等の信用は毀損されたというべきであり、これによる損害は、被告 Y_1 の債務不履行及び被告 Y_2 の不法行為と相当因果関係を有するというべきである。そして、本件の事情を総合的に勘案すれば、当該損害額は100万円と評価するのが相当である。

　　カ　トラブル対応のために負担した原告従業員の交通費及び宿泊費として原告が主張する損害（合計15万6240円）については、被告 Y_1 の債務不履行及び被告 Y_2 の不法行為と相当因果関係を有すると認めるに足りる証拠はない。

　　キ　以上のとおり、被告 Y_1 の債務不履行と相当因果関係を有する損害は、前記アないしオの合計額である7834万4686円である。

　　　また、被告 Y_2 については、前記アないしオに加え、原告が被告 Y_1 に支払った3000万円についても被告 Y_2 の本件不法行為と相当因果関係が認められるので、同被告の不法行為と相当因果関係を有する損害は、1億0834万4686円である。

(2)　過失相殺及び弁護士費用

　　被告 Y_1 の債務不履行責任と被告 Y_2 の不法行為責任については、被告らに対し各別に原告の過失事由を斟酌するのが相当である。

　　なお、仮に、原告が主張する被告らの共同不法行為責任が認められたとしても、当該共同不法行為は、加害者及び侵害行為を異にする各不法行為が、

順次又は同時に競合したものであり、各不法行為の過失の内容も別異の性質を有するものであるから、その場合における過失相殺も、被告らに対し各別になすべきものと解するのが相当である（その場合、被告らの賠償額に差が生じたときは、額が重なる限度で不真正連帯債務となるというべきである。）。また、本件では、被告 Y_1 の債務不履行責任と被告 Y_2 の不法行為責任が競合する場合と、被告らの共同不法行為責任が認められる場合とで、原告の過失割合について異別に考慮すべき要素は認められないから、この点においても共同不法行為責任を別途判断する必要はないというべきである。

ア　被告 Y_1 との関係での過失相殺

　　前記争いのない事実等及び前記認定のとおり、原告は、〈証拠略〉により、版権使用とファンイベントについては被告 Y_1 が B プロダクションと契約することを認識していた。原告は、E が、平成17年10月 8 日の協議において、同月22日以前に A の肖像等が露出しては困る旨述べたことからすれば、被告 Y_1 が本件契約書を確認の上押印したとはいえ、原告が同日以前に版権を使用することについて支障があることを認識し得たというべきであり、Cないし原告がこの点を被告らに確認することは可能であったというべきである。また、同月 8 日の協議において、C が広告媒体は同月22日から掲示する予定であると述べたことが被告 Y_1 の誤解を招き、また、原告が、A 側の来日に合わせて、版権を使用した演出物等の一時撤去を実行していれば、損害の拡大を防ぎ得た可能性があったことも否定できない。

　　以上の点に加え、本件の諸般の事情を総合考慮すると、被告 Y_1 の債務不履行による損害賠償額を定めるに当たっては、原告側の過失を 2 割と評価し、過失相殺により同割合を減ずるのが相当というべきである。したがって、同被告は、原告に対し、6267万5748円（＝7834万4686円×0.8）の損害賠償義務を負う。

イ　被告 Y_2 との関係での過失相殺

　　前記争いのない事実等及び前記認定のとおり、原告は、被告 Y_2 から提示された〈証拠略〉及び被告 Y_1 から話を前に進めるよう回答があったとの同年 9 月24日の被告 Y_2 からの連絡等によって、本件キャンペーンを採用することに問題はないと判断したものであるが、原告と被告 Y_1 との契約交渉は、事実上被告 Y_2 が間に入ってなされていたものである以上、被告 Y_1 との意思疎通に齟齬が生じる可能性は常に存在するのであるから、原告としても、連絡や取次ぎを被告 Y_2 だけに任せず、契約締結に際しては直接被告 Y_1 と交渉する時間を十分に取るなどして、同被告と B プロダクションとの契約の有無及び版権使用開始可能時期等につき入念に確認することは可能であったというべきである。本件では、原告が被告 Y_1 と直接協議したのは同年10月 8 日の契約締結当日のみであり、これも C が既に用意されていた契約内容を確認したに過ぎず、原告は、契約締結に当たり慎重さを欠いていた

ことは否定できない。

　　以上の点に加え、前記アの事情を含めた本件の諸般の事情を総合考慮すると、被告 Y_2 の本件不法行為による損害賠償額を定めるに当たっては、原告側の過失を4割と評価し、過失相殺により同割合を減ずるのが相当というべきである。したがって、同被告は、原告に対し、6500万6811円（＝1億0834万4686円×0.6）の損害賠償義務を負う。

ウ　弁護士費用については、前記ア、イで認定した損害額の1割を相当因果関係を有するものとして認めるのが相当である。

　　したがって、被告 Y_1 が債務不履行に基づき賠償すべき額は6894万3322円（＝6267万5748円×1.1）であり、被告 Y_2 が本件不法行為に基づき賠償すべき額は7150万7492円（＝6500万6811円×1.1）である。

(3)　被告 Y_1 の担保責任に基づく損害賠償義務について

　　被告 Y_1 は、前記5のとおり、担保責任（民法561条及び559条）に基づく損害賠償義務も負うところ、当該各条の損害賠償制度の趣旨にかんがみれば、当該損害賠償請求については過失相殺はなされないものと解するのが相当である一方、損害賠償義務の範囲は、原告が被告 Y_1 が A の版権使用許諾権を有すると信じたことに基づく損害に限定されるものと解するのが相当であるから、同被告が担保責任に基づき負うべき損害賠償の範囲は、前記(1)アの損害6603万1662円に限定されるものというべきである。

　　したがって、被告 Y_1 については、認容額の大きい債務不履行に基づく損害賠償請求を認容することとする。

(4)　被告らの損害賠償義務の関係

　　本件においては、被告 Y_1 の債務不履行と被告 Y_2 の不法行為とが競合して、原告の損害が生じたものというべきであるから、被告らはそれぞれ原告に生じた損害について賠償責任を負うが、各損害賠償責任は、一方が賠償金を支払えば、他方はその限りで原告に対する賠償義務を免れる関係にある。

　　したがって、両債務は、共同不法行為の場合と同様に不真正連帯債務の関係にあるものと解するのが相当であり、被告らは原告に対して、損害賠償額が重なり合う限度で連帯して賠償義務を負うというべきである。

(5)　以上のとおり、被告 Y_1 は6894万3322円、被告 Y_2 は7150万7492円の損害賠償義務を負い、被告らの損害賠償義務は、被告 Y_1 が負う6894万3322円の限度で不真正連帯債務の関係となる。また、遅延損害金の利率は、債務不履行責任である被告 Y_1 については年6分、不法行為責任である被告 Y_2 については年5分となる。

　　なお、前記5(2)のとおり、被告 Y_1 は、本件契約の債務不履行及び担保責任による解除に基づく原状回復義務又は本件契約7条2項前段に基づき、3000万円の返還義務を負う。

●損害額認定の考え方●

　本件は、事業会社と日本・韓国の旅行会社らが事業会社の韓国人俳優を起用したキャンペーンを企画し、事業会社と韓国の旅行会社が契約を締結し、事業会社がキャンペーンを開始したところ、俳優の承諾を得ることができず、キャンペーンが中止されたため、事業会社が旅行会社らに対して損害賠償を請求した事案であり、事案の内容が興味深いだけでなく、損害論としても興味を引く事件である。

　本判決は、韓国の旅行会社の債務不履行等を認め、日本の旅行会社の不法行為を認めたうえ、支払済みの版権使用料等、キャンペーンのための広告媒体に要した費用、お詫び広告等の作成関係費用、キャンペーンの中止に伴う返品、お詫びポスター貼りに要した人件費、信用毀損の損害（100万円）、弁護士費用の損害を認めたものであり、事例判断として参考になるものである。

15　ホテル事業者の責任

15・1　労働組合のホテル施設使用許可仮処分確定後にホテル経営側が施設使用を拒否したことに関する損害賠償責任

〔判　　例〕　東京高判平成22・11・25判時2107号116頁

〔損害額〕　組合の財産的損害1392万5190円、組合の非財産的損害8547万円（財産的損害の 3 倍相当額）、弁護士費用993万円、（一部の）各単位組合の損害

【事件の概要】

　労働組合である X_1 組合は、全国的な集会の前夜祭、全体会の開催のために、ホテルを経営する Y_1 株式会社のホテルを予約した。本件集会には毎年右翼団体による街宣活動がみられた。Y_1 が予約を解約したことから、X は、施設使用許可の仮処分を申し立て、仮処分命令を得、その後、保全異議、保全抗告を経たが、仮処分が確定したものの、Y_1 が施設の使用を拒否した。X_1、その単位組合である X_2 ら（77名）、組合員である X_3 ら（1889名）が Y_1、その取締役である Y_2 ら（12名）に対して損害賠償を請求したものである。

　第 1 審判決（東京地判平成21・7・28判時2051号 3 頁）は、X_1 らの請求を認容したため、Y_1 らが控訴したものである。

●主張の要旨●

　本件で問題になった損害は、①組合の財産的損害、②非財産的損害、③弁護士費用、④各単位組合の損害、⑤各組合員の損害である。

●判決の概要●

　本判決は、第１審判決を引用し、Y₁の債務不履行責任、不法行為責任を認め、一部の取締役の任務懈怠を認め、X₁の財産的損害として1392万5190円、非財産的損害として財産的損害の３倍に相当する額として8547万円、弁護士費用の損害を認め、一部の単位組合の財産的損害を認め（非財産的損害の主張は排斥した）、組合員の損害を否定し、第１審判決を変更し、X₁、X₂らの請求を認容し、X₃らの請求を棄却した。

判決文

7　被控訴人 X₁ に生じた財産的損害（争点(4)（原告らの主張）ア(ア)について）
　〈証拠略〉及び弁論の全趣旨によれば、被控訴人 X₁ が支出した原判決別紙損害目録１記載の出費は、いずれも前夜祭及び全体集会が実施されないこととなったにもかかわらず支出せざるを得なかったものであり、被控訴人 X₁ に生じた財産的損害であると評価することができる。したがって、被控訴人 X₁ に生じた財産的損害は、合計1392万5190円であると認められる。

8　被控訴人単位組合らに生じた財産的損害（争点(4)（原告らの主張）イ(ア)）について
　〈証拠略〉及び弁論の全趣旨によれば、被控訴人単位組合らに生じた財産的損害は、別紙単位組合損害目録記載のとおり、合計1456万4825円であると認められる。この損害は、前記３認定のとおり、実質的には被控訴人 X₁ が負担する費用に当たり、被控訴人 X₁ と被控訴人単位組合らとの関係に基づき、両者の合意によって被控訴人単位組合らが負担しているものであると認められるから、この損害については、控訴人 Y₁ の不法行為と相当因果関係にある被控訴人単位組合らの損害と認めるのが相当である。

9　被控訴人 X₁ に生じた非財産的損害（争点(4)（原告らの主張）ア(イ)）について
　被控訴人 X₁ に生じた財産的損害は、前記７認定のとおり1392万5190円であり、また、被控訴人単位組合らに生じた財産的損害は、前記８認定のとおり1456万4825円であり、この両者とも、前記３及び８認定のとおり、実質的に被控訴人 X₁ が本件使用拒否により被った財産的損害である。この財産的損害を超えて、被控訴人 X₁ に非財産的損害が生じたかどうかについて検討するに、前記１認定のとおり、被控訴人 X₁ は、本件仮処分命令を申請し、これを認める決定を得た後、保全異議、保全抗告に対処し、これを維持する東京高等裁判所の判断を得たものであり、これによって本件仮処分命令が確定したものであるにもかかわらず、その判断の内容に従った履行を得ることができず、本件教研集会の前夜祭及び全体集会を開催することができないこととなったものである。そして、

弁論の全趣旨によれば、被控訴人 X_1 は、確定した仮処分命令の履行が得られないことに対処し、本件教研集会を実施、運営していくために、上記の財産的損害に加えて、数額算定が困難である多大な労力と出捐を強いられ、また、前夜祭及び全体集会が開催できないこととなったことによる混乱と困惑を収拾するために、数額算定が困難である無形の損害を被ったものと認めることができ、さらに前記5認定のとおり名誉及び信用の毀損による無形の損害も被ったものである。これらの非財産的損害のすべてを金銭で評価するとすれば、上記財産的損害の合計額である2849万15円の3倍に相当する8547万円（1万円未満切捨て）であると認めるのが相当である。

10　被控訴人単位組合らの非財産的損害（争点(4)（原告らの主張）イ(イ)）について

　本件全証拠をもってしても、被控訴人単位組合らが独自に非財産的損害を被ったものと認めるに足りる証拠はない。仮に被控訴人単位組合らに何らかの非財産的損害が生じたとしても、それらはいずれも実質的には被控訴人 X_1 の損害であり、すべて前記9において考慮済みであって、被控訴人単位組合らに独立して生じる非財産的損害は存しないものというべきである。

11　被控訴人組合員らの非財産的損害（慰謝料）（争点(4)（原告らの主張）ウ(ア)）について

　前記4認定のとおり、被控訴人組合員らについて控訴人 Y_1 に不法行為責任が成立するものと認めることはできないから、被控訴人組合員らの非財産的損害（慰謝料）の請求は理由がないが、仮に被控訴人組合員らについて損害賠償責任が成立すると解したとしても、これらの者に生じた財産的損害についてはすでに填補されており、非財産的損害すなわち精神的損害が残るのみである。ところで、被控訴人 X_1 が本件教研集会のための施設使用契約を締結して行事を計画していた場合において、当該施設の使用契約が不当に破棄されて、これに参加を予定していた者が参加できなかった場合に、施設使用契約を締結していない教研集会参加予定者について、残念な気持ち、不当であるとの気持ち又は怒りの感情が生じることは認められるが、これらの気持ちないし感情は、中止となった前夜祭及び全体集会の内容及び被控訴人組合員らの本件教研集会への参加の実情に照らすと、損害賠償請求の対象となる精神的損害と認めることはできない。この点からみても、これらの者の慰謝料の請求は理由がない。

12　弁護士費用（争点(4)（原告らの主張）ア(ウ)、イ(ウ)及びウ(イ)）について

　弁護士費用については、被控訴人 X_1 について生じた前記7及び9の損害の賠償請求につき993万円、別紙単位組合損害目録記載の被控訴人単位組合らについて生じた前記8の損害の賠償請求につき同目録記載の金額（合計143万3000円）を認めるのが相当である。

●損害額認定の考え方●

　本件は、一時期、社会を賑わした事件の訴訟であるが、いったんホテルの施設の利用につき労働組合による予約がされた後、ホテルがこれを解約したことから、労働組合が施設利用の仮処分を申し立て、仮処分が認められたものの、ホテルが施設の利用を拒否したため、労働組合、単位組合、組合員らがホテルを経営する会社、取締役らに対して損害賠償を請求した控訴審の事案である（第1審判決は請求を認容した）。本件は、ホテルの仮処分申立てが認容され、確定した後にもホテルの施設の利用を許否したことが事案の大きな特徴である。

　本判決は、会社の損害賠償責任、一部の取締役の任務懈怠責任を認め、労働組合の財産的損害、非財産的損害、一部の単位組合の財産的損害を認めたものであり、珍しい内容の損害賠償責任の損害額の算定事例として参考になるものである。もっとも、本判決は、労働組合の非財産的損害につき財産的損害の3倍に相当する額を認めたものであるが、その合理的な根拠は不明である。

16　放送事業者の責任

 **テレビ番組の制作会社の取材対象者に対する期待侵害による損害賠償責任**

〔判　例〕　東京地判平成16・3・24判時1902号71頁、判タ1181号263頁
〔損害額〕　無形の損害100万円

【事件の概要】

　X₁団体の代表X₂は、X₁設立当初から代表を務め、女性の人権の視点に立って、世界の非軍事化等を目指す活動を行い、平成14年7月からは、A、Bとともに共同代表を務めてきた。X₂は、従軍慰安婦問題につき、日本政府が責任者の処罰を回避していると考え、女性たちの手で責任者を処罰するために民衆法廷の開催を提案し、その実施のための活動を行い、平成12年12月、X₁を含むアジア諸国のNGOにより東京都内で民衆法廷（女性法廷）が開催された。Y₁は、全国的に放送事業を行う特殊法人であり、Y₂は、Y₁の委託により放送番組等を製作する会社であり、Y₃は、テレビ等の映像の企画等を目的とする会社であるが、Y₂、Y₃は、平成12年8月頃から、Y₁において放送する番組として女性法廷を題材とする番組を企画し、2回連続のシリーズ番組として番組提案票を作成し、Y₁に対して提出した。Y₁は、Y₂らの提案に係る番組とヨーロッパの戦争責任と和解の問題をテーマとする番組を合わせて全4回のシリーズ番組（本件シリーズ）にすることとし、同年11月21日、本件シリーズを制作することを決定し、第2回目で女性法廷を取り上げ、第3回目ではXらが主催して開催する予定の「現代の紛争下の女性に対する犯罪」と題する国際公聴会を取り上げることになった。Y₁は、

本件シリーズの第2回目、第3回目の番組の制作を委託し、Y_2 は、Y_3 に番組の制作を再委託した。Y_3 は、同年10月頃から、X_1 に取材の申入れをした後、X_1 らの取材の協力を得て、女性法廷の終了までさまざまな取材をし、番組を制作した。前記のとおり、同年12月、女性法廷が開催され、昭和天皇や元軍人を起訴し、審理する等され、裁判官団が昭和天皇を有罪とする等の判決が言い渡された。Y_1 は、平成13年1月30日、全4回にわたる ETV2001「戦争をどう裁くか」というシリーズの第2回目として「問われる戦時性暴力」という表題で、女性法廷を取り上げた番組を放送した。本件番組は、Y_3 が当初説明したものとは異なる内容のものであった。X_1、X_2 は、民衆法廷の内容をつぶさに紹介する趣旨の放送がされるとの信頼（期待）を抱き、番組の制作に多大な協力をしたにもかかわらず、Y_1 らが当初説明した番組の趣旨とは異なる内容の制作・編集・放送をして、X_1、X_2 の信頼を侵害したとし、共同不法行為に基づき、また、X_1 らと Y_1 らとの間には取材等を通じて契約類似の関係が成立する等し、当初説明した番組の趣旨が変更された場合には、これを説明する義務があるのに、放送の前後を通じてその説明をしなかったとし、不法行為または債務不履行に基づき1000万円の損害賠償を請求したものである（X_2 が死亡し、A が訴訟承継した）。

●主張の要旨●

本件で問題になった損害は、① X_1 につき番組に対する協力が裏切られたこと等につき1000万円、② X_2 につき精神的な苦痛につき1000万円の損害である。

●判決の概要●

本判決は、Y_3 の X_1 に対する範囲で期待権侵害を認め、請求を一部認容し（無形の損害として100万円を認めた）、Y_1 らに対する請求、X_2 の損害は X_1 の損害と離れた固有の損害がないとし、X_2 の請求を棄却した。

なお、本判決は控訴審判決（東京高判平成19・1・29民集62巻6号1837頁）を

経て、最終的に上告審判決（最一小判平成20・6・12民集62巻6号1656頁）によって損害賠償責任が否定されているが、参考としてあわせて紹介しておきたい。

判決文

〔第1審判決〕

　原告 X_1 は、女性法廷を、戦時性暴力を人道に対する罪として裁き、元慰安婦の女性の尊厳の回復に資する重要な意義のある歴史的イベントとして、その開催に全力を注いでいたところ、被告 Y_3 による取材に当たっての説明等により本件番組の内容について前記の信頼を抱き、その信頼に基づき、約2か月もの間、被告 Y_3 の取材に対し、他のメディアよりも多くの便宜を図り、原告 X_1 の代表者である亡 X_2 が、多忙なスケジュールの中、1時間ないし1時間半にわたるインタヴューに応じるなど様々な協力をしてきたところ、実際に放送された本件番組は、前記認定のとおり、原告 X_1 の信頼を侵害するものであり、これにより同原告は無形の損害を被ったものである。他方、本件番組は、原告らの信頼に背いたものの、その内容は、戦時性暴力を人道に対する罪として捉える歴史的潮流において女性法廷の意義、位置付けを考えるものであって、女性法廷を中心的に取り上げており、番組全体としてみれば、女性法廷の意義について考える視点を提示する中立的な内容の教養番組であり、決して女性法廷を消極的に評価するものとはなっていないものである。これらの事情その他諸般の事情を総合して考慮すれば、原告 X_1 が受けた無形の損害に対する賠償としては、100万円が相当であると認められる。

〔上告審判決〕

1　原審は、上記事実関係等の下において、次のように判断して、原告の被告らに対する不法行為に基づく損害賠償請求を、いずれも一部認容すべきものとし、その余の請求を棄却すべきものとした。〈略〉

2　しかしながら、原審の上記判断は是認することができない。その理由は次のとおりである。

　(1)　原告の期待、信頼が侵害されたことを理由とする被告らの不法行為責任について

　　ア　放送法は、「放送の不偏不党、真実及び自律を保障することによって、放送による表現の自由を確保すること」等の原則に従って、放送を公共の福祉に適合するように規律し、その健全な発達を図ることを目的として制定されたものである（同法1条）が、同法3条は、「放送番組は、法律に定める権限に基く場合でなければ、何人からも干渉され、又は規律されることがない。」と規定し、同法3条の2第1項は、「放送事業者は、国内放送の放送番組の編集に当たっては、次の各号の定めるところによらなければな

らない。一　公安及び善良な風俗を害しないこと。二　政治的に公平であること。三　報道は事実をまげないですること。四　意見が対立している問題については、できるだけ多くの角度から論点を明らかにすること。」と規定し、同法3条の3第1項は、「放送事業者は、放送番組の種別及び放送の対象とする者に応じて放送番組の編集の基準（以下「番組基準」という。）を定め、これに従って放送番組の編集をしなければならない。」と規定している。これらの放送法の条項は、放送事業者による放送は、国民の知る権利に奉仕するものとして表現の自由を規定した憲法21条の保障の下にあることを法律上明らかにするとともに、放送事業者による放送が公共の福祉に適合するように番組の編集に当たって遵守すべき事項を定め、これに基づいて放送事業者が自ら定めた番組基準に従って番組の編集が行われるという番組編集の自律性について規定したものと解される。

　このように、法律上、放送事業者がどのような内容の放送をするか、すなわち、どのように番組の編集をするかは、表現の自由の保障の下、公共の福祉の適合性に配慮した放送事業者の自律的判断にゆだねられているが、これは放送事業者による放送の性質上当然のことということもでき、国民一般に認識されていることでもあると考えられる。

　そして、放送事業者の制作した番組として放送されるものである以上、番組の編集に当たっては、放送事業者の内部で、様々な立場、様々な観点から検討され、意見が述べられるのは、当然のことであり、その結果、最終的な放送の内容が編集の段階で当初企画されたものとは異なるものになったり、企画された番組自体が放送に至らない可能性があることも当然のことと国民一般に認識されているものと考えられる。

イ　放送事業者が番組を制作し、これを放送する場合には、放送事業者は、自ら、あるいは、制作に協力を依頼した関係業者（以下「制作業者」という。）と共に、取材によって放送に使用される可能性のある素材を広く収集した上で、自らの判断により素材を取捨選択し、意見、論評等を付加するなどの編集作業を経て、番組としてこれを外部に公表することになるものと考えられるが、上記のとおり、放送事業者がどのように番組の編集をするかは、放送事業者の自律的判断にゆだねられており、番組の編集段階における検討により最終的な放送の内容が当初企画されたものとは異なるものになったり、企画された番組自体放送に至らない可能性があることも当然のことと認識されているものと考えられることからすれば、放送事業者又は制作業者から素材収集のための取材を受けた取材対象者が、取材担当者の言動等によって、当該取材で得られた素材が一定の内容、方法により放送に使用されるものと期待し、あるいは信頼したとしても、その期待や信頼は原則として法的保護の対象とはならないというべきである。

　もっとも、取材対象者は、取材担当者から取材の目的、趣旨等に関する

説明を受けて、その自由な判断で取材に応ずるかどうかの意思決定をする
ものであるから、取材対象者が抱いた上記のような期待、信頼がどのよう
な場合でもおよそ法的保護の対象とはなり得ないということもできない。
すなわち、当該取材に応ずることにより必然的に取材対象者に格段の負担
が生ずる場合において、取材担当者が、そのことを認識した上で、取材対
象者に対し、取材で得た素材について、必ず一定の内容、方法により番組
中で取り上げる旨説明し、その説明が客観的に見ても取材対象者に取材に
応ずるという意思決定をさせる原因となるようなものであったときは、取
材対象者が同人に対する取材で得られた素材が上記一定の内容、方法で当
該番組において取り上げられるものと期待し、信頼したことが法律上保護
される利益となり得るものというべきである。そして、そのような場合に、
結果として放送された番組の内容が取材担当者の説明と異なるものとなっ
た場合には、当該番組の種類、性質やその後の事情の変化等の諸般の事情
により、当該番組において上記素材が上記説明のとおりに取り上げられな
かったこともやむを得ないといえるようなときは別として、取材対象者の
上記期待、信頼を不当に損なうものとして、放送事業者や制作業者に不法
行為責任が認められる余地があるものというべきである。

ウ　これを本件についてみると、上記事実関係等によれば、本件番組の取材
に当たった Y_3 の担当者は、原告に対し、①本件提案票の写しを交付し、②
本件番組は、ドキュメンタリーと対談とで構成され、本件女性法廷が何を
裁くかということや本件女性法廷の様子をありのままに視聴者に伝える番
組になると説明し、③昭和天皇についての判決がされれば、判決の内容と
して放映すべきであると述べ、④本件女性法廷の全部及びその準備活動等
その開催に向けた一連の活動について取材、撮影したいと申し入れ、⑤実
際に、原告の運営委員会の傍聴や撮影、X_2 に対するインタビュー、本件女
性法廷の会場の下見への同行、リハーサルの撮影を行い、本件女性法廷の
開催当日、他の報道機関が 2 階席からの取材、撮影しか許されなかったの
に対し、1 階においても取材、撮影することが許され、本件女性法廷の一
部始終を撮影したというのである。しかしながら、上記⑤の Y_3 による実際
の取材活動は、そのほとんどが取材とは無関係に当初から予定されていた
事柄に対するものであることが明らかであり、原告に格段の負担が生ずる
ものとはいえないし、上記④の Y_3 による当初の申入れに係る取材の内容も、
原告に格段の負担を生じさせるようなものということはできない。また、
上記①〜④の Y_3 の担当者の行為は、取材を申し入れた時点において提案な
いし予定されている番組の趣旨内容及び取材内容に関するもの、あるいは
取材担当者の個人的な意見を述べたにとどまるものであることが明らかで
あり、Y_3 の担当者の原告に対する説明が、本件番組において本件女性法廷
について必ず一定の内容、方法で取り上げるというものであったことはう

かがわれないのであって、原告においても、番組の編集段階における検討により最終的な放送の内容が上記説明と異なるものになる可能性があることを認識することができたものと解される。

そうすると、原告の主張する本件番組の内容についての期待、信頼が法的保護の対象となるものとすることはできず、上記期待、信頼が侵害されたことを理由とする原告の不法行為の主張は理由がない。

(2) 説明義務違反を理由とする被告らの債務不履行責任又は不法行為責任について

上記のとおり、原告の主張する本件番組の内容についての期待、信頼が法的保護の対象となるものとすることはできないから、このような場合においては、放送事業者や制作業者と取材対象者との間に番組内容について説明する旨の合意が存するとか、取材担当者が取材対象者に番組内容を説明することを約束したというような特段の事情がない限り、放送事業者や制作業者に番組の編集の段階で本件番組の趣旨、内容が変更されたことを原告に説明すべき法的な説明義務が認められる余地はないというべきである。そして、本件においてそのような特段の事情があることはうかがわれないから、上記説明義務違反を理由とする原告の債務不履行及び不法行為の主張は、いずれも理由がない。

(3) まとめ

各論旨のうち、以上の趣旨をいう点はいずれも理由があり、その余の論旨について判断するまでもなく、原判決中、原告の請求を認容すべきものとした部分は破棄を免れない。

●損害額認定の考え方●

本件は、テレビ局が番組を企画し、団体等にその協力を求め、団体等が番組に協力をしたところ、その当初の企画と異なる内容の番組が放映されたため、団体等がテレビ局、番組の受託会社等に対して損害賠償を請求した事案である。本件で問題になった損害は、当初企画された内容と異なる内容のテレビ番組が放映されたことによる損害である。

本判決は、前記のとおり、団体につき期待権侵害による無形の損害を認め、100万円の損害を認めたものである。

本件における損害は、その内容が明確に把握することが困難なものであるため、その損害を特定し、その内容を明示することが重要であるが、本判決

は、期待権侵害という内容の損害を認めたものであり、新たな類型の損害を認めるとともに、100万円の無形の損害を肯定した事例として参考になる。

　期待権の侵害は、当初、医療事故の事例（福岡地判昭和52・3・29判時867号90頁）において取り上げられてきたが、近年、裁判例でも盛んに取り上げられるようになっており、近年の裁判例としては、①仙台高秋田支判平成10・3・9判時1679号40頁、判タ1024号253頁（医療事故の事例）、②東京高判平成10・9・30判タ1004号214頁（医療事故の事例）、③最二小判平成12・9・22民集54巻7号2574頁、判時1728号31頁、判タ1044号75頁（医療事故の事例。判例評釈として、溜箭将之・法協118巻12号134頁、稲垣喬・民商123巻6号98頁、加藤新太郎・判タ1065号114頁、窪田充見・ジュリ1202号69頁がある）、④浦和地判平成13・3・30判タ1076号286頁（医療事故の事例）、⑤東京地判平成13・7・4判タ1123号209頁（医療事故の事例）、⑥東京高判平成13・11・5判時1778号69頁（医療事故の事例）、⑦東京地判平成15・1・27判タ1166号190頁（医療事故の事例）、⑧東京地判平成15・5・28判タ1147号255頁（医療事故の事例）、⑨東京高判平成15・8・26判時1842号43頁（医療事故の事例）、⑩東京地判平成16・3・25判タ1163号275頁（医療事故の事例）、⑪甲府地判平成17・7・26判タ1216号217頁（医療事故の事例）、⑫東京高判平成18・1・18金判1234号17頁（保険金の不払いの事例）、⑬東京地判平成18・6・8判時1944号163頁、判タ1212号86頁（任用期間経過後の不任用の事例）がある。

　期待権の侵害につき損害賠償責任を認めると、不法行為、あるいは債務不履行による損害賠償責任の範囲を拡大することになり、また、医療事故以外の分野でも認められると、さらにその範囲が拡大することが予想される。

　なお、本判決については、その後、控訴審判決を経て、最終的に上告審判決は、控訴審判決を破棄し、原告らの請求を棄却してるが、その理由中では、前掲［上告審判決］のとおり、期待権侵害の不法行為の可能性・範囲を相当に狭めていることが注目されるとともに、本件においては不法行為を否定した事例判断として参考になるものである。

17　国・地方自治体の責任

17・1　町が委託炊飯契約を解消させたことに関する損害賠償責任

〔判　例〕　東京高判平成11・7・28判時1693号73頁
〔損害額〕　仮処分申立ての弁護士費用70万円

【事件の概要】

　全国的な米余り現象に対応するため、学校給食に米飯を導入する政策が実施され、A県内では、昭和55年4月以降、B学校給食会が県内の公立学校で、Y町は町立学校で米飯給食を実施することが決定された。Yは、米飯について委託炊飯方式（Bと業者が契約期間1年間の委託加工契約を締結し、業者が米飯を加工し、Yに納入する方式）を採用することとし、従前のパンの委託業者に協力を要請したところ、X₁がこれに応じた。X₁は、所有土地に炊飯工場を建築し、Bと委託加工契約を締結し、Yに米飯を納入した。X₁は、X₂有限会社を設立した。X₁らは、Yに対して炊飯工場の建設費等をYが負担すべきであるのに、負担しないと主張し、不当利得の返還等を請求する訴訟を提起したところ、平成10年1月、第1審判決（宇都宮地足利支判平成10・1・27判例集未登載）が請求を棄却した。Yは、判決の直後、Bに本件訴訟の提起による信頼関係の破壊を理由に、平成10年度の委託業者からX₂をはずし、ほかの業者に変更するよう求める通知をした。X₂は、Bを相手方として委託炊飯契約の解約禁止の仮処分を申し立てたところ、裁判所が契約上の地位があることを仮に定める内容の仮処分を決定した。X₁らは、第1審判決に対して控訴し、委託炊飯契約の締結の際に説明義務違反があった、本

件通知が X_2 と B との関係を違法に侵害するなどの主張を追加したもの
である。

●主張の要旨●

本件で問題になった損害は、①仮処分申立ての弁護士費用（300万円）、②営業妨害による逸失利益（3年間の逸失利益として597万円余の内金500万円）等である。

●判決の概要●

本判決は、工場の建設費等を Y が負担することはないとし、説明義務違反を否定したものの、本件通知をし、業者の変更を求めたことは違法であるとし、仮処分の申立て、追行のための弁護士費用として70万円の損害を認め、逸失利益の主張を排斥し、第1審判決中、X_2 に関する部分を変更し、請求を認容し、X_1 の控訴を棄却した。

判決文

1　弁護士費用に相当する損害

　㈠・㈡〈略〉

　㈢　控訴人会社は、前記第二、一7のとおり、県学校給食会を債務者として本件仮処分を申し立てたが、〈証拠略〉によれば、その際、本件訴訟の訴訟代理人らに本件仮処分の申立て・追行を委任し、着手金及び報酬金として300万円を支払う旨を約したことが認められる。その時点において、控訴人会社が本件委託契約の継続を求めて本件仮処分を申し立てたことは、自己の利益を擁護するための必要かつやむを得ない措置であったということができるから、本件仮処分の申立て・追行に要した弁護士費用は、前記㈡の被控訴人の違法行為により支出を余儀なくされたものというべきである。そして、本件仮処分の難易、審理に費やした時間など諸般の事情を考慮すると、被控訴人の違法行為と相当因果関係のある弁護士費用の損害は、70万円と認めるのが相当である。

2　平成11年度以降の逸失利益

　　前記第二、一8のとおり、被控訴人は、県学校給食会に平成11年通知を発し、同年度の業者の変更を求め、各選定委員会も前年度とほぼ同じ理由で控訴人会社に対する業者指定を見合わせるよう答申し、県学校給食会も、控訴人会社に

対し、現状では本件委託契約を締結できない旨を通知し、結局、控訴人会社と県学校給食会との間において本件委託契約は締結されなかったものである。控訴人会社は、被控訴人が平成11年通知を発したことは、控訴人会社の営業を妨害するものであり、平成11年度以降の本件委託契約が締結されなかったことによる控訴人会社の損害（概ね3年分の逸失利益）を賠償するよう求めている。

　しかし、控訴人会社は、平成5年度から9年度の各事業年度ごとに当期損失を出していると主張しており、このことは、別紙「青色申告控除前の所得金額」の記載とも一致するし、〈証拠略〉によれば、控訴人会社の営業利益は、平成5年度から9年度まですべてマイナスであったことが認められる。仮に、控訴人会社が、平成11年度も県学校給食会と本件委託契約を締結したとしても、営業利益がプラスに転じる見通しがあったと認めることはできない。そうすると、仮に被控訴人が平成11年通知を発したことが違法であり、それによって控訴人会社が本件委託契約を締結することができなかったとしても、控訴人会社に平成11年度以降の得べかりし利益の喪失があったと認めることはできないから、控訴人会社は、被控訴人に対し、右の逸失利益に相当する損害の賠償を求めることはできない。

　さらに、控訴人会社は、平成11年度においては、前年度のように仮処分を申し立てて本件委託契約の継続を求めなかったが、そのこととこれまでの営業利益がマイナスであり今後プラスに転じる見通しが立っていなかったことを合わせて考慮すると、自らの経常判断により平成11年度の本件委託契約の締結を断念した可能性が強いというべきである。そうすると、被控訴人が平成11年通知により業者の変更を求めたことと控訴人会社が本件委託契約を締結しなかったこととの間に、相当因果関係があると認めることはできないから、このことからしても控訴人会社の被控訴人に対する平成11年度以降の逸失利益に係る損害賠償請求は理由がない。

●損害額認定の考え方●

　本件は、米飯給食の実施主体が、委託炊飯契約に基づき米飯給食を生産する業者につき、訴訟提起による信頼関係の破壊を理由にほかの業者に変更するようほかの契約当事者に通知したため、業者が実施主体に対して不法行為に基づき損害賠償を請求した控訴審の事案である（なお、この請求は控訴審において追加されたものである）。本件では、第三者間の契約関係に介入し、契約関係を解消させたこと（契約期間が1年間であるため、解消の手段としては、契約の更新を拒絶したものである）が不法行為にあたるかが主要な争点になっ

たものである。損害論については、業者が仮の地位を定める仮処分を得るために出費した弁護士費用、逸失利益が問題になったものである。

　本判決は、米飯給食の実施主体が訴訟の提起による信頼関係の破壊を理由に業者の変更を求めたことが違法であるとし、不法行為を認め、仮処分の申立て、追行のための弁護士費用の損害を認め、逸失利益を否定したものである。本判決が、業者の変更を求めたことが不法行為にあたるとした判断は、継続的契約の解消をめぐる不法行為の問題に興味深い事例判断を提供するものとして参考になる。損害に関する判断については、弁護士費用の損害を認めたことは事例判断として参考になるが、逸失利益を否定した判断は、この業者を選択しない蓋然性・合理性によっては逸失利益の前提事実が存在しないことになるものであり、この意味で相当な判断であるということができる。

地方自治体の公共工事の見直しによる契約締結上の過失責任

〔判　例〕　仙台地判平成15・12・15判タ1167号202頁
〔損害額〕　建物・設備に生じた損害6545万7783円

【事件の概要】

　Y県の石巻漁港事務所の担当者は、平成10年8月、土地、土地上の建物（当時は、空家であった）をX₂と共有するX₁に対し、臨港道路等を開設する計画があり、臨港道路から国道への取付道路用地としてX₁らの共有にかかる土地が予定されていることを説明し、本件土地の提供につき協力を依頼し、同年9月、X₁らの同意を得た。Yから委託を受けた会社は、平成11年10月、X₁らの立会いの下で、本件土地の買収に伴って移転を要する物件の調査を行う等した。Yは、平成12年2月、X₁に対し、本件土地の買収に伴う建物移転料等の補償費の額を記載した書面を提示した。石巻漁港事務所の担当者は、平成13年1月、X₁に対し、本件事業が費用対効果の観点から計画変更が正式に決定され、本件土地の買収がなくなることを説明した。X₁、X₂は、Yに対し、本件土地の売買契約が成立したとか、契約締結上の過失があったと主張し、債務不履行、不法行為に基づき損害賠償を請求したものである。

●**主張の要旨**●

　本件で問題になった損害は、①賃料相当損害金（本件土地の買収を予定し、本件建物を賃貸しなかったことによる逸失利益）137万5000円、②移転費用（本件土地の買収を信頼し、本件建物内の動産を処分したことによる費用）271万7064円、③慰謝料100万円、④弁護士費用105万円である。

●**判決の概要**●

　本判決は、本件土地の売買契約の成立を否定したものの、正当な理由なく

契約交渉を一方的に打ち切って相手方の信頼を裏切ったときは、不法行為として、相手方が契約の締結を信頼して被った損害を賠償する責任があるとしたうえ、本件では、本件土地の買収中止にやむを得ない客観的事情が存したとはいえないとし、契約締結上の過失を肯定し、賃料相当損害金の一部を認め、移転費用、慰謝料を否定し、弁護士費用の一部を認め、X_1、X_2 の請求を一部認容した（X_1、X_2 各自につき、32万1028円の損害を認めたものである）。

判決文

1・2　〈略〉

3　争点(1)（本件土地の売買契約の成否）について　〈略〉

4　争点(2)（契約締結前の段階における信義則上の義務違反の有無）について〈略〉

5　争点(3)（損害額）について

　(1)　そこで、原告らが主張する損害額について検討する。

　　ア　賃料相当損害金

　　　(ア)　原告らは、本件土地の買収を信じて本件建物を他に賃貸しなかったことによる損害を主張するところ、前記認定事実に、〈証拠略〉を総合すると、本件建物は、Aの生存中から事実上空家となっており、A死亡後は完全に空家の状態となったこと、空家となった本件建物の利用方法としては貸家にすることが相当であり、原告らも、かねがね、A死亡後は本件建物を貸家にする意向を有していたこと、しかしながら、原告らは本件土地の買収に応じることとしたことから第三者に賃貸はできないと考え、これをしなかったこと、現に、本件土地の買収が中止になった後は、直ちに本件建物を補修し、月額5万5000円の賃料で第三者に賃貸したことが認められ、本件土地の買収交渉がなければ、原告らがA死亡からさほど遠くない時期に、本件建物を他に賃貸したであろうことが容易に推認される。

　　　(イ)　そこで、本件土地の買収交渉と原告らが本件建物を賃貸しなかったこととの相当因果関係について検討するに、被告が原告らに補償金額まで提示し、原告らがこれを拒絶しなかった段階で、原告らの買収成立への信頼は法的保護に値するものとなり、本件土地は買収予定地であることが明確となって、原告らは買収予定地としての制約のもとでしか本件土地や本件建物を利用しえない状態となったのであるから、原告らが本件建物を他に賃貸することを控えたことには合理的理由があり、これを被告も十分に認識しえたというべきである。

　　被告は、原告らが本件建物の賃貸を控えたのは、売買契約が成立した
ものと勝手に思い込んだためであり、被告が賃貸の抑制を求めたわけで
はない旨主張するが、売買契約の成立まで至らずとも、買収交渉が上記
の段階に至ったときは第三者への賃貸を控えるのが通常である上〈証拠
略〉、客観的にも、そのような建物を賃借する者は容易に現れないから、
事実上他への賃貸は困難で、まして公共事業の買収交渉の場合は、後に
強制収用の可能性が残されているから、任意の買収を拒絶して他に賃貸
することも事実上困難であり、これらに鑑みると、原告らが本件建物の
賃貸を控えたのは本件土地の買収交渉に基づく合理的判断であって、こ
れを原告らの勝手な思い込みによるものとする被告の主張は失当である。

　　また、被告は、平成12年6月7日以降、原告らに本件事業の計画見直
しの可能性を伝え、その見直しの進捗状況や経過を適宜説明していた旨
主張しており、同日以降は本件土地の買収交渉と原告らの本件建物の賃
貸の抑制との相当因果関係がない旨の主張とも解されるが、本件土地の
買収に関していったん上記のような緊密な信頼関係に至り、買収予定地
上の建物として本件建物の賃貸についても事実上の制約を加えられた以
上、原告らとしては買収計画が撤回されない限り（少なくとも自由な処
分を許容する旨の言明があるまで）、その制約を免れることができず、他
への賃貸が事実上困難な状態は続くのであるから、上記主張にかかる説
明がされた程度では、本件土地の買収交渉と本件建物の賃貸の抑制との
相当因果関係が消失したとはいえない。

㈢　したがって、被告は、原告らに対し、補償金額を提示した平成12年2
月28日の翌日以降、本件土地の買収の中止を告知した平成13年1月17日
までの、原告らが本件建物の賃貸を抑制したことによる損害を賠償すべ
きであり、上記認定事実によれば、本件建物の相当賃料額は1か月5万
5000円と認めるのが相当であるから、上記期間の損害額は、次のとおり
計58万2057円となり、持分2分の1ずつで本件建物を共有していた原告
らの損害は、それぞれ29万1028円（1円未満切捨て）と認められる。

　　　平成12年2月分　　　　　　　　　55,000円×1日／29日＝1,896円
　　　同年3月分から同年12月分まで　　55,000円×10月＝550,000円
　　　平成13年1月分　　　　　　　　　55,000円×17日／31日＝30,161円

㈣　被告は、地方公共団体が施策の変更によって損害賠償責任を負う場合、
その損害賠償の範囲は積極的損害に限定されると主張するが、本件は、
単なる施策への信頼の事案ではなく、具体的に土地の買収の申入れを受
け、これに応じる意向を示して補償金額まで提示され、客観的に土地の
収益、処分について制約が生じたのであるから、上記の賃料相当額の損
害を賠償させるのが相当である。

㈤　また、被告は、本件建物を他に賃貸するには、本件建物の補修や不要

品の搬出等に相当の費用を要するから、これを損害額から控除すべきとも主張するが、前記認定のとおり、原告らは後に現実に費用をかけて本件建物を他へ賃貸しているのであるから、本件買収交渉により賃貸のための費用の出費を免れたとはいえず、上記の費用をもって損益相殺の対象とすることはできない。

イ　移転費用について

この点の原告らの主張は必ずしも明確でないが、本件建物を第三者に賃貸して利用する場合であっても、本件建物内の動産等をいずれ移転、処分する必要があるから、原告らが動産等を移転、処分したことと本件土地の買収交渉との間に相当因果関係があることは認められない。

ウ　慰謝料について

前記認定事実によれば、本件土地の買収の中止は、社会情勢の変化によって本件事業の計画が変更されたことに基づくものであって、石巻漁港事務所の職員らに悪意や重大な過失があったわけではないことが認められ、これらに、上記のとおり賃料相当損害金として経済的損失が補填されることなど、本件に現われた一切に事情を併せ考えると、慰謝料まで認めるのは相当でないというべきである。

エ　弁護士費用

上記認定にかかる損害額等に鑑みれば、弁護士費用としては、原告ら各自につき3万円ずつ（合計6万円）が相当と認められる。

オ　合計

以上によれば、原告ら各自に生じた損害額は、それぞれ32万1028円（原告ら両名の合計は64万2056円）となる。

●損害額認定の考え方●

本件は、道路用地の買収を計画した県が計画を中止したため、県の買収予定地の共有者に対する契約締結上の過失責任（不法行為責任）が問題になった事案である。

本判決は、県の契約締結上の過失責任を肯定し、契約の締結を信頼して被った損害の賠償責任を認めたことに特徴があるものである（なお、本判決が県の契約締結上の過失責任を肯定した判断には疑問が残るところである）。

本件で問題になった損害は、前記のとおりであるが、契約締結上の過失責任に基づきどのような範囲の損害が認められるか、損害の発生、損害の額について立証されているかが具体的に問題になったところである。

　前記①の損害については、買収が予定された土地上には空家であった建物が建っており、この建物の賃貸による逸失利益が損害にあたるかが問題になったところ、本判決は、前記の補償費の額を記載した書面が提示された時から買収計画の中止が告げられた時までの間の逸失利益を算定し、これを損害として認めたものである。本判決のこの判断は、契約締結上の過失責任に基づく損害の事例として参考になるものであるが、そのような損害が認められるためには、賃貸借の蓋然性、賃貸期間の合理性、賃料の合理性等の前提事実の認定が重要である。

　前記②の損害については、本判決は、一方で前記のとおり賃貸借による逸失利益を認めているため（本件建物内の動産の処分が前提となっている）、本件建物内の動産の処分と買収計画の中止との因果関係がないため、これを否定したものであるが、この判断も事例として参考になる。

　前記③の損害については、本判決は、これを否定しているが、当然の判断というべきものである。

　前記④の損害については、契約締結上の過失責任が不法行為責任としての性質を有するものであることに照らすと、不法行為に基づく損害賠償においては、相当額の弁護士費用の損害を認める判例理論が形成されているところであり、本判決は、この判例に従ったものである。

17・3　地方自治体の土砂搬入契約における信義則上の義務違反に関する損害賠償責任

〔判　例〕　広島高判平成16・11・19判時1891号63頁
〔損害額〕　陸揚施設設置費、土砂移転費用、土砂整地費用等 5 億2800
　　　　　万円余（過失相殺前）

【事件の概要】

　兵庫県の建設事業関係者で組織された X 協同組合は、広島県下の Y 町との間で、干拓地への土砂の搬入に関する契約を締結した。X は、土砂の搬入のため施設等を設置した。Y は、土砂の搬入につき地元住民の同意を得ることができなくなったため、X に所属する建設業者が土砂の搬入をすることができなくなり、施設の設置費用が無駄になった。X は、Y に対し、債務不履行に基づき18億6453万円余の損害賠償を請求したものである。

　第 1 審判決（広島地呉支判平成14・5・20裁判所 HP）が 1 億951万円余の範囲で請求を認容したため、X、Y が控訴したものである（X は、請求を拡張し、19億1509万円余の損害賠償を請求した）。

●主張の要旨●

　本件で問題になった損害は、①逸失利益、②契約保証金、③陸揚施設設置費、④追加工事費、⑤土砂移転費用、⑥土砂整地費用、⑦一般経費である。

●判決の概要●

　本判決は、債務不履行を否定したものの、地元住民の同意を得ることが土砂搬入開始の条件であることを明らかにし、建設業者が損害を被ることなく、適切に土砂搬入開始準備を行うことができるようにする信義則上の義務があり、この義務違反があったとし、前記①の損害を否定し（履行利益を否定した）、②～⑥の損害を認め（3 割の過失相殺を認めた）、第 1 審判決を変更し、

請求を一部認容した（3億6960円余の損害賠償請求を認容した）。

判決文

(1)　前記のとおり、一審被告に本件契約について説明義務違反の債務不履行責任を認めることはできないものの、一審被告は、本件契約締結に際して、信義則上負うべき義務を怠ったもので、これにより一審原告に生じた損害を賠償すべき義務がある。そして、一審被告が賠償すべき損害の範囲は、前記の債務不履行責任を負う場合と異なり、本件契約が円滑に実現できるものと信じたことによって一審原告が被った損害（信頼利益）の賠償に限られるのであって、いわゆる履行利益は含まれないものと解するのが相当である（なお、一審原告は、一審被告の債務不履行に基づく損害賠償を求めるところ、具体的には、本件干拓地への土砂搬入ができなかったことについての一審被告の帰責性、すなわち、本件契約の性質はもとより、土砂搬入についての一審被告の地元住民らに対する同意取付け義務の有無及び説明の実態を主張し、信頼利益にとどまらず、逸失利益を含む履行利益をも請求しており、本件契約締結に際して信義則上負うべき義務を怠ったことについての主張を含むものと解することができるのであって、これを認めることは弁論主義に違背しない。）。したがって、少なくとも一審原告が主張する損害のうち、逸失利益については、一審被告に賠償義務を認めることはできない（この点、一審原告の請求する損害項目中、Ａが一審原告に賠償請求している損害があり、同損害にはＡの逸失利益が含まれているが、これについても同様に一審被告の損害賠償義務を認めることはできない。）。

(2)　これを踏まえ、一審原告の損害の有無及びその額について検討する。

　　まず、原審認定のとおり、一審原告は、本件契約についての保証金、陸揚施設設置費、追加工事費など合計1億0951万9912円を支出している。

　　また、〈証拠略〉によれば、一審原告は、平成6年4月1日以降も本件干拓地へ土砂を搬入することができなかったため、次のような支出をしたことが認められる。

ア　土砂移転費用

　　Ａは、一審原告から依頼を受け、兵庫県加古川土木事務所の発注に係る公共残土を収集し、高砂市の所有する曽根町所在の仮置場を無償で借り受けて、同仮置場に平成4年度は4万1400立方メートル、平成5年度は2万5890立方メートルの合計6万7290立方メートルの公共残土を保管していたが、これらの土砂を本件干拓地に搬入できない間に高砂市から土砂を移転して同仮置場を明け渡すよう求められた。このため、Ａは、平成5年8月、前記土砂の移転作業、同市との契約に従って移転後の整地作業をそれぞれ行い、それらの費用として4545万1222円を支出した。同費用については、一審原告とＡとの間で一審原告が負担する旨の合意があるため、一審原告は、同額の損害を被

った。

　一審被告は、これに対し、① A は自社で保管場所を確保していたから、高砂市の仮置場を借り受ける必要はなかった、②不必要な作業や材料が含まれていること、実際に行っていない作業が含まれていることなどから過大な請求となっている、などと主張する。

　しかしながら、①については、高砂市の仮置場に保管した土砂は、平成 5 年 1 月から 3 月、平成 6 年 1 月から 3 月までの天川掘削工事から発生した土砂であるところ、当時、A の保管場所には、18万立方メートル以上の土砂が保管され山のように堆積している状況であったが、天川掘削工事から発生した土砂は、川底の土砂で、水分を含んだ軟弱な土砂であったため、これを X_1 商店の保管場所に搬入しようとすると、土砂の崩落の危険があったことから、高砂市の仮置場を借り受けることになったことなどからすれば、高砂市の仮置場を借り受ける必要がなかったとはいえず、一審被告の主張は採用できない。②については、一審原告が整地にサイクル材を使用したのは、むしろ真砂土を使用するよりも費用が半分から 3 分の 1 ですむためであったことからすれば、リサイクル材を使用する必要がなかったということはできず、また、土砂の移転作業の中で、植樹はその都度に行い、また埋め立てるということをしていたため、地上に見える樹木は50本程度であったが、植樹は合計700本に及んだことからすれば、一審被告の主張は採用できない。さらに、一審被告主張に係るガードマンの設置が不要であること、積算が高額にすぎることなどについても、これを認めるに足りる的確な証拠はなく、前記認定を覆すことはできない。

イ　土砂整地費用等（なお、一審原告は、原審においては、土砂整地費用として、すでに金額の確定していた整地等に要した費用 3 億1270万8000円を請求したが、当審において、その後に全額が確定した本件契約残土処分費用及び土砂整地費用の合計から A が地方公共団体から受領した処分費用を控除したものに内容を変更した。）

　一審原告から依頼されて公共残土を収集していた A は、自社の残土保管所に搬入して保管していたが、これを搬出することができないまま、堆積していったことから、住民の間で土砂災害のおそれや景観の悪化などが問題とされ、残土保管所の所在する高砂市から堆積した残土の整地等を行うよう法令に基づいて行政指導がされるに至り、A は、堆積する公共残土の整地等をした。また、A は、兵庫県の自治体から公共残土を受け入れ始めた平成元年 3 月から平成 9 年 3 月31日（一審原告は、平成 8 年11月に本件契約を解除したが、その時点で、兵庫県の自治体との間で、平成 9 年 3 月までの公共残土受入れを合意していた。）までの合計97か月間に合計78万3652立方メートルの公共残土（本件契約残土）を収集し、平成 7 年 2 月から平成14年 5 月31日までの88か月間にわたってこれを処分した。A が、前記整地のために要した費用

及び本件契約残土の処分費用の合計は、別紙損害計算書のとおり24億8889万1060円であるところ、Aは、自治体から公共残土の処分費用として1立方メートル当たり2700円を受領したため、本件契約残土の処分費用として合計21億1586万0400円を受領した。そして、前記24億8889万1060円と21億1586万0400円の差額である3億7303万0660円は、Aの損害であるが、一審原告は、その賠償を求められているから、同額は一審原告の損害というべきである。

　一審被告は、これに対し、①一審原告は、土砂搬入開始の見通しが立たないにもかかわらず、平成5年7月1日から平成9年3月31日までの45か月もの間残土の収集を続け、損害発生をくい止め、又は最小限にする義務を怠ったから、損害賠償は信義則上許されない、②本件契約残土は、本件契約に規定された受入基準に適合しているかどうか明らかではなく、本件干拓地に搬入できるかどうか未定であるから、これに関する整地費用等は一審被告が賠償すべき損害には当たらない、③一審原告請求に係る費用自体も不要なパワーショベルの使用を前提とするなどしているため過大である、などと主張する。

　しかしながら、①については、一審被告は、平成5年9月28日には、一審原告に対し、搬入延期を要請し、その後平成6年4月を目途に土砂搬入を開始する予定であることを通知し、平成6年2月ころ、川崎市や川崎建設業協会に対しても同年4月1日が搬入開始予定であることを文書で通知し、同年7月27日には、一審原告ら搬入業者に対して、搬入開始の通知をしている（前記2(2)）ことなどからすれば、一審原告としても、搬入開始が数年も遅れる可能性を考慮して、直ちに土砂の収集を中止するのは困難な状況にあったというべきであるから、一審被告の主張は採用できない。また、②については、本件については、実際に搬入が開始されなかったことから、土質の検査はされておらず、厳格には、公共残土が適合基準を充たしていたかどうかは判然としない点もあるが、一審原告は、一審被告による土質の視察を受け入れ、また、独自にサンプル検査をしており、一審被告も独自に土質検査を行ったりしていたところ、これまで、土質が問題となったことはないこと、さらに土砂の処分を求める公共団体側も処分土砂の内容については一定の基準を定め、これを充たした土砂のみ搬出することになっていたこと、などからすれば、一審原告が本件契約に定める適合基準を充たさない残土を収集したことを示す証拠がない以上、一審原告の収集した残土は適合基準を充たし、搬入が可能であったものと推認するのが相当であり、一審被告の主張は採用できない。③については、一審被告の主張するように一審原告による費用の積算方法が不適切であること、実際の作業方法としてパワーショベルの使用が不要であったことなどを認めるに足りる的確な証拠はない。

ウ　そうすると、一審原告の損害は、前記1億0951万9912円、4545万1222円及び3億7303万0660円の合計5億2800万1794円となる。

　　なお、一審原告はこの他に支出した費用として、一般経費5000万円を主張するが、これを認めるに足りる的確な証拠はない。

(3)　ところで、前記3(3)、4(1)のとおり、一審被告は、一審原告に対して、土砂の搬入開始について地元住民らの同意を取り付ける義務のあることや地元住民らの同意を得ることが土砂の搬入開始の条件であることなどを明らかにしないまま、本件契約を締結し、一審原告が土砂の搬入を開始する準備をするに任せていた結果、一審原告に前記損害を被らせたのであるから、一審被告には、これを賠償すべき義務があるというべきであるが、他方、一審原告としても、公共団体が主体となって行う事業については、地元住民らの同意を得ることが必要であることを知っていた、あるいは容易に知り得たというべきであるから、この点を看過した一審原告にも落ち度のあることは否定できないというべきである。これらの事情に照らすと、一審被告が賠償すべき額としては、民法418条を類推し、一審原告に生じた損害のうち、その3割を控除した3億6960万1255円（円未満切り捨て）であると認めるのが相当である。

●損害額認定の考え方●

　本件は、地方自治体の干拓地に土砂の搬入をする内容の契約を建設業者の協同組合が地方自治体と締結し、関連する施設等を設置したところ、地元住民の同意が得られず、搬入ができなくなったため、協同組合が地方自治体に対して債務不履行に基づき逸失利益、出費した施設設置費等の損害賠償を請求した控訴審の事案であり、第1審判決が請求を一部認容したため、双方が控訴したものである。

　本件では、協同組合が土砂の搬入を前提としてさまざまな出費をしたものであり、それらの費用につき、地方自治体に損害賠償請求することができる根拠があるかが問題になるところ、本判決は、前記契約上の債務不履行を否定したものの、前記内容の信義則上の義務を認め、その義務違反を肯定したものであり、注目されるものである（もっとも、この義務違反の性質が債務不履行であるのか、不法行為であるのか等が問題になったが、現在では、不法行為と解する見解が多いであろう）。

　本判決は、この判断を前提とし、損害賠償の範囲について、逸失利益を否定し、信頼利益の範囲に限って損害賠償を認めたものであるが（前記①の損

害）、理論的にも、事例としても参考になるものである。

　本件では、具体的に損害項目が因果関係のある損害であるかが問題になったところ、前記②、③、④の損害については、本判決は、これを肯定したものであり、事例として参考になる。

　前記⑤の損害については、本判決は、実際には協同組合の組合員の出費であるが、これを協同組合が負担する合意があったとし、因果関係を肯定し、損害であることを認めたものであり、検討すべき余地はあるものの、事例として参考になるものである。

　前記⑥の損害については、本判決は、⑤の損害と同様に協同組合の組合員の出費によるものであるが、協同組合から依頼されて出費したものである等とし、因果関係を肯定し、損害であることを認めたものであり、事例として参考になる。

　前記⑦の損害については、本判決は、これを認める的確な証拠がないとし、否定したものであるが、事例として参考になる。

職員が架空のリース契約を利用して売買代金を業者から騙し取ったことに関する地方自治体の使用者責任に基づく損害賠償責任

〔判　例〕　大阪地判平成20・4・21判タ1287号202頁
〔損害額〕　売買代金相当額1504万6290円（過失相殺前）

【事件の概要】

　Aは、Y市の福祉課の職員であったところ、Yは、平成15年度の国の生活保護適正化推進事業の一環として、国の補助金によって、パソコンを使用して生活保護関係事務の処理を行うシステム一式（本件物件）の導入を予定しており、Aが担当職員であった。Aは、平成15年6月頃、本件物件の売買代金を騙し取ろうと企て、リース業を営むX株式会社におけるYの担当者Bに本件物件を購入し、Xに売却した後、賃借するリース契約の締結をもちかけ、XとYとのリース契約を締結させた。Bは、Aの説明を信じ、平成15年7月、本件物件の売買代金として2475万9000円をYの預金口座に振り込んだ。Aは、Xに架空のリースの賃料として合計971万2710円を支払った。Aは、Yから懲戒解雇され、起訴され、懲役3年6月の実刑判決を受けた。Xは、Yに対して架空のリースによってリース物件の売買代金を騙し取られたと主張し、使用者責任に基づき売買代金から賃料として受領した金額を控除した1504万6290円の損害賠償を請求したものである。

●**主張の要旨**●

　本件で問題になった損害は、売買代金相当額（賃料として受領した金額を控除したもの）である。

●判決の概要●

　本判決は、外形理論に従って Y の使用者責任を認め、X の本件取引の過失を認めたものの、重過失を否定し、売買代金相当額の損害を認め、過失相殺を 4 割認め、請求を一部認容した。

判決文

2　争点(1)（本件加害行為は、その外形上、A の職務行為に該当するということができるか。）について〈略〉
3　争点(2)（A の行為が職務権限内において適法に行われたものではないことについて、原告は悪意又は重過失であったということができるか。）について
(1)～(6)〈略〉
(7)　総合判断
　　　以上(2)ないし(6)の個別の検討の結果を総合して判断すると、本件加害行為の担当部署が従前とは異なり、被告の総務部財政課管財係ではなく、健康福祉部福祉課であったこと、従前の取引形態のように他社の見積もりが徴求されておらず、しかもリースバックの形態が取られていたこと、購入先がSOHO 支援対策事業部であるのに、福祉課が契約手続を担当し、福祉事務所長名で売買契約が締結されていること、さらに、売買代金の振込先口座の名義に、A という個人名が含まれていたことなどの事情からすれば、B において、A の行為がその職務の範囲に属するか否かについて疑いを抱く契機は存在したといえる。さらに、B において、この点、A 以外の被告の職員等に確認し、調査することはさほど困難であったともいえない。そうすると、B において、この点についての調査確認義務の存在とその懈怠の責を免れない。したがって、原告には、本件加害行為が A の職務権限の範囲外にあることを知らなかったことについて、過失があったというべきである。
　　　しかし、①前記の A の権限に疑念を抱かせる各事情については、(2)ないし(6)で個別に検討したとおり、それぞれ A による一応合理的な説明がなされていること、② A の説明は、リース取引の実態や B のリース契約担当者としての経験と矛盾し、直ちに疑念を抱かせるような内容ではなかったこと、③ Aから B に対し、形式的に整った本件取引に必要な書類（物件借受証、注文書、注文請書、御見積書、御請求書等）が順次送付されていたこと、④同書類には真正な市長ないし福祉事務所長の公印が押印されたものも含まれており、現に B において、賃貸借契約書（甲 6）に押捺された公印が従前の原告・被告間のリース契約の契約書に押捺された公印と同一のものであることを照合して確認していることなどの事情も存する。そもそも、本件加害行為のような犯罪行為を公務員が働くことなど被告にとってはもとより、原告にとって

も想定の範囲外のことであった。B が、被告の担当者としての A に相当程度の信頼を寄せていたとしても、無理からぬところがある。

　これらの事情を総合的に考慮すると、原告において、A の行為が職務権限内において適法に行われたものでないことを知らなかったことにつき、故意に準ずる程度の注意の欠缺があり、公平の見地上、原告に全く保護を与えないことが相当と認められる状態にあったとまではいえず、したがって、原告に重過失があるものと認めるには足りないものというべきである。

4　争点(3)（過失相殺）について

　原告には、前記 3(7)前段のとおりの過失があり、A の行為がその職務権限内において適法に行われたものではないことについて十分な注意を払っていれば、原告は損害を被ることを避けることができた。したがって、損害賠償額を算定するにあたっては、原告の過失を斟酌すべきである。

　原告の過失の内容、程度等に照らすと、前記のとおり、その程度は軽微なものとはいえない。原告の過失割合は 4 割とするのが相当である。

●損害額認定の考え方●

　本件は、地方自治体の職員が架空のリースを利用して売買代金を業者から騙し取ったため、業者が地方自治体に対して損害賠償を請求した事件である。本件では、地方自治体の使用者責任の成否が主要な問題になったものであるが（取引不法行為の使用者責任、重過失が重要な争点になっている）、損害賠償額の認定・算定も問題になるものである。

　本判決は、地方自治体の使用者責任を認め、売買代金相当額（賃料として受領した金額を控除したもの）を損害として認めたものであり、事例として参考になる。

17·5 地方自治体の事業契約に協力して土地買収を行い、首長の交代により事業が中止されたことに係る地方自治体の損害賠償責任

〔判　例〕　宮崎地判平成24・12・25判時2176号72頁
〔損害額〕　土地の売買代金3449万2703円（3500万円から固定資産税評
　　　　　　価額50万7297円を控除）、土地の購入交渉の報酬・仲介手
　　　　　　数料相当額804万円（過失相殺前）、弁護士費用172万円

【事件の概要】

　X有限会社は、金融業、不動産業等を営む会社であり、Aは、Xの嘱託社員であった。Y₂は、B県（宮崎県）のC町（清武町）の町長選挙に立候補し、当選したが、町内で工場を操業していたD社が工場の移転を計画していることの報告を受けた。Y₂は、Dの移転により町内の雇用が失われると考え、町内の土地で工業団地、駐車場の建設・整備計画を立案した。Cの担当者は、建設業者に対して事業計画、買取予定価格を示して予定地の買収に協力を依頼した。Xは、この要請に応じて、平成15年10月、11月、本件事業予定地内の土地を買収し（第一次買収）、平成16年3月、土地を買収した（第二次買収）。Y₂は、平成19年4月、町長選挙で落選し、反対派のEが当選した。Xは、平成20年10月、本件事業予定地内で土地を買収した（第三次買収）。Cは、町長の交代により、買収に係る土地の引取りを拒否したため、Xは、平成22年2月、簡易裁判所に土地の受取りを求める調停を申し立てたが、不調に終わった。Cは、Y₁市（宮崎市）に編入合併された。Xは、Y₁、Y₂に対して、町の事業計画に必要な土地の買収を要請され、買収後、事業計画が中止されて損害を被った等と主張し、民法709条、国家賠償法1条1項等に

基づく土地の売買代金等合計1億2901万8135円の損害賠償を請求したものである。

●主張の要旨●

本件で問題になった損害は、土地の売買代金（1億141万2940円から固定資産税評価額を控除した1億62万3245円）、所有権移転登記費用（35万4890円）、土地の購入交渉の報酬・仲介手数料相当額（804万円）、虫食い地発生に伴う資金提供と労働の対価（1000万円）、弁護士費用（1000万円）である。

●判決の概要●

本判決は、事業計画の中止が天災事変等のやむを得ない客観的事情によるのでない場合には、Cは、不法行為上の責任を負うところ、第一次買収時には事業計画の概要が定められたのみで、Xのこの段階での信頼はいまだ法的な保護に値しないが、第二次買収段階ではCの職員がXの社員に土地買収を要請し、地権者との売買交渉にも関与しており、この段階で土地の取得を中止するには信義則上Xの損害の填補措置を講ずることが必要であり、これを講ずることなく買取りを拒否したことにつき不法行為責任を負うとし、第三次買収時には町長との信頼関係が失われた後にされたものであり、買取拒否が不法行為となることはないとし、損害につき土地の売買代金（3500万円から固定資産税評価額50万7297円を控除した3449万2703円）、土地の購入交渉の報酬・仲介手数料相当額として804万円の損害を認め（所有権移転登記費用、虫食い地発生に伴う資金提供と労働の対価に関するXの主張は排斥した）、議会の議決を経ておらず、仮契約を締結する等していなかったこと等の過失相殺として5割を認め、弁護士費用として172万円の損害を認め、Y1に対する請求を認容し、Y2については、土地の取得の努力を怠ったとはいえないとし、Y2に対する請求を棄却した。

判決文

6　争点3（原告の被った損害の有無及び損害額）について

(1)　原告が出捐した代金額から固定資産評価額を控除した金額

　ア　原告は、本件事業予定地を虫食い地がないようにできれば、C町が本件事業予定地を取得するものと信頼して本件各買収を行ったことにより、原告の出捐額から固定資産評価額を控除した1億0062万3245円相当の損害を被った旨主張する。

　イ　しかしながら、前記三(2)で説示したとおり、第一次買収の時点では、原告の本件事業予定地の取得に対する信頼関係が法的保護に値するに至っていたとはいえないし、第三次買収の時点でも上記信頼関係が失われていたのであるから、C町の前記不法行為と原告が第一次買収及び第三次買収によって被った損害との間に相当因果関係を認めることはできない。

　ウ　他方、前記一(10)の認定事実によれば、原告は、第二次買収に当たり、本件土地八の売買代金として3500万円を出捐したことが認められ、〈証拠略〉によれば、同土地の固定資産評価額は50万7297円であることが認められ、本件土地八の評価額が上記固定資産評価額を上回ることをうかがわせる事情は認められないから、前者から後者を控除した3449万2703円は、C町の前記不法行為と相当因果関係のある損害であると認められる。

　　　なお、被告Y₁市は、原告は固定資産評価額を遙かに上回る不当な価格で土地を買収しており、かかる不公正な代金額の全てを損害と認めるべきではない旨主張する。しかしながら、前記第二の一の前提事実によれば、本件土地八の実測地積は15938平方メートル（約4821坪）であり、C町が本件事業予定地を1坪2万3000円で取得することになった場合、本件土地八の取得価格は1億円以上になること、同土地の地権者との買収交渉は相当程度難航していたことからすると、同土地の売買代金を3500万円としたことには一定の合理性があると認められ、これが不当に高額であるということはできない。したがって、被告Y₁市の上記主張は採用することができない。

(2)　所有権移転登記費用

　　〈証拠略〉によれば、原告は、第二次買収に係る本件土地八の所有権移転登記費用として3万0100円を支出したことが認められる。しかしながら、原告は、現在もなお本件土地八を所有していることがうかがえ、上記登記費用は本件土地八の取得に伴って発生する当然の経費であって、第二次買収に際し原告がC町を信頼したことによって生じた費用とみることはできないから、C町の前記不法行為と相当因果関係のある損害であるとは認められない。

(3)　報酬及び不動産仲介手数料相当額

　　原告は、Fに対しては1000万円、G及びHに対しては3400万円の成功報酬を支払う約束で、本件事業予定地の地権者との買収交渉を依頼し、同人らはこれを受けて本件各土地の買収を成功させた以上、本件事業計画が中止されたことを考慮しても、少なくともFに対しては嘱託社員の報酬として500万円を、G及びHに対しては不動産仲介手数料として本件各土地の売買代金額の

３％に相当する304万円をそれぞれ支払うべき義務があるから、その合計額である804万円は、Ｃ町の前記不法行為と相当因果関係の認められる損害に当たる旨主張する。

この点につき、原告は、平成15年10月22日付け「Ｃ町総合運動公園・入口付近一帯の土地に関する取り纏め買収プロジェクト計画協定書」と題する書面を提出するが、その提出経緯等に照らすと、これを直ちに措信して原告とＧ及びＨとの間に原告主張の成功報酬を支払う旨の合意があったものと認めることはできず、他に原告とＦ、Ｇ及びＨとの間に、本件事業予定地の売却による収益を得ることができなかった場合にも報酬を支払う旨の合意があったことを認めるに足りる的確な証拠はない（原告が実際にＦやＧらに対しこれらの報酬の全部又は一部を支払ったことを認めるに足りる証拠もない。）。

したがって、原告の上記主張は採用することができない。

(4)　原告の虫食い地発生による損失危険を伴う資金提供と労働の対価

原告は、虫食い地発生による損失危険を伴う資金提供と労働の対価として、1000万円の損害を被った旨主張する。

しかしながら、原告がＣ町による本件事業予定地の取得を信頼して資金を提供したことによって被った損害は、前記(1)の損害金及びこれに対する遅延損害金の賠償によって填補されるといえるし、労働の対価に相当する損害の発生及び額を認めるに足りる的確な証拠はない。

したがって、原告の上記主張は採用することができない。

(5)　小括

以上によれば、Ｃ町の前記不法行為と相当因果関係のある原告の損害額（弁護士費用相当の損害額を除く。）は、前記(1)の損害額3449万2703円となる。

(6)　過失相殺

前記五で認定判断したとおり、本件に関する原告とＣ町の過失割合は、それぞれ５割と認められるので、原告の上記損害額3449万2703円から５割を減じると、1724万6351円（１円未満切捨て）となる。

(7)　弁護士費用

弁論の全趣旨によれば、原告は、原告訴訟代理人に本件訴訟の提起及び追行を委任し、相当額の弁護士費用を支払う旨約したことが認められるところ、本件訴訟の内容、認容額、難易度その他一切の事情を考慮すれば、前記不法行為と相当因果関係のある弁護士費用相当の損害額は、172万円と認めるのが相当である。

●損害額認定の考え方●

本件は、地方自治体（取引当時は、町、その後、市に編入合併）が工業団地

等の建設・整備等の事業を計画、立案し、建設業者に協力を依頼し、会社がこれに応じて事業計画内の土地を三次にわたって買収したものの、その間に町長が反対派の町長に交代し、事業が中止されたため、会社が地方自治体等に対して損害賠償を請求した事案であり、損害の範囲・額も争点の一つになったものである。地方自体が事業を計画、立案し、依頼に応じて事業者等がさまざまな準備活動、協力活動を行った後、首長の交代等によって事業が中止、あるいは変更される事態が従来からみられるところである。このような事件は、事業計画の内容、具体化の程度、要請の内容、議会との関係、準備・協力の内容・規模、契約等の合意の有無・内容等の事情によってさまざまであるが、事情によっては、地方自治体の損害賠償責任が認められる可能性もあり、これを肯定する判例、裁判例も散見される。本件は、おおむねこのような類型の事件の一つである。

　本判決は、三次にわたる土地の買収についてそれぞれの段階の事情を検討し、第二次買収段階では町の職員が会社の社員に土地買収を要請し、地権者との売買交渉にも関与したこと、この段階で土地の取得を中止するには信義則上会社の損害の塡補措置を講ずることが必要であるとしたこと、町がこれを講ずることなく買取りを拒否したことにつき不法行為責任を負うとしたこと、他の土地買収については会社の信頼はないとし、不法行為責任を否定したこと、損害につき土地の売買代金、土地の購入交渉の報酬・仲介手数料相当額、弁護士費用の損害を認めたこと、元の町長の責任を否定したことに特徴がある。本判決は、前記内容の町の事業契約予定地の土地の買収に協力した会社に対する不法行為責任を肯定し、土地買収費等の損害を認めた事例判断を提供するものである。

17・6 遺族厚生年金の受給の相談を受けた社会保険事務所の職員が説明を誤り、年金受給権の一部が時効消滅したことに係る国の損害賠償責任

〔判　例〕　東京地判平成28・9・30判時2328号77頁
〔損害額〕　時効消滅に係る遺族厚生年金額1433万9869円

【事件の概要】

　Xは、昭和39年、Aと婚姻し、昭和58年、離婚したが、その後も事実婚の状態であった。Aは、厚生年金を受給していたが、昭和62年8月、死亡した。Xは、長男Bとともに、昭和62年8月、平成2年5月、平成4年6月、平成8年8月、平成12年初め頃、それぞれ社会保険事務所を訪れ、相談担当職員に借金取りから逃げるために形だけの離婚をし、Aが死ぬまで看病した等を説明したうえ、Aに係る遺族厚生年金を受給することができないか、受給するための方法はないか等の相談をしたが、いずれも死亡時に離婚をしていると受け取ることはできないとの回答を受けた。Xは、平成22年10月、厚生労働大臣に対して遺族厚生年金の給付を請求したところ、同大臣は、同年11月、遺族厚生年金の支給要件を充足するとし、受給権を取得する年月を昭和62年8月とし、遺族厚生年金を支給する旨の裁定をしたが、昭和62年9月分から平成17年7月分の年金は消滅時効が完成しているとし、支払われなかった。Xは、Y（国）に対して相談担当の職員の誤った回答により年金受給権が消滅時効により消滅した等とし主張し、国家賠償法1条1項に基づき消滅時効により受給できなかった年金総額の損害賠償を請求したものである。

●**主張の要旨**●

本件で問題になった損害は、時効消滅した遺族厚生年金の受給権相当額（2113万4233円）である。

●**判決の概要**●

本判決は、本件の X の説明により厚生年金保険法所定の配偶者要件を充足することもありうるから、年金相談を担当していた職員としてはこれにつき当然に思いを致すべき事項であったといえ、平成 4 年 6 月の相談時においても、担当職員は、配偶者要件、生計維持要件を充足する事実関係が認められたとすれば、X が遺族厚生年金を受給する可能性もある旨を説明すべきであったのに、この説明をすることなく、また、配偶者要件、生計維持要件の充足に関する事実関係を聴取することもないまま、死亡時に離婚していたので遺族厚生年金はもらえない、遺族厚生年金を受け取る方法はない旨の誤った説明、回答を断定的にしたものであるとし、違法な行為とし、国家賠償責任を肯定し、損害につき昭和62年 9 月分から平成17年 7 月分の年金合計額1772万8515円から平成 8 年 9 月分から平成17年 7 月分まで X 自身の老齢厚生年金合計338万8646円を控除した1433万9869円が損害であるとし、請求を認容した。

判決文

4　争点 2 （損害額）について

(1)　平成22年10月15日の裁定請求の際の原告及び原告長男の対応からすると、平成 4 年 6 月15日の年金相談において遺族厚生年金を受給することができるかもしれない旨の説明を受けていれば、原告及び原告長男は、速やかに、必要な書類を調査、収集して、遺族厚生年金の給付を請求したものと認めるのが相当である。そして、前記 1 (4)のとおり、原告が平成22年10月15日に遺族厚生年金の支給を請求したところ、厚生労働大臣は支給要件を充足するとして遺族厚生年金を支給する旨裁定したことからすると、原告が早期に遺族厚生年金の給付を請求していれば速やかに支給する旨裁定がされ、原告が遺族厚生年金を受給できた蓋然性があったと認めるのが相当である。

　　　そうすると、原告が、平成 4 年 6 月15日の年金相談の後、速やかに遺族厚生年金の支給を請求すれば、そのころ社会保険庁長官により遺族厚生年金支

給の裁定が行われ、原告は、平成22年の裁定では消滅時効が完成したために原告へ支給されなかった昭和62年９月分から平成17年７月分までの遺族厚生年金をも受給することができたと認めるのが相当であり、時効消滅した原告の遺族厚生年金の昭和62年９月分から平成17年７月分の合計額が、前記３で認定した違法な行為と相当因果関係のある損害といえる。

(2)　原告は、時効消滅した年金額が2113万4233円であり、これが原告の損害額であると主張するが、時効消滅した原告の遺族厚生年金の昭和62年９月分から平成17年７月分の合計額は、別紙２「Ａに係る時効消滅した遺族厚生年金の額」記載のとおり1772万8515円と認められる（弁論の全趣旨）。

(3)　原告は、別紙３「Ａに係る老齢厚生年金等の額」記載のとおり、平成８年９月分から平成17年７月分まで原告自身の老齢厚生年金合計338万8646円を受給していると認められる（弁論の全趣旨）。しかし、これは、仮に平成４年６月頃に、Ｄにかかる遺族厚生年金支給の裁定が行われていれば受給することのなかったものであり、これを上記(2)の時効消滅額から控除した1433万9869円が、本件で原告が被告に請求することが可能な損害額であると認めるべきである。

●損害額認定の考え方●

　本件は、社会保険庁の時代に発生した事件であるが、夫と離婚後、事実婚状態を継続していた妻が、昭和62年８月の夫の死亡後、何度か社会保険事務所に遺族厚生年金の受給ができないか等の相談に行き、年金相談の担当者から否定的な説明、回答を受けていたが、平成22年11月、厚生労働大臣から遺族厚生年金を支給する、昭和62年９月分から平成17年７月分の年金は消滅時効により消滅した旨の裁定を受けたことから、妻（配偶者）が国に対して損害賠償を請求した事案である。本件では、年金相談の担当者の説明、回答の違法性の有無、損害の範囲・額が争点になったものである。年金問題は、年金の記載漏れ、支給の誤り（過大支給、過少支給等）、情報漏れ等のさまざまな問題が噴出し、制度に対する社会的な不信感が高まる等し、平成22年１月、社会保険庁が廃止され、日本年金機構が設立される等しているが、年金の受給開始年齢、受給額等の年金をめぐるさまざまな問題がくすぶっている（なお、個人的な事柄であるが、筆者の国家公務員時代の一部につき年金の記載漏れを経験したことがある）。

　本判決は、年金相談が重要な行政サービスであることを踏まえ、年金相談の担当者は、厚生年金保険法所定の配偶者要件、生計維持要件を充足する事実関係が認められたとすれば、相談者が遺族厚生年金を受給する可能性もある旨を説明すべきであったとしたこと、相談担当者は、配偶者要件、生計維持要件の充足に関する事実関係を聴取すべきであるとしたこと、相談担当者は、相談者に対し、死亡時に離婚していたので遺族厚生年金はもらえない、遺族厚生年金を受け取る方法はない旨の誤った説明、回答を断定的にしたとしたこと、国の国家賠償責任を肯定したこと、昭和62年9月分から平成17年7月分の年金合計額1772万8515円から平成8年9月分から平成17年7月分まで請求者自身の老齢厚生年金合計338万8646円を控除した1433万9869円が損害であると算定したことに特徴がある。本判決は、年金相談を行った際、誤った説明、回答があったことにつき国家賠償責任を肯定し、損害として年金受給権の時効消滅に係る範囲の消滅した年金相当額を認めた事例判断として参考になるものである。

17・7

固定資産税等の滞納処分として差し押さえられた土地上に公売広告前に公売予定地の看板を設置した地方自治体の損害賠償責任

〔判　例〕　熊本地玉名支判平成28・9・28判時2341号120頁
〔損害額〕　慰謝料20万円、弁護士費用2万円

【事件の概要】

　Xは、平成16年頃から固定資産税、国民健康保険税を滞納するようになり、Y市（玉名市）は、平成25年4月、固定資産税等に係る滞納処分として、Xの所有土地、土地上の建物を差し押さえた。Yは、同年11月、本件土地上に不動産公売予定地等と記載した看板を本件土地上に設置した。当時、本件土地等につき公売の日が定められておらず、その公告もされていなかった。その後、間もなく、Xが撤去を求めたことから、Yは、本件看板を撤去した。Xは、Yに対して本件看板の設置が法律の根拠を欠き、違法である等と主張し、国家賠償法1条1項に基づき慰謝料等550万円の損害賠償を請求したものである。

●主張の要旨●

　本件で問題になった損害は、慰謝料（500万円）、弁護士費用（50万円）である。

●判決の概要●

　本判決は、固定資産税等に係る地方団体の徴収金の滞納処分については国税徴収法の例によるものとされ、国税徴収法には公売公告の手続が定められているほか、滞納処分の事実を公開する場合の具体的な手続を定めた規定がないとし、本件看板の設置が法律の規定によらずに滞納処分の事実を公開し

たものであり、違法な公権力の行使にあたるとし、Ｙの国家賠償責任を肯定し、損害につき慰謝料として20万円、弁護士費用として２万円の損害を認め、請求を認容した。

判決文

4 争点４（損害）について

(1) 前記前提事実(2)及び前記一で判示したところによれば、本件看板設置は本件土地の所有者である原告の名誉及びプライバシーを侵害するものであったというべきところ、これによって原告が被った精神的苦痛を慰謝するに足りる慰謝料としては、①本件看板の記載及び寸法並びに本件看板設置の態様（前記前提事実(2)）のほか、②本件看板を見た者の全てが本件土地の所有者が原告であることを知っていたわけではないと考えられること、③原告の住民票上の住所は本件土地（熊本県玉名市《番地等略》）ではなく肩書住所地（熊本県荒尾市《番地等略》）にあり、原告の供述するところによっても、原告は同所で酒類販売業に従事していて、本件土地及び本件建物には寝泊まりに帰るだけであったこと、④本件看板設置の時点において、本件土地及び本件建物が滞納処分として差し押さえられていることについては登記がされていて（地方税法373条７項、728条７項、国税徴収法68条３項参照）、何人もこれに係る登記事項証明書等の交付を請求することができたこと（不動産登記法119条参照）、⑤本件看板は、原告の要望等に基づき、平成25年12月25日には撤去されており、本件土地に本件看板が設置されていた期間は、約１か月間にすぎなかったこと（前記前提事実(3)）、⑥被告は、原告訴訟代理人に対して送付した平成26年１月21日付け文書において、本件看板設置について、「ご不快な思いをさせる結果を招いたことについて深くお詫び申し上げます。」などと記載して、原告に対する謝罪の意を表明していること等の一切の事情を考慮すると、20万円を認めるのが相当である。

(2) また、本件事案の内容や前記(1)で認定した原告の慰謝料の額等を考慮すると、原告に生じた弁護士費用に相当する損害としては、２万円を認めるのが相当である。

●損害額認定の考え方●

本件は、地方自治体（市）が固定資産税等の滞納者につき滞納処分として所有土地、建物を差し押さえた後、公売の公告をする前に、土地上に公売予定地等を記載した看板を設置したことから、滞納者が地方自治体に対して国

家賠償法1条1項に基づき損害賠償を請求した事案である。本件では、本件看板の設置に係る違法性の有無、損害額の算定が争点になったものである。

　本判決は、本件看板の設置が法律上の規定を欠くものであり、違法であるとしたこと、損害として慰謝料（20万円）、弁護士費用（2万円）の損害を認めたことに特徴があり、その旨の事例判断を提供するものである。

18　指定確認検査機関の責任

18・1　指定確認検査機関の建築確認検査業務委託契約上の善管注意義務違反に基づく損害賠償責任

〔判　例〕　東京地判平成21・5・27判時2047号128頁
〔損害額〕　工事費・復旧費7707万2730円、立退き費用3264万円、工事
　　　　　期間中の賃料収入相当額2037万2000円、過剰な建設費用の
　　　　　損害7105万4694円

【事件の概要】

　Xは、共有持分を有する土地上に10階建ての建物（店舗兼共同住宅）の建築を計画し、A株式会社に建物の建築工事を請け負わせ、一級建築士事務所であるB株式会社を介して指定確認検査機関であるY株式会社に建築確認を申請した。Yは、C区から本件土地の所在する地域には第三種高度斜線制限がある旨の指摘を書面で受けたが、これをBに連絡等をしないまま、建築確認済証を交付した。A株式会社は本件建物を施工し、完成し、Xに引き渡したが、C区が建築基準法違反を理由に違反部分の除却を命じた。Xは、Yに対して債務不履行に基づき工事費用、立退き費用、工事期間中の賃料相当損害金、滅失登記等の費用、建設費用借入残金等につき損害賠償を請求したものである。

●主張の要旨●

　本件で問題になった損害は、①工事費用、②立退き費用、③工事期間中の賃料収入相当損害金、④滅失登記等の費用、⑤建設費用借入残金等である。

●判決の概要●

　本判決は、建築確認検査業務委託契約の成立を認め、Y の善管注意義務違反を認めたうえ、一部解体する方法による場合に必要となる解体費用、諸関連費用等の相当額が損害にあたるとし、工事費・復旧費、立退き費用、工事期間中の賃料収入相当額、過剰な建設費用の損害として合計 2 億113万9424円を認め、4 割の過失相殺、損益相殺を認め、請求を認容した。

判決文

一　争点 1 （被告適格）について〈略〉
二　争点 2 （確認検査業務委託契約の成否）について〈略〉
三　争点 3 （被告の善管注意義務違反の有無）について〈略〉
四　争点 4 （損害額）について
　1　総論
　　(一)〜(四)〈略〉
　　(五)　以上の観点から損害額について検討する。
　2　工事費用と諸費用の範囲
　　(一)　工事費・復旧費
　　　〈証拠略〉に一般的知見（平成20年 9 月 8 日第10回弁論準備手続調書添付の専門委員による説明を含む。）を加えて検討すると、違法状態を解消するためには、本件建物の 8 階から10階までについてはすべて解体撤去する必要があるが、本件建物の 7 階部分については、北側住戸は洋室のみ解体してワンルームマンションに改修し、南側メゾネットも一部改修をするなどしてその余を残すことで、第三種高度斜線制限への違反とされない状態にすることができること、工期は約 6 か月間必要であること、仮設事務諸費は、立ち退き後のスペースの利用により不要となること、改修工事費のうちユニットバスの工事費は不要であることを認めることができる。
　　　そして、工事費及び復旧費相当額は、〈証拠略〉に一般的知見（上記専門委員による説明を含む。）を加えて検討すると、合計7707万2730円（消費税相当額を含む。）と認めることができる。
　　(二)　賃借人立ち退き交渉費用
　　　弁論の全趣旨に一般的知見（平成20年 9 月 8 日第10回弁論準備手続調書添付の専門委員による説明を含む。）を加えて検討すると、本件建物の 8 階から10階まで及び 7 階の一部を解体する工事をするためには、本件建物の入居者を退去させる必要があり、その立ち退き交渉費用は、工事に必要な立ち退き費用（移転補償）に含まれると認めるのが相当である。

㈢　是正計画の立案・打合せ費用

　　弁論の全趣旨に一般的知見（平成20年9月8日第10回弁論準備手続調書添付の専門委員による説明を含む。）を加えて検討すると、是正計画の立案・打合せ費用は、工事費・復旧費に含まれると解するのが相当である。

3　立ち退き費用及び工事期間中の賃料収入損害金等の額

㈠　〈証拠略〉及び弁論の全趣旨によると、原告は、平成19年時点において、本件建物の1階に居住して店舗を営むほか、地下1階を店舗として月額22万円で賃貸し、2階から10階までを居宅として賃貸し、屋上をDに賃貸しており、2階から屋上までの月額賃料の合計は210万1000円であることを認めることができる。

㈡　立ち退き費用（移転補償）

　　㈠の認定及び弁論の全趣旨に一般的知見（平成20年9月8日第10回弁論準備手続調書添付の専門委員による説明を含む。）を加えて検討すると、解体工期が6か月かかるため、その準備期間として前後1か月を要することを前提に、以下の費用が必要となると認めることができる。

⑴　2階以上の部分

　　入居者に現在と同等の物件に移転をしてもらうことになるから、家賃補償の費用として、1680万8000円（210万1000円×8か月）を要し、また、権利金相当額として月額賃料1か月分に当たる210万1000円、仲介手数料として月額賃料1か月分に当たる210万1000円、2階から6階までの部分が12戸あるので、往復の引越費用として一戸当たり40万円、合計480万円を要し、さらに、本来違法である7階から10階までの5戸については、賃貸人の責任において永続的に退去してもらわなければならないので、上記の額をベースとした上、転出加算として、131万円（賃料合計65万5000円の2か月分、〈証拠略〉）を上記8か月分等に加え、さらに引越費用一戸当たり40万円、合計200万円を加えた額の立退料を要することを認めることができる。

　　以上によると、移転補償の費用の合計は、2912万円となる。

⑵　地下1階店舗部分

　　前記認定及び弁論の全趣旨に一般的知見（平成20年9月8日第10回弁論準備手続調書添付の専門委員による説明を含む。）を加えて検討すると、営業補償として1月当たり44万円と認めるのが相当であるから、その合計は、352万円（44万円×8か月）となる。

㈢　工事期間中の賃料収入損害金等

⑴　2階以上の部分

　　㈠及び㈡の認定並びに〈証拠略〉及び弁論の全趣旨に一般的知見（平成20年9月8日第10回弁論準備手続調書添付の専門委員による説明を含む。）を加えて検討すると、工事期間中の2階から6階までの賃料収入損

害金としては、1067万2000円（133万4000円×8か月）と認めるのが相当である。7階から屋上までの賃料収入損害金については、本来違法であって収益を予定すべきではなかったのであるから、これを計上すべきではない。

(2)　地下1階店舗部分

㈠及び㈡の認定及び弁論の全趣旨に一般的知見（平成20年9月8日第10回弁論準備手続調書添付の専門委員による説明を含む。）を加えて検討すると、工事期間中の賃料収入損害金としては、176万円（22万円×8か月）を認めるのが相当である。

(3)　1階自用部分の補償

ア　店舗部分

㈠及び㈡の認定及び弁論の全趣旨に一般的知見（平成20年9月8日第10回弁論準備手続調書添付の専門委員による説明を含む。）を加えて検討すると、8か月間の休業補償として240万円、8か月間の従業員の給与補償負担分として400万円を認めるのが相当である。

イ　居宅から仮転居することによる補償

㈠及び㈡の認定及び弁論の全趣旨に一般的知見（平成20年9月8日第10回弁論準備手続調書添付の専門委員による説明を含む。）を加えて検討すると、居宅部分の賃料相当額は月額11万4000円と認めることができるから、家賃補償として91万2000円（11万4000円×8か月）、権利金相当額として月額賃料1か月分に当たる11万4000円、仲介手数料として月額賃料1か月分に当たる11万4000円、往復の引越費用として40万円、以上の合計154万円と認めるのが相当である。

ウ　合計

ア及びイの合計は794万円となる。

4　面積修正分の登記費用

弁論の全趣旨に一般的知見（平成20年9月8日第10回弁論準備手続調書添付の専門委員による説明を含む。）を加えて検討すると、面積修正分の登記費用相当額は、工事費・復旧費に含まれると解するのが相当である。

5　7階以上の過剰な建設を行った建設費損害について

本来違法である7階以上の部分について建設したことによる損害について検討する。

弁論の全趣旨によると、被告の前記義務違反行為がなければ、原告は、適法な6階建ての建物を建設したと認めるのが相当であるから、被告の義務違反行為と原告が本件建物の7階以上の部分を建設したこととの間には相当因果関係を認めることができる。

〈証拠略〉によると、本件建物の延べ床面積が1071.33平方メートル、7階以上の部分の床面積が240.06平方メートル、本件建物の建設代金が3億1710

万円（消費税相当額を含む。）であるから、床面積の割合に従い、7階以上の部分の建設費は、7105万4694円（小数点以下切捨て。）と認めるのが相当である。

　6　損害のまとめ

　　以上によると、原告の被った損害は、工事費・復旧費相当損害金7707万2730円、立ち退き費用相当損害金が3264万円（2912万円＋352万円）、工事期間中の賃料収入等相当損害金の合計が2037万2000円（1067万2000円＋176万円＋794万円）、7階以上の部分の建設費の損害7105万4694円の合計2億0113万9424円となる。

五　争点5（過失相殺）について〈略〉

●損害額認定の考え方●

　本件は、建物の建築を計画した者が一級建築士事務所を介して、指定確認検査機関に建築確認を申請したところ、指定確認検査機関が建築規制の内容を見過ごして建築確認をし、建物の建築工事が施工された後、行政庁から建築基準法違反を指摘され、除却命令を受けたため、指定確認検査機関に対して損害賠償を請求した事案である。本件では、指定確認検査機関の誤った建築確認による損害賠償責任の範囲が問題になった事件である。

　本判決は、指定確認検査機関と申請者との間の建築確認検査業務委託契約の成立を認め、その善管注意義務違反を認めたものであり、この判断も事例として参考になるが、さらに損害論として、工事費・復旧費、立ち退き費用、工事期間中の賃料収入相当額、過剰な建設費用の損害を認めたものであり、事例判断とはいえ、指定確認検査機関の責任の範囲を明らかにしたものとして参考になる。

19　保育施設の責任

認可外保育施設における乳児の死亡事故に関する施設の運営者、譲受人等の損害賠償責任

〔判　例〕　大阪高判平成27・11・25判時2297号58頁

〔損害額〕　死亡逸失利益1999万9380円、死亡慰謝料2000万円、葬儀関連費用150万円の相続分2分の1ずつ、両親の固有の慰謝料各200万円、弁護士費用各227万5000万円

【事件の概要】

　X₁、X₂は、平成21年11月、Y₃有限会社（代表取締役は、Y₄）が設置、運営し、その後Y₁株式会社（代表取締役は、Y₂）が運営する認可外保育施設に、子どもB（平成19年5月生まれ）、A（平成21年7月生まれ）につき月極保育契約を締結し、預け始めた。X₂は、平成21年11月、A、Bを本件施設に預けたが（園長は、Y₅）、その際、Aに熱はなかった。Aは、同日午前11時50分頃、保育ルームの床の上でうつ伏せ寝の体位で泣いていたことから、Y₃の従業員Y₇がベビールームのベビーベッドに連れて行き、仰向けに寝かせた。Aは、同日午後1時頃、Y₃の従業員Y₆がベビーベッドの上でうつ伏せ寝の体位で心肺停止の状態になっているのを発見し、救急車によって病院に救急されたが、死亡した（Aにつき司法解剖が行われた）。X₁、X₂が、Y₁ないしY₇に対して不法行為に基づき損害賠償を請求したものである（X₁らは、ほかに、国家賠償責任に基づきY₈市に対しても損害賠償を請求した）。

　第1審判決は、Aの死因がSIDS（乳幼児突然死症候群）であると認め、

X_1 らの主張する鼻口閉塞による窒息死ではないとし、Y_1 らの責任を否定し、請求を棄却したため、X_1 らが控訴したものである。

●主張の要旨●

本件で問題になった損害は、①死亡逸失利益（2638万3259円）、②死亡慰謝料（2500万円）、③葬儀関連費用（150万円）、④両親の固有の慰謝料（各300万円）、⑤弁護士費用（588万円）である。

●判決の概要●

本判決は、A の死因について鼻口閉塞により窒息死に至ったと推認することができるとし、保育従事者らは、A がベビールームに連れて行く前にうつ伏せ寝の体位で激しく泣いていたことを認識していたことから、ベビーベッドで仰向けに寝かせた後も、A の呼吸確認等をチェックすることなく放置し、仰向けに戻さなくても大丈夫であると軽信し、窒息死させたものであるとし、注意義務違反を肯定し、本件施設の経営者、代表者らの使用者責任をも肯定し、損害として死亡逸失利益（1999万9380円）、死亡慰謝料（2000万円）、葬儀関連費用（150万円）の相続分2分の1ずつ、両親の固有の慰謝料（各200万円）、弁護士費用（各227万5000万円）を認め、Y_8 に対する控訴を棄却し、Y_1 ないし Y_7 に関する原判決を変更し、請求を認容した。

判決文

6 控訴人らの損害額
(1) A の損害
ア 死亡逸失利益（認容額：1999万9380円）
(ア) 基礎収入は、本件事故が発生した平成21年賃金センサス男性全年齢学歴計529万8200円を採用する。
(イ) 生活費控除率は、A が0歳男性であることを考慮し、50％とする。
(ウ) ライプニッツ係数は、67年（67歳－0歳）のライプニッツ係数19.2391から、18年（18歳－0歳）のライプニッツ係数11.6896を控除した7.5495とする。
(エ) 計算式：529万8200円×（1－0.5）×7.5495＝1999万9380円

　　イ　死亡慰謝料（認容額：2000万円）

　　　本件事故の態様、Aの年齢等、本件に顕れた一切の事情を考慮し、2000万円を相当と認める。

　　ウ　葬儀関連費用（認容額：150万円）

　　エ　合計額

　　　前記アないしウの合計は4149万9380円となる。

(2)　各控訴人の相続による承継額（各2074万9690円）

　　Aの死亡により、各控訴人は、前記(1)のAの損害額を各相続分（2分の1）の割合で相続承継した（承継額各2074万9690円）。

(3)　控訴人ら固有の慰謝料（認容額：各200万円）

　　本件事故の態様、Aを突然失ったことによる控訴人らの心痛等、本件に顕れた一切の事情を考慮し、各控訴人につき、200万円を相当と認める。

(4)　弁護士費用（認容額：各227万5000円）

　　本件訴訟の認容額、経緯等に照らし、各控訴人につき、227万5000円を相当と認める。

(5)　まとめ

　　前記(2)ないし(4)によれば、各控訴人の損害は、それぞれ2502万4690円となる。

●損害額認定の考え方●

　本件は、生後4カ月の乳児が認可外保育施設に預けられ、施設内のベビーベッドで仰向けに寝かせられていたところ、うつ伏せ寝の体位が心肺停止の状態で発見されたため、両親が施設の運営者ら、経営者ら、園長、担当の従業員らに対して損害賠償を請求した控訴審の事案である（第1審判決は、死因がSIDSであると認定し、関係者の責任を否定した）。

　本判決は、乳児の死因について、司法解剖の結果、医師3名の意見書（死因がSIDSか、鼻口閉塞による窒息死であるかの結論が分かれた）、保育の経過等の事情を認定したこと、本件施設の各関係者の関与による不法行為責任、使用者責任を肯定したこと、死亡逸失利益として、1999万9380円、死亡慰謝料として2000万円、葬儀関連費用として150万円の損害とX_1らの相続分2分の1の相続、両親の固有の慰謝料として各200万円、弁護士費用として各227万5000万円の損害を認めたこと、Y_8の責任を否定したことに特徴がある。

　本件のような認可外保育園のほか、認可保育園、幼稚園等の乳幼児を対象とした保育・教育施設において、乳幼児が突然に死亡する事故が発生することがある（死亡事故のほか、負傷事故も発生するし、過去の裁判例を概観すると、幼児間のいじめ、セクハラ事故もあるようである）。乳幼児が保育・教育施設で生活中に死亡した場合、乳幼児の親らが施設の運営主体、運営責任者、保育・教育の従事者らに対して損害賠償を請求することがあるが、乳幼児が突然に死亡したようなときは、その死因が SIDS か、窒息死等であるかが争点になることが多く、関係者の責任が肯定されたときは、乳幼児の死亡に係る損害の範囲、額の算定が争点になる。本件では、死因について、本判決と第１審判決とで結論を分けたものであるが、複数の医師の意見書が証拠として提出され、しかも死因に関する意見が分かれたようであり、本判決は、鼻口閉塞による死亡であると推認したものであり、専門家である医師の意見が分かれる中、窒息死であると推認し、微妙な判断を示したものである。なお、本件に限らず、科学技術とか、医学等の分野の専門家の意見が分かれた場合、多数決で結論を決めるべきものでないことは当然であるが、当該専門分野の専門家でない裁判官としては、相当に困難な判断に直面するものであり、自己の主観的な知見によることは許されず、専門的な知見に対して控えめな姿勢で判断することが必要である。

　また、本判決は、前記のとおり保育施設の運営主体らの損害賠償責任を肯定したうえ、乳児の死亡による各種の損害賠償額を認定したものであり、その旨の事例判断を提供するものである。

20　介護施設の責任

介護施設の利用者の誤嚥による死亡事故に関する施設の運営事業者の安全配慮義務違反に基づく損害賠償責任

〔判　例〕　大阪高判平成25・5・22判タ1395号160頁

〔損害額〕　慰謝料各250万円、入院費用各3438円、葬儀関係費用各31万3286円、弁護士費用各28万円

【事件の概要】

　A（大正13年12月生まれ）には、子として X_1 ないし X_5 がいた。Y株式会社は、介護付き有料老人ホームを経営していた（Yは、介護保険法上の特定施設入居者生活介護事業者の指定を受けていた）。Aは、うつ病に罹患し、平成21年11月から病院に入院していたが、平成22年7月、症状が軽快し、病院を退院し、勧められて、Yの前記施設への入居につき入居契約を締結し（特定施設入居者生活介護サービスも含むものであった）、入居した。Aは、平成22年7月、自分の個室において車椅子に座らされ、サイドテーブル上に朝食がセットされた後、一人で食事を摂った。Yの職員は、その後間もなく、ロールパンを誤嚥し、車椅子上で昏睡状態になったAを発見し、救急車で病院に緊急搬送された後、病院で死亡した。X_1 らは、Yに対して、ロールパンを提供し、見回りを怠った過失がある等と主張し、債務不履行または不法行為に基づき損害賠償を請求したものである。

　第1審判決（神戸地判平成24・3・30判タ1395号164頁）は、Yが本件事故当時、Aに誤嚥の危険性があることを具体的に予見することは困難

であったとし、Yの責任を否定し、請求を棄却したため、X₁らが控訴
したものである。

●主張の要旨●

本件で問題になった損害は、①被害者の慰謝料（2000万円）、②相続人ら
の慰謝料（各150万円）、③入院費用（各3438円）、④葬儀関係費用（各31万
3286円）、⑤弁護士費用（各60万円）である。

●判決の概要●

本判決は、入院していた病院の診療情報提供書等から食道に疾患があった
こと、これにより誤嚥が危惧されるとの意味内容を感得することは、医療の
専門家でない読み手であっても、必ずしも困難でなく、高齢者の誤嚥事故が
多いことは周知の事実であること等を指摘し、介護事業者としては、協力医
療機関と連携を図り、少なくとも医療機関の初回の診療・指示があるまでの
間は、Aの誤嚥防止に意を尽くすべき注意義務があるとしたうえ、本件で
は配膳後20分も放置した等とし、安全配慮義務違反を認め、過失相殺を否定
し、X₁ら5名につきそれぞれ慰謝料各250万円（Aの慰謝料として1000万円、
X₁らの固有の慰謝料として各50万円）、入院費用各3438円、葬儀関係費用各31
万3286円、弁護士費用各28万円の損害を認め、原判決を変更し、請求を認容
した。

判決文

(2)　慰謝料　認定額　合計各250万円

　Aは、高齢で持病があったとはいえ、被控訴人の過失により不慮の死を遂げ
ることとなり、その精神的苦痛は甚大である。しかし、居室での食事は、被控
訴人施設においては食堂での食事が原則であるところ、控訴人ら側が特に希望
して実現したものであること、前記のとおり、重大な過失とはいえないまでも、
Aないし控訴人ら自身もうつ病への配慮に気を奪われ、誤嚥について特に配慮
することを被控訴人に申し出ていなかったこと、そのほか、一件記録により認
められる事故を巡る諸事情、Aの年齢、病状及び家族の状況その他諸般の事情
を考慮すると、A自身の精神的苦痛に対して、被控訴人側が負うべき慰謝料額

は1000万円、控訴人ら固有の損害は各自50万円とみるのが相当である。そして、控訴人らは各5分の1ずつの割合で、それぞれAの慰謝料請求権を相続したから、控訴人らそれぞれの慰謝料総額は250万円（1000万円×1/5＋50万円）となる。

なお、被控訴人は、本件事故の責任が認められる場合、Aの慰謝料につき1500万円、控訴人らの慰謝料は100万円が相当であると述べている部分もあるが、慰謝料額は自白の対象となる事実ではないから、裁判所を拘束するものではないし、前記過失相殺に係る被控訴人の主張によれば、被控訴人が慰謝料額を争っていないともいえない。

(3)　入院費用　認定額　各3438円

争いがない。

(4)　葬儀関係費用　認定額　各31万3286円

争いがない。

(5)　弁護士費用　認定額　各28万円

本件事案の性質、内容及び認容額等に鑑みると、本件交通事故と相当因果関係のある損害としての弁護士費用は、控訴人らそれぞれにつき、標記金額とするのが相当である。

(6)　以上合計　認定額　各309万6724円

●損害額認定の考え方●

本件は、86歳の高齢者が長期間入院していた病院を退院後、介護付き有料老人ホームに入居し、その2日後、自分の個室で一人で朝食を摂っていたところ、誤嚥し、約20分後に施設の職員によって発見され、病院に救急搬送されたものの、死亡したため、相続人らが施設の運営者に対して損害賠償を請求した控訴審の事案である。本件では、施設の運営者の安全配慮義務の内容、義務違反の成否が重要な争点になったものであり、第1審判決が誤嚥の具体的な予見可能性を否定したものである。

本判決は、施設の運営者の誤嚥の予見可能性について、施設への入居前に入院していた病院の診療情報提供書等から食道に疾患があり、これにより誤嚥が危惧されるとの意味内容を感得することは、医療の専門家でない読み手であっても、必ずしも困難でない等と指摘し、予見可能性を肯定し、施設の安全配慮義務違反を肯定したものであり、その旨の事例判断を提供するもの

である。もっとも、本判決の説示する内容の予見可能性は、いささか抽象的にすぎる疑問があり、第1審判決の判断もあながち不合理ではないようにも考えられる。

　本判決は、損害については、5名の相続人それぞれの慰謝料各250万円、入院費用各3438円、葬儀関係費用各31万3286円、弁護士費用各28万円の損害を認めたものであるが（その主要な損害は、Aの慰謝料1000万円である）、高齢者の死亡事故の損害賠償額の算定事例を提供するものである。

20·2 介護施設の利用者の転倒事故に関する施設の運営事業者の安全配慮義務違反に基づく損害賠償責任

〔判　　例〕　大阪地判平成29・2・2判時2346号92頁

〔損害額〕　治療費および入院費228万106円、慰謝料1300万円（いずれも過失相殺前）、弁護士費用45万円（1名）、各15万円（3名）

【事件の概要】

　A（昭和7年生まれ）には、妻 X_1、子 X_2 ないし X_4 がいた。A は、パーキンソン症候群等に罹患し、平成22年1月、身体障害者等級2級等の身体障害者手帳の交付を受け、要介護2の認定を受けていた。Y 社会福祉法人は、特別養護老人ホームを運営し、併設する施設（本件施設）において在宅要介護者を短期間入所させ、介護サービスを提供するユニット型指定短期入所者生活介護事業（本件事業）を営んでいた。A は、平成22年12月、Y との間で本件事業の利用契約を締結し、本件施設を利用していた。A は、平成23年9月11日、本件施設で生活していた際、居室のトイレ内で転倒し、頭部を打撲した。A は、同月30日、本件施設を利用していた際、転倒し、頭部を打撲した後、ナースコールによって Y の職員が呼ばれたことから、転倒事故が判明し、病院に行ったところ、急性硬膜下血腫を発症しており、病院で開頭血腫除去術を受けたが、植物状態に近い状態となった。A は、平成26年6月、急性硬膜下血腫を原因とする呼吸不全により死亡した。X_1、X_2 らは、Y に対して、転倒防止措置を講じなかった安全配慮義務違反等を主張し、債務不履行または使用者責任基づき損害賠償を請求したものである。

●**主張の要旨**●

　本件で問題になった損害は、①治療費および入院費（4万8830円）、②介護費用（入院費、入院雑費、付添い交通費合計229万6796円）、③入院慰謝料（100万円）、④後遺障害慰謝料（2000万円）、⑤弁護士費用（230万円）であり、なお、既払金として15万5206円も主張されている。

●**判決の概要**●

　本判決は、Aは、パーキンソン症候群等に罹患し、歩行の際、ふらつきによる転倒の危険が高い状態にあり、本件事故の19日前にも転倒事故を起こしたこと等から、転倒する危険が高いことを予見できたとし、本件事故当時自らナースコールを押そうとしない利用者に対して離床センサーを設置することが転倒防止のため義務づけられていたとし、Yは、Aが転倒歴がある等の転倒の危険が高い者であったのに、特段の再発防止策を講じることなく、聞き入れてもらえないことがわかっている注意を繰り返していたとし、安全配慮義務違反を認め、損害として治療費および入院費として228万106円（X₁らの主張に係る介護費用を含む）、慰謝料として1300万円を認め、過失相殺を4割認め（素因減額の主張は排斥した）、弁護士費用としてX₁につき45万円、X₂らにつき各15万円を認め、請求を認容した。

判決文

4　争点(3)（損害の発生及び額）について（弁護士費用及び既払金を除く。）

　　前記争いのない事実等、前記認定事実、各項掲記の証拠及び弁論の全趣旨によれば、Aが本件事故により被った損害は以下のとおりである。

　⑴　治療費及び入院費　228万0106円

　　　Aは、平成23年9月30日から同年11月29日まで、B病院に入院し、その入院費及び治療費として合計4万8830円を支払った〈証拠略〉。

　　　Aは、同日から平成26年6月8日に死亡するまでC病院に入院しており、その入院費及び入院雑費として合計223万1276円を支払った〈証拠略〉。ただし、C病院は全面介護の病院であったから〈証拠略〉、付添い交通費は損害として認められない。

　⑵　慰謝料　1300万円

　　　Aは、本件事故により硬膜下血腫を発症し、いわゆる植物状態に準じる状

態となり、日常生活に全介助を要し、意思疎通は不可能で回復可能性がほとんどない状態となった。そして、Aは、そのまま意識を回復することなく、平成26年6月8日に死亡したものである。

　　原告らは損害として後遺障害慰謝料及び入院慰謝料を区別して主張するが、本件事故後の治療経過、Aの年齢、健康状態等の一切の事情を踏まえ、慰謝料の総額を1300万円と認めるのが相当である。〈証拠略〉

　　（弁護士費用を除いた損害額の合計は1528万0106円となる。）

5　争点(4)（過失相殺）について

(1)　前記認定事実(3)アのとおり、Aは、本件事故当時、意思能力には問題がなかったにもかかわらず、一人でトイレに行かずにナースコールで被告の職員を呼ぶようにとの被告の職員の声掛けを無視して一人でトイレに行こうとして転倒したのであるから、Aにおいても、本件事故発生については過失があるというべきである。

(2)　これに対して、原告らは、Aがナースコールを押しても被告の職員は来てくれず、排せつを我慢できずに一人でトイレに行ってしまっていた旨主張し、原告 X_1 及び原告 X_2 は本人尋問においてこれに沿う供述をする〈証拠略〉。

　　しかしながら、被告は、Aがナースコールを押しても被告の職員が行かなかったという事実を否定しており、原告ら主張の前記事実を裏付ける客観的な証拠は存しない。

　　この点、原告 X_1 及び原告 X_2 は、ナースコールを押しても被告の職員が来てくれないとの話をAから聞いた後、施設に対して文句を言ったことはなく、Aに対して気を付けるように言っただけである旨供述するところ〈証拠略〉、前記認定事実(2)アのとおり、原告 X_1 及び原告 X_2 は、Aが自宅でトイレに行く際は転倒防止のために見守りを行っていたのに、本件施設においてはナースコールを押しても誰も来ず、Aが一人でトイレに行かざるを得ない状況になっていたとすれば、被告に対して何らかの質問や申入れをすることが考えられるのであり、苦情を入れなかったとの原告 X_1 及び原告 X_2 の上記供述は不自然さが否めず、直ちに採用することはできない。

　　したがって、原告らの前記主張を採用することはできない。

(3)　そして、これまで認定した本件施設における被告による介護状況、本件事故が発生した経緯、本件事故の直前に9月11日事故が発生していたこと、Aの身体の状況、被告が介護サービスを業とする法人であることなどをしんしゃくすると、本件事故によってAに生じた損害につき、Aには4割の過失があるというべきであり、これを過失相殺するのが相当である。

　　（弁護士費用を除いた損害額の合計は916万8063円となる。）

6　争点(5)（素因減額）について

　　被告は、Aに脳出血及び脳梗塞の既往歴があったことなどが急性硬膜下血腫の発生に寄与しているとして、素因減額がされるべき旨主張する。

　しかしながら、A に脳出血及び脳梗塞の既往歴があったことなどは認めることができるが〈証拠略〉、それらが本件事故後の A の疾病に寄与したかについては具体的な立証がない。そして、前記争いのない事実等(4)のとおり、A は転倒によって頭部への外傷を負っており、強く頭部を打ち付けたことがうかがわれるから、脳出血等の既往歴があったとしても、それらが急性硬膜下血腫の発生に寄与したと認めることはできない。

　したがって、被告の前記主張を採用することはできない。

7　原告らの相続額、弁護士費用及び既払金について

　被告は、B 病院の入院費及び治療費（合計 4 万8830円）、同病院での入院雑費（合計 3 万5926円）、C 病院の平成23年11月分及び同年12月分の入院費（合計 2 万8480円）、同年11月29日から同年12月20日までの入院雑費（合計 3 万4050円）及び同年11月分及び同年12月分の C 病院までの交通費（合計7920円）の合計15万5206円を負担したことが認められる（争いがない。）。過失相殺後の損害額から、前記の既払金を控除すると、901万2857円になる。

　原告らはいずれも A の法定相続人であり、A の死亡により、原告 X₁ は 2 分の 1 、原告 X₂ らは各自 6 分の 1 の法定相続分に従い、A の被告に対する損害賠償請求権を相続した。原告らが相続した額は、原告 X₁ が450万6428円、原告 X₂ らが各150万2142円（ 1 円未満切捨て）となる。

　本件事案の性質、内容及び認容額等に鑑みると、本件事故と相当因果関係のある損害としての弁護士費用は、原告 X₁ が45万円、原告 X₂ らが各15万円とするのが相当である。〈略〉

●損害額認定の考え方●

　本件は、高齢の身体障害者がユニット型指定短期入所者生活介護事業を営む施設の利用契約を締結し、施設に滞在中、居室内で転倒した後、ナースコールによって施設の職員が居室に行き、転倒事故が発見され、病院に赴き治療を受けたものの、植物状態になり、 2 年余を経て死亡したため、相続人らが施設を運営する社会福祉法人に対して損害賠償を請求した事案である。本件では、施設の運営者の安全配慮義務違反の成否とともに、損害額、過失相殺、素因減額が争点になったものである。

　本判決は、転倒の危険の高く、自らナースコールを押そうとしない者であるのに、ナースコールを押すよう注意を繰り返すだけであったとし、離床センサーを設置すべき義務があり、設置しなかったことにつき安全配慮義務

違反を認めたうえ、損害として治療費および入院費（228万106円）、慰謝料（1300万円）、弁護士費用（X_1につき45万円、X_2らにつき各15万円）を認めたものである（過失相殺を4割認め、素因減額を否定した）。本判決が安全配慮義務違反を肯定した判断は、その理由から明らかであるように、被害者が再三注意を受けていた転倒前に自らナースコールを押さなかったことが転倒事故の原因であるところ、注意を繰り返すだけでは十分ではなく、離床センサーの設置をしなかったことが安全配慮義務違反であるとするものであるが、一読すると、後知恵の論理であるとの印象は否定できないものである。本判決の損害額の算定の判断は、その旨の事例判断として参考になるものである。

21　プロスポーツの主催者の責任

21・1　プロ野球を観戦中の観客がファウルボールで負傷した事故に関する試合の主催者の損害賠償責任

〔判　例〕　札幌高判平成28・5・20判時2314号40頁

〔損害額〕　治療費23万2774円、入院雑費3万3000円、休業損害196万2443円、逸失利益2612万8310円（労働能力の喪失割合54％）、入通院慰謝料150万円、後遺障害慰謝料830万円、弁護士費用305万円

【事件の概要】

　Xは、平成22年8月、Aドームで開催されたプロ野球を観戦した。野球の試合は、Y₁株式会社が主催し、Y₁の運営するF球団とL球団の試合であった。Aドームは、Y₃市（札幌市）が所有し、Y₂株式会社が管理、運営を行っていた。Xは、一塁側内野席で本件試合を観戦していたところ、3回裏のF球団の攻撃中、打者の打ったファウルボールが一塁側内野席に飛来し、Xの顔面を直撃した。Xは、担架でAドームの医務室に運ばれ、救急車で病院に救急搬送され、治療を受ける等したが、右顔面骨骨折、右眼眼球破裂の傷害を負った。Xは、Y₁、Y₂に対して土地工作物責任、不法行為責任等、Y₃に対して営造物責任、不法行為責任に基づき治療費、入院雑費、交通費、文書料、休業損害、逸失利益、入通院慰謝料、後遺障害慰謝料合計4659万5884円の損害賠償を請求したものである。

　第1審判決（札幌地判平成27・3・26判時2314号49頁）は、Aドームに

は通常有すべき安全性を欠いていた等とし、4195万6527円の損害を認め、請求を認容したため、Y₁らが控訴したものである。

●主張の要旨●

本件で問題になった損害は、①治療費（23万2774円）、②入院雑費（３万3000円）、③交通費（１万3600円）、④文書料（２万8320円）、⑤休業損害（214万7030円）、⑥逸失利益（2612万8310円。労働能力の喪失割合54％）、⑦入通院慰謝料（300万円）、⑧後遺障害慰謝料（1000万円）、⑨弁護士費用（500万円）である。

●判決の概要●

本判決は、Aドームの一塁側内野戦には高さ約2.9メートルのフェンスが設置されていたことから、観客の安全性を確保するための相応の合理性を有しており、通常有すべき安全性を欠いていたとはいえないとし、試合を主催していたY₁については、野球を観戦する者に対し、ファウルボールが観客席に飛来する危険があり、危険性が高い席と低い席があること等を具体的に告知して席を選択する機会を保障する等安全対策を講じるべき義務を負っていたと解するのが相当であるとし、Y₁は安全配慮義務を十分に尽くしたとはいえないとし、Y₁の債務不履行責任を肯定し、治療費、入院雑費、休業損害、逸失利益、入通院慰謝料、後遺障害慰謝料合計3815万6527円の損害を認め（損害の算定は、基本的には第１審判決を引用した）、Xの過失相殺を２割認め、Y₁と観客との契約約款中の免責特約については、消費者契約法10条により無効である疑いがあるとし、Y₁の主張を排斥し、弁護士費用として305万円を認め、原判決を変更し、Y₁に対する請求を認容し、Y₂、Y₃に対する請求を棄却した。

判決文

〔第１審判決〕
3　争点5（損害の発生及びその額）について

(1)　原告は、本件事故による傷害により、受傷日である平成22年8月21日から同年9月11日まで、B病院に入院し、その後、症状固定日である平成23年8月21日まで通院した〈証拠略〉。

　　これにより、原告には、入通院による治療費23万2774円のほか、入院期間（22日間）中、1日当たり1500円の入院雑費（合計3万3000円）が生じたものと認められる〈証拠略〉が、原告が主張するその他の治療関係費については、具体的内容も明らかでなく、これらが生じたことを認めるに足りる証拠はない。

(2)　原告は、前記(1)のとおり、22日間入院し、その後も相当期間の通院を余儀なくされたこと、本件事故により大きな精神的ショックを受け、家事に支障を来し、仕事への復帰にも時間が掛かったこと、原告は、平成22年10月初め頃から、元の職場の配慮により稼働を再開したが、簡単な雑用的なことを行っていたにとどまり、家事にも相当程度の支障があったことが認められる〈証拠略〉。これを踏まえ、後記(3)のとおり、原告の症状固定日である平成23年8月21日以降の労働能力喪失割合が45パーセントと認められることからすると、原告の休業損害は、本件事故の翌日である平成22年8月22日から同年9月30日まで（40日間）は100パーセント、同年10月1日から症状固定日の前日である平成23年8月20日まで（324日）は50パーセントと認めるのが相当である。そして、原告は、本件事故当時31歳の女性であり、C及び子3名と同居し、主婦として家事労働を行い、かつD職として稼働していたものであるから〈証拠略〉、その基礎収入は、原告が主張する賃金センサス平成22年第1巻第1表中の産業計・企業規模計・学歴計・女子労働者の30～34歳の平均賃金額である354万6000円を下らないものと認めるのが相当であり、これらにより休業損害を算出すると、その額は196万2443円となる。

（計算式）354万6000円÷365×（40日＋324日×0.5）＝196万2443円

（円未満切捨て）

(3)　原告は、本件事故当時31歳の女性であり、C及び子3名と同居し、主婦として家事労働を行い、かつD職として稼働していたものであるが、本件事故で負った右眼球破裂の傷害により右目の視力を失った〈証拠略〉。

　　原告が負った後遺障害による原告の逸失利益を計算すると、まず、基礎収入は、前記(2)のとおり354万6000円と認めるのが相当である。次に、原告の後遺障害は、後遺障害等級8級1号の1眼が失明したものに該当するから、労働能力喪失割合は45パーセントとみるのが相当である。そして、原告の労働能力喪失期間の始期は、症状固定日である平成23年8月21日〈証拠略〉で、その終期は67歳までとして、この間（35年間）に相当するライプニッツ係数である16.3742を乗じて算出すべきである。そうすると、その額は2612万8310円となる。

（計算式）354万6000円×0.45×16.3742＝2612万8310円（円未満切捨て）

⑷　本件事故が、原告、Ｃ及び３人の子の家族での行楽中に生じたものであること、片目の失明という後遺障害は、その性質上精神的な負担が非常に大きいといえること、その他本件訴訟に現れた諸事情を勘案すると、入通院に関する慰謝料として150万円、後遺障害に関する慰謝料として830万円を認めるのが相当である。

●損害額認定の考え方●

　本件は、プロ野球の観戦をしていた観客が打者の打ったファウルボールの直撃を受け、負傷したため、試合の主催者、球場の管理者、所有者（地方自治体）に対して損害賠償を請求した控訴審の事案である（第１審判決は、球場の設置・保存の瑕疵を認める等し、請求を認容した）。本件のような野球の試合中、観客らが打球に当たる事故は少なくなく、筆者もプロ野球の試合を観戦中、目撃したことがあるし、小学校の児童以上の観戦者にとっては、試合中の打球に当たる危険性があり、注意を払うことは常識であるということができよう。本件の事故は、傷害が重く、残念な事故であるが、内野席、外野席を問わず、その危険性の程度は異なるものの、ファウルボール等の打球が当たる危険性がある。なお、プロ野球の試合は、見方を変えれば、投手は力を込めてボールを投げ、打者はフルスイングでボールを打つし、回転がかかったボールが速い速度で四方八方に飛んでいく球技である。

　本判決は、球場の内野席に高さ約2.9メートルのフェンスが設置されていたことから、通常有すべき安全性を欠いていたとはいえないとしたこと、試合の主催者（主催試合の球団）の責任については、野球を観戦する者に対し、ファウルボールが観客席に飛来する危険があり、危険性が高い席と低い席があること等を具体的に告知して席を選択する機会を保障する等安全対策を講じるべき義務を負うとしたこと、試合の主催者の安全配慮義務違反による債務不履行責任を肯定したこと、打球の行方を見ていなかった観客の過失相殺を２割認めたこと、主催者と観客との契約約款による免責特約は、消費者契約法10条により無効である疑いがあるとし、その適用を否定したこと、損害として、治療費23万2774円、入院雑費３万3000円、休業損害196万2443円、

逸失利益2612万8310円、入通院慰謝料150万円、後遺障害慰謝料830万円（これらから2割の過失相殺）、弁護士費用305万円を認めたことに特徴がある。

本判決の損害額の算定は、人身事故における損害額の算定に関する基本的な考え方に沿った事例判断を提供するものであるが、本件のような打球の直撃事故に関する主催球団の注意義務の内容は、プロ野球の危険性と観客の通常の認識とはいささか異なるものがあり、被害者救済の観点からの後知恵の偏りがあるし、契約約款の免責特約の適用を否定した根拠、判断も強引であるとの批判を免れないものである。

22　取締役等の役員の責任

MBOを計画し、失敗した取締役等の損害賠償責任（株主代表訴訟）

〔判　例〕　大阪高判平成27・10・29判時2285号117頁

〔損害額〕　甲法律事務所の弁護士費用140万円、宣伝広告費用1169万
　　　　　　6395円、乙法律事務所の弁護士費用2600万円、第三者委員
　　　　　　会等の費用3597万3026円、株価算定費用4500万円

【事件の概要】

　下着の製造、販売等を業とするA株式会社の取締役 Y_1（代表取締役執行役社長）、Y_2（Y_1、Y_2は、共にAの創業者一族に所属していた）、社外取締役 Y_3 ないし Y_5 は、平成20年、公開買付（第一段階）、全部取得条項付種類株式を用いる方法等によるスクイーズ・アウト（第二段階）の手法によるマネジメント・バイアウト（MBO）を行おうとし、関係手続に着手し、諸費用を支出した。しかし、本件MBOは、第一段階で頓挫した。Aの創業者一族に属する株主Xは、株主代表訴訟により Y_1 ないし Y_5 に対して、無駄な費用支出、Aの信用失墜等を主張し、会社法423条1項・430条に基づき5億円の損害賠償を請求したものである。

　第1審判決（神戸地判平成26・10・16判時2245号98頁）は、取締役はMBOの実施場面における善管注意義務のあらわれとして、MBO完遂尽力義務を負うとし、Y_1、Y_2 につきMBOの合理性確保義務違反はないものの、あからさまに公開買付価格の形成に影響を及ぼそうとした行為は、MBOの手続的公正さの確保に対する配慮義務違反があったとし、損害として1億9706万9421円を認め、Y_3 ないし Y_5 につきこれらの義務

違反を否定し、Y₁、Y₂に対する請求を一部認容し、Y₃らに対する請求
を棄却したため、X、Y₁、Y₂が控訴したものである。

●主張の要旨●

本件で問題になった損害は、会社に生じた損害であり、①会計事務所に対
する株価算定委託費（2207万8700円）、②甲法律事務所の弁護士費用（488万
9118円）、③宣伝広告費用（2026万7457円）、④乙法律事務所の弁護士費用
(8760万1391円)、⑤第三者委員会の費用（1152万415円）、⑥株価算定費用（1
億3104万円）、⑦信用毀損（2億円を下回らない）である。

●判決の概要●

本判決は、取締役が企業価値の移転について公正を害する行為を行えば、
MBOの公正に対する信頼を損なうことになり、会社が本来なら不必要な出
費を余儀なくされることは十分に考えられるから、そのことによって会社が
被った損害の賠償義務があり、Y₁には合理性確保義務違反はないものの、
買付側の想定価格に近づけるために第三者評価機関の算定方式に不当に介入
する等したことは善管注意義務に違反し、Y₂が適切な監督を怠った義務違
反があるとし、損害について、甲法律事務所の弁護士費用として140万円、
宣伝広告費用として1169万6395円、乙法律事務所の弁護士費用として2600万
円、第三者委員会等の費用として3597万3026円、株価算定費用として4500万
円の損害を認め、Y₃ないしY₅には監視義務違反等はない等とし、Y₁、Y₂
の控訴に基づき原判決を変更し、請求を一部認容し、Xの控訴を棄却した。

判決文

(2)　Aの損害について
　ア　信用毀損以外の損害について
　　(ア)　Bに対して支払った株価算定委託費用（認定額0円）
　　　　前記認定の事実によると、上記費用は、本件MBOの実施のために通常
　　　必要な費用であって、一審被告らの善管注意義務違反との間に相当因果関
　　　係は認められない。

㈡　甲法律事務所に対する弁護士費用（認定額140万円）

　　上記費用については、本件MBOの実施のために通常必要な費用が相当程度含まれているが、本件公開買付価格の算定手続に違法又は不公正な点があったとの内部通報がなされ、各部署に内部通報がされた時期（10月中旬）以降のものについては、一審被告らの善管注意義務違反に起因した諸々の問題に対処するため支出を余儀なくされた費用が含まれているものと推認される。そして、上記弁護士費用のうち10月中旬以降に発生した弁護士費用（347万4120円の2分の1に相当する173万7060円。〈証拠略〉）のうち約8割に相当する部分（140万円）については、一審被告らの善管注意義務違反との関連で支出を余儀なくされた費用に当たるものと認めるのが相当である。

　　一審被告らは、第三者委員会に調査を依頼したのであれば、事後の対応は第三者委員会の調査結果に委ねるのが通常であり、甲法律事務所には、本件MBOが成立することを前提としたファイナンスに関する相談を行っていたと推認されると主張するが、ファイナンスに関する相談を行っていたことを認めるべき証拠はなく、内部通報がされた時期以後、Aがその問題に多大な労力と費用を使っていたことは前記認定の事実から明らかであり、顧問事務所である甲法律事務所に上記額に相当する相談等の法律事務処理を依頼したことは優に推認できる。

㈢　本件MBOに関するメディア対応費用（認定額1169万6395円）

　　上記費用については、本件MBOの実施のために通常必要な費用が多数含まれているものと解されるが、Cに支払われた10月から12月までの報酬（1303万6060円）は、7月から9月までに支払われた報酬（473万1397円）に比して3倍近くに膨れあがっており、その主な要因は、内部通報に起因して一審被告らによる利益相反行為が明るみに出たことによるマスコミや株主の問合せに対する対応等に要する費用が嵩んだことにあったものと推認される〈証拠略〉。そして、上記メディア対応費用のうち平成20年11月及び12月分のメディア対応費（合計1169万6395円。〈証拠略〉）については、一審被告らの善管注意義務違反によりAにおいて支出を余儀なくされた費用に当たるものと認めるのが相当である。

　　一審被告らは、メディア対応費がいかなる業務の対価であるか判然とせず、これが一審被告らの善管注意義務違反に関連して支出を余儀なくされた費用である証拠がない、そのような高額な費用の発生について、本件各メール発信時において予見可能性があったとはいえないと主張する。しかし、Cに支払われた報酬額や〈証拠略〉から、前記認定の費用は一審被告らの善管注意義務違反によりAにおいて支出を余儀なくされた費用と認められることは前記のとおりである。また、上記報酬が予見ができないほど高額なものとは認められない。

(エ)　乙法律事務所に対する弁護士費用（認定額2600万円）

　　同事務所のAに対する請求書〈証拠略〉には、請求日付を平成21年1月16日とし、「マネジメント・バイアウトに係る公開買付けに対する意見表明に関連する助言、書面作成及び交渉」業務の平成21年8月末日分までの報酬及び実費の合計が8342万9897円、消費税が417万1494円であり、その合計額から源泉徴収税を差し引いた7101万5412円の請求をする旨が記載され、それ以外に業務の明細などは添付されていない。このような請求書だけでは、一審被告らの善管注意義務違反に関連してどの期間にどのような業務をしたのかを推し量ることはできないが、前記認定のとおり、Aは、10月頃、乙法律事務所の弁護士のアドバイスに従って、本件MBOの利益相反性に関する法的リスクを低減させるべく、事後的に、4月15日開催の取締役会議事録の内容を一部変更する等したほか、Aは、11月頃から12月にかけて、検証委員会の設置、関東財務局長からの報告を求める要請〈証拠略〉、本件公開買付けに対する不賛同の意見表明、大阪証券取引所からの改善報告書の提出要求〈証拠略〉とその提出〈証拠略〉、公開買付期間の延長と公告等の記載内容の訂正〈証拠略〉等法律事務所の助言等を要する多くの事務を抱えており、その法律事務を乙法律事務所が担ったものと推認される。これらの事務はいずれも一審被告らの善管注意義務違反に関連して発生したものであり、乙法律事務所が担った上記法律事務についての報酬額は、上記請求書に係る報酬の少なくとも約3割である2600万円を下ることはないものと認められる。

(オ)　第三者委員会及び検証委員会に関する費用（認定額3597万3026円）

　　上記各委員会に支払われた費用の合計3597万3026円については、専ら一審被告らによる善管注意義務違反を含む本件MBOの法的問題を解決するために支払われたものであり、いずれも一審被告らの善管注意義務違反があったことにより支出を余儀なくされた費用であると認められる。

　　一審被告らは、以上につき、①内部通報がされた場合の調査・検証は、違法行為があったか否かを問うことなく実施されるものであるから、一審被告らの善管注意義務違反による損害ということはできない、②第三者委員会は、8月31日付け利益計画の作成、承認プロセスを調査対象としており、本件各メールの送信行為を調査・検証の対象とはしていない、③検証委員会は、9月13日付け利益計画の合理性について検証を実施したものであり、いずれも本件各メール送信行為を調査・検証の対象とはしていない、④費用が高額にすぎる等と主張する。

　　しかし、内部通報に係る事実が違法行為である場合は、その後された調査及び検証等の費用は、違法行為による損害となることは明らかであり、第三者委員会や検証委員会が本件各メール送信行為を調査・検証の対象としなかったとしても、上記各委員会は、一審被告Y₂が本件公開買付けの手

続において利益相反行為を行ったために設置され、これにより利益計画の内容等の調査及び検証をしたのであるから、その費用は、一審被告らの善管注意義務違反により出費を余儀なくされたものと認められる。また、その額が予期できないほど高額であるとは認められない。

㈹　Dに対して支払った株価再算定費用（認定額4500万円）

Dによる株価の再算定は、一審被告らの善管注意義務違反により、Aの株価に関する買付者との交渉の資料となったBの9月17日付け算定結果が適正であったか否かを検証するために行われたものであり、一審被告らは、AがDに株価算定をさせたことにより被った損害を賠償する義務を負う。

しかし、Dによる株価の再算定費用である1億3104万円は、前述のように幾度も株価の算定をしたBに支払われた報酬（2207万8700円）の約6倍にも達するものである。Dに対する報酬がこのような高額なものとなったのは、株価の再算定ができる監査法人の数や、Dに対する株価算定の依頼が本件公開買付けの日程との関係で切迫した状況の下でされたことに起因するものである可能性はあるが、そのような状況を考慮しても、Bの基本報酬が当初1500万円とされていたことからすると〈証拠略〉、諸費用込みで株価の再算定に4500万円を超える報酬が支払われることは常識的には考えにくい。そうすると、AがDに支払った報酬のうち、4500万円を超える部分は特別損害というべきであって、一審被告らにおいてこのような高額の支払を余儀なくされることを認識し、あるいはそのことを認識すべき事情があったと認めることのできない本件では、4500万円を超える部分を一審被告らの善管注意義務違反と相当因果関係のある損害ということは困難である。

一審被告らは、Dによる株価の再算定は、本件各メール送信行為とは全く無関係である、B7月30日付け算定結果がE算定結果と大きく乖離し、買収価格の交渉が難航し、本件MBOを成立させるのが難しい状況にあったことから、本件各メールの送信がなくともAが新たな第三者評価機関による株価算定を求めることは十分あり得たとして、一審被告らの善管注意義務違反とDによる株価の再算定との間には因果関係がないと主張する。

しかし、Aが、一審被告らの善管注意義務違反によってB9月17日付け算定結果の適正さの検証を余儀なくされたことは前記のとおりであり、一審被告らの善管注意義務違反がなければ、B9月17日付け算定結果の外にDによる株価の再算定が必要になることはなかったのであるから、上記一審被告らの主張はいずれも失当である。

イ　信用毀損による損害との相当因果関係

一審原告は、一審被告らによる善管注意義務違反行為により、Aには、一般株主の利益を犠牲にして創業者の利益を図った会社である等のイメージが植え付けられ、その名誉、信用が毀損されたとして、いわゆる信用毀損によ

る損害の発生を主張するが、第三者委員会の調査結果や本件公開買付けについての賛同意見の撤回が表明されてもＡの株価が高値のまま下がることがなかったことは前記のとおりであり、本件全証拠を検討しても、一審被告らの善管注意義務違反に起因して、そのような信用毀損の事実が発生したことを認めるに足る的確な証拠は見当たらず、したがって、一審原告の上記主張を採用することはできない。

ウ　小活

　　以上によれば、一審被告らの善管注意義務違反と相当因果関係がある損害の額は、合計１億2006万9421円であると認められる。

●損害額認定の考え方●

　本件は、株式会社の取締役等が MBO を計画し、会計事務所、法律事務所等に依頼し、関係手続を実施していたところ、頓挫したことから、株主が株主代表訴訟により、取締役等に対して善管注意義務違反、忠実義務違反、情報開示義務違反等を主張し、損害賠償を請求した控訴審の事案である（第１審判決は、創業者一族の取締役等の責任を肯定し、社外取締役等の責任を否定した）。本件では、取締役等の具体的な義務の内容、義務違反の成否のほか、多数の項目につき損害の範囲、額の算定が争点になったものである。

　本判決は、取締役が企業価値の移転につき公正を害する行為を行えば、MBO の公正に対する信頼を損なうことになり、会社が本来なら不必要な出費を余儀なくされることは十分に考えられるから、取締役は会社が被った損害を賠償する義務があるとしたこと、Y_1 については、買付者側の想定価格に近づけるために根拠薄弱な利益計画による数字合せを図り、第三者評価機関の算定方式に不当に介入することは、許される限度を超えるものとして、取締役の善管注意義務に違反するとしたこと、Y_2 については、不当な介入がされた後には不必要な出費を余儀なくされることから適切な監督を怠ったとして善管注意義務違反を認めたこと、Y_3 らについては、不当な介入をしたこともなく、監督義務違反もない等とし、善管注意義務違反を否定したこと、情報開示義務違反については、これを否定したこと、損害についてはMBO の公正が疑われたことにより、Ａがその検証、調査等の支出を余儀な

くされた範囲で因果関係を認めたうえ、甲法律事務所の弁護士費用（140万円）、宣伝広告費用（1169万6395円）、乙法律事務所の弁護士費用（2600万円）、第三者委員会等の費用（3597万3026円）、株価算定費用（4500万円）の損害を認めたことに特徴がある。本判決は、MBO を計画、実施しようとした取締役等について創業者一族の取締役の善管注意義務違反を肯定し、社外取締役等の監視義務違反等の善管注意義務違反を否定した事例判断として参考になるとともに（なお、MBO の実施に関する事務処理の実情を示すものとしても参考になる）、取締役等の善管注意義務違反との因果関係のある範囲を明確にしたうえ、高額な前記各損害額を算定した事例判断としても参考になるものである。

22·2 取引先にした融資を承認し、実行させた銀行の取締役の損害賠償責任

〔判　例〕　東京高判平成28・10・19金判1509号32頁
〔損害額〕　融資の回収不能額の一部 5 億円

【事件の概要】

　銀行業を営む A 株式会社は、中小企業向け融資、預金の受入れを主たる業務を行っていた。A は、平成19年 5 月以降、A の関連会社である B 株式会社に繰り返して融資を行い、平成21年 6 月には、社長、経営企画室長等を構成員とする融資委員会を設置し、取締役 Y はオブザーバーとして参加した。A は、平成22年 2 月、Y も参加する同委員会において B に85億円の融資を行うことにつき取締役会に付議することが決定され、取締役会において全員の賛成により融資が実行された。A は、同年 2 月、金融庁の検査において B が破綻懸念先であると指摘され、同年 9 月、預金保険法74条 5 項・139条 1 項に基づき金融庁長官に財産をもって債務を弁済できない旨を申し出、同長官は、金融整理管財人による業務・財産の管理を命ずる行政処分を行い、A は、同月、再生手続開始決定を受け、破綻した（なお、B も経営破綻した）。X 株式会社（株式会社整理回収機構）は、A から取締役らに対する善管注意義務違反を理由とする損害賠償請求権を譲り受けたため、X が Y に対して善管注意義務違反等を主張し、会社法423条に基づき損害の一部 5 億円につき損害賠償を請求したものである。

　第 1 審判決（東京地判平成28・5・19金判1502号42頁）は、銀行の取締役は融資業務の実施にあたっては、元利金の回収不能という事態が生じないよう、債権保全のため、融資先の経営状況、資産状態等を調査し、その安全性を確認して貸付けを決定し、原則として確実な担保を徴求する等、相当の措置をとるべき義務を有するところ、本件では必要とされる

調査、検討を十分に行うことなく、既存の担保を引き続き徴求するほか、特段の措置をとることなく漫然と融資を承認し、実行させたものである等とし、善管注意義務違反・忠実義務違反を認め、請求を認容したため、Y が控訴したものである。

●主張の要旨●

本件で問題になった損害は、融資の回収不能額の一部（5億円）である。

●判決の概要●

本判決は、基本的に原判決を引用し、取締役の善管注意義務違反、忠実義務違反を認め、控訴を棄却した。

判決文

〔第1審判決〕

3　争点(2)（損害及び因果関係）について

(1)　被告は、善管注意義務違反、忠実義務違反により、本件融資を承認し、それを実行させたところ、本件融資が実行されることにより、本件融資の貸付総額である85億円から、既貸分の元金の弁済に充当される71億8300万円、既貸分に係る利息に充当される1190万7944円及び事務手数料2億5500万円を控除した10億5009万2056円が、新たにAから出捐された（前記第2の1(3)ウ）。

　　　上記新規出捐分10億5009万2056円は、被告の義務違反行為により生じた損害であると認められる。

(2)　他方、本件融資残高総額95億0400万円について、本件借換え後の元本の返済に充てられた金額は、合計12億8063万9325円であり、これに、平成22年5月31日から同年12月9日までの間に利息分として支払われた合計1億7673万6343円を加算すると、総額14億5737万5668円となる（前記第2の1(9)）。

　　　このうち、新規出捐分である10億5009万2056円に係る損失補てん額として原告が主張する金額は、同金額を貸付総額である85億円で除した額に、上記元本返済分の合計額12億8063万9325円を乗じた1億5821万0182円（1円未満四捨五入）であるところ、仮に、これに加え上記利息分も含めた金額を乗ずると、1億8004万0182円（1円未満四捨五入）となる。

　　　そうすると、本件の損害額である10億5009万2056円に係る損失補てん額が、上記1億8004万0182円を上回るものとは解されないかう、本件において原告の請求できる金額は5億円を下らない。

(3)　被告は、本件融資に係る弁済がされなかったのは、本件融資の実行後に生じた事柄に起因するから、本件融資により損害が生じたとはいえない旨主張する。しかし、被告が、本件融資を承認し、実行させたことにより、新たに10億5009万2056円がＡから出捐されたことは明らかであり、また、被告が主張する事情は、いずれも上記被告の行為と損害との間の相当因果関係を否定するものとはいえず、被告の上記主張は採用できない。

●損害額認定の考え方●

　本件は、新興の銀行が中小企業、新興企業らに融資を行っていたところ、特定の会社に多額の融資を実行したものの、融資先が破綻懸念先であると指摘される等した中、銀行が経営破綻したため、取締役らに対する損害賠償請求権の譲渡を受けた会社が取締役の1名（代表執行役を兼務）に対して損害賠償を請求した控訴審の事案である（第1審判決は、取締役の善管注意義務違反、忠実義務違反を肯定した）。本件では、元々杜撰な融資につき回収不能になった債権相当額の損害の範囲・額である。

　本判決は、第1審判決と同様に、取締役の善管注意義務違反、忠実義務違反を認めたこと、損害の範囲・額につき少なくとも5億円の損害と算定したことに特徴があり、その旨の事例判断として参考になる。なお、本判決、第1審判決は、銀行の取締役の融資における善管注意義務、忠実義務につき詳細に説示しているが、これも参考になる判断である。

22・3　有価証券報告書の虚偽記載等による課徴金に係る取締役の損害賠償責任

〔判　例〕　東京地判平成28・3・28判時2327号86頁

〔損害額〕　第三者委員会の報酬1416万1413円、登記簿謄本等取得費用
　　　　　　1万1340円、速記費用17万3250円、上場審査料55万5295円、
　　　　　　監査法人費用2340万1521円、課徴金4996万円（裁判上、裁
　　　　　　判外の和解金の控除前）

【事件の概要】

　ゲームソフトの開発、販売等を業とするX株式会社は、平成12年3月、設立され、平成19年2月、札幌証券取引所アンビシャス市場に上場された。Yは、Xの創業者であり、平成13年11月以降、Xの代表取締役社長、あるいは取締役会会長を務めていた。Xの前記市場への上場が困難であったり、社債の返還に苦慮する等していたところ、Y、他のXの取締役等は、架空取引、水増し取引等を行い、これを基とした有価証券報告書、有価証券届出書等を作成し、関係先に提出した。Xの会計処理等に疑義が生じ、Xは、第三者調査委員会を設置したが、第三者調査委員会は、平成23年10月、11件の取引に伴う会計処理は不適切または疑問が残る旨の報告をした。Xは、この報告を受けて、財務局長に対して過年度の有価証券報告書等の訂正報告書を提出した。金融庁長官は、平成24年3月、Xに対して、課徴金合計4996万円の納付命令を決定し、Xは、これを納付した。Xは、同年3月、上場が廃止された。Xは、Yに対して有価証券報告書等の虚偽記載に係る善管注意義務違反を主張し、会社法423条1項・430条、民法709条・719条に基づき第三者委員会の報酬、登記簿謄本等取得費用、速記費用、上場審査料、監査法人費用、課徴金合計1億1366万9227円の損害賠償を請求したものである。

●主張の要旨●

本件で問題になった損害は、主張の詳細な内容は、記載されていないが、合計金額1億1366万9227円の損害が主張されている。

●判決の概要●

本判決は、問題になった11件の取引のうち7件の取引につき有価証券報告書の各計算書類に虚偽の記載があったとし、Yは、他の取締役と共謀し、Xの財務状況を良好にみせたり、転換社債に関する損失補填にあてるため、あえて架空、水増し、循環取引を行い、前記の虚偽記載を行ったとし、善管注意義務違反を認め、損害につき第三者委員会の報酬として1416万1413円、登記簿謄本等取得費用として1万1340円、速記費用として17万3250円、上場審査料として55万5295円、監査法人費用として2340万1521円、課徴金として4996万円の損害を認め、裁判上、裁判外の和解金を控除し（損害額は結局、6002万2819円。なお、損益相殺の主張は排斥した）、請求を認容した。

判決文

4　争点(3)（損害額）及び争点(4)（因果関係）について
　(1)　被告による違法行為によって原告が被った損害額は次のとおりである。
　　ア　調査関係費用
　　　(ア)　原告は、被告による違法行為によって、過去に行われた原告の各取引に不適切なものがなかったかについての調査を余儀なくされたのであるから、同調査に係る費用は、次の限度で原告が被った損害と認めることが相当である。
　　　a　本件第三者委員会に対する報酬　1416万1413円
　　　　〈証拠略〉によれば、原告は、本件第三者委員会に対する報酬として合計2225万3650円を支払ったことが認められるところ、本件第三者委員会が不適切な取引又は適切性に疑いがあるとした11取引のうち、当裁判所が不適切な取引であると認定したのは前記2のとおり7取引（取引①、⑤〜⑩）であるから、被告の違法行為と相当因果関係があるのは上記7取引の調査のために要した報酬部分に限定されるというべきであり、上記2225万3650円に11分の7を乗じた1416万1413円（小数点以下切捨て。以下同じ。）をその損害と認めることが相当である。
　　　b　登記簿謄本等取得費用　1万1340円

〈証拠略〉によれば、原告は、本件各取引に関与した関係各社の登記簿謄本取得費用として合計4万円を支出したことが認められるところ、そのうち、被告の違法行為と相当因果関係を認めることができるのは、本件粉飾取引に関与した各社（A₁社、A₂社、A₃社、A₄社、A₅社、A₆社、A₇社、A₈社及びA₉社）の登記簿謄本を取得するために要した費用に限られるというべきであるから、その金額は合計1万1340円であると認められる（1575円×6＋630円×3。なお、A₁社及びA₈社については重複していたので1通分として計算した。）。

c　速記費用　17万3250円

〈証拠略〉によれば、原告は、本件第三者委員会による被告、B₁及びB₂に対する各ヒアリング記録をテープ起こしした費用として合計17万3250円を支払ったことが認められるところ、かかる費用は全て被告の違法行為と相当因果関係がある原告の損害と認めることが相当である。

(イ)　原告は、その他にも反社調査費用として合計26万9682円、社内調査費用として44万2260円を支出し、これらも被告の違法行為と相当因果関係がある損害であると主張するが、上記各調査の内容や結果は必ずしも判然とせず、これらが本件粉飾取引の解明に貢献したことを認めるには足りないというべきであるから、被告の違法行為との間に相当因果関係があるとはいえない。

(ウ)　被告は、上記(ア)の認定に対し、①第三者調査委員会の設置は法律上も事実上も強制されていないから、同委員会に対する報酬は相当因果関係がある損害とはいえない、②仮にそれが損害と認められるとしても、本件第三者委員会に対する合計2225万3650円もの報酬は極めて高額なタイムチャージに基づき算出されたものであるから、損害の算定にあたって相当な範囲に制限すべきである旨主張する。

しかしながら、そもそも被告の違法行為がなければ本件第三者委員会を設置する必要はなかったのであるし、同委員会の調査によって初めて本件粉飾取引の具体的な内容が明らかになったものと認められるから、同委員会の設置は被告の違法行為の解明のために必要かつ有用なものであったというべきであり、被告の違法行為との間に相当因果関係を認めることが相当である（①の点）。また、〈証拠略〉によれば、本件第三者委員会の委員に対する報酬は1人につき1時間3万円のタイムチャージによって算出されたものであると認められるところ、〈証拠略〉によって推認される本件第三者委員会の各委員が調査に要した労力及び時間等に照らせば、上記によって算出された報酬額が高額に過ぎるとまではいえないというべきである（②の点）。

イ　上場審査料　55万5295円

〈証拠略〉によれば、原告は虚偽記載がある有価証券報告書を提出したこ

とにより札幌証券取引所から上場廃止基準に該当するか否かの調査を受け、その費用として55万5295円を支出したことが認められるところ、当該費用は被告の違法行為がなければ支出する必要がなかったものであるから、その違法行為との間に相当因果関係がある損害であると認められる。

ウ 決算訂正費用

(ア) 監査法人費用 2340万1521円

〈証拠略〉によれば、原告は、本件各取引に関する決算修正及び監査費用として監査法人Cに対して3328万5000円、訂正後の平成20年12月期の監査費用としてD監査法人に対して348万8820円（合計3677万3820円）を支払ったことが認められるところ、そのうち被告が行った本件粉飾取引との間に相当因果関係があると認められる部分は、上記(ア)aと同じく、上記合計3677万3820円に11分の7を乗じた2340万1521円であると認めることが相当である。

(イ) 上記認定に対し、被告は、原告が監査法人Dに支払った監査報酬の中には虚偽記載がなされたと原告が主張する会計期間の範囲外（平成23年第3四半期）の監査報酬が含まれている旨主張するが、〈証拠略〉によれば、原告が支払った上記報酬には上記会計期間の範囲外の監査報酬は含まれていないと認められるから、被告の上記主張には理由がない。

(ウ) 原告は、上記(ア)の他に、①決算訂正作業支援のために支払った、公認会計士Eに対する100万1770円、同Fに対する82万円、税理士Gに対する21万円、Hに対する34万円、②訂正作業ツール使用分として株式会社Iに支払った57万7500円についても被告の違法行為との間に相当因果関係がある損害であると主張する。

しかしながら、上記(ア)の監査法人費用に加えて上記①の費用を支出する必要性があったことを認めるに足りる的確な証拠はないこと、上記②の費用は具体的に何のために要した費用であるのか不明であることからすれば、原告の主張を採用することはできない。

エ 課徴金 合計4996万円

有価証券報告書の虚偽記載等により原告が金融庁長官から合計4996万円の課徴金（以下「本件課徴金」という。）を課され、これを納付したことは上記1に認定したとおりであり、これによれば、本件課徴金4996万円は被告の違法行為との間に相当因果関係がある損害と認められる。

この点、金融庁長官が本件課徴金を課すに当たって認定した有価証券報告書の虚偽記載の具体的内容は別紙2の「虚偽記載」、「内容（注）」のとおりであり、これは本件各取引がすべて不適切であることを前提とするものであったところ、当裁判所はそのうち取引①、⑤～⑩を不適切な取引であると認定し、その余の各取引については不適切であることを認めるには足りないと判断するものであるから、当裁判所の認定を前提とする虚偽記載

の具体的内容（経常損益又は純損益の額）と本件課徴金を課す前提となった虚偽記載の具体的内容とはその数値において直ちに一致しないこととなる。しかしながら、当裁判所の認定を前提としても、別紙2の各有価証券報告書に虚偽記載があるという事実、また、これらの虚偽記載がある有価証券報告書を組込情報とする有価証券届出書を提出し、これに基づく募集により株式を取得させたという事実に変わりはないことに加え、本件課徴金の算出方法〈証拠略〉に照らせば、上記の相違があるからといって原告に課される課徴金の金額には影響しないものと認められるから、被告の違法行為と本件課徴金の納付との間の相当因果関係は失われないというべきである。

オ　以上まとめると、被告の違法行為によって原告が被った損害は上記アないしエの合計8826万2819円であると認められる。

(2)　B_1 らによる損害賠償義務の履行等について

ア　被告は、原告の取締役であった B_1、B_2 及び B_3 と連帯して上記(1)オの損害賠償義務を負うものと認められるところ、これらの者が上記損害賠償義務の一部を履行した場合には、被告が負担する損害賠償義務はその履行分だけ消滅することになる。

この点、B_1 及び B_2 は原告との間で本件訴訟において裁判上の和解を成立させたこと及び当該各和解の内容は当裁判所に顕著な事実であり、これによれば、B_1 及び B_2 は、原告に対し、上記和解成立後、本件口頭弁論終結日までに上記(1)オの損害に対する賠償金として合計624万円を支払ったことが認められる。

また、〈証拠略〉及び弁論の全趣旨によれば、B_3 は原告との間において裁判外で和解を成立させ、原告に対して和解金2200万円を支払ったことが認められるところ、当該和解の具体的内容は明らかではないものの、これを被告の有利に解して、上記和解金は上記(1)オの損害の賠償に充てられたものと推認することが相当である。

以上によれば、被告が賠償すべき損害額は、8826万2819円から624万円及び2200万円を控除した6002万2819円となる。

イ　上記認定に対し、原告は、B_3 との間には「同種の給付を目的とする数個の債務」があるから、民法488条2項により債権者たる原告においてその弁済を充当すべき債務を指定できるところ、B_3 によって支払われた上記和解金は本件請求に係る債務以外に充当する旨指定したので、被告が賠償すべき損害額は減額されない旨主張する。

しかしながら、原告と B_3 との間に同種の給付を目的とする数個の債務があるか否かは明らかではないし、仮に数個の債務があったとしても、原告が B_3 に対して弁済の充当指定の意思表示（民法488条3項）をしたことを窺わせるに足りる証拠もないから、いずれにしても原告の主張を採用する

ことはできない。

ウ　被告は、原告は不適切な会計処理に基づき募集株式を発行し、合計6億2831万円の経済的利益を得たのであるから、少なくとも課徴金4996万円については損益相殺されるべきである旨主張する。

しかしながら、課徴金の制度は、虚偽記載のある発行開示書類の提出を抑止し、規制の実効性を確保する趣旨で設けられたものであるから〈証拠略〉、その虚偽記載に関与した取締役の責任追及訴訟において課徴金相当額が損害として認められたのに、当該発行開示書類に基づいて会社が取得した株式の払込金相当額をその損害額から控除したのでは、結局、違反行為の抑止の趣旨が没却されることになりかねない。

したがって、上記の損益相殺を行うことは相当とはいえないから、被告の主張を採用することはできない。

●損害額認定の考え方●

本件は、株式会社の創業者である代表取締役、他の取締役等が証券取引所への上場等のため架空取引等を計上し、虚偽の有価証券報告書等を作成、提出する等し、いったんは上場したものの、上場廃止となり、課徴金の納付を余儀なくされたこと等から、会社が取締役に対して損害賠償を請求した事案である。本件では、関与した取締役のうち、代表取締役の善管注意義務違反の有無のほか、課徴金、不祥事の調査費用等の損害の範囲・額が争点になったものである。

本判決は、会社の財務状況を良好にみせたり、転換社債に関する損失補填にあてるため、架空取引、水増し取引、循環取引を計上し、虚偽の有価証券報告書等を作成した取締役の善管注意義務違反を認めたこと、損害として課徴金相当額のほか、前記の調査関係費用の損害を認めたことに特徴があり、その旨の事例判断として参考になるものである。

23　専門家の責任⑴──弁護士の責任

23・1　多重債務者の債務整理に関する弁護士の受任契約上の債務不履行責任

〔判　例〕　東京地判平成16・7・9判時1878号103頁
〔損害額〕　支払資金から弁済額・報酬を控除した金額186万9455円

【事件の概要】

　Xは、昭和58年1月頃から、貸金業者から金銭の借入れ、弁済を繰り返し、平成10年10月頃、多重債務者になっていた。Xは、平成10年11月、債務の清算等を業とするA株式会社との間でAが債務を引き受け、Xの名義で借入債務を支払う旨の契約を締結した。Xは、Aの紹介により、弁護士Yとの間で債務整理を委任する契約を締結し、Yが貸金業者と交渉し、和解契約を締結し、その旨をAに報告をし、AがXの名義で和解金を支払い、XがAにその支払資金を支払った。XはYに対し、Aの行為が非弁行為であり、Aの手足として行動し、債務整理の状況をXに報告しなかった等と主張し、不法行為、債務不履行に基づき損害賠償を請求したものである。

●主張の要旨●

　本件で問題になった損害は、債務整理のため債務整理業者に支払われた支払資金から実際に貸金業者に支払われた額を控除した金額である。

●判決の概要●

　本判決は、弁護士の報告義務違反の債務不履行を認め（弁護士の善管注意義務違反の主張は排斥した）、支払資金（309万8000円）から弁済に要した金額、

弁護士報酬を控除した186万9455円の損害賠償請求を認容した。

判決文

　原告は、被告から債務整理の結果について報告を受けていなかったため309万8000円を送金しているところ、実際に要した額は貸金業者に対する弁済に充てられた107万1045円及び被告の報酬15万7500円にすぎなかったのであるから、その差額186万9455円が原告の被った損害となる。

●損害額認定の考え方●

　本件は、弁護士の事務処理の過誤を理由に依頼者が弁護士に対する損害賠償を請求した事案であるが、依頼者の債務整理に関連し、債務整理を引き受ける業者と提携していると考えられる弁護士の損害賠償責任が問題になったものである。本件では、弁護過誤の法的な根拠として、弁護士の善管義務違反、報告義務違反が問題になっているが、本件で問題になった損害額は、多重債務者が債務整理業者に支払った支払資金から必要額を控除した金額であり、弁護士が受領した支払資金ではない。

　本判決は、弁護士の善管義務違反を否定したものの、弁護士の報告義務違反を認め、弁護士の債務不履行を認めたものであるが、弁護士の委任契約上の債務不履行を肯定した事例として参考になる。

　本判決は、前記の報告義務違反の債務不履行による損害として、債務整理の支払資金を損害と認めたものであり、事例判断を提供するが、弁護士の前記内容の報告義務違反と債務整理業者に支払われた支払資金相当額の損害との間の因果関係は必ずしも明確ではない。本件では、前記のとおり、債務整理業者の紹介で専門家である弁護士が事件を受任しているところであり、両者の密接な関係を前提として比較的緩やかに因果関係を肯定したものと評価することができよう。専門家である弁護士に対する依頼者の信頼・期待は、事件の委任にあたって当然に認められるが、本判決のような因果関係、損害賠償額の考え方がどの範囲で適用されるかは今後の検討課題である。

23・2 1 弁護士の委任契約上の債務不履行責任
2 依頼者の無断撮影による不法行為責任

〔判　例〕　東京地判平成17・3・23判時1912号30頁
〔損害額〕　依頼者への慰謝料50万円（甲事件）、弁護士への慰謝料15
　　　　　万円（乙事件）

【事件の概要】

　Xは、平成3年6月、交通事故に遭い、被害を受けたため、弁護士Aらに対して民事訴訟の追行等を委任し、着手金として250万円を支払った。Aらは、Xの代理人としてB損害保険会社らに対して訴訟を提起する等したものの、平成10年6月頃、Xは、委任契約を中途で解約した。Xは、平成10年8月、弁護士Yに前記訴訟（別件訴訟）の遂行、事実調査を依頼し、着手金として100万円を支払い、その後、追加の着手金として150万円を支払った。Xは、平成12年4月、委任契約を解約した。Xは、平成12年5月、Yの不在中、Yの事務所を訪れ、内部を写真撮影した。Xは、その後、自ら別件訴訟を追行し、Bらとの間でBらが損害賠償債務を負うなどの内容の訴訟上の和解をした。Xは、Yに対し、着手金のうち150万円の返還、債務不履行、不法行為に基づき50万円の損害賠償を請求したのに対し（甲事件）、YがXに対して委任契約の解約後、Yの法律実務所内で無断録音、事務所内の物色、無断の写真撮影等を理由に不法行為に基づき損害賠償を請求したものである（乙事件）。

●主張の要旨●

　本件で問題になった損害は、①依頼者の損害として慰謝料（50万円）、②弁護士の損害として財産的損害・精神的損害（1000万円）である。

●判決の概要●

本判決は、別件訴訟における Y の訴訟活動が委任契約上の善管注意義務違反にあたるとし、甲事件の請求を認容し（慰謝料として50万円を認めた）、無断の写真撮影が不法行為にあたるとし（無断録音、無断物色については、不法行為を否定した）、乙事件の請求を認容した（写真撮影の慰謝料として15万円を認めた）。

判決文

2　争点⑴（本件委任の債務不履行の有無及び事務処理の程度）について
　⑴・⑵〈略〉
　⑶　慰謝料について
　　　原告は、本件委任に伴い、被告に対して、着手金を支払った以上、被告が弁護士として相当な方法により訴訟活動及び原告に対する指導的助言を行い、原告の権利及び利益を擁護してくれるとの期待を抱くことは当然であると解されるところ、前記⑵で認定判断したとおり、被告の事務処理は不十分かつ不適切なものであり、原告の期待に十分に応えるものではなかったというべきであり、その結果、原告は、本件事故により身体に重大な障害を負いながら、本件委任の解約後も、自ら訴訟資料の収集に当たり、準備書面を作成して訴訟を遂行せざるを得なくなったのであって、被告の委任事務の不履行により、原告が精神的打撃を被ったことは明らかである。そして、本件委任の内容及びその後の経緯その他本件に現れた諸般の事情を総合考慮すると、被告は、これに対する慰謝料として50万円を支払う義務があると判断するのが相当である。
3　争点⑵（本件フィルム類の返還の有無）について〈略〉
4　争点⑶（本件面談の際の誹謗中傷、無断録音及び物色行為の違法性）について〈略〉
5　争点⑷（本件撮影の違法性）について
　　　原告は、被告の事務員から写真撮影の承諾を得たと供述し、原告作成の陳述書及び書簡にも同趣旨の記載がある。しかしながら、この証拠だけでは、被告の事務員が、本件撮影を承諾したとは認めることができず、他に本件撮影が被告の事務員の承諾に基づくものであることを認めるに足りる証拠はない。したがって、本件撮影は、被告の事務所内の管理権を有する者の同意なく撮影された違法なものであったというべきである。
　　　ところで、前記１⒄で認定した事実に加え、〈証拠略〉によれば、本件撮影の対象となった場所は、来客を応接するための部屋であり、来客がその状況を認

識することは当然に予定されていたこと、撮影された写真には、若干の書類が写っているものの、その内容を判読することは困難であること、本件撮影の目的は、被告の弁護活動の状況を示す資料の一つにしようとしたにとどまることが認められ、また、本件撮影に起因して、被告に何らかの具体的な被害が生じたことを認めるに足りる証拠もない。

以上によれば、本件撮影は、被告の事務所内の管理権を有する者の同意なく撮影された違法なものであり、被告に対する不法行為に該当するというべきであるところ、その経緯及び態様、被害の程度その他本件に現れた諸般の事情を総合考慮すると、原告は、これに対する慰謝料として15万円を支払う義務があり、かつ、これをもって足りると判断するのが相当である。

6　争点(5)（原告の本訴における訴訟活動の違法性）について〈略〉

●損害額認定の考え方●

本件は、訴訟の追行を弁護士に依頼したところ、依頼者が途中で弁護士との委任契約を解約し、自ら訴訟を追行し、弁護士に対して損害賠償等を、弁護士が依頼者に対して損害賠償を請求した事案である。本件では、弁護士の事務処理に不満をもった依頼者が弁護士の事務所を訪れ、無断で事務所内を撮影する等したため、深刻な紛争に発展したものである。

本判決は、弁護士の委任契約上の債務不履行を認め、慰謝料として50万円を認め、他方、依頼者の無断撮影による不法行為を認め、慰謝料として15万円を認めたものであり、事例判断として参考になるものである。

23・3 不動産の売主の依頼による所有権移転登記手続の申請に関する本人確認情報を提供した弁護士の損害賠償責任

〔判　例〕　東京地判平成28・11・29判時2343号78頁

〔損害額〕　売買代金2億4000万円、登記申請費用309万7300円（過失相殺前）、弁護士費用1458万5838円

【事件の概要】

　Xは、A有限会社等の会社を経営し、B社団法人の会長であった。弁護士Yは、平成26年1月、かっての依頼者Cから不動産売買の売主の立会人になることを依頼され、承諾した。Yは、C、自称売主D（自称D）と面会し、遺産分割協議によって本件不動産を所有することになった等の説明を受ける等し、平成26年2月、Cから本件不動産の所有権移転登記手続のために必要な登記識別情報通知を紛失し、本人確認情報を作成してほしい旨の依頼を受け、承諾した。Xと自称Dは、平成26年2月、Yの法律事務所において、本件不動産の売買契約書に署名押印し、Xは、代金の一部2億4000万円を支払った（売買契約書上は、代金2億5000万円であり、1000万円は、本件不動産の一部の居住者を退去させるまで支払を留保するものであった）。Yは、登記義務者であるDの登記申請代理人として本件確認情報を作成して所有権移転登記を申請したが、Dと事前の面識がなかったことから、自称Dから提示を受けた住民基本台帳カードの顔写真により同一性を確認し、氏名、住所、干支の申述を求め、正確な回答を得た。司法書士Eは、Xの登記申請代理人として登記の申請を行い、本件不動産につきDからXに所有権が移転した旨の登記がされた。Dは、住民基本台帳カード、印鑑証明書の偽造等を理由に、Xを債務者とする本件不動産の処分禁止の仮処分を申し立て、裁判所は、仮処分命令を発した。Xは、Yに対して、Yが住民基本台帳

カード等の偽造に気づかないまま誤った本人確認情報を提供した等と主張し、不法行為に基づき売買代金、登記申請費用、あっせん報酬、弁護士費用合計 3 億2239万7300円の損害につき損害賠償を請求したものである。

●主張の要旨●

本件で問題になった損害は、①売買代金（2 億4000万円）、②登記申請費用（309万7300円）、③あっせん報酬（5000万円）、④弁護士費用（2930万円）である。

●判決の概要●

本判決は、Y が資格者代理人として本人確認情報を提供し、登記申請の委任を受けたという本件の事情の下においては、誤った本人確認をすることによって、X が不測の損害を被る予見可能性があったとしたうえ、自称 D が提供した遺産分割協議書の内容が一部正確でないことに気づくことができたのに、何もせず、D が Y よりも14歳年上であるはずであるのに、若い風貌であり、78歳であるはずの D が現金で 2 億4000万円の交付を受けるものである等、成りすましを疑うべき事情があったとし、本件では損害の予見可能性があったとし、本人確認の追加資料として提出された遺産分割協議書はかえって本人確認にあたり疑義を抱かせる体裁のものである等の事情があり、自ら D の自宅に赴くか、D の自宅に確認文書を送付して回答を求めるなどして本人確認を行う義務があり、この義務を怠ったとし、Y の不法行為責任を肯定し、損害について、売買代金として 2 億4000万円、登記申請費用として309万7300円の損害を認め、過失相殺を 4 割認め（あっせん報酬に関する X の主張は排斥した）、弁護士費用として1458万5838円の損害を認め、請求を認容した。

判決文

3　争点(2)（弁護士費用を除く損害）

(1)　前記 1 (10)において認定したところによれば、原告は、本件売買契約の締結後、F をして、C が運転し自称 D の同乗していた自動車に、2 億4000万円を運び込ませることによって、同額の売買代金の支払をしたということができる。したがって、上記支出は、被告の不法行為と相当因果関係のある損害と認められる。

　　なお、被告は、G 社に注意義務違反があることを理由に上記因果関係が否定されると主張する。しかし、仮に G 社に注意義務違反が認められた場合であっても、被告と G 社がそれぞれ原告に対して損害賠償義務を負うというにすぎず、被告の注意義務違反と上記損害との間の因果関係を左右するものではない。

(2)　また、前記認定事実(9)のとおり、原告は、本件所有権移転登記の申請費用として、原告補助参加人に309万7300円を支払ったものであるから、上記支出は、被告の不法行為と相当因果関係のある損害と認められる。（G 社の注意義務違反によってこの結論が左右されないことは上記(1)と同様である。）

(3)　次に、上記認定によれば、原告が F に対して5000万円を支払ったことが認められるところ、原告は、同額が、本件不動産の購入のためのあっせんの対価であると主張する。しかし、〈証拠略〉によれば、上記5000万円は、原告が F に対して本件不動産の取得についての一切の業務を委託し、F がかかる業務を行うことの対価として定められたものと認められ、また、前記認定のとおり、F が宅地建物取引業の免許を有していないこと、原告は G 社との間で一般媒介契約を締結し、F は本件売買契約締結のための手配の一部を G 社に指示して又は共同して行っていること、本件売買契約書の調印の場には F に加えて H が同席しており、原告が G 社に対して一般媒介契約の報酬として750万円を支払っていること、以上の事実からすれば、原告が G 社に対する上記報酬とは別に F に対して5000万円の報酬等を支払ったことが被告の注意義務違反によって通常生ずべき損害であるということはできない。

　　そして、本件売買契約書には、本件不動産の売買代金が 2 億5000万円と記載されているのみであって、上記5000万円の報酬に関する記載はなく、他に同報酬について記載した文書が見当たらないこと、被告は、自称 D から本件売買契約の立会いを依頼されるとともに登記申請の委任を受けたにすぎず、原告と F との間における報酬合意の内容を知るべき立場にはなかったのであるから、これらの事情からは、原告が F に5000万円の報酬を支払う合意をしていたという事情を予見していたとか、予見することができたと認めることはできず、他にこれらの事実を認めるに足りる証拠はない。

　　したがって、上記5000万円は、被告の注意義務違反と相当因果関係を有する損害とは認められない。

(4)　以上によれば、被告の注意義務違反と因果関係を有する損害（ただし、弁護士費用は除く。）は、上記(1)及び(2)の合計額である 2 億4309万7300円と算定

することができる。

4　争点(3)（過失相殺）

(1)　契約当事者は、自らの責任において、契約の相手方と名乗る者が真実の相手方であるかどうかの本人確認をすべきであり、契約の相手方と名乗る者から契約の立会人となること及び本人確認情報の作成を依頼された者がおり、それが弁護士であったとしても、原告自らが被告に本人確認を依頼したものではないから、原告においても本人確認をすべきであることについて何ら変わるところはない。（なお、原告は、被告が本件売買契約について売主代理人として行動したため、そのように認識し信頼していたと主張するが、被告が売主代理人であったと認めるに足りる証拠はない。）

そして、前記認定事実によれば、原告が本件売買契約の具体的条件を知ったのは契約締結日の 4 日前である平成26年 2 月22日であるところ、その後、原告は、自ら及び F をして本件不動産及び本件売買契約について I 弁護士と相談し問題ないとの回答を得て、同月23日又は24日に、同月26日に代金約 2 億4000万円を現金で支払うとの内容の本件売買契約を締結することについて、売主と面接することや本件不動産の現地を確認することなく電話で F に承諾をしているのであるから、自ら又は F をして売主の本人確認をした事実はおよそ見出せず、他にかかる事実を認めるに足りる証拠にない。

もっとも、他方において、被告が本人確認情報を作成したことは、不動産登記規則に基づき資格者代理人となることができる者として限定列挙されている弁護士の地位に基づいて本人確認情報を作成したのであるから、原告においては、被告が作成した本人確認情報について一定の信頼を抱き、それ以上の調査を行わなかったことについて無理からぬ面があったということもできる。

上記事情を考慮すると、原告が被告の不法行為により被った全損害から 4 割の過失相殺をすることが相当である。

なお、被告は、原告補助参加人及び G 社の過失をも原告側の過失として考慮すべきと主張するが、両者はいずれも原告とは独立して職務を行うものであり、原告と身分上ないし生活関係上一体をなす関係にある者とはいえないから、これらの者の過失を原告側の過失として考慮することはできない。

(2)　以上によれば、過失相殺後の原告の損害は、上記 3 で認定した損害額 2 億4309万7300円から 4 割を控除した 1 億4585万8380円と算定することができる。

5　争点(2)（弁護士費用相当損害額）

原告が本訴の提起及び追行を弁護士に委任したことは当裁判所に顕著であるところ、事案の内容及び当裁判所の認定した弁護士費用以外の損害額その他本件に現れた一切の事情を考慮し、被告の不法行為と相当因果関係を有する弁護士費用相当損害額は、上記 3 (3)の 1 億4585万8380円の 1 割に相当する1458万5838円と認められる。

　したがって、弁護士費用を含めた原告の損害額は、１億6044万4218円と算定することができる。

●損害額認定の考え方●

　本件は、高額な不動産売買において、弁護士が自称売主の依頼により、本人確認情報を提供し、登記申請をすることになり、売買契約書を取り交わし、代金の大半が支払われ、所有権移転登記がされたものの、売主本人が処分禁止の仮処分を申し立て、仮処分登記がされる等したため、買主が本人確認情報を提供した弁護士に対して損害賠償を請求した事案である。本件では、登記申請にあたって資格者代理人として本人確認情報を提供した弁護士の不法行為責任の成否、損害賠償の範囲・額が主要な争点になったものである。本件は、成りすましによる不動産売買に弁護士が巻き込まれ、その不法行為責任が問題になったところに特徴がある。

　本判決は、不動産の売買契約、本人の確認の過程、提出された書類の確認等において売主の成りすましを疑うべき事情があったとし、弁護士が自ら本人の自宅に赴くか、本人の自宅に確認文書を送付して回答を求めるなどして本人確認を行う義務があったのに、これを怠ったとし、弁護士の不法行為責任を肯定し、売買代金２億4000万円、登記申請費用309万7300円の損害（過失相殺４割）、弁護士費用1458万5838円の損害を認めたことに特徴がある。本判決が弁護士につき登記申請における本人確認情報の提供を誤った不法行為責任を肯定した判断、高額な損害賠償額を算定した判断は、弁護士の業務上も、登記実務上も参考になるものである。

24　専門家の責任(2)
──司法書士の責任

 **24・1** 事務員の説明義務違反に関する使用者である司法書士の損害賠償責任

〔判　　例〕　東京地判平成14・5・20判タ1123号168頁
〔損害額〕　課税額の差額178万8500円等

【事件の概要】

　X₁ 有限会社の代表者 X₂ は、株式会社に組織変更をしようと考え、取引金融機関により、Y₁ 司法書士の紹介を受けた。Y₂ は、Y₁ の事務所において司法書士業務を補助していたが、平成11年5月、Y₁ の指示により、X₂ に組織変更につき説明をした。X₂ は、当初、700万円を増資し、1000万円の最低資本金額の株式会社に組織変更をすることを考えていた。Y₂ は、資産が1000万円以上あれば増資することなく社員総会議事録を作成し、株式会社に組織変更の手続ができる、利益準備金を組み入れて資本金を増加させることにより組織変更することができると説明した。X₂ は、Y₁ に組織変更の各種の手続を委任したが、会社の資産が1000万円に満たないことを認識していたものの、増資を行わなかった。X₁ は、組織変更により、株式会社になり、Y₁ に報酬を支払った。増資によらないで有限会社から株式会社に組織変更した場合、資本組入額は利益の配当として課税の対象になっていたところ、平成8年3月31日までは非課税とされていたが、平成11年当時は課税の対象とされていた（Y₂ は、このことを知らず、X₂ に説明をしなかった）。組織変更の結果、X₂、X₃ に対してみなし配当につき課税された。X₁ は、Y₁ に委任の報酬を支払った。X₁ らは、Y₁ らに対し、実際に増資した場合と比べて多

額の税金が課税されたなどと主張し、不法行為に基づき税金の差額、慰
謝料の損害賠償を請求したものである。

●**主張の要旨**●

本件で問題になった損害は、①増資した場合と比べて多額になった税金の
差額、②慰謝料である。

●**判決の概要**●

本判決は、司法書士の事務員が、有限会社から株式会社への組織変更手続
を説明するにあたり、増資を伴う組織変更を依頼しているのに、これとは異
なる手続を教示し、多額の税金を負担させる結果になったものであり、不適
切な説明であったとし、司法書士の民法715条による使用者責任を認めたう
え、X_1 につき支払った報酬の損害、X_2 らにつき税金の差額の損害を認め
（慰謝料の主張は排斥した）、請求を認容した。

判決文

1　争点(1)（被告 Y_2 の不法行為の成否）について〈略〉
2　争点(2)（被告 Y_1 の不法行為責任の成否）について〈略〉
3　争点(3)（原告 X_2、同 X_3 の損害額の当否）について
 (1)　不法行為における損害は、当該不法行為がなかったとするならばあるべき
 利益状態と、加害がなされた現在の利益状態との差であると解するのが相当
 である。

　これを本件についてみるに、〈証拠略〉によれば、①原告 X_2 は、当初700万
円を準備し、増資を伴う組織変更を考えていたこと、②ところが、原告 X_2 は、
被告 Y_2 から増資を伴わない組織変更を説明され、この方法を採ることにした
こと、③その結果、原告 X_2 及び同 X_3 は、当初予定した増資を伴う組織変更
にかかる税額よりも多額の税額を負担することになったことが認められる。
以上によれば、増資を伴う組織変更手続にかかる原告 X_2 及び同 X_3 の課税額
と本件組織変更手続にかかった原告 X_2 及び同 X_3 の課税額との差額が被告 Y_2
の不法行為と相当因果関係のある原告 X_2 及び同 X_3 の損害ということになる。
 (2)　被告らは、原告 X_2 及び同 X_3 は、本件組織変更手続により、課税額以上に
 「みなし配当」を受けており、損害は発生していないと主張する。

　確かに原告 X_2 及び同 X_3 は、本件組織変更手続により、原告会社の株式配

当を受けているが、そもそも原告 X_2 及び同 X_3 は有限会社 X_1 の社員であったものであるところ、本件組織変更手続においては増資等はなく、しかも会社財産の変動がない本件にあっては（弁論の全趣旨）、原告 X_2 及び同 X_3 に株式配当があったとしても、同人らに特に利益が生じたとはいうことはできない。よって、この点の被告らの主張は理由がない。

　また、被告らは、原告 X_2 及び同 X_3 は本件組織変更手続を行うことにより、増資にかかる700万円の出捐を免れたのだから損害の発生はないと主張する。

　しかし、原告 X_2 らが当初の予定どおり増資をして組織変更をしていれば、その増資額は、全て会社財産を構成し、原告 X_2 及び同 X_3 の保有する株式の価値は700万円分増加していたはずである。したがって、増資にかかる700万円の出捐を免れた点は、原告 X_2 及び同 X_3 の損害算定に当たって考慮すべき事項とはいえず、この点の被告らの主張も採用の限りではない。

(3)　小括

　以上によれば、原告 X_2 の損害は、178万8500円（所得税103万9500円、住民税74万9000円）と69万8000円（所得税43万3000円、住民税26万5000円）との差額109万500円、原告 X_3 の損害は、138万6000円（所得税84万6300円、住民税53万9700円）と83万3600円（所得税53万3800円及び住民税29万9800円）との差額55万2400円ということになる。

4　争点(4)（原告 X_2、同 X_3 の慰謝料請求の当否）について

　前記1(1)エで認定した事実及び証拠（原告 X_2）によれば、本件組織変更手続に伴い、原告会社には多額の未処分損失が生じ、同社の資金繰りが困難となったこと、その結果、代表者である原告 X_2 は精神的苦痛を感じていることが認められる。

　しかし、一般に財産権が侵害された場合、財産的損害の填補を受けることによって、その精神的損害も同時に填補されるのが通常である。財産的損害の賠償が認められる場合において、これに加えて精神的損害の賠償が認められるためには、加害者側の違法性が強く、精神的損害が財産的損害の填補では賄いきれない程甚大である等の特段の事情が必要であると解するのが相当である。

　これを本件についてみるに、〈証拠略〉によれば、①原告 X_2 は、被告 Y_2 の勧めによるとはいえ、有限会社 X_1 の資産が1000万円以上現存しないことを認識しながら、法務局に提出する書面について安易に真実と異なる内容のものを作成しており、責められるべき点がないではないこと、②被告 Y_2 はもちろん被告 Y_1 も税務の専門家ではないこと等の事実が認められ、これらの事情を考慮すると未だ特段の事情があるとまで認定することは困難である。

　以上によれば、原告 X_2 及び同 X_3 の慰謝料請求は理由がなく、認められない。

5　争点(5)（被告 Y_1 の債務不履行の成否）について　〈略〉

6　争点(6)（原告会社の損害額の当否）について　〈略〉

●損害額認定の考え方●

　本件は、司法書士、その事務員が依頼者からの受任事務の処理を誤り、依頼者に税金の負担が生じたため、依頼者が司法書士、その事務員に対して損害賠償を請求した事案である。本件は、有限会社から株式会社への組織変更に伴って非課税とされていた課税上の特例が適用されなくなっていたにもかかわらず、司法書士の事務員がこれを知らず、依頼者に説明をしないまま手続を行ったことから、予想外の課税の負担が生じたところに特徴がある。司法書士がその業務を遂行するにあたって、事務処理上の過誤があった場合には、債務不履行、不法行為に基づき損害賠償責任を負うものであり、従来から登記業務等につき多数の裁判例が公表されているところである。司法書士の事務過誤は、専門家責任の類型の一つであり、相当に厳格な責任を認める裁判例もみられる。司法書士の損害賠償責任が認められる場合における損害賠償の範囲は、個々の事案ごとに、司法書士の誤った事務処理によって生じた損害を検討するほかない。

　本判決は、司法書士の事務員の説明が誤っていたことから、司法書士が使用者責任を負うことを認め、違法な説明との因果関係にある損害として負担させられた税金の差額が損害にあたる等としたものであり、司法書士の責任の肯定事例を一つ加えるとともに、損害賠償額の算定事例としても参考になるものである。

 24・2 司法書士の善管注意義務違反に関する損害賠償責任

〔判　例〕　東京地判平成20・11・27判時2057号107頁

〔損害額〕　売買代金 2 億円、登録免許税262万2500円、弁護士費用828
　　　　　　万4500円（過失相殺前）

【事件の概要】

　不動産業者である X 株式会社は、平成18年12月、B の父である C から、代金 2 億円で C の所有土地を買い受ける売買契約を締結し、代金を支払った。売買契約に先立ち、X は、C と直接会って確認することを希望したが、確認をしなかった。本件土地の所有権移転登記は、Y_1 司法書士法人の Y_2 司法書士が受任し、代理人として申請したところ、登記官による審査の過程で C につき A が成りすましていることが判明したため、申請が却下された。X は、Y_1 らに対し、土地所有者と称する者について誤った情報を提供した過失を主張し、売買代金、逸失利益等の損害賠償を請求したものである。

●主張の要旨●

　本件で問題になった損害は、①売買代金（ 2 億円）、②転売による逸失利益（4000万円）、③登録免許税（262万2500円）、④弁護士費用（828万4500円）である。

●判決の概要●

　本判決は、A の提出した運転免許証によって本人確認を行ったが、その際、ケースから出してその外観・形状を確認せず、偽造であることを発見できなかったものであり、本人確認の過失を認め、Y_2 の不法行為、Y_1 の使用者責任を肯定し、売買代金、登録免許税、弁護士費用の損害を認め（転売の逸失利益の主張は排斥した）、過失相殺を 2 割認め、請求を認容した。

判決文

1　被告 Y₂ の過失責任について（争点①）〈略〉

2　損害額（争点②）

　(1)　本件において、被告 Y₂ の過失行為と相当因果関係のある損害と認められるものは以下のとおりである。

　　　ア　本件売買代金として原告が B に支払った額……………………………… 2 億円

　　　イ　C から B への所有権移転登記登録免許税………………………262万2500円

　(2)　上記損害額のほか、原告は、B が、平成19年 3 月 7 日に 2 億4000万円で買戻権を行使すれば、原告は4000万円の利益を得、もし買戻権が行使されなければ、原告は時価 5 億円相当の土地を取得するはずだったのであるから、原告の得べかりし利益4000万円が損害額として認容されるべきである旨主張する。

　　　しかしながら、得べかりし利益（逸失利益）とは、被害者の財産に生じたであろう増加が、不法行為がなされたために生じなかったことによる損害であるところ、本件では、被告 Y₂ の過失として問題にされているのは、A が C とは別人であることを見抜けなかったことなのであって、この過失がなければ、そもそも本件売買契約は成立するはずはなかったのであるから、原告が転売利益等を取得する余地はない。

　　　したがって、上記原告の主張する得べかりし利益は、被害者の財産に生じたであろう増加が、不法行為がなされたために生じなかったものであるとはいえないので、この点に関する原告の主張には理由がない。

3　過失相殺の要否（争点③）〈略〉

●損害額認定の考え方●

　本件は、土地の売買にあたって売主本人が成りすましであり、所有権移転登記を受任した司法書士が本人確認を十分に行わなかったため、買主が司法書士に対して損害賠償を請求した事案である。司法書士は、登記手続の事務処理の専門家として善管注意義務をもって事務を処理することが必要であり、その事務の中に登記権利者、義務者の本人確認事務が含まれている（もっとも、実際上重要であるのは登記義務者の本人確認である）。本件では、所有者につき本人以外の者が成りすまし、本人確認のために偽造の運転免許証が使用され、司法書士がその適切な確認をしたかどうか、どの範囲の損害賠償を負

うかが問題になったところに特徴がある（売買代金が高額な取引であったため、高額の損害賠償が問題になった）。

　本判決は、確認の方法が十分でなく、偽造であることを発見できなかったとし、司法書士の過失を認めたうえ、売買代金、登録免許税、弁護士費用の損害を認め、転売の逸失利益を否定したものである。本判決は、司法書士の登記事務処理の過誤による損害賠償の事例として参考になるものであり、高額な損害賠償を認めた事例を一例加えるものであるが、本判決を前提とすると、不動産取引の安全性につき司法書士が保証人的な機能を担うことにもなり、疑問が残るところではある。

24・3 労働組合の組合員を排除する目的で会社の代表者とともに会社分割の申請手続を行った司法書士の損害賠償責任

〔判　例〕　大阪高判平成27・12・11判時2300号44頁

〔損害額〕　従業員らの賃金相当額119万5763円、101万5238円、154万4398円、135万893円、慰謝料各80万円、労働組合の無形損害150万円

【事件の概要】

　A株式会社（代表取締役は、Y_1 であり、Y_1 の実母 Y_3 は、取締役であった）は、生コンクリートの製造、販売を業とする会社であり、製造部門と輸送部門があった。Aの業績が悪化したことから、Y_1 は、X_1 労働組合との間で経営改善の合理化案の協議を行ったが、協議が決裂した。Y_1、司法書士 Y_4 らは、Aを会社分割し、B株式会社を新設し、Aの事業のうち製造部門を分割してBに承継させ、Bでは派遣社員を就労させ、X_1 の組合員である X_2 らが従事する輸送部門をAに残すことを企画し、Y_4 が会社分割の申請手続を行った。Bが設立され、Y_2 が代表取締役に就任した。会社分割後、Y_1 は、Aの事業を閉鎖した。X_1、その組合員である X_2 ないし X_5 は、Y_1 ないし Y_4 に対して事実上 X_2 らを解雇する不当労働行為である等と主張し、不法行為に基づき賃金相当額各300万円、慰謝料200万円の損害賠償を請求し（第1事件。Y_1 が破産手続開始決定を受け、Y 5 破産管財人が訴訟を承継した）、Y_1、妻Zが X_1 らに対して自宅付近で街宣活動を行う等したと主張し、不法行為に基づき損害賠償、監視、街宣活動の差止めを請求したものである（第2事件）。

　第1審判決（大阪地判平成27・3・31判時2300号50頁）は、Y_1、Y_2 が共謀のうえ X_1 の組合員らを排除するため会社分割、分割会社の事業閉鎖を実施したとし、不法行為を肯定し（Y_2 は、X_1 らの主張を争わなかった）、

Y₃、Y₄の共謀を否定し、X₁らのY₁、Zに対する不法行為を肯定し、第1事件についてX₁らのY₅、Y₂に対する請求を認容し、第2事件について、Y₁、Zの請求を認容したため、X₁らが控訴したものである。

●**主張の要旨**●

本件で問題になった損害は、①従業員らの賃金相当額（各300万円）、②慰謝料（各200万円）、③労働組合の無形損害（200万円）である。

●**判決の概要**●

本判決は、Y₄について、会社分割の登記手続をした経験があり、会社分割、これに係る労働関係に関する豊富な法的知識を有するとし、尋問において自身の関与につき不自然な供述をする等の事実から、Y₁、Y₂との共謀を認め、不法行為を肯定し、原判決中、Y₄に関する部分を取り消し、第1事件におけるX₁らのY₄に対する請求を認容し、X₁らのその余の控訴を棄却した。

判決文

〔**第一審判決**〕

3　損害

（1）　経済的損害

　ア　前記のとおり、Y₁は、本件会社分割及び事業閉鎖によりX₂らに生じた損害（経済的損害及び精神的損害を含む）に対する損害賠償責任を負う。そして、〈証拠略〉、調査嘱託の結果及び弁論の全趣旨によれば、本件会社は、X₂らに対し、平成23年3月分（対象期間平成23年2月16日から同年3月15日。平成23年3月25日支払分）以降の賃金を支払っていないことが認められ、また、X₂らは、本件会社から不法に就労を拒まれたのであるから、民法536条2項に基づき、本件会社が事業を閉鎖した平成23年3月10日以降も賃金債権を有していると解されるが、本件会社には資産がなく、事業閉鎖により本件会社の収益もなくなったため、本件会社は無資力となっていることから、本件会社分割及び事業閉鎖により、X₂らは、未払いとなっている平成23年3月分以降の賃金を受け取る権利を侵害されたということができる。

　　もっとも、本件会社分割により新設されたB産業は、同年6月27日にB

産業の生コン販売の窓口をしていた A 商事が事実上倒産したことに伴い、事業閉鎖しているため、本件会社あるいは Y_1 が、本件会社分割及び事業閉鎖の主張を維持するか否かにかかわらず、本件会社の事業は直ちに再開できない状態になっている。

　B 産業が事業閉鎖した原因が、本件破産管財人、Y_2 及び Y_4 司法書士が主張するように、本件組合及び本件組合員らが A 商事の取引先に対して街宣活動を行ったことにより取引先が取引を停止したためであるとすれば、労務の提供をすることができないことについて本件従業員らにも責任があるから、民法536条 2 項の適用はなく、賃金請求権は発生しない。他方、B 産業の事業閉鎖と本件組合及び本件組合員らによる街宣活動とは関係ないのであれば、元々経営が順調ではなかった本件会社は、本件会社分割及び事業閉鎖がなかったとしても、同日以降も事業を続けていたことを認めるに足りる証拠はないことに帰する。

　したがって、本件会社分割及び事業閉鎖により、X_2 らが被った経済的損害は、平成23年 2 月16日から同年 6 月26日までの賃金相当額と認めるのが相当であり、その額は、以下のとおりである。

　　　X_2　　183万7112円
　　　X_3　　186万7584円
　　　X_4　　198万1733円
　　　X_5　　158万7546円

イ　なお、本件破産管財人は、X_2 らが独立行政法人労働者健康福祉機構に対して、退職年月日を平成23年 3 月10日と申告して立替賃金の支払を受けていることから、X_2 らは同日に退職したことを認めており、同日以降の賃金は発生しないと主張しているが、X_2 らは事業閉鎖に対して抗議活動を行っていたことからも、本件会社に対し同日をもって退職する意思表示をしていないことは明らかである。したがって、同日以降の賃金が発生しないとの上記主張は採用することができない。

ウ　そして、調査嘱託の結果によれば、独立行政法人労働者健康福祉機構から、本件従業員らに対し、平成23年 3 月25日支払の賃金（平成23年 2 月16日から翌 3 月16日分の賃金）の 8 割が立替払いされていることを推認することができるから、それぞれ以下の金額を控除すべきである。

　　　X_2　　27万3855円
　　　X_3　　27万8398円
　　　X_4　　29万5414円
　　　X_5　　23万6653円

エ　また、調査嘱託の結果によれば、X_2 らは、平成23年 2 月16日から同年 6 月26日の間に、他社で就労してそれぞれ以下のとおりの収入を得ているから、その金額を控除すべきである。なお、X_2 らは、使用者の責に帰すべき

事由によって解雇された労働者が解雇期間内に他の職について利益を得た場合に使用者が賃金額から控除することができるのは労働基準法26条に照らし平均賃金の 4 割までであるとされていることから、本件でも損益相殺を認めるのは平均賃金の 4 割の範囲内に限定すべきであると主張している。

しかし、本件は賃金請求ではないから労働基準法26条の適用はなく、上記主張は失当である。

X_2　　36万7494円

X_3　　57万3948円

X_4　　14万1921円

オ　以上によれば、X_2 らの経済的損害額は、以下のとおりである。

X_2　　119万5763円

X_3　　101万5238円

X_4　　154万4398円

X_5　　135万0893円

(2)　精神的損害

Y_1 及び Y_2 は、本件組合の組合員である X_2 らを本件会社から排除するという違法な目的で行われた本件会社分割及び事業閉鎖により雇用の機会を奪われており、解雇の通知もされていないので雇用保険の受給を直ちに受けることができなかったなど〈証拠略〉、結果は同人らの生活に直接影響を与える重大なものであること、周到に仕組まれたものであってその態様は悪質であることからすると X_2 らが受けた精神的損害は大きいが、他方で、上記(1)のとおり、賃金相当損害金の支払を容認することにより慰謝される部分もあること、その他、本件に表れた一切の事情を総合すると、X_2 らに対する慰謝料として、80万円を認めるのが相当である。

(3)　本件組合の無形損害

本件会社分割及び事業閉鎖は、本件会社から本件組合の組合員である本件従業員らを排除する目的で行われたものであるところ、本件組合の奈良統合分会福住コンクリート班の壊滅を図るものであり、本件組合の影響力を著しく弱めるものであって、組合としての名誉信用を低下させるものである。よって、本件組合も本件会社分割及び事業閉鎖により大きな非財産的損害を被ったものと認められる。その他、本件に表れた一切の事情を考慮すると、損害賠償として150万円を認めるのが相当である。

●損害額認定の考え方●

本件は、その事案の内容が若干複雑であるが、司法書士の責任に関する部分を中心にして紹介すると、会社の業績が悪化し、代表取締役が合理化対策

を検討し、労働組合と交渉したものの、決裂し、会社分割、分割会社の事業の閉鎖を企画し、司法書士に依頼し、会社分割の登記手続を実行する等したため、分割会社に属することになった組合員らが代表取締役、司法書士らに対して損害賠償を請求した控訴審の事案である（第1審判決は、司法書士の責任を否定した）。

　本判決は、さまざまな間接事実を指摘し（前記の代表取締役、司法書士本人の尋問における供述も含む）、代表取締役の会社分割等を利用した組合員の排除に係る不法行為について司法書士の共謀を認め、司法書士の不法行為責任を肯定し、損害として、従業員らの賃金相当額（119万5763円、101万5238円、154万4398円、135万893円）、慰謝料（各80万円）、労働組合の無形損害（150万円）を認めたことに特徴があり、司法書士の不法行為を肯定し、損害額を算定した事例判断として参考になるものである。

25　専門家の責任(3)
──行政書士の責任

25・1 不正に戸籍謄本を取得した行政書士・調査会社のプライバシー侵害、名誉・信用毀損による損害賠償責任

〔判　例〕　東京地判平成17・2・25判タ1195号183頁
〔損害額〕　慰謝料各5万円〜30万円

【事件の概要】

　調査会社である Y_1 株式会社（Y_2 は、代表取締役）は、平成15年2月、A から婚姻関係にある X_1、X_2 の戸籍等のほか（A は、X_1 の母である）、X_3 ないし X_6 の戸籍等の身元調査の依頼を受けた。X_3 は、X_2 の父、X_4 は、X_2 の母、X_5、X_6 は、X_2 の叔父であり、X_3 を筆頭者とする戸籍等に記載されている。Y_1 は、行政書士 Y_3 に依頼し、Y_3 が X_3 の委任状を偽造する等して、X_1 らに無断で戸籍謄本等を入手した。Y_1 は、Y_3 から戸籍関連の資料を入手する等し、X_3 の出生地等の詳細な事項を記載した調査報告書を作成し、戸籍謄本等とともに A に交付した。X_1 らは、Y_1 らに対し、名誉・信用毀損、プライバシーの侵害等を主張し、不法行為に基づき慰謝料の損害賠償を請求したものである。

●**主張の要旨**●

　本件で問題になった損害は、慰謝料（各50万円）である。

●**判決の概要**●

　本判決は、Y_3 が X_3 の委任状を偽造し、使用目的を偽って戸籍謄本等を入手したことが不法行為にあたるとし（X_1 に対する不法行為は否定した）、Y_1

ないし Y₃ らの不法行為を肯定し、プライバシーの侵害については、X₂ ないし X₄ につき各15万円、X₅、X₆ につき各10万円の慰謝料を認め、Y₁、Y₂ の名誉・信用毀損については、X₂ につき15万円、X₃ につき 5 万円、X₄ につき10万円、X₆ につき 5 万円の慰謝料を認め、請求を認容した。

判決文

(1) 以上によれば、被告らには、原告らの戸籍謄本等を取り寄せ、訴外 A に交付したことで、原告らのプライバシーを侵害したことについて、連帯して、原告らが受けた損害を賠償すべき義務があり、右損害は、前示事実関係を斟酌し、原告 X₂、原告 X₃、原告 X₄ について各15万円、原告 X₅、原告 X₆ について各10万円をもってそれぞれ相当とする。

(2) また、被告会社、被告 Y₂ には、本件火災事故や原告 X₃ の信用に関し、不十分な調査に基づく虚偽の事実を本件調査報告書に記載し、各原告らの名誉・信用を毀損し、また、原告 X₂ の祖父の出自を指摘したことについて、連帯して、各原告らが受けた損害を賠償すべき義務があり、右損害は、前示事実関係を斟酌し、原告 X₂ について15万円、原告 X₃ について 5 万円、原告 X₄ について10万円、原告 X₆ に対し 5 万円をもってそれぞれ相当とする。

●損害額認定の考え方●

本件は、調査会社が調査対象者の家族から姻戚関係にある者らの調査を依頼され、戸籍関係の調査を依頼された行政書士が委任状を偽造する等して戸籍関係の調査をし、これらの情報をもとに調査報告書を作成し、依頼者に交付したため、調査の対象になった者が調査会社、行政書士等に対して損害賠償を請求した事案である。本件のような事案では、プライバシーの侵害、名誉毀損、一般の不法行為が損害賠償責任の法的な根拠として援用されるが、本件でもこのような法的な根拠に基づく慰謝料が問題になったものである。

本判決は、X₁ との関係の不法行為を否定したが、X₂ ないし X₆ との関係で不法行為を認め、プライバシーの侵害による慰謝料、名誉・信用毀損による慰謝料をそれぞれ認めたものである。本判決は、戸籍情報の調査・利用、調査報告書の作成、交付によるプライバシーの侵害、名誉・信用毀損の慰謝

料を認め、算定した事例として参考になるものである。

26　専門家の責任⑷——税理士の責任

26・1　税理士の相続税申告に関する委任契約上の債務不履行責任に基づく損害賠償責任

〔判　例〕　東京高判平成 7・6・19判タ904号140頁

〔損害額〕　延滞税と利子税の差額772万円、336万3800円、84万300円

【事件の概要】

　Aは、二女Bに遺産全部を相続させる旨の遺言を残して、死亡した。Aの相続人は、全部で9名いた。Bは、相続税の申告と延納許可手続をC税理士に委任し、延納許可を得た。その後、Aの長女X_1、五男X_2、六男X_3の希望により、遺産分割協議が行われ、協議が成立したことから、公認会計士兼税理士Yの妻DがX_1の娘と友人関係にあったため、YがX_1らの相談に応じており、協議が成立した場合にも、納税額の計算等を行っていた（無償であった）。X_1らは、Yに相続税の修正申告を依頼することになったが、Yが海外出張の間、準備していた委任状が作成され、帰国後、修正申告したところ、期限後であったことから、相続税の納税義務が直ちに発生した（納付までの間、延滞税が賦課された）。X_1らは、Yに対し、委任契約上の債務不履行に基づき延滞税と利子税の差額、慰謝料の損害賠償を請求した。

　第1審判決（横浜地判平成 6・7・15判タ904号145頁）は、委任契約には延納許可手続が含まれておらず、申請をしなかった非はX_1らにあるとし、請求を棄却したため、X_1らが控訴したものである。

●主張の要旨●

本件で問題になった損害は、①延滞税額と利子税額の差額、②慰謝料である。

●判決の概要●

本判決は、税理士は相続税の申告にあたり、相続税の納付がいつ必要であるかを説明し、納付が可能でない場合には、延納許可申請の手続をするかどうかを確認する義務があるところ、この義務を怠ったとし、債務不履行を認めたうえ、本件では長期にわたる延納が予定されていなかった等とし、修正申告書を提出してから1年間の延滞税と利子税の差額を損害と認め（X_1 につき、772万円、X_2 につき、336万3800円、X_3 につき、84万300円）、慰謝料の主張を排斥し、過失相殺を3割認め、第1審判決を変更し、請求を認容した。

判決文

一　前記原判決第二、一の事実、〈証拠略〉及び弁論の全趣旨によれば、本件の経緯について次の各事実が認められる。〈略〉
二　争点1（委任契約の成立とその内容）について〈略〉
三　争点2（委任契約上の債務不履行の有無）について〈略〉
四　争点3（控訴人らの損害）について
　1　控訴人らは、延滞税額と延納許可を受けた場合の利子税額との差額を損害とし、控訴人 X_1 については相続税を納付すべき日の翌日である平成3年9月26日から平成5年4月30日まで、その余の控訴人らについては、平成3年9月26日から相続税を完納した平成4年10月29日までの期間についての右の差額を損害として請求する。
　　しかし、控訴人らは、相続した土地を売却して相続税を納付することを予定していたものであり、長期間にわたる延納を予定していたものではないから、本件において相当因果関係がある延滞税と利子税との差額の損害は、相続した土地を売却するについて相当と認められる期間の損害に限られると解すべきであり、その期間は、本件に現れた一切の事情を斟酌すると、修正申告書を提出した日から1年間と認めるのが相当である。
　2　そうすると、控訴人らの損害は次のとおりとなる。
　　㈠　控訴人 X_1 につき
　　　(1)　延滞税額　1618万6700円
　　　　　本税額1億7639万8800円、延滞税率は、納付すべき日の翌日から2か

月間は年7.3パーセント（国税通則法60条2項ただし書）、その後の期間
で国税局による滞納処分としての差押えの日の前日である平成4年2月
27日までは年14.6パーセント（同項本文）、右差押えの日以後は年7.3パ
ーセント（同法63条5項）による。

(2)　利子税額　846万6700円

延納の期間を20年間とし、その場合本件に適用される利子税率年4.8パ
ーセントによる。

(3)　差額　772万0000円

㈡　控訴人 X_2

(1)　延滞税額　524万4900円

本税額3919万9700円、延滞税率は、納付すべき日の翌日から2か月間
は年7.3パーセント、その後は年14.6パーセントによる。

(2)　利子税額　188万1100円

延納の期間を20年間とし、その場合本件に適用される利子税率年4.8パ
ーセントによる。

(3)　差額　336万3800円

㈢　控訴人 X_3

(1)　延滞税額　131万0200円

本税額979万9900円、延滞税率は、納付すべき日の翌日から2か月間は
年7.3パーセント、その後は年14.6パーセントによる。

(2)　利子税額　46万9900円延納の期間を20年間とし、その場合本件に適用
される利子税率年4.8パーセントによる。

(3)　差額　84万0300円

㈣　控訴人ら3名の損害合計額　1192万4100円

3　過失相殺について〈略〉

●損害額認定の考え方●

本件は、知人の関係から無償で相続税の相談を受け、申告手続を受任した
税理士が延納許可手続をとらなかったため、依頼者らが債務不履行に基づき
損害賠償を請求した控訴審の事案である（第1審判決は債務不履行責任を否定
した）。本件は、税理士が知人の関係から無償で相続税の相談を受けたこと、
無償で相続税の申告手続を受任したこと、延納許可手続をとらなかったため、
延納許可を得ることができなかったことに特徴がある。

本判決は、税理士の委任契約上の債務不履行を認めたうえ、延滞税と利子

税の差額が損害であるとしたものの、修正申告から1年間に限定して損害を認めたものである。本判決が税理士につき委任契約上の債務不履行を認める以上、延滞税と利子税の差額が損害と認めることは不当ではないものの、1年間に限定して差額が損害であるとした判断は、控え目に損害額を算定した事例として参考になるものである。

税理士の依頼者に対する助言・指導義務 違反に基づく損害賠償責任

26・2

〔判　例〕　大阪地判平成 9・5・20判時1633号113頁
〔損害額〕　過少申告加算税相当額614万2200円

【事件の概要】

　税理士 Y は、貸金業を営む X 株式会社の顧問税理士であり、税務相談等の業務を受任していた。X は、Y の指導により、A に対する貸金債権の担保として不動産、有価証券を取得していたところ、担保物の価格が下落し、貸金債権の回収が困難であるとし、貸し倒れ損失として損金処理をし、平成12年度の法人税の確定申告をした。所轄の税務署長は、損金処理を認めず、修正申告を求めたが、X がこれに従わなかったため、法人税額を更正し、過少申告加算税を賦課する旨を決定した。X は、Y の指導の下に、審査請求をしたが、棄却され、過少申告加算税、延滞税を支払った。X は、法人税基本通達には担保物の処分の後でなければ貸し倒れ損失として処理することができないと定められているところ、十分な説明がなかった等と主張し、Y に対し、債務不履行に基づき過少申告加算税、延滞金等相当額の損害賠償を請求したものである。

●主張の要旨●

　本件で問題になった損害は、①過少申告加算税、②延滞金等相当額である。

●判決の概要●

　本判決は、税理士が税務の専門家として税務に関する法令、実務に関する専門的知識に基づき、依頼者の依頼の趣旨に則り、適切な助言・指導を行う義務があり、法人税基本通達に反する処理を行ったことに助言・指導義務違反があるとしたうえ、過少申告加算税（614万2200円）相当額の損害を認め（ほかに弁護士費用相当額の損害30万円を認めたが、債務不履行と延滞金との間の

相当因果関係を否定した）、過失相殺を 5 割認め、請求を認容した。

判決文

一　原告と被告との顧問契約の内容等〈略〉
二　本件申告に至る経緯等について〈略〉
三　滞納税額の支払いについて〈略〉
四　被告の債務不履行の有無〈略〉
五　損害について
1　過少申告加算税　614万2200円
　　原告は、平成 2 年度及び 3 年度の法人税の過少申告加算税合計478万6000円、法人事業税の過少申告加算税合計135万6200円を賦課され、これを支払ったことは前記のとおりである。右金員は、被告の債務不履行がなければ原告は支払う必要がなかったと認められるから、これは被告の債務不履行に基づいて生じた損害と認められる。
2　延滞税・延滞金
　　原告が法人税の延滞金1369万0400円、法人事業税の延滞金94万75261円を支払ったことは前記のとおりである。
　　ところで、廣瀬は、被告に対し、税額の軽減と納税時期の延期方法を相談し、本件のような申告に至ったものである。廣瀬は、当時、被告に対し法人税を支払うのは苦しいと述べており、前記のように、本件の法人税を長期分割して支払っており、延滞税及び地方税の延滞金はそのために生じたものである。したがって、右延滞税・延滞金の発生と被告の債務不履行との間に相当因果関係は認められない。
　　原告は、更正処分を受けた後、原告代表者が延滞金の支払いについて相談したところ、被告は審査請求は認められるから大丈夫と述べたというが、〈証拠略〉で明らかなように、被告は原告の税金の延納及び分割納付についても交渉しているのであり、右のような発言をしたと認めるに足りる的確な証拠はない。
3　過失相殺〈略〉
4　弁護士費用〈略〉

●損害額認定の考え方●

　本件は、顧問税理士が依頼者である会社の相談に応じて貸し倒れ損失の指導をしたところ、会社が法人税の確定申告をしたものの、税務署長から更正決定、過少申告加算税の賦課を受けたため、税理士に対して債務不履行に基

づき損害賠償を請求した事案である。本件は、税理士の専門家としての損害賠償責任が問題になった事件である。

　本判決は、法人税基本通達と異なる指導をしたことにつき債務不履行責任を認めたうえ、過少申告加算税相当額が損害であるとしたものであり、税理士の債務不履行に起因する損害額の算定事例として参考になるものである。また、本判決は、損害の範囲について、債務不履行と延滞金との相当因果関係を否定したが、この判断は事実認定にかかるものとして参考になる。

　なお、本判決は控訴され、大阪高判平成10・3・13判時1654号54頁が公刊されているが、基本的には本判決を維持している（損害となる過少申告加算税の認定を一部修正している）。

26・3　弁護士法23条の2の照会に応じて依頼者の確定申告書等の写しを提供した税理士の損害賠償責任

〔判　例〕　大阪高判平成26・8・28判時2243号35頁
〔損害額〕　慰謝料30万円、弁護士費用5万円

【事件の概要】

　Xは、個人で建築工事の請負業を営んでいたが、平成19年9月、A株式会社に入社した。税理士Yは、個人で税理士業務を行っていたが、平成21年7月、B税理士法人を設立し、代表役員に就任し、Aの顧問税理士を務めていた。Cは、Xの実母であり、一時期Aの代表取締役であり、Dは、Cの実兄であり、Aの実質的なオーナーであった。Xは、平成15年分から平成20年分まで所得税の確定申告手続を依頼していた（平成21年分の依頼の有無は争点になっている）。Aは、E弁護士を訴訟代理人として前代表取締役Cに対して稼働実態のないXに給与、賞与を支給した等を主張し、損害賠償等を請求する訴訟（別件訴訟）を提起し、平成24年11月、地方裁判所では請求棄却の判決を受け、平成25年6月、高等裁判所では原判決の変更、請求認容の判決を受けた。E弁護士は、別件訴訟が控訴審に係属中の平成24年12月、F弁護士会に対して、Bを照会先として弁護士法23条の2に基づきXの確定申告書等の写しの提供等の照会の申出をした。Bは、Xの同意を得ることなく、平成15年から平成20年までの確定申告書、総勘定元帳の各写しをFに提供した。Xは、Yに対してプライバシー権の侵害等を主張し、不法行為に基づき慰謝料400万円の損害賠償を請求したものである。

　第1審判決（京都地判平成25・10・29判例集未登録）は、請求を棄却したため、Xが控訴したものである。

●主張の要旨●

本件で問題になった損害は、慰謝料（320万円）、弁護士費用（80万円）である（なお、第1審においては、慰謝料400万円）。

●判決の概要●

本判決は、弁護士法23条の2の照会制度は、照会を受けた団体が原則として公的な報告義務を負うものであり、正当な理由がある場合には、報告を拒絶すべきものであり、税理士法38条所定の税理士の守秘義務は、税理士業務の根幹にかかわる極めて重要な義務であり、前記照会により納税義務者のプライバシーに関する事項につき報告を求められた場合、正当な理由があるときは、報告を拒否すべきであり、それにもかかわらず報告をしたときは、守秘義務に違反するものとして不法行為責任を負うとし、Yの不法行為責任を肯定し、慰謝料30万円、弁護士費用5万円の損害を認め、原判決を変更し、請求を認容した。

判決文

三　控訴人の損害（争点⑵）について

(1)　慰謝料

訴外税理士法人が本件開示行為を行ったことにより、個人のプライバシーに関する事項を多く含む、控訴人の平成15年〜平成21年の確定申告書と総勘定元帳（ただし、平成21年分を除く。）が全てA社側に開示され、控訴人はプライバシー権を侵害されたものであり、それによって相当な精神的苦痛を被ったことが推認できる。

そして、本件不法行為の態様のほか、本件に現れた諸般の事情を考慮すると、控訴人の精神的苦痛を慰謝するに足りる慰謝料額は、30万円をもって相当と認める。

(2)　弁護士費用

本件事案の内容、難易度、認容額、その他諸般の事情を考慮すると、被控訴人の不法行為と相当因果関係のある弁護士費用は、5万円をもって相当と認める。

●損害額認定の考え方●

　本件は、税理士が、別件訴訟の代理人である弁護士から弁護士法23条の2の照会制度による税務申告の依頼者に関する確定申告書等の写しの提供の報告を求められ、依頼者の同意を得ることなく、前記写しを提供したため、依頼者が税理士に対してプライバシーの侵害、守秘義務違反による不法行為に基づき損害賠償を請求した控訴審の事案である（第1審判決は、税理士の不法行為を否定した）。本件では、税理士が税理士法38条の守秘義務を負っており（正当な理由がなくて、税理士業務に関して知り得た秘密を他に漏らし、または窃用してはならない旨の義務である）、他方、弁護士法23条の2の照会の申出に係る報告義務を負っている状況（対立する二つの義務が衝突するものである）において、一方の義務を遵守すれば、他方の義務違反のおそれが生じている（不法行為責任が認められるおそれがある）ところに特徴がある。本件のような専門的な職業の守秘義務に限らず、専門家、事業者らにとって対立する義務を負う事態が生じることがあるが、この場合、義務の根拠、義務の内容・範囲、義務違反の効果等の事情を考慮し、どの義務をどのように遵守するかどうかを慎重に判断することが重要である。もっとも、仮に慎重な判断であっても、後日、義務違反に係る損害賠償責任が追及された場合には（最悪な場合には、双方の義務違反の責任を追及されるおそれもある）、裁判官が一方または双方の義務違反の責任を肯定するおそれもある。特に本件で問題になった一方の義務である弁護士法23条の2所定の照会に係る報告義務違反については、報告を拒絶する者に対して相当数の弁護士が不法行為責任を追及する訴訟を提起し、裁判例によっては根拠もなくこれを肯定するものもみられたため、事態がより深刻、複雑な状況になっていたところであ（最三小判平成28・10・18民集70巻7号1725頁、判時2320号33頁が不法行為責任を否定するまで、この責任の成否が問題になっていたが、現在でも義務の衝突に関する問題全体が解決されたわけではない）。

　本判決は、弁護士法23条の2の照会制度における義務の内容、範囲を明ら

かにし、税理士法38条の税理士の守秘義務の性質、内容を説示し、照会を受けた税理士は、正当な理由がある場合には、依頼者の確定申告書等の写しに係る報告を拒絶すべきものであるとし、本件の税理士の不法行為責任を肯定したうえ、慰謝料として30万円、弁護士費用として5万円の損害を認めたものであり、不法行為責任を肯定した事例判断、損害の算定事例として参考になるものである。なお、税理士の守秘義務違反による損害の範囲は、依頼者等が経済的な損害を被った場合には、その損害が認められることになるが、本判決は、慰謝料の損害が主張された事案であり、その範囲で限定的な損害を認めた事例である。

27　専門家の責任(5)──建築士の責任

 **27・1**　建築士の名義貸しに関する不法行為に基づく損害賠償責任

〔判　例〕　大阪高判平成13・11・7判タ1104号216頁

〔損害額〕　建替え費用2273万7000円、建築士の調査鑑定費用84万9750円、弁護士費用230万円

【事件の概要】

　Xは、Y_1株式会社（代表者は、Y_2）から新築の建売住宅を3193万5000円で購入した。本件建物は、Y_2がY_3に請け負わせ、二級建築士であるY_4が建築確認申請書に工事監理者として記載されていたが、実際には、名義貸しであり、工事監理契約は締結されていなかった。Xは、本件建物が構造性能・防火性能につき建築基準法違反があり、売買契約を解除した等と主張し、Y_1に対して瑕疵担保責任、契約解除に基づき売買代金の返還、損害賠償、Y_2らに対して共同不法行為に基づき損害賠償を請求したものである。

　第1審判決（大阪地判平成12・9・27判タ1053号137頁）は、本件建物には重大な欠陥が存在し、住居として使用することが不可能である等とし、瑕疵担保責任、契約の解除を認め、Y_1、Y_2に対する請求を認容したものの、Y_3らに対する請求を棄却したため、X、Y_1、Y_2の双方が控訴したものである。

●主張の要旨●

　本件で問題になった損害は、①建替え費用、②建築士の調査鑑定費用、③

慰謝料、④弁護士費用である。

●判決の概要●

　本判決は、建築士の不法行為責任については、建築確認申請書に自らを工事監理者と記載して提出し、建築確認を受けたものであり、同申請書に添付した図面に従った建物が建築されるよう監理しなければならず、これを怠った過失があるとし、Y₄の不法行為を認め、建替え費用、建築士の調査鑑定費用、弁護士費用として2588万6750円の損害を認め（慰謝料の主張は排斥した）、第1審判決を変更し、請求を認容した。

判決文

1　本件売買契約の締結に至る経緯について〈略〉
2　争点1（本件建物の瑕疵の有無）について〈略〉
3　争点2（本件売買契約の解除の有効性—本件建物の瑕疵のため本件売買契約の目的達成が不可能といえるか。）について〈略〉
4　争点3（Y₂の不法行為の成否）について〈略〉
5　争点4（Y₃の不法行為の成否）について〈略〉
6　争点5（Y₄の不法行為の成否）について〈略〉
7　争点6（損害等（主位的請求））について〈略〉
8　争点7（損害等（予備的請求））について
⑴　一審原告は、Y₃が本件瑕疵のある本件建物を建築し、Y₄がその監理を怠ったという不法行為によって、後記⑵ア、イ及びエの合計2588万6750円の損害を被った。

　　Y₄は、他の一審被告とは不法行為に対する関与度や違法性の程度を異にし、予見可能性や相当因果関係の理論によっても一審原告に生じた損害全てに対し責任を負うものではないと主張する。しかし、加害者は違法行為と相当因果関係のある損害全てを賠償する責任があるのであって、不法行為に対する関与度や違法性の程度によって賠償すべき損害の範囲が限定されると解することはできないし、Y₄は、前記のとおり建築の監理を怠ったという違法行為をしたのであるから、不法行為に対する関与度及び違法性の程度が他の一審被告とは異なるとしても、賠償すべき損害の範囲を限定するのは相当ではない。また、加害者は違法行為と相当因果関係にある損害すなわち違法行為によって通常生ずべき損害を賠償する責任があるところ、一審原告に生じた後記⑵ア、イ及びエの損害はいずれもY₄の前記違法行為によって通常生ずべき損害と認められるから、Y₄はこれを全て賠償する義務を負うというべきであ

る。
(2)　損害額について

ア　本件建物建替費用　2273万7000円

　　前記認定のとおり、本件建物は取り壊した上、建て替える必要がある。

　　〈証拠略〉、弁論の全趣旨によれば、によれば、本件建物を取り壊して再築するために工事代金1973万円を要すること、その工事監理料が203万7000円であること、前記建替えには約4か月半を要するところ、本件建物と同等の建物を賃借すれば1か月10万円を要するから、建替期間中他の建物を賃借するために賃料合計45万円を要すること、本件建物から他の建物に引っ越し、さらに再築後の建物に引っ越すために40万円を要すること、再築後の建物の登記費用等として12万円を要することを認めることができる。

　　したがって、一審原告は、本件建物を建て替えるために合計2273万7000円を要することになる。

　　なお、〈証拠略〉には、本件建物を取り壊して再築するために工事代金が1175万円ないし1173万円で足りるとの記載がある。しかし、これらの工事の内容は必ずしも明らかではなく、〈証拠略〉と対比して採用することができない。

イ　建築士の調査鑑定費用　84万9750円

　　前記7(2)ウのとおりである。

ウ　慰謝料　0円

　　前記7(2)エのとおりである。

エ　弁護士費用　230万円

　　弁論の全趣旨によれば、一審原告は、一審原告代理人に訴訟の提起及び遂行を委任しているところ、その報酬のうち230万円については Y_3 及び Y_4 の不法行為と相当因果関係を認めることができる。

●損害額認定の考え方●

　本件は、新築の建売住宅の売買が行われたところ、建物に瑕疵があったため、購入者が売主らのほか、建築確認申請書に工事監理者として記載された建築士に対して不法行為に基づき損害賠償を請求した控訴審の事案である（第1審判決は、建築士の不法行為を否定した）。本件では、名義貸しの建築士の不法行為の成否のほか、本件建物の建替え費用等の損害が問題になったものである。

　本判決は、本件建物に重大な欠陥があることを認めたうえ、建築確認申請

書に工事監理者として記載された建築士の義務違反を肯定し、建替え費用、建築士の調査鑑定費用、弁護士の損害を認め、慰謝料を否定したものであり、損害額の算定事例として参考になる。なお、建築士の不法行為責任については、最二小判平成15・11・14民集57巻10号1561頁、判時1842号38頁、判タ1139号73頁が重要な先例になっている（控訴審判決は、大阪高判平成12・8・30判タ1047号221頁である）。

28　専門家の責任(6)
——不動産鑑定士の責任

 **28・1　不動産鑑定士の過大鑑定による抵当証券
の購入者に対する損害賠償責任**

〔判　例〕　大阪地判平成16・9・15判時1874号82頁
〔損害額〕　抵当証券の購入額の33.4％相当額、62.8％相当額

【事件の概要】

　A株式会社は、抵当証券等の金融商品の販売を業としていたところ、ゴルフ場を担保不動産とし、抵当証券を発行し、販売したが、抵当証券の発行に際し、不動産鑑定士の鑑定評価書の提出が必要であったため、Y不動産鑑定事務所に所属する不動産鑑定士 Y_1、Y_2 の鑑定評価を受けた。X_1 ら15名の者は、Aの発行に係る抵当証券を購入したが、Aは、平成13年4月、近畿財務局から抵当証券業の登録の更新を拒絶され、会社整理手続が開始された。X_1 らは、Y_1 らが時価相当額よりもはるかに高額の鑑定評価をしたなどと主張し、Y_1 らに対し、不法行為に基づき損害賠償を請求したものである。

●主張の要旨●

　本件で問題になった損害は、①抵当証券の購入額のうち回収不能額（担保不動産の評価額と適正評価額の割合により算定すべきであるかどうか）、②弁護士費用である。

●判決の概要●

　本判決は、不動産鑑定士による評価が過大であったとし、その過失を肯定する等し、損害については、購入に係る抵当証券の購入価額のうち、不動産

鑑定士による鑑定評価額が不動産の現実の財産的価値を上回ったことにより、抵当証券に表章される被担保債権が担保の裏づけを欠いた割合による額をもって損害額とするのが相当であるとし、担保不動産につきこの割合を算定し、X_1ら個別に損害額を算定し、弁護士費用相当額の損害を認め、請求を一部認容した。

判決文

(1)　以上のとおり、Y_1及び被告Y_2の行った不動産鑑定評価につき不法行為の成立が認められるところ、上記説示のとおり、原告らは、被告らの行った鑑定評価に過失があったことにより、取得したモーゲージ証書につき、被担保債権を満足させるに足りる抵当権の裏付けを欠くことによる損失を被ることになる。

　抵当証券は、目的物に対する抵当権とその被担保債権を証券に表章して一体のものとして流通させるものであり、抵当権が実行されるのは被担保債権たる金銭債権が支払不能となった場合であり、債務者が支払能力を有することは全く想定されていないものということができる。そうすると、被担保債権の引当てとなるのは基本的に目的不動産のみであり、抵当証券の発行価額のうち、目的不動産が当時現実に有していた価格を上回る部分は、無価値と評価するほかないことになる。

　したがって、これにより原告らに生じた損害の金銭的評価としては、原告らが購入したモーゲージ証書の購入価額のうち、Y_1及び被告Y_2による鑑定評価額が各ゴルフ場の価格時点における現実の財産的価値を上回ったことにより、抵当証券に表章される被担保債権が担保の裏付けを欠いた割合による額をもって損害額とするのが相当ということができる。そして、その損害額の取得価額に対する割合は、抵当証券の発行価額から目的不動産がその価格時点において有していた現実の財産的価値を控除した額を発行価額で除して計算することができる。

(2)　被告Y_1相続財産及び被告鑑定所関係

　ア　そこで検討するに、Y_1鑑定の価格時点である平成5年9月15日当時におけるBカントリーを構成する不動産の時価評価額としては、前示一(2)ウのとおり最大でも53億3010万円程度と評価するのが相当である。

　　したがって、別紙請求目録1記載の原告らにつき生じた損害は、以下の計算式のとおり、各原告のモーゲージ証書購入金額の33.4%相当額であると認めることができる。よって、原告らに生じた財産的損害の額は、それぞれ同目録認容損害額欄記載の金額であると認められる。

　　$(8,000,000,000 - 5,330,100,000) \div 8,000,000,000 \fallingdotseq 0.3337$

　イ　また、原告 X_2 を除く原告らは、弁護士費用をも損害として主張するところ、各原告の相当と認められる弁護士費用は、別紙請求目録1の認容弁護士費用欄記載のとおりであると認められる。

(3)　被告 Y_2 関係

　ア　また Y_2 鑑定の価格時点である平成7年1月18日当時における C カントリーを構成する不動産の時価評価額としては、前示一(3)ウのとおり最大でも40億8541万8900円程度と評価するのが相当である。

　　したがって、別紙請求目録記載2の原告らにつき生じた損害は、以下の計算式のとおり、各原告のモーゲージ証書購入額の62.8%相当額であると認めることができる。よって、原告らに生じた財産的損害の額は、それぞれ同目録認容損害額欄記載の金額であると認められる。

　　$(11,000,000,000 - 4,085,189,000) \div 11,000,000,000 \fallingdotseq 0.628$

　イ　また、原告 X_3、同 X_4 及び同 X_5 を除く原告らは、弁護士費用をも損害として主張するところ、各原告の相当と認められる弁護士費用は、別紙請求目録2の認容弁護士費用欄記載のとおりであると認められる。

●損害額認定の考え方●

　本件は、抵当証券の購入者が抵当証券業者に経営破綻が生じたところ、担保不動産が適切に鑑定評価されていなかったことから、抵当証券の購入額全額の回収が困難になったため、鑑定評価を行った不動産鑑定士に対して不法行為に基づき損害賠償を請求した事案である。なお、本件では、抵当証券業者は、会社整理手続が開始され、倒産したものであるが、担保不動産の抵当権が実行されていないため、購入者の配当が確定せず、損失が確定していない状況にある。

　本件では、まず、抵当不動産の鑑定評価を行った不動産鑑定士の過失の有無が問題になっているが、本判決は、これを肯定したものである。本判決のこの判断は、不動産鑑定士という専門家の損害賠償責任を肯定した事例として参考になる。

　本判決は、この判断を前提とし、抵当不動産であるゴルフ場の経営会社が事実上倒産したこと等から、不動産鑑定士の鑑定評価に係る過失と購入者の被った損害との間には因果関係が認められるとしたうえ、購入に係る抵当証

券の購入価額のうち、不動産鑑定士による鑑定評価額が不動産の現実の財産的価値を上回ったことにより、抵当証券に表章される被担保債権が担保の裏づけを欠いた割合による額をもって損害額とするのが相当であるとし、損害額を算定したものである。本判決のこの損害に関する考え方は、担保不動産が実行されておらず、抵当証券の購入者の損失額が確定していないものであり、疑問が残るものであるが、一つの事例判断として参考になる。

　不動産鑑定士の鑑定評価の過誤をめぐる裁判例としては、①名古屋地判平成元・10・27判時1347号40頁、②名古屋高判平成2・11・28行集41巻11・12号1912頁（前掲・名古屋地判平成元・10・27の控訴審判決）、③東京地判平成17・1・31判時1888号94頁、判タ1187号256頁がある。

29　専門家の責任(7)──医師の責任

健康食品の効用について誤った記事を掲載した医師の不法行為責任に基づく損害賠償責任

〔判　例〕　名古屋地判平成19・11・30判時2001号69頁、判タ1281号237頁

〔損害額〕　逸失利益2929万2783円、慰謝料各2000万円、弁護士費用200万円、492万円

【事件の概要】

　医薬部外品等の製造・販売を業とする Y_1 株式会社は、トウダイグサ科に属するあまめしばを加工し、「加工あまめしば」という健康食品を製造し、Y_2 株式会社が販売し、出版社である Y_3 株式会社の発行する雑誌「健康」に医学博士 Y_4 が効用を記載する記事を掲載した。X_1、X_2 は、本件記事を読み、平成13年9月から12月までの間、栄養補給のため本件食品を購入し、摂取した。X_1 らは、閉鎖性細気管支炎等の呼吸器機能障害を発症した。X_1 らは、Y_1 に対して製造物責任、Y_2 に対して製造物責任、不法行為責任、Y_3、Y_4 に対して不法行為責任に基づき治療費、介護保険金一部負担金、装具費、後遺障害逸失利益、後遺症慰謝料、弁護士費用の損害賠償を請求したものである。

●主張の要旨●

　本件で問題になった損害は、Y_4 との関係について、①治療費、②介護保険金一部負担金、③装具費、④後遺障害逸失利益、⑤後遺症慰謝料、⑥弁護

士費用である。

●**判決の概要**●

　本判決は、本件食品の摂取と X_1 らの主張に係る疾病との間の因果関係を認めたうえ、本件食品の欠陥を肯定する等し、Y_4 との関係では、医師等は、食品の効用を解説する場合には、食品が生命・健康を害する危険性の有無についても、その時点の最高の知識・技術をもって確認し、危険性が存する場合には、これを指摘し、消費者に警告するなどの適宜の措置を講ずる義務があるとし、この義務違反を認めたうえ、X_1 につき慰謝料2000万円、弁護士費用200万円、X_2 につき逸失利益2929万2783円、慰謝料2000万円、弁護士費用492万円の損害を認め（治療費、介護保険金一部負担金、装具費の主張を排斥した）、Y_1、Y_2、Y_4 に対する請求を認容し、Y_3 の不法行為を否定し、請求を棄却した。

判決文

1　争いのない事実に〈証拠略〉を総合すると、次の事実が認められる。〈略〉
2　加工あまめしばの摂取と閉塞性細気管支炎との関連性について〈略〉
3　原告らの本件あまめばの摂取と原告らの疾病との因果関係について〈略〉
4　被告 Y_1 の製造物責任について〈略〉
5　被告 Y_2 の不法行為責任ないし製造物責任について〈略〉
6　被告 Y_3 の不法行為責任について〈略〉
7　被告 Y_4 の不法行為責任について〈略〉
8　原告らの損害について
(1)　治療費
　　〈証拠略〉によれば、原告らが本件あまめしばの摂取による閉塞性細気管支炎の治療を受けたことは認められるが、その治療費としていくら要したかを認めるに足りる証拠はない。
(2)　介護保険一部負担金、装具費について
　　原告 X_1 が、介護保険一部負担金、装具費（原告らの主張(7)イ(イ)、(ウ)記載の費用）を支出したことを認めるに足りる証拠はない。
　　また、原告 X_2 が、装具費（原告らの主張(8)イ(イ)記載の費用）を支出したことを認めるに足りる証拠はない。
(3)　後遺障害による逸失利益
　ア　原告 X_1 について

　㋐　上記1(5)、(6)の各事実から、原告 X_1 は、本件あまめしばの摂取による閉塞性細気管支炎により、労働能力の100％を喪失したものとみるのが相当である。

　　　原告 X_1 の呼吸困難は平成14年7月から次第に増強し、平成14年11月25日には閉塞性細気管支炎と診断され、呼吸機能が発病以前に回復することが期待できない状況となった（上記1(5)アの認定事実）から、同日をもって症状が固定したものと認めるのが相当である。

　㋑　原告 X_1 は、上記症状固定日である平成14年11月25日当時72歳と高齢で、無職であり、就業の蓋然性はなかった（弁論の全趣旨）から、原告 X_1 の後遺障害による逸失利益は認められない。

　　　この点、原告 A は、家事労働に従事していた旨を主張するが、原告 X_1 が、夫や家族のために家事に従事していたことを認めるに足りる証拠はなく、原告 X_1 の同主張は採用できない。

イ　原告 X_2 について

　㋐　上記1(5)、(6)の各事実から、原告 X_2 は、本件あまめしばの摂取による閉塞性細気管支炎により、労働能力の100％を喪失したものとみるのが相当である。そして、上記1(5)イの事実によれば、原告 X_2 の呼吸困難は、平成14年4月から次第に増強し、同年7月8日には酸素投与によっても呼吸機能が改善されない状況と認められたのであるから、閉塞性細気管支炎との診断前ではあるものの同日をもって症状が固定したものと認めるのが相当である。

　㋑　原告 X_2 は、上記症状固定日である平成14年7月8日当時50歳で、家事に従事していた（〈証拠略〉、弁論の全趣旨）から、平成14年賃金センサスの女性労働者50歳全学歴平均である371万1800円の7割に相当する259万8260円を基礎に、就労可能年数を17年とし、ライプニッツ方式により中間利息を控除し（ライプニッツ係数11.274）、これに上記労働能力喪失率を考慮して後遺障害逸失利益を算定すると、原告 X_2 の後遺障害による逸失利益は2929万2783円となる。

　　　371万1800円×0.7×11.274＝2929万2783円

ウ　被告 Y_1 は、原告 X_2 の逸失利益の算定には経営者としての実収入があり、また若年労働者ではないので実収入を基礎とすべきである旨主張するが、原告 X_2 が経営者として現実に収入を得ていたとしても、上記の基礎収入でもって逸失利益を算出すること自体不合理ではないから、被告 Y_1 の同主張は採用できない。

(4)　後遺症慰謝料

　　原告らの上記後遺症の内容、程度に加え、常時酸素吸入を継続していなければ生命を維持できないこと、その他本件記録に顕れた一切の事情を考慮すると、後遺障害による慰謝料は、原告らそれぞれについて2000万円とするの

が相当である。

(5)　弁護士費用

　　本件事案の性質、認容額等からすると、被告 Y_1、被告 Y_2 及び被告 Y_4 において負担すべき弁護士費用は、原告 X_1 について200万円、原告 X_2 について492万円をもって相当と認める。

●損害額認定の考え方●

　本件は、本書のテーマに関連する範囲で問題になるのは、健康食品について雑誌で効用を記載する記事を執筆し、掲載した医師の不法行為責任であり、健康食品を購入し、摂取した者が病気に罹患したため、食品の製造業者らとともに、医師に対しても損害賠償を請求した事案である。本件は、世上、各種の専門家がさまざまな商品につき効用を宣伝し、推薦する雑誌の記事を執筆し、放送で解説したりすることがあるところ、このような専門家の情報の提供が誤っていた場合における専門家の不法行為責任が問われた事件である。本件では、損害論としては人身損害が問題になったものである。

　本判決は、健康食品の効用を記載した記事を掲載した医師の義務違反を認め、逸失利益、慰謝料、弁護士費用の損害を認めたものであるが、このような事案につき専門家である医師の不法行為を肯定した判断は重要な事例判断を提供するとともに、このような医師の損害賠償責任の範囲として通常の人身損害を認めた事例としても参考になるものである。本判決のこのような判断は、同種の事案につき影響を与えるものと予想される。

　なお、本判決は控訴され、名古屋高判平成21・2・26裁判所 HP が公表されている。

29・2　脂肪吸引手術に関する医師の損害賠償責任

〔判　例〕　東京地判平成24・9・20判時2169号37頁
〔損害額〕　慰謝料200万円、弁護士費用20万円

【事件の概要】

　Yは、美容整形外科医院を開設する医師である。Xは、平成20年10月、平成21年1月、Aクリニックにおいて脂肪吸引手術を受けたが、本件医院のホームページを見て、ボディジェット方式による脂肪吸引に興味をもった。Xは、平成21年3月、本件医院に来院し、Yのカウンセリングを受け、両膝のボディジェット方式の脂肪吸引の提案を受け、手術の予約をした。Xは、同月、再度本件医院に来院し、大腿の脂肪吸引の追加を希望し、Yは、これを了承した。Yは、同年4月、予定されたとおり、両膝、大腿にボディジェット方式による脂肪吸引手術を行い、術後、Xは、帰宅した。Xは、その翌日、気分不快があり、自ら救急車を要請した後、意識を消失し、病院に救急搬送され、病院に入院する等して治療が行われたが、四肢麻痺、不随意運動等の後遺症（身体障害者等級1級の後遺障害）が残った。Xは、Yに対して、手技上の注意義務違反、術前の説明義務違反等を主張し、債務不履行、不法行為に基づき1億587万7798円の損害賠償を請求したものである。

●主張の要旨●

　本件で問題になった損害は、入院治療費（97万2420円）、付添看護費（81万9000円）、入院雑費（56万4000円）、通院治療費（3万円）、通院付添費（12万2100円）、通院交通費（4万9350円）、傷害慰謝料（358万2000円）、休業損害（794万3552円）、後遺症逸失利益（5408万8304円）、後遺症慰謝料（2800万円）、弁護士費用（961万7072円）である。

●判決の概要●

　本判決は、手技上の注意義務違反の主張については、これを裏づける証拠がないとし、説明義務違反の主張については、脂肪吸引による死亡ないし重度の後遺障害事例があることは、患者の自己決定において重要な情報であり、Yは、Xにこれを説明すべき義務があるところ、この危険性を説明しなかったとして説明義務違反を認め、Xが手術の危険性につき適切な説明を受けたとしても手術を受けなかった高度の蓋然性が認められないとしてXの障害との因果関係を否定し、自己決定権の侵害による慰謝料200万円の損害を認め、弁護士費用を20万円とし、請求を認容した。

判決文

(4)　争点(4)（説明義務違反と本件手術実施との因果関係）について

　　本件手術の事前説明において、被告の説明義務違反が認められ、本件手術と本件心肺停止との間に因果関係が認められることは、前記(2)及び(3)判示のとおりである。そこで、説明義務違反と本件手術の実施との因果関係について検討する。

　ア　被告には、術前の説明において、死亡や重度後遺障害に至る重大な合併症を生じさせる可能性があることについて説明すべき義務があるが、脂肪吸引に起因する死亡ないしは重度後遺障害の発生率については、死亡率についてのみ米国における調査があるものの、我が国においては、いずれも統計的な調査から明らかにされていない。このことからすると、死亡ないしは重度後遺障害の発生率について具体的な数値をもって示すことはできず、手術の危険性について説明を行うとしても、「極めて稀に、死亡ないしは重度後遺障害が生じる場合がある」というような説明となる。そして、このような手術の危険性について情報を提供した上であれば、被告が行っていたように、本件術式が従来の術式と比較して、身体的負担が少ない術式であるとの説明を行うこと〈証拠略〉も許容されると考えられる。そして、このような説明を受けた場合、脂肪吸引手術を受けることを希望して来院した患者にとって、上記した本件手術の危険性の認識が、手術を受けることについて重大な障害になると一般的に認めることはできない（なお、被告は、本件事件後、合併症の危険性について、ホームページ及び手術同意書に記載し、情報として提供しているが、実際には、患者がこれらの情報によって手術を受けることを躊躇することはないと供述している。）。特に、原告は、前提事実(2)アのように、本件手術以前に他院で二度に渡り脂肪吸引手術を受けたことがあり（このた

め、本件手術を受ける際には、脂肪吸引手術に安心感を持っていたことが推認できる。）、これらの手術で不十分と感じる部位の修正を希望して本件医院を訪れていることからすると、原告が、本件手術の危険性について上記のような適切な説明を受けたとしても、それが、本件手術を受ける上での障害となったは思われない。

イ　なお、原告の夫であるB証人は、被告が本件手術に危険性について説明していれば、原告はB証人に相談し、証人は本件手術を受けることに反対したと供述するが、前提事実(2)アのように、原告は本件手術以前に他院で二度に渡り脂肪吸引手術を受けたことがあるが、その際も、B証人には手術の実施について相談しておらず、仮に本件で手術の危険性について説明があったとしても、本件手術の実施について原告がB証人に相談したものとは認められない。

ウ　以上からすると、本件手術前に被告が、本件手術に付随する危険性について原告に対し説明を行ったとしても、原告が本件手術を受けなかった高度の蓋然性は認められない。

(5)　争点(5)（結果、損害の発生及び数額）について

上記のとおり、被告には、説明義務違反が認められるが、これによって原告の後遺障害等の結果が生じたものということはできない。

被告の説明義務違反により侵害された利益は、原告が本件手術を受けるにあたって、本件手術の危険性について十分な説明がされなかったことに係る手術選択における自己決定権に留まる。そして、被告においては、この点についての慰謝料支払義務が認められるべきであるが、その額は、本件に現れた諸般の事情を斟酌し、200万円をもって相当と認める。そして、これに弁護士費用20万円を加えた220万円が、本件説明義務違反により原告に生じた損害である。

●損害額認定の考え方●

本件は、過去に脂肪吸引手術を受けた患者がさらに新たな方法による脂肪吸引を希望し、美容整形外科の医師が脂肪吸引手術を行ったところ、その翌日、病院に救急搬送され、治療を受けたものの、重度の後遺症が残ったため、患者が医師に対して損害賠償を請求した事案である。本件では、医師の手技上の注意義務違反、説明義務違反の成否、損害の因果関係の有無、損害額等が争点になったものである。

本判決は、医師の手技上の注意義務違反を否定したこと、脂肪吸引手術による死亡、重度の後遺症の危険性の説明義務違反を肯定したこと、患者が手

術の危険性につき適切な説明を受けたとしても手術を受けなかった高度の蓋
然性が認められないとして患者の障害との因果関係を否定したこと、自己決
定権の侵害の範囲で因果関係を肯定したこと、損害として自己決定権の侵害
の慰謝料として200万円、弁護士費用として20万円の損害を認めたことに特
徴があり、美容整形である脂肪吸引手術に関する医師の説明義務違反を肯定
し、自己決定権の侵害の範囲で慰謝料の損害を認めた事例判断として参考に
なるものである。

30　専門家の責任(8) ——歯科医師の責任

 **30・1　審美的治療に関する歯科医師の損害賠償責任**

〔判　例〕　東京地判平成28・4・28判時2319号49頁
〔損害額〕　慰謝料30万円、弁護士費用 3 万円

【事件の概要】

　Y は、歯科医院を運営する歯科医師であり、A、B は、本件医院で勤務する歯科医師であった。X は、平成23年 7 月、本件医院を受診し、A に差し歯が曲がったことを訴え、A から 6 本キャンペーン（ 6 本まとめて治療すると割引を受ける内容）を紹介された。X は、A の提案に同意し、同年 8 月、A は、 6 本の差し歯の治療を行ったほか、他の 5 本の治療を行った。X は、平成24年 1 月、Y に A が一部の歯を連結したことに苦情を申し立てた。B が A に代わって治療を行うことになり、B は、同年 1 月、無料で差し歯治療を連結せずに治療を行った。X は、同年 9 月、別の歯科医院に通院し、歯科医師の治療を受けたが、歯肉炎、差し歯の脱落等の治療の不備を診断された。X は、Y に対して担当歯科医師の不適切な治療によって歯肉炎、差し歯の脱落等が起こり、事前の説明がないまま天然歯を削られた等と主張し、債務不履行に基づき治療費、慰謝料等498万8130円の損害賠償を請求したものである。

●主張の要旨●

　本件で問題になった損害は、①治療費（94万5000円）、②後医の治療費（254万3130円）、③慰謝料（100万円）、④弁護士費用（50万円）である。

●判決の概要●

　本判決は、Ｘの受診の目的は、差し歯の曲がったことの修補のみならず、全体の見た目をきれいにするものであったとし、歯肉炎、差し歯の脱落等については A、B の治療に責任があると認めるに足りる証拠はないとしたが、A が天然歯を削ったことは、審美目的の医療は、医学的必要性や緊急性が乏しく、患者の主観的願望を満足させるために行われるものであるから、医師は、通常よりも丁寧に説明し、患者が当該医療を受けるか否かにつき十分な情報を基に熟慮のうえ決断できるように配慮すべき義務を負うとし、本件では医学的には治療する必要のない天然歯であった等とし、説明義務違反があるとし、債務不履行責任を肯定し、損害として慰謝料として30万円、弁護士費用として 3 万円を認め、請求を認容した。

判決文

8　争点(8)（損害）について

　以上のとおり、争点(6)において A 歯科医師の説明義務違反を認めることができ、その余の争点において A 歯科医師及び B 歯科医師の注意義務違反を認めることはできないので、A 歯科医師の説明義務違反と因果関係のある損害の範囲について検討を加える。

　前記のとおり、原告は A 歯科医師から左上 4 番の差し歯治療について十分な説明を受けたものとは認められないものの、原告自身が全体の見た目をきれいにしたいという審美目的もあって本件医院を受診していたこと（前記 1）、原告が平成24年 1 月12日に被告に対して送付した文書に「一本だけを治療するところ、一気に六本直した方がきれいになる、と思いきって、左端の良い歯も差し歯にしたのですが」との記載があり〈証拠略〉、原告は左上 4 番が医学的に治療の必要のない天然歯であることを理解した上で差し歯治療を受けたと認められることからすれば、原告が A 歯科医師から十分な説明を受けていたとすれば左上 4 番の差し歯治療を受けなかったであろうという高度の蓋然性があるとはいえず、A 歯科医師の説明義務違反と現実に発生した結果との間に因果関係を認めることはできない。

　したがって、A 歯科医師の説明義務違反と因果関係のある損害としては、十分な説明を受けることができなかったことによる精神的苦痛に対する慰謝料及び弁護士費用のみが認められるというべきである。そして、原告は左上 4 番の切削後、同歯について冷水痛や咬合痛（これ自体は被告の注意義務違反又は説

明義務違反によって生じた損害とは認められない。）を訴えたために同年3月14日に抜髄するに至ったものの〈証拠略〉、その後は左上4番の咀嚼や咬合に特段の問題はないこと（弁論の全趣旨）など、本件における一切の事情を斟酌すると、慰謝料額は30万円、弁護士費用相当額は3万円が相当であり、損害額は合計33万円と認められる。

　よって、被告は、本件医院の開設者として、原告に対し、診療契約上の債務不履行に基づき、上記損害を賠償すべき義務を負う。

●損害額認定の考え方●

　本件は、差し歯の治療をきっかけにして歯科医院を受診した患者が歯全体の審美目的の医療を受けたが、歯肉炎、差し歯の脱落等のほか、天然歯が削られたため、患者が歯科医院の運営者（歯科医師）に対して損害賠償を請求した事案である。本件では、受診の目的、治療上の過誤の有無、説明義務違反の成否のほか、損害の範囲・額が争点になったものである。

　本判決は、本件の歯科医師への受診の目的が歯全体の審美目的であるとしたうえ、歯科医師らの治療上の過誤を認めるに足りる証拠がないとしたこと、審美目的の医療においては、医師は、通常よりも丁寧に説明し、患者が当該医療を受けるか否かにつき十分な情報を基に熟慮のうえ決断できるように配慮すべき義務を負うとしたこと、本件の天然歯を削ったことについては医学的に治療する必要のないものであるとし、歯科医師の説明義務違反を認めたこと、歯科医師の債務不履行責任を肯定したこと、損害として十分な説明を受けることができなかったことによる慰謝料として30万円、弁護士費用として5万円の損害を認めたことに特徴がある。本判決は、審美医療を目的とした歯科治療において歯科医師の天然歯を削ることに関する説明義務違反を認め、診療契約上の債務不履行責任を肯定し、その範囲の慰謝料等の損害を認めた事例判断として参考になるものである。

30·2 歯のインプラント治療において人工歯根を過度に埋設したことに関する歯科医師の損害賠償責任

〔判　　例〕　東京地判平成28・9・8判時2330号49頁

〔損害額〕　治療費10万3970円、通院交通費1万8930円、通院慰謝料
163万円、後遺障害慰謝料110万円、弁護士費用30万円

【事件の概要】

　歯科医師Yは、歯科医院を運営していたところ、X（会社の経営者）は、平成23年5月、Yの診察を受けた。Xは、Yとの間で、7本の歯につき代金合計257万2500円でインプラント治療を受ける歯科診療契約を締結した。Xは、Yから7本の歯につきインプラント治療を受けた。Xは、唇、口角その周辺の顔面等の感覚が麻痺する等の障害が残った。Xは、Yに対して人工歯根を埋入する際に下顎骨に過度に埋設した過失がある等と主張し、債務不履行に基づき治療費、慰謝料等合計2334万6523円の損害賠償を請求したものである。

●主張の要旨●

　本件で問題になった損害は、①治療費（19万3251円）、②通院交通費（6万5884円）、③通院慰謝料（163万円）、④休業損害（137万7724円）、⑤後遺障害慰謝料（290万円）、⑥逸失利益（1272万9664円）、⑦弁護士費用（330万円）である。

●判決の概要●

　本判決は、Xの麻痺の訴え、医師からオトガイ神経麻痺の診断を受けたこと、X線撮影の透過像等によってXの主張に係る右側オトガイ感覚神経感覚障害が残存していることを認め、本件後遺障害はYが人工歯根を過度に埋設したことによることを認め、Yの債務不履行を肯定し、損害につき治療

費として10万3970円、通院交通費として１万8930円、通院慰謝料として163万円、後遺障害慰謝料として110万円、弁護士費用として30万円の損害を認め（休業損害、逸失利益に関する主張は排斥した）、請求を認容した。

判決文

2　争点2（損害の発生及び額）について

　本件事故と相当因果関係を有する損害の額は、次の(1)ないし(3)、(5)及び(7)の合計315万2900円であると認められる。

(1)　治療費（薬剤費を含む）等　10万3970円

　〈証拠略〉及び弁論の全趣旨によれば、原告は、本件事故によって生じた症状に対する治療として、別紙1「治療費等一覧表」の「年月日」欄記載の日付に、「通院先」欄記載の病院又は薬局に通院等し、「治療内容」欄記載の治療等を受け、「金額」欄記載の治療費（又は薬剤費）合計19万3251円を支払ったことが認められる。

　ところで、原告は、原告の症状はいまだ固定していない等として、上記治療費等の全てが本件事故と相当因果関係を有する損害に当たると主張するが、①上記1(1)イ(ウ)のとおり、平成25年2月1日付けで作成されたA第一診断書には、原告の症状について、今後多少の改善は期待できるものの症状はほぼ固定したと思われる旨記載されていること、②その後約1年余り後に作成されたA第二診断書では、A第一診断書の記載中、「感覚異常」の後に「（びりびり感、張り付き感）」との語が挿入されたほか、本文末尾に「現症状は、食事や会話に支障をきたし、患者のQOLに影響を及ぼしている。」との記載が追加された点を除いてほぼ同一の内容が記載されており、A第一診断書作成時点から原告の症状に改善や変化があったことをうかがわせる記載がないこと、③原告は、平成23年10月11日から平成24年11月28日まで、○○歯科大学○○病院において、定期的に星状神経節ブロック注射、レーザー照射、点滴等の加療を受けていたが（上記1(1)イ(イ)）、その後、平成26年3月26日から○○医科歯科大学歯学部附属病院ペインクリニックに通院を開始するまでの1年余りの間、病院等における治療を受けていなかったこと（弁論の全趣旨）からすると、損害賠償請求が認められるための本件事故との相当因果関係という観点においては、A第一診断書が作成された平成25年2月1日をもって、症状は固定したものと認めるのが相当である。

　したがって、本件事故と相当因果関係を有する治療費等は、平成23年11月29日から症状固定日である平成25年2月1日（ただし、最後の治療日は平成24年11月28日）までの期間の○○歯科大学○○病院における治療費及び薬剤費の合計10万0820円（別紙1「No」欄1〜76）に、被告が損害となることを

争わない平成25年2月6日付けで支出した診断書料3150円（同77）を加えた合計10万3970円である。

(2) 通院交通費　1万8930円

　〈証拠略〉及び弁論の全趣旨によれば、原告は、本件事故によって生じた症状に対する治療として、別紙2「通院交通費一覧表」の「年月日」欄記載の日付に、「通院先」欄記載の病院（又は薬局）に通院等するために、「経路」欄及び「備考」欄記載のとおり、「金額」欄記載の交通費合計6万5884円を支出したものと認めることができる（ただし、被告から既に支払を受けた概算払の交通費4万5000円（前記第2の1「前提となる事実」(4)）に対応するとされる平成23年10月11日から同年11月25日までの間の○○歯科大学○○病院への通院に係る交通費については、計上しない。）。

　上記(1)のとおり、原告の症状は平成25年2月1日をもって固定したと認められるから、本件事故と相当因果関係を有する通院交通費は、本件事故後から同日までに支出した分に限り認めるのが相当であるところ、平成23年10月11日から、症状固定前の最終の通院日である平成24年11月28日までの間、○○歯科大学○○病院における通院加療に要した交通費は、合計5万2120円（別紙2「No」欄110～185）となる。

　ただし、原告は、平成23年10月11日から同年11月25日までの期間の交通費として、被告から4万5000円の支払を受けたことを自認しているところ、上記期間に要した交通費は、○○歯科大学○○病院に15回、そのうち1回は○○薬局にも赴いており、実際には1万1810円であったと認めることができるから〈証拠略〉、同差額である3万3190円は、上記通院交通費に充当される。

　したがって、本件事故と相当因果関係を有する通院交通費のうち、未払の額は、1万8930円（5万2120円－3万3190円）となる。

(3) 通院慰謝料　163万円

　原告は、本件事故の後、平成23年9月16日から症状固定までの平成25年2月1日まで、本件歯科医院及び○○歯科大学○○病院に通院したこと（ただし、最後の治療日は平成24年11月28日）、その通院間隔は、当初は週に約2回、平成24年5月頃以降は週に約1回というものであったことが認められ〈証拠略〉、その他本件に現れた一切の事情を考慮すると、通院慰謝料の額を163万円とするのが相当である。

(4) 休業損害　認められない。

　〈証拠略〉及び弁論の全趣旨によれば、原告は、A株式会社の代表取締役であること、平成23年度の給与所得は876万円であり、このほかに賞与等の支払は受けていないこと、上記給与額は前代表者と同じ額を踏襲して定められたものであること、本件事故を理由に給与等を減額されることはなかったことがそれぞれ認められる。

　以上の認定事実によれば、原告は、本件事故によって、現実に予定されて

いた給与等の収入が得られなかったとは認めることができないため、本件事故によって原告に休業損害が生じたと認めることはできない。

　この点、原告は、通院等のために行うことができなかった業務を通常の業務時間外に処理したとして、有給休暇を取得した場合と同様に休業損害が認められるべきであると主張する。しかしながら、上記のとおり、原告は株式会社の代表取締役であり、前代表者の給与を踏襲した所得を得ていることに照らせば、原告は一般的に有給休暇制度の対象とはならず、勤務時間の長さに応じた労務対価を得るような立場ではなく、財産的損害を被ったということはできない。原告が通院に相応の時間を要したことについては、上記(2)の通院慰謝料において評価されているというべきであるから、原告の主張はいずれにしても採用できない。

(5)　後遺障害慰謝料　110万円

　上記1(1)イ、ウ並びに〈証拠略〉及び弁論の全趣旨によれば、原告には、現在も本件後遺障害が残り、右側下顎部の周辺にびりびりとした不快感や、マットが貼り付いているような不快感、歯ブラシ等の物が当たったときの違和感があり、話す際や食事を取る際等の日常生活において不便を感じていること、本件後遺障害は各神経学的検査によって証明されており、また、CT検査によっても、インプラント埋入窩において神経が切断されていることを示す所見が得られていることが認められるが、他方、本件後遺障害は強い痛みや流涎を伴うものではなく、飲水の際に液体がこぼれるといった症状も現在はないこと、その他本件に現れた諸事情を総合考慮すると、本件後遺障害が残存したことによる慰謝料の額を110万円とするのが相当である。

(6)　逸失利益　認められない。

　本件後遺障害の内容は上記(5)のとおりであって、強い痛みや流涎を伴うものではなく、飲水の際に液体がこぼれるといった症状も現在はないこと、原告の業務において出席を要する飲食を伴う会合の際に食事を食べにくく、話しづらいといった支障が生じているものの、原告は、本件事故後に2回ほど同会合に欠席したほかは基本的には出席していること〈証拠略〉、原告は、本件後遺障害によって集中力を阻害されて作業効率が落ちている可能性があると述べるものの、作業時間が以前よりも掛かるようになったかということについては具体的には分からない旨を述べていること〈証拠略〉からすると、本件後遺障害が原告の労働能力に影響を及ぼしているとはいえず、上記(4)のとおり、本件事故前後で原告の現実の収入に変化を来していないこと、その他本件全証拠によっても本件後遺障害が原告の将来の就労及び収入に具体的な影響を及ぼすような事情は認められないことに照らせば、本件後遺障害により原告の労働能力が喪失したとは認められず、原告に本件事故による逸失利益があるとも認められない。

(7)　弁護士費用　30万円

　原告は、本件訴訟の提起・追行を原告訴訟代理人弁護士に委任し、その弁護士費用を支出していると認められるところ、本件の内容、訴訟の経緯等の諸般の事情を考慮すると、本件事故と相当因果関係のある弁護士費用の額は30万円と認めるのが相当である。

●損害額認定の考え方●

　本件は、歯科医師のインプラント治療を受けた患者〔会社の経営者〕が後遺障害が発生したと主張し、歯科医師に対して損害賠償を請求した事案であり、手として治療と後遺障害との因果関係の有無、会社の経営者としての損害の範囲・額が争点になったものである。

　本判決は、Ｘの主張に係る後遺障害と歯科医師の人工歯根の過度を埋設した治療との因果関係を認めたこと、歯科医師の診療契約上の債務不履行責任を肯定したこと、損害として治療費（10万3970円）、通院交通費（1万8930円）、通院慰謝料（163万円）、後遺障害慰謝料（110万円）、弁護士費用（30万円）を認め、休業損害、逸失利益の主張を排斥したことに特徴がある。本判決は、インプラント治療における歯科医師の債務不履行を肯定し、後遺障害に係る損害を認め、休業損害、逸失利益を認めなかった事例判断として参考になるものである。

31　専門家の責任(9)──獣医師の責任

 **獣医師のペット治療契約上の治療義務・説明義務違反に関する損害賠償責任**

〔判　例〕　名古屋高金沢支判平成17・5・30判タ1217号294頁

〔損害額〕　治療費 7 万円、慰謝料各15万円、弁護士費用 5 万円

【事件の概要】

　夫婦 X_1、X_2 は、犬（ゴールデンレトリーバー）を共有し、飼育していた。X_1 らは、平成11年 3 月頃、動物病院を経営していた獣医師 Y_1 に診療を依頼し、その後も何度か診療を依頼した。X_1 らは、平成14年 6 月、Y_1 に本件犬の左前腕部にあった腫瘍を切除する手術を依頼し、Y_1 が手術を施行し、Y_1 の妻 Y_2 が補助した。本件犬の腫瘍を病理組織検査を実施したところ、肉腫であることが判明した。本件犬は、平成14年 7 月、13歳 5 カ月で死亡した。X_1 らは、Y_1 らに対し、治療義務違反、説明義務違反等を主張し、債務不履行、不法行為に基づき治療費、慰謝料等の損害賠償を請求したものである。

　第 1 審判決（金沢地小松支判平成15・11・20判例集未登載）は、請求を棄却したため、X_1 らが控訴したものである。

●主張の要旨●

　本件で問題になった損害は、①治療費（18万5000円）、②薬剤購入費（12万5905円）、③慰謝料（各150万円）、④弁護士費用である。

●判決の概要●

　本判決は、腫瘍の生検を行うべき治療義務違反があり、また、腫瘍が悪性

であり、術後再発したときの危険性の説明義務違反があるとしたうえ、治療費として7万円、平均寿命を超え、悪性の腫瘍に罹患していたこと等から交換価値がないことを前提とし、大きな苦痛を与えることなく、平穏な死を迎えさせてやりたいと考えることもごく自然な心情であり、犬の治療方法を選択する自己決定権は十分尊重に値するとし、慰謝料として30万円、弁護士費用5万円を認め、第1審判決を変更し、請求を認容した。

判決文

(1) 治療費について

　被控訴人 Y_1 は、争点(1)及び(2)につき説示した限度で治療義務違反及び説明義務違反があったのであるから、これと相当因果関係のある控訴人らの損害を賠償すべき義務を負うところ、上記2(2)及び3(2)のとおり、控訴人らは、被控訴人 Y_1 のペット治療契約上の上記義務違反がなければ、本件犬に本件手術を受けさせることはなかったのであり、したがって、本件手術費、術後の当該術部に対する治療費を負担することもなかったのであるから、これらはいずれも相当因果関係のある損害というべきである。

　しかし、控訴人ら主張の治療費（合計18万5000円）に対応する治療期間（6月14日から7月24日まで）においては、被控訴人 Y_1 は、本件手術前から罹患していた後ろ足の関節症の治療のほか、本件手術における術部とは無関係な部位の治療を並行して実施していたものであり、また、本件手術に際しても、本件腫瘍以外の腫瘤の摘出を2か所行ったものであるところ、控訴人らの損害額の算定根拠とするカルテ〈証拠略〉の記載を見ても、これら他の治療費と本件手術を原因とする治療費とを判然と区別できず、他に被控訴人 Y_1 からの領収証の発行、ペット治療における診療報酬の一般的な基準の有無及び内容を認めるに足りない本件においては、民事訴訟法248条により、この点に関する控訴人らの損害額は7万円とするのが相当である。

(2) 抗がん剤等購入費について

　上記1認定事実によれば、被控訴人 Y_1 は、控訴人らに対し、抗がん剤の投与等はほとんど効果がなく、民間療法も気休めにすぎない旨説明していたにもかかわらず、控訴人らは、敢えて本件犬のために抗がん剤等を購入したものであるから、その購入費は控訴人ら独自の判断に基づく出捐であり、被控訴人 Y_1 の治療義務違反及び説明義務違反と相当因果関係があるとはいえず、他にこれを認めるに足りる証拠はない。

(3) 慰謝料について

　本件犬は、13歳5か月で死んだものであり、ゴールデンレトリーバーの寿命

は概ね10歳〈証拠略〉程度であることからすれば、相当の老犬であり、また、結果的にも悪性の腫瘍に罹患していたのであるから、血統証明書〈証拠略〉付きのものであるとしても、本件手術当時におけるその交換価値はほぼ皆無であったと推認される。しかし、本件犬は、その誕生間もないころから約13年間の長きにわたり控訴人ら家族の一員として共に暮らし、子供のいない控訴人らにとって本件犬は正に我が子のような存在であり、そのように可愛がってきたことが認められる〈証拠略〉。したがって、控訴人らにおいて、余命少ない本件犬に、大きな苦痛を与えることなく、平穏な死を迎えさせてやりたいと考えることもごく自然な心情であって、本件犬の治療方法を選択するに当たっての控訴人らの自己決定権は十分尊重に値するものということができる上、本件手術により本件犬の死期が早まったものと認められるから、上記自己決定権を侵害され、本件犬を早い時期に失ったことにより控訴人らの被った精神的苦痛は慰謝に値するというべきである。

　　以上の点のほか、本件に現れた諸般の事情を考慮し、控訴人らの被った精神的苦痛を慰謝するには控訴人１人当たり15万円（合計30万円）が相当である。

(4)　弁護士費用について

　　控訴人らが本件訴訟の提起及び追行を控訴人ら訴訟代理人弁護士に委任したことは記録上明らかであるところ、本件事案の内容、審理経過、認容額等の諸般の事情を考慮すると、上記の治療義務違反及び説明義務違反と相当因果関係のある控訴人らの弁護士費用は５万円と認めるのが相当である。

●損害額認定の考え方●

　本件は、獣医師が犬（当時、13歳５カ月）の腫瘍の切除手術を施行したところ、間もなく犬が死亡したため、飼い主が獣医師らに対して損害賠償を請求した控訴審の事案である。本件では、犬が死亡したのは悪性腫瘍によるものであること、犬が平均寿命を超えていたことに事案の特徴がある。

　本判決は、獣医師の治療義務違反、説明義務違反を認めたうえ、治療費、慰謝料（30万円）、弁護士費用の損害を認めたものである。本判決が治療費、弁護士費用を認めた判断はほかの裁判例にもみられるものであり、事例判断を加えたものである。本判決が慰謝料として30万円を認めた判断は、本件の犬の病状、犬齢に照らすと、高額にすぎるとの印象は否定できないが、ペットに対する価値観、社会的な通念の変化を反映したものと評価することができるものであり、議論を呼ぶ判断である。

32 専門家の責任⑽ ──カウンセラーの責任

32・1 夫婦間の紛争に助言したカウンセラーの 親権侵害に関する損害賠償責任

〔判　例〕　名古屋地判平成14・11・29判タ1134号243頁
〔損害額〕　慰謝料30万円

【事件の概要】

　X（夫）とAは夫婦であり、B（小学生）とC（保育園児）の子がいた。Xは、Aとの夫婦関係が破綻し、Aと別居し、B、Cを養育していた。Yは、女性を対象としたカウンセラーとして活動し、女性に対するシェルターを設置・運営する等していた。Aから相談を受けたYは、Aとともに、B、Cが通う小学校、保育園に赴き、B、Cを連れ去った。Xは、Yに対して、親権の侵害による不法行為に基づき慰謝料の損害賠償を請求したものである。

●主張の要旨●

　本件で主張された損害は、慰謝料（1000万円）である。

●判決の概要●

　本判決は、YがAによる子の奪取に同行し、加担したものであるとし、不法行為を肯定し、慰謝料を30万円認め、請求を認容したものである。

判決文

2　争点について
（1）　被告の行為の違法性の有無〈略〉

　　以上の検討によれば、Aの子供らの奪取行為に同行、加担した被告の行為は、被告が子供らを実力で奪取する方法に必ずしも賛成しておらず、当初はAに同行することを断っていたが、Aに懇願されて同行することになったことを考慮しても、違法であるといわざるを得ない。

(2)　原告の損害

　　被告の上記違法行為により原告の親権は侵害されたものであり、これにより原告が被った精神的苦痛に対する慰謝料の額は、Aが本件子供ら奪取行為に至った経緯、奪取行為の態様、被告の果たした役割等本件に顕れた一切の事情を考慮してこれを30万円と定めるのが相当である。

●損害額認定の考え方●

　本件は、カウンセラーが相談を受けた母親による子の奪取に協力し、父親から親権侵害の不法行為に基づき損害賠償を請求された事案であり、専門家のサービス過誤、親権侵害が問題になったものである。

　本件で問題になった親権侵害は、非財産的な権利・利益の損害であり、その性質上、被害者の精神的な苦痛の損害賠償が問題になるものであるが、その算定基準、慰謝料額の算定が重要な問題になるものである。

　本判決は、親権侵害を肯定し、本件の諸事情を考慮し、慰謝料として30万円を認めたものであり、裁判所における慰謝料算定の伝統的な手法を採用したものであり、一事例を加えるものであるが、その判断基準は明確ではない。

　本件と同種の近年の裁判例としては、①大阪地判平成9・7・28判タ964号192頁、②横浜地判平成11・2・26判タ1047号244頁がある。

第2章　加害行為に基づく損害額の認定・算定

1　善管注意義務・忠実義務違反

1・1　禁治産の後見人の不動産の廉価売却に関する善管注意義務・忠実義務違反に基づく損害賠償責任

〔判　例〕　東京地判平成11・1・25判時1701号85頁

〔損害額〕　鑑定評価額の90％と実際の売却価格の差額1042万円余、違約金1342万9000円

【事件の概要】

　聾唖者であるAは、昭和57年、禁治産宣告を受け、姉であるY₁が後見人に選任された。Y₁が後見人に選任された後、平成2年12月に辞任するまで財産目録を調整しなかったし（後見人の解任等の親族間の深刻な紛争が続いていた）、昭和60年、Aの所有土地をB有限会社に売却し、C株式会社との間でマンションの新築工事請負契約を締結したものの、契約を解約して違約金300万円を支払い、弁護士Y₂に対してAの関係する事件処理のために手数料等として500万円を支払った。Y₁に代わって後見人に選任されたDは、Y₁に対し、売買、違約金の支払等が後見人としての善管義務に違反すると主張し、不法行為、債務不履行に基づき土地の売却損につき損害賠償を請求し、Y₂に対して弁護士報酬につき

不当利得の返還を請求したものであるところ、後見人が D から E に交代し、平成 9 年10月、A が死亡し、養子である X が唯一の相続人として訴訟を承継したものである。

●主張の要旨●

本件で問題になった損害は、①土地の売却につき適正な取引価格の総額から実際の売却価格の総額の差額、②請負契約の解約による違約金である。

●判決の概要●

本判決は、Y₁ が低廉な価格であることを知りながら売却したものであり、後見人としての義務にほとんど注意を払っていなかった等とし、善管注意義務違反による不法行為を認め、鑑定評価額の90％と実際の売却価格の差額、請負契約の解約による違約金を損害と認め、Y₂ は財産目録の調整前にこれを知りながら弁護士報酬を受けたことは法律上の原因を欠くものであるとし、請求を認容した。

判決文

一　争点 1 （本件訴えの提起は訴権の濫用として無効かどうか。）について〈略〉
二　争点 2 （被告 Y₁ が、A の後見人として、本件各土地を売却したことが、A 本人に対する善管注意義務違反といえるかどうか。）について
　1 ～ 4 〈略〉
　5　そこで、被告 Y₁ の善管注意義務違反により A の被った損害について検討するに、鑑定の結果によれば、本件土地一の売却当時の評価額は2039万円、本件土地二は2172万円、本件土地三は1670万円であるところ、右認定の諸事情のほか、鑑定による時価評価額は、客観的な評価額ではあるが、後見人が不動産を売却する場合には、その評価額を多少下回ったからといって直ちに適正妥当な価格ではないということまではできないし、また、後見人が不動産を売却するのに通常要する費用、例えば本件においては F を介して本件各土地を売却しているが、F ではなく正規に仲介業者に依頼をして不動産を売却する場合の仲介手数料についてはこれを控除するのが相当であることに照らして考えると、A の被った損害については、右鑑定評価額から一割を減じた額とするのが相当である。

　　そうすると、本件土地一の鑑定評価額の 9 割は1835万1000円であり、実際

の売却価格は1500万円であったことからすると、本件土地一については335万1000円が損害額となる。同じように、同土地二の鑑定評価額の9割は1954万8000円であり、実際の売却価格は1600万円であったことからすると、同土地二については354万8000円が損害額となる。同土地三の鑑定評価額の9割は1503万円であり、実際の売却価格は1150万円であったことからすると、同土地三については353万円が損害額となる。

したがって、被告 Y_1 が本件各土地を低廉に売却したという善管注意義務違反によりAの被った損害は合計1042万9000円であるというべきである。

三 争点3 （被告 Y_1 が、Aの後見人として、本件マンション新築工事契約を締結した上、その後、右契約を中止して違約金を支払ったことが、A本人に対する善管注意義務違反といえるかどうか。）について

1 前記第二、一2の争いのない事実等、〈証拠略〉によれば、以下の事実が認められる。

㈠ 本件マンション新築工事契約の相手方であるCの代表取締役であるGは、Fの紹介で一度、被告 Y_1 の家に行ったが、その帰り道においてマンションを建てる予定とされている土地を見たが、右Gが、マンションの建設予定地を見たのはその一度だけであった。

その後、右Gは、Fに依頼されて、昭和60年2月5日、見積書を作成した。

㈡ Aの後見人である被告 Y_1 は、昭和60年6月7日、Cとの間で、本件マンション新築工事契約を締結したが、請負代金は5385万2580円とされ、契約成立時に1100万円支払うこととされた。被告 Y_1 は、本件マンション新築工事契約については、Fに全て任せていたものであり、契約書についてもFに言われるがままに署名しただけであった。

右契約締結の際、Fは、建設資金としてA所有のH銀行発行の1100万円の定期預金証書をCに渡し、さらに、右預金証書を担保に、A後見人の被告 Y_1 名義で500万円をCから借入れたが、実際にはこの500万円はFが全て費消した。

㈢ その後、Fや被告 Y_1 から、Cに対してマンション建設の話を持ちかけることは全くなく、新たに後見人となったDから本件マンション新築工事契約の処理につき異議が出されたので、平成3年3月13日、Fが、Cを訪問して右預金証書を現金にし、Fが200万円の企画料を取得した上、Cに対して300万円を違約金として支払った。

2 以上の事実に加え、前記第二、一争いのない事実等及び前記二で認定した事実を総合すると、被告 Y_1 は、Fがブローカーであることを知りながら、本件マンション新築工事契約について、漫然と全てFに任せていたこと、しかも、被告 Y_1 は契約当時、財産目録を調製せず、このことにつき合理的な理由はなかったこと、契約締結後、被告 Y_1 やFがCに対して実際に工事を進めるように依頼したことは全くなく、Aのためにマンションを緊急に建築する

必要性は乏しかったこと、最終的に、被告 Y₁ が後見人を辞任した後、F が C に対して違約金を300万円を支払うことにより本件マンション新築工事契約は中止になっていることが認められる。

　被告 Y₁ は、A の後見人として、被後見人である A の財産を善管注意義務をもって管理処分する義務を負い、被後見人名義で契約を締結する場合には、その契約が適正円滑に履行され被後見人の利益に沿うよう注意すべきものであるところ、右認定の諸事情からすると、被告 Y₁ は漫然と本件マンション新築工事契約の締結及び履行について F に任せ、そのため F が500万円の金融の利益ないし200万円の企画料名義の利益を得たほか、最終的に F が右契約について300万円の違約金を C に支払うことで右契約を中止するという事態になり、A に右違約金300万円の損害を被らせたということができ、被告 Y₁ の右行為は被後見人 A に対して負っている善管注意義務に違反し、被告 Y₁ は A の被った右損害300万円について不法行為責任を負うということができる。

●損害額認定の考え方●

　本件は、禁治産者の後見人が禁治産者の財産を廉価で売却したため、後に選任された後見人が善管注意義務違反を主張し、損害賠償等を請求した事案である。禁治産宣告制度は、現在は、成年後見審判制度に改正されているが、現在の制度の下でも本件と同様な事件が発生するおそれがある。禁治産者（成年被後見人）は、通常の判断能力を失っているものであり、後見人（成年後見人）が財産管理、代理をすることになるが、後見人が不正な管理をした場合には、後見人が善管注意義務違反による損害賠償責任を負うことになる。もっとも、後見人の監督は、後見監督人がある場合には、裁判所とともに後見監督人が行うことになるが、監督は必ずしも容易ではない。

　本判決は、後見人の土地の売却について廉価な売却であり、善管注意義務違反の不法行為を認め、鑑定評価額の90％と実際の売却価格の差額、請負契約の解約による違約金を損害と認めたものであり、先例の乏しい分野における事例判断として参考になる。不動産の廉価売却の損害賠償については、不動産価格の変更、不動産価格の評価の信頼性等の問題があるが、本判決はその算定事例としても参考になる。なお、本判決は弁護士の不当利得返還義務を肯定した事例としても、訴訟実務上参考になる。

1・2 迂回融資に関する会社の取締役の善管注意義務・忠実義務違反に基づく損害賠償責任

〔判　例〕　東京高判平成16・12・21判時1907号139頁
〔損害額〕　融資の回収のために購入した不動産の価値と代金との差額
　　　　　　6億8500万円

── 【事件の概要】─────────────────

　Yは、昭和28年、生命保険業を営むX相互会社の監査役に就任し、昭和29年、取締役に就任し、昭和39年、常務取締役に就任する等した後、昭和52年6月、代表取締役社長に就任し、平成7年7月、退任した。Yの一族は、A株式会社、B株式会社、C株式会社等によって資産を管理していたところ、資金繰りに困難を来したため、当時Yが代表取締役であったXは、平成2年7月、D株式会社に30億円を融資し、DがAに30億円を融資した。当時Yが代表取締役であったXは、平成5年3月、F株式会社に60億円を融資し、G株式会社に30億円を融資し、F、GがH株式会社に90億円を融資し、HがBに90億円を融資する等した。Xは、平成7年9月、Yの一族の資産管理会社であるI株式会社の所有に係る土地を93億4030万円で買い受け、その代金で90億円の各融資の弁済原資として利用し、90億円の融資を回収した（その後、不動産の価格が売買代金の価値に相当しないことが判明した）。Dは、破産宣告を受け、Dからの融資の回収ができなくなった。Xは、Yに対し、取締役としての善管注意義務違反、忠実義務違反を主張し、第1回目の融資につき20億2200万円の回収不能、第2回目の融資につき43億9000万円の不動産の価格の差額のうち、前者の損害の3億1500万円、後者の損害の6億8500万円の損害賠償を請求したものである。

　第1審判決（東京地判平成15・5・22判時1835号126頁）は、Y自身の利

益を図るため、自己の地位を利用して迂回融資を実行させたものであり、善管注意義務違反または忠実義務違反があったとしたうえ、D の破産により20億2200万円の回収不能の損害、不動産価格の価値がなかったことにより 6 億8500万円を超える損害を認め、請求を認容したため、Y が控訴したものである。

●主張の要旨●

本件で問題になった損害は、①迂回融資によって回収不能になった貸付金（20億2200万円の内金 3 億1500万円）、②迂回融資の回収のために行った売買契約の対象である不動産の価値の代金との差額（43億9000万円の内金 6 億8500万円）である。

●判決の概要●

本判決は、善管注意義務違反ないし忠実義務違反を認めたものの、迂回融資の回収不能については、迂回融資先のために代位弁済がされ、その後直接の融資先が破産した場合には、相当因果関係が中断したものであるとし、不動産の価値と代金の差額については、X が高すぎる不動産を購入したとして差額として 6 億8500万円以上の損害が認められるとし、第 1 審判決を変更し、6 億8500万円の範囲で請求を認容した。

判決文

1　〈証拠略〉によれば、以下の事実が認められる。〈略〉
2　本件融資 1 について（争点(1)〈本件融資 1 及び本件融資 2 の違法性〉及び(2)〈本件融資 1 と損害発生との因果関係（特に、○○○○スキームの評価）〉）
　(1)・(2)　〈略〉
　(3)　本件融資 1 に係る控訴人の善管注意義務等の違反
　　　前記(1)認定のとおり、本件融資 1 は、D を経由して A に融資することを目的としたものであり、被控訴人が D に対し本件融資 1 に係る貸付金の弁済を求めても、D 及び A への融資は一体のものとして、A から D への弁済が先行しなければ被控訴人へ弁済されないことを前提としていた融資であったものということができる。

　そして、被控訴人は、昭和58年及び昭和61年に大蔵省銀行局の検査を受け、そのいずれにおいても、PC（プライベート・カンパニー）に対する不適切な融資を是正すべきことを指摘されながら、控訴人はこれを放置し、本件融資1が行われる直前の平成2年3月末時点において、PC各社の借入総額は合計551億円余にも達して実質的に破綻していたこと、本件融資1の後も、被控訴人は大蔵省からPCに対する債務を回収すべきことを度々指摘されながら、○○○○スキームの策定に至るまで、ほとんど回収の実を上げることはできない状況にあったことに照らせば、DのAに対する融資については、債務者からの弁済が極めて懸念される状況にあり、ひいては、本件融資1自体、弁済について懸念が存在する融資であったものというべきである。

　控訴人は、上記のとおり大蔵省から被控訴人のPCに対する多額の融資を解消するよう度々指摘されていながら、控訴人と密接な関係にある太蔵実業に対しPCの破綻を回避するための救済資金を供給する必要から、上記のような事情の下で回収に懸念のある融資であることを認識しつつ、A、ひいては、控訴人自身の利益を図るために、自己の被控訴人における地位を利用して、被控訴人の事業目的とは無関係にその資金を流用すべく、被控訴人をして本件融資1を実行させたものということができ、控訴人には取締役としての善管注意義務ないし忠実義務に違反する行為があったものというべきである。

⑷　損害額

　Dは平成9年4月7日に破産宣告を受け、被控訴人は、Dの破産管財人に対して、一般破産債権85億5501万2666円（本件融資1に係る貸付金元金30億円、その利息480万8219円及び同月6日までの遅延損害金575万3424円、合計30億1056万1643円を含む同日現在の貸付金元金、利息及び遅延損害金の合計額）と劣後債権の債権届出を行い、管財人から、一般破産債権額の20％に当たる17億1100万2534円の中間配当を受け、一般破産債権残額は68億4401万0132円となった。

　その後、上記残債権は、その15.7％に当たる10億7793万1595円の対価で他に譲渡され、結局、残債権額の84.25％に当たる57億6607万8537円が回収不能となった。

　したがって、本件融資1については、30億1056万1643円の20％に当たる6億0211万2329円が配当され、残額24億0844万9314円についてその15.75％に当たる3億7933万0767円が回収され、84.25％に当たる20億2911万8547円が回収不能になったものということができ、同額の損害が生じているものである。

⑸　控訴人の善管注意義務等に違反する行為と損害との間の相当因果関係の有無について

　ア　被控訴人は、控訴人がDを介在融資先とする迂回融資を実行していなければ、その破産宣告の影響を受けることはなかったこと等からすると、控訴人の善管注意義務等に違反する行為である本件融資1とDが破産宣告を

受けたことにより回収不能となった金額の損害との間には相当因果関係があると主張する。

　前記認定事実によれば、本件融資 1 は、A に対する迂回融資の一環として実行されたもので、被控訴人が D に対し弁済を求めるためには、A から D への弁済が前提とされていたものであり、A の返済と D の返済が連動して行われることを予定していたものであるから、D が A から弁済を受けた場合には本件融資 1 に係る貸付金も直ちに弁済されることが予定されていた融資であることが認められる。このことからすると、前記 1 ⑮認定のとおり、○○○○は、平成 7 年 9 月29日、D に対し A の債務を代位弁済して完済したのであるから、この段階では、被控訴人は、D から本件融資 1 に係る貸付金の弁済を受けるについて制約となる特段の事情がない限り、その弁済を受けるべきであり、その弁済を受けない間に D が破産したことにより損害を被ったとしても、この損害は被控訴人が回収を怠ったことによるものであって、控訴人の善管注意義務等に違反する行為である本件融資 1 と D が破産宣告を受けたことにより回収不能となって生じた損害との間の相当因果関係は中断したものというべきである。

イ　この点、前記 1 ⑯認定のとおり、被控訴人は、D との間に、他の金融機関との協調支援に伴い貸付残高を維持する合意が成立していたため、被控訴人が D から本件融資 1 に係る貸付金の弁済を受けた場合には、本件融資 1 の貸付残高と同一額の再貸付けを行う必要があり、その再貸付けについて、D との間に、貸付け条件は従前と同一とし、△△△△信用銀行が保証するとの合意が成立していたところ、D は、保証人となるべき△△△△信用銀行からの要請を受けて、被控訴人に対し再貸付についての金利を当時の貸付利息（年4.5％）から長期プライムレート（年2.6％ないし3.2％で推移）に引き下げることを求めたため、従前の合意に従って従前の金利と同率とするよう交渉していたことを指摘する。

　しかし、①本件融資 1 に係る貸付けと他の金融機関との協調支援による貸付残高を維持するための再貸付けは本来別個のものであり、このため再貸付けに当たっては日本債券信用銀行の保証が付けうれることになったものといえ、②○○○○が○○○○スキームに基づいて D の A に対する貸付金について代位弁済を行ったのは本件融資 1 などの PC に対する巨額迂回融資を早期かつ包括的に解消するための一環であったものであり、③本件融資 1 の貸付金利は貸付当初から長期プライムレートを基準として合意及び変更されてきた上、D が平成 6 年度から継続して金融支援を要請した際、借入金の適用金利については長期プライムレートを適用することを求め、被控訴人も要請を受け容れて金融支援を継続していたものであり、再貸付けの際の貸付金利を従前の金利と同率とする合意も被控訴人と D の各担当者間の合意を超えて控訴人の意向で○○○○スキームに基づく代位弁済と

絡めて合意したとまで認めるに足りる証拠はない。そうすると、再貸付けの貸付金利の交渉は、被控訴人が、○○○○スキームに基づく本件融資1の回収とは別個に、金利収入の獲得を優先するという経営上の判断から行ったものにすぎず、その金利問題を解決するため交渉をすることはともかく、Dから本件融資1に係る貸付金の弁済を受けるについて1年以上も制約されなければならない特段の事情があったとはいえない。そして、他に、前記特段の事情があったというべきことをうかがわせる事情は見当たらない。

　そうすると、控訴人の善管注意義務等に違反する行為である本件融資1とDが破産宣告を受けたことにより回収不能となって生じた損害との間に相当因果関係を認めることはできないというべきである。

3　本件融資2について（争点(1)〈本件融資1及び本件融資2の違法性〉及び(4)〈本件融資2による損害発生の有無及び損害額〉）

(1)・(2)　〈略〉

(3)　本件融資2による損害額

　前記第2の3(4)イ認定のとおり、被控訴人は、本件融資2に係る貸付金を回収するため、平成7年9月25日、Hに対する担保提供者であるIから本件土地を代金93億4030万円で買い受け、上記代金を支払い、Bは被控訴人から受領した売買代金によってAに代位してHに弁済し、同社はFに弁済し、F等は被控訴人に対し、本件融資2に係る貸付金の元本及び利息を弁済した。

　本件融資2について全額が弁済されているから、直接の回収損は生じていない。

　しかし、前記認定事実によれば、上記の弁済の仕組み自体、被控訴人が、大蔵省からPC問題の早期解決を度々要請された結果、本件融資2の迂回融資先であるAによる弁済も期待することができない追い詰められた状況の下において、被控訴人のPC問題の表面化による被控訴人の信用悪化のほか関係各方面の混乱を避けるために、Y一族の資産管理会社であるIが担保提供していた本件土地を活用することとして、いわば本件融資2を解消するための方便として急ぎ考案された構想というべきものであり、これを実行するため、本件土地の代金を、Iに譲渡所得税が賦課されず、本件融資2の残金の弁済及び土地売買に伴う諸費用を賄うに足りる93億4030万円としてIから買い受け、代金を交付したことが認められる。これらの事情に照らせば、被控訴人は、業務上の観点から本件土地を相当な価格を査定して買い受けたのではなく、その価格差が損失となることを認識しながら、PC問題の一つである本件融資2を解消するため余儀なく残債務額を超える便宜的な価格を設定し、高価過ぎる対価で買い受けさせられ、当該売買代金によって本件融資2に係る貸付金の元本及び利息の弁済を受ける操作をしたものということができる。そうすると、被控訴人は、本件融資2により、本件土地の購入費用と本件土

地の通常の取引価額との差額から、被控訴人が本件融資 2 によって得た利益を差し引いた金額に相当する損害を被ったものというべきである。

　そして、〈証拠略〉によれば、被控訴人が本件土地を買い受けた平成 7 年 9 月25日時点において、その現況は 2 層の自走式貸駐車場であるが、更地としての正常価格は43億7000万円、隣地所有者である被控訴人が取得する場合の更地としての限定価格でも46億1000万円に過ぎないことが認められ、その後、本件土地の価額が上昇したことを認めるに足りる証拠もない。前記のような本件土地の売買は、買主である被控訴人の債権回収の都合上なされたものであり、かつ、隣地所有者が元からの自己所有地の効用を高め得るためになされたのであるから、通常の不動産取引の場合でも売主主導の売買価格になり易いことにかんがみると、不動産鑑定評価上の正常価格より 1 割ないし 2 割高い価格で取引きされることも通常あり得ることである。そうすると、上記の正常価格43億7000万円の1.2倍余りの52億4400万円までの価格の売買取引であるならば取引通念上不当に高価過ぎると非難することはできないが、取引通念上想定される実勢価格を40億円も超過する価格での売買取引は、その超過の限度で不当に高価過ぎる取引であるといわなければならない。したがって、控訴人は、不法な本件融資 2 を解消するために、被控訴人に対し、不当に高価に本件土地の買入れをすることを余儀なくさせ、少なくとも40億円を下らない損害を被控訴人に被らせたというべきである。以上によれば、被控訴人が、本件融資 2 を解消するために、40億円の損害を被ったことは明らかである。

　なお、被控訴人の鑑定書による評価（〈証拠略〉）は、当時の本件土地周辺の取引事例を集積し、評価対象地の個別的要因に基づく格差修正を行い、被控訴人所有の隣接地との併合評価をも行って算定されていることをみると、上記評価は不自然、不合理なものということができない。

　この点、控訴人は、本件土地の買取りに当たり、代金94億1061円での売買について、国土利用計画法による不勧告通知を受けていたものであり、売買価格が不当に高額でないことについて公的認証を得ていた旨主張する。

　しかし、平成 7 年当時、国土利用計画法による勧告制度は、著しく不相当な価額及び利用目的による土地売買等を監視することを目的としていたもので、都道府県知事（指定都市においては指定都市の長）に土地売買の契約について届出をさせて売買価格を監視するのは、著しく高い価格による土地取引が適正な土地利用に支障を与えることを防止することを主たる目的として売買価格が公示価格を基準として算定した相当な価格に照らし著しく適正を欠く価格となることを規制するためであり、当該土地の価格を一般の不動産市場において任意の相対取引により形成される実勢価額を基準として規制しようとしたものではないから、国土利用計画法による不勧告通知を受けたことをもって、直ちに当該価額が正常な価額であることはもちろん、不当に高

　額でないということはできない。また、前記1⒄認定のとおり、福岡市長は、本件土地の相当価格をそれ単独ではなく、被控訴人が所有する隣接地（表地）と併合して一体利用地とした場合のものとして算定し、これに更に上限率120％を乗じた上限価格のうちの面積比1平方メートル当たり467万2809円のみが届出に係る売買予定価格である1平方メートル当たり460万5225円を上回るため不勧告としたものであるから、売買価格として、福岡市長の算定する相当価額は75億3511万円となり、被控訴人が買受けた価格は約20億円以上高価過ぎることが認められる。そうすると、結局、被控訴人が、本件融資2に関連して本訴において損害賠償を求める6億8500万円を上回る損害を被ったことになることに変わりはない。

　また、控訴人は、被控訴人は取締役会の自由な判断に基づき本件土地を代金93億4030万円で購入することを決定したものであるから、控訴人には責任がない旨主張するが、前記のとおり、上記決定は、到底、被控訴人の取締役会の自由な判断に基づいて行われたものということはできないから、控訴人の上記主張も失当である。

　さらに、控訴人は、被控訴人が破綻した後に、後付でなされた鑑定評価額を唯一の根拠として、その差額は被控訴人において未回収であるとして控訴人に対し損害賠償請求することは信義則に反すると主張するが、被控訴人の鑑定書（〈証拠略〉）が被控訴人が破綻した後の平成12年6月30日に鑑定評価して作成されたからといって、これを証拠として損害賠償請求することが信義則に反するということはできない。

4　以上によれば、被控訴人の本訴請求は、本件融資2により被った損害の内金6億8500万円及びこれに対する訴状送達の日の翌日である平成12年7月26日から支払済みに至るまで民法所定の年5分の遅延損害金の支払を求める部分については理由があるから、これを認容すべきであるが、その余の請求は理由がなく棄却すべきである。

●損害額認定の考え方●

　本件は、相互会社の代表取締役がその地位を利用して、一族の資産管理会社のために迂回融資をさせたため、相互会社が退任後の代表取締役に対して損害賠償を請求した控訴審の事案である。本件は、代表取締役の善管注意義務違反、あるいは忠実義務違反は比較的容易に認定・判断が可能であるが、迂回融資であるため、損害の範囲が問題になったものである。

　本判決は、迂回融資につき代表取締役の善管注意義務違反ないし忠実義務違反を認めたが、直接の融資先の破産による回収不能については本件の事情

の下では相当因果関係が認められないとし、損害賠償責任を否定し、他方、融資の回収のために購入した不動産の価値と代金との差額については損害であることを認めたものであり、いずれの判断も実務上議論を呼ぶ事例判断であるということができる。迂回融資の場合には、直接の融資先、迂回融資先という複数の取引関係者がいるため、融資の回収が不能になった場合、どのような要件の下でどの範囲の損害の発生が認められるかは必ずしも判断が容易ではない。本判決は、直接の融資先の破産という事態が生じたとしても、融資不能の損害を認めなかったものであって、実務上議論の対象になる判断である（なお、本判決は、相当因果関係の中断を認めたものであるが、因果関係の中断を理論的に否定する見解が多数であることにも留意すべきである）。

　また、本判決は、迂回融資の回収のために本来の価値を超える不動産を購入したことにつき損害の発生を認めたものであり、この判断は相当因果関係を広く解したと評価することができ、この意味で事例判断として参考になるものである。

2　安全配慮義務違反

 **2・1** **地方自治体の職場における受動喫煙による安全配慮義務違反に基づく損害賠償責任**

〔判　例〕　東京地判平成16・7・12判時1884号81頁
〔損害額〕　慰謝料 5 万円

【事件の概要】

　東京都の Y 特別区の職員 X は、平成 7 年 4 月に採用され、各種の職場に配属された。Y の各事務室は、平成 7 年 4 月当時は、職員が自席で喫煙することが許されていたが、平成 7 年10月頃、喫煙場所が設置される等した。X は、平成 7 年 6 月頃以降、血痰・咽頭痛等に悩まされた。X は、Y に対し、職場を完全に禁煙にするか、喫煙場所の換気を別系統にすべきであると主張し、安全配慮義務違反による債務不履行、不法行為に基づき慰謝料、治療費の損害賠償を請求したものである。

●主張の要旨●

　本件で問題になった損害は、①受動喫煙による治療費、②慰謝料である。

●判決の概要●

　本判決は、施設の状況に応じ、一定の範囲で受動喫煙の危険性から職員の健康等を保護すべき安全配慮義務を負っていたとし、本件では、X につき非喫煙環境下での就業が望ましいなどの記載のある医師の診断書を提示した平成 8 年 1 月より前においては安全配慮義務違反はなかったが、それ以降は安全配慮義務違反があったとし、この義務違反と相当因果関係にある精神的苦

痛に対する慰謝料は 5 万円であるとし（特定の症状との間の因果関係の主張は排斥した）、請求を認容した。

判決文

2　争点(2)〈原告には、上記の安全配慮義務違反による損害が認められるか〉について
(1)　〈略〉
(2)　そこで、被告の安全配慮義務違反と相当因果関係にある慰謝料について検討するに、前記説示のとおり、原告が、平成 8 年 1 月12日に、A 課長に対し、原告について受動喫煙による急性障害が疑われ、症状等より、今後、同様の環境下では健康状態の悪化が予想されるので、非喫煙環境下での就業が望まれることなどが記載された医師の診断書を示し、配慮を求めたのであるから、被告は、受動喫煙による急性障害が疑われる原告を受動喫煙環境下に置くことによりその健康状態の悪化を招くことがないよう速やかに必要な措置を講ずるべきであったにもかかわらず、同年 4 月 1 日に原告をその希望に沿って異動させるまでの間、特段の措置を講ずることなく、これを放置し、その間、原告において眼の痛み、のどの痛み、頭痛等が継続していたというのであり、かかる義務違反の態様に加え、これにより原告の被った精神的肉体的苦痛の内容、程度、期間等本件に顕れた諸般の事情にかんがみれば、原告に対する慰謝料の金額としては 5 万円をもって相当と認める。

●損害額認定の考え方●

本件は、区役所の職員が職場における受動喫煙に健康被害を主張し、安全配慮義務違反に基づき健康被害の損害賠償を請求した事案であり、時代の特徴を反映した事件である。本件では、職場における自由な喫煙が認められていた時期から、喫煙場所が設けられた時期に移行した間に受動喫煙につき安全配慮義務違反の有無が重要な争点になったものである。

本判決は、受動喫煙による被害を示唆する医師の診断書が提示された後の安全配慮義務違反を認めたものであるが、この判断は比較的広く安全配慮義務違反を認めたものと評価することができる。

本判決は、この安全配慮義務違反による慰謝料として 5 万円を認め、個別特定の症状と受動喫煙との因果関係を認めなかったものであるが、受動喫煙

による健康被害の慰謝料を肯定した事例判断として参考になる。

2・2　うつ病による自殺に関する雇用契約上の安全配慮義務違反に基づく損害賠償責任

〔判　例〕　長崎地判平成16・9・27判時1888号147頁
〔損害額〕　慰謝料2000万円

【事件の概要】

　A（昭和17年生まれ）は、新聞を発行するY株式会社に勤務し（労働組合の非組合員であった）、制作局の幹部従業員であった（平成9年7月当時は、制作局次長であった）。Aは、平成8年8月から平成9年7月までの間、長時間にわたる労働が続き、その間の夜間出勤は、月平均7.5日、休日出勤は、月1.3回である等であった。Aは、平成9年7月28日、長崎市内で自殺した。その後、労働基準監督署は、本件自殺を労働災害と認定し、遺族補償年金の支給決定をした。Aの妻Xは、相続人間の協議により、Yに対する損害賠償請求権を取得し、Yに対し、Aが超過勤務によりうつ病に罹患したと主張し、安全配慮義務違反により6594万円の損害賠償を請求したものである。

●主張の要旨●

　本件で問題になった損害は、①退職金残金4594万円（2297万円の退職金は、受領済みであるが、労働組合との労災協定による三倍規定が適用されるべきであるかが問題になった）、②慰謝料3000万円、③Xの固有の慰謝料3000万円（②の予備的請求である）である。

●判決の概要●

　本判決は、Aが勤務によってうつ病に罹患し、うつ病により自殺したことを認め、雇用契約上の安全配慮義務違反を肯定したうえ、①の損害については、三倍規定が適用されないとし、②の損害は、慰謝料3000万円を認め、予備的請求である③の損害は判断しないとし、特別弔慰金1000万円を慰謝料

から控除し、2000万円の範囲で請求を認容した。

判決文

1 　争点(1)（被告は、債務不履行責任を負うか。）について〈略〉
2 　争点(2)（被告は、不法行為責任を負うか。）について〈略〉
3 　争点(3)（原告と被告との間には、雇用関係に準じた法律関係が発生するか。）について〈略〉
4 　争点(4)（過失相殺が認められるか。）について〈略〉
5 　争点(5)（Aに本件三倍規定の適用があるか。）について〈略〉
6 　争点(6)（被告が、Aに本件三倍規定の適用を否定することは信義則違反か。）について〈略〉
7 　争点(7)（慰謝料の額）について
 (1) 　Aの慰謝料の額について（不法行為に基づく請求及び安全配慮義務違反に基づく請求の場合）
 　　Aは、被告のために一生懸命稼動していたにもかかわらず、被告が本件事件を防ぐための措置をとらず、そのため、本件事件が引き起こされたことからすると、Aの慰謝料額は、3000万円とするのが相当である。
 (2) 　原告固有の慰謝料の額について（不法行為に基づく請求の場合）
 　　本件の場合、A個人の慰謝料請求（主位的請求）が認められる以上、原告固有の慰謝料（予備的請求）の額については、判断しない。
8 　争点(8)（損益相殺）について〈略〉

●損害額認定の考え方●

　本件は、会社の従業員が自殺したことによる雇用契約上の安全配慮義務違反に基づく損害賠償額が問題になった事案である。

　近年は、本件のような雇用の場における自殺は、雇用システムの変更、リストラ、成果主義、パワハラ等の横行等によってメンタルヘルスの問題が現実化し、拡大し、深刻の度を深めつつあるようである。雇用関係においては、使用者（企業）は、労働者に対して安全配慮義務を負っており、安全配慮義務違反による損害賠償責任を負うことになる（その性質は、債務不履行責任ということができるが、不法行為責任としての性質も合わせもつものである）。雇用の場において労働者が自殺した場合、自殺につき業務起因性が認められ、労

災認定を受けることができるかが重要な問題になっていたところ、自殺につき労災認定がされるようになっている（本件でも、A の自殺につき労災認定を受けている）。

　使用者が労働者の自殺につき安全配慮義務違反が問われるかについては、議論があるし、事案にもよるところがあるが、最二小判平成12・3・24民集54巻 3 号1155頁、判時1707号87頁、判タ1028号80頁は、「労働者が労働日に長時間にわたり業務に従事する状況が継続するなどして、疲労や心理的負荷等が過度に蓄積すると、労働者の心身の健康を損なう危険のあることは、周知のところである。労働基準法は、労働時間に関する制限を定め、労働安全衛生法65条の 3 は、作業の内容等を特に限定することなく、同法所定の事業者は労働者の健康に配慮して労働者の従事する作業を適切に管理するように努めるべき旨を定めているが、それは、右のような危険が発生するのを防止することをも目的とするものと解される。これらのことからすれば、使用者は、その雇用する労働者に従事させる業務を定めてこれを管理するに際し、業務の遂行に伴う疲労や心理的負荷等が過度に蓄積して労働者の心身の健康を損なうことがないよう注意する義務を負うと解するのが相当であり、使用者に代わって労働者に対し業務上の指揮監督を行う権限を有する者は、使用者の右注意義務の内容に従って、その権限を行使すべきである」と判示し（判例評釈として、小畑史子・民商130巻 2 号174頁、高橋眞・判評502号46頁（判時1725号230頁）、瀬川信久・判タ1046号72頁、西村健一郎・労判783号 6 頁、樫見由美子・ジュリ1202号71頁がある）、自殺につき使用者の責任を肯定し、以後、重要な先例になっているところである。

　自殺による損害賠償額が問題になる事案としては、雇用の場だけでなく、交通事故等の事故後に精神的な負荷等が生じて自殺し、その自殺と事故との間の因果関係の存否、損害額の算定等が問題になることがある。

　本件は、前記のとおり、雇用の場においてうつ病に罹患し、自殺した事案であり、自殺による損害額が問題になり、本判決は、慰謝料を肯定し、慰謝料として3000万円を認めたものである。本件のような事案につき自殺の損害

を慰謝料として取り扱い、その額を3000万円と算定することは、比較的多く
の事例で判断されているものである。

　雇用の場における労働者の自殺につき企業の責任が問題になり、損害額の
算定が争点になった裁判例としては、①東京地判平成8・3・28判時1561号
3頁、判タ906号163頁（肯定事例）、②東京高判平成9・9・26判時1646号44
頁、判タ990号86頁（肯定事例。前掲・東京地判平成8・3・28の控訴審判決）、
③札幌地判平成10・7・16判時1671号113頁（肯定事例）、④大阪高判平成10・
8・27判時1685号41頁（肯定事例）、⑤広島地判平成12・5・18判タ1035号285
頁（肯定事例）、⑥浦和地判平成13・2・2判時1774号154頁、判タ1107号226
頁（肯定事例）、⑦和歌山地判平成14・2・19判タ1098号189頁（肯定事例）、
⑧広島地判平成15・3・25判時1828号93頁（否定事例）、⑨大阪地判平成17・
2・21判時1889号75頁（否定事例）、⑩京都地判平成17・3・25判時1895号99
頁（肯定事例）、⑪東京地判平成17・3・31判タ1194号127頁（肯定事例）等が
ある。

3　債務不履行責任

3·1　ゴルフ会員の不平等な取扱いに関するゴルフ場経営会社の会員契約の債務不履行に基づく損害賠償責任

〔判　例〕　大津地判平成13・9・26金判1132号43頁
〔損害額〕　会員権の時価と預託金額の差額100万円

【事件の概要】

　Y株式会社は、ゴルフ場を経営しているが、Xら（合計12名）は、Yに預託金を支払って会員契約を締結した。Yは、平成6年12月、既存のゴルフコース（東コース）に隣接した西コースの建設を計画し、新会員を募集した。Yは、平成9年8月、西コースの建設工事を開始し、同年9月、既存の会員に対して200万円の追加預託金の支払いを求めた。Yは、平成12年以降、西コースで開催する競技会に追加預託金を支払わない会員の参加を拒否し、名義書換えを停止し、追加預託金を支払った会員に年会費を値引きする等した。Xらは、Yに対し、不利益な取扱いが債務不履行にあたると主張し、会員契約を解除し、預託金の返還、解除時点における会員権の時価と預託金の差額相当の損害賠償を請求したものである。

●主張の要旨●

　本件で問題になった損害は、会員権の時価と預託金の差額の損害である。

●判決の概要●

　本判決は、ゴルフ場経営会社による既存会員に対する不利益な取扱い等が

会員契約上の債務不履行にあたるとし、会員契約の解除を認め、預託金の返還、会員権の時価と預託金額の差額を損害とし、請求を認容した。

判決文

1　原告らは、被告が名義書換えを停止する直前の本件クラブの会員権の相場は200万円前後であり、被告が当時450万円で、その後400万円で会員募集をしていることからすると、原告らが有する本件クラブの会員権は、原告らが本件クラブの会員契約を解除した時点でも、200万円を下らない価格で売却できたものであると主張する。

2　しかし、〈証拠略〉によると、①平成9年以降も、ゴルフ会員権の価格は全体として下落傾向にあること、②平成9年8月当時のゴルフ会員権の相場は、皇子山が220万円ないし230万円、オレンジシガが210万円ないし220万円、本件クラブが190万円ないし200万円であったこと、③平成9年12月当時のゴルフ会員権の相場は、皇子山が200万円、オレンジシガが180万円であったこと、④平成11年6月当時のゴルフ会員権の相場は、皇子山が180万円、オレンジシガが120万円、本件クラブが100万円であったこと、⑤同年12月当時のゴルフ会員権の相場は、皇子山が130万円、オレンジシガが120万円であったこと、以上の事実が認められ、同事実によると、原告らが本件クラブの会員契約を解除した平成12年4月時点で本件会員権の客観的交換価値は厳密に確定することはできないものの、100万円程度とみるのが相当であると考えられる。

●損害額認定の考え方●

　本件は、ゴルフ場経営会社がゴルフコースの増設を計画し、既存会員に対して追加預託金の支払いを求め、支払いに応じない会員に支払いに応じた会員と比べて不利益な取扱いをしたため、既存会員が会員契約を解除し、会員権の時価と預託金額の差額につき損害賠償等を請求した事案である。本件では、会員契約の債務不履行による損害賠償額が問題になったものである。

　本判決は、既存会員に対する不利益な取扱いが会員契約上の債務不履行にあたるとし、会員契約の解除を認めたうえ、預託金の返還を認めるとともに、会員権の時価と預託金額の差額が損害にあたるとしたものである。本判決が認めた会員契約上の債務不履行による損害は、同種の会員権につき妥当する可能性のある判断であり、参考になるものである。

3・2　従業員の雇用契約上の債務不履行による損害賠償責任

〔判　例〕　東京地判平成15・10・29判タ1146号247頁
〔損害額〕　債権の回収不能額の約 4 分の 1 相当200万円

【事件の概要】

　X は、昭和47年 3 月、各種機械設備の設計・制作・施工を業とする Y 株式会社に入社し、平成11年以降、Y の東京本社営業 1 部営業 3 課長であった。Y は、顧客18社に対して2100万円余の売掛金債権を有しており、X が担当課長として回収の業務を担当していたが、早期回収を図るように注意を受けていたものの、回収しなかった（800万円余の回収不能が生じた）。X は、平成14年 5 月、Y を退職する旨の意思表示をしたが、同年 6 月、就業規則所定の信用失墜を理由に懲戒解雇された。X は、Y に対し、退職金、未払いの賃金の支払い、損害賠償を請求したところ、Y が反訴として X の職務怠慢によって債権回収が不能になったと主張し、損害賠償を請求したものである。

●主張の要旨●

　本件で問題になった損害は、反訴における債権の回収不能による損害である。

●判決の概要●

　本判決は、X が請求書を提出しなかったことは過重な労働環境にも一因があり、債権回収不能額のすべてが請求書未提出と因果関係があるわけではなく、上司の責任でもあるが、上司は何らの処分を受けず、昇進している等とし、懲戒解雇事由を否定し、X の本訴請求を認容するとともに（損害賠償請求については、200万円の慰謝料を認めた）、反訴については、Y の主張する回収不能額の約 4 分の 1 である200万円を賠償させるのが相当であるとし、反

訴請求を認容した。

判決文

ア　被告は、原告がその担当する顧客先18社、153案件、合計2134万1500円について請求書を作成交付することを怠ったため、813万9675円が回収不能になったとを踏まえ、当該債権回収不能は、原告が債権回収業務を怠ったために発生したとして、同額の損害賠償請求をする。

イ　確かに、前記(1)によれば、原告は、顧客先に対する債権回収も業務内容の一つであるところ、長期間にわたってその担当する顧客先18社、153案件、合計2134万1500円について請求書を作成交付することを怠った行為は、被告に対する債務不履行と評価することができ、当該債務不履行と相当因果関係のある損害のうちある部分（損害の公平な分担という見地から信義則上相当と認められる限度で）については、使用者である被告に対し損害賠償義務を負うと解するのが相当である（同旨　最判昭51・7・8判時827号52頁）。

ウ　これを本件についてみるに、前記(1)で認定した事実によれば、①顧客先への請求書未提出が発生したのは、原告に対する平成13年秋以降の過重な労働環境にも一因があること、②債権回収不能額はそのすべてが原告の担当する顧客先への請求書未提出と相当因果関係があるわけではないこと、すなわち、債権回収不能額の約1割は価格交渉での通常の値引額と考えられること、被告は法的には顧客先に対し債権回収不能額と主張する債権について支払を請求することができたのに、今後の取引関係への影響等を考えて値引きに応じたことも債権回収不能の一因となっていること、③被告では平成11年にも本件と同様の事件が起きているのに、再発防止のために適切な体制をとっているとはいい難いこと、④被告の主張する債権回収不能の事態が発生したのは原告だけの責任ではなく、上司であるA部長、B専務の監督責任でもあること、殊に、A部長は、営業成績表等により、原告の長期債権未回収案件が数多く発生しているのに、早期に顧客先に照会したり調査をする等の適切な措置を採っていないこと、⑤A部長は、平成13年12月末には、原告が担当する顧客先に対し請求書を出しておらず、顧客先から被告に対し請求書未提出について苦情の電話があったことを知っていたのに、同14年3月になるまで、直接顧客先等への調査をせず、そのため事案解明が遅れ、損害の拡大に繋がったこと等が認められ、これらの事実に照らすと、被告の主張する損害額のうち、約4分の1である200万円をもって、原告が被告に対し信義則上賠償しなければならない損害賠償額であると解するのが相当であり、当該判断を覆すに足りる証拠はない。

●損害額認定の考え方●

　本件は、会社の従業員（課長）が顧客からの債権回収を担当していたところ、任務懈怠によって800万円余の回収不能が生じたため、会社が従業員に対して損害賠償を請求した事案である（前記の事案の要旨における反訴の部分である）。債権回収は、会社が組織として請求し、回収を図るものであり、担当者の上司の判断、債務者の財産状態等の事情によって回収が左右されるものであり、回収の担当者の任務懈怠だけで回収不能の事態が生じるわけではない。回収の担当者の任務懈怠が認められるとしても、任務懈怠と回収不能の因果関係が認められるか、どの範囲で認められるかが証明される必要がある。

　本判決は、従業員の任務懈怠を認めつつ、本件の事情を考慮し、回収不能額の約4分の1である200万円が損害にあたるとしたものであり、事例判断を提供するものである。会社がその従業員に対して雇用契約上の債務不履行に基づき損害賠償を請求する場合、損害の発生、損害賠償額の認定・算定が一応可能であるとしても、損害の発生・拡大に会社の不正行為の防止体制、監督過誤等の事情が関与しているため、実際に認定・算定を行うことは必ずしも容易ではない。本件でも、従業員の任務懈怠による損害賠償額の認定・算定が必ずしも容易でない事案であるため、裁判所の判断が大雑把になった背景は理解できるとしても、その判断基準、判断の妥当性は必ずしも明らかではない。

スポーツクラブにおけるキャッシュカードの盗難事故によるクラブの経営会社の債務不履行に基づく損害賠償責任

〔判　例〕　東京地八王子支判平成17・5・19金判1220号10頁

〔損害額〕　盗難に遭ったキャッシュカードによって払い戻された預金相当額548万2520円（過失相殺前）

【事件の概要】

　Y株式会社は、スポーツクラブ等を営業していたところ、Xは、Yの経営に係るスポーツクラブの会員となり、会員カードの交付を受けていた。Xは、平成15年8月26日午後5時20分頃、Yの経営するスポーツクラブ内のサウナに入浴するため、入館した。Xは、キャッシュカード3枚、現金6万5000円、運転免許証等が入った財布を暗証番号式の貴重品ボックスに預け入れた。Xは、同日午後7時頃、退館しようとし、貴重品ボックスから財布を取り出し、中身を確認したところ、キャッシュカード3枚が盗難に遭っていることが判明した（警察の捜査によると、午後6時2分に開錠され、午後6時12分に施錠されていた）。Xは、直ちにYの従業員にその旨を伝えるとともに、警察署に届け出、キャッシュカードに係る各金融機関に支払停止を申し出た。キャッシュカードは、金融機関で使用され、合計548万2520円が払い戻された。Xは、Yに対し、債務不履行に基づきキャッシュカードで払い戻された548万2520円の損害賠償を請求したものである。

●主張の要旨●

　本件で問題になった損害は、盗難に遭ったキャッシュカードによって払い戻された預金相当額である。

●判決の概要●

　本判決は、Yには貴重品ボックスに預け入れた財布の保管について、会員施設利用契約に基づく業務上の安全管理義務を怠った注意義務違反があり、そのため盗難が発生した等とし、債務不履行を肯定し、キャッシュカードの利用による払戻しは通常予想しうる損害であったとし、前記損害を認め、過失相殺を3割認め、請求を一部認容した。

判決文

　被告の安全管理義務違反と原告の本件損害との間には、民法416条の相当因果関係がある。本件は、被告の安全管理義務違反の結果、本件貴重品ボックスからキャッシュカード3枚が盗取されたものである。一般に貴重品ボックスの暗証番号に、キャッシュカードの暗証番号を、「良く覚えており忘れることのない番号」として利用することはよくあることであり〈証拠略〉、ゴルフ場の貴重品ロッカーや本件のような貴重品ボックスの利用者は、銀行のキャッシュカードの暗証番号と同じ数字を入力するケースが多く、原告自身も、本件のような犯罪の被害を受けることを、全く予見していなかったため、同じように貴重品ボックスの暗証番号にキャッシュカードの暗証番号を利用した。本件の窃盗犯は、そのことに着目しており、キャッシュカードの暗証番号を容易に知りうる状態で本件キャッシュカード3枚を入手した。

　本件は、窃盗犯が最初からキャッシュカードを利用して普通預金から払い戻しを受けることを目的として窃盗を行ったものであり、窃盗犯がキャッシュカードの暗証番号を容易に知りうる状況で入手した以上、キャッシュカードを利用して普通預金から払い戻しを受けることは、極めて簡単であった。したがって、その払い戻しは、一般に通常予想しうる損害である。

　さらに、窃盗犯は、キャッシュカードを利用して普通預金からの払い戻しをその目的としている以上、総合口座通帳としての普通預金の仕組み〈証拠略〉を知っていたはずである。したがって、本件の窃盗犯が、普通預金の総合口座通帳の仕組みを知っており、定期預金があれば、預金残高以上に預金の払い戻しをすることは容易であり、その払い戻しは一般的に通常予想し得る損害である。その払い戻し手続は、通常の手続と全く同様である。

　以上から、原告の本件損害は、被告の債務不履行によって通常生ずることが予想される損害であるから、被告には損害賠償責任がある。

●損害額認定の考え方●

　本件は、スポーツクラブの会員がスポーツクラブに設置された貴重品ボックスにキャッシュカード等が入った財布を保管していたところ、貴重品ボックスが開錠され、キャッシュカードのみが盗難（窃取）に遭い、キャッシュカードが利用され、預金が払い戻されたため、会員がスポーツクラブを経営する会社に対して損害賠償を請求した事案である。本件では、会員の具体的な損害は、窃盗犯の犯罪（故意行為）によって発生しているものであるため、会社の債務不履行との間の因果関係の存否、因果関係の範囲が問題になったものである。

　近年、スポーツクラブ、ゴルフクラブ等においてキャッシュカード、クレジットカードの盗難、あるいはスキミング等による情報の盗取が増加していたところであるが、本件もそのような事件の一つである。これらの事件では、被害を受けた者の損害がキャッシュカードという物の損害のみであるのか、キャッシュカードの利用による損害も含むのかが問題になる（情報の盗取の事件では、情報のみの損害であるのか、情報の利用による損害も含むのかが問題になる）。

　本判決は、キャッシュカードのみを狙った犯罪であること、キャッシュカードの盗難による預金の払戻しが通常予想しうる損害であること等を根拠に、預金の払戻相当額が損害と認めたものであり、事例として参考になる。

　各種のカードの盗難によるカード保管者の損害賠償責任をめぐる近年の裁判例としては、①東京地判平成16・5・24金法1724号58頁、金判1204号56頁（ゴルフクラブの事例）、②東京高判平成16・12・22金法1736号67頁、金判1210号9頁（ゴルフクラブの事例。前掲・東京地判平成16・5・24の控訴審判決）、③秋田地判平成17・4・14判時1936号167頁、判タ1216号265頁、金判1220号21頁（ゴルフクラブの事例）がある。

販売代理店の継続的契約の途中解約に関する債務不履行に基づく損害賠償責任

〔判　例〕　東京地判平成22・7・30判時2118号45頁、金判1352号59頁
〔損害額〕　8カ月分の営業上の逸失利益（粗利益）590万4000円

【事件の概要】

　A株式会社とオーストラリアのB社は、昭和62年、Bが生産・販売するワインを日本に独占的に輸入し、販売することを内容とする販売代理店契約を締結し、Aがワインを輸入・販売してきた。Aは、新たに設立したX株式会社にワイン部門の事業を譲渡し、Bは、Y社に買収された（Yは、その後、アルコール飲料の大手事業者であるCグループに買収された）。Yは、平成17年1月、5月1日をもって販売代理店契約を変更し、在庫の買取り、すでに第三者と販売契約を締結した分の供給を通知した。Xが1年間の予告期間を置くべき義務違反、独占的な輸入販売権の侵害を主張し、Yに対して債務不履行、不法行為に基づき損害賠償を請求したものである。

●主張の要旨●

　本件で問題になった損害は、8カ月分の営業上の逸失利益（粗利益）である（なお、本来は1年間の逸失利益を補償することが必要であるところ、4カ月の予告期間があったことから、4カ月を控除して主張したものである）。

●判決の概要●

　本判決は、18年間にわたり取引関係を継続し、日本におけるワインの売上げを大幅に伸ばしてきた等の事情を考慮し、販売代理店契約を解約するにあたっては1年間の予告期間を設けるか、その期間に相当する損失を補填する義務を負うとし、Yの債務不履行責任を認め（8カ月分の営業利益の喪失の損害として590万4000円を認めた）、請求を認容した。

判決文

1　事実関係〈略〉

2　争点1（本件販売代理店契約の成否）について〈略〉

3　争点2（債務不履行、不法行為の成否）について〈略〉

4　争点3（原告の損害）について

(1)　以上のとおり、被告が損失補償をしないまま予告期間を4か月と定めた本件解約をしたことにより、原告に予告期間として相当な1年から上記4か月を差し引いた8か月分のBの売上げに係る損害を与えたものということができる。被告の上記債務不履行によって、原告はBの売上げがなくなり、売上げにより得べかりし総利益を喪失しているが、その反面、Bの売上げに要する販売直接費と共に販売管理費（労務費、経費、広告宣伝費、償却費から成るもの）を免れることができると考えられるから、原告の被った損害とは、総利益から販売直接費及び販売管理費を控除した営業利益の喪失分と解するのが相当である。

　　　また、弁論の全趣旨によれば、原告が本件解約前に第三者に対して供給を約束した分については本件解約後も被告は原告に対する供給を継続する旨の合意をしており、これは年間利益の10％に相当することが認められる。したがって、原告の上記営業利益からこれを控除したものが原告の損害となる。

(2)　原告のB関連の営業利益については直接の資料がない。

　　　しかし、〈証拠略〉及び弁論の全趣旨によれば、原告の全体の2002年から2004年までの3年間の営業利益は計1億4470万7000円であること、この期間における原告全体の総利益は23億7661万8000円であり、Bの総利益は4億8482万3000円であることが認められる。そうすると、原告の全体の総利益に占めるBの構成比は20.4％（計算式：4億8482万3000円÷23億7661万8000円＝20.4％。ただし、少数第1位未満四捨五入）である。原告の上記3年間のB関連の営業利益については、原告の全体の営業利益に、原告の全体の総利益に占めるBの構成比（20.4％）を乗じて算出するのが相当であり、2952万円（計算式：1億4470万7000円×20.4％＝2952万0000円。ただし、1000円未満切り捨て）となる。年平均は984万円（計算式：2952万円÷3＝984万円）となる。

　　　このように、被告の上記債務不履行がなければ、原告はBの輸入販売によって年間984万円の営業利益を得ることができた。そうすると、原告の損害は、984万0000円から10％を控除した額に12分の8を乗じた590万4000円（計算式：984万0000円×（1－0.1）×8/12＝590万4000円）となる。

(3)　原告は、債務不履行による損害について種々の主張をするので、判断する。

　　ア　原告は、被告の上記債務不履行により原告が被った損害は、支出が避け

られなかった経費を含んだ粗利益であると主張する。

　　しかし、債務不履行による損害については、損害の公平な分担の見地から債権者の側でも損害が拡大しないようにこれを最小限度に抑制すべきものと解されるところ、原告は、被告の上記債務不履行により B 関連の粗利益を喪失する反面、特段の事情のない限り、販売管理費の支出を抑制することが可能であったと考えられる。〈証拠略〉には、経費の削減が比例的にできなかった旨の陳述記載部分があるけれども、本件解約には 4 か月の予告期間が設けられていたこと等を考慮すると、にわかに採用し難い。他に上記特段の事情を基礎付ける主張及び立証はない。したがって、原告の上記主張は採用することができない。

イ　原告は、B 関連の粗利益を算定する際の販売直接費が B 1 本当たり80円であると主張し、〈証拠略〉にはこれに沿う陳述記載部分がある。

　　しかしながら、他方、〈証拠略〉は、販売直接費は原告全体の販売直接費を販売本数で割ると 1 本当たり約106円となるとしながら B については 1 本80円と算定したことも自認しているから、B についてのみ上記の低額となる合理的な理由を原告において説明することを要する。

　　〈証拠略〉は、この点について、80円と算定したのは販売直接費には B に関連しない費用が含まれるからであるとし、具体的に、① B は席札ワインに使用しないから、席札ワインのみに係る特殊な販売直接費は含まれないこと、②頒布会に B を用いることがあまりなかったから、頒布会に係る費用は含まれないこと、③ B の保管料は他の製品よりも安く抑えられていたこと、④ B の国内配送料は他の製品よりも低かったことなどを挙げる。しかし、上記①については、席札ワインのみに係る特殊な販売直接費の存在及びその額を認めるに足りる的確な証拠はないし、B が席札ワインに使われなかったことを裏付ける証拠もない。上記②については、頒布会に用いられた B の数量や、頒布会に係る費用のうち B に係る費用の割合の根拠となる資料はない。上記③については、〈証拠略〉の添付資料 6 があるだけであり、B 及び他の一般製品の在庫保持期間、港湾倉庫の保管料、B と他の製品とで供給安定性の差異等を判断するのに必要な資料はない。上記④については客観的な証拠がない。そうすると、〈証拠略〉のみでは、個別の理由からみても全体としてみても、80円と算定したことの合理的な説明がされているとはいい難い。

　　他に B の販売直接費が 1 本80円であることを基礎付ける事情ないし証拠はない。

(4)　被告は、原告の全体の売上高に占める B の構成比（19.39%）を乗じた額を上限とするのが相当であると主張する。しかし、原告の B 関連の営業利益を算出するに当たっては、原告の全体の総利益に占める B 関連の総利益の割合を用いるのが最も直接的かつ合理的であるから、被告の上記主張は採用する

　ことができない。

●損害額認定の考え方●

　本件は、外国のワイン会社と販売代理店契約を締結し、ワインを購入していたところ、ワイン会社が４カ月の予告期間を定めて契約を解約したため、販売代理店が８カ月の逸失利益の損害賠償を請求した事案である。

　本判決は、販売代理店契約を解約するにあたっては１年間の予告期間を設けるか、１年間の損失を補償すべき義務があったところ、４カ月の予告期間を定めて解約したことが債務不履行にあたるとし、８カ月間の営業上の逸失利益を認め、損害額を算定したものであり、販売代理店の類型の継続的契約の途中解約につき債務不履行責任を肯定した事例として参考になるとともに、逸失利益の具体的な算定事例としても参考になるものである。

　従来から継続的契約の途中解約（更新拒絶を含む）に伴う損害賠償責任に関する多数の裁判例が公刊されているが、本判決はその一事例を提供するものであり、継続的契約の内容、取引の実情、営業努力等の諸事情を考慮して検討すべきであろう。

4　不法行為責任

4・1　従業員が抵当建物を無断で取り壊したことに関する建設業者の使用者責任

〔判　例〕　東京地判平成11・2・12判タ1025号236頁
〔損害額〕　土地建物一体の価格から更地価格を控除した価格4300万円

【事件の概要】

　住宅金融業を営むA株式会社は、昭和63年12月、B株式会社に融資し、B所有の土地・建物（工場）に抵当権を設定した。Bは、平成4年7月、融資の分割返済を怠った。建築業を営むY株式会社の従業員Cは、本件土地・建物の購入を希望する者がおり、この者から建物の建築を受注することができるものと軽信し、平成8年6月、本件建物につきD株式会社に取壊しを依頼し、Dが本件建物を取り壊した。X管理機構は、Aから被担保債権・抵当権の譲渡を受けた。Xは、民法715条に基づくBのYに対する建物の取壊しによる損害賠償債権につき、抵当権の物上代位により差押え・転付命令を受け、Yに対し、その支払いを請求したものである。

●主張の要旨●

　本件で問題になった損害は、抵当建物の取壊しによる損害である。

●判決の概要●

　本判決は、Yの使用者責任を認め、土地建物一体の価格から更地価格を控除した価格が損害になるとし、4300万円の損害を認め、請求を認容した。

判決文

一　争点1（被告の使用者責任の有無）について〈略〉

二　争点2（Bの被った損害額）について

1　原告は、本件建物無断解体による損害額は、解体当時の建物自体の価値を基準とすべきであり、それは、同等（同一面積、同一構造）の建物を建築した場合にかかる建築費を基準とし、経過年数による減価を加味して算出するのが妥当であると主張し、〈証拠略〉によれば、本件建物の再調達原価から減価修正を行った金額として、解体された本件建物の積算価額は、1億3800万円（定率法による減価修正）ないし1億9200万円（定額法による減価修正）となり、また、右算定の再調達原価を基にして「公共用地の取得に伴う損失補償基準」における現価率を使用して試算すると、本件建物の価額は約3億1000万円となると主張する。

これに対し、被告は、原価法を主としてこれに収益還元法を加味し、本件土地建物一体の価額を求め、これから、比準価額及び収益価額を検討した上で算出された更地としての本件土地価額を控除した残額1600万円が、解体された本件建物価額であるとする〈証拠略〉に合理性があり、Bが被った損害額は1600万円にとどまると主張する。

2（1）　そこで検討するに、土地と建物が同一の所有者に属する場合その所有者は、経済的には、土地利用権付きの建物と、土地利用の負担を負った土地を有していることになるから、その土地上の建物が消失した場合、建物消失による損失を受けるが、一方、土地部分にはその利用の負担のないものとして経済的価値の増加が発生するものといえ、建物消失による損害額を算定するにおいて、土地建物一体の価額から更地価額を控除するという、被告鑑定書の手法によることは合理性があると考えられる（土地について、利用権の負担がなくなったことによる経済的価値の増加分は、損益相殺の対象となるとも考え得る。）。

他方、建物価格を算出するに、原告主張のような、同等（同一面積、同一構造）の建物を建築した場合にかかる建築費を基準とし、経過年数による減価を加味して算出する手法のみにより、その敷地土地につき利用の負担がなくなったことによる経済的価値の増加分を全く考慮しないとするならば、それは被告鑑定書の前記手法に比べて合理性に劣るものといわざるを得ない。

（2）　次に、原告は、被告鑑定書において、建物が存在した場合の建物及び敷地の合計金額を算出するに、土地更地価格から解体費用を控除していること〈証拠略〉について、建物存続を前提とした価値を求める中で解体費用を控除するのは論理矛盾であると主張し、これに対し、被告は、地上に建

物があれば、その建物の現状がどうあれ、土地はその利用価値を減殺され
たと評価され、それが土地価格を低下させるもので、市場においては、土
地は更地であってそれをいかようにも利用可能であるときに更地価格に相
当する価値が認められるものであり、地上に建物がある場合には、購入者
はこの撤去を前提とした価格を見込むものであるから、地上建物が存在す
る場合の敷地の価格は、更地価格から建物解体費用を控除したものとなる
と主張する。

　そこで、検討するに、確かに後記(3)で認定のとおり、本件建物は、耐用
年数に基づく減価に加えて、その機能的要因及び経済的要因等に基づく減
価を行うことがより合理的であるといえ、そのために、観察減価として相
当大幅な減価をすることになるが、他方、土地建物が一体の場合の価格を
求めるにおいて「地上に建物があり、需要者は取り壊すことを前提として
取得するであろうことから」解体費用を減価するとする考え〈証拠略〉に
ついては、〈証拠略〉によれば、本件建物所在地は都市計画法上の工業地域
であって、また、本件建物の構造等に照らすと、本件建物につき、事務所・
工場・倉庫としての汎用性が全くないとまではいえないものであると認め
られることに照らすと、必ずしも、本件土地建物の取得者が本件建物の取
壊しを前提とするともいいきれず、そうすると、本件土地建物一体の価格
を求める前提として本件土地の価格を求めるにおいて、解体費用を控除す
べきとまではいえない。

　なお、付言するに、本件土地建物の需要者は、本件建物を取り壊すこと
を前提として取得するであろうとの立場をとる場合、本件土地価格を求め
るに際し本件建物の解体費用を控除することは、結局、経済的には、本件
建物自体の価値を全く認めていないことになり（かえって、このような立
場においては、需要者は、取得費に加えて、建物解体費用が必要であると
いうことで、本件土地のみを更地として取得する場合よりも、本件土地建
物を一体として取得する場合の価格を低く見積もることになると想定され
る。）、そのような立場と、本件土地建物一体の価格から本件土地の更地価
格を控除して、本件建物の価値を求めるとの立場に整合性があるか疑問が
あるといわざるを得ない。

(3)　さらに、原告は、被告鑑定書において観察減価を大幅にしていることが
妥当ではないと主張する。

　ところで、建物について、類似の同様な建物の建築費等を参考にして再
調達原価を求め、これから定額法若しくは定率法に基づく減価修正のみを
行う、又は、右再調達原価を基にして「公共用地の取得に伴う損失補償基
準」における現価率を使用して試算するとの方法（原告の主張方法）は、
当該建物の現実の機能的要因や経済的要因（利用価値、市場性等）等を全
く考慮しないことになるから、市場における価値を適切に反映するために

は、可能である限り、当該建物の機能的要因及び経済的要因等に基づく減価を行うことがより合理的であると考えられるところ、被告鑑定書は、耐用年数による減価をした上で、更に観察減価につき「対象建物①（本件建物のうち主たる建物）及び②（附属建物符号１）は、写真によると特に著しい損傷等は認められない。しかし、対象建物が工場であり、建物内の間取り、設備等は、その会社の生産活動に見合った形で設計されているのが通常であり、その利用価値は、運営に利害関係を持つ者が取得する場合でもない限り、ほとんどないものと認められる。つまり、工場は、中古住宅のように普遍的な利用価値をもつものではなく、その内部の設備等の特殊性が強いために、市場性が劣ると思われるのである。これらのことを勘案して、対象物件①の観察減価を50パーセント、対象物件②の観察減価を90パーセントと認定した。」〈証拠略〉、「対象建物③（附属建物符号２）及び④（附属建物符号４）は、建物の延床面積がそれほどあるわけではなく、特に、対象物件④は延床面積が7.9平方メートルしかない。ところが、対象土地の面積は、3299.34平方メートルあり、対象物件③及び④は、敷地との不適応等の機能的要因、対象建物と付近の他の建物との比較における市場性の減退等の経済的減価が認められる。つまり、同程度の面積の土地を取得する業者の事業規模等から検討して、このような小さな建物は、使い途が限られてくると判断した。これらのことを勘案して、対象物件③及び④の観察減価を次のように100パーセントと認定した。」〈証拠略〉との内容は、本件建物所在地が都市計画法上の工業地域であったこと〈証拠略〉など考慮しても、〈証拠略〉及び裁判所の経験則に照らして、合理的なものであると是認することができる。

3　そして、その他の点については、〈証拠略〉の内容は十分に合理性があるものと認められる。

4　以上によれば、〈証拠略〉において、市場性の減退に基づく５パーセント相当の減価により、土地及び建物一体としての積算価格を求めると、約６億9000万円となり〔(647,000,000＋79,800,000)×(1−5%)≒690,000,000〕、その内訳は、対象土地総額が６億1500万円〔647,000,000×(1−5%)≒615,000,000〕、対象建物が7500万円〔690,000,000−615,000,000＝75,000,000（ママ）〕となる。

　また、これを基にすると、〈証拠略〉において、還元利回りを算出すると、これは約5.6パーセント（結論として被告鑑定書と同じ結果）となる。

　さらに、これを前提として、〈証拠略〉において、収益価格を求めると、約５億7700万円となる。

　その結果、対象物件の試算価格は、積算価格が６億9000万円、収益価格が５億7700万円とするのが相当であり〈証拠略〉、本件においては、積算価格を重視し、収益価格を斟酌するにとどめ、本件土地建物一体としての試算価格は総額６億9000万円、その内訳は、土地が６億1500万円、建物が7500万円と

認定するのが相当である。

　そうすると、更地としての本件土地の価格は6億4700万円とみるのが相当であるから〈証拠略〉、本件建物が解体されずに残っていたとしたら、解体された場合より4300万円（＝690,000,000－647,000,000）の残存価値が認められるとするのが相当となる。

三　争点3（過失相殺の有無及びその割合）について〈略〉

●損害額認定の考え方●

　本件は、抵当権が設定された土地建物（工場）の売買の可能性があったところ、建設業者の従業員が所有者等に無断で建物を取り壊したため、抵当権の譲渡を受けた者が建物の所有者において使用者責任に基づき取得した建物消失の損害賠償債権につき差し押さえた後、転付命令を得て、損害賠償を請求した事案であるが、要するに、抵当建物の無断取壊しによる損害賠償額の認定・算定が問題になったわけである。本件では、取り壊された建物につき売買が検討されている段階で取り壊されたものであるところに特徴があり、売買の後、建物が取り壊される可能性もあったものである（建物が工場であったため、建物としての汎用性がない）。

　本判決は、無断取壊しによる使用者責任を認め、抵当建物取壊しによる損害は、土地建物一体の価格から更地価格を控除して算定すべきであるとしたうえ、当事者の提出した鑑定書を検討し、4300万円の損害を認めたものである。本判決は、取り壊された建物に関する損害賠償額を算定した事例として参考になるものであるが、本件の事情の特殊性を前提とすることに注意が必要である。取り壊された建物の損害額の算定については、再調達価格等の基準によって算定することも考えられるが、本判決は本件の事案の特殊性を前提としたものであることを考慮すると、再調達価格の基準によることが相当ではないと考えられるところである。

社会福祉法人の代表理事の請負工事代金を水増しする等して過大な補助金を交付させたことによる不法行為責任

〔判　例〕　山形地判平成14・3・26判時1801号103頁

〔損害額〕　適正な補助金額との差額1億5859万4000円、弁護士費用 1089万5640円

【事件の概要】

　Yは、A社会福祉法人、B社会福祉法人の理事長であった。Yは、平成7年11月、Aの理事長として、Yが代表取締役をしているC株式会社との間で建設計画をしていた特別養護老人ホーム等の設備工事につき請負契約を締結したうえ、Cは、D株式会社と下請契約を締結した。Yは、平成7年12月、Aの理事長としてX県に11億8626万円余の補助金交付申請をし、平成8年5月、補助金の交付を受けた。Yは、平成8年3月、Bの理事長として、Cとの間で建設計画をしている特別養護老人ホームの建設工事につき請負契約を締結したうえ、Cは、E株式会社と下請契約を締結した。Yは、Bの理事長としてXに1億3706万円余の補助金交付申請をし、平成8年5月、補助金の交付を受けた。Xは、Yに対し、トンネル会社を介して水増しした工事代金のために過大な補助金を取得したなどと主張し、不法行為に基づき損害賠償を請求したものである。

●主張の要旨●

　本件で問題になった損害は、過大に交付された補助金（1億6948万円余）である。

●判決の概要●

　本判決は、補助金を過大に取得する目的でトンネル会社を介在させて補助

金を取得した不法行為を認め、不法行為がなければ支出を免れた補助金相当額の損害を認め、1億3706万円余の過大な補助金を算定し、請求を認容した。

判決文

(1)　原告は、被告の上記不法行為によって、これがなければ支出を免れた補助金相当額の損害を被ったというべきである。本件においては、すなわち、本件各補助金の額から本件各下請契約の代金額を基礎として算出された補助金額を控除した額が、上記損害であるというべきである。

(2)　これを本件についてみるに、前記のとおり、原告は、A に対し○○工事に関し合計11億8626万3000円の補助金を交付したところ、本件下請契約一の代金額を補助金の算定基礎とした場合、A に対し交付すべき適正な補助金は10億3137万1000円となるから、原告は、被告の不法行為により、○○工事に関し差額1億5489万2000円の損害を被ったというべきである。

　　また、前記のとおり、原告は、B に対し△△工事に関し合計1億3706万8000円の補助金を交付したところ、本件下請契約二の代金額を算定基礎とした場合、B に対し交付すべき適正な補助金は1億3336万6000円となる。なお、E については、工事内訳書が未調整であったため、E の請負代金を C 社の請負代金で除して得た率を使用して補助金を算出したものであるが、かかる算出方法は、民事訴訟法248条の趣旨に照らし許容されるものというべきである。

　　したがって、原告は、被告の不法行為により、△△工事に関し差額370万2000円の損害を被ったというべきである。

(3)　被告の主張の検討

　ア　被告は、原告が交付した補助金には国庫補助も含まれているが、これを県費として交付した立証はない旨主張する。

　　　確かに、被告主張のように本件各補助金には、国庫からの補助分がそれぞれ一部含まれているが、これは、補助金等に係る予算の執行の適正化に関する法律にいう間接補助制度を利用して行われたもの、すなわち、原告が同法にいう間接補助事業者等として、国から交付を受けた補助金を財源の一部として、この補助金の交付の目的に従って A 及び B に対し交付したものであるから、原告が主体として本件各補助金の全額を支出したことは明らかであり、被告の主張は失当である。

　イ　被告は、A 及び B に対して補助金の返還を求める等の措置をとらないで被告に請求することは、権利濫用である旨主張するが、被告と A 及び B は、不法行為に基づく損害賠償債務について不真正連帯の関係に立つものであるから、その一方当事者である被告への請求が権利濫用であるとはいえない。

●損害額認定の考え方●

　本件は、老人ホーム等を経営する社会福祉法人の理事長が自分が代表取締役である株式会社を介在させ、県から過大な補助金を交付させたため、県が理事長に対して損害賠償を請求した事案である。本件の理事長は過去にも架空の補助金交付申請をしたことがあり、自分が経営する会社を工事に介在させ、水増しの補助金交付申請をしているなど事案としては悪質であるが、問題は、県が受けた損害額の認定・算定である。

　本判決は、理事長の不法行為を認め、トンネル会社の締結した契約の代金額と下請会社の締結した代金額の差額が過大な補助金であり、損害額であるとしたものであり、事例判断として参考になるものである。本件のような過大な補助金を取得したことが不当・不正であるなどと問題になることがあるが、関係者の不法行為責任が認められるか、損害額がいくらであるかは必ずしも容易に判断できるものではない。本判決は、トンネル会社を介在させて過大な補助金を取得したことが不法行為にあたるとし、前記のような下請会社の下請代金額との差額が損害額にあたるとしたものである。なお、このような事案では、補助金全額が損害になる可能性があることに注意すべきである。

 4・3 破綻間際に破綻を回避するために行われた出資の募集に関する信用組合・理事の不法行為責任

〔判　例〕　東京地判平成16・7・2判時1868号75頁
〔損害額〕　出資金相当額（出資時期に応じた過失相殺前）

【事件の概要】

　Y_1 組合は、東京都内の公立学校・私立学校に勤務する教職員を組合員とするものであり、X_1、X_2 ら（合計39名）は、その組合員である。Y_1 は、平成10年、出資金増強キャンペーンを実施し、優遇金利を提供する等して出資を募集した。X_1 らは、この募集に応募し、出資をした。Y_2 は、当時の Y_1 の理事長であり、Y_3 は、当時の理事であった。平成11年6月、Y_1 は、金融機能の再生のための緊急措置に関する法律（平成10年法律第132号）所定の申出をし、破綻した。Y_1 の金融整理管財人 A は、平成11年11月、Y_1 の事業全部を B 信用組合に譲渡し、同年12月、Y_1 は、解散決議をし、解散した。X_1 らは、Y_1 が実質的に債務超過であるのに、財務内容の正確な情報を提供しなかった等と主張し、Y_1 らに対して不法行為、中小企業等協同組合法（昭和24年法律第108号）38条の2に基づき出資金相当額の損害賠償を請求したものである。

●主張の要旨●

　本件で問題になった損害は、出資金相当額である。

●判決の概要●

　本判決は、出資金の募集の当時、Y_1 が実質的には大幅な債務超過の状態にあり、近い将来破綻するおそれがあったところ、財務内容につき正確な情報を提供し、破綻するおそれがあり、これを救済するために募集を応じるかどうかの意思決定をさせるように指示すべき義務が Y_2 にあったのに、これ

を怠ったとし、Y_1、Y_2 の不法行為を認め、Y_3 は庶務を担当していたにすぎないとし、監視義務違反を否定し、出資金相当額の損害を認め、出資の時期に応じて30％から60％の過失相殺を認め、Y_1、Y_2 に対する請求を一部認容し、Y_3 に対する請求を棄却した。

判決文

三　まず、被告信用組合及び被告 Y_2 の責任について検討する。〈略〉
四　次に、被告 Y_3 の理事としての責任について検討する。〈略〉
五　損害
　1　前記のとおり、原告らは、本件各出資募集の際、前記三 5 ㈠の注意義務違反行為の結果、被告信用組合の財務内容は健全であり、出資金相当額の持分の払戻しを確実に受けることができると誤信していたものである。そして、既に判示した事実関係に照らすと、原告らは、被告信用組合の財務内容等について本来されるべきであった説明を受けたならば、出資に係る出捐を行わなかった十分ながい然性があると認めることができる。したがって、前記誤信のために、本件各出資募集に応じ、被告信用組合に対して出資に係る出捐をしたのであるから、〈証拠略〉の各原告に対応する請求額欄記載の出資金相当額の損害を被ったというべきである。
　2　これに対し、被告らは、出資金相当額の持分の払戻しを受けることができないことは、被告信用組合の清算が終了した時に確定するのであり、原告らの損害は、いまだ確定していない旨主張する。
　　　しかし、上記のとおり、原告らの主張に係る損害は、出資に係る出捐をしたことそのものというべきであるから、原告らの損害は、出資をした時に確定したというべきである。被告信用組合の清算が終了した時に原告らが持分の払戻しを受けることができた場合には、損益相殺の法理により又はこれに準ずるものとして、払戻しを受けた金額の限度において、原告らの損害が減縮するにすぎないというべきである。
　　　したがって、被告らの上記主張は、採用することができない。
六　過失相殺
　　前記認定事実によると、①被告 Y_2 は、被告信用組合の総代会における報告、被告信用組合の組合員全員に対して送付される事業報告書及び被告信用組合の機関紙である「ペンのひろば」等において、決算及び財務内容の概略並びに自己資本比率4パーセントを達成、維持する必要性があることについて報告し、②保有株式等の含み損を開示した理事会の議事録を本店及び各支店に備え置き、組合員の閲覧に供していたのであって、③被告信用組合の職員は、本件各出資募集に当たり、原告らに対し、出資については出資金相当額の持分の払戻しが

保証されていないこと、本件各出資募集が被告信用組合の自己資本比率を改善するためのものであることなどを説明したというのである。さらに、本件各出資募集の当時、不健全な金融機関の整理が進められており、出資先が金融機関であったとしても、これが破たんし、出資金の払戻しを受けることができなくなることがあることは広く知られていたこと、このような事情は、第一回出資募集の当時よりも第二回出資募集の当時の方がより広く知られていたことは、公知の事実である。以上のほか、その他本件訴訟に現れた一切の事実を考慮すると、本件においては、第一回出資募集に応じた原告らのうち、従前から被告信用組合の組合員であった者については、第一回出資募集に応じてした出資につき、50パーセントの過失相殺を、従前から被告信用組合の組合員でなかった者については、第一回出資募集に応じてした出資につき、30パーセントの過失相殺を、また、第二回出資募集に応じた原告らのうち、従前から被告信用組合の組合員であった者については、第二回出資募集に応じてした出資につき、60パーセントの過失相殺を、従前から被告信用組合の組合員でなかった者については、第二回出資募集に応じてした出資につき、40パーセントの過失相殺をそれぞれするのが相当である。

　そうすると、原告らが被告信用組合及び被告 Y_2 に対して賠償するように請求することができる損害は、〈証拠略〉の各原告に対応する認容額欄記載の金員ということとなる。

●損害額認定の考え方●

　本件は、信用組合が破綻間際に出資を募集し、出資に応じた組合員が組合の破綻後、組合・理事に対して損害賠償を請求した事案であり、出資金相当額の損害が問題になった事件である。金融機関のみならず、企業が資金繰り、資本の強化のために出資を募集をすることがあり、近年の事例を見聞していても、相当数の株式会社等が新株の発行・募集をした事例があったところである。企業が出資を募集した後、経営破綻したような場合には、出資者は、本来、自己責任によってその損失を受忍すべきであるが、募集の時期、説明の内容、破綻の理由、破綻に至る経緯等の事情によっては、本件のような問題が生じる可能性がある。このような場合、出資者の被った損害は、特段の事情のない限り、出資金相当額になる（出資に係る持分の払戻しがあった場合、払戻額の取扱いが問題になる）。

　本判決は、破綻間際に破綻を回避するために行われた出資の募集について、

理事長が正確な財務内容に関する正確な情報提供を指示しなかった義務違反を認め、理事長・組合の不法行為を認め、出資金相当額の損害を認めたものであり（相当高率な過失相殺が認められている）、損害額の算定事例として参考になるものである。なお、本判決は、この事案の組合の清算が終了しておらず、持分の払戻しの可能性があることについて、損益相殺の法理等によって減額されるだけであり、損害が確定していると判示しているが、議論があるものの、訴訟実務上一つの見解ということができる。

4・4　支払停止に陥った破産会社の幹部が資産を隠匿したことに関する不正行為責任

〔判　例〕　東京地判平成16・9・29判時1911号124頁

〔損害額〕　破産会社の資産の隠匿額3億7781万0256円

【事件の概要】

　A株式会社は、健康食品等の販売事業を行っていたが、商品を購入した会員から商品の販売委託を受け、販売事業を行うものであった。Aは、さまざまな分野に会社を設立し、グループを形成し、経営していたが、連鎖販売事業を行うものとして社会的に問題になっていた。Aは、平成13年末には支払停止に陥った。Aは、受け皿会社を設立し、Aの営業を譲渡し、新会社で営業を継続する方針の下、資産を集中させるために、平成14年1月、Aの幹部Y_1の預金口座を開設し、85億円余を送金した。Aの幹部らは、協議の結果、破産の申立て、営業の廃止で合意し、新会社の設立に固執するY_1らに配慮し、約5億円を残し、残る資産をA名義の預金口座に送金した。Aは、平成14年1月、破産宣告の申立てをし、破産宣告を受け、Xが破産管財人に選任された。Xは、Y_1らに対してY_1名義の預金口座にある預金の送金を求め、一部の送金が行われたが、3億9135万1361円は返還されなかった。Xは、Y_1のほか、Aの幹部Y_2、Y_3に対して主位的に不法行為に基づき預金相当額の損害賠償を請求し、予備的に不当利得の返還を請求したものである。

●主張の要旨●

　本件で問題になった損害は、破産会社の資産の隠匿額（3億9135万1361円）である。

●判決の概要●

　本判決は、問題の預金は破産会社の資産であるとし、Y_1らの共同不法行

為にあたるとしたうえ、隠匿された資産額が損害であるとし、主位的請求を
認容した。

判決文

1 認定事実〈略〉
2 事実認定の補足説明〈略〉
3 被告らの共同不法行為責任の成否について
(1) 〈略〉
(2) 以上の諸事情にかんがみれば、被告 Y_1 及び被告 Y_2 は、平成14年1月25日、
破産会社が破産の申立てをすることを知りながら、新会社設立のための資金
又は破産手続外で一部の債権者に恣意的な弁済を行うための資金として、共
謀の上、破産会社が管理している資産である被告 Y_1 名義の本件各口座の通帳
の交付を受け、その預金額7億9499万9860円を取得したものであり、これが
破産管財人である原告との関係において不法行為に該当することは明らかで
ある。また、被告 Y_3 も、少なくとも新会社設立の資金とする趣旨で5億円を
取得することについては、被告 Y_1 及び被告 Y_2 と共謀が成立していたという
べきであり、本件各口座の通帳の預金額のうちの5億円の取得については、
不法行為責任を免れない。
(3) これに対し、被告 Y_2 と被告 Y_3 は、同人らは新会社の設立にも被告 Y_1 名義
の本件各口座における資金移動にも全く関与していなかったから、不法行為
責任を負わない旨主張しているが、新会社の設立や本件協議に関する認定は
前記のとおりであって、被告 Y_2 らの主張には理由がない。
　また、被告らは、本件7億9499万9860円の一部は、○○会長の指示に従い、
右翼団体や暴力団、破産会社の会員への支払等に充てた旨主張しているが、
被告らは、上記のとおり、破産会社等の資産5億円を返還することを拒絶し
て、これを取得し、その上で、1億円程度を用いて新会社を設立して役員に
就任したり、被告 Y_3 において3000万円の資金提供を受けたりするなどして、
自らの利益を図ったものであるから、被告らの主張事実によっても、被告ら
の共同不法行為の成立は、何ら妨げられるものではない。
(4) そして、被告 Y_1 は、本件7億9499万9860円の取得日から2週間後の平成14
年2月8日に、破産会社の新規会員等への返金資金として受領していた金員
を返還する趣旨で、原告名義の口座に3億円を返還し、その後更に、1億
0100万円を返還したが、残金3億9399万9860円を返還していない。
(5) 以上によれば、原告が、被告らに対し、共同不法行為による損害賠償責任
に基づき、前記損害の内金3億7781万0256円及びこれに対する不法行為日の
後の日である平成14年8月10日から支払済みまで民法所定の年5分の割合に

　　よる遅延損害金の連帯支払を求める本件請求は、すべて理由があるというべきである。

●損害額認定の考え方●

　本件は、破産間際の会社の幹部が会社の再建等の協議をし、新会社のための資金として幹部名義の預金として保管していたところ、破産宣告を受けた後、破産管財人が幹部等に対して損害賠償を請求した事案であり、残された幹部名義の預金が会社の資産にあたり、損害にあたるかが問題になったものである。破産間際には、会社の役職員、取引関係者らによってさまざまな不正行為が行われることが少なくないが、本件は、会社の幹部らによって会社の資産が隠匿されたところに特徴がある。

　本判決は、幹部等の共同不法行為を肯定したうえ、幹部名義の預金として保管されている資産が会社の資産であるとし、資産（預金）相当額が損害であるとしたものであり、事例判断を提供するものである。

国立大学教授の大学院生に対するセクシャルハラスメントに関する損害賠償責任

〔判　例〕　東京地判平成17・4・7判タ1181号244頁
〔損害額〕　慰謝料200万円、弁護士費用30万円

【事件の概要】

　国立 Y₁ 大学（国立大学法人）の大学院教授 Y₂ は、平成11年4月から、留学生 X を主宰するゼミに科目等履修生として受け入れ、指導していたところ、同年5月18日、ゼミ終了後、博士課程の大学院生 A と X を誘って、大学近くの寿司屋・スナックで飲食した。X と Y₂ は、地下鉄の駅で A と分かれ、地下鉄に乗車していたところ、Y₂ が X に30分くらいどうかと誘い、都内のホテルラウンジで酒を飲むなどした。その後、Y₂ は、そのホテルを出て、X を連れて別のホテルに行き、空室の有無を確認したが、満室であったため、そのまま、X をタクシーに乗せて X の自宅近くまで送った後、帰宅した。X は、平成11年9月、Y₂ によるセクシャルハラスメントをほかの助教授に訴えた。X は、前記ホテルで卑猥な言葉をかけられ、胸を触られるなどのセクシャルハラスメントを受けたと主張し、Y₁ に対して国家賠償責任に基づき、Y₂ に対して不法行為責任に基づき損害賠償を請求したものである。

●主張の要旨●

　本件で問題になった損害は、①財産的損害、② PTSD による損害、③セクシャルハラスメントによる慰謝料、④弁護士費用である。

●判決の概要●

　本判決は、Y₂ のセクシャルハラスメントを認め、性的自由ないし人格権侵害を肯定し、Y₂ の不法行為を認め、慰謝料200万円（セクシャルハラスメントによる財産的損害、PTSD の損害は否定したものである）、弁護士費用30万

円を認め、請求を一部認容したが、Y_1 については、外形上職務とはいえない等とし、その責任を否定し、請求を棄却したものである。

判決文

(1)　被告 Y_2 において不法行為責任が認められるところ、その損害賠償額について検討するに、まず、原告は、経済的損害として、被告 Y_2 のセクハラ行為により従前の住居からの一時避難や転居を余儀なくされたことによる転居費用、家賃、ホテル利用料等の300万円を主張するが、これを認めるに足りる証拠はなく、また、原告が PTSD に罹患したものであり、精神的及び身体的症状に対する治療費として250万円を要すると主張するところ、原告が PTSD となったことをうかがわせる証拠として甲42号証の1・2があるものの、これは平成14年3月28日付けで作成された精神科医の書面であり、このほかには診断書等の証拠はなく、これに至る経過が不明瞭であり、また、原告は、当初 PTSD に罹患したとは主張しておらず、しかも、その治療費を証する証拠もないから、原告の上記主張を認めることはできない。

(2)　次に、原告が、本件セクハラ行為によって被った精神的苦痛を慰謝するに足りる金員は、被告 Y_2 の本件セクハラ行為の態様・程度、これにより原告が PTSD に罹患したとまでは認められないものの、多大な精神的苦痛を被ったことが明らかであること、その他本件訴訟に現れた一切の事情を総合考慮すれば、200万円をもって相当と判断する。

(3)　そして、本件における弁護士費用相当損害金としては、30万円が相当である。

●損害額認定の考え方●

本件は、国立大学における教授による大学院生に対するセクシャルハラスメントについて教授、大学の損害賠償責任が問題になった事案である。

本判決は、教授のセクシャルハラスメントにつき大学の責任を否定したものであるが、議論があるところであり、事例として参考になる。

次に、本判決は、教授のセクシャルハラスメントを認め、損害として200万円の慰謝料、30万円の弁護士費用を認めたものであるが（セクシャルハラスメントによる財産的損害、PTSD の損害は否定したものである）、この損害額の認定、判断は、一つの事例を加えるものである。セクシャルハラスメントによる慰謝料額は、セクシャルハラスメントの内容・態様、被害の内容・程

度、セクシャルハラスメントに至る経緯等の諸般の事情を考慮して判断するほかないが、本判決の判断基準は、必ずしも明確ではない。

　セクシャルハラスメントをめぐる裁判例は、近年、多数の裁判例が公表されているが、最近のものとしては、①京都地判平成13・3・22判時1754号125頁、判タ1086号211頁（肯定事例）、②仙台高判平成13・3・29判時1800号47頁（肯定事例）、③千葉地判平成13・7・30判時1759号89頁（肯定事例）、④東京地判平成13・11・30判時1796号121頁（肯定事例）、⑤東京地判平成13・12・3労判826号76頁（否定事例）、⑥大阪高判平成14・1・29判タ1098号234頁（肯定事例）、⑦広島地判平成15・1・16判タ1131号131頁（肯定事例）、⑧名古屋地判平成15・1・29労判860号74頁（肯定事例）、⑨東京地判平成15・6・6判タ1179号267頁（肯定事例）、⑩東京地判平成16・1・23判タ1172号216頁（肯定事例）、⑪水戸地判平成16・3・31判時1858号118頁（肯定事例）、⑫東京地判平成16・5・14判タ1185号225頁（肯定事例）、⑬横浜地判平成16・7・8判時1865号106頁（肯定事例）、⑭福岡地判平成17・3・31判タ1196号106頁（肯定事例）、⑮東京地判平成17・6・27判時1897号129頁（肯定事例）等が参考になる。

 4・6　オンラインゲームシステム等の信用を害した会社の従業員の不法行為に基づく損害賠償責任

〔判　例〕　東京地判平成19・10・23判時2008号109頁
〔損害額〕　信用毀損による損害300万円、弁護士費用30万円

【事件の概要】

　X 株式会社は、インターネットを利用するオンラインゲームを提供する事業を行い、Y は、従業員であった。Y は、本件オンラインゲームの運営管理プログラムにアクセスする権限を有していなかったが、上司の有する ID・パスワードを知った。Y は、平成16年末から平成18年3月までの間、不正に本件プログラムにアクセスし、キャラクターデータを改竄し、ゲーム内の仮想通貨の保有量を増加させ、仮想通貨等を現実の金銭で売買する業者（リアルマネートレード業者）に売却した。本件オンラインゲームの利用規約においては、リアルマネートレードが禁止されていた。本件事件の発覚後、X のゲーム課金収入が前月比約4300万円減少する等した。X は、Y に対し、不法行為に基づきゲーム課金の減少、ゲーム関連商品の売上げの減少、商談が破談になったことによる逸失利益、弁護士費用の損害賠償を請求したものである。

●主張の要旨●

　本件で問題になった損害は、①ゲーム課金の減少、②ゲーム関連商品の売上げの減少、③商談が破談になったことによる逸失利益、④弁護士費用である。

●判決の概要●

　本判決は、Y は、X の本件オンラインゲームの管理権、仮想通貨を含むゲームシステム、X の管理体制等に対する信用を害するものであり、不法行為

にあたるとしたうえ、信用毀損による損害として300万円、弁護士費用として30万円を認め（その余の損害に関する主張を排斥した）、請求を認容した。

判決文

二 不法行為該当性について〈略〉
三 損害について
 (1) 信用毀損について
　　信用毀損にかかる損害について検討する。
　　まず、原告は、上記信用毀損により、平成18年7月の本件オンラインゲームのゲーム課金収入並びに同月及び同年8月の関連商品の売り上げが減少したと主張し、〈証拠略〉によれば、同年6月のゲーム課金収入が2億5566万2782円であったのに、本件発覚後の同年7月のゲーム課金収入は2億1263万9005円となり、同年6月に2億3090万0121円であった関連商品の売り上げが、翌月には5163万4846円、翌々月には7501万8036円となっており、それぞれ収入が減少したこと自体は認められる。
　　しかし、被告の行為により、原告の信用が毀損されれば一定程度原告の本件オンラインゲームによるゲーム課金収入等が減少するであろうことが窺われるとしても、本件オンラインゲームの課金収入及び関連商品の売り上げといったものは、その性質上、その時々の状況に大きく左右される性質を有するものであることは明らかであって（実際に、平成18年中、原告が指摘した以外の月においても課金収入及び関連商品の売り上げも月毎に数百万円から数千万程度減少している場合もある。）、これらの収入の減少を直ちに被告の信用毀損と因果関係を有する損害と見ることはできない。
　　なお、被告が本件仮想通貨をRMT業者に売却して得た利益の総額は本件証拠上必ずしも明らかではないが、一定の利益を得ていたこと自体は認められる。
　　しかし、仮に被告において不正アクセス行為によって得た本件仮想通貨を売却して一定の利益を得ていたとしても、自らが禁じている不正な行為によって生じた利益を原告が受ける根拠はなく、被告が利益を得たことにより原告が得られるはずの利益を失ったことにはならない。したがって、これらの利益を得たことを直ちに原告の損害とするとか、かかる利益を原告に得させる理由はないのであって、原告が本件において一定の利益を得ていたとの事実は、信用毀損による無形損害の額を算定するについて、一つの事情として考慮される余地があるにとどまるというべきである。
　　そうすると、一般的なテレビゲーム等と異なり、上記本件オンラインゲームは、管理者である原告の継続的なゲームシステムの維持を前提とし、それ

について適切な管理が期待されていること、本件当時、本件オンラインゲームの会員数は150万人程度であり、ユーザーに対する影響は相当大きいと考えられること、実際に、ユーザーからの苦情も複数寄せられていたこと、上記のように直ちにそれらが被告に行為と因果関係を有するとまではいえないとしても、実際に信用毀損によりゲーム課金収入等に悪影響があったであろうこと、本件について多くの報道がされるなどしたため本件オンラインゲームのユーザー以外に対しても一定の影響があったと考えられること、一方ゲーム課金収入は、平成18年9月には、平成18年1月から9月までの中で最高額となり、関連商品の売り上げも同水準まで回復していること、その他本件に顕れた一切の事情を総合すれば、信用毀損に関する損害額としては300万円をもって相当と認める。

(2)　営業利益について

　〈証拠略〉によれば、原告が、2件の商談を抱えていたことは認められるが、これらが契約締結交渉の段階を超えて、被告による不法行為がなければ契約締結が確実であったとか、かかる商談から原告が主張するような利益が生じることが確実であったと見るべき証拠もない（被告においてかかる事実を認識していたとか、認識すべきであったとかともいえない。）。

　したがって、この点についての原告の主張は理由がない。

●損害額認定の考え方●

　本件は、オンラインゲームの事業を行う会社の従業員が無断で他人のID・パスワードを利用し、システム内のデータを改竄する等したため、会社が従業員に対して不法行為に基づき損害賠償を請求した事案である。本件は、データを改竄し、ゲームにおいて取得した仮想通貨を売却する等し、会社の運営するシステムの信用を害したため、その損害が問題になったものである。

　本判決は、従業員のオンラインゲームシステム等の信用を害した不法行為を認めたうえ、信用毀損による損害、弁護士費用の損害を認め、逸失利益等の損害に関する主張を排斥したものである。本判決は、信用毀損の損害として300万円を認めるにとどまったものであるが、信用毀損の損害として低額であるとの印象は否定できないし、事実認定によっては、逸失利益等の損害を認めることも可能であったものである。

5　その他の義務・責任

5・1　賃借人の失火を原因とする建物の焼失に伴う賃貸人の使用借権喪失に関する損害賠償責任

〔判　例〕　最三小判平成6・10・11判時1525号63頁
〔損害額〕　土地上の建物の焼失に伴う土地の使用借権喪失による損害

【事件の概要】

　Yは、父Aから土地上の木造2階建て建物の贈与を受け、土地を無償で借り受けた。Yは、本件建物をXに賃料月額2万5000円で賃貸したところ、Xの子Bの失火により本件建物が焼失し、使用借権を喪失した（本件建物は、通常の利用方法で維持修繕していれば10年程度は存続した）。Yは、本件建物の焼失につき保険会社から1350万円の保険金を受領した。Xは、Yに対して損害賠償債務の不存在の確認を請求したのに対し、Yが反訴として本件土地の使用借権喪失の損害につき債務不履行に基づき損害賠償を請求したものである。

　控訴審判決（東京高判平成3・2・18金判970号18頁）は、Xの本訴請求を認容すべきものとし、Yの反訴請求を棄却すべきものとしたため、Yが上告したものである。

●主張の要旨●

　本件で問題になった損害は、土地上の建物の焼失に伴う土地の使用借権喪失による損害である。

●判決の概要●

　本判決は、地上の建物が朽廃・滅失するまでこれを所有する目的でされた土地の使用貸借の借主が契約の途中で土地を使用することができなくなった場合には、特別の事情のない限り、土地使用に係る経済的利益の喪失による損害が発生するものであり、この経済的利益が通常は建物本体のみの価格に含まれない等とし、控訴審判決を破棄し、本件を東京高等裁判所に差し戻した。

判決文

三　しかしながら、原審の右判断は是認することができない。その理由は、次のとおりである。

　　地上の建物が朽廃、滅失するまでこれを所有するという目的でされた土地の使用貸借の借主が契約の途中で右土地を使用することができなくなった場合には、特別の事情のない限り、右土地使用に係る経済的利益の喪失による損害が発生するものというべきであり、また、右経済的利益が通常は建物の本体のみの価格（建物の再構築価格から経年による減価分を控除した価格）に含まれるということはできない。そうすると、上告人は、少なくとも、焼失時の本件建物の本体の価格と本件土地使用に係る経済的利益に相当する額との合計額を本件建物の焼失による損害として被上告人に請求することができるものというべきである。原審は、前者のみが損害であるとし、後者の経済的利益の有無及びその額について審理判断をしなかったのであり、原判決には法令の解釈適用を誤った違法があるといわざるを得ず、この違法が判決に影響を及ぼすことは明らかである。

●損害額認定の考え方●

　本件は、使用借地上の建物が賃貸されていたところ、賃借人の失火によって建物が焼失したため、賃貸人が賃借人に対して使用借権喪失の損害賠償を請求した上告審の事案である（建物の焼失の損害については、保険金が支払われている）。

　本判決は、特別の事情のない限り、建物本体の価格とは別に、土地の使用借権喪失による経済的利益の損害が認められるとしたものであり、同種事案

に参考になる判断を示したものである。

社員研修の実施委託契約の委託者が研修日程の変更を告知しなかったことによる契約締結上の過失責任

〔判　例〕　横浜地判平成13・1・26判タ1106号122頁
〔損害額〕　社員の雇用継続費用、講師への違約金345万円

─【事件の概要】─

　企業等の人材の教育訓練等を業とする X 株式会社は、平成元年度以降平成 8 年度まで、毎年、Y₁ 株式会社の関西支社の従業員について、課長からタスク長への任用候補者を対象とする研修（A 研修）、係長から課長への任用候補者を対象とする研修（I 研修）等の各種の研修の委託を受け、研修を実施してきた。平成 9 年度の A 研修、I 研修は実施されなかった。X は、Y₁、その関連会社である Y₂ 株式会社に対し、主位的に研修実施委託契約の成立を主張し、債務不履行に基づき、予備的に契約締結上の過失を主張し、債務不履行に基づき損害賠償を請求したものである（Z 株式会社が Y₁ の訴訟につき引受参加し、Y₁ が訴訟から脱退した）。

●主張の要旨●

　本件で問題になった損害は、①確保していた講師に対する違約金、②4カ月分の雇用した従業員の給与相当額である。

●判決の概要●

　本判決は、契約の当事者は Y₁ でなく、Y₂ であったとし、Z に対する請求を棄却し、研修実施委託契約の成立を否定し、A 研修につき信頼を惹起させる行為がないとし、契約締結上の過失を否定したが、I 研修につきスケジュールの確保を要請する等したものの、X に無用の損害を被らせないよう配慮すべき信義則上の注意義務を負っているところ、日程変更があったのにこ

れを遅滞なく告知しなかったことが契約締結上の過失にあたるとし（予定していた講師に対する違約金相当額、従業員の給与の一部につき損害賠償額を認めた）、Y_2 に対する予備的請求を認容した。

判決文

1 〈証拠略〉を総合すると、次の事実を認めることができる。〈略〉
2 争点(1)（平成 8 年度までの各研修実施委託契約の当事者）について 〈略〉
3 争点(2)（平成 9 年度の A 研修実施委託契約の成否）について 〈略〉
4 争点(3)（平成 9 年度の I 研修実施委託契約の成否）について 〈略〉
5 争点(4)（いわゆる契約締結上の過失の有無及び損害額）について
(1) A 研修について 〈略〉
(2) I 研修について 〈略〉

　　　したがって、被告 Y_2 は、原告に対し、上記信義則上の注意義務違反により、原告が平成 9 年度 I 研修の実施を受託できると信頼したことが覆されたことによって被った損害を賠償する責任がある。

　　　そこで、原告の損害額について検討するに、〈証拠略〉によれば、原告は、平成 9 年度 I 研修について、平成 9 年10月 6 日から同月31日まで関西 7 コースが当初の予定どおり実施されなかったことによって、講師として予定していた B、同 C に対し各48万円（各 4 コース（1 コース 3 日間）12日分につき 1 日当たり 4 万円）、同 D、同 E に対し各36万円（各 3 コース 9 日分）、同 F に対し24万円（2 コース 6 日分）、合計192万円の各違約金の支払義務を負担するに至ったこと、また、同研修が受託できるものと考えて 5 名の社員を少なくとも 1 か月間余分に継続雇用し、これらの者に給与を支払い続けたため、給与相当額153万円の損害を被ったことがそれぞれ認められる。

　　　原告は、講師に対する違約金として、平成 9 年 9 月16日から同年11月27日までの間の14コース分〈証拠略〉の損害を被った旨主張するが、前記認定事実及び〈証拠略〉によれば、原告は、被告らから、同年10月 6 日から同月31日までの間の関西 7 コースの実施予定を告知されていただけであった……と認められるから、その余の 7 コース分の違約金については、被告 Y_2 の義務違反と因果関係がないというべきである。また、原告は、社員 5 名に対する給与支払について、3 か月ないし 4 か月分が損害である旨主張するが、前記認定のとおり、原告は、同年11月17日から実施された同年度 I 研修を受託できたのに、前記キャンセル料の支払等に関して紛争となり、その受託をしなかったものであるが、これらの社員の雇用継続は、同 I 研修の受託に関連する職務遂行のためであったと考えられるから、前記被告 Y_2 の義務違反と相当因果関係のある余分な給与支払は、1 か月分と認められるのが相当である。

　　そうすると、被告 Y_2 は、原告に対し、前記信義則上の注意義務違反を理由とする債務不履行による損害賠償として、上記損害金合計345万円及びこれに対する本訴状送達の日の翌日である平成10年6月5日から支払済みまで商事法定利率年6分の割合による遅延損害金を支払うべき義務がある。

●損害額認定の考え方●

　本件は、企業の従業員研修の受託事業者が主位的に研修実施委託契約の締結を主張し、予備的に契約締結上の過失を主張し、後者につき損害賠償を請求した事案である。本件では、契約締結上の過失に基づく損害賠償額が問題になったものである。

　本判決は、研修実施委託による研修につき信頼を惹起する行為がなく、この意味での契約締結上の過失は否定したが、日程変更があったのにこれを告知しなかったことが契約締結上の過失にあたるとしたうえ、講師に支払うべき違約金、研修が受託できると考えて5名の従業員を1カ月間余分に継続雇用した給与が損害になるとしたものである。

　本判決が認めた契約締結上の過失は、継続的契約の途中解約の法理に類似したところがあるが、前記の研修実施委託契約の締結を信頼して負担した費用について損害賠償を認めたものであり、講師に対して支払うべき違約金を認めた判断は事例として参考になる。もっとも、従業員の継続雇用のための給与については、本件の研修との関連性・必要性、費用の相当性がさらに検討されるべきであると考えられる。

愛犬を噛み殺した加害犬の飼い主の動物占有者責任に基づく損害賠償責任

〔判　例〕　名古屋地判平成18・3・15判時1935号109頁

〔損害額〕　犬の購入代金、犬の診療代金、死亡診断書作成費、犬の火葬代金、慰謝料等、各37万9350円、14万5250円、14万5250円

【事件の概要】

　X₁、X₂、X₃は、共同で犬（ミニチュア・ダックス）を購入し、自宅内で飼っていた。Yは、自宅内で犬（日本犬の雑種）を飼っていた。X₁は、平成17年5月、犬を散歩に連れて出ていた。Yは、自分の犬を鎖につなごうとしたところ、犬がその手をかいくぐって外に飛び出し、折から散歩にきたX₁らの犬に噛みつき、その後間もなく死亡させ、これを止めようとしたX₁が転倒して負傷する等した。X₁らは、Yに対し、民法718条・709条に基づき犬の価格相当、慰謝料、治療費等の損害賠償を請求したものである。

●主張の要旨●

　本件で問題になった損害は、①犬の購入代金（15万3157円）、②X₁の治療費（1万9100円）、③犬の診療代金（1万4900円）、④死亡診断書作成費（8000円）、⑤犬の火葬代金（1万7850円）、⑥慰謝料（X₁につき、80万円、X₂につき、25万円、X₃につき、25万円）、⑦弁護士費用（30万円）である。

●判決の概要●

　本判決は、Yが飼い犬が外に出ないよう注意を払うべきであるのにこれを怠ったとし、Yの責任を認め、犬の死亡時の流通価格は15万円が相当であるとし、各5万円の損害を認めたほか、犬の診療代金、死亡診断書作成費、犬の火葬代金の合計9万750円の損害、X₁の治療費として1万9100円、慰謝料

として X_1 につき30万円、X_2 につき10万円、X_3 につき10万円、弁護士費用として X_1 につき 3 万円、X_2、X_3 につき各 1 万5000円の損害を認め、請求を認容した。

判決文

1　主な争点(1)（民法718条 1 項ただし書の免責の成否）について 〈略〉
2　主な争点(2)（損害）について
（原告ら共通の損害）
(1)　R の価額　50,000円

　　　前提事実及び〈証拠略〉によれば、原告らは、平成11年11月23日、R を153,157円で購入したことが認められる。その後、R が死亡した平成17年 5 月まで約 5 年 6 か月が経過しており、R の死亡時の流通価格としては、購入金額の約 3 分の 1 である上記金額を認めるのが相当である。

　　　原告らは、幼犬の時から飼育してきた愛玩犬は飼い主にとって幼犬時代の流通価格以上の価値を持つ旨主張するが、そのような事情は慰謝料の斟酌事由とするのが相当である。

　　　なお、被告は、原告 X_1 が J を単独で購入したものであり、原告 X_2 及び原告 X_3 は共同購入者でない旨主張するが、共同購入の証拠として〈証拠略〉が存在するのに対し、反証はないから、共同購入、共有に、主な争点に加えず、原告らは、J を共同購入し、J を共有していることを前提事実とした。
(2)　R の診療代金　14,900円
　　　〈証拠略〉によれば、上記金額が認められる。
(3)　死亡診断書作成費　8,000円
　　　〈証拠略〉によれば、上記金額が認められる。
(4)　R の火葬代金　17,850円
　　　〈証拠略〉によれば、上記金額が認められる。
(5)　(1)ないし(4)の合計　90,750円
(6)　原告ら一人ずつについて　各30,250円
　　　$90,750 \times 1/3 = 30,250$
（原告 X_1 の個別の損害）
(7)　原告 X_1 の治療費　19,100円
　　　〈証拠略〉によれば、上記金額が認められる。
（慰謝料）
(8)　原告 X_1 の慰謝料　300,000円
(9)　原告 X_2 の慰謝料　100,000円
(10)　原告 X_3 の慰謝料　100,000円

　前提事実、上記認定事実、〈証拠略〉を総合すれば、原告らには何らの落ち度なく、被告の一方的な過失により、原告らが家族の一員のように慈しんで育てていたRを被告の飼い犬であるJに咬殺されたこと、原告らが被った精神的苦痛は、そのことだけで非常に大きなものであったこと、原告X₁はRの飼育に日常的に携わっており、溺愛していたこと、JがRを襲う場面を目の当たりにしたこと、そのためRを救い得なかった呵責の念にさいなまれ、その思いをいまだに断ち切れないこと、原告X₁自身がRを助けようとした際に負傷したことなどが認められる。

　以上のような本件に現われた事情を総合すれば、原告らの各慰謝料として、上記金額を認めるのが相当である。

（まとめ）
　⑾　原告X₁の上記損害の合計　349,350円
　　　30,250円＋19,100円＋300,000円＝349,350円
　⑿　原告X₂の上記損害の合計　130,250円
　　　30,250円＋100,000円＝130,250円
　⒀　原告X₃の上記損害の合計　130,250円
　　　30,250円＋100,000円＝130,250円

（弁護士費用）
　⒁　原告X₁について　30,000円
　⒂　原告X₂について　15,000円
　⒃　原告X₃について　15,000円
　　　本件の諸事情を総合考慮すると、本件事故と相当因果関係のある弁護士費用は、上記金額の約一割に当たる上記金額とするのが相当である。

（損害合計）
　⒄　原告X₁の損害合計　379,350円
　⒅　原告X₂の損害合計　145,250円
　⒆　原告X₃の損害合計　145,250円

●損害額認定の考え方●

　本件は、ペットである犬を連れて散歩中、ほかの飼い犬が飛び出してきて、散歩中の犬に嚙みつき死亡させる等したため、死亡した犬の共有者が嚙みついた犬の飼い主に対して損害賠償を請求した事案である。本件では、まず、責任原因として動物の占有者責任（民法718条）の成否が問題になったところに特徴があるが、損害論としても、犬の購入代金、犬の診療代金、死亡診断書作成費、犬の火葬代金、慰謝料等の損害が賠償の対象になるかが問題にな

った興味深い事案である。

　本判決は、噛みついた飼い主の動物占有者責任を肯定したうえ、犬の購入代金、犬の診療代金、死亡診断書作成費、犬の火葬代金、慰謝料等の各種の損害を認めたものである。本判決の損害に関する判断は、飼い犬の死亡に伴う損害賠償額の認定・算定の事例として参考になるものであり、同種の事案に影響を及ぼす可能性がある。飼い犬の時価の算定は、問題になり得るところであるが、本判決は、流通価格を基準として判断したものであり、参考になる。飼い犬の死亡による飼い主の慰謝料については、これを認めるかどうか、仮に認めるとしても、どのような基準でどれだけの慰謝料を認めるべきであるかが問題になるが、本判決は、50万円の慰謝料を認めたものであり、相当高額な慰謝料額を認めた事例として取り上げられることになろう。

第3章 権利・法益侵害に基づく損害額の認定・算定

1 法的行為による侵害

訴訟の不当提起による不法行為に基づく損害賠償責任

〔判　例〕　東京地判平成11・5・27判タ1034号182頁
〔損害額〕　慰謝料80万円、応訴のための弁護士費用150万円

【事件の概要】

　Aは、パチンコの換金用景品の卸販売業を営むY_2株式会社の代表者Y_1の弟であり、Y_2の従業員であった。Xは、Aの妻である。Y_1らは、平成5年1月、A、Xらに対して国税局の査察において虚偽の事実を述べて追徴課税、罰金を受けさせたなどと主張し、不法行為に基づき3億4523万円余の損害賠償を請求する別件訴訟を提起した。別件訴訟において第1審判決はY_1らの請求を棄却し、控訴審判決は控訴を棄却し、Y_1らの敗訴判決が確定した。XがY_1らに対して、別件訴訟の提起が不法行為にあたると主張し、慰謝料、応訴のための弁護士費用の損害賠償を請求したものである。

●主張の要旨●

　本件で問題になった損害は、①慰謝料（500万円）、②応訴のための弁護士

費用（400万円）である。

●判決の概要●

本判決は、別件訴訟における Y_1 らの主張が事実的、法律的に根拠を欠くものであり、通常人であれば容易に知り得たのにあえて別件訴訟を提起したと認め、不法行為を肯定し、慰謝料80万円、応訴のための弁護士費用150万円を認め（400万円の弁護士費用の出費を認めたが、相当因果関係の範囲のある損害として150万円を認めた）、請求を認容した。

判決文

一　争点1〔前訴各請求原因について、被告らが、当該請求原因によって、原告に対して前訴を提起したことが、不法行為となるか、否か〕について〈略〉

二　争点3〔原告に生じた損害の有無及びその額〕について

　1　原告は、前訴により応訴を余儀なくされたのみならず、被告会社から横領に関与した、被告会社の取引先を横取りした、更には被告 Y_1 宅への住居侵入及び窃盗という犯罪行為に関与した等と主張され、A 及び X と連帯して、被告会社に対し3億4523万9560円、被告 Y_1 に対し500万円という莫大な額の金員を支払うよう請求されたものであり、前訴提起により甚だしい精神的苦痛を被ったものと推認される。本件に顕れた諸般の事情を考慮すると、右の精神的苦痛を慰謝すべき損害賠償金は80万円をもって相当と認める。

　2　原告本人尋問及び弁論の全趣旨によれば、原告及び A は、前訴に対する応訴のために B 弁護士と訴訟委任契約を締結し、着手金として100万円、報酬金として300万円の合計400万円を支払ったことが認められる。前訴は A も相手とし、右弁護士費用は原告と A がともに B 弁護士に前訴に対する応訴を依頼したことによる費用であって、前訴では被告らは主として A について不法行為の主張をなしており、A の陳述書は作成されたが原告のものは作成されず、尋問も A に対しては行われたが原告に対してはなされないなど、A の応訴の方が原告の応訴より多くの活動を必要としたことが推認されることから、右弁護士費用のうち被告らの本件不法行為と相当因果関係のある損害は、150万円であると認めるのが相当である。

三　争点4〔原告の損害賠償請求権の消滅時効の成否〕について〈略〉

●損害額認定の考え方●

本件は、訴訟を提起された者が勝訴判決を得て確定した後、訴訟を提起し

た者に対して不当訴訟を理由に損害賠償を請求した事案である。世上、根拠のない訴訟を提起され、弁護士に訴訟追行を委任し、手間・費用・時間等の負担を強いられ、ようやく勝訴判決を得ることがある（このような訴訟を提起した者は、根拠のない訴訟を利用したモンスタークレーマーということができる）。訴訟を提起された者にとっては、訴訟に勝訴したとしても、何も得ることがないだけでなく、多大な負担を強いられるのが実情である。

　本判決は、別件訴訟の提起が不法行為にあたることを認め、慰謝料として80万円、弁護士費用として400万円のうち150万円を損害と認めたものであり、事例判断を提供するものである。本判決が慰謝料として80万円を認めた判断は裁量の範囲内であるということができるが、弁護士費用の出費を400万円認めながら、これを150万円の範囲で損害額と認めた判断は、判決文上、根拠が明らかではない。

違法な処分禁止の仮処分中の地価下落に関する損害賠償責任

〔判　例〕　大阪高判平成11・6・25判タ1019号159頁
〔損害額〕　地価下落による損害2億1000万円、弁護士費用等200万円

【事件の概要】

　Aは、土地を所有してしたところ、昭和62年11月、子であるX_1、X_2、X_3に相続させる旨の公正証書遺言をした。Aには、子としてB、X_1がいたが、Bは、昭和60年3月、死亡し、相続人として妻C（Y_1合名会社の代表社員である）、子Y_2、Y_3が共同相続人であった。Aは、平成元年4月、死亡し、X_1らが遺言に従って持分各3分の1につき所有権移転登記を経た。Y_1は、平成元年7月、X_1らを債務者として、本件土地の贈与を受けた等と主張し、処分禁止の仮処分決定を得て、執行した。Y_2らは、平成元年8月、遺留分減殺請求権の行使を主張し、本件土地の持分につき処分禁止の仮処分決定を得て、執行した。Y_1は、本案訴訟を提起したが、敗訴判決を受け、平成8年5月、確定した。Y_2らは、本案訴訟を提起したが、移転登記手続請求は棄却され、価額弁償金の支払いを命ずる判決がされ、確定した。Y_1らの仮処分登記は抹消された。X_1らは、その間、本件土地の売却によって相続税の支払いができなくなった。本案訴訟の係属中、土地が下落した。X_1うは、Y_1らに対して、仮処分が違法であった等と主張し、損害賠償を請求したものである。

　第1審判決（神戸地尼崎支判平成10・6・12判例集未登載）が請求を一部認容したため、X_1らが控訴したものである。

●主張の要旨●

本件で問題になった損害は、①地価の下落分、②弁護士費用等である。

●判決の概要●

　本判決は、仮処分の申立てが違法であり、不法行為にあたるとし、土地の価格の下落損害について、平成5年初めの時点では通常の損害にあたるとし、地価下落による損害（2億4654万円）を認める等し、第1審判決の一部を取り消し、請求額2億1000万円の範囲内で請求を認容した。

判決文

1　〈証拠略〉によると次の事実が認められる。〈略〉

2　右認定事実によると、控訴人らは本件仮処分甲があったために、本件土地一ないし三を売却することができず、そのために地価値下がり分に相当する損害を受けたことになる。

3　都市部における地価は昭和20年ころ以降続いて上昇してきたが、平成3年初めころを頂上に下落を始めて、現在まで下落傾向にあることは当裁判所に顕著であり、このことは右1(一)認定の事実によっても裏付けられる。右1(一)認定の事実によれば、平成5年初めの時点では、地価はすでに下落傾向にあり、地価は常に上昇するものではないことが一般に理解されていたものと認めることができる。

　　これによると、平成5年初めの時点では、将来の地価下落による損害は、民法416条2項にいう特別の事情により生じた損害とはいえなかったと考えられるし、この時点では将来の下落を予測することができたとさえ認められる。

　　そうすると、被控訴人らは平成5年初め以降は、本件仮処分甲を維持して執行を解放しなかった不法行為によって生じた控訴人らに生じた地価下落による損害を賠償する義務がある。

4　前記1認定の事実によると、本件土地一の現状のままで売却するときの価格は、平成5年1月1日の時点で1平方メートルあたり38万円、平成8年5月末日の時点で1平方メートルあたり24万円であって、この間に1平方メートルあたり14万円、全体で1億0840万円の価格の下落があったものと認められる。

　　右価格は、平成7年10月1日、平成8年5月末日時点における「西宮5・9」の地価公示価格を前後の時点の価格から算出したうえ、平成7年10月1日時点の完全所有権価格（前記1(三)）に右地価公示価格変動率を乗じて平成5年1月1日と平成8年5月末日時点の完全所有権価格を推定し、更に同地上には建物があることを考慮して右価格からやや多めに50パーセントを控除して算定した。本件土地一は右のように地上建物が存するが、そのために価値が全くなくなるものではないから、価格を低くすれば売却は可能と考えられる。

5　前記1認定の事実によると、本件土地二、三の現況のままで売却するときの

　価格は、平成5年1月1日から平成8年5月末日までの間に、1平方メートルあたり8万5000円、全体で1億3814万円の下落があったものと認められる。右価格はこの土地の上に公衆浴場用建物、共同住宅があることを考慮している。

　右認定は、本件土地一の同期間の値下がり単価（1平方メートルあたり14万円）に、前記1㈢㈣認定の本件土地一と本件土地二、三の価格の違いを修正し、更にこれら土地に類似した「西宮5・9」と「西宮26」と地価下落率の差異を修正して、算出した。

6　右によると、被控訴人らは連帯して、右4、5の地価値下がり額に相当する2億4654万円の損害を控訴人らに賠償する義務があり、控訴人らの請求（併せて2億1000万円）はこの範囲内であるから、全て理由がある。

●損害額認定の考え方●

　本件は、土地につき権利を主張した者が処分禁止の仮処分を申し立て、仮処分決定を得て執行した後、本案訴訟において敗訴判決を受けたため、土地の所有者が不法行為に基づき損害賠償を請求した控訴審の事案である。本件のような不当な仮処分がされた場合には、不法行為に基づく損害賠償責任が認められ、特段の事情のない限り、仮処分を申し立てた者の過失が推定されるものであるが、このような場合における損害賠償の範囲、損害賠償額の算定が重要な問題になる（仮処分の後、本案訴訟への応訴の費用等が損害として認められることが通常である）。本件では、バブル経済の崩壊の前後に仮処分、本案訴訟が提起され、その間、不動産価格の急激な下落があったため、土地の下落分の損害賠償が認められるかが問題になったものであり、興味深い問題が提起されたものである。

　本判決は、仮処分債権者の不法行為を認め、本案訴訟の係属中であった平成5年初めの時点以降は、土地の価格の下落分が民法416条2項所定の特別損害にはあたらず、同条1項の通常損害であるとし、価格の下落分を算定し、損害賠償を認めたものであり、議論があるが、事例判断として参考になるものである。

不動産競売手続停止仮処分の執行による不法行為に基づく損害賠償責任

〔判　例〕　東京高判平成11・8・18金法1610号96頁
〔損害額〕　配当金の遅延による損害金 4 億3616万5205円

【事件の概要】

　A 株式会社は、Y 株式会社の所有する不動産につき抵当権に基づき競売を申し立てたところ、執行裁判所は、不動産競売決定をし、入札期間等を決定した。Y は、競売停止の仮処分を申し立て、昭和62年12月16日、仮処分が発令され、競売手続が停止した。Y は、本件不動産の抵当権設定登記の抹消登記手続を求める訴訟を提起したが、敗訴判決を受け、敗訴判決は、平成 9 年 4 月25日、最高裁判所において上告が棄却され、確定した。本件競売手続が再開され、平成10年 2 月 9 日、売却許可決定がされ、同年 6 月26日、配当が実施された。X 株式会社は、A から債権を譲り受けた。X は、Y に対し、仮処分が違法であり、競売手続が停止されなければ昭和63年 5 月 9 日配当が受けられたはずであると主張し、昭和63年 5 月 9 日から敗訴判決の確定の日までの法定利率による遅延損害金の内金の損害賠償を請求したものである。

　第 1 審判決（東京地判平成11・3・26判例集未登載）は、仮処分が不法行為にあたるとし、A が配当として受領することができた額に対する停止期間に対応する法定利率による遅延損害金を損害と認め、請求を認容したため、Y が控訴したものである。

●主張の要旨●

　本件で問題になった損害は、競売手続が停止されなければ昭和63年 5 月 9 日配当が受けられたはずであるとする、昭和63年 5 月 9 日から敗訴判決の確定の日までの法定利率による遅延損害金である。

●判決の概要●

　本判決は、仮処分が不法行為にあたるとし、競売手続の停止により配当が遅延した期間に対応する法定利率による遅延損害金が損害にあたるとし、停止が解除された後の競売事件の進行状況をも勘案し、停止されなかったなら配当が受けられたと考えられる日を推定し、その翌日から手続再開後配当までに手続上必要と考えられる相当期間経過後の日までを対象とするのが相当であるとして遅延期間に対応する遅延損害金を算定し、控訴を棄却した。

判決文

2　請求原因2（控訴人の不法行為責任）について〈略〉
3　請求原因3（訴外会社の損害）について

(1)　控訴人が訴外会社に対して賠償すべき損害は、本件競売事件が本件仮処分により停止されたことにより、訴外会社に対する配当が遅れたことによるもの、すなわち、配当として受領することができた金額に対するその遅延期間に対応する民法所定の年5分の割合による遅延損害金であると解すべきである。そして、右遅延期間としては、停止が解除された後の競売事件の進行状況をも勘案して、停止されなかったならば配当が受けられたと考えられる日を推定し、その日の翌日から手続再開後配当までに手続上必要と考えられる相当期間経過後の日までを対象とするのが相当である。

(2)　〈証拠略〉及び争いのない事実によれば、訴外会社の本件不動産についての抵当権の順位は第2順位ではあるが、先順位の抵当権の被担保債権は元本が100万円であること、本件競売事件においては、原判決別紙物件目録二及び三記載の建物の最低売却価額が合計10億5714万円と定められ、競売手続停止前に売却決定期日が昭和62年12月23日と定められたこと、手続再開後の平成10年2月9日に売却許可決定がなされ、配当期日はその137日後である同年6月26日と定められ同期日において配当が実施されたことが認められ、これらの事実に照らすと、本件競売事件が停止せずに進行していたものと仮定すれば、右各建物は少なくとも右最低売却価額で売却され、停止前の売却決定期日である昭和62年12月23日から137日後の昭和63年5月8日ころ配当期日が指定され、同期日において訴外会社は、少なくとも元金6億1000万円及びこれに対する弁済期の翌日である昭和61年8月1日から昭和63年5月8日まで約定の年3割による遅延損害金の合計9億3400万円の配当を受けられたものと推定するのが相当である。ところが、昭和62年12月16日に仮処分決定により競売手続が停止され、右推定される配当期日である昭和63年5月8日に配当金を受領することができなくなったが、本件仮処分による配当金受領の遅延期間

としては、右昭和63年5月8日の翌日である同月9日から右本件本案事件の判決の確定により右停止が解けた日である平成9年4月25日までの期間に、その後配当までに手続上必要な相当期間として前記のとおり売却決定期日から配当期日までに現実に要した137日を加えた同年9月9日までの期間をみるのが相当であり、訴外会社は右配当金額に対する同期間分の民事法定利率年5分の割合による金員相当額の損害を受けたこととなる。そうすると、訴外会社の被った損害は、右推定される配当金額9億3400万円についての昭和63年5月9日から平成9年9月9日まで（9年と124日）の年5分の割合による遅延損害金である4億3616万5205円となる。

4　請求原因4（債権譲渡）の事実については、〈証拠略〉によれば、これを認めることができる。

●損害額認定の考え方●

　本件は、不動産競売手続が開始された後、不動産の所有者が競売手続停止の仮処分の申立て・執行をしたため、債権者から債権を譲り受けた者が違法な仮処分であると主張し、不法行為に基づき損害賠償を請求した控訴審の事案である。本件では、本案訴訟で不動産の所有者が敗訴判決を受け、確定しているため、仮処分の違法が比較的容易に認定される場合であるが、損害賠償額が重要な争点になったものである。なお、第1審判決の判断も、特段の事情のない限り、一応相当な理由があるものと考えられる。

　本判決は、仮処分が不法行為にあたるとし、損害賠償の範囲について、不動産競売手続が停止されなかったなら配当が受けられたと考えられる日を推定し、その翌日から手続再開後配当までに手続上必要と考えられる相当期間経過後の日までを対象として遅延期間を認定し、その遅延期間に対応する遅延損害金が損害にあたるとし、その遅延損害金を算定したものであり、事例判断として参考になるものである。

1・4　違法な債権回収に関する損害賠償責任

〔判　例〕　大阪高判平成11・10・26判タ1031号200頁

〔損害額〕　慰謝料30万円、弁護士費用 5 万円

【事件の概要】

　X は、貸金業者である Y 株式会社から金銭を借り受けていた。Y の従業員 A は、X に貸金の返済を求めるため、X の自宅を訪れた。A は、X に近くにあった酒店主に金銭を借り受ける旨の申込みをさせる等した。X は、Y に対し、A の強要、暴行、暴言があったと主張し、使用者責任に基づき慰謝料の損害賠償を請求したものである。

　第 1 審判決（大阪地判平成11・3・12判例集未登載）は、暴行等を否定する等し、請求を棄却したため、X が控訴したものである。

●主張の要旨●

　本件で問題になった損害は、違法な債権の回収による慰謝料である。

●判決の概要●

　本判決は、酒店における借金の申込み、暴行、暴言を認め、債権回収行為として社会通念上許容される範囲を超えているとし、不法行為を認め、慰謝料として30万円を認め、第 1 審判決を変更し、請求を認容した。

判決文

一　争点 1 （控訴人が A から暴行を加えられる等の違法な取立を受けたか。）について
　1 ～ 3 　〈略〉
　4 　前記 1 の認定事実によれば、A の本件取立行為は、貸金の回収目的でしたものとはいえ、夜間控訴人を、その意に反してその自宅より連れ出し、控訴人にとり初対面の第三者に対し、借金の申し込みをさせて控訴人の名誉を侵

害し、暴行を加えることにより不法に身体に危害を加えたものであって、債権回収行為として社会通念上許されるべき範囲を逸脱した違法な行為であるというべく、また、右行為は、被控訴人の業務の執行につきなされたものであるから、被控訴人は、Aの使用者として民法715条により控訴人の受けた損害を賠償する義務がある。

二 争点2（前記違法な取立てがあった場合、控訴人の損害額はいくらか。）について

右認定した違法行為の態様と控訴人と被控訴人間の金銭貸借に基づく履行の態様等を総合すると、控訴人が被った精神的損害は30万円をもって相当と認められる。

そして、控訴人は、控訴人代理人らに本件訴訟を委任し、相当額の報酬を支払うことを約したことが認められるから、Aの右不法行為と相当因果関係のある弁護士費用としては、5万円が相当である。

したがって、被控訴人は控訴人に対し、民法715条の使用者責任に基づき右損害金合計35万円及び内金30万円に対する不法行為の日である平成8年11月28日から支払済みまで民法所定年5分の割合による遅延損害金を支払うべき義務がある。

●損害額認定の考え方●

本件は、債権者の従業員が債務者に債権の返済を求めるに際し、暴行、暴言等をしたため、債務者が債権者に対して損害賠償を請求した控訴審の事案である。本件では、暴行、暴言の有無・態様という事実認定上の問題が重要であるが（第1審判決はこれを否定している）、違法な債権回収行為が認められる場合における慰謝料額の算定も重要な問題である。債権の回収であっても、その態様によっては不法行為が認められることは当然であり、社会通念上許容される範囲の行為があったかどうかがまず問題になったわけである。

本判決は、暴行、暴言を認め、不法行為を認めたうえ、慰謝料として30万円の損害賠償額を認めたものであり、事例判断として参考になる。

不動産競売手続において不動産の所有権を取得した買主が引渡命令を受けることなく建物内の残留動産を廃棄したことによる不法行為責任

1・5

〔判　例〕　東京地判平成14・4・22判時1801号97頁
〔損害額〕　物的損害100万円、慰謝料200万円、弁護士費用30万円

【事件の概要】

　X₁ は、A 公庫から融資を受け、土地・建物を購入したが、その際、B 協会の連帯保証を得たほか、土地・建物に A のために抵当権を設定した。X₁ は、A への返済を怠り、B が代位弁済し、B が抵当権を実行した。Y 株式会社は、不動産競売手続において土地・建物を買い受けた。Y は、不動産引渡命令を得ることなく、建物内にあった動産類を廃棄した。X₂ は、X₁ と婚姻していたが、X₁ の土地・建物の購入前に離婚していた。X₁ らは、Y に対し、建物内に動産類が存在していたのに、これを違法に処分したと主張し、不法行為に基づき動産の時価相当等の損害賠償を請求したものである。

●主張の要旨●

　本件で問題になった損害は、① X₁、X₂ 各自の動産類の物的損害（X₁ につき1000万円、X₂ につき100万円）、②慰謝料（X₁ につき500万円、X₂ につき200万円）である。

●判決の概要●

　本判決は、本件建物内には X₁ の所有する動産類が存在し、Y が不動産引渡命令を申し立てることなく、X₁ に無断で動産類を廃棄したことを認め、X₁ の所有権侵害の不法行為を肯定し、X₂ の所有する動産の存在は認められ

ないとし、民事訴訟法248条を適用し、動産の時価を100万円と認め、慰謝料として200万円を認め（弁護士費用相当額を30万円とした）、X_1の請求を認容し、X_2の請求を棄却した。

判決文

(1)　被告の不法行為責任の有無〈略〉

(2)　原告 X_1 が被った損害額

　ア　物的損害

　　前記のとおり、原告 X_1 は、その所有に係る本件残置動産類を、被告により違法に廃棄されたのであるから、これにより原告 X_1 に損害が生じたことは明らかである。

　　しかしながら、その損害額については、次のとおり、損害の性質上、その額を立証することが極めて困難であると認めるのが相当である。

　　一般に、動産の滅失による損害額は、当該動産の時価、すなわち、購入時の代金額から経年を考慮して減額した価額又は同種、同等の代替物の購入費用等をもって算定すべきものであるが、本件のように、原告 X_1 が相当以前に梱包等をし、長期間にわたって本件建物内に残置し、上記の経緯で被告により廃棄された多種多様、かつ、多数大量の物品（本件残置動産類）について、同原告が、個々的に上記の事実を立証することは、極めて困難であると認められる。

　　そこで、当裁判所は、民訴法248条の規定に基づき、相当な損害額を認定することとするが、本件残置動産類の品目及び上記現況調査の際に写真撮影された本件残置動産類の状況等を総合考慮すれば、その損害額は、総額で100万円と認定するのが相当である。

　イ　慰謝料について

　　不法行為により物品が毀損、廃棄された場合において、当該物品に係る財産的損害が填補される場合であっても、当該物品を喪失したことにより、被害者が、特段の精神的苦痛を被ったと認められるときは、被害者は、財産的損害についての賠償のほかに、当該精神的苦痛を慰謝するための慰謝料を請求することができると解すべきである。

　　そこで、本件について、上記特段の事情の有無について検討するに、〈証拠略〉によれば、被告によって廃棄された本件残置動産類の中には、原告 X_1 が祖父母の代から受け継いだ桐だんす２棹や茶だんす等が含まれているほか、仏壇、神棚等もあり、これらのものは原告 X_1 にとって、何物にも代え難い貴重なものであること、しかるに、これらの物品が、被告により焼却場に運ばれ、ごみの類と一緒に、廃棄されたことにより、原告 X_1 は、多大の精神的苦

痛を被ったことが認められ、これらの事情は、慰謝料請求を認めるべき上記特段の事情に当たるものというべきである。

　　そして、その慰謝料額は、前記認定の事実関係を総合すれば、200万円とするのが相当である。

　ウ　弁護士費用について〈略〉

(3)　原告 X_1 の請求について〈略〉

●損害額認定の考え方●

　本件は、不動産競売手続で土地・建物を買い受けた者が法定の手続によらないで建物内の動産を廃棄したため、動産の所有者（土地・建物の元の所有者）が不法行為に基づき損害賠償を請求した事案である。本件では、動産の所有権侵害が問題になり、不法行為が認められる場合における動産の時価相当の損害、慰謝料が認められるかが争点になったものである。本件のような居住に供されていた建物内に存在した多数多種類の動産（生活に利用されたり、人生において蓄積されていた動産）をどのように評価するかは、評価額が高額ではないものの、相当に困難であるし、動産の時価評価額の損害以外の慰謝料を認めるかも容易に判断することができるものではない。

　本判決は、建物の元所有者の動産についての所有権侵害の不法行為を認め、動産の時価評価については、民事訴訟法248条を適用し、総額で100万円と認定し、慰謝料については、祖父母の代から受け継いだ動産、仏壇・神棚等が廃棄されたことを考慮し、200万円を認めたものである。本判決の動産の廃棄による時価評価につき同法248条の適用を認めた判断は、同条の適用事例として参考になる。また、動産の時価を100万円と算定した本判決の判断は、長年の生活を続けてきた動産の評価としてはいささか低額であるという印象は否定できないが、事例判断を提供するものである。さらに、本判決が、廃棄された動産の物的損害のほか、慰謝料として200万円を認めた判断は、理論的に注目されるとともに、高額な慰謝料を認めた事例として注目されるが、物的損害を控え目に算定したことの補完としての意義が認められよう。

1・6　請負契約における不当な仮処分申立てに関する損害賠償責任

〔判　例〕　東京地判平成15・7・31判タ1150号207頁
〔損害額〕　仮処分事件への応訴のための弁護士費用120万円、業務妨害対応費用123万1650円、慰謝料50万円、逸失利益30万円

【事件の概要】

　X_1、X_2は、Y_1会社の所有する土地（乙土地）に隣接する土地（甲土地）を所有していたが、甲土地は、乙土地よりも約2メートル高い位置にあり、乙土地上にはビルが建築されていた。甲土地と乙土地との間には境界線に沿って擁壁が存在した。Y_1は、乙土地上にビルを建築する計画を立て、A株式会社に旧建物の取壊工事を発注し、Y_2株式会社にビルの建築工事を発注した。Y_1は、ビルの建築にあたって従来の擁壁に代わる新しい擁壁をY_1の費用で建設することをXに提案し、平成12年7月、X_1らから工事に着手してよい旨の回答を得た。Y_1は、Y_2に擁壁の建設工事を依頼し、Y_2が工事を開始し、H鋼等を設置したところ、平成13年5月、X_1らがY_1らに対して、擁壁工事着工につき同意をしたことに錯誤があったと主張し、H鋼等の撤去を求める仮処分を申し立てた。X_1らとY_1らは、擁壁工事を続行しない旨の裁判上の和解をし、X_1らが仮処分の申立てを取り下げた。X_1らは、Y_1らに対し、H鋼等の撤去、工事による騒音・振動を理由とする損害賠償等を請求したところ、Y_1が反訴としてX_1らに対し、仮処分の申立てが違法であり、業務妨害等があった等と主張し、不法行為等に基づき損害賠償を請求したものである。

●主張の要旨●

　本件で問題になった損害は、反訴におけるY_1の請求に係る損害賠償請求

であり、①仮処分事件への応訴のための弁護士費用（1000万円）、②業務遂行の妨害（渋谷区に対する働きかけのための調査等の費用として123万1650円）、③名誉・信用毀損（慰謝料として1000万円）、④逸失利益（300万円）である。

●判決の概要●

　本判決は、本訴請求を棄却し、反訴請求について、仮処分の申立てが法律的・事実的根拠を欠くものであった等とし、X_2 の不法行為を認め、仮処分事件への応訴のための弁護士費用として120万円を認め、X_1 らの業務妨害等を認め、業務妨害に対応した費用として123万1650円、慰謝料として50万円、民事訴訟法248条を適用し、逸失利益として30万円の損害を認め、請求を認容した。

判決文

【反訴請求関係】
　被告 Y_1 は、原告らの債務不履行又は不法行為により損害を被ったとして損害賠償の反訴を提起しているので、以下この点について判断する。
1　本件擁壁工事を行うことについての同意破棄に伴う損害賠償
　⑴　債務不履行又は不法行為の成否〈略〉
　⑵　損害額
　　ア　前記⑴によれば、原告らは、本件擁壁工事を行うことについての同意を破棄したことにより、被告 Y_1 が被った損害のうち、破棄行為と相当因果関係のある範囲の損害を賠償する義務があるということになる。
　　イ　これを本件についてみるに、〈証拠略〉によれば、被告 Y_1 は、原告らが本件擁壁工事を行うことについての同意を破棄したため、被告ビル南側の被告土地と原告土地との接触面において、型枠工事及び埋め戻し工事を余儀なくされ、当該工事費用として、被告 Y_2 に対して78万7500円、○○○○に対して13万4400円を支払い、また、被告ビルの安全確保のため保護壁の設置及び地上排水溝の再設置を余儀なくされ、○○○○に対し、コンサルタント料として51万6600円を支払ったことが認められる。
　　　　以上によれば、前記被告 Y_1 の支出額143万8500円（78万7500円＋13万4400円＋51万6600円＝143万8500円）は、原告らの同意破棄行為と相当因果関係のある損害と認めるのが相当であり、この判断を覆すに足りる証拠は存在しない。
　　ウ　ところで、被告 Y_1 は、保護壁設置に要する費用466万4918円も、原告ら

の同意破棄と相当因果関係のある損害であると主張する。しかし、前記費用は未だ見積り段階であること、原告土地は現在本件 H 鋼と矢板によって支えられていること、原告土地には境界付近に原告 X_2 邸が存在し、原告らが原告土地崩壊を防ぐために何らかの手だてを取る可能性について否定できないことなどに照らすと、保護擁壁設置に要する費用は、未だ被告 Y_1 の損害として発生しているとまで認定することは困難であり、この点についての被告 Y_1 の請求は理由がないというほかない。

2　原告らの仮処分申立て等に伴う損害賠償
 (1)　不法行為又は債務不履行の成否〈略〉
 (2)　損害額
　　ア　前記(1)によれば、原告 X_1 は、被告 Y_1 が本件仮処分事件の応訴に要した弁護士費用のうち、当該応訴に要する通常の費用を損害賠償する義務があるということになる。
　　イ　これを本件についてみるに、弁論の全趣旨によれば、本訴の訴額から本訴になって新たに主張された被告らの不法行為に基づく損害賠償の金額を除いた額は1200万円余であることが認められ、本件仮処分事件の難易等を考慮すると、被告 Y_1 の本件仮処分の応訴に要する弁護士費用のうち、原告 X_1 の不法行為と相当因果関係の範囲内にある損害額は120万円であると認めるのが相当であり、この判断を覆すに足りる証拠は存在しない。

3　業務妨害に伴う損害賠償
 (1)　不法行為の成否
　　ア　渋谷区に対する働きかけ〈略〉
　　イ　週刊朝日に対する働きかけ〈略〉
 (2)　損害額
　　ア　そこで、被告 Y_1 が原告らの前記発言により被った損害額について検討することにする。
　　イ　前記(1)イ(イ)で認定した事実に、〈証拠略〉を併せ考慮すると、次の事実が認められる。
　　　　被告 Y_1 は、平成13年9月ころ、いわゆる「ファッション・ビル」建築による事業展開を進めており、万一週刊誌等のマスメディアにおいて、同社の企業イメージ（ブランド）を傷付けられるような報道がされれば、被告ビルの付加価値は下がり、優良テナントの誘致、新規の開発物件の調達等の妨げとなり、ひいては、日本における事業展開に大きな支障を来すおそれがあり、報道の危険を心配した。そこで、被告 Y_1 は、直ちに弁護士に対してその対応を依頼し、弁護士費用として、少なくとも30万円の支払を余儀なくされた。弁護士が E 記者と対応した結果、被告ビルに関する記事は対外的に報道されることはなかった。
　　ウ　以上の認定事実によれば、被告 Y_1 が原告らの前記発言により被った損害

は、マスメディアの記者に対し虚偽の事実を告げられた結果被った無形的損害及び支出した弁護士費用等を含め考慮すると、50万円の限度で認めるのが相当であり、その余の損害は原告らの発言と相当因果関係のある損害と認めるに足りる証拠はないというべきである。

4　民法209条等〈略〉

5　被告 Y_1 の逸失利益について

(1)　被告 Y_1 は、前記1ないし4で主張した原告らの各行為が不法行為又は債務不履行に当たることを前提に、被告 Y_1 の従業員らは、本来被告の事業活動に費やすべき時間のうち少なくとも300時間を、原告らの各行為に対する対応に費やさざるを得なくなったとして、従業員1人1時間当たりのコストを1万円として300時間、合計300万円の損害賠償請求をする。

(2)　前記1ないし4で判断したとおり、原告らの行為のうち、被告 Y_1 に対し不法行為又は債務不履行になるのは前記1（同意の不当破棄）、2（本件仮処分申立て）、3（週刊朝日への働きかけ）である。ところで、原告らの各行為が不法行為である以上、被告 Y_1 の従業員が本来であれば同社の事業活動に費やしているべき時間を原告らとの対応のために充てたとすれば、その結果発生した被告 Y_1 の逸失利益は、原告らの不法行為と相当因果関係の範囲内にあるということができる。

(3)　この点に関し、被告 Y_1 代表者は原告らとの対応に要した被告 Y_1 従業員の損害は300万円を下らないと証言し、これに沿う陳述書を提出する（〈証拠略〉）。

　　確かに、〈証拠略〉によれば、被告 Y_1 の従業員が前記1ないし3の原告らの行為のために本来の事業活動を犠牲にしてその対応に当たったこと、原告らがこれらの行為を起こさなければ被告 Y_1 の従業員はこれらの時間を本来の業務に当てることができ、その結果、被告 Y_1 に少なからぬ事業利益が発生したことが認められる。

　　以上の意味で、被告 Y_1 には、原告らの不法行為により逸失利益の損害が発生していることが認められる。しかし、被告 Y_1 の従業員が原告らとの対応に充てた時間のうち、原告らの行為がなければ全ての時間を事業活動のために充てたといえるか否か、被告 Y_1 の従業員の労働時間に対応する事業利益の額等、本件の逸失利益は、その性質上その額を立証することは極めて困難であるというべきである。そこで、本件では、民訴法248条を適用するのが相当である。

(4)　そこで、民訴法248条の相当な損害額は幾らかということが問題となるが、前記(3)で検討した諸事情に、前記1ないし3の処理の大半は弁護士に依頼し、弁護士が処理をしていること、当裁判所はこれに要する弁護士費用額を認容していることをも併せ考慮すると、被告 Y_1 の逸失利益のうち、30万円が相当な損害額であると認めるのが相当であり、この判断を覆すに足りる証拠は存

在しない。

●損害額認定の考え方●

　本件は、ビルの建築を計画し、工事の一部に着工したところ、隣接する土地の所有者らから仮処分を申し立てられる等したため、ビルの建築を計画した者が仮処分の申立てが違法であるとか、工事に関連して業務妨害があったなどと主張し、申立者らに対して損害賠償を請求した事案である。仮処分の申立て・執行が行われた場合、後に仮処分が取り消されたり、本案訴訟で敗訴したりしたような場合には、申立者がその相手方に対して不法行為責任を負う可能性があることについては、裁判例によって定着した法理になっている（もっとも、本件では、前記のとおり、仮処分の審理において裁判上の和解が成立しているところに特徴があり、仮処分の申立ての違法性も重要な争点になっている）。本件では、ビルの建築工事に関連して仮処分の申立てとか、行政官庁への働きかけ等がされたため、申立者のこれらの行為が違法であるとした場合、申立者がどのような範囲の損害賠償責任を負うかは、個々の事案ごとに検討する必要があるとはいえ、明確な法理・判断基準は形成されていない。本件では、ビルの建築を計画していた者の損害が問題になったものである。

　本判決は、仮処分の申立ての根拠を検討し、法律的・事実的根拠を欠くものであり、そのことを認識しながらあえて申立てをしたとし、不法行為を認めたうえ、仮処分の申立てへの応訴のための弁護士費用として120万円を認め、業務妨害を認め、その損害について、業務妨害に対応した費用として123万1650円、慰謝料として50万円、民事訴訟法248条を適用し、従業員をほかの業務に使用することができたことによる逸失利益として30万円を認めたものである。

　本判決は、まず、不当な仮処分の申立てによる損害として、応訴のための弁護士費用の損害を認めた事例判断を提供するものである。

　また、本判決は、仮処分の申立てに伴って生じた業務妨害による損害とし

て、対応費用、慰謝料、逸失利益を認めた事例判断として参考になるものである。

1・7　弁護士に対する違法な懲戒申立てに関する申立人の損害賠償責任

〔判　例〕　東京地判平成17・2・22判タ1183号249頁
〔損害額〕　慰謝料100万円

【事件の概要】

　Ａ株式会社は、Ｙに対して貸金の保証債務の履行を請求する訴訟（別件訴訟）を簡易裁判所に提起し、Ａの従業員Ｂが訴訟代理人になって訴訟を追行した。Ｂは、別件訴訟の第1審において会社登記簿の写しを書証として提出した。別件訴訟の第1審は、Ａ勝訴の判決をし、Ｙが控訴した。別件訴訟の控訴審において、弁護士ＸがＡの訴訟代理人になり、審理が行われたが、Ｙが前記写しが偽造であるなどと主張し、Ｘは、偽造を認めたものの、貸付の際に見落としたなどと主張した。Ｙは、訴訟代理人を通じて、控訴審の弁論終結後、Ｘが書証の真正を確認せず第1審裁判官を誤らせたことは弁護士倫理に違反するなどと記載した準備書面を作成して提出し、弁護士会に第1審判決に基づき給料を差し押さえたことが懲戒事由にあたるとして懲戒を請求した（別訴控訴審判決は、別訴第1審判決を取り消し、Ａの請求を棄却した）。Ｘは、Ｙに対して、準備書面、懲戒申立書に記載されたことが誤りである等と主張し、不法行為に基づき慰謝料1000万円の損害賠償を請求したものである。

●主張の要旨●

　本件で問題になった損害は、①慰謝料（1000万円）、②弁護士費用（100万円）である。

●判決の概要●

　本判決は、書証が不実のものであることを知りながら別訴を継続し、訴訟活動をしたとしても、その経緯からすれば、十分合理性があり、非難される

べき理由はないとしつつ、準備書面の提出自体が不法行為であるということはできないとし、事実と認められない懲戒申立書を作成し、懲戒を請求したことは不法行為にあたるとし、慰謝料として100万円を認め、弁護士費用の損害を否定し、請求を一部認容した。

判決文

2　争点(1)被告準備書面の提出が、原告の名誉感情を害する不法行為か〈略〉

3　争点(2)本件懲戒請求が原告の業務を妨害する不法行為か〈略〉

4　そこで本件に現れた全ての事実を考慮し、原告の無形損害を金銭的に評価するとき、慰謝料は100万円をもって相当と認める。

　　なお、原告が弁護士を訴訟代理人として委任した事実は認められるが、自らも弁護士であり、被告本人尋問以前は全て原告が訴訟追行をし、被告本人尋問当日も自ら尋問を加えていたことからすれば、弁護士費用は相当因果関係の範囲内にあるとすることはできない。

●損害額認定の考え方●

　本件は、会社が個人に対して本人訴訟によって訴訟を提起し、第1審判決を得た後、弁護士に訴訟代理を委任し、弁護士が控訴審の訴訟活動をしていたところ、相手方の個人が弁護士を批判する準備書面を提出し、懲戒を請求したため、弁護士が相手方の個人に対して損害賠償を請求した事案である。本件は、訴訟において弁護士が訴訟活動を行ったことに伴って生じた派生的な紛争であり、弁護士の名誉・信用毀損が問題になったものである。また、本件は、弁護士の相手方の準備書面・懲戒申立書の記載が問題になったこと、相手方の当事者の不法行為が問題になったことに事案としての特徴がある（なお、相手方の訴訟代理人の関与の態様・内容によっては相手方の弁護士の責任も問題になり得たものである）。

　本判決は、準備書面の提出に係る不法行為を否定し、懲戒申立書に係る不法行為を肯定したうえ、慰謝料として100万円を認め、弁護士費用については、自らも弁護士であること、自ら訴訟活動をしていたこと等を根拠に相当

因果関係にあることを否定したものである。本判決が慰謝料として100万円を認めた判断は事例として参考になるものである。また、本判決が弁護士費用の損害を否定した判断は、弁護士が原告として訴訟を提起した場合に広く適用される可能性のあるものであり、注目される判断である。

2　競争法上の侵害

 **2・1** 会社の取締役による従業員等の引抜きに関する損害賠償責任

〔判　例〕　東京高判平成16・6・24判時1875号139頁
〔損害額〕　営業損害4000万円、募集広告費用166万5510円、販売の機会喪失の損害254万7000円

【事件の概要】

　電子制御機器、電子計算機等の開発・売買等を業とする X₁ 株式会社の代表取締役 Y₂（その後、辞任）、取締役 Y₃（その後、退任）は、X₁ の従業員を引き抜くことを画策した。Y₂ らは、平成11年12月頃から、X₁ の従業員等を順次呼び出し、X₁ を退職し、Y₂ が代表取締役を兼任する Y₁ 株式会社に就職することを働きかけた。Y₂ らの働きかけにより、X₁ の従業員10名が Y₁ に転職した。X₁、その代表者 X₂ は、Y₁ に対し、民法44条、Y₂、Y₃ に対し、取締役としての善管注意義務違反、忠実義務違反を主張して営業上の逸失利益、新たに従業員の求人に要した費用、商品の横流しの損害等の損害賠償を請求したものである。

　第1審判決（東京地判平成15・3・17判例集未登載）は、引抜き行為を否定する等し、請求を棄却したため、X₁、X₂ が控訴したものである。

●主張の要旨●

　本件で問題になった損害は、会社につき、①営業上の逸失利益、②求人費用、③販売の機会喪失の損害、その代表者につき、④慰謝料である。

●判決の概要●

本判決は、従業員に対する働きかけ、退職の勧誘による引抜き行為を肯定する等し、Y_2、Y_3の善管注意義務違反、忠実義務違反を認め、第1審判決を変更し、X_1のY_1らに対する請求を認容し（営業上の逸失利益、募集広告に要した費用等の損害を認めた）、X_2の請求を棄却した。

判決文

2　争点1（控訴人会社の従業員の引き抜き行為に基づく損害賠償請求の当否）について

(1)～(3)　〈略〉

(4)　控訴人会社の営業損害の額

前記認定の事実によれば、控訴人会社が、上記引き抜き行為によって、財産上（営業上）の損害を被ったことは明らかと考えられるところ、引き抜き行為の影響が及んでいると見ることのできる期間である控訴人会社の平成12年度下半期から平成13年度の売上高は、引き抜き行為前の平成11年度のそれと比較して、合計約10億513万円……の減少が見られるのであり、計算上は、これに変動経費控除後の利益の割合である28.3パーセントを乗じた金額である2億8445万円が一応控訴人会社の被った営業損害といい得ることになる。

しかしながら、本件においては、前記引き抜き行為と控訴人会社の売上げの上記の減少額との対応関係を具体的に明確にする的確な証拠がないばかりでなく、従業員の退職や顧客による取引停止には、程度の差はあるものの、従業員、顧客の意思が介在していることは否定できないことなどの事情があり、これらのことに照らすと、上記2億8445万円のすべてを被控訴人Y_2が行った引き抜き行為によって控訴人会社が被った営業上の損害であると認定することは極めて困難というほかない。しかしながら、控訴人会社が、被控訴人Y_2の引き抜き行為によって、財産上（営業上）の損害を被ったことが明らかであることは前記のとおりであるから、民事訴訟法第248条により、上記売上減少額、前記引き抜き行為に至った経緯、引き抜き行為の態様等本件に現れた前記の一切の事情に照らすと、控訴人会社が被控訴人Y_2の引き抜き行為によって被った営業上の損害は、4000万円と認めるのが相当である。

(5)　募集広告に要した費用

前記認定のとおり、控訴人会社は166万5510円の費用を支出して、求人誌に募集広告を掲載しているところ、同費用は、被控訴人Y_2が控訴人会社から多数の従業員を退職させたため、これを補充する必要から支払われたもので、前記引き抜き行為と相当因果関係があるというべきであるから、この費用全

額が損害に当たるというべきである。

3　争点 2（A に対する商品の横流しを理由として損害賠償請求の当否）について

(1)～(3)　〈略〉

(4)　そこで、控訴人会社が上記競業行為によって被った損害について検討する。

　前記のとおり、控訴人会社と A とは販売協力基本契約を締結しており、A が必要とするデジタルピッキングシステムは、控訴人会社から購入するものとされていたことにかんがみれば、被控訴人 Y₂ が被控訴人会社の代表者として A に販売した○○○○○の上記1800個については、被控訴人会社が販売しなければ、控訴人会社に購入の申入れがあったはずのものであるから、控訴人会社は、被控訴人 Y₂ の競業行為により、1800個の○○○○○を販売する機会を逸したということができ、これを売却していれば得られたであろう利益が、被控訴人 Y₂ の競業避止義務違反の行為によって生じた損害ということになる。

　ところで、○○○○○の価格については、控訴人会社は、これが 1 個当たり 1 万円を下らない旨を主張するところ、このことを認めるに足りる的確な証拠はないから、その価格については、被控訴人会社及び被控訴人 Y₂ の自認する5000円として算定すると、その1800個分の価格は、900万円となり、控訴人会社の売上げにおける変動経費控除後の利益率が28.3パーセントであることからすれば、控訴人会社に生じた損害は、○○○○○の価格合計900万円に上記28.3パーセントを乗じた254万7000円ということになる。

●損害額認定の考え方●

　本件は、会社の取締役等が従業員の引抜き、競争会社への転職を画策し、実施したため、会社が取締役、競争会社に対して損害賠償を請求した控訴審の事案である。本件の主要な争点は、引抜きが認められるかという事実認定に関する問題であるが（第 1 審判決は、引抜きを否定したものであり、事実認定の困難さが窺える）、引抜きが認められる場合における損害賠償額の範囲・算定も重要な問題である。

　本判決は、引抜きを認め、取締役等の善管注意義務違反、忠実義務違反を認めたものであり、事例判断として参考になる。

　本判決は、引抜きに係る取締役等の善管注意義務違反、忠実義務違反による損害賠償の範囲について、営業上の逸失利益、募集広告に要した費用、販

売の機会喪失の損害を認めたものであるが、営業上の障害が生じたこと、従業員の募集の必要があったことを前提とし、これらの損害を認めた事例として重要な意義を有するものである。

業界シェア第1位企業が第2位企業の従業員を大量に引き抜き、差別的で有利な取引条件を提示して顧客を奪取した不法行為に関する損害賠償責任

〔判　例〕　東京地判平成20・12・10判タ1288号112頁
〔損害額〕　営業上の逸失利益20億5189万7081円

【事件の概要】

　X株式会社とY株式会社は、有線音楽放送業界の競争企業であり、Xが業界第1位、Yが第2位の企業であった。Xは、昭和45年から電力会社等と電柱使用に関する契約を締結し、Yは、平成10年から電力会社等と電柱使用に関する契約を締結し、事業を行っていた。電柱等の上で配線工事を行うにあたっては所轄警察署の道路使用許可を得ることが必要である等、法令に従って行うことが必要であったが、業界ではこのような手続がとられていなかった。Aは、昭和56年、Yに入社し、平成11年1月には、Yの専務取締役に就任したが、平成15年6月、Yを退任し、その直後、Xの代表者Bらと会い、Yの従業員が100名単位で退職し、Aのもとで働きたいとの意向をもっていることを伝え、X側の代理店として事業を行うことなどの方針を決める等した。Aは、同年7月、C株式会社を設立し、代表取締役に就任した。Xは、平成15年7月、その業務の一部をCに委託する業務提携契約を締結し、業務を委託した。平成15年7月中、Aの働きかけによって、Yの従業員467名が退職し、平成16年3月までの間には合計496名が退職し、Cに就職した。XとCは、Yの顧客を対象とするキャンペーンを盛んに実施し（Yの顧客に限って低価格でのサービスの提供をした）、顧客を拡大した。Xは、Yに対してYが有線ラジオ放送業務の運用の規正に関する法律（昭和26年法律

第135号）違反の営業によって営業を継続し、Xの顧客を奪取したなど
と主張し、不法行為に基づき142億円余の損害賠償を請求したのに対し、
Yが反訴としてYの従業員を大量かつ一斉に引き抜き、不公正なキャ
ンペーンを実施し、顧客を奪取したなどと主張し、不法行為に基づき
113億円余の損害賠償を請求したものである（双方とも一部請求である）。

●**主張の要旨**●

　本件で問題になった損害は、反訴請求における平成15年度から平成18年度
の間の営業上の逸失利益（136億4457万2000円の一部である113億6152万円）で
ある。

●**判決の概要**●

　本判決は、XとCが共謀し、Yの顧客らに集中的にキャンペーンを実施
し、顧客を奪取したものと推認され、Yを有線音楽放送事業から排除するこ
とを企て、Yの従業員に虚偽の事実を告げ、総従業員1630名の約3割にあた
る496名を一斉に退職させ、Cに就職させ、Yの元従業員を使用してYの顧
客に差別的で有利な取引条件を提示してXと取引をすることを勧誘した等
とし、Xの不法行為を肯定し、営業利益の喪失期間として平成15年7月から
2年間とし、営業上の逸失利益の損害として20億5189万7081円の損害を認め、
Xの本訴請求を棄却し、Yの反訴請求を一部認容した。

判決文

2　争点1(1)（本訴請求についての被告の不法行為の成否）について〈略〉
3　争点2(1)（反訴請求についての原告の不法行為の成否）について〈略〉
4　争点2(2)（被告の損害）について
（1)ア　前記のとおり、原告は、平成15年7月から被告従業員を大量かつ一斉に
　　　引き抜き、これに引き続き同年8月から平成16年7月9日まで各キャンペ
　　　ーンを行って、被告の顧客を集中的に奪取するという不法行為をし、これ
　　　によって被告に損害を与えたものである。原告の上記不法行為によって、
　　　被告は売上高が減少しているが、他面、従業員引き抜きを含む不法行為で
　　　あるから、被告は人件費を始めとする諸経費を免れていることに照らせば、

被告の被った損害は、営業利益の喪失分と解するのが相当である。

　　そして、原告の不法行為が平成15年7月から平成16年7月までほぼ1年にわたって継続したこと、原告及び被告の顧客との受信契約の契約期間は通常2年であること、平成16年7月に原告の不法行為が止んでからは被告の営業利益は回復傾向にあり、平成17年2月からは営業利益がプラスに転じていること等は前示のとおりである。これらの事情を総合勘案すると、被告の営業利益の喪失期間は、原告の不法行為が開始された平成15年7月から平成17年6月までの2年とするのが相当である。

イ　原告の不法行為が開始される直近である平成13年7月から平成15年6月までの被告の月次営業利益の合計は11億6781万4906円である。一方、原告の不法行為が開始された平成15年7月から平成17年6月までの被告の月次営業利益の合計はマイナス8億8408万2175円であることは前記1認定のとおりである。そうすると、原告の不法行為がなければ、被告は平成15年7月から平成17年6月までの2年間に、直近の過去2年間の営業利益11億6781万4906円と同程度の営業利益を獲得することができたものと推認されるところ、被告のその間の営業利益は上記マイナス8億8408万2175円となっている。したがって、平成15年7月から平成17年6月までの2年間に失った得べかりし営業利益は、上記11億6781万4906円から上記マイナス8億8408万2175円を差し引いた額20億5189万7081円（11億6781万4906円－（－8億8408万2175円）＝20億5189万7081円）となる。

ウ　以上のとおりであるから、原告の前記不法行為により、被告は20億5189万7081円の損害を被ったというべきである。

(2)　被告は損害について種々の主張をするので、検討する。〈略〉

(3)　一方、原告も損害について種々の主張をするので、検討する。〈略〉

5　争点2(3)（損益相殺等）について　〈略〉

6　争点2(4)（過失相殺）について　〈略〉

●損害額認定の考え方●

　本件は、有線音楽放送業界で第1位のシェアの企業が第2位の企業の元取締役と共謀し、第2位の企業の従業員を大量かつ一斉に引き抜き、新会社を設立し、第2位の企業の顧客に対して集中的にキャンペーンを実施し、大量の顧客を奪取したため、第2位の企業が第1位の企業に対して損害賠償を請求した事案である（反訴請求に関する部分に限定している）。本件は、業界の激しい競争の状況におけるシェア第1位の企業による事業展開の違法性が問題になった興味深い事件であるが、仮に第1位の企業に不法行為が認められ

る場合、顧客を奪われた第2位の企業の営業上の逸失利益の範囲、損害賠償額の算定が重要な問題として浮かび上がったものである。

　本判決は、シェア第1位の企業の企てた従業員の引抜き、キャンペーンの実施等につき詳細に認定し、この企業の不法行為を肯定し、営業上の逸失利益を2年間認め、その損害を約20億円と算定したものである。本判決が逸失利益の喪失期間を2年間と認めた判断は、その基準が明確ではないものの、事例判断として参考になる（従来の裁判例に照らすと、比較的長期間の逸失利益を認めたものであるが、逆に本件の事案の内容に照らすと、短すぎるとの議論もあろう）。また、本判決が営業上の逸失利益として約20億円を認め、算定した判断は、高額であるとの印象があるが、本件の事案の内容に照らすと事例判断として参考になるものである。

　従来から企業の従業員の引抜き、競争事業の展開、従来の顧客に対する営業活動等をめぐる裁判例が多数公表されているところであり、いずれも損害論としては営業上の逸失利益が問題になるところ、本件は引抜きの対象になった従業員が大量であり、従来の顧客に対する営業活動が大規模であったことに特徴があるものである。

3　　生活権侵害

3・1　肥料製造工場の悪臭の発生による養鶏業者に対する損害賠償責任

〔判　　例〕　山口地岩国支判平成13・3・8判タ1123号182頁
〔損害額〕　産卵量の減少による損害1339万5624円

【事件の概要】

　Y$_2$市は、昭和46年から昭和48年にかけて、Y$_3$県Y$_2$市内に養鶏団地を完成させ、Aは、昭和49年、Y$_2$市から養鶏団地の一部を買い受け、その引渡しを受け、養鶏業を営んでいた。Bは、同様に本件養鶏団地の一部を買い受けたが、入植せず、昭和57年頃、Y$_1$有限会社に賃貸し、Y$_1$が、昭和57年11月から、本件養鶏団地内で魚と鶏糞を混ぜ合わせた肥料の製造工場を操業した。Y$_1$が悪臭を排煙する等したことから、Aらが苦情を申し立てたため、Y$_2$市、Y$_3$県の仲介により、昭和60年7月、養鶏業者であるA、C、DとY$_1$との間でY$_1$が悪臭物質等を除去する施設を設ける、養鶏業者から苦情があった場合には、作業を停止する等の内容の被害防止協定を締結した。Y$_1$は、排煙洗浄装置を設置したものの、悪臭が排出されたため、Aが苦情を申し立て、本件協定に基づき作業の停止を求めたが、Y$_1$がこれに応じなかった。Aは、本件工場の稼働により鶏の産卵量が減少したと主張し、本件協定の不履行を理由に損害賠償を請求したものである。その後、Aが死亡し、その妻X$_1$、子であるE、X$_2$、X$_3$が共同相続したが、Eも死亡し、X$_1$が単独相続したものである。

●**主張の要旨**●

　本件で問題になった損害は、①鶏の産卵量の減少による損害、②鶏の死亡による損害、③鶏舎の損害（合計額3810万7329円）である。

●**判決の概要**●

　本判決は、昭和60年10月頃には、本件工場からの悪臭物質が A の養鶏に相当程度の支障を及ぼす濃度に達しており、A による再三の操業停止の申出にもかかわらず停止しなかったものであり、本件協定の不履行を肯定し、従前の産卵量と比較し、産卵量の減少の７割が本件工場からの排煙の悪臭物質によるものであるとし、1339万5624円の損害額を認め、死亡による損害、鶏舎の損害の主張については、これを認めるに足りる証拠がないとし、Y_1 に対する請求を一部認容し、Y_2 市、Y_3 県に対する請求を棄却した。

判決文

1　前記四で判示したとおり、被告会社は、債務不履行の責任を負い、A が操業停止を求めてから相当期間が経過した後である昭和61年１月１日以降本件工場から排出された悪臭を伴う煙によって A が養鶏について被った損害を賠償する義務を負うといえる。

　　被告らは、被害の原因は鶏舎内の鶏糞が発酵したことによるものであり、本件工場の煙によるものではないと主張し、証人 F の証言には、「A の鶏舎を見に行った際、そのケージに鶏糞が30ないし50センチメートル積もっていた。」との部分があるが、従前、A は鶏糞を A 所有の乾燥場で処理していたものの、昭和59年以前に鶏糞の処理が原因で鶏が病気に罹患したことはないこと等の事実（承継前の原告 A 本人）に照らすと、右証言によって前記認定を覆すことはできないというべきである。

2　鶏卵の産卵量の減少の損害

(1)　①本件工場の操業が開始されて以降 A 飼育の鶏の多数が呼吸器疾患である伝染性コリーザやマイコプラズマ症に罹患するようになったことや本件工場から排出される悪臭の程度はかなり強烈なものであったこと（この点は乾燥炉の排出口におけるアンモニア濃度等から容易に推認される。）からすると、本件工場から排出される悪臭や刺激臭を伴った煤煙が A の鶏舎に流れ込み、その影響を受けて同鶏舎の鶏が右のような呼吸器疾患に罹患したと推認されること、②一般的に、右のような疾患は鶏の産卵量を低下させるものであること、③ A は被告会社に対し本件協定書締結後、協議会の中で鶏の産卵量の

減少をしきりに主張していたこと、④前記三に認定した産卵量等に関する事実によれば、同鶏舎の産卵鶏の一羽当たりの年間平均産卵量は、昭和57年から昭和59年までの 3 年間の平均が18.026キログラムであるのに対し、昭和60年が16.277キログラム、昭和61年が16.101キログラム、昭和62年が15.157キログラム、昭和63年が15.784キログラムであり、本件工場が操業して以降、産卵量の減少が顕著であること等を総合考慮すると、本件工場からの排煙の悪臭物質等の影響により産卵量が減少したと推認される。

　しかしながら、鶏の産卵量は、気候や飼育管理状態の良不良等に左右される上、投与した飼料の量にも影響されるところ、一羽当たりの年間平均飼料をみると、左記のとおりであり、その量は、昭和60年以降やや減少していることを考慮すると、右産卵量の減少が全て右排煙の影響による被害であるということはできず、右のような事情や排煙におけるアンモニア濃度の程度、本件工場と鶏舎との距離や位置関係等に照らすと、少なくとも、その 7 割は排煙の悪臭物質等に起因するものとするのが相当である。

記

昭和57年	0.4363トン
昭和58年	0.4652トン
昭和59年	0.4689トン
昭和60年	0.4791トン
昭和61年	0.4573トン
昭和62年	0.4564トン
昭和63年	0.4472トン

(2)　右説示したところを前提として、産卵量減少の損害を検討する。

　まず、前記のとおり、昭和57年から昭和59年までの一羽当たりの年間平均産卵量が18.026キログラムであるから、これと各年の一羽当たりの年間平均産卵量との差（産卵減少量）を算出し、これに当該年の年間平均羽数を乗じると、昭和61年が 3 万6413.3キログラム、昭和62年が 4 万4326.05キログラム、昭和63年が 2 万6343.5キログラムとなる。そして、これに該当年の平均単価を乗じると、昭和61年が895万7671円、昭和62年が664万8907円、昭和63年が353万29円となり、その合計は1913万6607円であり、これの 7 割に相当する1339万5624円が被告会社の前記債務不履行による損害である。

3　鶏の死亡による損害

　原告らは、「A 所有の鶏は、本件工場からの排煙により、昭和60年に3100羽、昭和61年に2200羽死亡したが、これも被告会社の前記債務不履行による損害である。」と主張し、これに沿う鶏の死亡羽数の算定表〈証拠略〉、C の証言（同人が A の鶏舎で200羽位の鶏の死体を見た旨の内容のもの）、G の証言（同人が右鶏舎で20ないし50羽の鶏の死体を見た旨の内容のもの）がある。

　しかしながら、本訴提起に至るまで A が被告会社に対して鶏が死亡したとい

う被害の申し出や損害賠償の請求がなされていないこと（証人Ｈの証言）、Ａの鶏舎より本件工場に近いＣの鶏舎で鶏が50羽ないし200羽の単位で一年間程度の短期間に死亡したということはなかったこと（証人Ｃの証言）、右書証〈証拠略〉はＡによって本訴提起後作成されたもので、その数値は極めて大まかな概数である上、これを裏付ける証拠はなく、その内容をたやすく信用することはできないこと等の点にかんがみれば、原告らの右主張に沿う右各証拠によって右主張事実を認めるのは困難というべきであり、他にこれを認めるに足りる証拠はない。

4　鶏舎の腐食及び使用不能による損害

　〈証拠略〉によれば、Ａの鶏舎はトタン屋根で葺いたものであるが、昭和62年10月20日当時、右トタン屋根は錆び付いて所々穴が空いている状態であったことが認められる。

　しかしながら、これが本件工場からの排煙によるものであると認めるに足りる証拠はなく、〈証拠略〉によれば、Ａの鶏舎は昭和52年に建築されたものであること、トタンは年数が経つと腐食して雨漏がしたりし、10年以上経てば穴が空いたりして修理を要するのが通常であることが認められ、この事実に照らすと、この点に関する原告らの主張は採用できない。

●損害額認定の考え方●

　本件は、養鶏業者が近隣の肥料製造工場の悪臭に悩まされ、排煙洗浄装置の設置、悪臭発生の際の作業停止等を内容とする協定を締結し、工場に排煙洗浄装置が設置されたものの、悪臭の排出が続いたため、養鶏業者が肥料の製造業者らに対して損害賠償を請求した事案である。本件では、養鶏業者が被った損害の内容、損害額の算定が問題になったものであり、特に悪臭による産卵量の減少という営業上の損害が問題になったところに特徴がある。

　鶏の産卵量は、飼育数、産卵年齢、飼育状態、気象等によって影響を受けるものであるうえ、産卵量の減少にかかる損害は、その価格の変動、経費の内容・額によっても影響を受けるものであり、その認定・算定は困難であることが多いということができる。

　本判決は、肥料の製造業者の損害賠償責任自体は、本件協定が締結されていたこと等から比較的容易にこれを認めたものであるが、損害額の認定・算定については、前記のとおり、前記①の損害については、過去の産卵量との

比較等を基本とし、本件工場の悪臭の排出による影響が7割あったとし、産卵量の減少にかかる営業上の損害を認めたものである。本判決が悪臭の排出による影響が7割であるとした基準は明らかではないが、本判決のこのような営業上の損害額の認定・算定は、事例として参考になるものである。

　本判決は、前記②、③の損害については、これを認めるに足りる証拠がないとしているものであるが、なかなか困難な判断というべきであり、この判断もこの事案の立証の内容・程度によるものであり、事例判断というべきものである。

　養鶏場の損害が問題になった裁判例としては、①佐賀地唐津支判昭和43・3・27交通民集1巻1号299頁（交通事故の事例）、②福岡地久留米支判昭和45・3・16判時612号76頁（有害な飼料による事故の事例）、③大阪高判昭和49・1・31判時752号40頁（鶏舎の火災事故の事例）、④名古屋地判平成14・3・20判自240号102頁（養鶏場の建設中止の事例）がある。

　悪臭による損害賠償責任が問題になった裁判例としては、①新潟地判昭和43・3・27判時520号16頁（肯定事例）、②東京地判昭和54・2・27判時918号46頁、判タ380号64頁（肯定事例）、③名古屋地一宮支判昭和54・9・5判時938号9頁、判タ399号83頁（肯定事例）、④高知地判昭和56・12・23判時1056号233頁、判タ471号179頁（肯定事例）、⑤大阪地判昭和61・10・31判時1250号73頁、判タ648号204頁（肯定事例）、⑥京都地判平成3・1・24判時1403号91頁、判タ769号197頁（肯定事例）、⑦京都地判平成5・3・16判タ827号250頁（否定事例）、⑧高松地判平成8・12・26判時1593号34頁、判タ949号186頁（肯定事例）、⑨津地判平成9・6・26判時1645号121頁、判タ956号221頁（肯定事例）、⑩大阪高判平成14・11・15判時1843号81頁（肯定事例）、⑪東京地判平成15・1・27判タ1129号153頁（肯定事例。本書19頁参照）、⑫神戸地判平成15・6・11判時1829号112頁（肯定事例。本書524頁参照）がある。

3·2　高層マンションの建築業者の近隣住民に対するビル風害の損害賠償責任

〔判　例〕　大阪地判平成13・11・30判時1802号95頁
〔損害額〕　慰謝料60万円、弁護士費用10万円

【事件の概要】

　Y₁株式会社は、建設業を営むY₂株式会社にマンションの建築を注文し、Y₃株式会社は、マンションを設計した。本件マンションは、3棟から構成され、うち、B棟、C棟は、20階建ての高層マンションである。本件マンションの周辺は、ほとんどが3階以下の建物が存在する地域である。X₁、X₂ら（合計6名）は、本件マンションに隣接する木造2階建ての建物を所有し、あるいは居住している。本件マンションは、平成9年3月、竣工した。本件マンションの完成後、台風の際、X₁らの建物の屋根瓦が飛ぶ等の被害が生じた。X₁らは、Y₁らに対し、不法行為に基づき慰謝料、風害による土地・建物の価値低下による損害賠償を請求したものである。

●主張の要旨●

　本件で問題になった損害は、①土地・建物の価値の低下、②風害による慰謝料であり、X₁らは、洗濯物が干せない、物干し竿が飛ばされる、建物が破壊される、建物の倒壊、瓦の飛散、人が転倒する等の被害が生じたと主張している。

●判決の概要●

　本判決は、台風のため屋根瓦が飛散したこと、ベランダのトタン屋根が破損し、雨樋がはずれたこと、数箇所から雨漏りがあったこと、洗濯物が強風のため飛んだこと等の被害の発生を認め、本件マンションの建築によって人が生活するうえで障害がある程度の変化が生じ、受忍限度を超えて風環境が

悪化した等とし、慰謝料としてそれぞれ60万円を認め（不動産価値の低下は認める証拠がないとした）、請求を認容した。

判決文

(1)　慰謝料

　　上記1及び2で認定した事実によれば、原告ら宅付近の風環境が受忍限度を超えて悪化したことが認められ、これにより原告らが精神的苦痛を被ったことが明らかである。

　　そして、①平成8年秋、遅くとも平成8年12月22日以降、強い風が吹く日に原告らが感じた恐怖心の大きさ、②実際に原告ら建物に生じた物理的被害（ただし、平成10年9月22日の台風7号による被害については、被告Y₁において補修済み）、③本件マンション建築前後における被告らとの交渉の経緯、④原告らは、結果的に、風環境の悪化から逃れるため長年住み慣れた環境を離れ、転居を余儀なくされたこと、⑤本件マンション建築前後における風環境のレベル差、⑥原告ら宅が、都市計画法上、第二種中高層住宅専用地域（建ぺい率60パーセント、容積率200パーセント）、第二種高度地域に含まれていること、⑦被告らにおいても建築計画策定については付近住民の意見を考慮して計画変更を行っており、北側公開空地部分を広くとるなどした結果、原告ら宅への風の影響が強まった可能性も否定できないこと等の諸般の事情を総合考慮すれば、原告らが被った精神的苦痛に対する慰謝料としては、原告ら各自につき60万円を認めるのが相当である。

(2)　不動産価値

　　上記1及び2で認定した事実によれば、原告ら宅付近の風環境が悪化したことが認められるが、原告ら宅の不動産が無価値になったことを示す証拠は存在しない。

　　この点、原告らは、風環境が悪化したことにより、居住できなくなったほか、売却することもできなくなった旨主張し、それに沿う供述も存する。

　　しかしながら、土地については、駐車場としての使用、強固な建物による利用等、風環境が悪化したとしても、使用価値は十分に存在しているのであって無価値であると認めることはできない。また、原告X₂及び同X₄の各供述によっても、具体的に各原告ら宅の売却処分を依頼したのかどうかも不明であって、売却することができないとの事実を認めることはできない。

　　さらに、そもそも、上記のとおり原告らの風環境の悪化は認められるものの、それに伴い原告らの所有する土地、建物の価格が下落したのか、仮に下落したとしてもその程度がいかばかりかということについては、具体的な立証がされていないし、風環境の悪化に伴う不動産価格の下落の有無ないしその程度をど

のように判断するのかについて、一般的社会的コンセンサスも存在しない。そうすると、本件全証拠によっても、原告らの風環境の悪化の程度においては、未だ原告ら宅の不動産の価格が下落したとの事実を認めるには足りないといわざるを得ない。

(3)　弁護士費用

　　本件にあらわれた一切の事情を考慮すると、弁護士費用として、原告各自につき10万円を本件マンション建築による損害と認めるのが相当である。

(4)　被告らが原告らに支払った70万円の趣旨〈略〉

●損害額認定の考え方●

　本件は、住宅地に高層のマンションが建築され、風害が生じたため、近隣の住民がマンションの発注者、建築業者らに対して損害賠償を請求した事案であり、慰謝料、不動産価値の低下による損害が問題になったものである。本件のような風害は、高層の建物の建築に伴って生じ得る被害であり、建物の高さ・構造、建築地、付近の地域環境・形状、気象環境等に事情によっては相当に重大な被害が生じることがある。高層建物等が建築される地域によっては建築前に風害につき相当に慎重に調査、分析、判断することが必要であり（特に住宅地において高層・中層の建物を建築するにあたっては慎重な調査、専門業者による調査等が必要になる）、建築後の被害の内容・程度、建築前の調査・判断等の事情によっては建築関係者の不法行為が認められることになる。

　本判決は、実際に近隣住民の被害を認め、建物の発注者、建築業者等の不法行為を認めたうえ、損害として慰謝料を認めたものであり、事例判断として参考になるものである。本判決が認めた慰謝料については、本判決は、精神的苦痛に対する慰謝料であると判示しているが、その実質は、風害による生活上のさまざまな被害であるということができる。また、本判決は、風環境の悪化による不動産価格の低下という損害を認めなかったものであるが、事案によっては認めることができる損害である。

 **工場による井戸水汚染の損害賠償責任**

〔判　例〕　福島地郡山支判平成14・4・18判時1804号94頁

〔損害額〕　代替井戸掘削費用、慰謝料、調査費用、弁護士費用各349
　　　　　　万3775円、284万円

【事件の概要】

　Y株式会社は、アルミニウム製チューブ等を製造・販売し、福島県
A市に工場を設置し、稼動させていた。Yは、昭和60年4月から平成
2年8月までの間、工場内の洗浄室において、チューブ表面の油分（潤
滑剤）を取るため、テトラクロロエチレン（本件化学物質）を使用して
いた。X_1、X_2、Bは、本件工場の周辺に自宅を有し、井戸を掘って、
井戸水を飲用等に利用していたものである。X_1らは、井戸水が本件化
学物質によって汚染されたと主張し、Yに対して不法行為に基づき損害
賠償を請求したものである。本件訴訟の提起後、Bが死亡する等し、そ
の子らであるX_3らが訴訟を承継したものである。

●主張の要旨●

　本件で問題になった損害は、①代替井戸の掘削費用（X_1につき140万円、
X_2につき134万円、X_3らにつき181万4000円）、②土地の評価損（X_1、X_2、X_3ら
につき各200万円）、③慰謝料（X_1、X_2、X_3らにつき各650万円）、④その他（弁
護士の相談料等（X_1につき9万3775円、X_2につき1万8640円、X_3らにつき1万
8640円））である。

●判決の概要●

　本判決は、Yの工場で本件化学物質を溶剤として使用し、洗浄作業を行っ
た過程で床面に滴下し、地下に浸透し、地下水の流動系に沿って拡散し、
X_1、X_2の井戸を汚染したことを認め、受忍限度を超えた違法な侵害である

とし、不法行為を肯定し、Bの井戸に対する不法行為を否定し、X₁、X₂の請求を認容し、X₃らの請求を棄却した。

判決文

1　争点⑴（被告の侵害行為の態様及び汚染経路）について〈略〉
2　争点⑵（被告の侵害行為における過失の有無—予見可能性の有無）について〈略〉
3　争点⑶（被告の侵害行為の違法性）について〈略〉
⑴　被告の侵害行為の違法性の判断基準〈略〉
⑵　検討〈略〉
⑶　結語

　　以上により、被告の上記侵害行為は、原告X₁及び同X₂との関係では、それぞれ受忍限度を超える違法なものであって、被告は、同原告らに対し、各不法行為責任を負うというべきである。

　　これに対し、被告の上記侵害行為は、亡Bとの関係では、未だ受忍限度を超えるものとまでは認められず、被告は、亡Bに対し、不法行為責任を負わないから、亡Bの相続人である原告X₃らの本訴請求は、争点⑷について判断するまでもなく、いずれも理由がない。

4　争点⑷（損害額）について

　　上記3の認定を踏まえ、被告の不法行為により、原告X₁及び原告X₂のそれぞれ被った損害額について検討する。
⑴　井戸掘削費用について

　　〈証拠略〉によれば、原告X₁は、平成2年7月30日付をもって福島県A保健所から同原告の井戸水からテトラクロロエチレンが検出され、水道水の暫定的水質基準に適合せず、煮沸飲用を指導されたこと、平成3年8月27日、代替井戸を掘削するため、140万円の費用を支出したこと、原告X₂は、平成2年11月26日付をもって福島県C公害対策センターから同原告の井戸水からテトラクロロエチレンが検出され、水道水の暫定的水質基準に適合せず、上記保健所の指導を受けるよう指示されたこと、平成4年10月26日、代替井戸を掘削するため、134万円の費用を支出したことなどが認められ、これに前記のような同原告らの所在する地域環境、テトラクロロエチレンの毒性、被侵害利益の重大性等の事情も併せ考えると、これらの費用は、被告の前記不法行為と相当因果関係にある損害であると認めるのが相当である。

　　したがって、原告X₁の井戸掘削費用140万円、原告X₂の井戸掘削費用134万円がいずれも損害として認められる。
⑵　土地評価損について

　　原告らは、被告の前記不法行為により地下水が汚染し、原告ら所有地の評価額が下落したことから、原告 X_1、同 X_2 につき各200万円の損害を被った旨主張するが、これを認めるに足りる的確な証拠はない。

(3)　慰謝料について

　　原告 X_1 及び同 X_2 が、被告の前記不法行為により、井戸水を汚染され、一定期間テトラクロロエチレンの毒性の脅威に曝されて煮沸飲用を強いられ、新たな井戸を掘削せざるを得なかったことは、前記認定のとおりであり、原告らの精神的損害を算定するにあたっては、前記争点(3)において認定した各事実に加え、他方で、原告らの被害内容として具体的な病気の発生等までは認められないこと等の本件記録に顕れた諸般の事情を総合考慮し、その精神的損害に対する慰謝料としては、それぞれ原告 X_1 につき、200万円、原告 X_2 につき、150万円が相当であるというべきである。

(4)　弁護士費用、調査費用等について

　　〈証拠略〉によれば、原告 X_1 は、被告の前記不法行為により、井戸水の水質調査及び弁護士への相談等の必要に迫られ、それぞれ水質検査費用として4万3775円、弁護士費用として合計5万円を支出したことが認められ、これに前記のようなテトラクロロエチレンの毒性、被侵害利益の重大性等の事情も併せ考えると、これらの費用は、被告の前記不法行為と相当因果関係にある損害であると認めるのが相当である。

　　また、原告 X_2 は、被告の前記不法行為により水質検査等を行い、その費用1万8640円の負担を余儀なくされた旨主張し、〈証拠略〉によれば、同原告が、平成2年8月に福島県A保健所に対し、水質検査費用として同額の支払をした事実が認められるものの、かかる水質検査は「細菌検査」とされているのであって、〈証拠略〉において、亡Bに関する同保健所の水質検査がその費目として化学物質の検査であることが明示されていることと対照してみると、原告 X_2 の上記支出は、直ちに被告の前記不法行為と相当因果関係にある損害であると認めることはできない。

　　したがって、原告 X_1 について、被告の前記不法行為と相当因果関係にある水質検査費用及び弁護士費用として合計9万3775円の損害を認めることができる。

(5)　結語

　　以上により、被告の不法行為により原告 X_1 が被った損害額は、合計349万3775円、原告 X_2 が被った損害額は、合計284万円であるとそれぞれ認められる。

●損害額認定の考え方●

本件は、工場による有毒物質の拡散に起因した周辺の井戸水汚染が問題に

なった事案であり、問題になった損害は、代替井戸の掘削費用、土地の評価損、慰謝料、その他（弁護士の相談料等）である。

　本判決は、汚染が問題になった一部の井戸水の汚染につき不法行為を肯定し、前記の各損害のうち、①、③、④の各損害を認めたものである。

　前記の各損害のうち、本判決は、①の損害については、代替井戸の必要性等を認め、相当因果関係のある損害であるとしたが、事例として参考になる。

　②の損害については、本判決は、これを認めるに足りる証拠はないとし、排斥したが、井戸の汚染は居住に重要な事情であり、土地の価格低下を来す事情ということができるから、その立証の工夫によっては肯定されるべきものである。本判決は、安易にこれを否定したところに疑問が残る。

　③の損害については、本判決は、諸事情を考慮し、X_1 につき200万円、X_2 につき150万円の慰謝料を認めたものであり、慰謝料を肯定した事例としては参考になるが、その判断基準は明確ではないという問題がある。

　④の損害については、本判決は、水質検査費用、弁護士相談料を因果関係のある損害と認めたものであり、事例として参考になるものである。

3・4　電車の騒音・振動による鉄道事業者の不法行為に基づく損害賠償責任

〔判　例〕　東京高判平成14・6・4判時1794号48頁

〔損害額〕　1人あたり月額1000円（19年間の合計22万8000円）

【事件の概要】

【事件の概要】

　Y株式会社は、千葉県と東京都を結ぶ鉄道を経営しているところ、Xらは、千葉県内にある鉄道の半径200mのカーブの内側に面した場所にある住宅に居住している。Yは、従来から騒音・振動対策をとってきた。Xらは、Xを選定当事者として、Yに対して、騒音・振動が受忍限度を超えていると主張し、不法行為に基づき昭和53年5月20日から平成9年5月19日までの間慰謝料1人1日あたり2040円の慰謝料の損害賠償を請求したものである。

　第1審判決（千葉地判平成13・12・17判例集未登載）は、請求を棄却したため、Xが控訴したものである。

●主張の要旨●

　本件で問題になった損害は、昭和53年5月20日から平成9年5月19日までの間における慰謝料1人1日あたり2040円の慰謝料である。

●判決の概要●

　本判決は、電車運行による騒音が居宅に来す程度は客観的に相当高く、受忍限度を超えるものであり、日常の聴取妨害などの騒音感や夜間の睡眠妨害を受け、法的に保護すべき静穏な生活を送る人格的利益を違法に侵害され、精神的苦痛を被っているとし、振動についてもある程度生活の平穏を侵害されているとし、不法行為を認め、1人あたり月額1000円の慰謝料を認め、第1審判決を変更し、Xの請求を認容した。

判決文

　控訴人らが被った被害に対する慰謝料額は、前記の侵害行為の態様とその程度、被侵害利益の性質とその内容のほか、〈証拠略〉によれば、控訴人らは、昭和40年代から被控訴人に対し電車運行により生じる騒音に対し苦情を申し出ながら、控訴人ら居宅を防音壁や二重窓にするなどの自己防衛的な減音対策を採っていないこと、本件訴訟中も被控訴人において控訴人に対し控訴人ら居宅の防音工事等に協力する意向を示しているのに、控訴人がこれを受け容れなかったことが認められることなど諸般の事情を考慮すると、一人当たり月額1000円が相当であり、昭和53年5月20日から平成9年5月19日まで19年間の合計額はそれぞれ22万8000円となる。

●損害額認定の考え方●

　本件は、鉄道の周辺に居住する住民が騒音・振動が受忍限度を超えていると主張し、鉄道会社に対して損害賠償を請求した控訴審の事案である。東京の私鉄の周辺を眺めると、鉄道の近くに住宅が密集している地域があり、電車に乗車していても、騒音等が相当にあるのではないかと推察されることがある。鉄道会社も騒音対策をとっているようであるが、本件は、急カーブの内側に居住する住民が損害賠償を請求したものであり、受忍限度を超える騒音・振動が認められるかが問題になるとともに、受忍限度を超える場合に慰謝料がどの程度認められるかが問題になったものである。

　本判決は、主として騒音の被害が受忍限度を超えるとし、不法行為を認め、慰謝料については、昭和53年5月20日から平成9年5月19日までの間における1人あたり月額1000円の慰謝料を認めたものである。本件では、継続的な騒音等による慰謝料の額の算定が問題になったわけであるが、本判決は、これを前記の範囲で認めたものであり、その根拠は明確ではないが、事例判断を提供するものである。

3・5　大学の校舎の建築工事により飲料水メーカーが利用していた井戸水汚染の損害賠償責任

〔判　例〕　大津地判平成16・8・9判時1882号92頁

〔損害額〕　逸失利益300万円、慰謝料20万円、弁護士費用30万円

【事件の概要】

　Xは、自分が掘削した井戸から地下水を採取し、非加熱の飲料水（ミネラルウォーター）として販売していた。Y_1 学校法人は、平成12年、井戸の付近で平成15年4月から大学を開校することを計画し、その設計監理をA株式会社に、建物の施工を Y_2 株式会社に依頼した。Y_2 は、平成13年10月、ボーリング工事を行い、その後、基礎工事、建物等の建築工事を施工した。平成14年10月、本件井戸からの自噴が停止した（その後、自噴がある程度回復している）。Xは、Y_1 らに対して工事によって井戸水が汚染・枯渇したと主張し、営業上の逸失利益等の損害賠償を請求したものである。

●主張の要旨●

　本件で問題になった損害は、①地下水の販売事業の廃止による逸失利益（3年間の総額6億1400万円）、②慰謝料（1000万円）である。

●　判決の概要●

　本判決は、井戸における自噴量と工事の経過を認定し、ボーリング工事と井戸水の減少、自噴の停止との間の因果関係を推認し、Y_1、Y_2 の地下水に与える影響を防止する措置を講ずべき注意義務を尽くさなかったとし、共同不法行為を認め、民事訴訟法248条を適用し、3年間の事業上の逸失利益として300万円を認め、人格権侵害による慰謝料として20万円を認め（弁護士費用相当損害として30万円を認めた）、請求を認容した。

判決文

Ⅰ　争点1〈本件各井戸及び自宅井戸につき、地下水の汚染及び自噴量の減少、枯渇の事実があるか〉について〈略〉

Ⅱ　争点2〈上記Ⅰ1の事実が認められる場合、これらと本件工事との間に因果関係が認められるか〉について〈略〉

Ⅲ　争点3〈原告に生じた損害及びその額〉について

1　原告は、主位的に、損害として、深さ80メートルの井戸の2本を新設するための工事費用を請求している。しかしながら、原告は同費用を将来的に支出する可能性があると主張するにとどまり、また、少なくとも深井戸からは地下水が自噴しており原告においてもこれを利用していることは明らかであるから、原告に井戸新設費用相当額の損害が発生しているとは認められない。

　　そこで、以下、原告が予備的に主張する逸失利益、慰謝料及び弁護士費用について順序検討する。

2　〈証拠略〉によれば、以下の事実が認められる。〈略〉

3　逸失利益について

　　上記2(1)のとおり、原告は、従前、本件各井戸から自噴する地下水を利用して「○○○○○」の販売事業等を行ってきたこと、営業所得は上記2(3)のとおりであり、平成13年には所得は順調に増加していたこと、さらに事業を拡張する計画があったことが認められる。しかし、原告作成の経過報告書には、平成13年初旬には、水の販売と△△△の収入を合わせると月平均80万円になったとの記載も見られるだけであって、これを裏付ける的確な証拠はない。

　　他方、上記Ⅰ1(3)アのとおり、平成14年5月ころから浅井戸の自噴量が減少し始め、深井戸の自噴量も同年9月には減少していることは認められるとしても、原告も自認するとおり、自噴はある程度回復しており、検証の結果によっても、平成16年1月30日現在、少なくとも深井戸については自噴していることが認められる。一方、本件工事以前の本件各井戸の自噴量について、陳述書においては毎分80リットルとされているが、新聞記事においては、毎分約60リットルとされるなど、これを明らかにできる的確な証拠がない。従前の自噴量が明らかでない以上、その減少量も不明であるといわざるを得ず、もともと、上記2(2)の原告が新たに計画していた事業計画に対応し得る水量があったかも、どの程度の顧客を獲得できたかも希望的な予想の域を出ず明らかでないといわざるを得ない。

　　本件において、原告には、それまで順調であった本件各井戸からの地下水の販売が、水量の減少により困難となったことにより得べかりし利益を失う損害があったことは認められるが、上記の各事情に照らすと、本件は、損害

の額の立証が極めて困難な場合（民訴法248条）に当たるというべきである。そこで、裁判所としては、相当な損害額を認定することになるが、上記の各事情、原告の平成13年度までの所得及び原告が請求しているのは3年間の逸失利益であり、原告に対する清涼飲料水製造業についての許可の期限が平成16年10月31日までであったことなどにも照らし、その金額は300万円とするのが相当である。

4　慰謝料について

ア　「○○○○○」製造・販売が不可能になったことによる慰謝料

　　不法行為に伴って財産的損害が生じた場合、被害者がそれに伴って精神的な苦痛を感じることは一般的であると考えられるが、通常の財産的損害は財産的損害として評価された損害の賠償がなされれば被害者の精神的な苦痛も癒され、損害は填補されたと考えるべきである。

　　本件においては、上記2(1)アのとおり、原告にとって「○○○○○」の販売は生計を維持するとの営利目的のみならず、生き甲斐としての村おこしとしての目的もあったことが認められるが、自分の職業が生き甲斐であることは特別なこととはいえず、他方、上記Ⅱ1(1)のとおり、被告らは、当初から周辺井戸水影響調査を行う予定にしており、実際、その調査を行ったこと、地下水への影響に配慮して、基礎工事の工法をより影響の少ないものに変更していることなどこれらの事情を総合すると、原告には、上記逸失利益を超えて慰謝料を認めるべき精神的損害が生じたと認めることはできない。

イ　人格権侵害に基づく慰謝料

　　上記2(4)のとおり、原告は、自宅井戸の地下水を生活用水として利用してきたこと、上記Ⅱ2(1)のとおり、被告らの行った本件工事により、自宅井戸の自噴が停止したことが認められる。そこで、原告は、被告らの行った工事により、生活用水をまかなってきた地下水をそれまでと同じようには利用できなくなったのであり、その権利を侵害されたものということができる。他方、上記Ⅱ2(2)のとおり、原告は地下水の自噴停止後、ポンプにより地下水を汲み上げることができたこと、汲み上げられた地下水は混濁していたが地下水の混濁と本件工事との間に因果関係は認められないことも考慮すれば、原告に発生した損害は20万円とするのが相当である。

5　弁護士費用について

　　本件事案の経緯、事案の性質、認容額等に鑑みれば、弁護士費用として被告らに賠償を求めうべき金額は、30万円をもって相当と認める。

6　以上の次第で、争点3〈原告に生じた損害及びその額〉に関する原告の主張は、上記の限度で理由がある。

●損害額認定の考え方●

　本件は、井戸を掘って地下水を販売していた事業者が近隣の工事によって地下水の自噴が減少・停止したため、工事の注文者・施工者に対して損害賠償を請求した事案である。本件では、施工されたボーリング工事によって自噴の停止等が生じたかという因果関係の有無、地下水の販売による事業上の逸失利益の有無・算定が重要な争点になったものであり、事実認定上の困難な問題が提起された興味深いものである。なお、地下水への影響は、地下水脈の専門的な調査によって相当程度明らかにすることができるが、本件では、工事の施工経過と自噴量の推移等の関連する事実関係による推認の手法がとられている。

　本判決は、ボーリング工事と自噴量の減少・停止との間の因果関係を推認し、注文者・施工者の過失を肯定したうえ、損害額の立証が極めて困難であるとし、民事訴訟法248条の適用を認め、3年間の地下水販売による事業上の逸失利益を300万円、慰謝料を20万円認めたものである。本判決が民事訴訟法248条の適用を認めた判断は、事業上の逸失利益につき同条の適用を認めた事例を加えるものである。また、本判決が事業上の逸失利益として3年間の逸失利益を認めたこと、300万円と算定したことはいずれも事例判断として参考になる。

4　情報侵害

名前・電話番号等を無断でパソコン通信に公開したことによるプライバシー侵害の損害賠償責任

〔判　例〕　神戸地判平成11・6・23判時1700号99頁
〔損害額〕　慰謝料20万円、治療費2380円

【事件の概要】

　眼科医師 X は、個人で診療所を開設しているが、A 株式会社が運営するパソコン通信ネットワークの掲示板システムの登録者であり、日常的に掲示板を利用してきた。Y も、同じ掲示板システムの登録者であり、平成 9 年 5 月、掲示板に X に無断で氏名、職業、診療所の住所、電話番号を掲示した。その後間もなく、X の経営する診療所に正体不明の者から悪戯電話がかかり、X 名で注文があったとして、診療所に注文物品の配達がされる等した。X は、Y に対し、プライバシーの侵害を理由に営業妨害、治療費、信用毀損による損害、慰謝料の損害賠償を請求したものである。

●主張の要旨●

　本件で問題になった損害は、①診療依頼を受けることができなかったことによる営業損害（30万7980円）、②治療費（2380円）、③信用毀損による損害（50万円）、④慰謝料（100万円）である。

●判決の概要●

　本判決は、インターネット上の掲示板は会員であれば誰でも見ることがで

きるもので、一定の情報を不特定多数の者に簡易迅速に伝達できる性格を有し、眼科医による診療を希望する目的の全くない者にまで目にすることができ、悪戯電話や嫌がらせの被害発生の危険をもたらすおそれがある等とし、プライバシーの侵害を認め、不法行為を肯定し、慰謝料として20万円、治療費として2380円の損害を認め、請求を認容した。

判決文

一　争点1（本件掲示行為の違法性の有無）について〈略〉

二　争点2（本件掲示行為による原告の損害の有無・程度）について

　1　被告の本件掲示行為後、その当日及びその2日後の2日間、被告の診療所の電話に集中的に無言電話等の不審な電話（以下「悪戯電話」という。）が架かってきたことは前記認定のとおりである。

　　ところで、〈証拠略〉によれば、原告は、被告の本件掲示行為前に、Aの他の会員に対して原告の診療所に悪戯電話が架かってきたことがある旨のメールを送ったことがあることが認められる。

　　右事実を考慮すると、被告の本件掲示行為後に原告の診療所に架かってきた悪戯電話は、被告が本件掲示をしたこととは関係のないものであった可能性もないではない。

　　しかしながら、被告の本件掲示行為後に原告の診療所に架かってきた悪戯電話は、被告の本件掲示行為の当日から多数集中しており、被告の本件掲示行為前にはそのような多数かつ集中的な悪戯電話が原告の診療所に架けられてきた形跡はないことを合わせ考慮すると、被告の本件掲示行為当日及びその翌々日に原告の診療所に架かってきた悪戯電話の少なくとも大部分は、被告の本件掲示行為が誘因となっているものと推認される。また、右事実に照らせば、前記認定の原告の氏名を騙っての通信販売の注文行為も、右と同様、被告の本件掲示行為が誘因となっているものと推認される。

　2　原告の損害について

　(1)　治療費　2380円

　　　〈証拠略〉によれば、原告は、自己の個人情報が掲示板に掲示されたこと及びその後診療所に悪戯電話が多数架かってきたことなどから、ストレス性胃炎、不眠症、筋収縮性頭痛等の症状が出現し、被告の本件掲示行為の3日後の平成9年5月20日内科医の診察、治療を受け、その費用として少なくとも2380円を要したことが認められる。

　(2)　慰謝料　20万円

　　　被告の不法行為の内容、それによる原告の悪戯電話等による被害の状態

ないし内容等前記認定の諸般の事情をしん酌すれば、被告の不法行為により原告が被った精神的苦痛に対する慰謝料は20万円をもって相当と認める。

(3)　信用毀損による損害

原告は、信用毀損による損害も受けた旨主張するが、原告の職業、診療所の住所・電話番号が掲示板で公開されたとしても、それだけで原告の経済的信用が毀損されるわけではないし、原告の診療所に 2 日間にわたって悪戯電話を架けられたことも、それが外部の者に知れるおそれはほとんどないといえるから、そのことによって損害賠償に値するほどに原告の経済的信用が毀損されたということは考え難い。

したがって、被告の不法行為により原告に信用毀損による損害が生じたことは認められない。

(4)　休業損害について

原告は、前記悪戯電話による精神的圧迫のため体調を崩し、被告の本件掲示行為の 4 日後の平成 9 年 5 月21日（水曜日）の午後の診療を休業した旨主張し、原告はその本人尋問において、右主張に沿う供述をする。

しかしながら、〈証拠略〉によれば、右 5 月21日に原告の診療所で診察等をした患者数は87名であり、その後の 1 週間の間の各開業日の患者数がいずれも100名を超える人数であったのに比べると、右21日の患者数はやや少ないことが認められる。

しかし、他方で、右証拠によれば、原告が休診したと主張する 5 月21日の前日の20日の患者数は84名、前週の水曜日である同月14日の患者数は90名であり、右 5 月21日の患者数とほぼ同じであることが認められる。

これらの原告の診療所の患者数に照らせば、原告が右 5 月21日の午後休診した旨の原告の供述は極めて疑問といわざるを得ず、右原告の供述を裏付ける資料も何ら提出されていないことも合わせ考慮し、右原告の供述は採用し難い。そして、他に、右原告主張事実を認めるに足りる証拠はない。

(5)　原告は、被告の本件掲示行為後の悪戯電話のために、 2 日間にわたって原告の診療所の業務用電話が利用できなくなり、そのため電話による診療依頼などを受付けることができなくなり、その分の診療報酬収入を喪失する損害を被った旨主張する。

しかし、仮に右原告主張の期間中に、原告主張のとおり診療所の電話による診療申込みの受付けができないということがあったとしても、その電話による診療申込みは当日診療を受けることの申込みであったとは限らず、その後日に原告の診療所の診察を受けた可能性もあるから（本件掲示がなされた日の翌日の平成 9 年 5 月18日には特に悪戯電話が架けられた形跡はなく、その翌日の19日午後 4 時以降は、全く悪戯電話は架かっていない。）、右原告主張のような事実だけから、電話受付けによる患者の診療報酬収入が失われたとまで認めることはできないし、また、その電話受付けができ

なかったことにより原告が喪失した診療報酬額を確認すべき証拠もない。
　　　したがって、原告の右主張は採用できない。
　3　以上によれば、原告が被告の不法行為により受けた損害の合計は、20万
　2380円となる。
三　争点3（過失相殺）について〈略〉

●損害額認定の考え方●

　本件は、インターネット上の掲示板システムの会員がほかの会員の氏名、
職業、電話番号等を開示したことから、悪戯電話が多数回にわたってかかる
等したため、被害を受けた会員が、開示した会員に対して損害賠償を請求し
た事案である。本件で開示された情報は、個人情報であり、伝統的なプライ
バシーに属する情報とはいえないものであるため、プライバシーの侵害によ
る不法行為が認められるか興味深いが、本書で直接関心があるのは、このプ
ライバシーの侵害による損害の範囲、損害賠償額の認定・算定である。

　本判決は、プライバシーの侵害を認め、不法行為を肯定し、慰謝料として
20万円、治療費として2380円の損害を認め、ほかの損害に関する主張を排斥
したものである。本判決は、プライバシーの成否については、公開された個
人情報につきプライバシーの侵害を認めたものであり、伝統的なプライバシ
ーよりも広くプライバシーの侵害を認めたものであるが、インターネット上
に公開された情報を開示することによって被害発生の危険を認めたことは、
インターネット上の情報交換の危険性を示すものであり、それ自体重要な事
例判断を提供するものである。

　本判決は、前記の態様のプライバシーの侵害による慰謝料として20万円、
治療費として2380円を認めたものであるが、事例判断として参考になる。本
件では、前記のとおり、営業損害の有無、損害賠償額の算定が問題になって
いたものであり、本判決はこれを否定したものであるが、微妙な判断である。

4・2 警察官が交通事故事件の被害者の供述調書を偽造したことに関する人格権の侵害による損害賠償責任

〔判　例〕　千葉地判平成13・2・14判タ1121号214頁

〔損害額〕　慰謝料50万円、弁護士費用10万円

【事件の概要】

　Xは、平成7年4月、Y県内の道路を歩行中、Aの運転する原動機付自転車に衝突した。Bは、YのC警察署の巡査部長であり、本件交通事故の捜査を担当した。Bは、本件交通事故の被害者であるXの名義を無断で使用し、X名義の供述調書を作成した。Xは、本件交通事故につき自分の落ち度はないと考えていたが、偽造された供述調書には、自分に落ち度がある旨の内容が記載されていた。Xは、Cにつき検察庁に告訴し、Cが虚偽公文書作成罪で起訴され、有罪判決を受けた。Xは、Yに対し、国家賠償法1条に基づき損害賠償を請求したものである。

●主張の要旨●

　本件で問題になった損害は、①氏名権侵害による慰謝料、②告訴のための弁護士費用である。

●判決の概要●

　本判決は、氏名権の侵害と称するか否かは別として、名義の冒用が人格権の侵害にあたるとし、本件供述調書によって本件事故の客観的状況が必ずしも明らかになっておらず、民事訴訟の進行にも影響を及ぼしている等、相当の精神的苦痛を被ったとし、慰謝料として50万円を認め（告訴のための弁護士費用に関する主張を排斥し、ほかに本件訴訟のための弁護士費用10万円の損害を認めた）、請求を認容した。

判決文

一　争点1（氏名権侵害）について〈略〉
二　争点2（名誉毀損）について〈略〉
三　責任原因〈略〉
四　争点3（損害の有無・範囲）について
　　1　慰謝料
　　　㈠　前記一3認定のような本件供述調書偽造の経過や、その後のY県警察本部の原告に対する対応、さらに、同4で述べたように、本件供述調書の偽造によって、本件事故の客観的状況が現在に至るも必ずしも明らかになっておらず、それが原告とAとの間の民事訴訟の進行にも影響を及ぼしていることなどからすれば、本件供述調書の偽造によって、原告が相当の精神的苦痛を被っていることは明らかであるところ、右のような経過によって原告が受けた精神的苦痛と、前記のB警察官による違法な調書の偽造との間には相当因果関係があると認められる。
　　　㈡　これに対し、被告は、芸能人等のように氏名が広く社会に知られており、その氏名が独立して経済的価値を有している場合以外には氏名冒用による損害は発生しないと主張する。
　　　　　しかしながら、前記一1のように各人は人格権の一種としてその名義を他人に冒用されない法律上の利益を有しているのであるから、名義の冒用による損害は右のような財産的損害に限られるものではない。
　　　　　また、被告は、本件供述調書記載の内容は客観的事実と相違しないので本件供述調書の記載内容が原告の社会的評価を損なったことはなく、損害は発生していないと主張する。
　　　　　たしかに、証拠によれば本件事故の実際の態様は、B警察官が作成した原告名義の本件供述調書の記載のとおりである可能性が高いものの〈証拠略〉、前記一2のように、供述調書の名義の冒用は、その供述調書が一般的に、それ自体として名義人に看過しがたい精神的苦痛を与えるものということができるし、本件供述調書の場合も同様であることは同3のとおりであるから、偽造された本件供述調書の記載内容が客観的事実と合致するからといってそれが原告の人格権を侵害しないということはできない。
　　　㈢　そして右㈠及び前記一4で述べたような本件供述調書の偽造に関する諸事情に鑑みれば、被告が原告に支払うべき慰謝料の額は50万円をもって相当とする。
　　2　弁護士費用等〈略〉

●損害額認定の考え方●

　本件は、交通事故の被害者につき捜査を担当した警察官が無断で名義を使用し、供述調書を偽造したため、被害者が県に対して損害賠償を請求した事案である。本件では、供述調書の内容も虚偽のものであり、そのことも問題であるが、警察官が供述調書を偽造したという不可解で、破廉恥な事件であり、被害者の氏名権・人格権の侵害が問題になったものである。なお、本件では、交通事故の加害者との間で損害賠償をめぐる訴訟が提起されているようであり、偽造された供述調書が訴訟に影響を与えているようである。

　本判決は、名義の冒用による人格権の侵害を認め（氏名権の侵害については判断を留保している）、慰謝料を50万円認め、告訴のための弁護士費用の損害を否定したものである。

　名義を冒用して供述調書を作成することが名義人に対する人格権の侵害にあたることは明白であるが、その損害額を認定・算定することは容易ではない。本件の場合には、民事訴訟において実害が生じる可能性があるが、可能性の程度では実害の損害額を認定することも困難である。本件では、名義を冒用したのが捜査を担当する警察官であること、名義の冒用が捜査に関する供述調書につき行われたこと、虚偽の内容の供述調書が作成されたことの事情を考慮し、通常精神的な苦痛が生じることを肯定することは合理的であるところであり、その慰謝料として50万円を認めることはやや低額であるかの印象は残るものの、事例として参考になる。

 ## インターネットの電子掲示板上の名誉毀損による損害賠償責任

〔判　例〕　東京地判平成14・6・26判タ1110号92頁
〔損害額〕　精神的損害、経営上の損害200万円

【事件の概要】

　Yは、インターネット上で電子掲示板「2ちゃんねる」を開設しているところ、平成13年1月16日以降、電子掲示板内の「ペット大好き掲示板」内の「悪徳動物病院告発スレッド!!」と題するスレッドにおいて、動物病院を経営するX₁有限会社（代表取締役X₂）について、匿名でさまざまな発言の書込みがされた。X₁は、平成13年6月21日、Yに対して中傷にあたる書込みの削除を求めた。Yは、書込みの削除の要求を拒否した。X₁、X₂は、Yに対して、名誉毀損による不法行為に基づく損害賠償、人格権に基づく書込みの削除を請求したものである。

●**主張の要旨**●

　本件で問題になった損害は、動物病院としての社会的地位・評価の毀損による経営上の損害（各250万円）である。

●**判決の概要**●

　本判決は、電子掲示板の運営・管理者には名誉毀損の発言を削除等すべき条理上の義務があるとし、その義務違反を肯定する等し、慰謝料として、各200万円を認め、請求を認容した。

判決文

1　認定事実について〈略〉
2　争点(1)（被告の削除義務違反の有無）について〈略〉
3　争点(2)（被告によるその他の不法行為）について〈略〉

4　争点(3)（原告らの損害）について

 (1)　本件各名誉毀損発言については、その内容が真実であることを認めるに足りる証拠はないし、専ら公益を図る目的のためになされたものであることを認めるに足りる証拠もない。そして、本件各名誉毀損発言において用いられている表現には、「ヤブ医者」、「精神異常」、「動物実験」、「氏ね（死ね）」、「臭い」などと激烈かつ侮蔑的なものが多数含まれている。

　　本件掲示板は、誰でも自由に閲覧することができ、極めて多数の利用者がある著名な電子掲示板であり、本件掲示板内の「ペット大好き掲示板」における本件1、2のスレッド及び「法律勉強相談掲示板」における本件3のスレッドに書き込まれた本件各名誉毀損発言は、動物病院の利用者、獣医等を含む不特定多数の者が認識し得るものであり、その影響は大きい。しかも、被告は、原告らが通知書や本件訴状等をもって本件各名誉毀損発言の削除を求めた後も、現在に至るまでこれに応じて削除することがなく、本件各名誉毀損発言が書き込まれた本件1ないし3のスレッドは、現在も、本件掲示板に存在しており、不特定多数の者が閲覧し得る状態に置かれている。

　　原告X_2は、昭和58年に動物病院を開業し、現在まで、原告X_1の代表者・動物病院の院長として動物病院を経営し、獣医として診療を行い、日本獣医学会、日本臨床獣医学会等にいくつかの論文を発表しており、そのため、上記動物病院は、日本各地から多数の飼主が訪れる病院であること（〈証拠略〉）からすれば、本件掲示板に本件各名誉毀損発言が存在し続け、現在まで不特定多数の者の閲覧し得る状況に置かれていることは、原告X_2に多大な精神的苦痛を与えたほか、原告X_1の経営にも相当の影響を及ぼすものと認められる。

 (2)　以上のような諸般の事情に鑑みれば、本件各名誉毀損発言がなされた時点において、電子掲示板を運用・管理する者が掲示板上の発言を削除する際の指標となるべき法令等が存在しなかったこと、本件各名誉毀損発言の書き込みをしたのは、複数人と思われる匿名の者であり、被告自身が本件各名誉毀損発言の書き込みに直接関与したものとは認められないことなどの事情を考慮しても、被告が本件各名誉毀損発言を削除するなどの措置をとらなかったことにより、原告らが被った精神的損害、経営上の損害は、各200万円を下らないものと認めるのが相当である。

5　争点(4)（本件各発言の削除を求めることの可否）について〈略〉

●損害額認定の考え方●

　本件は、インターネット上の電子掲示板の書込みにより、動物病院等につき名誉毀損（信用毀損）がされたため、動物病院の事業者等が掲示板の運営者・管理者に対して名誉毀損による損害賠償を請求した事案である。本件で

は、電子掲示板に名誉毀損の書込みをした者の損害賠償責任が問題になった
ものではなく、掲示板の運営者・管理者の管理上の損害賠償責任が問題にな
ったものである。

　本判決は、電子掲示板の運営者・管理者の条理上の義務を認め、本件でこ
の義務違反を肯定し、動物病院の経営主体・経営者の各精神的損害、経営上
の損害として200万円を認めたものである。本判決は、動物病院の経営主体
である有限会社とその代表者の損害について、いずれも精神的損害、経営上
の損害を認め、200万円と算定したものであるが、その内容につき分析が十
分されているとはいいがたいものであり、事例として参考にするにあたって
は留意が必要である。有限会社の損害としては、精神的損害を認めるべき根
拠が問題になるし、有限会社・経営者の経営上の損害としては、その具体的
な内容が問題になるところ（理論的には肯定し得る損害である）、本判決は、
その分析・判断が十分であるとはいえないからである。

5　迷惑行為

5・1　ストーカーの損害賠償責任

〔判　例〕　大阪地判平成12・12・22判タ1115号194頁
〔損害額〕　慰謝料300万円

【事件の概要】

　Ｘは、自宅の一部でたこ焼き屋等を営業していたところ、Ｙが客とし
て来店するようになった。Ｙは、来店した際、ほかの客の前で結婚を迫
ったり、乱暴な言葉を使用したり、長時間居座る等した。また、Ｙは、
Ｘの自宅前に深夜・早朝に出没するようになり、Ｘは、やむなく店舗を
閉店した。Ｙは、Ｘが勤務をしはじめると、勤務先に赴くようになった。
Ｘは、Ｙを相手方とし、面談禁止を求める仮処分を申し立てたところ、
審尋期日において、訪問、手紙の送付、面会強要、つきまとわりをしな
い旨の裁判上の和解が成立した。Ｙがその後もストーカー行為を継続し
たため、ＸがＹに対して300万円の慰謝料につき損害賠償を請求したも
のである。

●主張の要旨●

　本件で問題になった損害は、慰謝料である。

●判決の概要●

　本判決は、Ｙが不出頭であり、執拗なストーカー行為を自白したものとみ
なし、慰謝料300万円を認め、請求を認容した。

判決文

三 右認定によれば、被告は、原告から明示に本件店舗への来店等を拒絶された
にもかかわらず、その後も執拗なストーカー行為を継続しており、被告のこう
した行動は、別件和解の成立後も継続されている。被告の右一連の行動は、原
告の生活の平穏を侵害し、原告に本件店舗を閉店することを余儀なくさせたば
かりか、不安感、恐怖感等の多大な精神的苦痛を与える違法な行為である。そ
して、右認定にかかる被告の行動態様、近時一定のストーカー行為を刑罰の対
象とする「ストーカー行為等の規制等に関する法律」（平成12年法律第81号）が
成立し、ストーカー行為の違法性が社会的にも強く意識されてきていること並
びに被告は前記仮処分事件で自己の行為の是非を検討する機会を与えられ、別
件和解を成立させながら、これを無視して、その後もストーカー行為を継続し
ていることに照らせば、被告の前記一連の行為は、強い違法性を有するもので
あり、これらの事情に本件記録に現れた一切の事情をも斟酌すると、原告が被
った精神的苦痛を慰謝する慰謝料は、300万円が相当である。

●損害額認定の考え方●

本件は、ストーカー行為による損害が問題になったものであり、本判決は、
加害者が不出頭であったものの、300万円の慰謝料を認めたものであり、事
例として参考になる。

ストーカー行為については、その防止が重要な問題になるが、その被害の
救済、将来の防止のために損害賠償請求訴訟の提起も一つの方法であるとい
うことができる。この場合、損害額は、慰謝料が中心になるとはいえ、経済
的な損害が生じたようなときは、その損害額を認めるべき合理的な根拠があ
り、慰謝料に限定されるものではない。

ストーカー行為による損害賠償責任が問題になった近年の裁判例としては、
①大阪地判平成10・6・29判時1651号120頁、判タ1038号236頁、②東京地判
平成10・11・26判タ1040号242頁、③東京地判平成13・4・27判タ1101号221
頁がある。

野良猫に餌を与えた住民の損害賠償責任

〔判　例〕　神戸地判平成15・6・11判時1829号112頁

〔損害額〕　猫の糞尿による慰謝料20万円、名誉毀損による慰謝料30万円等

【事件の概要】

　X_1 は、Y_1 から建物の 1 階部分を賃借し、居酒屋を営業し、子 X_2 が付近に所有する建物に居住していた。Y_1 ないし Y_4 は、いずれも付近に居住し、野良猫に餌を与える等していた。X_1 らは、Y_1 らに対して調停を申し立て、本件店舗、自宅から50m 以内において野良猫に餌を与えないこと、糞尿の処理をすること、慰謝料を支払うことを内容とする調停を求めた。Y_1 らは、譲歩を拒否するとともに、X_1 らに関する虚偽の事実を記載した文書を付近で配布した。X_1 らは、Y_1 らに対し、不法行為に基づき損害賠償、謝罪広告の掲載を請求したものである。

●主張の要旨●

　X_1 らの主張する損害は、① X_1 の名誉毀損、猫の徘徊・排便、睡眠不足等による精神的損害100万円、② X_1 の名誉毀損等による営業妨害による売上げの減少等による精神的損害200万円、③ X_2 の猫の徘徊・排便等による精神的損害100万円、④ X_2 の名誉毀損に対する精神的損害50万円である。

●判決の概要●

　本判決は、Y_1 らが野良猫に給餌をし、X_1 の居酒屋の顧客から苦情が出たこと、給餌により野良猫が集まるようになったこと等の事情から受忍限度を超え、違法であるとし、Y_1 らの不法行為等を認め、損害につき、猫の糞尿による慰謝料20万円、名誉毀損による慰謝料30万円、その他の違法行為による慰謝料 5 万円等を認め、請求を認容した。

判決文

一　被告 Y_1 らによる猫関係の被害について〈略〉

二　被告らによる名誉毀損行為について〈略〉

三　その他の違法行為について〈略〉

四　被告らの信義則違反、権利の濫用の主張について〈略〉

五　損害

　1　猫の糞尿等による被害（原告ら）

　　⑴　原告の主張、特に遅延損害金の起算日を平成13年8月1日としていること及び前記一の認定のとおり、本訴提起後は被告 Y_1 らによる野良猫への給餌は中止したことに照らし、同日までの被告 Y_1 らによる違法行為を対象として、損害を認定する。

　　⑵　〈証拠略〉によれば、原告 X_1 は平成15年2月頃本件店舗営業を断念して本件店舗を被告 Y_1 に明け渡す予定であることが認められ、この営業継続断念は、不況による顧客減少も影響したと考えられる一方、被告らとの本件の紛争により原告 X_1 が心身とも疲労した影響も大きいものと推認でき、この点も斟酌するのが相当である。

　　⑶　一で認定の各事情、本件店舗営業に対する猫の糞尿被害の影響に関する的確な証拠はないこと、原告 X_1 の高血圧症に対する影響についても、加齢による影響もあったであろうといえなくはないこと、被告 Y_1 らは本訴提起後は野良猫への給餌を停止したこと、被告 Y_1 ら以外の者の給餌による影響も皆無とはいえないこと等本件に現れた諸般の事情を考慮すると、原告らに対する慰謝料は各20万円をもって相当と認める。

　2　名誉毀損行為による被害（原告ら）

　　前記二の被告らによる名誉毀損行為について認定した各事情、その他諸般の事情を考慮すると、原告らに対する慰謝料は各30万円をもって相当と認める。

　3　被告 Y_3 、被告 Y_1 の犬による騒音を発生させた行為による被害（原告ら）

　　前記三1⑴、⑷及び2⑴の犬による騒音を発生させた行為について認定した各事情、その他諸般の事情を考慮すると、原告らに対する慰謝料は各5万円をもって相当と認める。

　　なお、弁論の全趣旨によれば、上記行為について、原告らは本訴係属後も継続してなされていると主張していると認められるので、この関係の損害については、遅延損害金の起算日を口頭弁論終結の日である平成15年4月16日とする。

　4　被告 Y_3 の音楽による騒音を発生させた行為及び言葉による騒音を発生させた行為による被害（原告ら）

　　前記三 1 (2)、(3)、(4)及び 2 (1)の騒音を発生させた行為について認定した各事情、その他諸般の事情を考慮すると、原告らに対する慰謝料は各 5 万円をもって相当と認める。

　　なお、この関係の損害については、平成14年 1 月11日までの不法行為を原告らは主張しているので、同日を遅延損害金の起算日とする。

5　被告 Y_3 の路上での非難行為による被害（原告ら）

　　前記三 1 (5)及び 2 (2)で認定した各事情及びこの関係の被告 Y_3 の具体的行為の態様、発した言葉、回数等が不明確であること等諸般の事情を考慮すると、原告らに対する慰謝料は各 5 万円をもって相当と認める。

●損害額認定の考え方●

　本件は、住民が野良猫に給餌をしていたため、近隣で居酒屋を経営していた住民が調停を申し立てたところ、逆に、給餌をしていた住民らが虚偽の事実を記載した文書を近隣に配布したため、居酒屋の経営者らが給餌をしていた住民らに対して不法行為に基づき損害賠償を請求した事案である。本件は、近隣の住民、事業者の間における迷惑行為等が問題になった事案であり、全国各地で日常的に発生している類型の事件である。野良猫に対する給餌は、日常生活上紛争になることがあるうえ、猫に対する好悪の感情の対立が少なくないこと、現実に苦情が出ていることから深刻な紛争に発生したものであり、名誉毀損は、これに派生的に発生した事件である。近隣の紛争は、深刻化する傾向がみられ、その解決が困難であることが少なくないことも特徴である。

　本判決は、野良猫に対する給餌が受忍限度を超え、違法であるとしたが、本件のような類型の迷惑行為の判断基準としては、従来から受忍限度の理論が採用されることが多く、本判決もこの理論を採用し、野良猫に対する給餌が受忍限度を超えると判断した事例として参考になる。

　本判決は、以上のような判断を前提とし、猫の糞尿による各種の損害を総合して慰謝料を認め、その損害額として20万円を認めたものであり、被害の実情に照らして、議論が予想されるが、一つの判断事例を提供するものである。

 ## 5·3 アパート内の騒音による損害賠償責任

〔判　例〕　東京地判平成21・10・29判時2057号114頁
〔損害額〕　慰謝料30万円、転居費用25万275円、弁護士費用 5 万円

┌─【事件の概要】─────────────────────────────┐

　X は、会社員であり、木造アパートの 2 階の 1 室を賃借し、生活して
いた。階下の部屋を賃借していた大学生 Y₁（未成年者）は、平成17年か
ら平成18年にかけて、夜間大声を出すなどの騒音を出したことから、平
成18年 4 月、夜10時以降は友達を帰らせ、迷惑をかけないなどの内容の
誓約書を作成し、不動産仲介業者である A 株式会社を介して交付した。
X は、過呼吸・睡眠障害等で診療所を受診する等し、その後、アパート
を転居した。X は、Y₁、その親 Y₂ に対して不法行為に基づき慰謝料、
休業損害、診察代等の損害賠償を請求したものである。

└─────────────────────────────────────┘

●主張の要旨●

　本件で問題になった損害は、①慰謝料、②休業損害、③診察料・薬代、④
交通費、⑤法律相談、⑥転居費用、⑦弁護士費用である。

●判決の概要●

　本判決は、社会生活上の受忍限度の考慮事情を提示し、深夜における長期
の騒音があったことを認め、騒音が受忍限度を超えていたとし、慰謝料とし
て30万円、転居費用等の損害を認め（休業損害、診察料・薬代の損害について
は、相当因果関係を否定した）、Y₁ に対する請求を認容し、Y₂ に対する請求
を棄却した。

判決文

1　基礎となる事実の認定〈略〉

2　被告 Y_1 の責任の存否について
　(1)　因果関係について　〈略〉
　　ア　原告の症状及びこれに起因する損害との因果関係　〈略〉
　　イ　原告の精神的苦痛及びこれに起因する損害との因果関係　〈略〉
　(2)　受忍限度・過失判断について　〈略〉
　(3)　損害額について
　　　弁護士費用（法律相談費用を含む。）を含め、損害額の認定及びその認定理由については、別紙・損害一覧記載のとおりである。なお、職権では、本件について、過失相殺をしない。
3　被告 Y_2 の監督責任の存否について
　　確かに、被告 Y_1 が平成18年4月から平成19年7月にかけて、騒音を発生させた当時、被告 Y_1 は未成年者であり（前記1の認定）、親権者である被告 Y_2 には、被告 Y_1 に対する一般的な監護教育義務（民法820条）があったことが認められる。そして、被告 Y_2 は、本件の騒音トラブルをおおむね把握していたものと認められる（前記1の認定）。しかしながら、被告 Y_1 は、本件の騒音トラブルの当時、18歳ないし19歳に達しており、親元を離れて東京で一人暮らしを開始した大学生であったこと（前記1の認定）に照らすと、上記のことのみから、原告に対する関係で、被告 Y_2 の監督義務違反（原告の法益を保護すべき義務違反）があったと断ずることはできないし（このことは、被告 Y_2 が、被告 Y_1 の賃貸人に対する連帯保証人になっていたとしても、何ら変わりはない。）、仮に、被告 Y_2 に上記のような監督義務違反を観念し得たとしても、その監督義務違反と原告に生じた損害との間に相当因果関係（損害の回避可能性）があったともいえない。
　　よって、原告の被告 Y_2 に対する損害賠償請求は、理由がない。

別紙・損害一覧

	全体の損害額 （被告 Y_1 への 請求額合計）	被告らへの連 帯支払を求め る請求額	被告 Y_1 単独 への請求額	裁判所認定額 （被告 Y_1）
慰謝料	¥1,500,000	¥1,000,000		¥300,000
休業損害	¥72,800	¥26,400		
診察料・薬代	¥80,040	¥42,040		
交通費	¥8,890			
法律相談	¥31,500			
アパート転居費用	¥250,275			¥250,275
弁護士費用	¥203,700			¥50,000

	¥2,147,205	¥1,068,440	¥2,147,205	¥600,275
		¥1,067,240	−¥1,067,240	
		※¥1,067,240は、¥1,068,440の内金	¥1,079,965	

	裁判所の認定理由
慰謝料	本件の騒音の回数、騒音の程度、騒音の時間帯が深夜であること、平成19年7月23日の最後の騒音は、前日に被告 Y₁ による騒音について原告、被告 Y₁ 及び A との三者協議が行われた直後のものであったことなど、本件に現れた一切の事情を総合考慮すると、30万円をもって相当と認める。
休業損害	本文で述べたとおり、被告 Y₁ による騒音と原告に生じた症状との間に相当因果関係を欠く以上、上記症状に起因する休業損害との間にも、相当因果関係を欠くものと認められる。
診察料・薬代	本文で述べたとおり、被告 Y₁ による騒音と原告に生じた症状との間に相当因果関係を欠く以上、上記症状に起因する診察料・薬代の支出との間にも、相当因果関係を欠くものと認められる。
交通費	本文で述べたとおり、被告 Y₁ による騒音と原告に生じた症状との間に相当因果関係を欠く以上、上記症状に起因する交通費（タクシー代）の支出との間にも、相当因果関係を欠くものと認められる。
法律相談	左記費用については、後記弁護士費用に含めて考えるべきであり、弁護士費用の箇所で述べる。
アパート転居費用	本文で述べたとおり、被告 Y₁ による騒音と原告に生じた精神的苦痛との間には、相当因果関係があると認められ、その精神的苦痛と本件アパートの転居とその費用支出との間にも、相当因果関係があると認められる。そして、その損害額は、〈証拠略〉によれば、原告主張額であると認められる（なお、乙1（編注：連絡文書で）賃貸人から提案されている転居費用等の負担は、実行されなかったものと認められる。）。
弁護士費用	本訴追行のための法律相談、訴訟委任によって原告に生じた相当因果関係の認められる、弁護士費用相当の損害額としては、

本件事案の内容、性質、本件の認容額など、本件に現れた一切の事情を総合考慮すると、5万円をもって相当と認める。

●損害額認定の考え方●

　本件は、木造アパートの賃借人間の騒音が問題になったものであり、2階の賃借人が1階の賃借人、その親に対して損害賠償を請求した事案である。本件では騒音を出していた賃借人は未成年の学生であり、夜間友人等と騒音を出したこと、被害を受けた賃借人が睡眠障害等の症状を訴えたこと、被害を受けた賃借人が転居したことに特徴がある。本件のような騒音は、音に対する感受性が問題になることがあり、騒音の態様・程度を客観的に測定することが実際上困難であることもあるため、争点が単純であっても、その認定・判断は容易でないことが多い。

　本判決は、長期にわたる深夜の騒音を認め、受忍限度を超えていたとし、慰謝料として30万円、転居費用として25万275円、弁護士費用として5万円を認め、休業損害、診察料・薬代の損害を否定したものであり、騒音による損害賠償額の認定事例として参考になるものである。なお、本判決は、騒音と睡眠障害等との間の相当因果関係を否定したものであるが、事案によっては疾病との間の因果関係が肯定されることもあり得る。

6 その他の権利・法益侵害

 **破産申立て直前の会社の所有する機械を搬出したことに関する損害賠償責任**

〔判　例〕　東京地判平成13・7・10金法1632号47頁

〔損害額〕　売却価額相当額1349万円

【事件の概要】

　A株式会社（代表取締役B）は、ポスターの印刷等を業としていたが、平成10年1月頃、大口の取引先が倒産し、売掛金の回収ができなくなり、資金繰りが逼迫し、金融業者から融資を受けていた。Aは、平成11年11月、手形不渡りを出し、破産宣告の申立てをし、Xが破産管財人に選任された。Y_1は、C株式会社を経営し、Y_2有限会社、Y_3株式会社は、Y_4が経営していた。Aは、Y_5株式会社と店舗総合保険契約を締結していた。Aは、印刷機械一式を所有して占有し、利用していたが、破産宣告の申立ての直前、Y_1はAに対して貸金債権を有しており、Y_2、Y_4らとともに本件機械を搬出し、ほかに売却した。Xは、Y_1ないしY_4に対し、主位的に不法行為に基づき損害賠償、予備的に否認権の行使により償還を請求し、Y_5に対し、盗難を主張して保険金の支払いを請求したものである。

●**主張の要旨**●

　本件で問題になった損害は、無断搬出による機械の損害である。

●**判決の概要**●

　本判決は、本件機械の搬出につきAが承諾したことはなく、Y_1、Y_3、Y_4

によって無断で搬出され、売却されたものであるとし、共同不法行為を認め、本件機械の時価を1349万円と認定し、同額の損害につき、Y₁らに対する請求を認容し、Y₂に対する請求を棄却した。

判決文

2　以上の事実関係に照らすと、平成11年11月3日、被告Y₁、被告Y₃、被告Y₄は、その他の者とも共同して、破産会社の承諾がないのに、破産会社社屋から本件物件を搬出したことが認められる。これは、破産会社の財産権に対する共同不法行為を構成するものというべきであり、連帯してその損害を賠償する責任があるというべきである。

3　これに対し、Y₁本人（〈証拠略〉も含む）は次のように述べている。

　すなわち、被告Y₁は、平成11年7月中旬ないし8月ころ、約900万円を破産会社に貸し付けたが、その際、Bがその返済については、本件物件のうち印刷機械を売却して返済する旨再三述べていた、その後、印刷機械の売却がすぐにはできなくなったので担保を要求したところ、同年9月1日ころ、Bは本件物件の担保提供を承知した上、被告Y₁の会社に赴き、「動産売渡証書」〈証拠略〉及び「動産（機械・什器備品・他等）搬出許可書」〈証拠略〉を持参してきた。また、同じ頃、Bは領収書〈証拠略〉をも持参した。平成11年11月1日、Bは被告Y₁に対し、「もう印刷機械を売るしかないけれど、売り先も知らないし、被告Y₁に迷惑かけたくないから早く動いてくれ」と述べて、印刷機械の買取業者の手配及び搬出を頼んだ。同月2日に、破産会社に人が集まっている旨の連絡を受けて自分の従業員ら5人とともに破産会社に赴くと、破産会社のシャッターが開けられており、中には債権者らしい者が集っていたので、それらの者に破産会社に設置されている印刷機械等は、自分の物であると主張した。それらの者も破産会社名義の売渡証書を有していたが、機械番号の記載はなく、自分が持っていた売渡証書〈証拠略〉には裏面に機械番号が記載されていることを主張した結果、それらの者達との間で、被告Y₁が400万円を受領することで話しがまとまった。翌日、被告Y₁は、400万円を受領するまでは帰るなと申渡して、従業員らを破産会社に赴かせ、本件物件搬出に立ち会わせた。本件物件のトラックへの積み込みが終了した後、従業員を介して400万円を受け取った。本件物件の買主が誰か、400万円を渡した者が誰かはわからない。

　そして、被告Y₁は、〈証拠略〉の署名、押印が真正である上、本件物件の機械番号まで特定して〈証拠略〉の裏面に記載できるのはBしかいないはずであって、本件物件搬出には破産会社の承諾があったと主張している。

　しかしながら、前記〈証拠略〉（以下これらをあわせて「本件売渡証書等」という。）は、確かに、売主欄等に破産会社の社判と印鑑の印影があり、立会人欄

にBの署名と印章による印影があるものの、これらは、破産会社ないしBの真意に基づいて作成されたものとは認めがたい。まず、本件売渡証書等記載の作成年月日の数字は、外観上いずれも「平成11年9月1日」と書かれた上に「9」月の数字に二本の線を引いて消し、「11」と書き入れられたと認められるが、これは極めて不自然という他はない。被告 Y_1 によれば、Bが持参した当時、9月とあったものを、平成11年11月3日、破産会社に赴いていた兄の電話連絡により、日付を替えていいかと聞かれ承知し、誰かが書き換えたものであるというが、なぜ、日付を変更する必要があるのか合理的な理由の説明はない。次に、そもそも、Bが本件売渡証書等を持参したとされる平成11年9月1日の時点は、破産会社は資金繰りに苦しんでいたとはいえ、Bにおいていまだその再建を目指して活動していた時期であって、その営業活動上の要ともいうべき本件物件を売り渡す決意をしていたとは認められない。また、もし、被告 Y_1 と売渡担保契約を締結したとしてもBはその当時から平成11年11月1日までは、破産会社で代表取締役としており、姿を隠したのはその後であるから、この時期に、搬出許可書〈証拠略〉を作成して被告 Y_1 に提出する必要はないものと言えるのである。

　また、前記認定のように、Bは、平成11年10月25日付けで○○○に本件物件のうち印刷機械等2点を1180万円で買ってもらう見積書を取っているところ、Bはこの評価は安すぎてびっくりしたと旨述べる（証人B）。これは約7年前に約9700万円もの代金で上記機械を購入し大事に使用してきたBにとって正直な感想と思われるところ、これらにつきそのような高い評価をしているBにおいて、平成11年9月1日の時点で、破産会社にとって唯一めぼしいといってよい上記機械を含む本件物件を〈証拠略〉記載のようにわずか代金800万円で売り渡す旨の表示をすることは到底承知できない状況にあったものと認められる。したがって、本件売渡証書等は、Bの意思に基づくものとはいえない。

　本件売渡証書等がBの真意に基づくとするなら、平成11年11月1日のBと被告 Y_1 との話合いの際にも、あらためて搬出を同意する書面を徴求してもよいはずであるがそれはない。なお、被告 Y_1 は、その際には、本件物件の搬出をBが同意したと言うが、Bは、その話合いの後、破産申立ての相談をしている弁護士に会う予定であって（証人B）、本件物件の処理などの重要事項につき当該弁護士に相談もなく被告 Y_1 に対して搬出許可をすることはおよそ考えにくい。

　また、Bの証言によれば、高利の利息を取っていた被告 Y_1 に対し、その債権を長年苦労を共にしてきた従業員などの給料などよりも優先して支払うべき感情があったとは認められず、そうであれば、なお本件売渡証書等を被告 Y_1 宛に出すことは否定的に解せざるをえない。

　さらに、仮に本件売渡証書等が破産会社、Bの作成にかかるものであって、被告 Y_1 に正当な権利があるのであれば、被告 Y_1 は、正当な法の手続きを踏んで債権回収をはかればよいのであって、それをせず、破産会社倒産前後の混乱

の際に、名前もしれず、はたして正当な権利があるのかも不明確な者達と交渉し、○○○に対して1180万円の代金で売れるはずの本件物件を被告 Y_1 の主張によれば、わずか400万円で他人に手渡すような合意をしたというのであって、およそ正当な売渡担保の権利者のすることとは評価しがたい。

　加えて、被告 Y_1 が述べる本件売渡証書等が B により持参された経緯は、その文書の内容について打ち合わせはなされてはおらず、「必要な書類をちょうだいよ」と言ったら、不動文字もすでに記載された書類を B が被告 Y_1 の会社にもってきたというあまりにも現実感に乏しいものである。〈証拠略〉記載の文言が別事件で提出された「売渡証書」〈証拠略〉と酷似していることなどに照らすと、その疑問はますます深まると言える。なお、〈証拠略〉が提出された事件（被告 Y_3 及び被告 Y_2 が被告となっており、即時取得が争点となった）の第一審判決においては、D ないし E が印刷会社の倒産前後の混乱に乗じ、不正常な態様で印刷機械を取得したものと推認し、売渡証書の内容の真実性を疑問視しており、登場人物の共通性がある本件においてもなお本件売渡証書等の内容の真実性には疑問が残る。

　被告 Y_1 が主張する〈証拠略〉裏面の本件物件の機械番号の記載については、本件物件の機械番号を B のみしか知らないというわけでもなく（遅くとも平成11年11月22日の時点で機械番号等は機械横に刻印されており、破産会社内に入った者達には判明したはずである）、これが本件売渡証書等の真正を決定づけるとは到底いえない。

　以上のような検討に照らせば、〈証拠略〉の作成を否定し、被告 Y_1 に対して本件物件を売渡したり、搬出許可などはしていない旨明確に述べる B の証言は信用できる。これに反する被告 Y_1 の陳述は採用できず、その他、前記認定を覆すに足りる証拠はない。

4　さらに被告 Y_4 は、次のように述べる。すなわち、平成11年11月 2 日、D から電話があって、印刷会社が倒産した旨聞き、破産会社に赴いた。E が破産会社の社屋のシャッターを開けて印刷機械を見せてもらった。香港の買主とも電話連絡を取りながら、D と電話で交渉し、900万円で買うことにした。E が〈証拠略〉の写しを見せてくれ、名前の知らない者が破産会社名義の領収書も見せてくれた。破産会社や B に印刷機械を本当に売却したかどうか確認しようとは思わなかったし、実際にしていない。リース物件かどうかの確認も売却の際には確認していない。11月 3 日、トラック等を手配して破産会社から本件物件を搬出し、香港の業者に売却した。

　以上の陳述を前提としたとしても、被告 Y_4 は、本件物件が真に破産会社から倒産会社に集っている者たちに売却されたのかは当然疑問に思うべき状況下であり、破産会社に無断で搬出することの少なくとも未必的な故意は否定できず、また、被告 Y_1 とは本件物件搬出の関与において関連共同があるというべきである。したがって、被告 Y_4 及び被告 Y_3 は、共同不法行為の責任を免れない。

　なお、本件物件搬出は、被告 Y_4 が行うとともに、被告 Y_3 の名で行っており、〈証拠略〉―この破産会社名義の真正には疑問があるものの、名宛人は被告 Y_3 となっている。)、被告 Y_2 も同時に行ったとまで認めるに足りる証拠はない。この点、原告の照会書（被告 Y_2 宛、〈証拠略〉）に対する回答書〈証拠略〉には、「当社」として被告 Y_2 が関与しているかに読めるものの、「当社」を被告 Y_3 と解して記入した可能性が高く（回答書の住所欄に株と書き、消してある記載があることを参照）、これ自体により、被告 Y_2 の関与までは認めるには足りない。したがって、被告 Y_2 に対する不法行為ないし否認権行使はその前提が欠けるものと認められる。

●損害額認定の考え方●

　本件は、破産宣告間際に債権者らが債務者所有の機械を搬出し、ほかに売却したため、債務者が破産宣告を受けた後、破産管財人が機械を搬出した者らに対して損害賠償等を請求した事案である。

　本判決は、機械の搬出の経過を認定し、債務者である機械の所有者の承諾を得ることなく、無断で搬出し、売却したことによる共同不法行為を認めたうえ、機械の時価を認定し、時価相当の損害を算定したものである。本判決は、機械搬出による時価相当額の損害を認め、算定した事例として参考になるものである。

6・2 元従業員・労働組合の会社等に対する街宣活動・営業妨害による損害賠償責任

〔判　例〕　東京地判平成16・11・29判時1883号128頁
〔損害額〕　無形の損害150万円、慰謝料50万円

【事件の概要】

　X₁株式会社（当時の代表者は、X₂）の従業員Y₁は、平成11月4月、勤務成績不良等を理由に普通解雇された。Y₁は、Y₂労働組合に加入し、Y₂は、X₁に解雇撤回の団体交渉を申し入れる等した。Y₁は、X₁に対して従業員の地位にあることの確認を請求する訴訟を提起したが、地方裁判所、高等裁判所、最高裁判所を経て、平成14年6月、解雇の有効性が確定した。Y₁、Y₂の組合員であるY₃らは、その間、継続的にX₁の本社前、X₂の自宅前で解雇が不当である旨の街宣活動等を繰り返した。X₁らは、Y₁らに対し、不法行為に基づき街宣活動の差止め、損害賠償を請求したものである。

●主張の要旨●

　本件で問題になった損害は、①会社については、信用毀損による損害、②個人については、名誉毀損による慰謝料である。

●判決の概要●

　本判決は、労働組合等の活動が平穏に営業活動を営む権利を侵害する等とし、不法行為を認め、X₁につき150万円の損害、X₂につき慰謝料50万円を認め、請求を認容した。

判決文

1　争点1（原告X₂の差止請求の成否）について〈略〉
2　争点2（原告X₂の損害賠償請求の成否及び相当額）について

(1)　被告らの平成14年3月21日から同年7月7日までの間の4回にわたる前記争いのない事実等(3)ア記載の原告 X_2 宅での面会を求める行為等は、前記1(2)イで判示したとおり、原告 X_2 の住居の平穏を害し、その名誉・信用を毀損する違法なものである。したがって、原告 X_2 は、被告らに対し、不法行為に基づき損害賠償を請求することができる。

(2)　この点に関し、被告らは、原告 X_2 が被告らの行為によって被った損害を主張立証すべきところこれをしておらず、また、それが金銭的評価の可能なものであることについても主張立証していない旨主張する（争点2【被告ら】主張）。しかしながら、原告 X_2 は、その住居の平穏（私生活の平穏）及び名誉・信用が害された旨主張立証しており、また、その旨前示1(2)イのとおり認められること、慰謝料の額は、証拠資料に基づき事実審の口頭弁論終結時までに生じたと認定することができる諸般の事情を斟酌して裁判所が算定するものであること等に照らすと、被告らの主張は採用することができない。

　　また、被告らは、被告 Y_1 及び同 Y_3 は、被告組合の組合員として被告組合の方針の下に行動しているにすぎず、被告 Y_1、同 Y_3 には責任がないと主張する（争点2【被告ら】主張）。しかし、組合員は、所属する労働組合の方針の下に行動しているといっても、当該労働組合の行為が違法である以上、これに参加している組合員の行為も違法となり、その責任を免責することはできず（違法な組合活動の方針が個々の組合員を拘束するとは解しえない）、被告らの主張は採用することができない。

(3)　次に、原告 X_2 が被告らの行為によって被った損害額について検討する。被告らの行為の態様や4回にもわたって執拗に繰り返されたこと等本件証拠により認められる諸般の事情を斟酌すれば、慰謝料の金額は50万円の限度で認容するのが相当であり、当該判断を覆すに足りる証拠は存在しない。

(4)　小括

　　以上によれば、原告 X_2 の被告らに対する損害賠償請求は、50万円及びこれに対する遅延損害金の支払を求める限度で理由があり、その余の請求部分は理由がない。

3　争点3（原告会社の損害賠償請求の成否及び相当額）について

(1)　被告らのビラ配付等の街宣活動等の不法行為性について〈略〉

(2)　特段の事情についての判断基準〈略〉

(3)　特段の事情の存否〈略〉

(4)　原告会社が被った損害額

　　ア　前記争いのない事実等(3)イ、前記(1)ないし(3)によれば、被告らが、平成14年6月27日から同15年5月7日までの間、16回にわたり（月に1～2回程度）原告会社の株主総会の会場前、原告本社のある○○○○○○前、原告会社が製品を出展している○○○○○○○○○前、原告会社の出席した賀詞交歓会の会場であった○○○○○前、原告会社の○○○○前等に

おいて、約 1 時間程度、原告会社の名誉・信用を毀損する前記ビラを通行人等不特定多数に交付し、あるいは、これらのビラを交付した上で拡声器ないしハンドメガホンにて本件解雇等につき原告会社を非難し抗議する内容の演説をしたりシュプレヒコールをする等の街宣活動等を行ったことは、原告会社の名誉・信用を毀損し、平穏に営業活動を営む権利を侵害したということができ、被告らは、これにより被った原告会社の損害を賠償する義務があるというべきである。

　この点に関し、被告らは、原告会社は同社に発生した無形損害の内容を事実として主張立証すべきであるし、かつそれが金銭的評価の可能なものであることも主張立証しなければならないところ、原告会社はかかる意味での主張立証をしていないと主張する（争点 3【被告ら】主張ウ）。しかし、原告会社は、同社の名誉・信用が毀損され、平穏に営業を営む権利が侵害されたことを主張立証しており、また、その旨前示のとおり認められること、無形損害の額は、証拠資料に基づき、事実審の口頭弁論終結時までに生じたと認定することができる諸般の事情を斟酌して裁判所が算定するものであること等に照らすと、被告らの主張は理由がなく、採用することができない。

イ　ところで、原告会社は、同社が被った損害の算定に当たって、「被告らによる街宣活動が原告会社や同社本社が入居している○○○○○○○に出店しているブランドショップらの営業・業務を妨害し多大な支障を生ぜしめていることは明らかである。被告らの抗議活動が始まってからは、原告会社ではその対応に忙殺されており、株主総会・取締役会・監査役会の運営準備、社員教育、給与等の原告会社総務部員の本来の業務が滞っている状況にある。原告会社の総務部員は、被告らの街宣活動中、○○○○○○○○○の警備担当者とともに同活動を監視し、かつ記録をとらなければならず、また、街宣活動終了後にはテープ起こし等に忙殺されるほか、他のブランドショップへの謝罪等を余儀なくされるなどしている。原告会社の総務部員以外の従業員も、街宣活動等が執拗に繰り返され、自らの所属する会社が誹謗中傷されることから、同活動中は業務に集中できない等の被害を被っている。」ことを斟酌すべきであると主張する（争点 3【原告会社】主張ウ(イ)）。

　しかしながら、原告会社が○○○○○○○のテナントに謝罪したのは平成11年 8 月から 9 月にかけてのことであってそれ以後はないこと（しかも、本件請求原因事実とは直接には関係がない）（争いのない事実等(2)カ）、原告会社の総務部員が被告らの街宣活動に対応するのも、月に 1 ～ 2 回程度で約 1 時間程度であること、○○○○○○○前での街宣活動においては、原告会社本社の従業員には、被告組合の街宣活動であると気づく程度の音しか聞こえてこないこと（争いのない事実等(3)イ(イ)）等に照らすと、原告

会社主張の前記事実は損害賠償額を算定するに当たって斟酌すべき事情とまでは認めることができない。

ウ　前記ア、イに、被告らのビラ等の内容や街宣活動等が16回にもわたって執拗に繰り返されたこと等、本件証拠により認められる諸般の事情を併せ斟酌すれば、原告会社が被告らの行為により被った損害額は150万円であると認定するのが相当であり、当該判断を覆すに足りる証拠は存在しない。

(5)　小括

以上によれば、原告会社の被告らに対する損害賠償請求は、150万円及びこれに対する遅延損害金の支払を求める限度で理由があり、その余の請求部分は理由がない。

4　争点4（原告会社の差止請求の成否）について〈略〉

●損害額認定の考え方●

　本件は、労働組合・組合員が解雇を争い、会社、その経営者に街宣活動等をしたため、会社らが損害賠償等を請求した事案である。本件では、会社は、営業活動が妨害され、経営者は、平穏な生活が妨害される等し、これらにつき損害賠償額の認定・算定が問題になるところ、本件で主張されている損害は、個別具体的な損害ではなく、比較的抽象的な損害である。

　本判決は、労働組合等の不法行為を認めたうえ、会社につき損害として150万円、経営者個人につき慰謝料として50万円を認めたものである。本判決が会社につき認めた損害は、無形の損害であるが、事例判断として参考になる。本件のような営業妨害があり、具体的な業務・取引が妨害されたと認められる場合には、その実態に応じた損害賠償額が認められる可能性がある。

6·3 内部告発による雇用上の不利益取扱いに関する損害賠償責任

〔判　例〕　富山地判平成17・2・23判時1889号16頁

〔損害額〕　慰謝料200万円、賃金格差相当額1046万7182円、弁護士費用110万円

【事件の概要】

　Xは、昭和45年3月、大学卒業後、富山県に本社を置く、貨物自動車運送業を営むY株式会社に入社し、いくつかの営業所を転勤していた。A営業所に在勤中、運送業界においてヤミカルテルが取り決められていることを知ったことから、Xは、昭和49年7月末ころ、B新聞にヤミカルテルが結ばれていることを告発したところ、B新聞は、ヤミカルテルの記事を掲載したが、さらに、同年8月、公正取引委員会に同様な告発をし、運輸省等にも同様な告発をした。ヤミカルテル事件は、昭和49年10月、公正取引委員会がY等に対して一斉立入検査に入ったり、衆議院物価問題等特別委員会において質問される等した。Yは、昭和50年1月、Xを東京本部へ異動させ、同年8月、本社機能が東京都から富山県に移転するに伴い、Xも転勤し、同年10月以降、Yの教育研修所に異動させられ、平成4年6月、教育研修所が新設された施設に移転するとともに、新教育研修所に異動させられた。Xは、Yに対して、長期にわたりXを昇格させず、不当な異動を命じて個室に隔離したうえ、雑務に従事させるなど、不利益な取扱いをしたことを主張し、債務不履行または不法行為に基づき慰謝料1000万円、賃金格差相当額3970万円等の損害賠償、謝罪を請求したものである。

●主張の要旨●

　本件で問題になった損害は、①賃金格差相当額3970万円、②慰謝料1000万

円である。

●判決の概要●

　本判決は、Xによる内部告発に係る事実関係が真実であったか、少なくとも真実と信ずるに足りる合理的な理由があったとし、告発内容に公益性があり、告発の方法が妥当であり、Y内部での是正努力としては不十分であったものの、外部の報道機関に内部告発したことは無理からぬことであり、方法が不当であるとはいえないとし、Xの内部告発が正当な行為であり、法的な保護に値するとし、内部告発を行ったことを理由として不利益取扱いがされたものと認め、内部告発を理由とする不利益な処遇であるが、Xに対する正当な評価に基づく部分も含まれているとし、旧教育研修所に異動させて長期間にわたり個室に置いたうえほとんど雑務にのみ従事させ、新教育研修所に異動した後も同様の仕事しか与えなかったこと、昇格を停止して賃金格差を生じさせたことにつき、Yの不法行為、債務不履行を肯定したうえ、YのXに対する不利益取扱いが28年前から継続していることを認めつつ、不法行為は訴訟提起の3年より前の部分、債務不履行は訴訟提起の10年より前の部分の消滅時効を認め、消滅時効の援用が権利の濫用にあたらないとし、精神的損害に対する慰謝料として200万円、賃金格差の損害として1046万円余、弁護士費用を認め、Xの損害賠償請求を一部認容し、その余の請求を棄却した。

判決文

(1)　精神的損害について

　　原告が、被告の前記5(1)①、②の行為によって、深刻な精神的打撃を受け、無力感、屈辱感等の多大な精神的苦痛を被ったことは明らかである。

　　ところで、平成4年1月29日より前になされた差別的処遇（債務不履行）に基づく損害賠償請求権そのものは前記のとおり時効によって消滅したものである。しかし、同日以後の差別的処遇は、原告が旧教育研修所への異動を命じられた昭和50年10月からの長期間に渡って一貫してなされた処遇と基本的に同質のものであるから、平成4年1月29日以後の差別的処遇に基づく精神的損害の評価にあたってもこのような事情を考慮するのが相当であり、そうすると、同日以後に生じた精神的苦痛は一層多大なものであったというべきである。

　　もっとも、前記4(4)のとおり、平成4年6月に新教育研修所に移った際の原告の態度には、その後の配置、異動、担当職務の決定及び人事考課、昇格等の処遇において被告から不利益に取り扱われる原因となってもやむを得ないものがあったというべきである。このことは、精神的損害の算定にあたっても減額要素として考慮せざるを得ない。

　　以上の事情を総合考慮すると、精神的損害に対する慰謝料の額は200万円と認めるのが相当である。

(2)　財産的損害について

　ア　内部告発を理由とする差別的取扱い（債務不履行）がなかったならば原告が得られたであろう賃金額と、原告の実際の賃金額との差額が、原告の財産的損害となる。

　イ　原告は、内部告発を理由とする差別的取扱い（債務不履行）がなければ、少なくとも原告以外の同期同学歴入社した従業員のうちの平均的従業員とは同程度に昇格していたとして、原告が得られたであろう賃金額の算定基準を、同期同学歴入社の従業員の平均賃金額とすべきである旨主張している。

　　　しかし、本件においては、まず、賃金格差を算定するにあたって同期同学歴入社の従業員の平均賃金額を、平均的従業員の賃金額（あるべき賃金額）として想定することはできない。なぜなら、原告と同期同学歴入社した者で現在被告に在籍している者は原告を除いて5名又は6名にすぎず、このような少人数で平均賃金額を算定しても、その額は個々の従業員が受けている評価の影響を強く受けたものとなって、同期同学歴入社の者に対する処遇の一般的傾向を的確に反映したものとはならない可能性が高いからである。しかも、もともと同期同学歴で入社した者は25名いたのであり、現在約4分の3の従業員が既に退社してしまっているのであるから、なおさら現在在職している者の平均賃金額が同期同学歴入社の者に対する処遇の一般的傾向を示しているとはいえない。むしろ、現在在籍している従業員は、平均的従業員として観念される者よりもある程度積極的な評価を受けている可能性が多分にあり、原告がそのような者らと同時期に同等の評価を当然に受けていたとはいえないと考えられる。したがって、原告が得られたであろう賃金額の算定基準を、同期同学歴入社の従業員の平均賃金額とすることはできない。

　ウ　ところで、〈証拠略〉によれば、原告と同期同学歴入社の者の中で、原告を除いて最も昇格の遅い従業員は、昭和62年8月に7級11号から6級35号に降格され、その後いったんは7級に復帰したものの、平成12年6月に再び7級8号から6級164号に降格されていることが認められる。原告の賃金と同期同学歴入社の者の平均賃金との格差は、平成13年末現在で概ね3370万円、原告の賃金と原告を除いて最も昇格の遅い従業員の賃金との格差は、同現在で約2667万円であることは被告の認めるところであり、原告を除いて最も昇格の遅い従業員は、原告以外の同期同学歴入社の者と比較して、かなり昇格が遅

れているといえる。他方、原告には、前記のとおり、平成 4 年 6 月までは人
事考課上特に不利益に評価されるべき事実があったと認めるに足りない。そ
うすると、内部告発を理由とした差別的な評価がなければ、少なくとも二度
の降格処分を受け、同期同学歴入社の者と比較してかなり昇格が遅れている
上記従業員と同程度の賃金を得ることが可能であったと認めるのが相当であ
る。

エ　また、平成 4 年 6 月以後については、前記のとおり、原告にも人事考課上
不利益に評価されてもやむを得ない事由があったことが認められ、結局、同
時点以後の考課査定については、内部告発を理由とする違法な差別的評価に
基づく部分と正当な人事評価に基づく部分とが混在しているものと認められ
る。そこで、最も昇進の遅い上記従業員の賃金額を一応の標準としたうえ、
内部告発を理由とする違法な差別的評価に基づき生じた賃金格差は、この者
との賃金格差のうち、 7 割を下回るものではないと認めるのが相当である。

オ　以上によれば、財産的損害の額は次のとおりとなる。

　(ｱ)　平成 4 年 1 月29日から平成 4 年 5 月までの分

　　　〈証拠略〉によれば、平成 4 年 2 月（平成 4 年 1 月分の給与の支払期が同
月29日以後であることを認めるに足りる証拠はない。）から平成 4 年 5 月ま
での、原告と同期同学歴入社で原告を除き最も昇進の遅い従業員が得てい
た賃金と原告が実際に得ていた賃金の差額は合計44万1267円（別紙 2 差額
計算書のとおり）となり、この額がこの期間の財産的損害となる。

　(ｲ)　平成 4 年 6 月以後の分

　　　〈証拠略〉によれば、平成 4 年 6 月から平成15年12月までの原告と同期同
学歴入社で原告を除き最も昇進の遅い従業員が得ていた賃金と原告が実際
に得ていた賃金との差額は合計1432万2737円となる（別紙 2 差額計算書の
とおり。なお平成14年 1 月から平成15年12月までの 2 年間については、各
年の賃金格差は少なくとも平成13年の賃金格差80万653円と同程度であると
認めるのが相当である。）。

　　　上記のとおり、このうち内部告発を理由とする違法な差別的評価に基づ
き生じた部分は 7 割を下回るものではないと認められるから、財産的損害
の額は、1432万2737円×0.7＝1002万5915円（円未満切捨て）となる。

　　　なお、このうち平成13年から平成15年までに発生した損害額は、80万
0653円× 3 ×0.7＝168万1371円（円未満切捨て）となる。

　(ｳ)　小計　　　1046万7182円

(3)　弁護士費用

　　訴訟の難易度、請求額と認定額等に照らして、110万円をもって相当と認める。

(4)　合計　1356万7182円（うち、平成13年から平成15年までに発生した財産的損
害は168万1371円であり、その余の損害の合計は1188万5811円である。）

(5)　遅延損害金〈略〉

●損害額認定の考え方●

　本件は、会社の従業員が会社につきヤミカルテルを行っている旨の内部告発を新聞記者に行ったため、不利益取扱いを受けたことを理由に債務不履行、不法行為に基づき損害賠償を請求した事案である。本件では、損害賠償としては、慰謝料、賃金格差の損害が問題になったものである。なお、本件の内部告発は、公益通報者保護法（平成16年法律第122号）の制定の審議等の場面でしばしば話題になった有名な事件である。

　本判決は、慰謝料につき200万円を認めたものであるが、内部告発が正当な行為であると認めたものであり、不利益取扱いが28年間の長期にわたって行われたことに照らすと、精神的な苦痛が認められることは当然であり、この慰謝料が200万円とすることは低額にすぎると考えられる。

　次に、賃金格差の損害が問題になったところ、本判決は、債務不履行の損害賠償責任の消滅時効によって消滅していない10年分の損害を認め、1046万円余の損害を算定しているが、事例判断として参考になるものである。

6・4　特許権の質権侵害に関する特許庁の担当職員の過誤による国の損害賠償責任

〔判　例〕　最三小判平成18・1・24判時1926号65頁
〔損害額〕　判旨参照

【事件の概要】

　A 株式会社は、平成 6 年12月、特許を出願し、平成 8 年10月、設定登録がされた。X 信用金庫は、平成 7 年 4 月、A との間で信用金庫取引約定を締結していたところ、平成 9 年 8 月、 3 億6000万円を貸し付け、同年 9 月 1 日、本件特許権に質権を設定し、同月 2 日、本件質権の設定登録を申請し、同月 3 日、申請が受け付けられたが、同年12月 1 日まで登録がされなかった。この間、A は、平成 9 年 8 月31日、B 株式会社に本件特許権を譲渡し、B は、同年 9 月12日、本件特許権の移転登録を申請し、同月16日、申請が受け付けられ、同年11月 7 日、その登録がされた。B は、平成 9 年12月、C 株式会社に本件特許権を関連発明とともに代金 4 億円で譲渡し、平成10年 2 月、C に移転登録がされた。X の本件質権登録は、平成 9 年12月 1 日、登録年月日を遡って登録される等したが、C の抹消登録手続請求訴訟において、C が勝訴判決を受け、抹消された。C は、本件特許権を利用して事業化に努めたが、競争力がないことが判明し、事業化を諦めた。X は、Y（国）に対し、特許庁の担当職員の過失により、本件質権の効力が生じず、債権の回収ができなくなったと主張し、国家賠償法 1 条 1 項に基づき 3 億3000万円の損害賠償を請求したものである。

　第 1 審判決（静岡地判平成15・6・17金判1181号43頁）は、本件質権は B への譲渡の時にその効力が生じないことになったとし、損害がその時点で発生したとし、 3 億円を下らない価値があり、担保権の換価が容易でないことを考慮し、その 6 割が損害になるとし、X の請求を認容したた

545

め、Ｙが控訴したものである。

　控訴審判決（東京高判平成16・12・8金判1208号19頁）は、特許庁の担当職員の過失により現実の損害が生じたとはいえないとし、第 1 審判決のＹの敗訴部分を取り消し、請求を棄却したため、Ｘが上告受理を申し立てたものである。

●主張の要旨●

　本件で問題になった損害は、特許権に設定された質権侵害による損害である。

●判決の概要●

　本判決は、特許庁の担当職員の過失により特許権を目的とする質権を取得することができなかった場合、これによる損害額は、特段の事情のない限り、その被担保債権が履行遅滞に陥ったころ、当該質権を実行することによって回収することができたはずの債権額というべきであるとし、仮に損害額の立証が極めて困難であったとしても、民事訴訟法248条により相当な損害額が認定されなければならないとし、原判決を破棄し、本件を東京高等裁判所に差し戻した。

判決文

〔上告審判決〕

4　しかしながら、原審の上記判断は是認することができない。その理由は、次のとおりである。

(1)　〈略〉

(2)　特許庁の担当職員の過失により特許権を目的とする質権を取得することができなかった場合、これによる損害額は、特段の事情のない限り、その被担保債権が履行遅滞に陥ったころ、当該質権を実行することによって回収することができたはずの債権額というべきである。

　　前記事実関係に照らせば、本件債権は、Ａ社が銀行取引停止処分を受けて期限の利益を喪失した平成10年 3 月23日の時点で履行遅滞に陥ったものと認められ、しかも上記特段の事情はうかがわれないから、そのころ、本件質権を実行することによって回収することのできたはずの本件債権の債権額が本

件質権を取得することができなかったことによる損害額というべきである。そして、本件質権には、これに優先する担保権は存在しないから、結局、平成10年3月ころの本件特許権の適正な価額から回収費用を控除した金額（それが本件債権の債権額を上回れば同債権額）が、本件質権を取得することができなかったことによる損害額となる。〈略〉

(3)　そこで、平成10年3月ころの本件特許権の適正な価額について検討する。〈略〉

　　以上に照らすと、本件特許権は、最終的にはC社による事業化に成功せず、平成12年10月に消滅するに至ったというのであるが、本件債権が履行遅滞に陥った平成10年3月ころには、事業収益を生み出す見込みのある発明として相応の経済的評価ができるものであったということができ、本件質権の実行によって本件債権について相応の回収が見込まれたものというべきである。

(4)　以上によれば、上告人には特許庁の担当職員の過失により本件質権を取得することができなかったことにより損害が発生したというべきであるから、その損害額が認定されなければならず、仮に損害額の立証が極めて困難であったとしても、民訴法248条により、口頭弁論の全趣旨及び証拠調べの結果に基づいて、相当な損害額が認定されなければならない。ところが、原審は、上記(3)①～⑤のような事実が明らかであるにもかかわらず、本件特許権について本件質権設定登録がされていた場合に、本件特許権等についての譲渡契約が前記1(5)の譲渡契約と同様に成立し、本件質権設定登録を抹消するために上告人に相当額が交付されるに至ったものとは認定し難いとして、本件質権を取得することができなかったことによる損害の発生を否定したのであるから、原審の上記判断には、判決に影響を及ぼすことが明らかな法令の違反がある。論旨は、上記の趣旨をいうものとして理由があり、原判決は破棄を免れない。そして、本件については、損害額の認定等につき更に審理を尽くさせる必要があるから、本件を原審に差し戻すこととする。

〔差戻控訴審判決〕

3　損害の額の検討の手法

(1)　当裁判所の判断

　　被控訴人が本件質権を取得することができなかった損害の額を算定するためには、本件特許権の適正な価額を、質権実行によって回収することになる平成10年3月ころの時点において、本件特許権を活用した事業収益の見込みに基づいて算定することが必要である。しかるに、本件特許権を活用した事業収益の見込みとは、FS床版事業の収益の見込みを算定することにほかならないところ、FS床版事業が事業収益を生み出す見込みを有するとすれば、それは、本件特許権の活用のみによるものではなく、様々な技術、技能、広範な営業活動、さらにはその前提になる当該事業主体の組織、信用、資本等によるものというべきである。

　　そうすると、その中から本件特許権の活用による部分を正しく算定するためには、本件発明自体の技術的位置付け、本件特許権の経済性及び市場性の観点からの位置付けについての検討が不可欠というべきである。そして、かかる検討を踏まえて、本件特許権を含む FS 床版事業について評価した額を算定した上で、同評価額に対する技術の寄与度を考慮して本件特許権を含む特許網の評価額を算出し、さらに同評価額に対する本件特許権の割合を考慮して本件特許権の有する技術内容に応じた相応の評価額を得て、これをもって上記損害の額と認定するという手法によるのが相当である。

(2)　被控訴人の主張に対する判断〈略〉

4　本件特許権を含む FS 床版事業の価値評価額について〈略〉

5　本件特許権を含む特許網（理想特許権）の評価額〈略〉

6　本件特許権の評価額

(1)　当裁判所の判断

　ア　当裁判所は、鑑定書記載のとおり、本件特許権の価値評価を行うには、複数権利の中の当該権利の寄与として評価するのが相当であり、本件特許権を含む特許網に対する本件発明の割合は、本件特許権を含む特許網を上下の主筋を鉄筋の把持手段を有する支持部材で組み立てる技術とみた上で、同特許網の上位概念から下位概念への技術構成要素の展開を踏まえた検討を基礎として算定することが合理的であると考える。

　イ　しかし、鑑定書において、鑑定意見が、本件特許権の有する技術要素に対応する値として8250万円の16分の 1 である515万6000円という評価額を得、これを直ちに本件特許権の評価額としている点については、にわかに是認することができない。その理由は次のとおりである。

　　㋐　すなわち、鑑定の結果によれば、鑑定人は、本件特許権を含む特許網の、上位概念から下位概念への技術構成要素の展開として、①上下鉄筋組立体を並べた配置に係る技術か支持部材そのものに係る技術か、②支持部材同士を連結するという技術か支持部材を個々に固定する技術か、③連結棒を使用する技術か連結棒以外の部材を使用する技術か、④連結棒を支持部材の孔に挿入する技術か連結棒を支持部材に端に固定する技術か、という分析を示し、その上で、権利群の価値を算出してから各権利の価値を切り分ける場合にその各権利の割合によって按分することで個別の権利の価値を算出することができるという理論を用い、全体を 1 として①〜④のいずれについても 2 分の 1 という画一的な割合を採用し、これを 4 回乗じることにより16分の 1 という割合値を得て、これを上記特許網に対する本件発明の寄与度であるとみて、本件特許権の有する技術要素に対応する値として、8250万円の16分の 1 である515万6000円という評価額を得ている。

　　㋑　そこで、検討するに、確かに、本件特許権の評価額としては、その技

術的価値を踏まえた額が基礎とされるべきであるところ、上位概念から下位概念への技術構成要素の展開を踏まえた鑑定人の上記分析の手法自体は技術的価値をみるために合理的なものと考えられ、その分析方法によれば、本件発明は、鉄筋組立体の鋼製型枠内配置に関してごく一部の技術を要部とするものであり、かつ、前記のとおり代替技術（1型鋼格子床版）も存在することなどからすれば、FS床版事業の基本的な技術に対して占める割合はかなり小さいものとなることは避け難い帰結であるといえる。また、本件債権が履行遅滞に陥った平成10年3月ころの時点においては、FS床版事業が発表後2年の比較的新しい技術であった以上、本件特許権を活用したFS床版事業の事業収益の見込みを判断するに当たっての消極的考慮要素として、FS床版が実際の施工において本件明細書〈証拠略〉記載のとおりの工期短縮、コスト削減という効果を上げられるのか、その後の床版事業の分野における技術の展開はどのようになり、代替技術の存在すること等に鑑み、実際の受注実績はどのように展開するのか、といった点を不確定要因とする消極的な見方があったことは明らかである。

しかし、他方、平成9年11月に締結された特許権譲渡契約書〈証拠略〉には、本件特許権の技術的価値に相応する見方ではないが、本件特許権が「FS床版特許」と記されている。このように、上告審判決が指摘した第4の1(8)の①～⑤の特段の事情に照らして鑑みれば、橋梁事業を展開する早期の段階でその中核となるべき特許権の技術的価値を正しく把握・確定することが困難であったことなどから、平成10年3月ころの時点においては、本件特許権こそが、橋梁の分野における注目すべき新技術として、FS床版事業を展開する上での中核的な技術と位置付ける積極的な見方があったことも明らかである。したがって、本件特許権を活用したFS床版事業収益の見込みを評価するに当たっては、上記本件特許権の技術的価値に準じる事項として、FS床版事業を展開する上で本件特許権が中核的な技術と位置付ける見方があった点をここでも参酌することが相当である。

そうすると、当裁判所は、本件特許権の技術的価値に基づく鑑定書記載の推論方法自体は尊重すべきであるとは考えるものの、本件特許権を含む特許網の上位概念から下位概念に技術構成を分析する際に、各技術の有する価値割合をいずれも2分の1とする点については、直ちにこれを採用するのは妥当ではなく、上記①～⑤の各事実を始めとした本件における特段の事情を踏まえ、本件特許権をFS床版事業の中核的な技術と位置付ける見方があり得た点をここでも参酌すると、平成10年3月ころ当時の事業収益の見込みにかかる本件特許権の特許網全体に対する割合については、全体を一括して4分の1（16分の4）という値を採用する

　　　のが相当であると判断する。

　ウ　なお、鑑定の結果によれば、鑑定人は、本件質権実行に伴う費用見込額は350万円であるというが、その算定の手法は、基本的に不動産の競売等の場合に準じたものにすぎず、不動産の売却と特許権の売却とでは種々の点で異なり、執行裁判所が本件特許権の売却手続で上記のような高額な費用を要するものと判断するとは考えにくく、執行裁判所は事案に応じた適切な措置を検討採用するものと推察される。そうすると、裁判所に顕著な事実及び弁論の全趣旨により、費用見込額は200万円程度であると認めるのが相当である。

　エ　そうすると、当裁判所は、本件特許権の評価額、すなわち、本件質権による回収ができなくなったことによる損害額は、上記8250万円に、上記割合の4分の1を乗じた2062万5000円から、本件質権の回収費用として上記200万円を控除した1862万5000円であると判断する。

(2)　被控訴人の主張に対する判断〈略〉

(3)　控訴人の主張に対する判断〈略〉

●損害額認定の考え方●

　本件は、信用金庫が特許権に質権を設定し、融資をしたところ、特許庁の担当職員の過失により、後に受け付けられた移転登録がされ、質権設定登録ができなかったため、信用金庫が国に対して質権侵害によって債権の回収ができなかったと主張し、損害賠償を請求した上告審の事案である。本件では、信用金庫の有する特許権の質権侵害が問題になったものであるが、実際には特許権の事業的な価値が乏しかったことから損害額の意義・立証が重要な問題になったものである。本件は、担保権の対象が特許権であること、担保権が質権であることに特徴があるが、従来から問題になっている担保権侵害による損害額の算定をめぐる一つの問題である。

　本判決は、損害額は、特段の事情のない限り、その被担保債権が履行遅滞に陥ったころ、当該質権を実行することによって回収することができたはずの債権額というべきであるとし、その立証が極めて困難であれば、民事訴訟法248条の適用によるべきであるとしたものであり、一般的な法理であるものの、損害額の考え方を明確にしたものとして重要な先例になる。

　ところで、紹介した本判決については、差戻し後、知財高判平成21・1・14判時2030号93頁が公表されている。知的財産高等裁判所は、この事案の質権を取得することができなかった損害を算定するにあたっては、問題の特許権の適正な価額を質権実行の時点にいて、特許権を活用した事業収益の見込みに基づき算定することが必要であり、発明自体の技術的位置づけ、特許権の経済性・市場性の観点からの位置づけを踏まえ、特許権を含む事業につき評価した額を算定し、この評価額に対する技術の寄与度を考慮し、特許権を含む特許網の評価額を算出し、この評価額に対する特許権の割合を考慮し、特許権の有する技術的内容に相応した評価額を得て損害額を認定するのが相当であるとし、この事案について損害額を算定し、前掲〔差戻控訴審判決〕のとおり判示しているが、算定事例として参考になるものである。

 **6·5　採石権侵害に関する損害賠償責任**

〔判　例〕　最三小判平成20・6・10判時2042号5頁
〔損害額〕　判旨参照

【事件の概要】

　X株式会社は、平成7年7月当時、土地に採石権を有していた。Y₁有限会社（Y₂が代表者）は、平成7年7月、本件土地にダイナマイトによる発破をかけ、岩石を崩落させるなどし、岩石を採取した。Xは、採石禁止の仮処分を申し立て、本件土地の北側にXが採石権を有し、南側の一部にY₁が採石権を有することを確認すること、それまでに生じた採石権の侵害等による互いの損害についての損害賠償を妨げるものではないこと等を内容とする裁判上の和解が成立した。Y₁は、平成8年4月、Xが採石権を有する土地で採石を行った。Xは、Y₁らに対して採石権侵害の不法行為に基づき損害賠償を請求したものである。

　控訴審判決（福岡高判平成17・10・14判例集未登載）は、土地の一部についてのY₁による採石権侵害を認め（その余の土地についての採石権侵害は、和解の前後の侵害が区別することができる明確な基準を見出すことができないとした）、547万円余の損害を認め、Y₁に対する請求を一部認容し、Y₂に対する請求を棄却したため、Xが上告受理を申し立てたものである。

●**主張の要旨**●

　本件で問題になった損害は、採石権侵害による採石と自己の採石権に基づく採石の区分と前者の採石による損害である。

●**判決の概要**●

　本判決は、採石権が侵害され、損害が発生したことは明らかであり、民事

訴訟法248条により相当な損害額が認定されなければならないとし、原判決を破棄し、本件を福岡高等裁判所に差し戻した。

判決文

　前記事実関係によれば、上告人は本件和解前には本件土地1についても採石権を有していたところ、被上告会社は、本件和解前の平成7年7月20日から同月27日ころまでの間に、本件土地1の岩石を採石したというのであるから、上記採石行為により上告人に損害が発生したことは明らかである。そして、被上告会社が上記採石行為により本件土地1において採石した量と、本件和解後に被上告会社が採石権に基づき同土地において採石した量とを明確に区別することができず、損害額の立証が極めて困難であったとしても、民訴法248条により、口頭弁論の全趣旨及び証拠調べの結果に基づいて、相当な損害額が認定されなければならない。そうすると、被上告会社の上記採石行為によって上告人に損害が発生したことを前提としながら、それにより生じた損害の額を算定することができないとして、上告人の本件土地1の採石権侵害に基づく損害賠償請求を棄却した原審の上記判断には、判決に影響を及ぼすことが明らかな法令の違反がある。

●損害額認定の考え方●

　本件は、採石権侵害による損害が問題になった上告審の事案であるが、採石権の対象になる土地の範囲、時期の前後が採石権侵害の有無に影響を与えるものであったため、控訴審判決が、採石権侵害の範囲、損害の範囲を明確に区分することができないとして、採石権侵害による損害賠償責任を否定したため、上告審の判断が問われたものである。従来から、損害の範囲・損害額を認定・算定することができない場合には、本件の控訴審判決のように損害賠償責任を否定したり（損害額の主張・立証責任は、損害賠償を請求する者にある）、無形の損害として算定したりするなどの裁判例がみられたところである。

　本判決は、損害が発生したことが明らかであるから、民事訴訟法248条を適用し、相当額の損害額を認定すべきであるとしたものであり、同条の適用を積極的に促した判断として参考になるものである。もっとも、本判決の以前に民事訴訟法248条の適用について裁判例が消極的であったかというと、

そうではなく、同条の要件が認められないような場合であっても、同条の適用を認めた裁判例は少なくないのが現状である。

6·6 女優のパブリシティ権についての財産的損害に関する損害賠償責任

〔判　例〕　東京地判平成20・12・24判タ1298号204頁
〔損害額〕　財産的損害115万6438円、慰謝料30万円

【事件の概要】

　Xは、女優であるが、A医療法人社団の経営するB美容整形外科の宣伝広告について、平成16年1月、宣伝広告を業としていたC株式会社との間で、自己の氏名・肖像を使用することを許諾すること等を内容とする広告出演契約を締結した。Cは、BのホームページにXの顔写真・コメント等を掲載し、宣伝広告をした。本件契約は、平成17年4月、更新された。その後、Aの経営が悪化し、医療等のコンサルタントを業とするY株式会社の支援によるBの再生案が検討された。Yは、平成18年3月、B美容外科の商標を買い取り、医師Dに使用許諾し、クリニックの経営を続けることになった。本件契約は、平成18年3月、更新されなかったが、Yは、その後もホームページにXの顔写真等を使用した広告を掲載し、平成20年1月、Xから掲載中止を求められるまで掲載を続けた。Xは、パブリシティ権の侵害を主張し、Yに対して不法行為に基づき財産的損害、精神的損害につき損害賠償を請求したものである。

●主張の要旨●

　本件で問題になった損害は、①パブリシティ権の侵害期間の契約料等相当額（670日間の契約料とBにおける治療費相当額）、②精神的損害（100万円）である。

●判決の概要●

　本判決は、YがXの広告を掲載したことが不法行為にあたることは争っ

ておらず、損害について、契約料が126万円であり、その半額が財産的損害であるとし、合計115万6438円の損害額を認め、慰謝料として30万円を認め、請求を認容した。

判決文

1　財産的損害について
　(1)　本件は、被告が、芸能人である原告の氏名、顔写真等を、本件契約の契約期間が終了したにもかかわらず、Bのホームページに掲載したことに基づく損害賠償請求であるところ、原告は、女優、タレントとして、広告に出演すること（自己の氏名、写真等を広告に利用すること）を許諾していた場合には、出演料として相当の対価を受けることができた〈証拠略〉のであるから、自己の氏名、顔写真等を本件広告に無断使用されたことによって原告が受けた財産的損害は、原告が、本件広告に出演することを許諾するとすれば受けることができる対価相当額であると認められる。

　　そして、本件における被告の不法行為は、前記のとおり、本件契約の契約期間が終了したにもかかわらず、Bのホームページに本件広告の掲載を継続したというものであることからすれば、前記の対価相当額は、本件契約によって定められた広告出演等の対価及び本件契約終了後における本件広告の掲載期間を基準として認定することが相当である。もっとも、契約によって定められた広告出演等の対価は、通常は、当該契約において許諾された広告の内容、広告媒体及び広告を行う地域、原告と被告との関係その他の事情等を考慮して決定されるものであることからすれば、本件契約によって定められた対価が直ちに対価相当額として原告の損害となるものではなく、当該対価を基準としつつも、本件契約が許諾の対象とする広告の内容、広告媒体及び広告地域と本件広告の広告内容、広告媒体及び広告地域の異同、当該対価を定めるに当たって考慮された事情の有無等を考慮して、原告の財産的損害である対価相当額を認定するのが相当である。

　　なお、原告は、本件契約料は、B等が実施する広告活動の媒体の数や回数の多寡によって左右されるものではないから、損害賠償の額の算定に当たっても同様に考えるべきである旨主張するが、本件は、本件契約に基づく広告出演料を請求するものではなく、不法行為に基づく損害賠償を求めるものであって、当該不法行為によって生じた原告の損害、すなわち、本件広告の掲載を許諾した場合に原告が実際に受けることができる対価相当額（逸失利益）の範囲を超えて、損害賠償を請求することができるものではないことは当然であるから、原告の主張は採用することができない。
　(2)　そこで、まず、基準とすべき本件契約によって定められた対価の額につい

て検討する。

ア 原告は、Bにおいて随時無料でコラーゲン、ヒアルロン酸注入等の治療を受けることができ、その治療費相当額も本件契約によって定められた対価の額に含まれると主張する。

確かに、〈証拠略〉によれば、原告は、本件契約の契約期間中、Bにおいて、コラーゲン注入等の治療を無償で受けていたが、本件契約の契約期間終了後は、Bにおいては治療を受けていないこと、本件契約料は、原告がBにおいて無償で治療を受けることができることも考慮して126万円と定められたことが認められる。

しかしながら、本件契約の契約書には、原告がBにおいて無償で治療を受けることができることに関して、それが本件契約によって定められた対価としてのものであるということのみならず、当該治療を受けられること自体も何ら記載されていないこと〈証拠略〉、本件各証拠に照らしても、治療回数、実際に受けることができる治療の内容、治療に要する費用の上限等について定められた形跡はなく、したがって、原告がコムロにおいて治療を受けるかどうか、受けるとしてその回数、内容等は、原告の任意によるものであって〈証拠略〉、それ自体が不確定なものであったことからすれば、Bにおける無償での治療の提供は、本件契約を締結したことに伴う原告に対する付随的なサービスにとどまるものというべきであって、当該治療費相当額も本件契約によって定められた対価の一部であると認めることはできない。

なお、原告は、原告のような著名なタレントであれば、広告出演契約の契約料がコマーシャルムービー契約で年間500万円、コマーシャルフォト契約で年間300万円を下回ることはなく、現に、別件広告契約における契約料が3か月で100万円であったことを根拠に、Bにおける無償での治療の提供が本件契約によって定められる対価に含まれると主張する。

しかしながら、原告が締結するコマーシャルムービー契約の契約料が年間500万円、コマーシャルフォト契約の契約料が年間300万円を下回ることはない旨を認めるに足りる客観的証拠はない。また、別件広告契約は、平成10年2月に、当時原告が所属した事務所が当事者として締結したものであり〈証拠略〉、時期及び当事者を異にする本件契約に関する前記の認定事実を左右するに足りるものではない。したがって、原告の前記主張を採用する余地はない。

イ したがって、本件契約によって定められた対価の額は、本件契約料である126万円（前記争いのない事実等(2)ア参照）であると認められる。

(3) 次に、原告の財産的損害を認定するに当たって考慮すべきその他の事情について、検討する。

ア 本件契約が許諾の対象とする広告内容、広告媒体及び広告地域と、本件

広告の広告内容、広告媒体及び広告地域とを比較すれば、①本件契約は、広告の範囲を「TVCM、ラジオ、雑誌・ポスター、チラシなどの印刷媒体やインターネットでの広告を含めた全ての広告物」とするものである（前記争いのない事実等(2)ア参照）のに対し、被告が行った行為は、Bのホームページに本件広告の掲載を継続したことのみであって、広告媒体が本件契約で許諾の対象とされた媒体のうちの「インターネット」に限定されていること、②インターネット上のホームページへの掲載は、その性質上、いったん掲載されれば、削除されない限り、掲載が継続され、掲載されている期間は、いつでも、どこからでも、誰からでもアクセスすることが可能であり、かつ、アクセスも容易な媒体であること（公知の事実）、③本件契約においては、広告の大きさ、内容等についての規定は設けられていない〈証拠略〉のに対し、本件広告は、Bのホームページのトップページではなく、「BUST」、「BODY」等の9種類の治療内容のうちの「FACE」における多数の美顔施術の中の「シワ取り」の治療内容を紹介するページの末尾近くに掲載されたものであって、また、本件広告に掲載された原告の顔写真は、他のモデルの施術前施術後を比較する写真等と比べて相対的に小さく、さらに、本件広告の画面全体において占める割合も、それほど大きなものではないこと〈証拠略〉が認められる。

イ　なお、前記(2)アのとおり、Bによる無償での治療行為の提供は、本件契約によって定められた対価としては認められないものの、それが本件契約料を定めるに当たっての考慮要素となっていたと認められる。

(4)ア　そこで、本件契約料である126万円を基準に、(3)の事情を考慮すれば、原告の財産的損害は、本件契約によって定められた対価の額の2分の1である1年当たり63万円を基本として、本件広告の掲載期間である670日間に相当する額である115万6438円とするのが相当である。

　　　（計算式）63万円÷365日×670日＝115万6438円

イ　なお、被告は、①本件広告は、Cが作成し、掲載した広告を削除しなかったという不作為によるものであること、②当該不作為は、被告の故意によるものではなく、過失も軽微であること、③被告は、原告から指摘を受けた当日に本件広告を削除し、100万円を支払っての解決を提案して誠実に対応してきたことも考慮すれば、被告の財産的損害は、本件契約料の5分の1の25万2000円を本件広告の掲載期間で日割り計算した約46万円程度が適当である旨主張する。

　　　しかしながら、被告が主張する前記の諸事情は、いずれもそれが存在したからといって、原告が受けた財産的損害が減少するというものではないから、慰謝料を算定するに当たっての考慮要素となるかどうかはともかく（後記2参照）、財産的損害の算定に当たって考慮すべき事情となるとは認められない。また、本件契約料の2分の1を基本として計算するのが相当

であることは、前記のとおりである。

2　精神的損害について

(1)　慰謝料請求の可否

ア　被告は、芸能人の氏名・肖像は、広く一般大衆に公開されることが前提とされ、かつ、希望されていることから、その使用方法、態様等に照らして、当該芸能人の社会的評価を低下させるような場合でなければ、人格的利益を毀損するものではないと主張することから、まず、この点について検討する。

イ　確かに、芸能人の氏名・肖像は、通常、広く一般大衆に公開されることが前提とされており、当該芸能人自身も、そのことを希望している場合が多いものと推認される。

しかしながら、芸能人が、どのような企業のどのような商品・サービス等の広告に出演するかや、いったん広告に出演することを許諾したとしても、当該広告に出演することを継続するかどうかは、自己の芸能人としてのイメージや、広告の主体である企業や広告の対象である商品・サービス等に対する社会的評価等の諸般の事情を考慮し、当該芸能人において、自己の意思に基づいて判断・決定をすることができるものである。そして、無断でその氏名、肖像等を広告に使用された場合には、自らの自由な意思に基づいてこのような判断・決定をすることができるという主観的利益が侵害されたものであり、これによる精神的な苦痛は、財産的損害が賠償されたからといって回復されるものではなく、慰謝料によって慰謝されるべきものと認められる。

したがって、無断でその氏名、肖像等を広告に使用された者が芸能人である場合であっても、当該広告にその氏名、肖像等が使用されたことにより当該芸能人の社会的評価が下がったか否かにかかわらず、当該芸能人は、慰謝料を請求することができると解すべきである。

ウ　本件においては、本件契約の契約期間終了後の本件広告の掲載が原告の許諾に基づくものではないことに加えて、本件契約の契約期間終了後は、Bを運営する医師も替わり（前記争いのない事実等(3)参照）、原告は、運営主体が変更された後のBにおいては治療を受けていないにもかかわらず（前記1・ア参照）、本件広告の内容は、いまだに原告がBにおいて治療を受けているかのような誤解を与えるものとなっていること〈証拠略〉からすれば、本件契約終了後に本件広告を掲載したことにより、原告には、慰謝料によって慰謝すべき精神的損害が生じていると認められ、原告の慰謝料請求を認めるのが相当である。

(2)　慰謝料の額

(1)ウに記載した事情に加えて、①原告は、本件契約の締結前及び締結中、自らBにおいて美容整形に関する治療を受けていることを広告上も明らかに

して、Bの広告に出演しており〈証拠略〉、本件広告も、本件契約の契約期間中に掲載されていた広告が継続して掲載されていたものであること、本件広告は、経営主体が変更されたとしても、同じBの名称を継続して使用している美容整形医院のホームページに掲載されていたものであることからすれば、本件契約の終了後に本件広告が掲載されていたことによって、原告の芸能人としてのイメージが大きく損なわれたとは認められないこと、②被告は、Cからホームページの運営を承継したものであって、被告自らが本件広告を作成して掲載したものとは認められず（前記争いのない事実等(4)参照）、また、本件各証拠に照らしても、被告が本件契約の終了を知りながら本件広告の掲載を継続したとは認められないこと、③被告は、原告から本件広告の掲載中止要求を受けた当日に、Bのホームページから本件広告の記載を削除していること（前記争いのない事実等(4)参照）も考慮すれば、本件における原告の精神的損害を慰謝する慰謝料としては、30万円が相当である。

　なお、原告は、他社と広告出演契約を締結する機会を奪われたことにより精神的損害を受けたと主張するが、このような機会が奪われたことを認めるに足りる客観的証拠はなく、原告の主張は、採用することができない。

3　遅延損害金について〈略〉

4　よって、原告の請求は、145万6438円（財産的損害についての損害賠償115万6438円と慰謝料30万円との合計額）及びこれに対する訴状送達の日の翌日である平成20年4月2日から支払済みまで年5分の割合による遅延損害金の支払を求める範囲で理由があるから、主文のとおり判決する。

●損害額認定の考え方●

　本件は、女優が氏名・肖像の使用許諾等を内容とする契約を締結していたところ、契約終了後も氏名・肖像が使用された広告が掲載されたため、パブリシティ権の侵害を理由に損害賠償を請求した事件であり、女優のパブリシティ権侵害の損害賠償額の認定・算定が問題になったところに事案の特徴がある。

　経済的な利益を内容とする著名人のパブリシティ権については、これを権利として認めるかどうかも訴訟実務において議論が進行しているが、徐々に権利性が認められつつあるということができる（なお、不法行為法上の保護を受けるためには、権利であることが前提にはならない）。仮にこの権利を認めた場合であっても、その権利が侵害されたとき、どのような救済が認められる

か、損害賠償額をどのように算定するか等の困難な問題が残ることになる。本件では、パブリシティ権の侵害自体は争点になっていない。

　本判決は、従来の契約関係における契約料を基準とした財産的損害、慰謝料を認め、請求を認容したものであり、損害賠償額の算定事例として参考になるものである。

【判例索引】

・「損害額認定の考え方」を掲載している判例はゴシック体、それ以外のものは明朝体とした。

〔**最高裁判所**〕

最三小判昭和63・1・26民集42巻 1 号 1 頁 ………………………………… 181

最三小判平成 6・10・11判時1525号63頁 ……………………………… **453**

最二小判平成12・3・17金法1589号45頁、金判1099号12頁 …………… 105

最二小判平成12・3・24民集54巻 3 号1155頁、判時1707号87頁、判タ1028号80頁
………………………………………………………………………… 418

最二小判平成12・9・22民集54巻 7 号2574頁、判時1728号31頁、判タ1044号75頁
………………………………………………………………………… 266

最三小判平成14・9・24判時1801号77頁 …………………………………… **51**

最二小判平成15・11・14民集57巻10号1561頁、判時1842号38頁、判タ1139号73頁
………………………………………………………………………… 375

最一小判平成16・11・18民集58巻 8 号2225頁、判時1883号62頁 …………… 62

最三小判平成18・1・24判時1926号65頁 ………………………………… **545**

最三小判平成20・6・10判時2042号 5 頁 ………………………………… **552**

最一小判平成20・6・12民集62巻 6 号1656頁 ……………………………… 262

最三小判平成28・10・18民集70巻 7 号1725頁、判時2320号33頁 ………… 370

〔**高等裁判所**〕

大阪高判昭和49・1・31判時752号40頁 …………………………………… 498

名古屋高判平成 2・11・28行集41巻11・12号1912頁 ……………………… 379

東京高判平成 3・2・18金判970号18頁 …………………………………… 453

東京高判平成 5・3・30判タ863号216頁 …………………………………… 249

東京高判平成 7・6・19判タ904号140頁 ………………………………… **361**

東京高判平成 9・9・26判時1646号44頁、判タ990号86頁 ………………… 419

仙台高秋田支判平成10・3・9 判時1679号40頁、判タ1024号253頁 ……… 266

大阪高判平成10・3・13判時1654号54頁 …………………………………… 367

大阪高判平成10・8・27判時1685号41頁 …………………………………… 419

東京高判平成10・9・30判タ1004号214頁 ………………………………… 266

大阪高判平成11・6・25判タ1019号159頁 ……………………………… **466**

東京高判平成11・7・28判時1693号73頁 ………………………………… **267**

東京高判平成11・8・18金法1610号96頁 ………………………………… **469**

大阪高判平成11・10・26判タ1031号200頁 ・・・・・・・・・・・・・・・・・・・・・・・・・・・・・・ 472

東京高判平成12・2・15判タ1086号235頁 ・・・・・・・・・・・・・・・・・・・・・・・・・・・・・・ 177

大阪高判平成12・8・30判タ1047号221頁・・・・・・・・・・・・・・・・・・・・・・・・・・・・・・ 375

福岡高判平成13・1・30判タ1121号197頁・・・・・・・・・・・・・・・・・・・・・・・・・・・・・・ 249

大阪高判平成13・2・7 判タ1069号237頁 ・・・・・・・・・・・・・・・・・・・・・・・・・・・・・・ 249

仙台高判平成13・3・29判時1800号47頁 ・・・・・・・・・・・・・・・・・・・・・・・・・・・・・・ 449

東京高判平成13・11・5 判時1778号69頁 ・・・・・・・・・・・・・・・・・・・・・・・・・・・・・・ 266

大阪高判平成13・11・7 判タ1104号216頁 ・・・・・・・・・・・・・・・・・・・・・・・・・・・・・・ 372

東京高判平成14・1・23判例集未登載 ・・・・・・・・・・・・・・・・・・・・・・・・・・・・・・・・・ 51

大阪高判平成14・1・29判タ1098号234頁・・・・・・・・・・・・・・・・・・・・・・・・・・・・・・ 449

東京高判平成14・6・4 判時1794号48頁・・・・・・・・・・・・・・・・・・・・・・・・・・・・・・ 506

大阪高判平成14・11・15判時1843号81頁 ・・・・・・・・・・・・・・・・・・・・・・・・・・・・・・ 498

東京高判平成15・8・26判時1842号43頁 ・・・・・・・・・・・・・・・・・・・・・・・・・・・・・・ 266

東京高判平成16・6・24判時1875号139頁・・・・・・・・・・・・・・・・・・・・・・・・・・・・・・ 486

広島高判平成16・11・19判時1891号63頁 ・・・・・・・・・・・・・・・・・・・・・・・・・・・・・・ 276

東京高判平成16・12・8 金判1208号19頁 ・・・・・・・・・・・・・・・・・・・・・・・・・・・・・・ 546

東京高判平成16・12・21判時1907号139頁 ・・・・・・・・・・・・・・・・・・・・・・・・・・・・・・ 405

東京高判平成16・12・22金法1736号67頁、金判1210号 9 頁・・・・・・・・・・・・ 427

東京高判平成17・3・31金判1216号 6 頁 ・・・・・・・・・・・・・・・・・・・・・・・・・・・・・・ 91

名古屋高金沢支判平成17・5・30判タ1217号294頁・・・・・・・・・・・・・・・・・・・・・ 396

福岡高判平成17・10・14判例集未登載 ・・・・・・・・・・・・・・・・・・・・・・・・・・・・・・ 552

東京高判平成18・1・18金判1234号17頁 ・・・・・・・・・・・・・・・・・・・・・・・・・・・・・・ 266

大阪高判平成18・5・17判タ1237号277頁・・・・・・・・・・・・・・・・・・・・・・・・・・・・・・ 145

東京高判平成19・1・29民集62巻 6 号1837頁、判タ1258号242頁 ・・・・・・・・・ 261, 266

大阪高判平成19・4・13判時1986号45頁 ・・・・・・・・・・・・・・・・・・・・・・・・・・・・・・ 60

東京高判平成20・5・29判時2033号15頁 ・・・・・・・・・・・・・・・・・・・・・・・・・・・・・・ 67

大阪高判平成20・6・3 金判1300号45頁・・・・・・・・・・・・・・・・・・・・・・・・・・・・・・ 120

大阪高判平成20・7・9 判時2025号27頁・・・・・・・・・・・・・・・・・・・・・・・・・・・・・・ 71

大阪高判平成20・11・20判時2041号50頁・・・・・・・・・・・・・・・・・・・・・・・・・・・・・・ 125

知財高判平成21・1・14判時2030号93頁 ・・・・・・・・・・・・・・・・・・・・・・・・・・・・・・ 551

名古屋高判平成21・2・26裁判所 HP・・・・・・・・・・・・・・・・・・・・・・・・・・・・・・・・・ 383

東京高判平成22・11・25判時2107号116頁 ・・・・・・・・・・・・・・・・・・・・・・・・・・・・・・ 256

大阪高判平成25・3・27判時2286号50頁 ・・・・・・・・・・・・・・・・・・・・・・・・・・・・・・ 75

大阪高判平成25・5・22判タ1395号160頁・・・・・・・・・・・・・・・・・・・・・・・・・・・・・・ 306

東京高判平成26・3・13判時2225号70頁 ・・・・・・・・・・・・・・・・・・・・・・・・・・・・・・・・・・ 106

高松高判平成26・6・19判時2236号101頁 ・・・・・・・・・・・・・・・・・・・・・・・・・・・・・・・・ 81

大阪高判平成26・8・28判時2243号35頁 ・・・・・・・・・・・・・・・・・・・・・・・・・・・・・・・・ 368

大阪高判平成27・10・29判時2285号117頁 ・・・・・・・・・・・・・・・・・・・・・・・・・・・・・ 320

大阪高判平成27・11・25判時2297号58頁 ・・・・・・・・・・・・・・・・・・・・・・・・・・・・・・ 302

大阪高判平成27・12・11判時2300号44頁 ・・・・・・・・・・・・・・・・・・・・・・・・・・・・・・ 353

札幌高判平成28・5・20判時2314号40頁 ・・・・・・・・・・・・・・・・・・・・・・・・・・・・・・・ 315

東京高判平成28・9・14判時2323号101頁 ・・・・・・・・・・・・・・・・・・・・・・・・・・・・・ 111

東京高判平成28・10・19金判1509号32頁 ・・・・・・・・・・・・・・・・・・・・・・・・・・・・・ 327

知財高判平成29・6・15判時2355号62頁 ・・・・・・・・・・・・・・・・・・・・・・・・・・・・・・ 173

〔地方裁判所〕

新潟地判昭和43・3・27判時520号16頁 ・・・・・・・・・・・・・・・・・・・・・・・・・・・・・・・・ 498

佐賀地判唐津支判昭和43・3・27交通民集1巻1号299頁 ・・・・・・・・・・・・・・・・・ 498

福岡地久留米支判昭和45・3・16判時612号76頁 ・・・・・・・・・・・・・・・・・・・・・・・・ 498

福岡地判昭和52・3・29判時867号90頁 ・・・・・・・・・・・・・・・・・・・・・・・・・・・・・・・ 266

東京地判昭和54・2・27判時918号46頁、判タ380号64頁 ・・・・・・・・・・・・・・・・・ 498

名古屋地一宮支判昭和54・9・5判時938号9頁、判タ399号83頁 ・・・・・・・・・・・・・ 498

高知地判昭和56・12・23判時1056号233頁、判タ471号179頁 ・・・・・・・・・・・・・ 498

大阪地判昭和61・10・31判時1250号73頁、判タ648号204頁 ・・・・・・・・・・・・・・ 498

名古屋地判平成元・10・27判時1347号40頁 ・・・・・・・・・・・・・・・・・・・・・・・・・・・・ 379

京都地判平成3・1・24判時1403号91頁、判タ769号197頁 ・・・・・・・・・・・・・・・・・ 498

東京地判平成4・4・23判タ795号204頁 ・・・・・・・・・・・・・・・・・・・・・・・・・・・・・・・・ 14

神戸地判平成5・1・22判タ839号236頁 ・・・・・・・・・・・・・・・・・・・・・・・・・・・・・・・ 249

京都地判平成5・3・16判タ827号250頁 ・・・・・・・・・・・・・・・・・・・・・・・・・・・・・・・ 498

大阪地判平成6・5・30判タ898号239頁 ・・・・・・・・・・・・・・・・・・・・・・・・・・・・・・・ 249

横浜地判平成6・7・15判タ904号145頁 ・・・・・・・・・・・・・・・・・・・・・・・・・・・・・・・ 361

東京地判平成7・10・27判タ915号148頁 ・・・・・・・・・・・・・・・・・・・・・・・・・・・・・・ 249

東京地判平成8・3・28判時1561号3頁、判タ906号163頁 ・・・・・・・・・・・・・・・・・ 419

高松地判平成8・12・26判時1593号34頁、判タ949号186頁 ・・・・・・・・・・・・・・・ 498

大阪地判平成9・5・20判時1633号113頁 ・・・・・・・・・・・・・・・・・・・・・・・・・・・・・・ 365

津地判平成9・6・26判時1645号121頁、判タ956号221頁 ・・・・・・・・・・・・・・・・・ 498

大阪地判平成9・7・28判タ964号192頁 ・・・・・・・・・・・・・・・・・・・・・・・・・・・・・・・ 400

宇都宮地足利支判平成10・1・27判例集未登載 ・・・・・・・・・・・・・・・・・・・・・・・・・・ 267

神戸地尼崎支判平成10・6・12判例集未登載 ・・・・・・・・・・・・・・・・・・・・・・・・・・・・ 466

大阪地判平成10・6・29判時1651号120頁、判タ1038号236頁 ·················· 523

札幌地判平成10・7・16判時1671号113頁 ······································· 419

東京地判平成10・10・5判タ1044号133頁 ······································· **6**

東京地判平成10・11・26判タ1040号242頁 ······································· 523

東京地判平成10・12・21判タ1045号194頁 ······································· **209**

東京地判平成11・1・25判時1701号85頁 ··· **401**

東京地判平成11・2・12判タ1025号236頁 ······································· **432**

横浜地判平成11・2・26判タ1047号244頁 ··· 400

大阪地判平成11・3・12判例集未登載 ·· 472

札幌地判平成11・3・24判タ1056号224頁 ······································· **139**

東京地判平成11・3・26判例集未登載 ·· 469

東京地判平成11・5・27判タ1034号182頁 ······································· **463**

東京地判平成11・6・2判例集未登載 ·· 178

京都地判平成11・6・10判時1703号154頁、判タ1006号298頁 ·················· 249

神戸地判平成11・6・23判時1700号99頁 ··· **512**

神戸地判平成11・7・30判時1715号64頁 ·· **38**

名古屋地判平成11・9・22判タ1079号240頁 ······································· 249

京都地判平成12・3・24判タ1098号184頁 ······································· **41**

広島地判平成12・5・18判タ1035号285頁 ··· 419

東京地判平成12・8・30判時1721号92頁 ·· 62

大阪地判平成12・9・27判タ1053号137頁 ··· 372

名古屋地判平成12・12・15判タ1113号197頁 ····································· **9**

大阪地判平成12・12・22判タ1115号194頁 ······································· **522**

横浜地判平成13・1・26判タ1106号122頁 ······································· **456**

福岡地判平成13・1・29判時1743号112頁 ··· 62

浦和地判平成13・2・2判時1774号154頁、判タ1107号226頁 ···················· 419

千葉地判平成13・2・14判タ1121号214頁 ······································· **516**

東京地判平成13・3・6判タ1129号166頁 ·· **15**

山口地岩国支判平成13・3・8判タ1123号182頁 ································· **494**

東京地判平成13・3・22判時1773号82頁 ·· 62

京都地判平成13・3・22判時1754号125頁、判タ1086号211頁 ·················· 449

浦和地判平成13・3・30判タ1076号286頁 ··· 266

東京地判平成13・4・27判タ1101号221頁 ··· 523

東京地判平成13・7・4判タ1123号209頁 ·· 266

千葉地判平成13・7・5判時1778号98頁 ································· 200

東京地判平成13・7・10金法1632号47頁 ······························ 531

千葉地判平成13・7・30判時1759号89頁 ······························ 449

大津地判平成13・9・26金判1132号43頁 ······························ 420

横浜地川崎支判平成13・10・15判時1784号115頁 ··············· 217

東京地判平成13・10・26金法1653号66頁 ···························· 132

東京地判平成13・11・8判時1797号79頁 ······························ 44

東京地判平成13・11・30判時1796号121頁 ·························· 449

大阪地判平成13・11・30判時1802号95頁 ···························· 499

東京地判平成13・12・3労判826号76頁 ······························ 449

千葉地判平成13・12・17判例集未登載 ······························ 506

千葉地判平成14・1・10判時1807号118頁 ···························· 48

和歌山地判平成14・2・19判タ1098号189頁 ······················· 419

名古屋地判平成14・3・20判自240号102頁 ························· 498

山形地判平成14・3・26判時1801号103頁 ···························· 437

福島地郡山支判平成14・4・18判時1804号94頁 ··················· 502

東京地判平成14・4・22判タ1127号161頁 ···························· 213

東京地判平成14・4・22判時1801号97頁 ······························ 474

東京地判平成14・5・20判タ1123号168頁 ···························· 346

広島地呉支判平成14・5・20裁判所HP ······························ 276

東京地判平成14・6・26判タ1110号92頁 ······························ 519

名古屋地判平成14・11・29判タ1134号243頁 ······················ 399

広島地判平成15・1・16判タ1131号131頁 ···························· 449

東京地判平成15・1・17判時1823号82頁、金判1173号43頁 ···· 142

東京地判平成15・1・27判タ1129号153頁 ··················· 19, 498

東京地判平成15・1・27判タ1166号190頁 ···························· 266

東京地判平成15・1・28判時1829号90頁 ······························ 219

名古屋地判平成15・1・29労判860号74頁 ··························· 449

東京地判平成15・2・3判時1813号43頁 ······························ 62

秋田地判平成15・3・6金判1171号28頁 ······························ 136

東京地判平成15・3・17判例集未登載 ······························ 486

広島地判平成15・3・25判時1828号93頁 ···························· 419

東京地判平成15・4・9判時1846号76頁 ······························ 117

東京地判平成15・4・10判時1870号57頁 ···························· 53

東京地判平成15・5・22判時1835号126頁 ･････････････････････････････････････ 405

東京地判平成15・5・28判タ1147号255頁 ･････････････････････････････････ 266

東京地判平成15・6・6 判タ1179号267頁 ･････････････････････････････････ 449

神戸地判平成15・6・11判時1829号112頁 ････････････････････････････ 498,524

静岡地判平成15・6・17金判1181号43頁 ･･････････････････････････････････ 545

東京地判平成15・7・31判タ1150号207頁 ･･････････････････････････････････ 477

東京地判平成15・9・19判時1860号80頁 ･･････････････････････････････････ 182

東京地判平成15・10・29判タ1146号247頁 ･･････････････････････････････････ 422

金沢地小松支判平成15・11・20判例集未登載 ･･････････････････････････････ 396

東京地判平成15・11・28判例集未登載 ････････････････････････････････････ 92

仙台地判平成15・12・15判タ1167号202頁 ･･････････････････････････････････ 271

東京地判平成16・1・23判タ1172号216頁 ･････････････････････････････････ 449

東京地判平成16・1・28判タ1172号207頁 ･･････････････････････････････････ 247

東京地判平成16・3・24判時1902号71頁、判タ1181号263頁 ･･････････････････ 260

東京地判平成16・3・25判タ1163号275頁 ･････････････････････････････････ 266

水戸地判平成16・3・31判時1858号118頁 ･････････････････････････････････ 449

東京地判平成16・5・14判タ1185号225頁 ･････････････････････････････････ 449

東京地判平成16・5・24金法1724号58頁、金判1204号56頁 ･･････････････････ 427

東京地判平成16・7・2 判時1868号75頁 ･･････････････････････････････････ 440

横浜地判平成16・7・8 判時1865号106頁 ････････････････････････････････ 449

東京地判平成16・7・9 判時1878号103頁 ････････････････････････････････ 336

東京地判平成16・7・12判時1884号81頁 ･･････････････････････････････････ 413

大津地判平成16・8・9 判時1882号92頁 ･･････････････････････････････････ 508

大阪地判平成16・9・15判時1874号82頁 ･･････････････････････････････････ 376

長崎地判平成16・9・27判時1888号147頁 ････････････････････････････････ 416

東京地判平成16・9・29判時1911号124頁 ････････････････････････････････ 444

東京地判平成16・10・28判時1897号22頁 ･･････････････････････････････････ 22

東京地判平成16・11・29判時1883号128頁 ････････････････････････････････ 536

東京地判平成17・1・31判時1888号94頁、判タ1187号256頁 ･････････････････ 379

大阪地判平成17・2・21判時1889号75頁 ･･････････････････････････････････ 419

東京地判平成17・2・22判タ1183号249頁 ････････････････････････････････ 483

富山地判平成17・2・23判時1889号16頁 ･･････････････････････････････････ 540

東京地判平成17・2・25判タ1195号183頁 ････････････････････････････････ 358

東京地判平成17・3・23判時1912号30頁 ･･････････････････････････････････ 338

京都地判平成17・3・25判時1895号99頁 ・・・・・・・・・・・・・・・・・・・・・・・・・・・・・・・・・・・ 419

東京地判平成17・3・31判タ1194号127頁 ・・・・・・・・・・・・・・・・・・・・・・・・・・・・・・・・ 419

福岡地判平成17・3・31判タ1196号106頁 ・・・・・・・・・・・・・・・・・・・・・・・・・・・・・・・・ 449

東京地判平成17・4・7判タ1181号244頁 ・・・・・・・・・・・・・・・・・・・・・・・・・・・・・・ **447**

秋田地判平成17・4・14判時1936号167頁、判タ1216号265頁、金判1220号21頁
・・・ 427

東京地八王子支判平成17・5・19金判1220号10頁 ・・・・・・・・・・・・・・・・・・・・ **425**

東京地判平成17・5・30判時1923号53頁 ・・・・・・・・・・・・・・・・・・・・・・・・・・・・・・・・ **159**

東京地判平成17・6・27判時1897号129頁 ・・・・・・・・・・・・・・・・・・・・・・・・・・・・・・ **449**

東京地判平成17・7・20判時1922号140頁 ・・・・・・・・・・・・・・・・・・・・・・・・・・・・・・ **150**

甲府地判平成17・7・26判タ1216号217頁 ・・・・・・・・・・・・・・・・・・・・・・・・・・・・・・・・ 266

大阪地判平成17・9・16判時1920号96頁 ・・・・・・・・・・・・・・・・・・・・・・・・・・・・・・・・ **186**

神戸地判平成17・11・24判例集未登載 ・・・・・・・・・・・・・・・・・・・・・・・・・・・・・・・・・・・・・ 60

大阪地判平成17・11・25判例集未登載 ・・・・・・・・・・・・・・・・・・・・・・・・・・・・・・・・・・ 145

東京地判平成17・12・5判時1914号107頁 ・・・・・・・・・・・・・・・・・・・・・・・・・・・・・・・ **58**

東京地判平成18・1・17判時1920号136頁 ・・・・・・・・・・・・・・・・・・・・・・・・・・・・・・ **156**

名古屋地判平成18・3・15判時1935号109頁 ・・・・・・・・・・・・・・・・・・・・・・・・・・・・ **459**

東京地判平成18・6・8判時1944号163頁、判タ1212号86頁 ・・・・・・・・・・・・・・ 266

大阪地判平成19・6・20セレクト32巻159頁 ・・・・・・・・・・・・・・・・・・・・・・・・・・・・・ 125

大阪地判平成19・7・26セレクト30巻217頁 ・・・・・・・・・・・・・・・・・・・・・・・・・・・・・ 120

東京地判平成19・10・23判時2008号109頁 ・・・・・・・・・・・・・・・・・・・・・・・・・・・・ **450**

東京地判平成19・10・29判時2002号116頁 ・・・・・・・・・・・・・・・・・・・・・・・・・・・・ **221**

東京地判平成19・11・26判時2009号106頁 ・・・・・・・・・・・・・・・・・・・・・・・・・・・・ **203**

名古屋地判平成19・11・30判時2001号69頁、判タ1281号237頁 ・・・・・・・・・・ **380**

東京地判平成19・12・25判時2033号18頁 ・・・・・・・・・・・・・・・・・・・・・・・・・・・・・・・・・ 67

東京地判平成20・1・25判タ1268号220頁 ・・・・・・・・・・・・・・・・・・・・・・・・・・・・・・・ **63**

京都地判平成20・2・28判時2025号33頁 ・・・・・・・・・・・・・・・・・・・・・・・・・・・・・・・・・・ 71

東京地判平成20・3・3判タ1282号181頁 ・・・・・・・・・・・・・・・・・・・・・・・・・・・・・・・ **250**

大阪地判平成20・3・18判時2015号73頁 ・・・・・・・・・・・・・・・・・・・・・・・・・・・・・・・・・ **97**

大阪地判平成20・4・21判タ1287号202頁 ・・・・・・・・・・・・・・・・・・・・・・・・・・・・・・ **282**

東京地判平成20・5・28判時2023号109頁 ・・・・・・・・・・・・・・・・・・・・・・・・・・・・・・ **225**

東京地判平成20・7・8判時2025号54頁 ・・・・・・・・・・・・・・・・・・・・・・・・・・・・・・・・・ **26**

東京地判平成20・9・18判時2042号20頁 ・・・・・・・・・・・・・・・・・・・・・・・・・・・・・・・・ **190**

前橋地判平成20・10・10金判1308号17頁 ・・・・・・・・・・・・・・・・・・・・・・・・・・・・・・・・ 33

奈良地判平成20・10・29判時2032号116頁 ……………………………………… 33
東京地判平成20・11・10判時2055号79頁 ……………………………………… 236
東京地判平成20・11・27判時2057号107頁 …………………………………… 350
東京地判平成20・12・10判タ1288号112頁 …………………………………… 490
東京地判平成20・12・24判タ1298号204頁 …………………………………… 555
名古屋地判平成21・2・24判時2042号33頁 …………………………………… 33
東京地判平成21・5・27判時2047号128頁 …………………………………… 297
東京地判平成21・7・28判時2051号3頁 ……………………………………… 256
東京地判平成21・10・29判時2057号114頁 …………………………………… 527
札幌地判平成21・10・29判時2064号83頁 …………………………………… 31
東京地判平成21・12・2判時2076号71頁、判タ1325号157頁 ……………… 230
福岡地判平成21・12・25判時2101号93頁 …………………………………… 193
東京地判平成22・7・30判時2118号45頁、金判1352号59頁 ……………… 428
大阪地判平成22・8・26判時2106号69頁 …………………………………… 103
大津地判平成23・6・30判時2286号65頁 …………………………………… 75
東京地判平成24・1・27判時2156号71頁 …………………………………… 161
神戸地判平成24・3・30判タ1395号164頁 …………………………………… 306
東京地判平成24・9・20判時2169号37頁 …………………………………… 384
宮崎地判平成24・12・25判時2176号72頁 …………………………………… 285
東京地判平成25・1・22判時2202号45頁 …………………………………… 196
東京地判平成25・9・24判時2225号75頁 …………………………………… 106
京都地判平成25・10・29判例集未登載 ……………………………………… 368
松山地判平成25・11・7判時2236号105頁 …………………………………… 81
京都地判平成26・9・17判時2249号72頁 …………………………………… 86
神戸地判平成26・10・16判時2245号98頁 …………………………………… 320
東京地判平成27・2・6判時2272号71頁 …………………………………… 243
札幌地判平成27・3・26判時2314号49頁 …………………………………… 315
大阪地判平成27・3・31判時2300号50頁 …………………………………… 353
東京地判平成27・6・22判時2275号68頁 …………………………………… 166
富山地判平成27・7・8判時2315号83頁 …………………………………… 240
東京地判平成28・1・26判時2313号55頁 …………………………………… 111
東京地判平成28・3・28判時2327号86頁 …………………………………… 330
松江地判平成28・3・31判時2347号99頁 …………………………………… 34
東京地判平成28・4・15判時2323号110頁 …………………………………… 128

東京地判平成28・4・28判時2319号49頁 ･･････････････････････････････ 388

東京地判平成28・9・8判時2330号49頁 ････････････････････････････････ 391

熊本地玉名支判平成28・9・28判時2341号120頁 ･･･････････････････ 294

東京地判平成28・9・30判時2328号77頁 ･････････････････････････････ 290

東京地判平成28・11・11判時2355号69頁 ････････････････････････････ 173

東京地判平成28・11・29判時2343号78頁 ････････････････････････････ 341

大阪地判平成29・2・2判時2346号92頁 ････････････････････････････････ 310

〔簡易裁判所〕

富山簡判平成27・1・29判時2315号86頁 ･･････････････････････････････ 240

〔著者紹介〕

升　田　純（ますだ　じゅん）

〔略歴〕　昭和25年 4 月15日生まれ
昭和48年　　　国家公務員試験上級甲種・司法試験合格
昭和49年 3 月　京都大学法学部卒業
昭和52年 4 月　裁判官任官、東京地方裁判所判事補
昭和62年 4 月　福岡地方裁判所判事
昭和63年 7 月　福岡高等裁判所職務代行判事
平成 2 年 4 月　東京地方裁判所判事
平成 4 年 4 月　法務省民事局参事官
平成 8 年 4 月　東京高等裁判所判事
平成 9 年 4 月　裁判官退官、聖心女子大学教授
平成 9 年 5 月　弁護士登録
平成16年 4 月　中央大学法科大学院教授

〔著書〕　『詳解 製造物責任法』（商事法務研究会、平成 9 年）
『高齢者を悩ませる法律問題』（判例時報社、平成10年）
『現代社会におけるプライバシーの判例と法理』（青林書院、平成21年）
『モンスタークレーマー対策の実務と法〔第 2 版〕』（共著、民事法研究会、平成21年）
『警告表示・誤使用の判例と法理』（民事法研究会、平成23年）
『一般法人・公益法人の役員ハンドブック』（民事法研究会、平成23年）
『原発事故の訴訟実務』（学陽書房、平成23年）
『風評損害・経済的損害の法理と実務〔第 2 版〕』（民事法研究会、平成24年）
『不動産取引における契約交渉と責任』（大成出版社、平成24年）
『民事判例の読み方・学び方・考え方』（有斐閣、平成25年）
『現代取引社会における継続的契約の法理と判例』（日本加除出版、平成25年）
『インターネット・クレーマー対策の法理と実務』（民事法研究会、平成25年）
『変貌する銀行の法的責任』（民事法研究会、平成25年）
『名誉毀損の百態と法的責任』（民事法研究会、平成26年）
『最新 PL 関係判例と実務〔第 3 版〕』（民事法研究会、平成26年）
『自然災害・土壌汚染等と不動産取引』（大成出版社、平成26年）
『要約マンション判例170〔新版〕』（学陽書房、平成27年）
『実戦民事訴訟の実務〔第 5 版〕』（民事法研究会、平成27年）
『なぜ弁護士は訴えられるのか』（民事法研究会、平成28年）
『民法改正と請負契約』（大成出版社、平成29年）
『民法改正と賃貸借契約』（大成出版社、平成30年）
『判例にみる慰謝料算定の実務』（民事法研究会、平成30年）　　　など

判例にみる損害賠償額算定の実務〔第3版〕

2019年3月28日　第1刷発行

定価　本体5,400円＋税

著　　者　升　田　　純
発　　行　株式会社　民事法研究会
印　　刷　株式会社　太平印刷社

発 行 所　株式会社　民事法研究会

〒150-0013　東京都渋谷区恵比寿3-7-16

〔営業〕TEL 03(5798)7257　FAX 03(5798)7258
〔編集〕TEL 03(5798)7277　FAX 03(5798)7278

http://www.minjiho.com/　info@minjiho.com

落丁・乱丁はおとりかえします。　　ISBN978-4-86556-278-1　C2032　￥5400E
カバーデザイン：袴田峯男